SMART

THE DESIGN AND
EFFECT OF MANAGEMENT
CONTROL SYSTEMS

관리통제 시스템의 설계와 효과

머리말

본서는 '관리회계 분야를 연구 또는 학습하고자 하는 대학원생에게 길잡이 역할을 할 수 있는 교재를 개발'하겠다는 당찬(?) 목표로 집필되었습니다. 좋은 의도와 목표였지만 출간에 이르기까지 많은 어려움이 있었습니다.

대학원에서 처음 강의를 접하게 되면 학부 시절 공부하던 내용과 많이 다르다는 것을 느끼게 됩니다. 인접학문의 이론과 논리를 이해해야 하고, 통계학에 대한 개념도 필요하기 때문입니다. 그런데 처음부터 논문을 읽고 발표하는 방식으로 강의를 진행하게 되면 기본적인 이론과 체계가 잡히지 않은 학생들은 숲은 보지 못하고 나무만 보게 되는 문제가 생기기도 합니다. 이런 이유로 관리회계의 기본적인 이론을 정리하고 전반적인 체계를 제시한 후에 이를 기초로 주요 선행연구를 소개하는 교재를 집필하게 되었습니다. 특히 관리회계의 여러 분야 중에서 관리통제시스템(MCS)에 초점을 두었습니다. 왜냐하면, MCS는 실무에서 hot issue이고 인사조직, 전략, 병원관리 등 인접 영역과의 연계성이 높으며, 실무적인 시사점이 많기 때문입니다.

그동안 교재 작업을 여러 번 했지만, 이번처럼 힘든 작업은 처음이었습니다. 그 이유 중 첫째는 내 지식이 변변찮아서이고, 둘째는 내용이 방대해서이며, 셋째는 여럿이서 함께하는 작업이었기 때문입니다. 물론 함께 작업했기에 이렇게 출간할 수 있었던 것은 다행이라고 생각합니다. 한국연구재단의 연구과제로 진행된 저술사업이라 저자는 단독으로 표시되어 있지만 실제로 이 교재는 SMART(Sogang Management Accounting Research Team)의 공동 작품입니다. 김순기 교수님 지도하에 함께 공부한 제자들이 뜻과 힘을 모아 그동안 연구한 것을 정리하여 만든 교재입니다. 한 번에 모든 것을 담아낼 수도 없고, 최상의 완성도를 달성할 수도 없지만 앞으로 개정작업을 통해 더 좋은 교재를 만들 수 있을 것이라 기대합니다. 이 교재가 관리회계를 공부하는 학생과 지도하는 교수님께 도움이 되었으면 하는 마음 간절합니다. 그리고 교재의 내용과 방향에 대한 독자들의 기탄없는 조언을 기대합니다.

본서를 출간하기까지 많은 분의 도움이 있었습니다. SMART의 영원한 스승 김순기 교수님과 팀의 리더 김재열 교수님, 팀의 막내 이다솜 교수와 이규상 박사, 그리고 모든 SMART 회원께 감사의 마음을 전합니다. 수익성이 없음에도 불구하고 기꺼이 출판을 맡아준 이낙규 사장과 까다로운 편집을 꼼꼼히 해준 이정희 차장 이하 직원들께 감사드립니다. 특별히 끝까지 집필 작업을 함께하며 열의와 우정을 보여준 김달곤 교수님, 박경원 교수, 이상완 교수에게도 고맙다는 말을 꼭 전하고 싶습니다.

2021년 봄을 맞으며 저자

추천의 글 하나

서강대학교 대외부총장 김순기

먼저, 서강관리회계연구회에서 관리회계 분야의 대학원 교재『관리통제시스템의 설계와 효과』를 출간함을 진심으로 축하드립니다.

서강관리회계연구회(Sogang Management Accounting Research Team; SMART)는 서강대학교에서 박사학위를 취득한 사람들이 사회에 진출하여 교수로, 연구자로, 컨설턴트로, 혹은 언론인 등으로 활동하면서 자연스럽게 형성된 연구모임입니다. 이 모임은 그 회원들이 서로 바쁘고 또 물리적으로도 멀리 떨어져 있음에도 불구하고 지난 20여년에 걸쳐서 형성되어 왔기 때문에 그 팀웍이 대단합니다. 이러한 연구회에서 회원들이 가르치고 연구하고 컨설팅을 하면서 오랜 시간 동안 쌓은 지식과 경험을 바탕으로 해서 이번에 대학원 교재로 사용하기에 적합한 이 책을 출간하게 된 것입니다.

관리통제시스템(management control systems; MCS)에는 업적측정시스템과 예산시스템 등 폭넓은 경영시스템이 포함되고 있으며, 그 운영에 있어서도 상호작용적 통제와 진단적 통제 등 다양한 방법이 있습니다. MCS는 기업의 성과를 높이는데 그 목적을 두고 있으며, 성과를 높이기 위해서는 당연히 해당 조직의 상황에 맞추어 각기 적합한 시스템을 갖추어야 합니다. 그래서 MCS를 논할 때는 상황이론에 따른 접근방법을 자주 사용하기도 합니다. 즉, 어떤 조직에 적합한 MCS는 그 조직이 지니고 있는 환경불확실성, 전략, 조직구조, 조직문화 그리고 리더십 등에 따라서 좌우됩니다. 어느 조직에서나 적합한 유일한 MCS는 존재하지 않는 것입니다. 나이가 들어감에 따라 개인적으로는 보다 전통적인 통제 또는 권위적인 통제보다는 신뢰, 권한위양 또는 의사소통 등을 기반으로 한 비권위적인 통제 또는 자비의 통제에 좀 더 매력을 느끼고 있습니다.

바라건데, 사랑하는 SMART 회원들이 이번에 임태종 교수를 중심으로 해서 집필한『관리통제시스템의 설계와 효과』가 대학원에서 처음 관리회계를 접하는 학생들에게 관리회계의 기초 이론과 관리회계의 연구체계를 이해하는데 조금이나마 도움을 주었으면 좋겠습니다. 마지막으로, 교단에서 가르쳤던 사랑하는 제자들이 적지 않은 시간과 노력을 투입하여 SMART의 이름으로 집필한 귀중한 서적에 추천의 글을 쓰게 되어서 매우 기쁘게 생각합니다.

추천의 글 둘

한국관리회계학회 회장 김재열

『관리통제시스템의 설계와 효과』라는 본서의 추천사를 부탁받고 뿌듯한 마음 금할 길이 없습니다. 추천사를 쓰는 본인을 비롯하여 집필진 모두가 서강관리회계연구회(Sogang Management Accounting Research Team; SMART)의 구성원이며, 현재 서강대학교 대외부총장이신 김순기 교수님의 제자들입니다.

오랜 기간 대학원에서 관리회계를 강의해 온 본인뿐만 아니라 많은 교수님의 가장 큰 고민은 제대로 된 대학원 교재가 없다는 것이었습니다. 이론에 대한 체계적인 정립 없이 외국 저널이나 국내 학술지의 논문을 복사하여 대학원 교재로 사용하는 것이 전부였습니다. 그래서 SMART 회원들은 석·박사 과정을 통해 은사님께 배웠던 많은 이론과 또 교수가 된 이후 계속된 연구에서 각자 얻은 지식을 집대성하여 대학원 교재를 집필하기로 계획했습니다. 물론 이 일은 결코 쉬운 작업이 아니었지만, SMART 회원들의 노력으로 이제 출간을 앞두게 되었습니다.

본서는 관리회계 분야의 방대한 이론을 체계적으로 정리하고 관련 선행연구를 요약하여 제시함으로써, 독자에게 주요 이론에 대한 통합된 관점을 제공하여 스스로 연구주제를 찾고 연구할 수 있는 토대를 마련해 줄 것으로 평가됩니다. 본서는 단순히 관리회계 이론을 정리하거나 사례를 소개하는 교재가 아니라, 관리회계 분야를 연구하려는 학생과 이를 지도하려는 교수님을 위해 체계적인 이론정리와 연구방법 및 선행연구를 집대성한 교재입니다.

본서의 내용을 찬찬히 검토한 바에 의하면, 본서는 관리회계 분야 대학원 교재로 사용하기에 전혀 손색이 없을 것으로 판단됩니다. 방대한 이론을 분야별로 잘 정리하여 대학원 석·박사 학생들이 MCS 관련 연구를 수행하는데 길잡이 노릇을 충분히 할 수 있을 것이라 확신합니다. 특히, 본서 집필진은 SMART의 핵심 구성원으로 그간 관리회계 분야에서 많은 연구 활동을 수행하여 우리나라 관리회계 연구에 지대한 공헌을 한 학자들입니다. 저는 이들의 능력을 믿고 이들이 집필한 본서 역시 향후 국내 관리회계 분야의 연구에 많은 기여를 할 것이라 믿습니다.

수년간 자료를 모아 정리하고, 많은 토론과 고민 끝에 본서를 출간하게 됨을 다시 한번 축하하며, 집필진의 앞날에 무한한 발전이 있기를 기원합니다. 끝으로 본서가 독자에게 많은 도움이 되기를 바라며 추천사를 맺겠습니다.

추천의 글 셋

한국회계정책학회 회장 김태동

본서를 접하는 순간의 처음 느낌을 한 마디로 표현하면 '관리회계 연구자를 위한 최적의 입문서' 입니다. 즉, 이 교재는 회계학의 양대 산맥 중의 하나인 관리회계 분야를 전공하는 석 · 박과정 학생 또는 이 분야에 대한 연구결과의 활용에 대하여 고민하는 독자에게 아주 적합한 책이 될 것입니다. 따라서 관리회계 분야의 대학원생에게 본서가 출간된다는 소식은 무척 반가운 소식이라고 아니할 수 없습니다.

대부분 조직에서 경영자는 조직구성원으로 하여금 조직목표에 일치하는 행동을 하도록 유도하기 위해 명시적 또는 암묵적으로 관리통제시스템(Management Control Systems; MCS)을 설계하고 이용합니다. 예를 들어, 경영자가 조직구성원들이 조직의 목표를 달성하기 위하여 성과평가에 따른 보상을 실시하고, 예산을 편성하면서 자원배분에 대한 의사결정 등을 하는 활동은 MCS의 필수요소인 것입니다. 이러한 의미에서 MCS는 조직의 목표를 달성하기 위한 수단이며, 조직구성원에게 동기를 부여하는 도구이기도 합니다.

본서는 MCS 관련 연구를 4개 Part로 나누어 체계적으로 정리하고 있습니다. Part Ⅰ에서는 MCS의 개념과 연구설계 및 가설검정 방법에 대해 설명하고, Part Ⅱ에서는 상황변수(경영전략, 환경불확실성, 조직문화 등)와 MCS의 관계에 대해 설명합니다. Part Ⅲ에서는 MCS가 조직수준 변수(조직학습, 혁신, 시장지향성 등)와 개인수준 변수(공정성, 조직몰입, 조직시민행동 등)에 미치는 영향에 대해 설명합니다. 그리고 Part Ⅳ에서는 MCS 관련 최근 연구동향(혼합전략, 환경혁신전략, 창의성 등)에 대해 설명합니다.

독자들이 본서를 잘 활용하여 MCS와 관련된 연구설계가 어떻게 설정되며, 관리회계 분야 중에서도 MCS에 대한 이론적인 내용, 주요 선행연구 및 최근 연구동향의 흐름이 어떻게 진행되고 있는지를 쉽게 파악할 수 있기를 희망합니다.

들어가며

조직은 구성원들로 이루어지며, 위계와 목표가 있다. 그리고 조직목표의 달성 여부에 따라 조직의 존속 여부가 결정된다. 따라서 경영자는 조직구성원이 조직목표에 일치하는 행동을 하도록 유도하기 위해 관리통제시스템(management control systems; MCS)을 설계하고 이용한다. 예를 들어, 종업원들이 기업의 이익 창출에 기여하는 행동을 하도록 유도하기 위해 성과평가를 하거나 보상을 하는 것 또는 예산을 편성하고 자원을 배분하는 것 등은 MCS의 한 부분이 된다. MCS는 조직의 목표를 달성하기 위한 수단이며, 조직구성원에게 동기를 부여하는 도구이다.

MCS는 경영환경과 조직특성에 영향을 받는 한편 MCS는 성과에 영향을 미친다. MCS가 성과에 직접적인 영향을 미칠 수도 있지만, 성과에 영향을 미칠 수 있는 어떤 요소를 통하여 또는 그 요소와 결합하여 성과에 영향을 미칠 수도 있다. 따라서 다음과 같이 MCS 관련 연구 프레임워크(framework)를 설정할 수 있다.

[MCS 관련 연구 프레임워크]

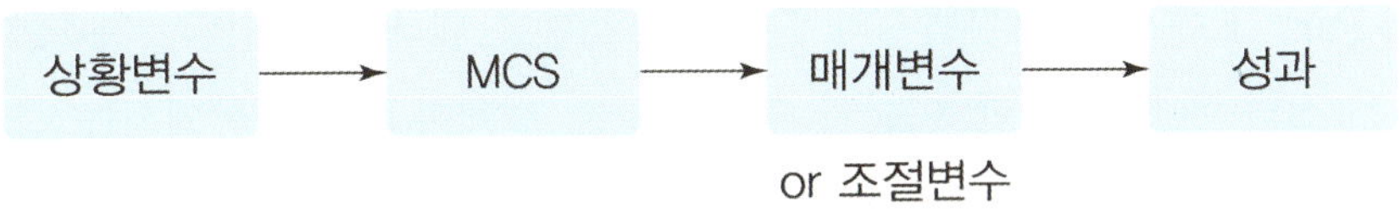

위 프레임워크에 따르면 경영환경이나 전략, 조직문화, 리더십과 같은 상황변수가 MCS의 설계와 이용에 영향을 미친다. 그리고 MCS는 조직학습, 혁신, 공정성, 조직시민행동 등을 통하여 성과에 영향을 미친다.

위 프레임워크에 기초하여 다음 순서에 따라 본서는 Part Ⅰ에서 Part Ⅳ로 구성된다.

[본서의 구성]

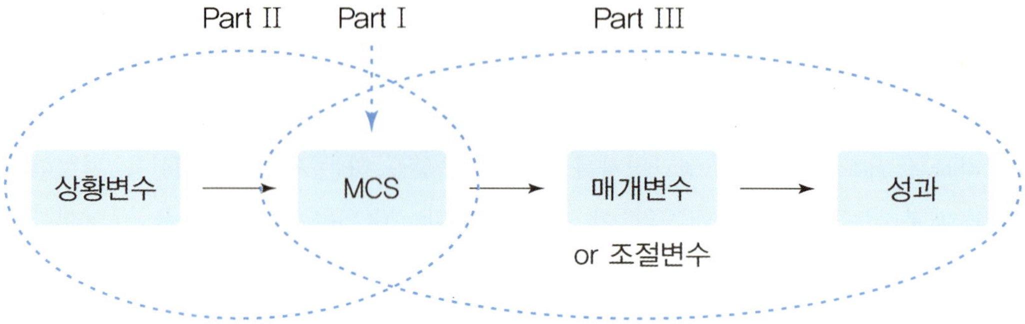

Part IV 최근 연구동향

먼저 Part Ⅰ에서는 MCS 관련 연구의 핵심이 되는 MCS에 대해 설명한다. 제1장~제3장에서는 MCS의 개념, 특징, 유형, 관련 주요 이론 등에 대해 설명하고, 제4장에서는 MCS 관련 연구를 진행하기 위해 필요한 연구설계와 가설검정 방법에 대해 설명한다. Part Ⅱ에서는 상황변수와 MCS의 관계에 대해 설명한다. 제6장에서는 경영전략과 MCS의 관계에 대한 이론과 선행연구를 소개하고, 제7장에서는 조직특성(환경불확실성, 조직문화, 리더십)과 MCS의 관계에 대한 이론과 선행연구를 소개한다. Part Ⅲ에서는 MCS가 미치는 영향에 대해 설명한다. 제7장에서는 MCS가 조직수준 변수(조직학습, 혁신, 시장지향성 등)에 미치는 영향에 대한 이론과 선행연구를 소개하고, 제8장에서는 MCS가 개인수준 변수(공정성, 조직몰입, 조직시민행동 등)에 미치는 영향에 대한 이론과 선행연구를 소개한다. 마지막으로 Part Ⅳ에서는 MCS 관련 최근 연구동향에 대해 설명한다. 여기서는 혼합전략, 환경혁신전략, MCS의 피드백 및 피드포워드 이용, 창의성, 긍정심리자본 등과 관련된 이론과 선행연구를 소개한다.

차례

PART 1
관리통제시스템의 개념 및 연구방법

PART 2
관리통제시스템의 환경요인

PART 3
관리통제시스템의 영향

8장 개인수준에서의 MCS의 영향 / 317

■ PART 4
관리통제시스템 관련 최근 연구동향

9장 관리통제시스템 관련 최근 연구동향 / 378

관리통제시스템의 설계와 효과

The Design and Effect of Management Control Systems

PART 01

관리통제시스템의 개념 및 연구방법

1장 관리통제시스템의 본질

01 관리의 순환과정

기업은 다양한 인적 · 물적요소들을 투입하여 특정한 프로세스를 통해 다양한 산출물을 얻어내는 일련의 과정으로 경영활동을 수행한다. 효과적인 관리는 각 구성원들이 사전에 정해진 절차를 따르도록 하며, 사전에 결정된 목표를 생산성 있게 달성하도록 한다. 즉, 효과적인 관리는 사업계획과 목표를 설정하고, 계획에 따라 실행하며, 그 목표와 결과의 비교평가를 통해 실행과정에서의 문제점을 발견하고, 그에 대한 개선점을 도출하며, 이를 차기계획에 반영하도록 한다. 이런 과정이 주기적으로 순환됨에 따라 지속적인 개선이 이루어지게 된다. 이를 관리의 사이클, 즉 PDCA(plan-do-check-act)라 부르기도 한다.

[도표 1-1] PDCA 사이클

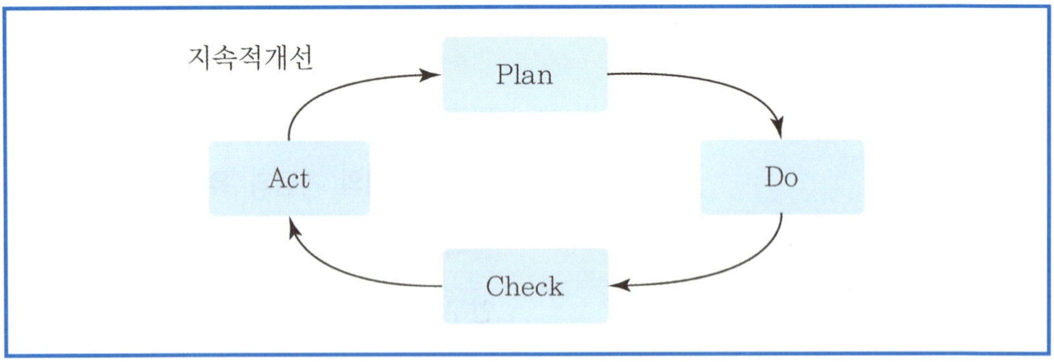

Plan(계획)에서는 목표를 설정하고 그 목표를 달성하기 위한 방법을 강구한다. DO(실행)는 계획에 따라 목표달성을 위한 방법들을 수행하는 단계로서 이 단계에서는 실행과정에서 나타난 작은 문제점들은 이 과정에서 개선해 가며 계획을 실행한다. Check(평가)에서는 실행결과를 분석한다. 즉, 실행과정이 기대한 대로 잘 이루어졌는지, 목표는 달성되었는지, 목표대비 편차는 얼마나 되는지, 계획이 여전히 타당한 것인지, 실행과정에서 계획의 변화는 없었는지 등을 분석한다. Act(개선)에서는 실행방법이 성공적이지 않았다면 근본원인은 무엇이고 차기계획을 어떻게 개선할 것인지 등에 대한 결정을 내리고 개선조치를 취한다. PDCA 사이클에서 가장 중요한 핵심은 이러한 과정이 주기적으로 반복되며 순환됨으로써 지속적인 개선이 이루어진다는 것이다. 이런 점에서 PDCA 사이클은 조직학습의 한 방법이라 할 수 있다.

이러한 PDCA 사이클은 앞으로 우리가 다룰 관리통제시스템(management control systems; MCS)과 유사한 점이 많다. MCS도 조직의 성과를 측정 · 평가하고 그것을 목표치와 비교함으로써 그 차이를 수정하기 위해 적절한 조치를 취하며 또한 그에 대한 감시활동을 통하여 일련의 행위를 수행하는 것이기 때문이다. 조직 내 각 부서와 기능이 조직의 목표를 지원해 줄 수 있도록 유기적인 결합이 이루어졌을 때 기업의 경영성과는 향상될 수 있다. 만약 전사적인 측면에서 각 부서(기능)들이 기업의 목표를 지원해주지 못하고 각 부서(기능)들 간의 의사소통이 이루어지지 않는다면 조직이 최대로 얻을 수 있는 성과는 각 부문의 최적화일 것이다. 결국 각 부문관리자는 각 부문 위주의 의사결정을 할 뿐만 아니라 경우에 따라선 업무의 중복과 이에 따른 낭비요인의 증가 등이 초래될 수도 있다.

02 관리통제시스템의 기본 개념

2.1 통제(control)

자동차 가속페달을 밟으면 더 빠르게 달릴 수 있다. 운전대를 돌리면 방향을 전환할 수 있다. 브레이크를 밟으면 속도를 천천히 줄일 수 있고 혹은 정지할 수도 있다. 이러한 장치들을 이용하여 우리는 속도와 방향을 통제(control)한다. 조직도 마찬가지로 통제되어야 한다. 기업이 보유하고 있는 이 장치들은 전략목표를 달성하도록 작동되어야 한다. 그러나 조직을 통제하는 것은 자동차를 통제하는 것보다 훨씬 복잡하다. 왜냐하면 자동차의 가속페달은 어느 정도 밟아야 가속이 되는지를 알고 있고, 속도를 줄이기 위해서 브레이크를 얼마나 밟아야 하는지를 알고 있기 때문이다. 그러나 기업이 보유하고 있는 장치들은 얼마 만큼 제어하면 얼마 만큼 통제가 되는지 알려진 바가 없다. 이것이 조직의 통제를 복잡하게 하는 원인이다(Anthony and Govindarajan 2007).

[도표 1-2] 통제시스템의 통제장치

통제장치	개 념
감지장치 (detector or sensor)	통제받고 있는 프로세스에서 실제 어떤 일이 일어나고 있는 지를 측정하는 장치
평가장치 (assessor)	실제 발생한 결과치와 기대치 간의 차이가 중요한 것인지를 결정하는 장치
작동장치 (effector)	구성원들의 행위를 변화시키는 피드백 장치
의사소통망 (communication network)	감지장치, 평가장치, 작동장치 간의 정보흐름 장치

[도표 1-2]의 통제장치를 이해하기 위하여 먼저 [도표 1-3]과 같은 아주 단순한 세 가지 시스템(자동온도조절, 신체의 체온 및 자동차의 속도)의 통제 프로세스를 다루어 보자.

[도표 1-3] 단순한 시스템 속의 통제장치

통제장치	자동온도조절	신체의 체온	자동차의 속도
목 적	목표치에 따라 온도를 자동 조절	몸속에서 스스로 체온 36.5도를 유지	합법적 규정 속도 유지
감지장치	현재 온도가 얼마인지 알아보는 온도계	몸 전체의 감각신경	속도계를 통해 현재 속도를 감지하는 운전자의 눈
평가장치	온도가 얼마나 되어야 하는가?	뇌 속의 시상하부	규정 속도와 현재 속도를 비교하는 사람의 뇌
작동장치	온도에 따라 히터 혹은 에어컨을 작동시키는 장치	체온 유지를 위한 근육이나 신체기관	자동차 가속페달을 조절하는 사람의 다리
의사소통망	온도계와 평가장치, 작동장치의 정보를 관리하는 장치	전체적인 신체의 신경망	눈에서 뇌로, 뇌에서 다리로 전달되는 사람의 신경망

자동온도조절장치로 목표 온도를 유지하도록 하는 것보다 신체의 체온을 유지하도록 하는 것이 통제하기가 더 복잡하며, 자동차의 속도를 통제하는 것이 체온을 유지하는 것보다 훨씬 더 복잡하다. 자동차의 속도를 조절하는 것이 복잡한 이유는 감지장치로부터 정보를 전달받아 뇌에서 분석을 하고, 어떤 행동을 취하게 되는지가 불확실하기 때문이다. 예를 들어, 어떤 운전자는 80km가 넘었을 때 브레이크로 제동하려고 하지만, 또 다른 운전자는 여러 가지 이유로 속도를 낮추려고 하지 않는다. 반면에 자동온도조절장치는 목표 온도로 설정된 값에 따라 자동제어 되고, 신체의 체온도 자동으로 유지하려는 신체의 반응이 있지만 자동차 운전의 통제는 자동적이지 않기 때문이다.

한편, 조직의 통제는 이러한 자동온도조절장치와 신체의 체온 유지, 자동차 속도 조절보다 훨씬 더 복잡하다. 서로 다른 인지구조를 가진 사람들이 조직을 구성하고 있고, 어떤 사건에 대해 서로의 판단이 다를 수 있으며, 조직마다 미션이나 목표가 서로 다르기 때문이다. 또한 경영자의 리더십 스타일에 따라서 서로 다른 조직문화와 관리제도 등이 구축되기 때문이다. 그러나 분명한 것은 조직의 미션과 비전에 따라 경영전략이 설정되어야 하고, 조직구성원들이 이에 대해 공유하며 목표 달성을 위해 한 방향으로 나아가야 한다는 점이다. 즉, 조직구성원들의 목표일치성과 행동일치성이 중요하다. 이를 가능하게 하는 것이 통제이다.

2.2 관리(management)

조직은 어떤 공통의 목표(예, 높은 수익성 확보)를 달성하기 위해 함께 일하는 사람들의 집단으로 구성되어 있다. 조직은 최고경영층에서부터 말단 직원에 이르기까지 관리계층(hierarchy of managers)으로 움직인다. 조직이 얼마나 복잡한가는 그 계층의 수가 얼마나 되느냐에 달려있다. CEO를 제외한 모든 관리자들은 상사이기도 하지만 부하이기도 하다. CEO는 기업 전체적인 측면에서 전략을 결정하고, 그 하부 사업단위의 관리자들은 전사적인 전략에 맞는 세부적인 운영전략을 가지고 있다. 관리통제 프로세스는 모든 계층의 관리자들이 그가 감독하고 있는 구성원들로 하여금 그 관리자들이 의도하고 있는 전략(intended strategy)을 수행하도록 하는 과정을 말한다.

관리자들이 사용하는 관리통제 프로세스는 앞서 살펴보았던 단순한 통제시스템과 동일한 네 가지 요소로 구성되어 있다. 그러나 그 단순한 통제시스템과는 중요한 차이점이 있다. 첫째, 자동온도조절이나 신체의 체온과 같이 표준이 사전에 설정되지 않는다. 둘째, 자동차의 속도 조절은 운전자가 어느 정도 브레이크를 밟으면 어느 정도 감속되는지 규칙이 있지만 기업의 관리통제는 그렇지 않다. 셋째, 자동차를 통제하는 것과는 달리 관리통제는 각 개인이 수행하는 기능 간의 조정을 필요로 한다. 넷째, 희망하는 결과를 얻기 위해서는 어떤 행위가 필요한지 결정하게 되는데 그 연결관계가 명확하지 않다. 예를 들어, 어떤 관리자가 '원가가 너무 높다'라고 하였다면 그 원가를 절감하기 위하여 어떤 행위를 하여야 하는지가 명확하지 못하다. 다섯째, 대부분의 관리통제는 자가통제(self-control)이다. 즉, 통제는 자동온도조절장치처럼 외부규제에 의해 이루어지는 것이 아니라 관리자의 판단에 의해서 이루어진다.

2.3 시스템(systems)

시스템은 특정 목적을 달성하기 위한 질서가 잡힌 다양한 요소들의 집합을 말한다. 시스템 속의 다양한 요소들이 어떤 규칙에 따라 서로 연계되어 작동함으로써 주어진 문제를 처리하게 된다. 즉, 시스템에는 문제의 목표를 달성하기 위한 활동수행 단계와 방법이 사전에 정해져 있으며, 그 단계와 방법에 따라 주기적이고 반복적인 활동이 이루어진다. 그 대표적인 것이 컴퓨터라 할 수 있다. 컴퓨터는 정해진 방법과 규칙에 따라 일을 수행한다. 그러나 기업 활동을 담당하는 관리자들은 규칙이 잘 정해지지 않은 환경에 직면할 때가 많으며, 이때는 어떤 행위를 취할 것인지를 결정해야 한다. 그 행위가 효과가 있느냐의 여부와 그 효과의 정도는 시스템에서 정해진 특정 규칙에 의해 결정되는 것이 아니라 관리자들이 사람들을 얼마나 잘 다루느냐에 따라 결정된다. 모든 시스템이 모든 상황에 대하여 올바른 행위를 보장한다면 인사관리자는 필요가 없을 것이다.

03 통제시스템과 회계정보

3.1 관리통제시스템의 영역

Anthony(1965)는 기업내부의 계획과 통제를 위한 세 가지의 관리활동 범주, 즉 전략계획, 관리통제 그리고 운영통제를 제안하였다. 이 세 가지 범주는 서로 구분되어야 하고, 그 특성도 다르다고 본다. 전략계획은 주로 최고경영층에서 이루어지는 관리활동이며, 관리통제는 중간관리자, 운영통제는 업무현장에서 이루어지는 관리활동이다. 관리통제는 전략계획과 운영통제 간의 중간 다리 역할을 담당하고 있다. 전략계획은 조직의 장기목표와 전략, 정책 등의 설정과 관련되어 있고, 운영통제는 효율적이고 효과적인 업무성과의 달성에 초점을 맞춘다. 이들 간의 관계를 요약하면 [도표 1-4]와 같다.

[도표 1-4] 전략계획과 관리통제, 운영통제의 역할

구분	역할
전략계획	장기 목표, 전략, 정책 등의 설정
↓	
관리통제	전략계획의 수행
↓	
운영통제	개별 운영프로세스(혹은 업무)의 효율적이고 효과적인 성과달성

운영통제는 가장 시스템적인 반면에 전략계획은 그 반대이다. 전략계획은 장기적인 관점인 반면에 운영통제는 단기적이며, 관리통제는 그 중간에 있다. 전략계획은 미래에 대한 느슨한 대용치(예측치)를 사용하는 반면에 운영통제는 현재의 실제 자료를 사용하며, 관리통제는 그 중간에 있다. 이러한 세 가지 관리활동 범주는 모두 기획과 통제에 관련이 있지만 무엇을 강조하느냐 에서도 차이가 난다. 기획프로세스는 전략계획에 더 중요한 역할을 담당하며, 통제프로세스는 운영통제에서 더 중요한 역할을 한다. 관리통제는 그 중간에 있다.

[도표 1-5] 전략계획, 관리통제 및 운영통제의 특성

구 분	운영통제	관리통제	전략계획
정보원천	기업내부	→	기업외부
영역	협소함	→	포괄적
정보총합정도	상세함	→	총합적
시간측면	과거	→	미래
정보정확성	높음	→	낮음
사용빈도	높음	→	낮음

[도표 1-5]를 보면 통제시스템은 크게 세 가지로 구분할 수 있는데, 그 정보원천이나 영역 등 다양한 측면에서 차이를 보이고 있다. 전략계획은 기업전체의 전략과 목표를 구축하고 변경하며, 또 설정된 전략 목표를 달성하기 위하여 자원을 어떻게 할당할 것인지 등에 대한 계획을 수립하는 것이다. 이 과정에서 중요한 것은 경영환경의 미래를 예측하는 것이다. 장기적으로 경영환경이 어떻게 변화될 것인지를 예측하고, 그에 따라 기업의 전략적인 방향과 목표를 설정하는 것이다. 이러한 목표는 조직 전체와 관련된 것이며, 관리통제와 운영통제에서 더욱 구체화되어야 한다. 즉, 전략계획과 관리통제, 운영통제 각각의 통제수준에 따라 계획과 목표를 달성하려는 노력이 전사적이고 유기적으로 통합되어야 한다.

관리통제는 전략계획에서 수립된 조직의 전략을 수행하기 위하여 관리자가 조직구성원들에게 영향을 미치는 프로세스이다. 관리통제는 전략계획보다 더욱 자세하고 구체적인 목표를 가지며, 하위부서의 중간관리층이 수행해야하는 계획과 활동을 가진다. 관리통제는 크게 세 가지의 중요한 측면이 강조되고 있다. 첫째, 전략계획 과정에서 개발된 목표 및 정책과 동일한 맥락에서 이루어져야 한다. 둘째, 조직목표를 달성하기 위하여 조직구성원들 상호 간의 활동이 연계되어 이루어져야 한다. 셋째, 관리통제의 최고 목표는 효율적이고 효과적으로 성과를 보장하는 것이다. 관리통제의 핵심적 목적은 조직구성원 각 개인의 목표가 조직의 목표와 일치하도록 하는 것, 즉 목표일치성을 갖도록 하는 것이며, 행동일치성을 유도하는 것이다. 관리통제 활동으로는 다음과 같은 것들이 있다.

[도표 1-6] 관리통제 활동

계획(planning)	조직이 무엇을 해야 하는지를 계획
조정(coordinating)	조직 내 각 부문의 활동을 조정
의사소통(communicating)	정보 교환
평가(evaluating)	정보 평가
의사결정(deciding)	어떤 활동이 수행되었어야 했는가를 평가
영향력(influencing)	구성원들의 행동에 변화를 가져 옴

운영통제는 특정 업무를 효율적이고 효과적으로 수행하도록 하는 것이다. 운영통제는 조직의 최일선에 있는 업무담당자들이 수행해야 할 계획과 목표이기 때문에 보다 구체적이어야 하고 측정가능 해야 한다. 또한 현장의 일상적인 업무를 통제해야하기 때문에 보다 단기적이고 세분화된 정보가 필요하게 된다. 예를 들어, 생산현장에서 작업자에게 현재 시점에서의 생산량이나 불량률을 실시간으로 제공해 주는 것이다. 때로는 시간대별, 일별, 주별, 월별, 분기별 등 세분화된 목표와 실제 정보가 측정되고 제공된다.

3.2 통제시스템의 필수조건

기업은 투입과 산출이라는 구조를 가지고 있다. 투입요소는 특정한 프로세스를 통해 산출물로 바뀌게 된다. 그러나 이 과정에서 통제는 하나의 블랙박스(black-box)의 형태로 남아 있다. 통제는 먼저 목표를 설정하고, 그 목표를 달성하기 위하여 다양한 활동들을 하게 된다. 이 과정에서 여러 형태의 프로세스 정보들이 예측모형으로 전달되며, 만약 목표와 결과 간의 편차가 발생하였다면 그 원인을 파악하고 이를 제거할 수 있는 수정조치를 취하게 된다. 따라서 현재의 문제점이 제거된 차기의 활동이 가능하며, 이러한 순환과정이 반복됨으로써 지속적인 개선이 이루어지게 된다. Emmanuel et al.(1990)은 일반적인 통제모형을 [도표 1-7]과 같이 제시하였다.

[도표 1-7] Emmanuel et al.(1990)의 통제 필수조건

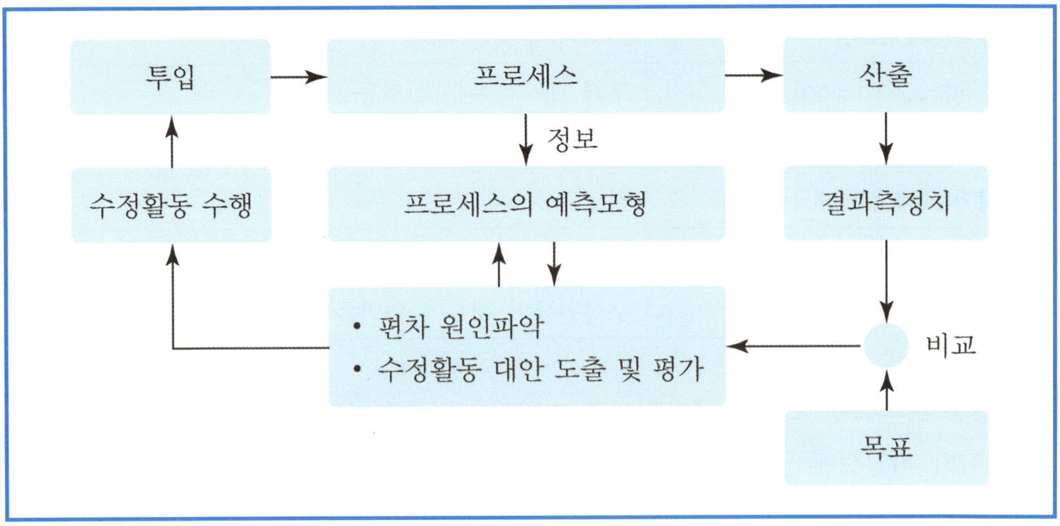

Emmanuel et al.(1990)은 MCS가 갖추어야 할 필수조건으로 목표, 결과측정치, 예측모형, 수정활동수행 네 가지를 제시하였다. 첫째, 통제목표란 MCS의 방향을 나타내는 것이다. 목표가 없는 통제는 아무런 의미가 없다. 둘째, 결과측정치는 목표에서 정의된 측정가능한 산출측정치들이 존재하여야 한다는 것이다. 통제는 산출물에 대한 지식이 이용가능할 때 존재할 수 있다. 실제 성과에 대한 피드백이 없다면 개선이라고 하는 것은 우연한 기회로 가능할 뿐이다. 셋째, 예측모형은 목표와 결과 간의 비교·평가를 통해 편차가 발생했을 때 이를 수정할 수 있는 다양한 행동 대안을 얻어내는 수단이 된다. 넷째, 수정활동 수행이란 선택된 행동 대안을 실행할 수 있는 능력을 말한다.

이러한 네 가지 필수조건은 MCS가 정상적으로 가동될 수 있는 필수조건이지 충분조건은 아니다. 그러나 이 가운데 어떤 하나의 요소라도 존재하지 않는다면 효과적이고 효율적인 MCS의 기능은 기대할 수 없다. Otley and Berry(1980)도 [도표 1-7]과 유사한 통제모형을 제안하였다. 이들도 마찬가지로 통제시스템의 필수조건으로 네 가지를 제시하였는데, 목표, 결과측정치, 예측모형, 수정활동이다. 이는 Emmanuel et al.(1990)이 제시한 네 가지 필수조건과 일치한다.

한편, 통제시스템에서 가장 중요한 것은 정보이다. Emmanuel et al.(1990)은 통제활동을 위해서 반드시 정보가 있어야 하며, 이러한 정보는 회계영역에서 제공되어 왔음을 지적하였다. 특히 목표치와 비교될 수 있는 결과치의 측정이 통제의 핵심이라고 하였다. 그들은 이러한 통제활동에서 가장 핵심적인 것은 회계정보이며, 그 정보영역이 더욱 확대되어야 한다고 보았다. 통제과정에서 그 만큼 정보가 중요하다는 것을

의미한다. 기업 활동의 결과가 하나의 정보로서 이용될 수 있을 때 통제가 이루어질 수 있으며, 또한 실제 성과에 대한 피드백이 이루어지지 않고서는 통제란 있을 수 없다(Otley and Berry 1980). Grant et al.(1994)도 업무담당자들의 의사결정, 통제, 성과평가에서 가장 중요한 것은 정보라고 하였다. Johnson(1992)도 전통적인 관리회계정보의 문제점을 지적하면서 정보의 중요성을 강조하고 있다.

Lindsay(1996)는 모든 조직구성원들이 어떻게 수익이 창출되고 손실이 발생되는지, 그들의 행위가 수익 혹은 손실 발생에 어떠한 영향을 미치는지 이해하고 있어야 한다고 주장하였다. 이는 정보제공을 통하여 가능하며, 이러한 정보제공으로 구성원들은 그들의 행위가 조직에 어떤 영향을 미치는지 이해할 수 있다. 이를 위해서는 자가통제(self-control)가 이루어질 수 있도록 상세한 정보들이 적시에 제공되어야 한다. 관리회계담당자의 역할은 각 개인이나 팀이 그들의 행위가 조직의 성과에 얼마나 큰 영향을 미치는지를 빨리 알 수 있도록 하는 것이다. 특히 권한위임만으로는 부족하며, 잦은 정보피드백이 이루어져야 한다. 왜냐하면 성과를 향상시킬 수 있는 가장 효과적인 방법 가운데 하나는 도전적인 목표와 피드백을 구성원들에게 제공하는 것이기 때문이다(Daniel and Reitsperger 1991).

3.3 통제시스템의 필수조건과 회계정보

3.3.1 목표

조직은 개인들이 특정 목적을 달성하기 위해 모인 집단이다. 오랜 사회학적 전통에 따르면 각 개인은 잘 정의된 선호도를 가진다고 가정할 수 있지만, 개인선호도에서 집단의 선호함수를 도출하는 것은 쉬운 일이 아니다. 물론 의사결정은 이루어지겠지만 서로 다른 의사결정 규칙은 서로 다른 결과를 낳게 된다. 효용이론(utility theory)을 적용하는 것이 적절해 보이지만 개인들의 효용을 결합시킬 수 있는 방법이 필요하다. 그러나 받아들여질 만한 방법이 없다. 따라서 의사결정 규칙을 사용하는 것이 어떤 결과를 초래한다고 하더라도 본질적으로 그 결과는 임의적인 것이며, 그것이 '효과적이었다'라는 평가의 문제는 그 의사결정에 관계된 사람들의 수락여부에 달려있다. 더욱 현실적으로 보면, 그러한 상황에서는 정치적 협상이나 교섭이 발생할 것이며, 의사결정 규칙이 적용되어 그 문제가 해결될 때까지 합종연횡(合從連衡)이 발생하게 된다. 결국 법령이나 민주적 투표가 해결 방법일 수 있다.

조직의 목표를 정의하고 현재의 상태를 평가할 때는 상당한 주의가 필요하다. 통제활동은 각 개인이 합의된 방법으로 행동하도록 유도하는 보상구조의 설계로도 부분적으로는 가능하다. 그 목표들은 경영환경의 변화에 따라 서로 상충되는 갈등적인 특성을 보이기도 한다. 이러한 목표들은 실행가능한 활동영역을 정의함에 있어 제약조건이 된다. 시간의 흐름에 따라 목표 혹은 제약조건이 변화하게 되고, 그에 따라 실행가능한 활동영역도 변화되기 때문이다. 통제는 그러한 역동적인 실행가능한 활동영역 내에서 실제 활동이 이루어지도록 하는 것이다.

회계시스템은 조직의 목표를 설정하고 실행가능한 활동영역을 규명하는 과정에서 중요한 역할을 담당한다. 예를 들어, 종합예산은 여러 대안들의 행동수행 결과를 평가하는 조직모형으로 사용될 수 있다. 또한 노동조합은 기업의 지불능력을 평가하기 위하여 회계정보를 사용한다. 이것은 어떤 활동영역이 실행가능한지 그 경계(boundary)를 평가하는 것이다(Otley and Berry 1980).

3.3.2 예측모형

예측모형의 주요 목적은 활동이 예정된 순서대로 이루어질 때 그 결과가 어떻게 나타날 것인가 라는 질문에 해답을 찾는 것이다. 특히 목표가 달성가능할 것인지 혹은 제약조건은 회피가능한 것인지 등이다. 여기서 예측모형의 두 가지 특성을 찾을 수 있다. 첫째는 이용가능한 모형은 항상 불명확하고 부정확하기 때문에 그로부터 이루어지는 예측은 실제 사건을 반영하지 못할 가능성이 있다는 점이다. 따라서 실제 현상이 예측모형에 완전히 반영되지 못했다면 실제 현상의 예측이 불가능한 급격한 예측모형의 설계보다는 예측이 가능할 정도로 조금씩 변화시켜 가는 것이 현명할 것이다. 둘째는 조직 내에는 항상 하나의 예측모형이 존재하는 것이 아니라 여러 가지 모형(예를 들어, 인사, 생산, 마케팅, 재무 등)이 존재하며, 부분적으로는 그것들 간의 상충이 발생한다. 이러한 상황이 발생하는 이유는 각 개별 모형을 통제의 첫 단계로 잘못 이해하기 때문이며, 또한 조직 내 구성원들이 자신의 모형과 관점, 이해수준을 적용하기 때문이다. 또 한 가지 이유는 모형이 실제 현실에 적합하지 않은 환경에서 너무 단순화된 일반 모형(예를 들어, 완전경쟁시장모형)을 적용하기 때문이다. 합리적 예측이 가능한 행동만을 수행하는 조직에서 단기적으로는 모든 것이 잘 이루어지고 있다. 그러나 모형을 확장해서 적용하게 되면 특히, 시간이 장기로 확장되고 고려해야 할 변수가 많아진다면 그 모형은 검정받아야 할 필요가 있다.

통제과정의 설계와 조직설계 간에는 유사함이 있다. 관료조직은 안정적인 경영환경 하에서 업무를 잘 정의할 수 있으며, 그 성과도 측정할 수 있다. 그러나 안정적인 경영환경 하의 조직은 예상 밖의 변화에 대한 대처능력이 떨어진다. 유기적 조직(organic organization)은 상대적으로 업무의 정의가 어렵지만 높은 적응력을 가진다. 이런 점은 통제모형에도 적용할 수 있다. 통제모형은 단기적인 목표달성(예를 들어, efficiency)과 장기적 목표달성(예를 들어, adaptation and experimentation) 문제에 관심을 갖도록 해야 한다. 조직 전체를 통제하기 위해서는 통제시스템에서 사용되는 예측모형에 조직 내 개인과 집단들이 사용하는 모형의 대표치가 포함되어야 한다.

조직의 회계와 재무모형은 조직을 부분적으로 통제할 수 있을 뿐 조직 전체를 통제할 만큼 다양하지 못하다. 그러나 회계모형이 불완전하다고 하지만 매우 중요하고 필요한 것이다. 이것은 회계모형의 개발과 개선이 이루어질 수 없다는 것을 의미하는 것은 아니다. 실제로 적합한 산출물의 영역을 폭넓게 예측할 수 있도록 조직의 회계시스템을 확장하는 것이 가장 중요할 것이다. 회계담당자는 전통적으로 해 왔던 것과는 달리 다양한 변수들의 정보를 수집할 수 있도록 해야 하며, 그러한 정보를 수집하는데 필요한 기술들을 개발할 수 있도록 해야 한다(Otley and Berry 1980).

3.3.3 결과측정치

두 종류의 변수 측정이 필요하다. 첫째, 활동은 목표에서 정의된 차원에 따라 감시된다. 예를 들면, 장기적인 생존을 위해서는 일정 수준의 수익성을 확보해야 한다면 그 수익성에서 정의된 표준치를 측정하고 비교해야 한다. 둘째, 예측모형에는 행위와 성과를 예측하기 위해 필요한 변수들의 조합들이 포함되어 있는데 이러한 예측변수들도 측정되어야 한다. 전통적으로 회계절차는 첫 번째의 측정필요성에 따라 설계되었다. 따라서 목표지향적 측정치들, 즉 생산, 원가와 이익 등과 같은 것을 강조한다. 이러한 경향은 주주가치의 극대화라는 목표에서 큰 영향을 받은 것이긴 하지만 고객(가격)이나 종업원(임금)과 같은 다른 집단들을 위한 목표달성 정도는 부분적으로만 측정하고 있다. 실제로 잔여이익과 같은 측정치가 특정 주주 집단의 관심을 반영한 것이 아니라 전체 기업의 생존가능성을 반영하는 대용치(surrogates)라고 주장할 수 있다. 그러나 이런 측정치들은 예측력을 전혀 가지고 있지 못하다. 표준치와의 편차원인(예를 들어, 원가차이분석)이 그러한 예측의 역할을 한다고 볼 수 있지만 그 예측력은 상당히 제한적이다.

예측모형으로 정보를 제공할 때 특히 어려운 점은 그 예측모형이 조직내부의 프로세스에도 관련이 있을 뿐만 아니라 조직과 경영환경 간의 상호작용에도 관련이 있다는 것이다. 따라서 외부의 경영환경과 내부의 반응이 관심요인으로 포함되어야 한다. 대부분의 조직은 비공식적인 네트워크를 통해 외부의 현상에 대한 정보를 얻기는 하지만 공식적으로 외부의 경영환경을 감시하도록 잘 개발되어 있지 못하다. 내부적으로도 어떤 변수(예를 들어, 원가)들은 다른 변수(예를 들어, 직무만족도)보다 잘 처리되고 있다. 프로세스의 효과성을 측정하기 위하여 필요한 변수들은 통제프로세스의 목적에서 정의된 것들이며, 예측모형에서 사용되는 것들이다(Otley and Berry 1980).

3.3.4 수정활동의 선택

수정활동은 네 가지 형태로 구분해 볼 수 있다. 첫째, 시스템의 투입물을 조정하는 것이다. 이를 일차통제(first-order control)라고 한다. 시스템의 투입물이 바뀌면 행위도 변화하게 된다. 투입물은 규칙이나 기준 등이 그 예가 될 수 있다. 둘째, 시스템의 목표를 변경하는 것이다. 이를 이차통제(second-order control)라고 한다. 표준이 목표라면 그 표준의 수준을 변경하는 것이다. 셋째, 과거 경험에 기초해서 예측모형을 수정하는 것이다. 이를 내부학습(internal learning)이라고 한다. 측정과 의사소통 과정은 관련이 있다. 넷째, 프로세스의 본질 자체를 변화시키는 것이다. 이를 시스템학습(systemic learning)이라고 한다. 이는 시스템 자체를 변화시키는 것이다. 투입물과 산출물, 예측모형이 모두 관련되어 있다. 이 네 가지 형태들 가운데 어느 하나 또는 일부, 아니면 모두를 수정활동으로 선택하여 실행할 수 있다.

조직은 개인의 행위를 통해서만 활동할 수 있다. 따라서 조직을 효과적으로 통제하기 위해서는 실행가능한 통제활동 영역뿐만 아니라 각 개인이 요구받은 행동을 이행할 수 있도록 설득해야 한다. 이를 위해서는 최소한 그러한 행동을 추론할 수 있는 정보에 대한 의사소통이 이루어져야 한다. 규범적 조직(normative organization)에서는 개인의 목표를 조정함으로써 충분한 동기유발을 할 수 있기 때문에 그러한 의사소통만으로도 충분하다. 강제적 조직(coercive organization)에서는 상벌(reward and penalty)이 필요할 수 있다.[1] 그리고 어떤 일을 수행해야 하는지, 활동수행을 위해

1) 규범적 조직은 규범적 권력의 사용과 도덕적 복종의 관계에 있는 조직이다. 즉, 구성원의 통제에 원칙적으로 규범적 권력이 행사되고 그에 대응하여 구성원은 조직에 강한 충성심을 보이는 조직을 말한다. 이러한 유형에 해당하는 조직의 예로는 종교단체, 정치조직, 일반병원, 대학 등이 있다. 강제적 조직은 강제적 권력의 사용과 소외적 복종의 관계에 있는 조직이다. 즉, 구성원을 통제할 때 강제적 수단에 기초를 둔 강제적 권한이 주로 쓰이며, 구성원은 조직에 대하여 강한 소

누구에게 동기부여를 해야 하는지 등을 알 수 있는 위치에 있는 사람은 그에 필요한 필수적인 행동을 이행할 수 있도록 필요한 자원에 접근가능 해야 한다.

그러나 통제활동정보가 항상 조직 내 어떤 활동이 이루어져야 하는지를 나타내지는 않는다. 예정된 일련의 활동을 수행할 수 있도록 하는 혁신적 투입물뿐만 아니라 대안적 활동의 산출물을 평가할 수 있는 예측모형도 필요하다. 예측이 없으면 통제도 없다. 예측모형에는 전통적인 회계시스템 영역이외의 변수들이 포함되어야 한다(Otley and Berry 1980). 또한 통제의 결과가 항상 효과적으로 나타나지는 않는다. 예를 들어, 경영자가 어떤 활동의 결과가 만족스럽지 못하다고 판단했을 때 취할 수 있는 일반적인 방법은 그 업무담당자를 교체하는 것이다. 그런다고 해서 그 편차발생의 문제를 해결할 수 있을지는 확실하지 않다. 담당자 교체 후에 결과가 개선되었다고 하더라도 그것이 전적으로 담당자 교체 때문이라고 볼 수만은 없다. 왜냐하면 그 결과는 교체된 그 담당자가 과거에 수행했던 혁신 활동의 결과가 이제야 나타난 것일 수도 있기 때문이다(Hofstede 1981). 따라서 결과에 대한 원인분석이 철저하게 이루어져야 하고 그 차이가 왜 발생하였는지 근본원인을 파악하는 것이 중요함을 알 수 있다.

04 통제시스템의 적합성 상실

4.1 관리통제시스템의 수정

4.1.1 경영환경의 변화

전통적으로 기업들은 시장경쟁력을 확보하기 위하여 저가에 의한 가격경쟁력에 의존해 왔다. 그러나 세계적인 일류기업이 되기 위해서 기업의 전략적인 목표는 가격이라는 하나의 경쟁요소가 아니라 높은 품질과 고객에 대한 반응시간 등 다양한 요소들에서 동시에 추구되어야 한다. 즉, 다른 조건이 동일하다면 소비자들은 최상의 가치를 가져다주는 제품을 구매할 것이다. 이는 곧 제품특성, 품질, 신뢰성, 가격 그리고 고객서비스 등 다양한 요소들의 총체적인 경쟁력이 중요하다는 말이다. 세계적인 기업들

외감을 가지고 있는 조직을 말한다. 이러한 유형에 해당하는 조직의 예로는 교도소, 강제수용소, 보호감호적 정신병원 등이 있다.

은 가격뿐만 아니라 품질수준, 납기 등 다양한 경쟁요소에서 우위를 점하고 있다. 특히 일본 기업들은 낮은 가격으로 높은 품질의 제품을 생산·공급함으로써 세계적인 명성을 얻었다. 이와 같은 새로운 시장환경이 조성된 것은 다음과 같은 환경적 요인들이 복합적으로 영향을 미치고 있기 때문이다.

첫째, 최근 세계 경제에서 가장 큰 화두는 4차 산업혁명이다. '초연결의 시대'로 대표되는 4차 산업혁명의 시대에는 경영환경과 생활환경이 어떻게 변할 것인지에 대해서 누구도 예측하기 어렵다. 현재 우리가 살고 있는 세상과는 다른 예측하기 어려운 환경이 곧 다가 올 것이다. 이로 인해 기업의 경영활동도 현재와는 다른 형태로 변화될 것으로 예측된다. 기업의 가치사슬이 달라지고, 업무의 처리방식이 달라지며, 정보의 양과 질적인 흐름이 달라지고, 조직구성원들의 행태도 달라질 것이다.

둘째, 기업 간의 경쟁이 치열하게 이루어지고 있다. 경쟁의 개념이 한 국가 내에서 적용되는 것이 아니라 국제적인 영역으로 확대되었다. 특히 1등만이 살아남는다는 인식 아래 핵심사업 분야에 대한 기업 간 인수합병도 성행하고 있다. 예를 들어, 2019년 이탈리아와 미국의 합작기업인 피아트크라이슬러와 프랑스의 PSA그룹(푸조자동차 등 생산기업)이 합병함으로써 세계 4위의 생산량을 가진 기업이 탄생하게 되었다. 물론 이러한 대규모 인수합병이 반드시 글로벌 경쟁력을 가져오고, 또 성공하는 것은 아니지만 이제 국가나 민족과 같은 국적의 개념은 기업생존이라는 측면에서는 사라지게 되었다. 치열한 경쟁에서 생존하기 위해서는 그에 맞는 경쟁전략의 수립이 요구되고 있다.

셋째, 고객의 욕구가 다양화되고 있다. 과거 저가의 제품을 선호하던 소비자들이 소득수준의 향상에 따라 가격뿐만 아니라 디자인이나 기능, 품질 등과 같이 다양한 욕구를 지니게 되었다. 치열한 기업 간 경쟁시장에서 고객의 요구를 충족시키지 않고는 기업생존을 위협받게 되는 시대가 된 것이다. 즉, 과거 만들기만 하면 팔리던 생산자 중심의 시장에서 고객의 선호를 맞춰야 하는 고객 중심의 시장으로 바뀌었다. 이에 따라 생산환경도 소품종 대량생산에서 다품종 소량생산으로 바뀌게 되었다.

넷째, 제품의 수명주기가 단축되었다. 기업 간의 치열한 경쟁과 고객의 다양한 욕구 분출 등으로 인하여 신제품의 개발이 촉진되었고, 그 결과 제품의 수명주기가 단축되었다. 이는 기업의 경영활동에 큰 영향을 미쳤다. 예를 들어, 고객의 욕구 변화에 대응할 이용가능한 시간이 짧아졌으며, 고객 욕구에 대응할 수 있는 다품종생산의 필요성이 증가하였다. 또한 제품/프로세스 개발원가를 보다 짧은 시간 내에 회수할 수 있어야 하며, 엔지니어링의 변경이 잦아지게 되었다. 이러한 상황은 장단기 생산계획에 반영되어야 하는 생산 옵션의 수가 그만큼 늘어나게 되었다는 것이다.

다섯째, 기술발달에 따른 생산환경의 변화가 급속하게 이루어지고 있다. 특히 FMS(flexible manufacturing system), CIM(computer integrated manufacturing) 등 컴퓨터에 의해 제어되는 자동화 설비의 도입이 괄목할 만큼 진전되었고, 최근 4차 산업혁명 시대가 도래함에 따라 무인화 공장도 현실화되고 있다. 정보기술의 급속한 성장은 이러한 자동화의 진전을 더욱 활발하게 진행시킬 것으로 보인다. 자동화 설비가 도입됨에 따라 제조원가 절감, 높은 품질의 제품생산, 제품의 신뢰성 증가로 인한 A/S 비용 감소, 적시 납기, 고도의 정밀제품 생산 등 다양한 효과를 얻게 되었다. 또한 정보기술의 발달에 따라 원자료(raw data)의 이용가능성과 정확성이 크게 향상되었으며, 훨씬 저렴한 비용으로 대량의 정보를 처리할 수 있는 능력이 제고되었다.

이러한 경영환경의 변화는 전통적인 원가회계와 관리회계제도에 큰 영향을 미쳤다. 즉, 경영환경은 급속하게 변화해 왔는데, 원가관리회계제도는 그러한 변화를 제대로 반영해 주지 못했다는 것이다. 경영환경의 변화가 원가회계제도에 어떤 영향을 미쳤는지 그리고 경영환경의 변화가 원가관리회계정보에 어떤 문제점을 야기했는지를 살펴보기로 한다.

4.1.2 관리통제시스템과 경영환경

경영환경의 변화에 따라 새로운 조직구조와 시스템들이 기업 내부로 도입됨에 따라 전략계획과 관리통제, 운영통제를 명확하게 구분하기가 어렵게 되었다. 예를 들어, 전략계획이나 관리통제가 운영통제의 데이터베이스에서 산출된 종합자료(aggregation data)만을 요구하는 것은 아니다. 필요하다면 그 데이터베이스에서 표본을 추출하여 더욱 효과적으로 사용할 수 있으며, 때로는 통계기법을 이용하여 필요한 정보를 얻어낼 수도 있다. 이와 같이 전략계획과 관리통제 그리고 운영통제가 서로 독립된 것이 아니라 상호 깊은 연관성을 가지고 있는 것이며, 결국 기업의 목표를 달성하고자 하는 데서는 서로 일맥상통하여야 한다.

Otley(1994)는 이러한 통제시스템의 구분이 현대의 경영환경에서는 큰 의미가 없음을 강조하였다. Otley(1994)는 지금까지 기업의 경영환경은 많은 변화를 거듭해 왔기 때문에 전통적인 관리통제시스템에 대한 정의가 과거에는 적절했다 하더라도 지금은 그러한 환경변화를 수용하여야 한다고 주장한다. 특히 하위계층의 종업원들이 행하고 있는 업무들도 관리통제의 영역으로, 상위계층의 관리자나 경영자들이 행하고 있는 업무들도 운영통제의 영역으로 볼 수 있다. 결국 운영통제나 관리통제 혹은 전략계획이라는 인위적인 구분(artificial boundaries)은 이제 더 이상 유효하지 않다는 것이다.

경영환경이 변화하게 되면 기존 통제시스템의 수정 혹은 새로운 통제시스템의 구축이 필요하게 된다. 예를 들어, 치열한 경쟁환경에서 산출물의 품질이 중요한 이슈가 된다면 이를 지원하기 위하여 품질원가보고서를 개발하여야 할 것이다. 경영환경이 변화함에 따라 조직 변화에 필요한 정보의 흐름을 촉진하기 위하여 회계시스템을 변경하여야 한다. 그러나 여전히 표준원가계산과 차이분석 등과 같은 전통적인 방법이 효과적인 통제시스템 가운데 하나로 널리 사용되고 있다. 전통적인 MCS는 대량생산체제를 지원할 수 있도록 설계되어 있다. 이것은 책임회계, 표준원가, 차이분석을 통한 생산 효율성 증대 등과 같은 원가통제를 강조한다(Abernethy and Lillis 1995). MCS가 조직에서 행해지고 있는 기존 실무를 보호하기 위한 방어막으로 사용될 수도 있음을 보여주는 나쁜 예이다(Hoque and Hopper 1994).

또한 관리통제는 반드시 사전에 정해진 계획(예를 들어, 예산)대로 모든 행위를 하도록 요구하지 않는다. 그러한 계획은 그 계획이 수립될 당시에 그렇게 믿었던 환경을 기초로 한 것이다. 만약 그 환경이 계획의 이행과정에서 변화되었다면 그 행위도 더 이상 적절한 것이 아니다. 관리통제가 계획의 이행과정에서 장애물이 되어서는 안 된다. 다시 말하면 예산에 일치한다고 해서 반드시 좋은 것이 아니며, 또한 예산에서 벗어났다고 해서 반드시 나쁘다고 볼 수도 없다.

4.2 원가관리회계의 적합성 상실

4.2.1 원가관리시스템의 역할

18세기 중엽 산업혁명이 일어나기 전까지는 원가의 개념이 아직 정립되지 않은 시기였다. 중세시대부터 베네치아, 안트워프, 제노바, 암스텔담 그리고 런던 등으로 이어지는 유럽 중심의 패권주의와 더불어 세계경제는 주로 상업무역을 중심으로 발달하였다. 주로 농어업과 같은 1차 산업이 주류였으며, 공업은 노동집약적인 가내수공업과 같은 단순한 형태를 이루고 있었다. 이 당시 소비처에서의 가격은 생산자에게 지불한 가격보다 더 많이 회수하면 되었던 시기이다. 산업혁명을 통해 생산의 기계화가 급진전 되었고, 이에 따라 생산량도 급증하여 생산과 소비의 불균형이 나타나게 되었다.

이때 기업들은 효율성과 이익에 관심을 갖게 되었고, 이에 따라 원가가 의사결정에 중요한 정보로 이용되기 시작하였다.

19세기 중반 이후에는 거대한 위계조직이 나타나게 되었는데, 이를 관리할 수 있는 방안을 찾으려고 하였다. 이때 관심을 갖게 된 것이 생산과정의 효율성 측정, 생산성 목표 달성 그리고 작업자들의 동기유발 등이었다. 이를 위하여 중간제품과 완제품의 원가를 식별하는 것이 중요한 관리요소였으며, 더 나아가서는 과학적 관리운동을 통해 표준과 실제성과의 차이분석, 즉 표준원가제도를 태동시키는 계기가 되기도 하였다. 이때까지만 해도 원가정보는 기업관리를 위한 목적으로 수집되고 사용되었다. 즉, 단순히 제품원가를 산출하는 계산의 목적이 아니라 원가관리의 목적이었다.

그러나 조직의 복수업무를 수행하는 거대기업이 출현하고, 복수사업부 형태의 조직이 나타나면서부터 원가회계에도 많은 변화가 있었다. 거대기업을 관리하기 위한 성과지표가 개발되기도 하였지만, 무엇보다 큰 변화는 원가정보의 산출목적이 재무제표 작성을 위한 것으로 변화했다는 점이다. 자본시장과 규제기관 등 기업 외부로부터의 압력이 가해졌고, 공인회계사들도 원가회계와 재무회계의 통합을 요구하였다. 즉, 개별제품별 정확한 원가는 필요하지 않으며, 총계만 정확하다면 세부적으로 상쇄될 수 있는 오류는 중요하지 않다는 것이었다. 이때부터 재무제표의 매출원가와 기말재고액의 산정이 원가회계의 핵심이 되어 버렸다.

많은 학자들은 1920년대의 원가관리회계가 지금까지도 큰 변화없이 그대로 사용되고 있음을 지적하고 있다. 1920년대의 단순한 생산환경에 비하면 현재는 훨씬 복잡하고 다양화되었다. 예를 들어, 한 기업에서 생산되는 제품의 종류는 수없이 많아졌으며, 생산기술도 기계화·자동화를 거쳐 무인생산시스템으로까지 발전하는 단계에 이르렀다. 앞으로 계속 살펴보겠지만 이러한 변화는 원가구조를 변화시키며, 결국에는 잘못된 원가정보를 산출하는 원인이 된다. 최근에 와서야 이러한 문제들에 대해 논의되기 시작하였다. 활동기준원가계산도 이러한 논의 결과로 주목을 받고 있는 기법이다. 그러나 최신 기법이 모든 문제를 해결해 주지는 못한다. 또한 전통적인 방법이라고 해서 무조건 배척해서도 안 된다. 다만, 원가회계는 단순한 원가계산이 아니라 원가관리라는 1920년대 이전의 역할을 회복해야 한다는 점을 강조하고 싶다.

전통적인 관리회계정보는 재무보고 절차에 따라 산출된 것이며, 이 정보는 너무 지체되거나 요약 및 왜곡되어 있기 때문에 경영자의 의사결정에 도움을 주지 못한다 (Johnson and Kaplan 1987). 관리회계의 역할은 크게 세 가지로 볼 수 있다. 첫째,

원가통제나 생산성 측정 및 향상 그리고 생산공정의 개선방안 고안을 위한 정확한 정보를 적시에 제공해야 한다. 둘째, 가격결정이나 신제품 도입 그리고 기존제품의 폐기와 경쟁제품에 대한 대응방안을 결정하도록 정확한 제품원가정보를 보고해야 한다. 셋째, 각기 다른 기능을 수행하고 있는 일선 실무자들에게 적절한 동기유인과 성과정보를 제공하여야 한다. 이러한 정보들이 경영자나 관리자들에게 적시적으로 제공되어야 한다.

원가회계정보는 기업조직의 성패를 좌우하는데 주요 역할을 한다. 정확한 원가는 비즈니스의 모든 측면, 즉 가격결정에서부터 제품설계 및 성과평가에 이르기까지 중요한 정보이다. 우수한 제품을 생산하고 있는 기업도 정확하고 유용한 원가회계정보를 가지고 있지 못하면 오늘날의 글로벌 경쟁환경에서 실패할 수 있다. 또 어떤 기업들은 시대에 뒤떨어진 원가회계제도를 사용함으로써 어떤 제품에 대해서는 가격을 너무 낮게 책정하는가 하면 또 다른 제품에 대해서는 가격을 너무 높게 책정하여 수익성과 경쟁력을 동시에 상실하기도 한다. 효과적인 원가회계시스템은 운전자본의 부족 또는 바람직스럽지 못한 재고의 증가와 같은 잠재적 문제점들을 예방하거나 탐지할 수 있는 합목적적이고 시기적절한 정보를 제공한다. 뿐만 아니라 원가회계는 과거 의사결정의 결과를 시기적절하게 보고함으로써 경영자로 하여금 사업운영을 보다 잘 통제하고 현행 및 잠재적인 문제점들을 해결할 수 있게 한다. 이는 곧 기업의 가치를 극대화시킬 수 있는 길이기도 하다.

4.2.2 원가회계정보의 부정확성

앞서 살펴본 바와 같이 원가관리회계제도가 기업에 적용된 이후 지금까지 경영환경은 급속도로 변화해 왔다. 이러한 변화를 선도하는 것은 빠르게 이루어지고 있는 기술개발의 결과로 보인다. 기술개발은 앞으로도 더욱 빠른 속도로 이루어질 것으로 예상되며, 따라서 경영환경의 변화도 더욱 가속화될 것으로 생각된다. 이러한 경영환경의 변화는 원가회계정보에도 큰 영향을 미치고 있다.

첫째, 원가구조가 변화되었다. 설계기술과 생산기술의 발달에 따라 재료의 손실이 큰 폭으로 줄어들었고, 이는 제품원가에서 가장 큰 비중을 차지하고 있는 직접재료원가의 비중을 감소시켰다. 또한 생산자동화가 진전됨에 따라 생산라인에서의 직접작업자는 줄어들었고, 설비유지 및 보수인력은 늘어났다. 따라서 직접노무원가의 비중은 감소한 반면, 제조간접원가는 큰 폭으로 늘어나게 되었다. 기업의 실제 자료를 이용한 선행연구들을 보면 연구자별로 차이가 있기는 하지만 외국 기업의 경우 직접재료원가 54%~58%, 직접노무원가가 12%~15%, 그리고 제조간접원가가 28%~30%에 이르고 있다. 국내기업의 경우 직접재료원가가 61%~62%, 직접노무원가가 14%~16%, 그리고 제조간접원가가 23%~24%로 나타나고 있다. 국내기업이나 외국기업 모두 가장 비중이 높은 원가요소는 직접재료원가이며, 또한 제조간접원가가 직접노무원가보다 훨씬 많이 발생하고 있음을 알 수 있다.

둘째, 원가왜곡 현상이 심화 되었다. 제조간접원가의 배부문제는 기업환경의 변화가 일어나기 전까지는 심각한 문제를 야기하지 않았다. 즉, 직접원가의 비중이 크고, 제품라인이 다양하지 않았던 환경에서는 제조간접원가의 단순한 배부가 제품원가를 크게 왜곡시키지 않았다. 앞서 지적한 바와 같이 제품원가에서 차지하는 직접원가의 비중은 줄어든 반면 제조간접원가의 비중이 증가함에 따라 원가왜곡의 가능성도 그만큼 커지게 되었다. 또한 고객욕구의 변화에 대처하기 위한 다품종 소량생산이 진전됨에 따라 원가대상의 수는 크게 늘어났다. 따라서 원가발생과 배부기준 간의 인과관계를 무시한 단순한 제조간접원가의 배부는 원가왜곡의 폭을 더욱 확대시켰다. 만약 자동화가 상당히 진척되었음에도 불구하고 전통적으로 많이 사용해온 직접노무시간이나 노무원가를 기준으로 간접원가를 배부한다면 원가왜곡의 가능성은 더욱 높아진다.

셋째, 변동원가의 고정원가화가 진행되었다. 전통적으로 노무원가는 변동원가로 간주되었다. 그러나 자동화 설비가 인력을 대체함에 따라 고정원가의 비중이 상대적으로 크게 늘어나게 되었다. 기업에서 고정원가가 증가한다는 것은 전반적인 경기흐름에 대하여 대처할 수 있는 여력이 그만큼 줄어든다는 것을 의미한다. 노동집약적인 산업에서는 경기 후퇴시 인력구조조정을 통해 원가를 절감하려는 시도를 해 왔지만, 로봇이나 FMS 환경에서는 불가능하게 된 것이다.

넷째, 자동화 설비의 도입에 따라 정보의 자동화도 진전하게 되었다. 예를 들어, 수치제어장치와 같은 자동화 설비는 작업준비시간이나 작업시간 등의 정보를 추가비용 없이 측정할 수 있다. 따라서 자동화 수준이 높아지게 되면 원가회계시스템에서 필요로 하는 정보의 측정비용이 감소하게 되며, 측정된 정보가 원가회계시스템으로 유입될 경우 더욱 정확한 원가를 산출해 낼 수 있다. 그러나 이러한 정보가 원가회계시스템에 유입되지 않는다면 보다 정확한 원가정보의 산출은 어렵게 된다.

지금까지 경영환경의 변화에 대해 살펴보았고, 그러한 환경변화가 원가정보의 산출과정에도 큰 영향을 미쳤음을 살펴보았다. 이러한 변화는 원가관리회계가 담당하여야 할 역할을 제대로 수행하지 못하게 만드는 가장 큰 원인이 되었다. 치열한 경쟁환경일수록 정확한 정보를 이용하여 정확한 의사결정을 할 필요가 있다. 그러나 왜곡되었고 통합되었으며, 또한 지체 보고되는 원가관리정보로는 최적의 의사결정을 할 수 없게 되었다.

4.2.3 원가관리회계정보의 적합성 상실

Johnson and Kaplan(1987)은 현행 관리회계시스템의 약점을 크게 세 가지로 요약하였다. 먼저, 관리회계보고서는 원가절감과 생산성 향상을 시도하는 일선 관리자들에게 거의 도움을 주지 못한다. 기존의 관리회계보고서는 적시성도 적합성도 없기 때문이다. 다음으로, 기존의 관리회계시스템에서는 정확한 원가를 제공해 주지 못하고 있다. 이는 제조간접원가의 추적가능성과 배부의 문제 때문이다. 마지막으로, 기존의 관리회계시스템은 단기적 이익산출에 관심을 집중하고 있다. 따라서 관리회계정보의 유용성이라는 측면에서 보면 목적적합하지도 않고 적시적이지도 못하며, 결과적으로는 경영자들이 잘못된 의사결정을 할 가능성이 그 만큼 높아졌다는 것이다. 이를 좀 더 구체적으로 살펴보기로 하자.

첫째, 재무보고중심의 원가회계에서 산출되는 원가정보는 총체적으로 재고자산의 평가나 매출원가의 산출에 유용하다. 그러나 개별 제품의 원가배부는 인과관계를 무시하고, 편의 및 관습에 의해 집행되기 때문에 개별 제품에 의해 소비된 자원을 측정하는 데는 부적합하다. 이와 같이 부정확한 개별 제품 차원에서의 원가정보는 제품믹스 결정, 가격결정, 수익성 측정, 제품라인의 폐쇄 등과 같은 의사결정을 그르치게 만들 수 있다. 가령, 자동화된 생산환경에서 과거와 같이 직접노무시간을 제조간접원가 배부기준으로 사용한다고 하자. 직업노무시간이 상대적으로 많이 투입되는 제품군은 제조간접원가 자원을 상대적으로 적게 사용하고 있음에도 불구하고 제조간접원가 부담이 늘어나게 될 것이다.

둘째, 전통적인 원가관리회계는 단기적인 이익을 지나치게 강조하고 있기 때문에 조직구성원들로 하여금 장기적인 측면에서 조직목표 달성에 부합하지 않는 역기능적인 행동을 유발시키는 경우도 있다. 가령, 재무보고 목적의 전부원가계산에서는 생산을 많이 하여 재고를 많이 쌓아 놓을수록 고정제조원가의 일부가 부풀어진 재고자산으로 흡수되어 결국 매출원가가 그 만큼 작아져서 보고이익이 그 만큼 커지게 된다. 즉, 보고이익을 증대시키려면 재고자산을 불필요하게 부풀려야 하는데, 대부분의 조직에서 과잉재고는 전략목표를 달성하는데 해로울 뿐이다.

셋째, 전통적인 원가 및 관리회계에서는 원가를 절감하고 통제하기 위하여 원가관리의 주요 초점을 제조과정에 맞추고 있다. 그러나 실제 제조과정에서 원가를 절감시킬 수 있는 폭은 그리 크지 않으며, 대부분의 원가절감 가능성은 원재료의 구입이나 제품수명주기의 초기 단계인 제품설계 및 개발 과정에서 결정된다. 따라서 전통적인 원가 및 관리회계는 원가절감 측면에서도 경영자들에게 과거만큼 유용한 도구가 되지 못하고 있으며, 원가관리의 중요성은 점차 제조활동에서 제조이전 활동이나 제조이후 활동으로 옮아가는 경향이 있다.

넷째, 전통적인 원가관리회계는 그 시각을 외부에 두기보다는 내부에 두고 있다. 예를 들어, 목표나 표준의 설정에 있어 조직의 상황, 여건, 구성원들의 자질, 설비의 성능 등 내부적인 측면을 주로 고려하게 된다. 따라서 고객 측면에서의 가치파악, 시장경쟁에서 성공할 수 있는 원가 및 품질표준의 설정 등을 등한시하게 된다. 가령, 고객에게 만족을 가져다주지 못하는 기업의 세부 활동은 엄밀히 따져보면 비능률적인 것이며 낭비이다. 경영자들이 이러한 낭비를 제거하려면 우선 이와 관련된 정보를 파악하여야 한다.

다섯째, 전통적인 원가관리회계는 기업의 자동화, 정보화 목적을 지원하는데 실패하고 있다. 자동화와 정보화는 기업이 치열한 경쟁에서 생존, 성장하는데 필수불가결한 과제이다. 따라서 좋은 원가 및 관리회계제도는 경영자들로 하여금 자동화, 정보화를 추진하도록 동기부여하는 환경을 조성하는데 일익을 담당해야 한다. 그러나 전통적인 원가 및 관리회계제도는 새로운 제조기술 투자로 인해 얻을 수 있는 효익을 적절하게 제공해 주지 못하기 때문에 새로운 설비, 기술투자를 지원해 주기보다는 오히려 투자마인드를 위축시키는 경향이 있다.

여섯째, 전통적인 원가관리회계에서의 성과측정이 기업의 전략적 제조목표와는 일치하지 않고 있다는 비판을 받고 있다. 앞서 언급한 바와 같이 전통적인 원가 및 관리회계제도가 지나치게 재무적인 측면만을 강조하다 보니 비재무적 측정치의 중요성이 간과되는 경우가 많았다. 불량률, 제조사이클의 효율, 기계가동률, 시장점유율 등과 같은 비재무적 측정치의 중요성은 점점 크게 부각되고 있으며, 어떻게 하면 재무적 측정치와 비재무적 측정치 간의 균형있는 조화를 어떻게 만들 것인가라는 문제는 최고경영자들이 해결해야 할 주요 과제 가운데 하나이다.

2장 통제시스템의 개념과 유형

01 통제의 개념

모든 경영자는 조직의 목표를 달성하기 원하며, 조직구성원들이 그 목표를 공유하고 목표 달성을 위해 동일한 방향으로 나아가길 원한다. 즉, 조직의 목표 달성을 위해서는 조직구성원들의 목표일치성과 행동일치성이 필요하다. 그러나 개별 조직구성원들은 각자 자신만의 목표를 가지고 있으며, 그것이 조직이 추구하는 목표와 항상 일치되지는 않는다. 현실적으로 본다면 조직의 목표와 구성원 개인의 목표가 정확히 일치하는 경우는 존재하지 않는다. 따라서 통제시스템은 최소한 조직구성원 개인이 조직의 관심사에 반하는 행동을 하지 않도록 하는 장치이다. 예를 들어, 통제시스템이 원가절감을 목표로 하는 경우, 일선관리자가 품질을 희생하면서 원가절감을 하도록 행동하거나 다른 부서에 더 많은 원가를 부담시키면서 자기 부서의 원가를 절감하도록 행동한다면 그 관리자는 원가절감을 하도록 동기부여 되긴 하였지만 그 방향이 잘못된 것이다.

Anthony(1965)는 경영자가 조직 목표를 달성하기 위하여 자원을 획득하고, 그 자원을 효율적이고 효과적으로 사용하도록 하는 프로세스를 통제라고 정의하였다. Lowe(1970, 1971)는 기업이 경영환경의 변화에 적응하고, 기업목표에 따라 구성원들의 행위를 측정하며, 목표와 행위결과의 차이를 수정할 수 있도록 설계된 조직정보의 탐색 · 수집 · 피드백 시스템을 통제라 정의하였다. Berry et al.(1995)은 통제를 변화하는 경영환경에서 생존할 수 있도록 조직의 활동방식을 인도하는 과정으로 정의하였다. Simons(1991)는 통제를 조직의 활동행태를 유지하거나 혹은 변경하기 위해 정보를 이용하는 공식적인 절차라고 정의하였다. MCS는 통상 정보피드백시스템으로도 표현되기도 한다(Simons 1991). 기업 활동의 결과가 하나의 정보로서 이용될 수 있을 때 통제가 이루어질 수 있으며, 또한 실제 성과에 대한 피드백이 이루어지지 않고서는 통제란 있을 수 없다(Otley and Berry 1980).

통제시스템은 관리자의 의사결정 및 행위를 계획된 조직의 목표와 일치시키도록 유도한다. 만약 전사적인 측면에서 각 기능들이 기업의 목표를 지원해주지 못하고 각 기능들 간의 의사소통이 이루어지지 않는다면 조직이 최대로 얻을 수 있는 성과는 각 부문의 최적화일 것이다. 결국 각 부문관리자는 각 부문 위주의 의사결정을 할 뿐만 아니라 업무의 중복, 이에 따른 낭비요인의 증가 등이 초래된다. 따라서 각 기능이 조직의 목표를 지원해 줄 수 있도록 유기적인 결합이 이루어 졌을 때 기업의 경영성과는 향상될 수 있을 것이다. 그러나 통제의 결과가 항상 효과적으로 나타나지는 않는다. 예를 들어, 경영자가 어떤 활동의 결과가 만족스럽지 못하다고 판단했을 때 취할 수 있는 일반적인 방법은 그 업무담당자를 교체하는 것이다. 그런다고 해서 그 편차발생의 문제를 해결할 수 있을지는 확실하지 않다. 담당자 교체 후에 결과가 개선되었다고 하더라도 그것이 전적으로 담당자 교체 때문이라고 볼 수만은 없다. 왜냐하면 그 결과는 교체된 그 담당자가 과거에 수행했던 혁신 활동의 결과가 이제야 나타난 것일 수도 있기 때문이다(Hofstede 1981).

Goold and Quinn(1990)은 통제시스템을 구축해야 하는 이유를 다음과 같이 설명하고 있다. 첫째, 거대한 모든 조직에서 기본적인 업무는 그 조직 내에서 일하는 모든 사람들의 노력을 조정하는 것이다. 특히 조직 내 계층적 구조 속에서 서로 다른 계층의 관리자들 간에 의사결정과 행위를 안내하는 계획과 전략에 대한 합의를 도출하는 것이 필요하다. 조직 내 모든 부문이 추구하는 목표에 대한 합의는 그러한 조정을 위한 필수조건이다. 통제시스템은 목표에 대한 합의와 조정을 돕는다. 가능하다면 그 목표는 정교해야 하고 측정 가능해야 한다. 그렇지 않으면 계획의 내용이나 구체성이 부족하다는 위험요인이 존재하게 된다.

둘째, 개별 관리자는 합의된 목표를 추구하도록 동기부여 되어야 한다. 개인적인 상벌규정은 이러한 동기부여를 하는데 중요하다. 문제는 개인의 열망과 기업목표가 다르다는데 있다. 하부계층의 구성원들이 혼신의 힘을 다해 기업목표를 달성하도록 동기부여 하는데서 대리인이론과 유사한 문제가 발생한다. 통제시스템은 개인과 기업의 목표를 일치시키고, 그 목표를 달성하도록 동기부여하는 인센티브를 제공한다.

셋째, 최상의 계획들도 때로는 실패한다. 이럴 때 최고경영층은 언제 어떻게 개입할 것인가를 결정해야 한다. 통제시스템은 그러한 의사결정을 가능하게 한다. 성과를 감시하고 계획된 목표와의 편차를 규명함으로서 통제시스템은 최고경영층이 이를 바로잡을 수 있도록 하는 신호(signal)를 보내게 된다.

이와 같은 이유 때문에 거의 모든 거대기업들은 어떤 형태로든지 통제시스템을 구축해야 한다고 인식했고, 최소한 예산통제시스템과 같은 것이 기업 내에 확산되었다. 그러한 시스템은 일반적으로 단기적이고 재무적인 연간 성과(예를 들어, 매출액, 이익 혹은 ROI 등)에 초점이 맞추어져 있다. 예산편성과정에서 성과목표가 설정되고, 실제 결과를 감시하며, 경영자는 그 목표의 달성여부에 따라 의사결정을 하게 된다. 예산은 경영자에게 매우 효과적인 통제방법이며, 사업의 중요한 측면(예를 들어, 현금관리)을 적절히 계획하고 감시하도록 해 준다. 또한 예산은 피드백과 상벌보상을 위한 기준을 제시해 준다(Goold and Quinn 1990).

02 통제의 유형

2.1 조직론 관점

Ouchi(1979)는 조직론의 관점에서 통제시스템 설계방안을 제시하였다. 업무수행과정에서 조직구성원의 행위와 결과가 관찰가능하며, 조직구성원의 통제과정도 그들의 행위와 결과에 기초하여 이루어진다. 통제는 두 가지의 업무특성, 즉 업무전환과정(transformation process)의 지식과 결과측정가능성(output measurability)에 따라 달라진다. 여기서 전환과정이란 조직구성원의 행위가 조직의 목표를 달성해 가는 과정을 의미하며, 다른 말로 업무의 프로그램화 가능성(task programmability)이라고 표현하기도 한다. 결과측정가능성이란 조직구성원의 노력의 결과를 객관적이고 공정타당한 측정치로 나타낼 수 있는 정도를 말한다. Ouchi(1979)는 통제시스템과 업무특성 간의 관계를 [도표 2-1]과 같이 제시하였다.

[도표 2-1] Ouchi(1979)의 조직통제 개념적 틀

		업무전환과정의 지식 (업무프로그램화 가능성)	
		완전	불완전
결과측정가능성	높음	행위통제 혹은 산출통제	산출통제
	낮음	행위통제	동류통제

[도표 2-1]에서 통제유형은 과업의 특성에 따라 행위통제(behavior control), 산출통제(output control), 동류통제(clan control)로 구분된다. 업무전환과정에 대한 지식이 완전하다면 조직목표를 달성하게 하는 행위를 지정하고, 그 수행과정을 통제할 수 있다. 행위통제는 조직구성원의 활동과 목표달성 과정에 개입하여 많은 감독과 지시를 하며 또한 성과측정이 주관적이고 복잡하다는 특성을 가지고 있다. 그러나 전환과정에 대한 지식이 불완전하다면 필요한 목표달성행위를 지정할 수 없기 때문에 행위통제는 사용하기 어렵다.

만약 조직구성원들이 달성해야 할 목표를 명확하게 설정할 수 있는 경우, 즉 결과측정가능성이 높을 경우 산출통제가 가능하다. 산출통제는 상급관리자에 의한 감독이나 간섭이 적고, 성과측정에 있어 직접적이고 객관적인 측정치를 중시한다(Anderson and Oliver 1987). 이 양자 간의 선택은 업무프로그램화 가능성, 산출물의 측정가능성 등과 같은 주어진 업무의 정보특성에 달려있다.

그러나 산출결과를 측정하기 어렵고 전환과정에 대한 지식이 불완전할 경우 행위통제나 산출통제를 적용하기 어렵다. 이 경우 규범(norm)을 중심으로 한 동류통제가 적절한 방법이다(Eisenhardt 1985). 즉, 업무의 수행과정이 본질적으로 모호하고 팀웍이 중시되는 업무의 경우 개별적인 공헌을 평가하기 어렵다. 이 경우 행위통제나 산출통제에 의존하는 것이 아니라 조직구성원들의 도덕적 가치나 신념에 기초한 동류통제가 필요하다.

2.2 대리인이론 관점

소유와 경영이 분리된 오늘날의 기업형태에서는 의사결정권한이 전문적 경영능력을 소유한 경영자에게 위임되는 경우가 대부분이다. 기업의 의사결정권한이 전문경영자에게 위임되어 있는 경우 소유자와 전문경영자 사이에 이해관계가 서로 상충될 수 있다. 이와 같이 주인(principal)인 소유자와 대리인(agents)인 전문경영자 간의 대리인문제(agency problem)는 서로 간의 정보불균형(information asymmetry)에 의해 발생하는데 대리인문제로 인하여 발생하는 비용을 대리인비용(agency cost)이라 한다. 대리인이론(agency theory)에서는 인간은 이기적이며, 제한된 합리성(bounded rationality)[2)]을 가진다고 가정한다.

많은 기업이론에서는 기업조직을 블랙박스로 취급하여 구성원들 간의 이해관계를 무시한 채 단순히 기업전체의 이익을 극대화하고자 하는 단일의 조직체로 취급하였다. 이에 반하여 대리인이론에서는 기업조직을 계약관계의 집합으로 보고 있다(Fama 1980). 즉, 기업조직이란 조직구성원들이 각기 자기 자신의 이익극대화를 추구하며 이에 의해 동기유발이 되는 생산요소들 간의 계약관계의 집합이다(Jensen and Meckling 1976).

Eisenhardt(1985)는 대리인이론의 관점에서 통제시스템을 살펴보았다. 주인과 대리인은 자신의 이해관계에 따라 행동하며 각자의 관점에서 가장 이익이 되는 통제메커니즘을 선택한다. 여기에는 크게 두 가지의 상황이 있을 수 있다. 첫 번째 상황은 주인이 대리인의 행동을 관찰가능한 경우이다. 만약 대리인의 행위에 대한 완전한 정보가 존재한다면 대리인의 행동을 기준으로 계약을 할 수 있을 것이다. 즉, 대리인의 행위를 상품으로 구매하는 것과 같다. 두 번째 상황은 대리인의 행위에 대한 정보가 불완전한 경우이다. 이 경우 주인은 대리인의 행동이 적절히 이루어지고 있는지 판단하기 어렵다. 이 경우 주인은 대리인과 적절한 행위를 계약할 수 있으며, 그 행위의 실행여부에 따라 보상을 지급할 수 있을 것이다. 그러나 이때 주인이 대리인의 행위를 확인하지 않는다면 노력회피(shirk)가 발생할 수 있다.

대리인의 행위에 대한 불완전한 정보가 존재할 때 두 가지 방법에 의한 통제가 가능하다. 하나는 대리인의 행위에 대한 정보를 구매하고, 그 행위에 대해 보상하는 것이다. 이를 위해서는 원가회계측정치, 예산시스템, 다른 계층의 관리자 등을 감시할

2) 경제학에서는 합리성을 전제한다. 합리성이란 의사결정시 가능한 완전한 정보를 가지고 있으며, 주어진 상황에서 최적의 의사결정을 내릴 수 있다는 전제를 말한다. 그러나 제한된 합리성은 의사결정자가 모든 정보를 가지고 있지 않고, 완전한 능력을 가지고 있지 않다는 전제를 바탕으로 한다.

수 있는 메커니즘에 대한 투자가 필요하다. 따라서 대리인의 행위에 대한 정보를 수집 혹은 관찰하는데 비용이 발생하게 된다. 다른 하나는 산출물(예를 들어, 수익성)에 기초하여 대리인을 통제하는 방법이다. 그 산출물들은 대리인 행위에 대한 대용치들이다. 그러나 산출물들은 대리인의 노력과 무관한 외부적 요인들에 의해서 발생할 수 있다. 예를 들어, 이익이 많다와 같은 좋은 산출결과는 대리인이 노력은 적게 들였지만 경제환경이 좋아서 발생한 것일 수 있으며, 이 반대의 경우도 가능하다. 이와 같이 불확실한 환경에서는 기업의 위험을 대리인에게 이전시키고 그에 대한 보상을 함으로써 대리인이 더 많은 노력을 기울이도록 유도할 수 있다. [도표 2-2]는 저울을 나타내는데, 도표에서와 같이 대리인의 행위관찰비용과 산출물 측정 및 위험공유비용 간의 상충효과가 존재하기 때문에 주인이 취할 수 있는 최선의 선택은 그 상충관계 속에서 이루어진다.

[도표 2-2] Eisenhardt(1985)의 통제시스템 운영비용

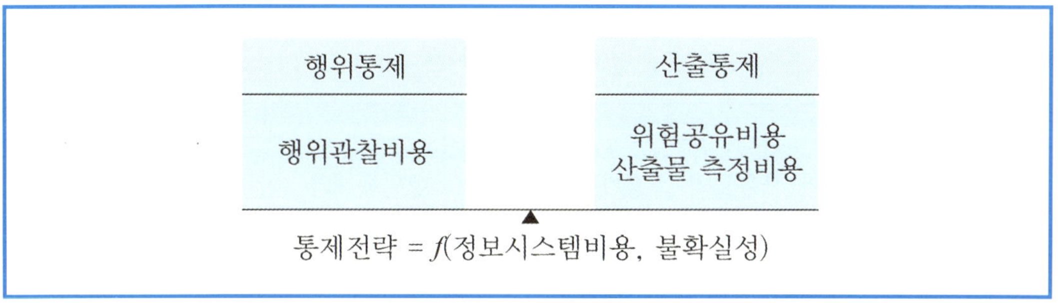

[도표 2-2]에서는 기본적으로 행위통제의 통제비용이 산출통제의 통제비용보다 작으면 행위통제시스템을 선택하며, 반대의 경우 산출통제시스템을 선택하게 된다. 여기서는 조직의 두 가지 측면이 강조되고 있다. 하나는 조직구성원들 간에 선호도가 다양하다는 것이다. 만약에 구성원들 간에 선호도의 차이가 없다면 통제를 위한 복잡한 행위 측정 혹은 산출물 측정은 불필요하다. 왜냐하면 하나의 행동과 하나의 산출물이 존재할 뿐이기 때문이다. 다른 하나는 조직이 미래의 불확실성을 가지고 있으며, 따라서 조직의 산출물도 불확실하다는 점이다.

불확실한 미래에 대한 위험은 부분적으로 주인에게서 나오지만 대리인이 위험을 발생시키기도 한다. 통제가 산출물을 기준으로 이루어질 경우 대리인이 발생시키는 위험은 더 증가한다. 따라서 통제시스템은 바람직한 행위를 하도록 동기유발하는 것뿐만 아니라 위험공유(risk sharing) 행태를 변화시키는 측정과 보상이 이루어지도록 해야

한다. 만약 산출물에 대한 불확실성이 없거나 대리인이 위험회피적이지 않다면 행위통제와 산출통제 간의 선택은 단순히 측정비용의 비교를 통해 이루어질 수 있다. 따라서 여기서 핵심은 첫째, 통제전략을 선택함에 있어 불확실성을 고려한 위험공유비용의 정도 둘째, 대리인의 행위에 대한 정보가 불완전할 때 산출통제의 대안으로서 행위통제를 유지하는데 필요한 정보시스템의 역할이다.

2.3 조직론과 대리인이론의 통합적 관점

통제시스템에 대한 조직론 접근방법과 대리인이론 접근방법은 유사한 점이 많다. 즉, 두 방법은 모두 통제전략의 결정과 관련되어 있으며, 합리성과 효율성을 기초로 하고 있다는 점이다. 또한 두 방법은 모두 정보를 강조하고 있으며, 두 가지 형태의 성과평가통제, 즉 행위통제와 산출통제를 구분하고 있다는 점 등이 유사하다. 그러나 두 방법은 [도표 2-3]에서 보는 바와 같이 몇 가지 중요한 차이점이 있다(Eisenhardt 1985).

[도표 2-3] 조직론과 대리인이론의 통제시스템에 대한 접근방법 차이

	조직론	대리인이론
비용	행위와 산출물의 측정가능성 비교	행위통제와 산출통제의 비용 비교
보상	통제는 측정과 평가의 과정	통제는 측정, 평가, 보상의 과정
인적 혹은 사회적 통제	사회적 통제를 통해 선호의 다양성을 줄일 수 있음	노력에 대한 다양한 평가를 가정
정보의 역할	업무특성이 정보의 이용가능성을 결정함	정보는 구매상품임
불확실성	통제는 측정의 문제	통제는 측정 및 위험공유의 문제

첫째, 대리인이론에서는 보상을 강조한다. 조직론에서 통제는 측정과 평가의 과정으로 보며, 보상에 대해서는 명확하게 지적하지 않고 있다. 대리인이론에서는 주인과 대리인 간의 계약행위(contracting)에 임금뿐만 아니라 보너스, 진급 등이 포함되며, 명확한 보상을 강조한다.

둘째, 대리인이론에서는 비용을 강조한다. 반면에 조직론에서는 성과의 측정가능성에 통제의 초점을 두고 있다. 측정가능성이나 측정능력은 비용과 관련이 있다. 행위의

관찰이나 결과의 측정을 위하여 많은 비용이 투입된다면 측정가능성은 그 만큼 높아지겠지만 그 만큼 비용이 많이 발생하게 된다. 또한 정보시스템 운영비용은 기업규모에 따라 다르며, 정보시스템의 운영비용 가운데 측정능력 향상과는 관계없이 발생하는 것들도 많이 있다. 대리인이론에서는 이러한 비용들을 포함하여 측정하기 때문에 더욱 포괄적인 방법으로 비용을 현실화시킨다.

셋째, 두 이론 간에는 가정에서 차이가 난다. 대리인이론에서는 대리인의 노력에 대해 주인과 대리인의 선호도에 다양성이 존재한다고 가정한다. 대리인이론에서는 이를 '노력회피'라고 한다. 조직론에서는 채용정책과 교육훈련정책 등이 조직구성원들의 가치를 동질적으로 만들어 준다고 본다. 즉, 채용방법과 교육훈련을 통해 구성원들의 공감대를 확대해 가는 방식이다. 특히 성과평가를 하는데 비용이 높게 발생한다면 이 방법이 더욱 적절하다고 본다.

넷째, 정보의 역할에서 차이가 있다. 조직론에서 행위와 산출물에 대한 정보는 업무의 정태적 특성에 의존하며, 업무특성은 정보수집비용에 영향을 미친다. 예를 들어, 업무수행과정이 프로그램화되었다면 행위에 대한 정보는 저렴한 비용으로 쉽게 얻을 수 있다. 반면 대리인이론에서는 정보를 상품이라고 본다. 행위와 산출물에 대한 다양한 정보들은 예산시스템, 월간보고서, 관리자계층 등을 감시할 수 있는 정보시스템 구입을 통해 그 만큼 다양한 가격으로 이용가능하다.

마지막 차이점은 불확실성이다. 대리인이론에서 산출물은 종업원행위와 무작위효과(random effect)의 함수로 가정한다. 무작위효과에는 경쟁사의 행동, 정부정책, 날씨 등이 포함된다. 이것은 행위의 불확실성을 증가시켜 의도와는 다른 나쁜 혹은 좋은 산출물을 얻게 만든다. 따라서 산출통제를 사용할 때 대리인은 그 위험(불확실성)에 대한 프리미엄이 있을 때 그 위험을 감수하게 된다. 대리인이 위험회피적이지 않거나 무작위효과 변수를 알 수 없다면 그러한 프리미엄은 필요가 없다. 조직론에서는 이를 무시하고 있다.

Govindarajan and Fisher(1990)는 조직론과 대리인이론의 통제시스템을 함께 고려하여 [도표 2-4]와 같은 방법을 제시하였다. 이것은 대리인이론의 행위관찰가능성(비용)을 도입하여 Ouchi(1979)의 통제시스템 모형을 수정한 것이다.

[도표 2-4] Govindarajan and Fisher(1990)의 통합모형

<table>
<tr><td colspan="2" rowspan="2"></td><td colspan="2">업무프로그램화 가능성</td></tr>
<tr><td>완전</td><td>불완전</td></tr>
<tr><td rowspan="2">결과관찰가능성
높음</td><td>행위관찰가능성
높음</td><td>행위통제 혹은
산출통제 1</td><td>행위통제 5</td></tr>
<tr><td>행위관찰가능성
낮음</td><td>산출통제 2</td><td>산출통제 6</td></tr>
<tr><td rowspan="2">결과관찰가능성
낮음</td><td>행위관찰가능성
높음</td><td>행위통제 3</td><td>행위통제 7</td></tr>
<tr><td>행위관찰가능성
낮음</td><td>행위통제 4</td><td>행위통제 8</td></tr>
</table>

[도표 2-4]에서 cell 1에서 cell 4까지의 업무특성은 프로그램화 가능성이 완전하기 때문에 산출물을 결정하면 그 행위를 알 수 있으며, 행위를 결정하면 산출물을 알 수 있다. 대리인은 위험이 없다고 가정한다. 따라서 위험을 최소화하기 위하여 관찰가능한 많은 신호(signal)들이 통제시스템 선택을 위한 기준이 되어야 한다. 구체적으로 보면, cell 1에서는 행위와 산출결과 모두 관찰가능하므로 행위통제시스템과 산출통제시스템은 둘 다 효과적이다. 그러나 현실적으로 많은 통제신호를 관찰하는 데는 그 만큼 많은 비용이 소요되기 때문에 이런 조직은 매우 드물다. cell 2에서는 결과관찰가능성은 높지만 행위를 관찰하기 어렵기 때문에 결과를 측정하는 통제비용이 더 작을 것이다. 따라서 산출통제시스템이 적절하다. cell 3에서는 결과관찰가능성은 낮지만 행위는 관찰가능하므로 행위통제시스템을 선택하는 것이 적절하다. cell 4에서는 행위와 결과가 모두 관찰하기 어렵다. Ouchi(1977)은 결과측정가능성이 낮고 행위측정가능성도 낮은 경우 사회화[3] 혹은 행위통제시스템이 사용되어야 한다고 주장하였다. 행위통제시스템의 경우 행위측정치가 없어도 행위통제시스템을 운영하는데 큰 어려움이 없지만 산출측정치가 없을 때 산출통제시스템을 운영하기가 어렵고 이에 따른 비용도 높게 발생한다. 따라서 행위통제시스템에 기초하여 통제가 이루어지는 것이 비용을 줄일 수 있는 방법이다.

3) 동류통제(clan control)와 같은 의미로 본다.

cell 5에서 cell 8까지는 업무프로그램화 가능성이 불완전하기 때문에 행위자의 노력과 결과 간의 관련성이 낮다. 이 경우 행위자의 결과를 통하여 통제하면 대리인은 자신의 노력과 무관한 환경적 요소에 의해 영향을 받기 때문에 대리인은 위험을 추가적으로 부담하게 된다. cell 5에서는 행위와 결과가 모두 관찰가능 하지만 업무프로그램화 가능성이 낮다. 이 경우 산출통제시스템을 채택하면 대리인은 위험부담에 따른 보상을 요구하기 때문에 산출통제시스템의 통제비용이 더 높게 발생한다. 따라서 행위통제시스템이 적절하다. cell 6에서는 행위는 관찰하기 어렵지만 그 결과는 관찰가능하며, 업무프로그램화 가능성이 낮다. 이 경우 산출통제시스템이 적절한 방법이다. 그러나 산출물과 행위 간의 상관관계는 매우 낮으며, 또한 대리인은 위험을 감수해야 한다. cell 7에서는 행위의 관찰가능성이 높고 결과의 관찰가능성이 낮기 때문에 행위통제가 적절하다. cell 8에서는 행위와 결과의 관찰가능성이 모두 낮으므로 Ouchi의 주장처럼 사회화 혹은 행위통제가 적절한 방법이다.

2.4 활동 특성을 반영한 통제시스템 유형

통제시스템에 대한 연구는 주로 영리조직의 직접활동(예, 생산부문)을 중심으로 이루어져 왔다. 그래서 이런 통제시스템은 공공조직과 비영리조직 혹은 영리조직의 간접활동 등에 적용할 수 없다. 물론 산출물의 측정가능성이라는 측면에서 보면 많은 공공조직 혹은 비영리조직에서도 직접활동이 존재하고 있으며, 이런 직접활동에 대해서는 영리조직의 직접활동 통제시스템을 적용할 수 있을 것이다. 그러나 간접활동에 대해서는 단순히 영리조직의 통제시스템을 연장하여 적용할 수 있는 것이 아니라 그 조직 또는 활동의 특수성이 반영되어야 한다. 즉, 직접활동을 통제하는 방식으로 간접활동을 통제할 수 없다는 것이다. 이에 따라 Hofstede(1981)는 조직을 여러 활동수준의 집합체로 보고, 그 활동수준의 특성에 맞는 통제시스템 유형을 제시하고자 하였다.

통제시스템의 유형을 구분하기 위하여 Hofstede(1981)는 네 가지의 기준을 제시하였다. 첫째, 목표의 모호성(ambiguity) 정도이다. 목표가 모호한 이유는 구성원들 간에 활동에 대한 가치 혹은 관심이 서로 다르기 때문에 혹은 수단과 목표(means-ends) 간의 관계에 대한 지식이 부족하기 때문에 혹은 기존의 목표를 진부화시킬 만큼 경영환경이 급격히 변화하기 때문이다. 목표의 모호성 여부는 다른 세 가지의 기준에 비해 가장 중요하다. 둘째, 결과의 측정가능성(measurability) 정도이다. 여기서 측정이란 계량화(quantification)를 말한다. 실제로 영리조직이나 비영리조직에는 계량화하기 어려운 산출물들이 많이 있다. 이 경우 산출물보다는 투입물(각 활동에 배분된 자원)을 측정할 수 있을 것이다. 셋째, 경영개입(management intervention)의 효과가 알려진 정도(업무프로그램화 가능성과 동일한 개념임)이다. 목표를 달성하지 못하였다면 그에 대한 수정조치를 취할 수 있어야 한다. 그러한 수정조치를 취하기 위해서는 경영자가 어떻게 개입할 것인지가 명확해야만 한다. 넷째, 활동의 반복성(repetitive) 정도이다. 주기적으로 반복되는 활동은 학습효과를 가능하게 한다. 활동의 반복성이 없다면 학습효과도 기대할 수 없으며, 그 활동이 끝난 이후에야 어떻게 활동수행이 이루어졌어야 했는지를 알 수 있다. Hofstede(1981)는 이와 같은 기준의 조합을 이용하여 여섯 가지의 통제시스템 유형을 제시하였는데, 그 특징을 보면 [도표 2-5]와 같다.

[도표 2-5] Hofstede(1981)의 통제시스템 유형

	통제시스템					
	정형적	전문가	시행착오	직관적	판단적	정치적
목표가 명확한가?	○	○	○	○	–	×
결과는 측정가능한가?	○	○	○	○	×	–
개입효과가 알려져 있는가?	○	○	×	×	–	–
활동이 반복적인가?	○	×	○	×	–	–

[도표 2-5]와 같이 첫 번째 유형은 정형적(routine) 통제시스템이다. 이는 목표가 명확하고, 결과가 측정가능하며, 경영개입효과가 잘 알려져 있고, 반복적인 활동일 때 적합하다. 정교한 규칙이나 규제로 통제가 가능하며, 업무담당자 스스로에 의해 통제가 이루어지며, 때로는 컴퓨터 프로그램화가 가능하다.

두 번째 유형은 전문가(expert) 통제시스템이다. 이는 목표가 명확하고, 결과가 측정가능하며, 개입의 효과가 잘 알려져 있지만 활동이 비반복적일 때 적합하다. 이 통제시스템의 성공은 전문가 지식과 현업담당자의 지원이 통합될 때 가능하다.

세 번째로 시행착오(trial and error) 통제시스템이다. 이것은 목표가 명확하고, 결과가 측정가능하며, 활동이 반복적이지만 개입의 효과가 잘 알려져 있지 않을 때 적합하다. 이 경우 실패를 통해 통제에 대한 학습을 할 수 있다. 엄격한 규정이나 지침 등을 적용하기는 어렵지만 성공과 실패에 대한 철저한 사후분석이 요구된다.

네 번째로 직관적(intuitive) 통제시스템이다. 목표가 명확하고, 결과가 측정가능 하

지만, 개입효과가 알려져 있지 않고 활동이 비반복적일 때 적합하다. 이것은 시행착오 통제시스템의 기준 가운데 활동이 비반복적이라는 특징이 추가된 것인데, 이 경우 시행착오에 의한 학습은 이루어지지 않는다.

다섯 번째로 판단적(judgemental) 통제시스템이다. 이것은 목표가 명확하다고 하더라도 결과를 측정할 수 없을 때이다. 이 경우 결과에 대한 대용치(surrogates or proxies)가 존재하느냐의 여부가 중요하다. 만약 적합한 대용치가 존재한다면 결과측정가능성이 존재하는 경우와 유사하다고 볼 수 있다. 그렇지 않다면 주관적인 판단에 의존하여 통제할 수 밖에 없다.

마지막으로 정치적(political) 통제시스템이다. 다른 어떤 기준보다도 목표가 모호할 때 적합하다. 이것은 조직 내 권력구조에 영향을 받는다. 그러나 일반적으로 정치적 통제는 다른 통제유형과 복합적으로 사용될 수 있다. 왜냐하면 최고의 권력을 가진 사람이 목표의 모호성을 제거할 수도 있기 때문이다.

이상과 같은 통제유형은 모든 조직의 모든 활동에 적용할 수 있다. 정형적 · 전문가 통제시스템은 조직의 하부계층에서 발생하는 경향이 있고, 판단적 · 정치적 통제시스템은 상부계층에서 발생하는 경향이 있으며, 시행착오 · 직관적 통제시스템은 그 중간계층에서 발생하는 경향이 있다. 그렇다 하더라도 이 통제유형은 모든 계층의 활동에 적용할 수 있다. Anthony(1965)의 구분과 비교해 보면 전략계획은 정치적 통제시스템과 유사하며, 운영통제는 정형적 통제시스템과 유사하다. 관리통제는 여섯 가지의 모든 통제유형과 연결할 수 있다. 또한 이 통제유형은 한 조직 내에서 발생하는 활동에만 적용할 수 있는 것이 아니라 여러 조직과 관련된 활동(inter-organizational networks)에도 적용할 수 있다. 그러나 여러 조직이 관계되었을 때는 판단적 · 정치적 통제시스템이 적합할 것이다. 왜냐하면 각 조직목표들 간의 충돌을 피할 수 없으며, 산출물도 측정하기 어려울 정도로 복잡해지기 때문이다.

2.5 MCS의 이용 방식에 따른 유형

Simons(1990, 1991, 1995a)는 MCS의 정보를 어떻게 이용하느냐에 따라 MCS를 4가지 유형, 즉 신념시스템(beliefs system), 경계시스템(boundary system), 진단적 통제(diagnostic control) 그리고 상호작용적 통제(interactive control)로 구분하였다. 신념시스템의 주된 목적은 조직구성원들이 기회를 탐색하고 발견할 수 있도록 고무시키고 지도하는 것이다. 경계시스템은 불확실한 경영환경에서 조직목표를 달성하기 위해서 조직구성원들이 위험이 높은 활동을 하지 못하도록 활동영역을 제한하는 시스템으로 신념시스템의 반대 역할을 하는 것이다. 신념시스템은 조직구성원들에게 새로운 기회를 탐색하도록 동기를 부여하지만 경계시스템은 조직구성원들의 행동을 제약한다. 신념시스템이 긍정적인 방법에 해당한다면, 경계시스템은 부정적인 방법에 해당한다.

진단적 통제는 조직이 의도하고 있는 전략을 수행하는데 필요한 계획과 목표를 설정하고, 그 실행결과와 비교 평가하는 전통적인 방식이다. 실제 성과와 목표를 비교하여 달성정도를 모니터링하고 이를 통하여 성과를 관리하며 통제 과정에 정당성을 부여하는 피드백시스템이다. 또한 진단적 통제는 예측가능한 목표의 달성을 추적하고 검토하며 지원하는데 사용되는 기계적 통제를 말하고 목표와 결과를 비교하고 수정조치를 취하며, 현재의 패러다임 내에서 운영상의 문제를 수정하려는 의도를 가지고 있다. 진단적 통제는 기 설정된 목표를 달성하는 과정에서 발생하는 실수 혹은 불리한 차이 등에 관리의 초점을 두고 있으므로 새로운 기회나 혁신을 추구하는 데는 제약이 된다. 이러한 상황에서 구성원들은 무사안일에 빠질 가능성이 있다(Henri 2006b).

상호작용적 통제는 상호작용적 통제는 단순히 조직목표를 달성하기 위한 제약조건이나 활동만을 감시하는 것이 아니라 조직의 활동행태를 유지 혹은 변경시키고자 한다. 경영자가 개인적으로 조직구성원의 의사결정 행위에 참여하기 위해 이용하는 방식이다. 상호작용적 통제는 최고경영자가 관심을 갖고 있는 정보를 전달하고, 최고경영자가 조직구성원과의 지속적인 대화를 생성하기 위해 이용된다. 상호작용적 통제에서 생성된 정보는 조직구성원의 주장과 실행계획을 논의하기 위하여 사용된다. 상호작용적 통제에서 대화와 논쟁은 조직의 특정 계층이 아닌 전 조직에 걸쳐 수행되며, 새로운 정보를 분석하고 창출한다. 이와 같은 지속적인 논쟁을 통해 일하는 방식, 가치명제의 제시 그리고 사업부 전략의 방향을 변화시키기도 한다. 또한 상호작용적 통제로 촉진된 논쟁과 대화는 조직학습을 강화하고, 기회탐색과 조직학습을 통하여 혁신이니셔티브와 새로운 전략을 제시한다(Bisbe and Otley 2004).

상호작용적 통제는 지속적인 시장 감시를 통해 새로운 기회를 포착할 수 있도록 하고, 조직의 방향전환을 감지하도록 하는 것이다. 이것은 전략적 불확실성에 관심을 갖게 하고, 경영자들로 하여금 새로운 위협과 기회를 감시하도록 한다. 상호작용적 통제에서 수집된 정보는 현재의 활동이 합리적인지 그리고 현재의 전략과 구조가 새로운 환경에 적절한 것인지 등에 대해 의문을 제기한다. 이는 새로운 아이디어와 이니셔티브(initiative)를 창출시키게 된다. 예를 들어, 기업경쟁력 확보를 위하여 제품설계 변경이 필요할 경우 여기에 참여하는 각 기능부서의 관리자나 전문가들에게는 새로운 아이디어와 이니셔티브 등의 사고가 요구된다. 이를 위해서는 상호 간의 협력과 의사소통, 그리고 조직 전체로 정보를 확산하는 채널이 필요하다. 이를 통해 조직이 조직목표 달성과 불확실성 해소에 관심을 갖도록 할 수 있다(Henri 2006b; Simons 1995a).

조직의 환경불확실성이 높아지고 기술변화가 매우 급진적으로 이루어지기 때문에, 조직의 성과를 모니터링하고 목표대비 실적관리 및 이의 시정활동에 초점을 둔 진단적 통제만으로는 지속적인 발전이 불가능하다. 따라서 진단적 통제와 함께 경영계획이나 목표 자체에 대한 가정에 의문을 제기할 수 있고 조직학습과 혁신 등의 향상에 기여하는 상호작용적 통제를 하여야 한다(Bisbe and Otley 2004; Henri 2006b). Simons(1995a)은 그가 제시한 네 가지 유형의 통제제도는 함께 작동될 때 기업의 성과를 개선시킬 수 있다고 하였다.

2.6 기타 유형

지금까지 몇몇 연구자들이 제안한 MCS 유형을 살펴보았는데, 이들 외에도 많은 연구자들이 MCS 유형을 제안하였다. 예를 들면, Hopwood(1976)는 관리적(administrative), 사회적(social) 통제 유형을 제안하였고,[4] Macintosh(1994)는 관료적(bureaucratic), 카리스마적(charismatic), 시장(market), 전통(tradition), 합의적(collegial) 통제 유형을 제안하였으며, Anthony et al.(1989)은 공식적(formal), 비공식적(informal) 통제 유형을 제안하였다. 또한 이런 다양한 통제유형들은 사이버네틱 통제모형(cybernetic control model)과 비사이버네틱 통제모형(non-cybernetic control model)으로 구분되기도 한다. 이 가운데 공식적 통제와 비공식적 통제 그리고 사이버네틱 모형과 비사이버네틱 모형에 대해 설명하기로 한다.

공식적 통제(formal control)는 규칙과 표준절차 등과 같이 객관적인 요소들에 의해 통제가 이루어지는 것을 말한다. 이것은 특정 산출물의 목표를 달성할 수 있도록

4) 동류통제(clan control)와 사회적 통제(social control)는 동의어로 많이 사용됨. 그러나 엄밀하게 구분해 보면 동류통제는 사회적으로 동의되는 공유가치를 바탕으로 한 상호호혜적인 규범(norms of reciprocity)과 믿음(belief)이 있을 때 존재한다. 그러나 사회적 통제는 사회적 공유가치가 반드시 필요한 것은 아니며, 목표 혹은 결과에 대한 동의가 있을 때 존재한다(Langfield-Smith 1997).

하는데 통제의 목적이 있다. 따라서 주로 산출통제와 관련이 있다고 볼 수 있으며, 피드백도 그 결과물에 대해서 이루어진다. 경영전략과 MCS와의 관계를 연구할 때도 이와 같은 공식적 통제시스템이 주로 이용되었다. 반면에서 비공식적 통제(informal control)는 조직문화, 공유가치와 도덕 등과 같은 불문율에 의해서 통제가 이루어지는 것을 말한다. 이런 점에서 보면 Ouchi(1979)의 동류통제와 유사하다고 볼 수 있다. 그러나 때로는 조직문화로부터 공식적인 통제가 추론되기도 한다. 예를 들어, 공식적인 조직의 미션 혹은 목표 등은 조직문화의 가치 혹은 신념 등이 반영된 것이다. 공식적인 통제가 얼마나 효과적인지는 비공식적 통제의 본질에 달려 있다고 할 수 있다.

한편, 사이버네틱 모형은 목표를 설정하고 결과를 측정하고 목표와 결과를 비교하며, 필요한 수정조치를 취하는 것을 말한다.[5] 이 모형은 앞서 제시한 통제시스템의 네 가지 필수조건이 충족될 때 프로세스가 통제되고 있다고 본다. 즉, 목표가 있어야 하고, 그 목표와 비교가능한 결과를 측정할 수 있는 수단이 있어야 하고, 통제받고 있는 조직의 예측모형이 있어야 하며, 적절한 대안적인 조치의 선택이 가능해야 한다(Kloot 1997). 경영활동이 일상적인(routine) 것일수록 사이버네틱모형의 적용가능성은 높아진다(Hofstede 1981).

사이버네틱 모형은 계획된 목표와 측정된 실제 결과치를 비교하여 오류나 편차를 탐색해 내는 피드백 모형(feedback model)이다. 따라서 통제는 어떤 사건이 발생한 후에 이루어진다. 반면에 피드포워드 모형(feed-forward model)에서는 사건이 발생하기 전에 통제가 이루어진다. 실제 프로세스를 수행하기 전에 미리 예상되는 결과와 계획된 결과를 비교하게 된다. 그 편차가 발생하면 실제 사건이 발생하기 전에 미리 수정조치를 취할 수 있을 것이다. 만약 이 두 가지가 서로 일치하지 않는다면 경영환경의 변화를 예측하여 이를 계획단계에 반영되도록 할 수 있다(Kloot 1997).

이와 같이 사이버네틱 모형이 적용되기 위해서는 프로세스 예측모형이 존재하여야 한다. 그러기 위해서는 전통적인 경영원칙, 즉 기술적, 경제적, 심리적 원칙이 잘 알려져 있어야 한다(Hofstede 1981). 그러나 모든 프로세스가 이 요구조건을 충족시키지는 못한다. 급변하는 경영환경에서 예측모형이 항상 존재한다고 가정할 수 없다. 만약 그러한 예측모형이 존재하지 않거나 제 역할을 못하는 경우라면 통제목적으로 사이버네틱 모형은 적절하지 못하며, 비사이버네틱 모형이 필요하게 된다(Kloot 1997).

---

5) 1948년 Weiner는 사이버네틱스(cybernetics)라는 논문을 발간하였는데, 여기에 '(동물과 기계에서) 의사소통과 통제의 과학(the science of communication and control)'이라고 정의하였다(Otley and Berry 1980). 이를 '인공두뇌학'이라고 번역하기도 한다.

비사이버네티 모형은 인간의 판단에 의해 이루어지는 통제모형이다. 왜냐하면 다양하고 불확실한 경영환경으로 인하여 표준적인 절차와 규칙에 의해 결과의 예측이 불가능하기 때문이다.

03 전략적 MCS

3.1 MCS와 전략 목표

앞서 Goold and Quinn(1990)은 거대조직에서 사용되고 있는 통제유형으로 예산통제시스템을 예로 들었다. 그러나 전략적 통제시스템과 예산통제시스템 간에는 차이점이 있다. 전략적 통제시스템은 경쟁력의 기준점과 관계가 있으며, 장기적인 결과뿐만 아니라 비재무적 성과측정치와도 관련이 있다. 따라서 전략적 통제시스템에서 요구하는 자료와 분석방법, 행위의 결과는 예산통제시스템에서 요구하는 것과는 다르다. 연구자들은 전략적 통제시스템의 개념을 더욱 폭 넓게 정의하기를 주장한다. 즉, 전략적 통제시스템의 개념에 목표와 실제치 간의 편차가 단지 개인의 행위를 수정하도록 하는 것뿐만 아니라 계획 자체의 가정에 의문을 제기하도록 한다는 것 등을 포함할 필요가 있다는 것이다.

전략적 통제시스템을 구축함에 있어 전략(strategy)과 운영(operation), 장기와 단기 목표 간의 균형을 맞추는 것이 중요하다. 전략적 통제시스템은 예산통제시스템보다 더욱 장기적인 목표를 가지고 있다. 관리자들은 장기적 목표보다는 단기적 목표에 더욱 긍정적으로 반응하는 경향이 있다(Hrebiniak and Joyce 1986). 5년 후의 목표를 위한 통제가 내년도 목표를 위한 통제보다 더 강력(powerful)할 수는 없다. 따라서 전략적 통제시스템은 전략이 실행되는 과정에서 필요한 단기적 목표를 규명해야 한다. 그 단기적 목표는 그 자체가 목표가 아니라 전략을 달성하기 위해 지나가야 할 과정인 것이다(Goold and Quinn 1990).

Goold and Quinn(1990)은 전략적인 목표가 가져야 할 핵심요소를 다음과 같이 제시하였다. 첫째, 전략적인 목표는 장기적인 것이어야 한다. 뿐만 아니라 장기적인 목표를 달성할 수 있도록 그 진행과정을 인도하고 그러한 과정의 측정치로서의 단기적인 목표(milestone)도 설정되어야 한다. 둘째, 경쟁적 입지를 강화할 수 있는 목표

이어야 한다. 예를 들어, 경쟁기업이 10%의 시장점유율을 추가로 얻은 반면 우리 기업이 5%의 점유율을 추가로 얻는데 그쳤다면 만족스러운 수준이 아니다. 성과측정치는 절대적인 항목으로 구성되어야 할 뿐만 아니라 경쟁기업의 달성도와 비교할 수 있는 상대적인 것이어야 한다. 셋째, 재무적인 목표와 비재무적인 목표가 설정되어야 한다. 당연히 재무적인 목표는 중요한 것이지만 그것만으로는 기업의 상황을 설명할 수 없다. 특히 올해의 재무적 결과가 장기적인 경쟁력을 희생시킨 것일 수도 있다. 따라서 전략적 목표에는 재무적 목표뿐만 아니라 전략적이고 경쟁력을 강화할 수 있는 다른 측정치들이 포함되어야 한다. 예를 들면, 선진 일류기업들과 비교한 시장점유율이나 제품품질 등이 있다.

3.2 전략적 MCS의 특징

MCS에 대한 전통적인 개념 정의는 과거에는 적절하였다. 그러나 변화된 경영환경에서는 그 정의를 재검토해 볼 필요가 있다(Otley 1994). Goold and Quinn(1990)은 전략적 통제는 장기적인 전략적 목표달성과 명확하게 연계된 단기적인 성과측정치를 개발하기 위하여 경쟁력의 기준점(competitive benchmark)을 설정하고 비재무적 성과측정치를 사용하는 것과 관련이 있다고 하였다. 그 동안 MCS 연구가 최고경영층을 대상으로 많이 이루어져 왔는데, 최근 권한이양에 대한 관심이 증가하고 있으므로 이와 같은 연구는 연구대상의 적합성이 떨어진다고 볼 수 있다(Otley 1994). 많은 사람들이 하부종업원들의 매일 매일의 일상 프로세스에 적극적으로 참여해야 할 뿐만 아니라 전략적으로 중요한 활동에도 적극적이어야 한다고 믿고 있다. 따라서 이제는 더 이상 Anthony(1965)의 통제시스템 구분과 같이 인위적으로 경계를 구분할 필요성이 없다(Lnagfield-Smith 1997).

Lord(1996)는 전략적 관리회계시스템(managerial accounting system; MAS)의 특징을 크게 세 가지로 요약하였다. 첫째, 경쟁사에 대한 정보를 수집하여야 한다. 경쟁사와의 비교를 위하여 경쟁사의 가격, 원가, 생산량과 판매량에 대한 정보와 시장점유율을 결정하는 요소들에 대한 정보 등을 수집하여야 한다. 둘째, 원가절감을 위한 기회를 탐색하여야 한다. 이것은 단순히 차이분석에 의한 것이 아니라 지속적인 개선이어야 한다. 셋째, 전략적인 입지와 회계에서 강조하는 부분이 일치하여야 한다. 예를 들어, 제품차별화를 추구하면서 신제품을 자주 출시하는 기업에서는 원가우위전략을 추구하는 기업보다는 표준원가를 강조하지는 않을 것이다.

전통적인 재무지향적 통제시스템은 경영환경의 변화를 반영해 주지 못하고 있으며, 오히려 기업의 경쟁력을 저해할 수도 있다. 특히 품질, 재고, 생산성 등과 같은 중요한 경쟁요소들에 대해서는 관심을 갖지 않았다(McNair et al. 1990). Johnson(1992)은 기업이 효과적인 경쟁을 원한다면 MCS에서 회계정보를 없애야 하고, 그 대신 사업운영을 통제할 수 있는 정보를 제공하도록 해야 한다고 주장한다. 경쟁력을 제고시키기 위하여 JIT와 TQM 같은 방법들을 도입하지만 전통적인 MCS 하에서의 행동은 이 방법들이 주장하는 행동과 상충되기 때문이다. 예를 들어, 지속적인 품질개선을 위하여 작업자들에게 생산공정의 통제권한을 대폭 위임하고 있는 최근의 생산환경 하에서 전통적인 통제방식은 적절하지 못하다는 것이다(Lnagfield-Smith 1997).

Johnson(1992)은 오늘의 치열한 경쟁상황에서 사업운영에 필요한 정보가 갖추어야 하는 속성으로 두 가지를 제시하였다. 첫째는 모든 통제정보는 아래로 부터, 고객으로부터, 프로세스로부터 나와야 하며, 또한 실제 기업 활동을 하고 있는 사람에게 실시간으로 제공되어야 한다는 것이다. 둘째는 기업에 있는 모든 사람들이 정보가 어떻게 경쟁력 있는 활동으로 전환되는지를 이해하는 것이다. 최고경영층으로부터 지시사항을 기다리는 것은 유연성(flexibility)을 달성하는데 장애요인이 된다. 이런 속성이 갖추어질 때 모든 프로세스의 지연(delay), 잉여(excess), 편차(variation) 등을 줄일 수 있다.

한편, Goold and Quinn(1990)은 환경불확실성(environmental turbulence)과 정교한 전략적 목표의 규명 및 측정가능성(ability to specify and measure precise strategic objectives)을 조합하여 [도표 2-6]과 같은 전략적 MCS 유형을 제시하였다.

[도표 2-6] Goold and Quinn(1990)의 전략적 MCS 유형

		정교한 전략적 목표의 규명 및 측정가능성	
		높음	낮음
환경불확실성	높음	type2 전략적 통제시스템 (유용하지만 엄격하게 관리되지 않아야 함)	type4 전략적 통제시스템 (장애가 됨)
	낮음	type1 전략적 통제시스템 (유용함)	type3 전략적 통제시스템 (동기부여보다 프로세스를 추적함)

type1은 환경불확실성이 낮고 전략적 목표의 규명 및 측정가능성이 높은 경우인데, 전략적 통제시스템을 적용하기가 가장 이상적인 곳이다. 이러한 사업환경에서는 전략적 통제시스템을 공식적으로 구축할 수 있으며, 개인의 보상과 연계할 수도 있고, 그 사업이 전략적으로 정상 궤도에 있도록 하는데 도움을 줄 수 있다.

type2는 환경불확실성이 높고 전략적 목표의 규명 및 측정가능성이 높은 경우이며, 이 때도 전략적 통제시스템이 유용하다. 그러나 경영환경의 변화에 따라 전략적 목표를 수정하기 쉽도록 관리되어야 하며, 전략목표 달성과 개인보상 간의 연계도 덜 기계적이거나 덜 강제적인 것이 유용하다. 따라서 전략적 MCS가 엄격하게 적용되어서는 안 된다.

type3은 환경불확실성이 낮고 전략적 목표의 규명 및 측정가능성이 낮은 경우이다. 이 때는 전략적 통제시스템은 동기부여보다는 사업프로세스를 감시하는 것이 더 가치가 있다. 비록 정교하지 못한 전략적 목표가 많다 하더라도 장기적인 목표를 향해 나아가고 있다는 강한 인상을 심어줄 수는 있다. 그러나 정교하고 명확한 목표가 없기 때문에 보상시스템은 목표달성정도와 명료하게 연계될 수는 없다.

type4는 환경불확실성이 높고 전략적 목표의 규명 및 측정가능성이 낮은 경우이다. 이때 전략적 MCS를 적용하는 것은 문제가 있다. 이 경우 업무의 진행과정을 인도하거나 동기부여 목적으로 사용되는 전략적 MCS는 가치가 없다. 엄격하게 관리되는 공식적인 전략적 MCS는 도움이 되기보다는 오히려 장애가 된다.

The Design and Effect of Management Control Systems

3장 관리통제시스템과 조직행동

01 목표와 행동일치성

모든 경영자는 조직의 목표를 달성하기 원하며, 조직구성원들이 그 목표를 공유하고 목표 달성을 위해 동일한 방향으로 나아가길 원한다. 즉, 조직의 목표 달성을 위해서는 조직구성원들의 목표일치성과 행동일치성이 필요하다. 그러나 개별 조직구성원들은 각자 자신만의 목표를 가지고 있으며, 그것이 조직이 추구하는 목표와 항상 일치되지는 않는다. 현실적으로 본다면 조직의 목표와 구성원 개인의 목표가 정확히 일치하는 경우는 존재하지 않는다. 따라서 통제시스템은 최소한 조직구성원 개인이 조직의 관심사에 반하는 행동을 하지 않도록 하는 장치이다. 예를 들어, 통제시스템이 원가절감을 목표로 하는 경우, 일선관리자가 품질을 희생하면서 원가절감을 하도록 행동하거나 다른 부서에 더 많은 원가를 부담시키면서 자기 부서의 원가를 절감하도록 행동한다면 그 관리자는 원가절감을 하도록 동기부여 되긴 하였지만 그 방향이 잘못된 것이다.

목표일치성과 행동일치성을 위하여 기업은 많은 제도와 정책, 각종 시스템을 구축하여 운영하고 있다. 이는 크게 공식적인 요소와 비공식적인 요소로 구분해 볼 수 있다(Anthony and Govindarajan 2007). 비공식적인 요소로는 국가(혹은 지역) 문화, 조직문화, 관리스타일, 비공식적 조직, 의사소통 등이 있다. 국가 혹은 지역문화는 특정 국가나 지역만이 갖고 있는 독특한 규범을 말한다. 특정 기업이 어떤 국가나 지역에서 경영활동을 하려는 이유가 그 지역만의 독특한 규범 때문일 때가 있다. 조직문화는 조직구성원들이 공유하고 있는 신념과 가치 등을 말하는데, 기업마다 서로 다른 통제시스템을 구축하여 운영하는 것도 상이한 조직문화 때문이다. 관리스타일은 경영자(혹은 상사)의 태도(attitude)를 말하는데, 이 역시 통제시스템에 영향을 미친다. 어떤 경영자는 카리스마적이지만 또 어떤 경영자는 그렇지 않다. 또 어떤 경영자는 업무현장을 돌아다니면서 관찰하거나 이야기를 나누는데 시간을 많이 할애하는 반면 또 다른 경영자는 제출된 보고서를 검토하는데 많은 시간을 보내기도 한다. 비공식적 조직은 기업 내 공식적인 계층적 조직구조 상에는 나타나지는 않지만 관리통제 과정에 큰 영향력을 미치며, 비공식적 조직의 존재를 이해하지 않고서는 통제시스템을 이해할 수 없다. 의사소통은 조직 내 공식적인 정보채널(예를 들어, 예산이나 공식 문서 등)이 아닌 비공식적 정보채널(예를 들어, 대화)을 통해 이루어지는 정보유통 과정을 말한다. 의사소통은 조직목표를 공유하고 어떻게 행동할 것인지를 공유하는 과정이다

공식적인 요소로는 물리적 통제와 매뉴얼, 시스템보안 등이 있다. 물리적 통제(physical control)는 물류창고의 시건 장치나 컴퓨터의 암호 등과 같은 것이다. 매뉴얼은 업무수행 규칙을 말하며, 업무수행순서나 업무목표와 결과 간의 차이 허용수준 등이 이에 해당한다. 관료적 조직일수록 매뉴얼은 세분화되고 구체적이며, 조직규모가 클수록 더 많은 매뉴얼과 규범을 가지고 있다. 시스템보안은 정보흐름 상에 정보의 정확성 유지, 부정행위 예방을 위한 체계 등을 말하며, 이에는 거래에 대한 결제시스템, 합계와 세부항목의 크로스 체킹, 입금과 출금의 분리, 회계 및 업무감사 등이 있다.

02 조직행동 관련 주요 이론

2.1 대리인이론

2.1.1 대리인이론의 전개

소유와 경영이 분리된 오늘날의 기업형태에서는 의사결정권한이 전문적 경영능력을 소유한 경영자에게 위임되는 경우가 대부분이다. 기업의 의사결정권한이 전문경영자에게 위임되어 있는 경우 소유자와 전문경영자 사이에 이해관계가 서로 상충될 수 있다. 이와 같이 주인(principal)인 소유자와 대리인(agents)인 전문경영자 간의 대리인문제(agency problem)는 서로 간의 정보불균형(information asymmetry)에 의해 발생하게 되는데 대리인문제로 인하여 발생하는 비용을 대리인비용(agency cost)이라 한다.

많은 기업이론에서는 기업조직을 블랙박스로 취급하여 구성원들 간의 이해관계를 무시한 채 단순히 기업 전체의 이익을 극대화하고자 하는 단일의 조직체로 취급하였다. 이에 반하여 대리인이론(agency theory)에서는 기업조직을 계약관계의 집합으로

보고 있다(Fama 1980). 즉, 기업조직이란 조직구성원들이 각기 자기 자신의 이익극대화를 추구하며 이에 의해 동기유발이 되는 생산요소들 간의 계약관계의 집합이다(Jensen and Meckling 1976).

지난 20여 년 동안 대리인이론은 중요한 이론적 체계중 하나로서 대리인문제를 통제하기 위한 메커니즘이었다(Lambert 2001). 대리인이론은 정보시스템, 유인보상과 조직구성원들의 행동 사이의 연결 관계를 정확하게 살펴봄으로써 대리인문제를 통제하는 하나의 개념적 틀을 제공한다. 대리인이론은 정보경제학에 그 바탕을 두고 있으며, 정보의 가치는 그 정보를 사용함으로서 더 나은 의사결정을 할 수 있느냐에 따라 결정된다.

대리인이론은 크게 3가지 지류로 발전되어 왔다. 첫째는 Holmstrom을 중심으로 한 경제적 대리인모형이다. 이 모형은 정보불균형 하에서 대리인은 위임자가 거래비용 없이는 접근할 수 없는 사적정보를 소유하고 있고, 이 정보를 토대로 자신의 효용을 극대화하기 위한 이기적 행동유인을 가지고 있고, 법원에 의해 집행되는 계약당사자들 간의 고용계약은 포괄적이고 완전하다고 가정하며, 고용계약의 형태가 대리인 문제로 발생되는 대리인비용에 어떻게 영향을 미치는가에 대해 초점을 두고 있다.

둘째는 Williamson 등이 주장한 거래비용 경제학모형이다. 거래비용 경제학모형은 개별 경제주체들은 정보의 수집과 이에 대한 해석 등에 있어 능력상의 한계(제한된 합리성)로 인해 그들의 행위가 제약되는 동시에 계약 또한 계약비용과 법원의 불완전한 계약집행능력 때문에 불완전하다고 가정하고, 이러한 요인들로 인하여 협조적 결론(co-operative solution)을 도출하지 못할 수도 있음을 언급하고 있다. 일반적으로 거래비용 경제학모형은 사전적으로는 계약을 준비함에 있어 실질계약비용과 비효율적 계약의 기회비용을 포함하는 거래비용의 최소화와 사후적으로는 불완전한 계약 때문에 생기는 기회주의적 행동을 제한하는 통제과정(governance procedure)을 중시한다.

셋째는 Jensen-Meckling이 중심이 된 재무적 대리인모형이다. 재무적 대리인모형은 거래비용과 이기적 행위를 강조하는 점에서는 거래비용 경제학모형과 유사하나 주어진 계약 하에서 계약당사자들 간에 발생하는 유인문제를 파악하고 고용 및 재무계약이 대리인의 의사결정과 기업의 가치에 미치는 영향을 중시한다. 따라서 재무적 대리인모형에서는 경영자 노동시장과 자본시장의 효율성이 특히 강조된다.

2.1.2 도덕적 해이와 역선택

대리인이론에서 대리인 문제는 근본적으로 위임자와 대리인의 정보불균형으로 인해 발생하게 된다. 대리인 문제는 도덕적 해이(moral hazard)와 역선택(adverse selection)의 문제이다. 도덕적 해이는 위임자가 대리인의 행위를 관찰하기가 불가능하기 때문에 발생하는 비경제성의 문제이다. 이는 대리인이 자신의 대리행위가 위임자의 감시범위를 벗어났다고 판단할 때 자신의 이익을 위하여 의도적으로 위임자의 이익에 위배되는 행위를 하는 것이다. 이는 대리인은 위임자가 제공하는 보상계약으로 부터의 기대효용이 일반 노동시장에서 그가 얻을 수 있는 최선의 고용대체안보다 낮으면 보상계약에 응하지 않고, 대리인은 위임자가 대리인의 행동 또는 노력수준을 직접 관찰할 수 없다는 사실을 충분히 인식하고서 대리인 자신의 효용극대화를 위하여 행동하는 것을 의미한다. 한편 대리인의 보수를 성과에 의해 결정된다고 가정했을 때 성과는 대리인의 노력과 외생적 상황에 의해 나타나게 된다. 이러한 상황에서 대리인은 고의적으로 노력을 게을리 하고, 실제 성과가 나쁘게 나타나는 경우 그 원인을 자신에게 돌리지 않고 외부적 상황 탓으로 전가할 것이다. 이와 같이 대리인의 노력투입정도를 위임자가 직접 관찰할 수 없는 경우, 노력에 대한 불완전한 정보를 기준으로 보상계약을 체결할 때 발생하는 동기부여문제를 도덕적 해이라고 한다.

역선택은 대리인에 관한 정보의 부재 또는 각 경제주체의 상이한 정보수준으로 인하여 위임자와 대리인이 다 같이 경제적으로 손실을 경험하게 되는 것이다. 위임자가 성과를 관찰할 수 있다고 하더라도 대리인은 자신의 사적 정보(private information)를 이용하여 자신에게 유리한 방향으로 위임자에게 보고하려고 할 것이며, 이로 인하여 경영자의 노력이 과연 적절했는지를 알 수 없게 되는 상황을 의미한다. 좀 더 쉬운 예를 들면, 대리인의 능력에 관한 정보가 부족하여 대리인의 능력에 비해 높은 보수를 지급하거나 혹은 대리인을 선택함에 있어 능력이 부족한 쪽을 선택하는 것을 가리킨다. 말 그대로 최상의 선택이 아닌 역선택이 이루진 셈이다.

대리인 문제는 기업에서 소유자와 경영자 간의 관계에서 뿐만 아니라 분권화된 조직 내에서 의사결정권이 위임되어 있는 경우 한 쪽의 행동이 성과가 나타날 확률에 영향을 미치는 모든 관계에 적용된다. 대리인이론을 이해하기 위해서는 수학적 배경지식이 무엇보다 필요한데, 이는 본서의 범위를 벗어난다. 관심이 있다면 정보경제학이나 관련 논문들을 참고하면 좋겠다.

2.2 상황이론

2.2.1 상황이론의 전개

조직행동을 설명할 수 있는 많은 이론들 가운데 상황이론(contingency theory)의 관점이 통제시스템 연구에서 많이 적용되고 있다. 상황이론은 현실적으로 많은 기업들이 서로 상이한 조직구조와 통제시스템을 가지고 있는데 모든 상황에서 모든 조직을 통제할 수 있는 유일한 통제방법은 없다는데서 출발한다. 조직은 서로 다른 내외적 경영환경에 직면해 있기 때문에 다양한 경영환경의 맥락이 조직의 경영활동과 통제방식에 어떻게 영향을 미치는지에 관심을 가지고 있다. 따라서 상황이론은 조직 내 통제활동을 분석할 수 있는 틀이라 볼 수 있다. 왜냐하면 다양한 MCS의 현상들이 다양한 상황변수에 영향을 받은 결과이기 때문이다(Paaso 2013). 일반적으로 상황변수는 외부의 경영환경이나 기술, 조직규모 등이라고 보고 있지만 선행연구에 따르면 그 외에도 국가의 문화와 전략 등도 상황변수로 많이 사용되고 있다.

Hambrick and Lei(1985), Fisher(1995)는 MCS가 성과에 어떤 영향을 미치는지 살펴볼 수 있는 세 가지 입장이 있다고 하였다. 첫째는 기업이 처한 환경이 그 기업에 특수한 것이기 때문에(situation-specific) 어떤 조직에서 관찰된 결과를 모든 조직에 이론적으로 일반화할 수 없다는 입장이다. 두 번째는 기업이 처한 환경 요인들이 성과에 미치는 영향은 본질적으로 법률과 같은 것(law-like rules)이기 때문에 언제 어디서든지 모든 조직에 적용할 수 있다는 보편성(universalism)의 입장이다. 그러나 실증적인 선행연구의 결과가 일치하지 않거나 모순되기도 한다는 점에서 이러한 보편주의적 접근방식을 이용한 연구설계는 적합하다고 보긴 어렵다. 마지막 세 번째는 위의 두 가지 입장의 중간에 위치한다고 볼 수 있는데, 연구결과의 일반화는 기업이 처한 환경의 수준에 따라서 달라진다는 상황적(contingency) 입장이다.

Gordon and Miller(1976)가 효과적인 관리회계시스템(management accounting systems; MAS)의 구축에 있어 상황이론의 유용성을 제안한 이래, 조직이론 분야에서 발전된 상황이론의 틀과 연구성과는 관리회계 분야에도 활용되기 시작하였다.[6] 관리회계 연구에서 상황이론의 기본가정은 환경, 기술, 조직특성 등의 상황요인이 서로

---

6) 관리회계(management accounting), 관리회계시스템(management accounting systems), 관리통제시스템(management control systems) 등이 때로는 혼용되어 사용되기도 한다. 관리회계는 예산수립이나 제품원가계산 등과 같은 실무기법의 집합체라고 볼 수 있고, 관리회계시스템은 어떤 목표를 달성하기 위하여 관리회계기법을 체계적으로 사용하는 것을 말한다. 관리통제시스템은 관리회계시스템 뿐만 아니라 개인 혹은 동류통제를 포함하는 더욱 포괄적인 개념이다(Chenhall 2003).

다른 기업조직에서 어떠한 경우에나 어느 조직에서나 효과적으로 적용할 수 있는 MAS는 존재하지 않으며, 그 결과 MAS의 설계는 기업의 특유한 상황요인에 따라서 결정되어야 한다는 것이다.

MAS는 조직의 사건에 대한 정보를 인식하고 측정해서 보고하고 분석하는 체계적인 과정으로 외부 환경요소들을 고려하여 설계되며, 조직구조나 경영자들의 의사결정과 일관성을 유지하여 성과를 증진시키기 위해 설계된 시스템이다. 이러한 MAS는 기업이 직면하고 있는 외부환경, 기술, 규모 이외에도 내부변수인 조직구조의 특성에 의해서도 영향을 받을 것이라고 가정한다. 왜냐하면 MAS가 기업의 내부통제시스템 가운데 하나이므로 조직구조의 특성도 MAS에 영향을 미치는 내부 환경으로 볼 수 있기 때문이다. 그리고 이러한 상황변수와 MAS가 제공하는 정보특성 간의 상호관련성을 분석하여 MAS를 보다 유용하게 사용할 수 있다.

2.2.2 상황이론의 기본 모형

상황이론의 기본적인 연구모형은 상황변수와 조직특성 변수, 조직유효성 변수 등으로 구성되어 있다. 상황변수는 조직을 둘러싼 상황의 특성을 나타내는 일반적인 환경, 기술, 규모 등을 의미한다. 조직특성 변수는 조직의 내부특성을 나타내는 조직구조, 관리체계 등을 의미하고, 조직유효성 변수는 조직의 성과 또는 능률을 나타내는 변수를 의미한다. 각 조직의 상황에 따라 조직특성을 적합하게 개발하는 경우에만 조직의 유효성을 증가시킬 수 있을 것이다. 상황이론의 기본 모형은 [도표 3-1]과 같이 나타낼 수 있다.

[도표 3-1] 상황이론의 기본 연구모형

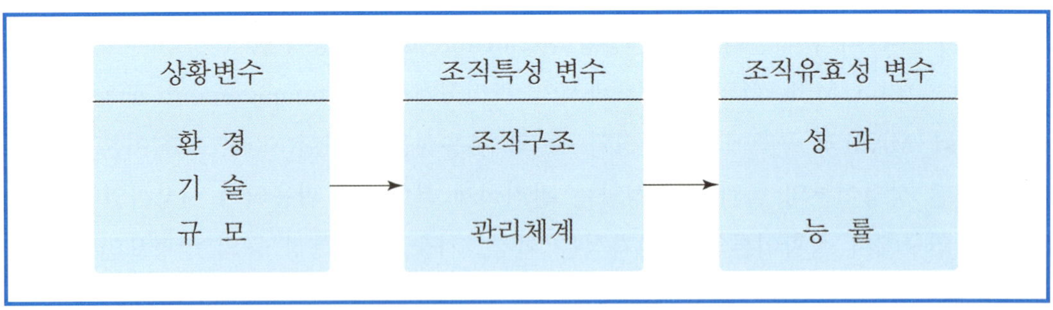

상황변수는 일반적으로 환경과 기술, 규모로 본다. 이들 세 변수로 표현되는 상황과 조직특성의 적합성이 조직의 유효성을 결정한다는 기본적인 사고를 가지고, 상황과 조직특성 간의 적합한 관계를 다루고자 하는 것이 상황이론이다. 이는 모든 상황에서 모든 조직에 유효성을 가져오는 유일한 조직이론은 존재하지 않는다는 것을 의미한다. 따라서 각 조직의 상황에 따라 조직특성을 적합하게 개발하는 경우에만 조직의 유효성을 증가시킬 수 있을 것이다. 각 상황변수에 대해 좀 더 구체적으로 살펴보기로 하자.

첫째, 조직은 여러 가지 환경요인과 더불어 존재하며 또한 조직과 그 환경은 상호의존적이다. 조직의 생존에 있어서 가장 중요한 것은 환경의 변화에 적응하고, 이러한 변화에 능동적으로 대처하는 것이다. 그러나 환경의 범위가 너무 넓고 복잡해서 조작화하기가 어렵다. 일반적으로 환경은 외부환경과 내부환경으로 구분된다. 외부환경이란 고객이나 경쟁사 등과 같이 조직 밖에 존재하면서 조직의 전략수립, 조직설계 및 조직관리에 영향을 주는 환경을 말하고, 내부환경이란 리더십이나 이사회의 구성 등을 말한다. 그런데 여기에서 말하는 환경은 외부환경을 의미한다. 조직의 외부환경은 조직의 의사결정이나 투입 및 산출의 변환과정에 영향을 미치는 정도에 따라 일반환경과 과업환경으로 구분할 수 있다. 일반환경은 사회내의 모든 조직에 일반적으로 영향을 미치는 것으로서 그 범위가 넓고 조직에 미치는 영향이 간접적인 특성을 갖고 있다. 한편 과업환경은 한 조직이 전략수립 및 목표달성에 관한 의사결정을 내릴 때 직접적으로 영향을 미치는 환경으로서 개개의 조직에 따라 고유하게 나타나는 환경이다.

둘째, 기술이란 조직이 업무를 수행하는 과정에서 투입물을 산출물로 변화시키는데 사용되는 지식, 도구 등을 의미한다. Perrow(1970)는 과업의 다양성과 문제의 분석가능성에 따라 기술을 일상적 기술, 장인기술, 공학적 기술, 비일상적 기술 등으로 분류하였다. Thompson(1967)은 단위작업 간의 상호의존성에 따라 기술을 장치형 기술, 공학적 기술, 집약형 기술 등으로 분류하였다. 그리고 생산자동화 기술의 수준에 따라 기술을 대량생산기술과 유연제조기술(flexible manufacturing technology)로 분류하기도 한다. 이와 같이 조직기술은 생산기술의 복잡성이나 수준, 업무의 다양성 및 단위작업 간의 상호의존성 등의 기준에 따라 분류된다.

셋째, 규모는 기업 상황의 내부적 특성요소이며, 조직규모에 대한 정의는 연구의 목적에 따라 다양하게 이루어진다. 조직규모는 조직이론이나 관리회계 연구에서는 일반적으로 종업원의 총수로 정의된다(Bruns and Waterhouse 1975). 그러나 종업원의 총수는 오로지 상근 근로자만으로 구성된 경우에만 적절한 측정치가 될 수 있다.

조직규모는 조직구조에 영향을 미치는 가장 근본적이고 중대한 상황변수이다. Lawrence and Lorsch(1967)는 규모가 조직설계 방식과 MAS의 사용에 영향을 미친다고 하였다. 이것은 규모가 통제시스템의 선택과 활용에 영향을 준다는 것을 의미한다. 대규모 기업에서는 많은 정보와 측정의 문제들이 발생한다. 일반적으로 조직의 규모가 커지면 전체적으로 의사소통의 단계가 많아지게 되고, 통제의 폭이 넓어짐으로 인해 다양한 정보에 대한 요구가 생겨나고, 더 정교하고 복잡한 통제시스템을 필요로 하게 된다. 선행연구들에 의하면 종업원이 많은 대규모 기업들은 소규모 기업에 비해 더 복잡한 의사소통 및 통제 구조를 가지고 있으며, 이는 측정과 정보, 불완전한 의사소통과 관련된 문제를 발생시킬 수 있다. 이와 같은 문제를 해결하기 위해 조직규모가 큰 기업들은 객관적인 지표나 결과물로 빠르고 효과적으로 조직을 통제할 수 있는 시스템을 필요로 한다.

조직특성 변수에는 조직구조와 관리체계가 있다. 이중 가장 보편적으로 알려진 것이 조직구조인데 조직구조는 조직의 구성요소 간에 확립된 관계의 유형이라고 정의할 수 있다. 조직구조의 하위변수에는 공식화(formalization), 복잡성(complexity) 그리고 집권화(centralization) 등이 있다(Robbins 1983).

첫째, 공식화란 조직 내의 직무가 표준화되어 있는 정도를 의미하고, 조직구성원 및 조직 관련자들이 언제, 무엇을, 어떻게 해야 하는가를 규정하고 명시한다. 공식화는 조직에 참여하는 사람들의 행위와 태도를 규제한다. 따라서 직무가 고도로 공식화되어 있다면 그것은 구성원이 직무를 수행하는데 있어서 이미 정형화된 규정에 따라 업무를 수행해야 하므로 재량권이 아주 낮다는 것을 의미한다. 둘째, 복잡성이란 조직 내에 존재하는 분화의 정도(degree of differentiation)를 의미하는 것으로 수직적 분화와 수평적 분화의 정도를 개념화한 것이다. 수평적 분화는 단위 부서 간의 수평적 분열을 의미하고, 수직적 분화는 조직의 깊이, 즉 조직 내의 계층의 수를 의미한다. 수직적 분화가 크면 클수록 권한 계층은 더욱 많아져서 조직이 복잡성을 띠게 된다. 그리고 조직의 복잡성이 높으면 높을수록, 의사소통이나 조정 혹은 통제가 어려워진다. 셋째, 집권화란 의사결정권이 조직 내의 한 지점에 집중되어 있는 정도를 의미한다. 조직의 경영자에게 의사결정권이 집중되어 있으면 집권화의 정도가 높은 것이고, 하위부서에 의사결정권이 있으면 분권화되어 있다고 할 수 있다. 이러한 하위변수의 요인에 의해서 조직구조가 형성된다. 조직구조는 Burns and Stalker(1961)가 제시한 기계적 조직(mechanistic organization)과 유기적 조직(organic organization)으로 구분할 수 있다. 기계적 조직구조는 집권화, 공식화, 전문화의 정도가 높은 반면, 유기적 조직구조는 집권화, 공식화, 전문화의 정도가 낮은 특성을 보인다.

마지막으로 조직유효성 변수로는 성과와 능률이 있다. 성과와 능률이라는 개념의 구분은 명확하지 않지만 일반적으로 성과는 설정된 목표를 얼마나 달성했는지를 나타내는 것으로 목표의 달성정도를 의미하고, 능률은 투입 대비 산출의 개념으로 목표달성을 의해 투입된 자원에 대한 산출물의 비율로 나타낼 수 있다. 성과와 능률사이에는 약간의 개념차이가 존재하지만 성과와 능률은 상호보완적인 개념이다.

재무제표상의 재무성과는 객관적이라는 장점이 있지만 각 기업마다 서로 다른 회계처리방법을 사용하고 있기 때문에 이를 기준으로 단순히 성과를 비교하는 것은 문제가 있다. 설문지에 의한 방법은 응답자들이 인지하는 성과를 측정하는 것으로 산업의 종류가 성과에 미치는 효과를 통제할 수 있도록 해준다. 여러 산업에 걸쳐있는 기업을 함께 연구하는 경우 재무성과와 같은 객관적 측정치로 성과를 비교하면 산업별로 사업성과 차이를 반영할 수 없는 문제가 있으므로 이 경우에는 설문지를 통한 인지적 성과를 이용하는 것이 유용할 수 있다. 그러나 인지적 성과는 응답자의 주관적인 판단이 반영되기 때문에 그 경영성과를 객관화하기 어렵다는 문제점이 있다. 한편 어떤 방법으로 측정하든지 어떤 시스템이 도입된 후에는 일정 기간이 지나야 그 효과가 나타나는 것이 일반적이다. 따라서 선행연구에서는 그러한 시차(time lag)를 고려하여 시스템 도입 3년 후의 성과를 측정하기도 한다.

2.2.3 상황이론의 틀

상황이론은 다양한 환경의 변화에 효율적으로 대응하기 위해 조직이 갖추어야 할 특성에 대해 규명하고자 하는 이론이다. 즉, 상황이론은 조직이 통제할 수 없는 상황변수가 조직특성 변수인 조직구조나 관리체계에 영향을 미치고, 그 둘 간의 관계가 조직유효성 변수인 성과에 미치는 영향을 밝히고자 하는 이론이다. Otley(1980)는 상황이론의 틀(framework)에서 필요한 최소한의 요건을 [도표 3-2]와 같이 제시하였다.

[도표 3-2] Otley(1980)의 상황이론 틀

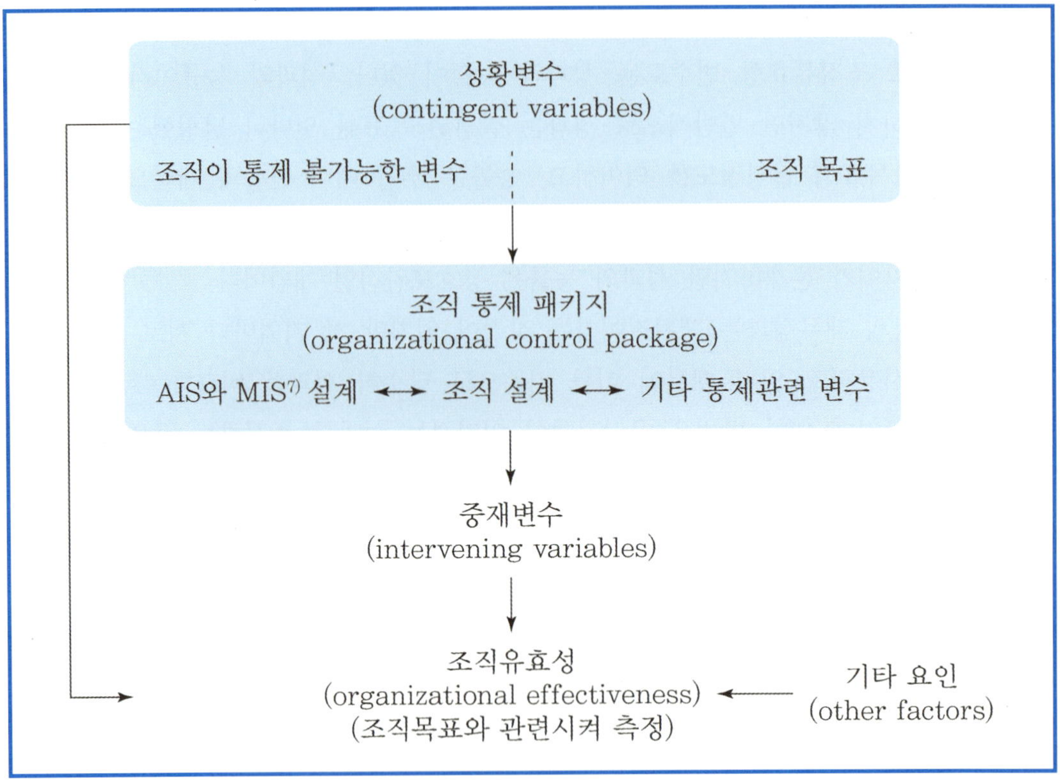

Otley(1980)가 제시한 상황이론의 틀을 보면 상황변수는 적어도 단기간에는 조직의 영향을 받지 않는 것이라 보고 있다. 상황변수는 조직이 추구하는 목표와 경영환경에 적합한 조직 통제 패키지를 설계하는데 영향을 미친다. 중재변수는 실제 성과로 나타날 것이라 추정된 조직유효성의 대용치라 볼 수 있다. 그 대용치가 실제로 성과로 나타나는 과정이 복잡하고 여러 부서들이 관계되어 있어 분리시킬 수 없기 때문에 상황이론모델에서는 교란(disturbance)이 발생하게 된다. 이러한 교란은 기타 요인(other factors)으로 표시되어 있으며, 가능한 충분히 설명되어야 하고 통제되어야 한다. 즉, Otley(1980)가 제시한 상황이론의 틀은 조직이 의도된 결과를 얻기 위하여 어떻게 MCS를 상황에 맞게 조정하는지를 살펴보는 것이다.

7) AIS는 회계정보시스템(accounting information system), MIS는 경영정보시스템(management information system)을 의미한다.

그러나 상황이론을 이용한 대부분의 후속연구들은 Otley의 틀을 엄격하게 따르진 않고 있으며, MCS나 성과에 영향을 미치는 상황변수들에 대해서 관심을 가지고 있다. 예를 들어, Chenhall(2007)은 상황변수의 범주에 경영전략과 기술을 포함시키고 있는데, 이것은 최소한 중장기적으로 보면 조직의 영향을 받는 변수들이다. 또한 Otley의 틀은 상황변수와 성과 간의 관계는 MCS에 의해 매개된다고 보고 있지만 항상 그런 것은 아니다. 실제 Bisbe and Otley(2004)와 같은 연구에서는 MCS가 상황변수와 성과 간의 관계를 조절하는 것으로 보고 있다.

이러한 매개와 조절이라는 말은 적합도(fit)와 관련된 것이다.[8] 상황이론모형은 경영환경과 MCS 간의 적합관계가 경영성과에 어떤 영향을 미치는지를 살펴보기 위한 것이다. 여기서 적합도라는 개념은 상황이론모형에서 광범위하게 사용되고 있으며, 적합도가 높을수록 성과가 높을 것이라고 본다. 그 관계를 살펴보면 [도표 3-3]과 같다.

[도표 3-3] Junqueira et al.(2016)의 상황이론과 적합관계

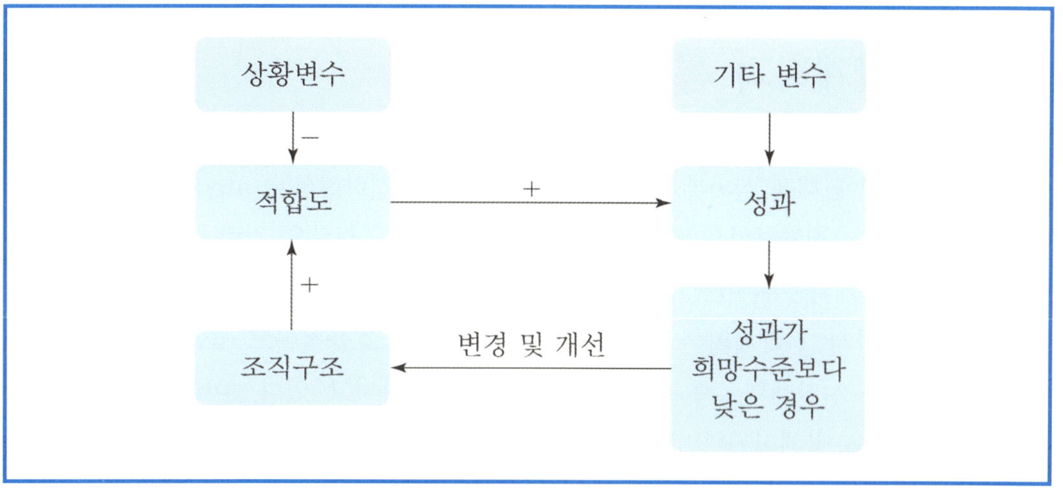

[도표 3-3]을 보면, 상황변수와 조직구조, 상황변수의 변화와 조직구조의 변화 간의 연결 관계 그리고 적합도, 세 가지 요소로 구성되어 있다. 먼저 조직은 원래 상황변수에 적합한 구조를 가지고 있거나 혹은 이미 그 구조의 조정이 이루어져 있다고 가정한다. 그러나 상황변수의 변화가 이루어졌다면 기존의 조직구조와는 부적합한 관계, 즉 음(−)의 관계가 된다. 이 경우 성과는 감소하게 될 것이고, 따라서 조직은 상황변수에 적합하도록 조정된 새로운 구조를 갖추면서 성과도 회복하는 것을 목표하는

8) 매개변수와 조절변수, 매개효과와 조절효과에 대해서는 4장에서 구체적으로 다룬다.

적응형 변화(adaptive change)로 나아가게 된다(Junqueira et al. 2016).

MCS는 조직의 환경에 적합하도록 구성되어야 하며, 성과의 정도는 상황변수의 변화에 적응하는 조직의 능력에 달려있다. 따라서 조직은 성과가 극대화되도록 경영환경에 대한 적응 기간을 거치게 된다. 그러나 상황변수의 수준이 변화되면 상황변수와 조직구조 간의 부적합(misfit)으로 인한 손실이 유발되며, 또한 이러한 변화를 감지하여 경쟁력을 유지할 수 있도록 하는 관리능력을 상실하게 된다. 예를 들어, Chenhall(2003)은 상황이론을 이용한 선행연구들을 검토한 결과 차별화전략을 사용하는 기업보다 원가우위전략을 사용하는 기업이 공식적인 MCS와 전통적인 경영관행을 더 많이 사용한다고 주장하였다. Dent(1990)는 경영전략과 MCS 간의 관계를 연구하였는데, 연구결과를 보면 경쟁력 확보를 위해서는 경영전략과 MCS 간의 조정이 반드시 필요하고, MCS는 경영전략의 변화 과정에도 적극적인 역할을 하는 것으로 나타났다.

03 전략계획과 통제 활동

앞서 전략계획에 대해 살펴본 바가 있다. 전략계획과 전략형성(strategic formulation)은 다른 개념이다. 전략형성은 조직목표를 달성할 수 있는 새로운 전략을 결정하는 과정을 말하며, 전략계획은 주어진 전략과 목표를 어떻게 달성할 것인가에 대한 결정 과정을 말한다. 따라서 전략계획은 주어진 전략과 목표를 효율적이고 효과적으로 달성할 수 있는 절차와 시간계획, 즉 연차적인 실행계획을 가지고 있다. 이러한 실행계획은 예산을 통해 더욱 구체화된다.

[도표 3-4] 전략계획과 통제 활동의 연계

	전략계획		예산		성과
전략대안 A →	전략계획 A				전사적 성과
전략대안 B		→	운영예산 재무예산 자본예산	→	부문별 성과
전략대안 C					프로젝트별 성과
전략대안 D →	전략계획 D				개인별 성과
주요 이슈	• 경영환경 • 경영전략 • 조직특성 • 개인특성		• 참여예산 • 예산슬랙 • 성과평가 • 전략적 MCS • 통제패키지		• 조직역량 • 조직시민행동 • 재무성과와 비재무성과 –균형성과 –성과정보의 이용 • 보상

[도표 3-4]를 보면, 조직 내 공식적인 절차를 통해 전략대안 A, B, C, D가 제시되었으며, 각 전략대안의 평가를 통해 전략계획 A와 D가 최종 결정되었다. 이러한 결정 과정에서는 각 대안별 수익과 비용, 그리고 각 대안의 비재무효과 등이 큰 영향을 미치게 된다. 예산에서는 각 전략대안을 고려하여 운영예산과 재무예산(현금예산과 예산재무상태표)을 편성하며, 필요한 경우 전략대안을 평가하는 과정에서 자본예산의 기법들을 이용하게 된다. 이 과정에서 다양한 요인들이 영향을 미치게 되는데, 전략대안의 평가나 전략계획의 수립과정에서 해당 기업의 경영환경, 경영전략, 조직이나 구성원들의 특성 등이 고려대상이 된다. 또한 관리적인 차원에서도 다양한 관련 이슈들이 고려되어야 한다. 예를 들어, 예산 분야에서의 주요 이슈는 참여예산과 예산슬랙과 관련된 것이다. 또한 전략계획의 실행에 의한 목표달성의 여부, 즉 성과평가와 관련된 것이다. 성과 분야에서 주요 이슈는 균형성과표, 성과정보의 이용, 보상 등이다. 이하에서는 예산과 성과평가에 대한 주요 이슈에 대해서 살펴보기로 한다.

04 예산

4.1 참여예산

예산(budget)이란 기업이 미래의 불확실성에 대처하기 위하여 사전에 계획을 수립하고 계획을 화폐 가치로 표현하는 것을 의미한다. 예산은 조직의 목표를 설정하고 한정된 자원을 효율적으로 배분한다는 측면에서 중요하게 인식되어왔다. 예산은 조직 내의 갈등을 해결하기 위한 협상 과정으로 간주되며, 또한 부문 및 경영자의 성과를 통제하고 평가하는 수단으로 검토되고 있다. 예산통제는 조직 활동에 관한 많은 제약요소에 비추어 실행가능한 활동을 계획하고, 조직 내의 서로 다른 이해관계자 간의 갈등을 해결하는 공식적인 메커니즘으로 작용한다. 그러므로 예산통제는 그 자체가 충분하지 않다고 하더라도 효과적인 조직의 통제를 확립하는데 있어서 중요하다고 할 수 있다.

예산의 역할은 계획기능과 통제기능, 조정기능 세 가지로 볼 수 있다. 먼저 예산은 미래에 대한 불확실한 상황을 예측하고 대비하게 하는 계획기능과 성과를 평가하여 피드백을 제공하는 통제기능을 한다. 그리고 예산은 편성과 실행과정에서 기업 내의 수직적, 수평적 의사전달 기능을 수행하고, 이러한 의사전달 과정을 통하여 기업 전체의 목표를 달성하기 위한 각 부문의 목표설정 관계를 조성함으로써 부문 간 또는 부문과 기업 전체 간의 목표를 조화시키는 조정기능을 한다(Horgren et al. 1994).

예산을 편성하는 대표적인 방법으로 참여예산(participative budget)이 있다. 참여예산에서는 부문관리자 또는 하위계층의 조직구성원들이 예산과정에 참여하여 자신의 업적평가 기준으로 이용될 예산목표의 설정에 영향력을 행사한다. Argyris(1953)가 Harvard Business Review에 실은 'Human Problems with Budgeting'에서 하위자가 예산편성에 참여하면 예산활동으로 파급되는 부작용을 미리 방지할 수 있을 뿐만 아니라 참여적 예산편성은 조직에 큰 보탬이 된다는 결론을 내린 이후 참여예산은 관리회계 분야에서 연구자들의 주요 주제 가운데 하나가 되었다.

참여예산에서는 현실적인 예산을 편성하고, 모든 관리자들이 서로를 이해하고 조직을 이해할 수 있도록 민주적 접근법을 따른다. 따라서 모든 계층의 관리자들이 예산편성과정에 적극적으로 참여하며, 그 예산편성과정은 종업원들이 최종 예산을 수락할 때까지 계속된다. 참여예산에 있어서 주된 관심은 예산참여자들의 성과를 최대화하고 그들의 성과기대치를 진실하게 보고하도록 동기부여하는 것이다(Chow et al. 1991).

일반적으로 대부분의 조직에서 하위자는 자신의 업적에 영향을 미치는 요인에 대해 상위자보다 정확한 정보를 가지고 있다. 예를 들면, 하위자는 자신의 업적수행능력과 기대 노력(expected effort)에 대해 상위자보다 더 정확한 정보, 즉 사적 정보(private information)를 소유하고 있다. 이런 사적 정보는 조직 내의 생산성을 향상시켜줄 잠재력을 가질 수 있다(Lammers 1967). 만약 상위자가 예산편성 이전에 하위자가 사적 정보를 소유하고 있다는 사실을 알고 있다면 예산편성 과정에 하위자를 참여시킴으로서 예산목표를 달성하도록 하위자를 동기부여시킬 뿐만 아니라 성과도 증진시킬 수 있다. Locke and Schweiger(1979)는 200여 편이 넘는 참여의사결정에 관한 연구들을 검토하여 '하위자의 지식은 참여의사결정의 유용성을 결정하는 유일하고도 가장 중요한 상황적 요소(contextual factor)'라는 결론을 내렸다. 회계연구가들의 견해도 대체로 이와 일치한다.

참여예산의 긍정적인 효과는 다양한 연구에서 강조되고 있다. 종업원들이 직접 참여한 집단의 성과가 종업원 대표들만 참여한 집단보다 성과가 더 높았다. 또한 계획활동에 관한 일련의 실험에서 계획 및 예산수립 과정에 부문 관리자들을 참여시키는 실험결과에 의하면 관리자들은 자신들의 참여로 작성된 계획에 따라 업무를 수행할 때 더 생산적이며, 자신의 직무에 더욱 만족하고 성취감과 책임감도 더 크게 느끼는 것으로 나타났다. 그 외에도 예산과정에의 참여가 직무만족, 직무성과, 동기부여, 직무태도, 사기, 그리고 업적 등에 긍정적인 역할을 하는 것으로 나타나고 있다. 이러한 기존문헌들의 연구결과가 시사하는 바는 참여가 예산의 수용가능성을 제고시키고 또한 질적으로 더 나은 의사결정에 이르게 할 수 있으며, 그 자체가 하나의 통제 도구로서의 기능을 수행한다는 것이다.

4.2 예산슬랙

4.2.1 예산슬랙의 개념

실무에서는 하급자들이 감독자보다 우월한 정보를 가지고 있는 경우가 많다. 하급자들이 참여예산 편성시 자신이 알고 있는 정보를 이용하여 예산목표와 기대성과를 일치시킬 수 있으므로 예산의 계획기능이 좀 더 효율적으로 작동한다. 그러나 예산을 근거로 한 업적평가의 결과가 인사이동이나 금전적 보상액의 결정에 반영되는 보상제도 하에서는 조직구성원들이 예산슬랙(budgetary slack)을 만들 유인을 가질 수 있다.

예산슬랙이란 예산설정 과정에서 의도적으로 정보를 왜곡하는 것과 관련된 것으로 수익예산의 과소 진술이나 비용예산의 과대 진술로부터 발생하는 것이다. 즉, 하위자들은 자신이 요청한 것보다 낮은 예산 금액이 할당될 것을 우려하여 실제보다 더 큰 금액을 상위자에게 보고할 수 있다. 또한 자신이 보고한 자료가 자신의 성과평가 기준으로 사용된다고 믿는 경우 하위자들은 달성하기 쉬운 예산이 설정되도록 예산에 슬랙을 끼워서 보고하려고 할 것이다.

사실, 하위자 개인의 측면에서 보면 하위자가 참여를 한다는 것은 자신의 후속 작업을 평가하는 작업표준을 선택하는 것을 의미한다. 일반적으로 상위자는 생산성을 증가시키기 위해 하위자가 낮은 작업표준보다는 높은 작업표준을 선택하는 것을 선호하지만, 만일 하위자가 자신의 생산능력에 관한 사적 정보를 가지고 있다면 생산능력을 허위로 보고하려는 기회를 갖게 된다. 이때 상위자가 하위자의 생산능력을 알지 못한다면 상위자는 적어도 단기에 있어서는 하위자에게 보다 높은 표준을 선택하도록 직접 압력을 가할 수는 없게 된다.

이와 같이 하위자에게 자신의 성과평가에 이용될 작업표준을 선택할 기회가 주어지는 경우 성과평가를 유리하게 받기 위하여 생산능력을 적게 보고하는 것을 예산슬랙이라 한다. 일반적으로 예산은 생산량, 매출액, 이익, 원가에 대해 설정된다. 예산편성 과정에 참여하는 하위자가 예산편성을 할 때 생산량, 매출액, 이익에 대해서는 자신의 능력보다 낮게 보고하고, 원가에 대해서는 자신이 달성할 수 있는 수준보다 높게 보고하려고 하는데, 이때 능력수준과 보고수준의 차이 금액 또는 차이 수량을 예산슬랙이라 한다.

참여예산 편성시에 예산슬랙이 발생한다는 증거는 여러 연구에서 나타난다. Christensen(1982)은 더 많은 정보를 가지고 있는 하위관리자와 더 적은 정보를 가지고 있는 상위관리자 사이에 참여가 이루어지고, 하위자의 정보가 그의 성과평가 표준으로 사용될 때 하위자는 허위로 보고하려는 유인을 갖게 된다는 것을 알아냈다. Jennergren(1980)과 Loeb and Magat(1978)은 단일기간 모형에서 만일 본부 관리자가 사기(cheating) 발생 여부를 탐지해내는 방법을 갖고 있지 않다면, 사적 정보를 가지고 있는 부문은 자기 부문의 생산능력을 허위로 보고한다는 사실을 밝혀냈다.

4.2.2 예산슬랙의 발생원인

초창기의 선행연구에서는 주로 예산 설계를 환경 또는 업무의 불확실성, 유연한 관리체계와 같은 비회계적인 요소와 관련하여 조사해 왔으나, Davila and Wouters(2005)의 연구에서는 예산슬랙의 창출이 원가회계-예산시스템, 즉 회계시스템의 설계와 밀접한 관련이 있다는 연구를 실시하기도 하였다. 그들이 제시한 예산슬랙의 창출 요인은 기업의 예산프로세스이다. 기업의 관리자가 비재무적 목표를 달성하는데 유연성을 가지면, 이때의 예산프로세스에서는 예산슬랙을 촉진하게 된다는 것이다. 또한 비즈니스 프로세스가 예상치 못했던 외부적인 사건에 직면할 때, 예산프로세스에서 예산슬랙을 발생시킨다는 것이다. 예를 들어, 예산시스템이 전통적인 준변동원가를 가정하게 되면, 실제조업도가 기대조업도 이상일 때, 예산시스템은 예산슬랙을 발생시키는 방향으로 설계되기 때문에 슬랙 발생이 증가한다는 것이다. 예산슬랙의 문제를 해결하기 위해 하급자의 성과를 보다 높게 유도하면서도 예산참여자들이 의사전달을 진실하게 하도록 동기부여하는 성과(보상)계약을 개발하려는 연구가 진행되었다. 예산슬랙의 창출원인으로 많이 언급된 것은 정보의 불균형, 보상계약의 형태(진실유도보상계약), 톱니효과 등이다.

첫째, 정보의 불균형(asymmetry of information)이다. 이것은 사적 정보의 존재 때문에 발생한다. 정보의 불균형이란 하위자와 상위자가 의사결정에 이용할 수 있는 정보의 양이 서로 다른 상태를 말한다. 즉, 한 대상에 대해 서로 상이한 정보를 갖고 있거나, 서로 상대방에 대한 정보는 모른 채 자신에 대한 정보만 가지고 있는 경우를 일컫는다. 대부분의 조직에서 하위자는 자신의 성과에 영향을 미치는 요인에 대해 상위자보다 정확한 정보를 가지고 있다. 정보 불균형 상태에서 예산슬랙이 설정되는 이유는 기회주의적 성향을 가진 부하들이 예산편성에 관련된 사적 정보를 조작하거나 정보를 충분히 제공하지 않기 때문이라고 볼 수 있다. 자신이 소유한 사적 정보가 자신을 평가하는데 사용되리라는 것을 알고 있을 때 하위자는 자신의 성과를 좀 더 유리하게 평가받기 위해 사적 정보를 왜곡되게 전달할 유인을 갖게 된다. 이러한 정보의 왜곡전달의 문제, 즉 슬랙의 창출은 보상제도가 예산과 연계되어 있고 하위자가 예산편성 과정에 참여하는 경우에 보다 현저하게 나타난다(Waller 1988). 만약 상위자가 예산편성 이전에 하위자가 사적 정보를 소유하고 있다는 사실을 알고 있다면, 예산편성 과정에 하위자를 참여시킴으로서 예산목표를 달성하도록 하위자를 동기부여시킬 뿐만 아니라 성과도 증진시킬 수 있다.

둘째, 진실유도보상계약(truth-inducing pay scheme)이다. 이것은 참여예산 편성

상황 하에서 예산참여자들이 자신이 소유한 개인적 정보를 이용하여 예산을 의도적으로 낮게 설정하고 그 예산을 쉽게 달성하려는 유인을 억제할 뿐만 아니라 성과를 극대화하도록 유인하는 예산을 기준으로 보상을 결정하는 계약을 말한다. 보상계약을 체결할 당시에는 상위자나 하위자는 최적의 성과표준을 알 수 없으나 하위자는 자신의 성과표준이 보상에 중요한 변수가 된다는 사실을 알고 있기 때문에 자신에게 가장 바람직한 성과표준을 설정하려고 한다. 따라서 상위자는 하위자에게 최적인 성과표준이 자신에게도 최적이 되는 보상계약시스템을 구축해야 한다. 보상계약시스템은 하위자가 특정 행동을 하기 전에 관찰가능한 신호를 보내주는 정보시스템의 역할을 한다. 이러한 보상계약시스템에 어느 정도 근접한 것이 Weitzman(1976)이 개발한 보상계약시스템이다.

셋째, 톱니효과(ratchet effect)이다. 톱니효과는 특정 수준에 도달한 소비 수준이 이전으로 되돌아가기 어려운 현상을 의미하는 용어다. 경제계획에 있어서 미래의 목표를 설정하기 위해 일반적으로 현재의 성과를 그 기준으로 삼는 것이 보편적인 특징이다. 현재의 성과로 인한 높은 보상은 미래에 보다 높은 보상을 얻는데 불리하게 작용한다. 왜냐하면 현재의 성과가 다음 기간의 표준을 설정하는 기준이 되기 때문이다. 표준보상시스템과 관련한 2가지 기본적인 유인문제가 존재하는데, 정적유인문제(static incentive problem)와 동적유인문제(dynamic incentive problem)가 바로 그것이다. 정적인 유인문제는 생산을 담당하는 예산참여자가 생산량이 적을 것이라고 상위자에게 확신시키고 달성하기 쉬운 낮은 목표와 상여금을 받는 것을 말한다. 따라서 정적인 유인문제는 목표를 허위로 보고하려는 성향을 가지게 된다. 동적인 유인문제는 상위자가 미래목표를 설정하는 기준으로 현행 업적을 이용하려고 하기 때문에 발생한다. 상위자는 차기 생산기간의 목표를 설정하는 기준으로 당기의 성과를 사용하기 때문이다. 이러한 현상을 톱니효과라고 한다.

05 성과평가

5.1 전통적인 성과평가의 문제점

"측정할 수 없는 것은 관리할 수 없다(you can not manage what you can not measure)", "기대하는 것을 얻는 것이 아니라 측정하고 점검하는 것을 얻을 수 있다(you get what you inspect, not what you expect)"라는 말은 관리회계 문헌에서 많이 인용되는 말이다. 성과평가란 기업이 사전에 설정된 표준, 예산 그리고 목표 등을 실제 결과와 비교하여 측정하고, 기업가치 증진에 공헌한 정도에 따라 보상의 정도를 결정하는 것이다. 성과평가를 기초로 조직구성원들에 대한 보상 제공 및 동기부여를 하고, 이를 통하여 조직의 능률과 효과를 향상시킬 수 있다. 성과평가가 제도화되어 주기적으로 활용될 때 이를 성과평가제도라고 한다.

성과평가시스템의 궁극적인 목적은 성과평가 그 자체에 있다기보다는 성과를 관리하고 향상시키는 데 있다. 성과평가 절차는 성과에 대한 기대를 전 구성원이 알 수 있게 해주고 개인이 업무를 얼마나 잘 수행하고 있는지 평가할 수 있도록 해준다. 모든 구성원들이 조직의 기대를 정확히 알고 업무를 어떻게 수행하는지 정확히 파악할 수 있어야 전체적인 조직의 성과가 향상된다. 그러나 전통적인 성과평가시스템은 많은 비판을 받고 있다. 전통적인 성과평가시스템은 투자수익률과 같은 단기적인 재무성과 달성에 치중하게 하고, 과거 지향적인 정보 제공에 중점을 두기 때문에 경쟁력 향상을 위한 장기적인 전략수립에 장애가 되고 있다. 전통적 성과평가시스템에 대한 문제점을 자세히 살펴보면 다음과 같다.

첫째, 전통적 성과평가시스템은 오늘날의 경영 현실에 부적합하다. 오늘날 주주와 투자자 등 외부이해관계자들은 전통적 성과평가시스템이 제공하고 있는 재무회계 정보보다 더 많은 정보를 원하는 추세이다. 즉, 조직의 가치창출 활동들은 기업 내에 있는 유형자산으로부터 이루어지지 않는다. 대신에 가치는 기업 내에 산재하는 여러 사람의 아이디어, 고객이나 공급자와의 관계, 핵심정보 데이터베이스, 혁신이나 품질과 관련된 기업문화 등에 있다. 전통적인 재무지표는 내부적인 성과기준에 입각하여 전기와 비교할 수 있도록 설계되었다. 이러한 측정기준들은 경쟁자, 고객, 품질, 직원과 관련된 문제나 기회를 사전에 알려주지 못한다.

둘째, 전통적 성과평가시스템은 미래 예측 능력이 부족하다. 재무지표는 결과 지향적 지표이므로, 이 결과를 달성하기 위해 어떤 것을 중요시하고 무엇을 실천하여야 하는지에 대한 방향 제시가 없다. 성과지표는 사후적인 결과평가의 측면과 함께 사전적인 동기부여의 역할을 하여야 한다. 성과달성을 위한 방향 제시가 없다면 동기부여의 효과가 줄어든다. 즉, 결과 지향적인 재무적 관점은 미래 예측능력을 갖고 있지 못하다. 이익과 비용에 대한 정보를 통해 경영자는 그동안 무슨 일이 일어났는지는 알 수 있지만 앞으로 더 나은 성과를 위해 어떻게 해야 하는지는 알 수 없다. 그래서 회사를 경영하기 위해 재무적 성과를 사용하는 것은 백미러만 보고 운전하는 것에 비유되기도 한다. 따라서 전통적 성과평가시스템은 과거의 성과만 반영할 뿐이지 현재나 미래의 경영성과나 기업가치를 제대로 나타내지 못하고 있다.

셋째, 전통적 성과평가시스템은 기능조직별 분리를 강화하는 경향이 있다. 재무제표는 기능조직별로 만들어진다. 개별 부서에서 보고서가 만들어지고 그것이 사업단위의 수치로 집계된다. 이러한 수치들이 합해져서 조직 전체를 나타내는 그림을 그려낸다. 이런 접근법은 많은 일들이 여러 기능조직에 걸쳐 이루어지는 오늘날의 조직에는 적합하지 않다. 오늘날에는 여러 기능조직으로 이루어진 팀이 현안 문제들을 해결하고 예전에는 상상할 수 없었던 방법으로 가치를 창출하고 있다. 전통적인 재무적 성과측정시스템은 이러한 관계들의 진정한 가치나 비용을 측정하지 못한다.

넷째, 전통적 성과평가시스템은 다양한 계층의 정보를 제공하지 못한다. 재무지표는 추상적인 회계수치이므로 현장에 있는 중간관리자 이하의 직원에게는 피부에 와 닿지 않을 수도 있다. 이에 비하여 비재무적 성과지표는 현장의 지표를 그대로 사용하므로 그 달성여부와 의미를 쉽게 이해하게 한다. 대부분의 관리자나 직원들은 재무지표와 같은 추상적인 정보를 이용하여 의사결정을 할 때가 많다. 조직 내의 모든 계층의 직원들은 실제로 일을 하는 데 활용할 수 있는 성과자료를 원하고 있으며, 이 정보는 그들의 일상적인 활동과 관련하여 제공되어야 한다.

다섯째, 전통적 성과평가시스템은 장기적 관점에서의 사고를 저해한다. 재무적 성과를 위주로 평가하는 것은 대개 단기적 목표에 치우치게 만들어 R&D 투자나 교육훈련, 고객서비스 등 미래 경쟁력을 보유하기 위해 기업이 중장기적으로 추구해야 할 목표를 간과하게 만드는 경향이 있다. 재무적 성과 그 자체가 반드시 단기적인 것은 아니다. 장기적 시야에서 재무적 성과를 평가할 수도 있다. 그러나 재무적 수치를 중심으로 평가하는 것은 단기간에 가시적인 실적을 보여주려는 경향에 빠지기 쉽게 한다.

즉, 장기적 관점의 가치창출을 희생시키고 단기적 수익에 초점을 두는 것은 조직 자원의 전체 최적화보다는 부분 최적화로 이어질 수 있다(Niven 2003).

여섯째, 전통적 성과평가시스템은 재무적 성과평가에는 고객과 경쟁사의 관점이 반영되어 있지 않아 그 기업이 속한 산업과 비즈니스에서 무슨 일이 어떻게 일어나고 있는지에 대해 알려주지 못한다. 재무적 성과지표는 애당초 주주와 세무기관에 보고하기 위해 만들어졌기 때문에 기업 외부가 아닌 내부에 초점을 두고 있으며, 내부적으로 설정된 표준에 기초하여 이전 시기와 비교되어 활용된다. 즉, 재무적 성과지표는 외부의 고객과 경쟁사 측면을 무시하고 내부에만 초점을 맞추고 있다(Eccles and Pyburn 1992). 따라서 경쟁회사의 성과와의 비교라든가 시장의 변화에 대한 충분한 정보는 담아내지 못하고 있다. 그러므로 재무적 성과평가는 사업 경영상의 경고신호를 제대로 제공하지 못한다는 취약점을 가지고 있다.

5.2 균형성과표

오늘날 정보나 지식과 같은 무형자산의 중요성이 커짐에 따라서 기업은 기존의 재무적 지표 외에 무형자산의 가치를 반영할 수 있는 비재무적 지표의 개발과 사용이 필요하게 되었다. 따라서 1980년대 후반부터 1990년대 초까지 재무적 지표 중심의 성과측정이 갖는 한계점을 극복하고 새로운 성과측정방법을 마련할 목적으로 Kaplan and Norton이 균형성과표(balanced scorecards; BSC)를 개발하였다. Kaplan and Norton(1992)은 과거 산업화 시대에 경쟁우위의 측정과 관리에 적합하였던 전통적인 재무적 성과측정시스템이 정보화 시대에 들어서면서 부적합하게 되었다는 것을 인식하고 BSC를 개발하였다. 즉, 산업화 시대에는 주로 유형자산을 효율적으로 관리하는 데에서 경쟁우위가 창출되었으나 정보화 시대에는 서비스 혁신, 유연성 또는 지식과 같은 무형적인 지표의 관리에서 경쟁우위가 창출된다.

BSC는 재무적 성과측정치의 한계를 극복하고 비재무적 성과측정치를 포함하여 전략의 효과적인 실행을 강조하는 성과측정시스템이다(Kaplan and Norton 1992). BSC는 과거 성과에 대한 재무적인 측정지표에 추가하여 미래성과를 창출하는 구동력에 대한 측정지표(예를 들면, 비재무적 지표, 선행지표)의 균형적 활용을 강조한다. BSC는 재무적 관점, 고객 관점, 내부프로세스 관점, 그리고 학습 및 성장 관점이라는 네 가지 시각에서 조직의 성과를 평가한다. BSC의 네 가지 관점은 비전과 전략의 실현을 위해 기업이 어떠한 성과를 만들어 가야 하는지에 대한 질문에 초점을 두고 있다. Kaplan and Norton(1993)의 연구에 의하면, BSC의 네 가지 관점들이 하나의 위계구조를 이루며, 그 위계구조상의 인과관계를 가지고 궁극적으로 재무적 관점으로 수렴된다. 즉, BSC는 재무적 · 비재무적인 측정지표 모두가 조직의 전 계층의 구성원에 대한 평가시스템의 요소가 되어야 한다는 점과 아울러 이들 중에서 중요한 핵심성과지표를 개발하여 성과평가를 할 수 있는 시스템임을 강조한다.

[도표 3-5] Kaplan and Norton(1996)의 BSC 4가지 관점

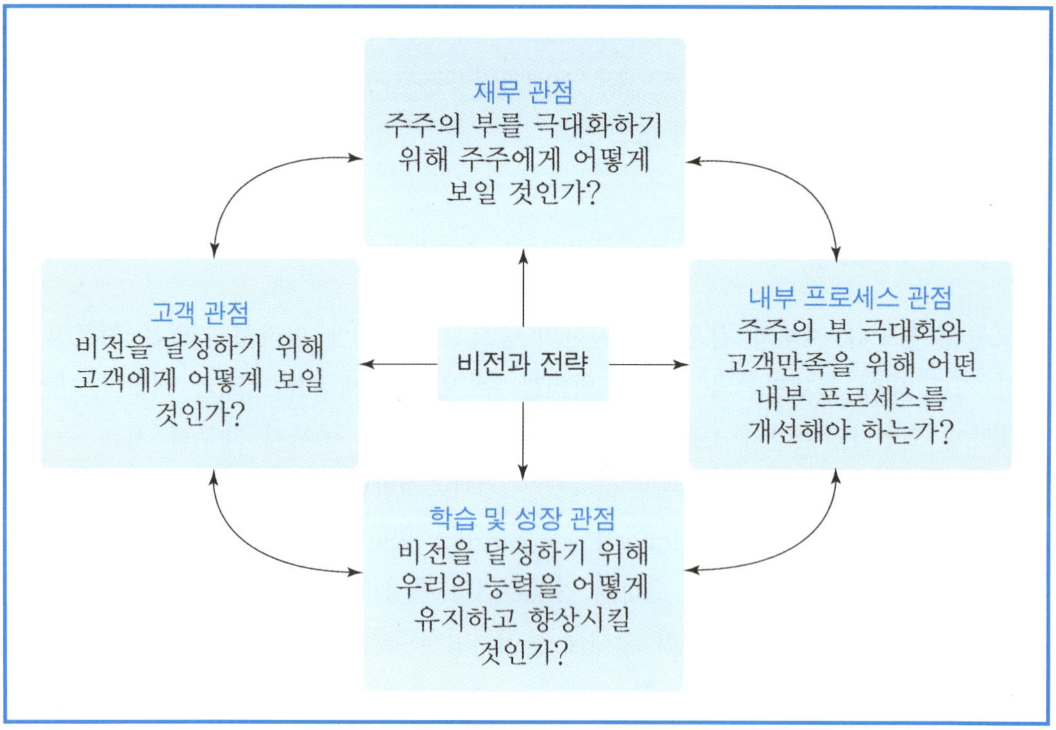

잘 설정된 BSC는 목표와 측정지표를 통해 전략을 설명한다. 이러한 지표는 학습 및 성장 관점의 성과동인으로부터 재무관점의 재무적 성과지표를 향상시키는 인과관계의 사슬로 연결되어야 한다. 측정지표 개발을 통해 전략을 설명하기 위해서는 전략의 구현과정을 측정할 수 있으며 가치를 창조하는 '방법(how)'을 설명할 수 있어야 한다. 인과관계의 연결이나 '전략지도'는 성공을 위한 지침서 역할을 한다. 전략은 궁극적으로 조직이 현재의 위치에서, 불확실하지만 가려고 하는 방향을 내포하고 있다. 조직은 이러한 미지의 세계로 나가 본 적이 없으므로 그 과정은 가설의 연결로 이루어진다.

전략지도는 이러한 인과관계를 구체화한 것으로 이것을 통해 전략을 구체화하고 검정할 수 있다(Kaplan and Norton 2000).

이와 같은 네 관점들 중에서 재무적 관점은 전통적인 성과측정의 핵심부분이 된다. 재무적 성과측정치들은 전략달성이 기업의 이익달성에 얼마나 기여했는가를 나타내는 지표이다. 이 재무적 측정지표들은 다른 세 관점들이 선택한 전략수행의 결과이며, 측정지표들은 인과관계로 연결되어야 하고 궁극적으로 재무적 성과의 향상에 기여해야 한다. BSC는 재무적 관점의 성과를 달성하기 위해 고객 관점, 내부 프로세스 관점, 학습·성장 관점을 연계시킴으로써 궁극적으로 기업의 목표를 달성할 수 있게 해준다(Kaplan and Norton 1992). 성과지표 간의 인과관계를 통해 전략 내에 존재하는 가정을 명확하게 체계화함으로써 전략적 학습을 증진시킬 수 있다. 인과관계의 연결이 없다면 BSC는 재무 및 비재무적 지표의 나열에 불과하다(Niven 2003).

BSC와 관련한 선행연구들을 정리해 보면 크게 3가지 그룹으로 구분할 수 있다. 첫째는 성공적 BSC의 구축과 BSC 도입의 성공요인을 연구한 관련 사례연구들이다. 사례연구에서는 기업체뿐만 아니라 공공 및 비영리 부문에서 BSC 시스템을 도입·운영하는 사례도 포함하고 있다. BSC의 도입배경, 도입효과, 도입시 애로사항 및 고려사항, 성공요인 등이 주요 연구대상이 되고 있다. 둘째는 BSC 네 가지 관점의 성과측정지표들 간의 인과관계에 관한 연구들이다. 셋째는 BSC와 상황변수 간의 관계를 규명하는 연구들이다. 이 연구들은 기업의 특성요인과 BSC 활용 간의 관련성을 분석하려는 것이다.

5.3 성과측정시스템 정보의 이용

성과측정시스템(performance measurement systems; PMS)은 조직의 성과를 극대화하기 위하여 의사결정자가 전략적 중점 분야에 관심을 집중하도록 설계된 장치이므로 PMS의 이용방식은 조직의 성과에 긍정적인 영향을 줄 수 있다. 조직과 친숙한 사람이면 누구나 PMS가 기업의 일반적인 경영활동에 많은 영향을 주고 있다는 사실을 암묵적으로 인식하고 있다. 경영자를 위한 정보의 중요성을 강조하는 이론은 광범위하게 제공되고 있다. 기업의 경영진은 내·외부의 광범위한 정보원을 기반으로 필요한 정보를 취득할 수 있는데, PMS는 조직의 내부에서 경영진이 선택할 수 있는 주요한 원천 중의 하나이다(Macintosh 1994)

PMS가 중요한 이유는 어떤 성과목표와 기준을 사용하느냐에 따라 피평가자들의 행동양식이 달라지며, 또한 최고경영자가 PMS 정보를 이용한다는 그 자체가 그가 가지고 있는 지위와 권한으로 인해 조직구성원들의 행동에 영향을 미치기 때문이다(Vandenboach and Higgins 1996). PMS의 이용이란 경영자가 통제시스템으로부터 산출된 정보를 어떤 방식으로 이용하는지를 구분해 주는 개념이다. 즉, PMS에 대한 이용과 의존 그리고 유용성을 말한다. 경영자가 PMS를 이용할 때에는 그들이 전사적으로 회사에 대한 정보를 인식하고 해석하며, 이러한 정보를 토대로 행동을 취하는데 특히 중요하다. 경영자는 그들이 가지고 있는 지위로 인해 조직구성원의 행동과 업무성과에 큰 영향을 미친다(Vandenbosch and Higgins 1996).

PMS를 설계할 때 고려해야 할 주요 사항을 살펴보면 다음과 같다. 첫째, 모든 PMS는 조직의 목표 또는 전략을 반영해야 한다. 즉, PMS는 기업의 목적으로부터 도출되어야 하며 기업의 전략과 직접적인 관계가 있어야 한다. 둘째, 단기적인 성과중심의 측정시스템을 지양해야 한다. 즉, 단기적인 성과만을 강조할 경우 경영자들은 기업의 생존과 성장에 필수적인 활동인 연구개발투자나 첨단시설투자를 회피하여 영업비를 이연하거나 축소할 유인을 갖게 되는데, 이것이 결국 기업의 본질적인 경쟁능력을 상실하게 만들 수 있다. 셋째, 운영통제시스템으로서의 PMS는 최종적인 결과보다는 이를 가져오게 하는 과정에 대한 정보를 제공할 수 있어야 한다. 성과측정치는 단순히 결과를 알려주는 것이 아니라 지속적인 개선을 촉진할 수 있도록 설계되어야 하고, 결과에 대한 측정치와 전략의 수행과정에 대한 측정치는 구분되어야 한다. 넷째, PMS는 조직 내의 상하 간 또는 횡적인 부서 간에 상충되는 행위를 유도해서는 안 된다. PMS를 설계하는 과정에서 전사적인 목표와 조직의 각 계층에서 적용하게 될 성과측정기준의 일치성과 모든 단위 부서에서 사용되는 성과측정치의 비교가능성을 확인하는 것이 필요하다.

PMS 이용방식은 연구자에 따라 다양하게 분류되고 있다. Vandenbosch(1993)는 PMS 정보가 스캐닝(scanning)과 집중탐색(focused search) 2가지 방식으로 사용될 수 있다고 하였다. 스캐닝은 경영진이 특별한 의문에 대한 답변이나 문제를 해결하려는 것과는 관계없이 정보를 대강 훑어볼 때 나타나는 행동이다. 예를 들면, 동향이나 추세를 이해하거나 그들의 사업에 대한 일반적 이해를 확실히 하고 사업에 대한 확신을 가지려는 경우에 이용된다. 반면에 집중탐색은 경영진이 실제 혹은 의심스러운 문제 또는 기회에 대한 반응으로서 정보를 활동적으로 탐구할 때 발생한다. 성과 결과를 입증하거나 특정한 정보를 찾기 위한 것을 그 예로 들 수 있다.

Atkinson et al.(1997)은 PMS의 역할을 조정, 모니터링 그리고 진단 등 세 가지로 분류하였다. 조정역할은 조직의 목적에 의사결정자가 관심을 기울이고 집중하도록 하기 위한 PMS를 말하고, 모니터링 역할은 이해관계자의 요구와 일치하는 것으로 성과의 측정과 보고와 관련되어 있다. 그리고 진단적인 역할은 프로세스 성과, 조직학습과 업무성과 사이에서 인과관계를 평가하는 것을 말한다. Vandenbosh(1999)는 PMS의 이용을 모니터링(monitoring), 주의집중(attention focusing), 전략적 의사결정(strategic decision making), 그리고 정당화(legitimizing)로 분류하였다.

Henri(2006b)는 Simons(1990, 1995a)의 통제시스템 유형을 이용하여 진단적 PMS 이용(diagnostic use of PMS)과 상호작용적 PMS 이용(interactive use of PMS)으로 구분하여 연구하였다. 상호작용적 PMS 이용은 PMS를 단순히 조직목표를 달성하기 위한 제약조건이나 활동으로만 보는 것이 아니라 조직의 활동행태를 유지 혹은 변경하는 역할을 담당하는 것으로 본다. 상호작용적 PMS 이용은 전략적 불확실성에 관심을 갖게 하고, 경영자들이 새로운 위협과 기회를 감시하도록 한다. 또한 조직의 하부구성원들에게 그들이 관심을 가져야 하는 사항들에 대하여 신호를 보내기도 한다. 따라서 구성원들 간의 대화와 토론을 통하여 조직학습을 강화시키고, 새로운 전략의 출현을 촉진시키게 된다. 반면 진단적 PMS 이용은 의도된 전략을 수행하기 위해 사용되는 전통적인 통제방식이다. 이것은 중요한 성과변수를 측정하고, 관리 권한도 스텝 전문가(staff specialists)에게 주어져 있다. 진단적 PMS 이용은 조직 내 무엇인가가 잘못되어 갈 때, 즉 행위가 계획과 다를 때 이를 최고경영자에게 알려줄 수 있도록 설계되어 있다(Simons 1995a). 표준원가제도나 예산의 차이정보가 그 예이다. 이러한 통제장치는 운영상의 문제(operating problems)를 찾아낼 수 있도록 설계되어 있다. 즉, 현재의 운영 패러다임 내에서 그 문제를 수정하기 위하여 사용된다. 기본적인 가정이나 정책 등에 대해서는 의문을 제기하지 않는다. 동일한 산업 내에서 경쟁하는 기업들은 동일한 전략적 불확실성에 직면해 있기는 하지만 환경적 불확실성에 대한 경영자들의 인식에 따라 상호작용적이나 혹은 진단적 통제모형의 선택이 이루어진다(Simons 1990, 1991, 1995a).

5.4 보상시스템

모든 조직은 구성원들을 통하여 조직의 목표를 달성하고자 하며, 최고경영자는 구성원들이 회사를 위하여 최선의 행동을 하기 원한다. 그리고 피평가자인 구성원들은 자신들에 대한 평가와 보상에 신경을 쓴다. 이를 감안하여 기업에서는 성과평가 및 보상시스템을 중심으로 통제를 실시하는데, 특히 보상은 조직구성원들에게 적절히 동기를 부여하고자 할 때 반드시 고려해야 할 요소이다. 조직에서 개인의 성과에 대한 적절한 보상시스템이 존재한다면, 개인은 성과에 대한 만족을 느끼게 되고 좋은 성과를 내기 위해 동기부여될 수 있으므로 보상시스템은 종업원의 노력과 조직성과를 증가시킬 수 있다. PMS의 이용도 중요하지만 이를 통해 조직역량을 강화시키기 위해서는 그에 따른 적절한 보상시스템이 존재해야 하며, 성과평가와 보상시스템의 연계가 강화될수록 조직역량을 더 강화시킬 수 있다.

Milkovich and Newman(2002)에 의하면, 보상이란 근로자가 고용관계의 부분으로서 받는 모든 종류의 재정적인 보상과 실제적인 서비스 및 이득을 말한다. 보상시스템은 사람들의 행동에 영향을 준다. 특히 바람직한 행동에 대해 긍정적인 보상을 해줌으로써 그 행동을 지속적으로 유지하도록 한다. 보상시스템은 성과에 의해 결정되기 때문에 높은 성과는 곧 높은 보상을 의미한다. 이러한 보상시스템은 경쟁우위를 유지하고 성취하는데 도움을 준다. 구성원이 그들의 직무에 대해 바람직한 태도를 갖도록 하기 위해서는 기업이 필요로 하는 행동을 유발할 수 있는 적절한 보상시스템을 설계해야 한다.

성과평가를 통한 보상은 구성원들의 조직만족도, 조직몰입 등의 행태를 바꿀 수 있는 동기부여를 통해 궁극적으로는 조직 전체의 성과 향상을 도모한다. 또한 평가를 함으로서 이 과정 속에서 잘된 점과 잘못된 점을 파악하여 조직 스스로의 학습을 가능하게 한다. 최근 공공부문에 도입되고 있는 성과 지향적 관리는 평가지표의 상세함과 측정을 통해 조직 전체의 성과를 향상시키고자 한다. 이는 조직 내 개인들의 조직목표 달성에의 기여도가 능력, 태도, 인지상의 차이 등으로 인해 달라진다는데 역점을 두고, 성과에 대한 인센티브를 차등적으로 부여함으로써 조직성과 향상에 더 많은 기여를 가져오려고 하는 데 제도 설계의 기반을 두고 있다.

BSC에서 강조하는 성과지표는 특성상 구성원들에게 어떤 성과지표들이 어떤 이유로 중요한지를 전략실행 차원에서 설명할 뿐만 아니라 그것이 실무적으로 구성원들에게 어떠한 효익을 제공하는지를 노력에 대한 보상차원에서 강조된다. Kaplan and Norton(1996)은 BSC의 네 가지 관점별 지표를 활용하여 기업 전략에 적합한 활동을 격려하거나 모니터링할 수 있다고 지적하였으며, Malmi(2001)는 관리자들을 BSC 지표에 의해 보상하면 전략을 촉진한다고 주장한 바 있다. BSC는 궁극적으로 조직구성원들의 성과평가 및 보상으로 연계되어야 한다. 기업을 움직이는 최소 단위는 조직구성원이며, 이들의 활동에 의해서 기업의 전략 달성 여부가 결정된다고 해도 과언은 아닐 것이다. 따라서 경영성과 평가의 결과는 조직구성원의 업무 태도나 성과에 직접적인 영향을 미치므로 중요하고 신중하게 평가되어야 한다.

4장 연구방법

01 연구의 과정

연구자는 자신이 선정한 연구주제에 대한 타당하고 합리적인 배경을 바탕으로 자신의 주장을 피력하고자 한다. 관련 이론이나 선행연구를 통해 자신의 주장이 객관적인 근거를 가지고 이루어지고 있음을 주장하는 것이다. 그 주장이 옳은 것인지를 자료분석을 통해 검정하고 연구의 결론을 내린다. 여기서 무엇보다 중요한 것은 연구자는 자신이 연구하고자 하는 주제가 무엇이고, 그 주제를 왜 선정하게 되었으며, 이 연구를 통해 무엇을 밝히고자 하는지를 명확히 해야 한다. 즉, 연구자의 연구주제와 연구동기, 연구목적이 명확하게 기술되어야 한다. 주제의 선정이 연구과정의 절반이상을 차지한다고 해도 과언이 아니다. 좋은 주제를 선정하는 것이 쉬운 것은 아니지만 관리회계 분야에서는 연구주제가 실무적인 혹은 학문적인 발전에 도움이 될 수 있다면 좋은 주제가 될 수 있을 것이다.

연구자가 연구주제를 선정하는 배경을 보면 첫째, 기존지식이 미비한 경우이다. 실무적인 현상이 있는데 선행연구에서 답을 찾을 수 없거나 연구가 결여되어 있을 때이다. 그래서 많은 선행연구를 보면 '~에 대한 연구가 많이 이루어지지 않았다'는 표현을 사용하기도 한다. 둘째, 연구결과가 서로 상충하는 경우이다. 그 이유는 연구모형이나 변수의 개념, 조작적 정의 등 연구과정 상에 차이가 있기 때문이다. 그래서 선행연구를 보면 '~에 대한 연구는 많이 이루어졌지만 그 결과를 보면 일관되지 않다'는 표현을 쓰기도 한다. 셋째, 새로운 현상이 나타났는데 이를 설명해 줄 수 있는 지식체계가 부족한 경우이다. 가령, 균형성과표(BSC)가 소개된 이후 이와 관련된 관심과 연구주제가 증가하기 시작하였다.

이론적인 배경이나 선행연구에 기초하여 연구자가 생각하는 연구모형과 가설을 설정하게 된다. 이 과정에서 중요한 것은 선행연구의 검토는 비판적인 시각에서 이루어져야 한다는 점이다. 가장 나쁜 것은 선행연구를 요약해서 순서대로 나열하는 방식이다. 선행연구를 나열만 할 경우 연구자가 하고자 하는 연구내용과 선행연구의 차별성을 찾기가 어렵다. 자신의 연구가 왜 필요하고, 왜 가치 있는 주제인지를 선행연구와의 차별성을 통해 밝혀야 한다. 다만 연구자 자신이 자신의 연구주제가 매우 가치 있다고 굳이 언급할 필요는 없다고 본다. 오히려 연구자가 자신의 연구를 가치 있다고 피력하는 것은 지양하는 것이 좋다고 본다. 왜냐하면 그 연구의 가치는 독자들이 판단해야 할 몫이고, 독자들은 그것을 판단할 능력을 가지고 있기 때문이다.

연구모형과 가설이 도출되었다면 변수에 대한 조작적 정의가 필요하다. 이는 연구주제의 해결가능성과도 관계가 있다. 예를 들어, MCS를 변수로 사용한다면 그 MCS를 어떻게 측정가능한 개념으로 정의를 할 것이며, 어떻게 측정할 것인가가 조작적 정의와 관련된 문제이다. MCS를 정보피드백의 주기(예를 들어, 일별, 주별, 월별 등)로 평가한다면 문제의 해결가능성이 있다. 그러나 MCS를 조직의 활동행태를 유지하거나 혹은 변경하기 위해 정보를 이용하는 공식적인 절차라고 정의한다면 개념으로는 그럴듯하지만 조작적 정의로써는 부적합하다.

자료 수집을 통해 변수값이 정해졌다면 이제는 가설검정 단계에 들어가게 된다. 가설검정을 위한 사전단계로 수집된 자료의 신뢰성이나 타당성 등을 살펴보고, 기술통계나 변수간의 상관관계 등에 대한 일차적인 분석을 할 수 있다. 이에 대한 구체적인 내용은 관련 통계학 교재를 살펴보는 것이 좋겠다. 관리회계 분야에서는 일찍이 다변량 통계분석방법이 많이 사용되었으나 최근에는 복잡한 연구모형도 검정 가능한 구조방정식 모형이 널리 사용되고 있다. 특히 매개효과와 조절효과 등에 대한 가설설정과 검정이 이루어지고 있는데, 구조방정식 모형에 대한 검정은 통계학 교재를 참고하기로 하고, 여기서는 논문을 읽는 독자의 입장에서 해당 논문을 이해하는데 필요한 통계적 개념만 간략히 살펴보기로 한다.

02 가설검정을 위한 통계분석 방법

2.1 다변량 통계분석과 구조방정식 모형

선행연구를 읽다 보면 통계에 대한 기본개념이 무엇보다 중요함을 알게 된다. 관리회계 영역의 이론적인 배경보다도 오히려 통계 때문에 막막해 짐을 느끼게 된다. 이 정도 되면 주객이 전도된 셈이다. 하지만 적어도 통계에 대한 기본개념을 이해하고, 해당 논문에 제시된 가설검정 결과들 즉 통계표를 보고 스스로가 설명할 수 있는 정도는 되어야 한다. 또한 연구자로서 연구설계를 할 때부터 어떤 통계분석방법을 사용할 것인지를 사전에 정해야 하고 그 분석방법에 맞는 연구자료들을 수집하여야 한다. 때로는 수집된 자료에 맞춰 분석방법을 결정하기도 하지만 공개된 자료가 아니라면 극히 드문 경우이다.

1990년대만 하더라도 관리회계 연구분야에서 가설검정으로 다변량 통계분석이 많이 사용되었다. 다변량 통계분석이라는 교재를 보면 요인분석이나 회귀분석, 분산분석, 판별분석 등 다양한 통계 방법을 설명하고 있다. 가설을 검정하기 전에 자료의 신뢰성과 타당성 검정을 위하여 상관관계분석이나 요인분석 등이 사용되기도 한다. 지금도 이러한 방법들이 대중적으로 사용되고 있다. 현재까지 가장 대표적인 통계방법으로 회귀분석이 많이 사용되고 있으며, 지금까지도 가장 강건한 통계분석방법 가운데 하나로 알려져 있다.

회귀모형은 기본적으로 독립변수(원인)와 종속변수(결과) 간의 인과관계를 밝혀내고자 하는 것이다. 특히 재무회계 분야에서 자본시장을 이용한 연구에서는 회귀모형을 이해하지 못하면 연구 자체가 어렵다고 할 정도이다. 예를 들어, 회계정보의 공시가 주가반응(예를 들어, 거래량이나 주가 등)에 어떤 영향을 주는지를 살펴보는 것이다. 관리회계 분야에서도 특정 독립변수가 경영성과에 영향을 미치는지를 살펴보기도 한다. 특히 매개변수나 조절변수를 활용한 구조방정식 모형을 설정하고, 회귀분석 방법을 이용하여 가설검정을 하기도 한다. 따라서 회귀분석 방법은 구조방정식 모형을 이해하는 데에도 도움이 될 수 있다.

2.2 회귀분석

회귀모형은 독립변수(X)와 종속변수(Y) 간의 인과관계를 살펴보고자 할 때 사용하는 모형이다. 인과관계는 말 그대로 원인과 결과의 관계이며, 독립변수(X)가 원인이라면 종속변수(Y)는 결과에 해당한다. 예를 들어, 기업가정신이 경영성과에 어떤 영향을 미치는지를 살펴보고자 한다면 기업가정신이 독립변수가 되고, 경영성과는 종속변수가 된다. 인과관계가 존재하기 위해서는 첫째, 원인(독립변수)은 결과(종속변수)에 시간적으로 앞서야 한다. 기업가정신이 발휘되어 경영활동을 수행한 결과 경영성과가 향상된다는 것이다. 둘째, 원인과 결과는 관련이 있어야 한다. 기업가정신이 발휘됨으로써 경영성과가 향상되어야 한다는 것이다. 두 변수 간에 상관관계는 있지만 우연일 가능성도 있으며, 상관관계가 존재하더라도 인과관계가 없는 경우도 있다. 셋째, 결과는 원인이 되는 변수만으로 설명되어야 하고 다른 변수에 의한 설명은 제거되어야 한다.

$$\mathrm{Y} = \alpha + \beta \mathrm{X} + e$$

회귀분석을 하게 되면 상수(절편)인 α와 회귀계수인 β를 구할 수 있으며, 여기서 연구자의 관심은 β가 통계적으로 유의적인가(귀무가설 $\beta = 0$)라는 것이다.[9] 여기서 β값이 통계적으로 유의적이라면 연구자의 귀무가설을 기각시킬 수 있다. β는 독립변수인 X가 1단위 증가하게 되면 종속변수인 Y는 β만큼 변동한다는 의미이다. 즉, 기업가정신이 1단위 증가(감소)하면 경영성과는 β만큼 증가(감소)하게 된다는 것이다. 비표준화계수가 유용하긴 하지만 척도의 영향을 받기 때문에 표준화된 회귀계수를 이용하게 된다. 표준화한다는 것은 종속변수인 Y와 독립변수인 X에 대해 평균이 0이고, 표준편차가 1인 표준정규분포화한다는 의미이다. 따라서 표준회귀계수는 척도가 서로 다른 독립변수들의 상대적인 중요도를 살펴볼 때 유용하다.

한편, 앞서 인과관계가 존재하기 위해서는 결과는 원인이 되는 변수만으로 설명되어야 하고 다른 변수에 의한 설명은 제거되어야 한다고 하였다. 경영성과에 영향을 미치는 변수는 수없이 많이 있지만 연구자는 기업가정신의 효과를 보고 싶어 한다. 따라서 다른 변수의 영향력은 제거될 수 있도록 연구모형을 설계하는 것이 좋다. 이때 통제변수(C)를 사용하게 된다. 통제변수의 효과를 통제하기 위해서는 회귀모형에 통제변수(C)를 추가하여 통계검정을 하면 된다. 통제변수는 연구자가 연구주제와 관련하여

9) 회귀분석을 통해 추정된 회귀식은 hat(∧)으로 표기하지만 여기서는 편의상 생략함

실제 관심이 있는 변수는 아니지만 종속변수에 영향을 미친다고 알려진 변수이다. 통제변수는 1개일 필요가 없으며, 여러 개라도 가능하다. 이 통제변수를 도입하기 위해서도 반드시 이론적으로 혹은 논리적으로 그 근거가 있어야 한다.

$$Y = \alpha + \beta_1 X + \beta_2 C + e$$

위 식을 보면 독립변수가 2개가 되는 셈이다. 회귀계수도 X와 C변수에 대해서 각각 β_1, β_2를 추정하게 된다. 이것은 Y에 대해 X와 C변수가 공유하는 관계를 제거한다는 개념으로 볼 수 있다. 종속변수 Y와 독립변수 X 간의 관계가 C변수(공변량)와 공유관계를 갖는 경우 이를 제거하고자 할 때 회귀모형에 포함하여 분석하게 된다. β_1은 C변수를 통계적으로 통제한 후에 X와 Y의 관계를 나타낸다. 즉, β_1은 C변수가 일정하다(constant)고 할 때 X가 1단위 변동할 때 Y는 평균적으로 얼마나 변동하는지를 의미한다. 통제변수만이 아니라 연구자가 관심을 갖는 추가적인 독립변수가 있을 경우에도 C변수와 동일한 방법으로 회귀모형에 포함하여 분석하게 된다.

회귀분석은 강건한 통계분석방법이긴 하지만 잔차의 등분산성과 독립성, 정규분포 등 여러 가지의 가정을 가지고 있다. 이러한 가정들이 만족되지 않으면 추정된 회귀식의 통계량이 불안정하게 된다. 특히 독립변수가 2개 이상일 때는 다중공선성(multicollinearity)의 존재 여부를 반드시 체크해 보아야 한다. 다중공선성은 여러 개의 독립변수를 동시에 분석하는 경우 독립변수들 간의 상관관계가 높을 때 나타나게 된다. 상관관계가 높다는 것은 유사한 성격의 변수라는 의미이며, 상관관계가 1이라면 동일한 변수라 볼 수 있다. 다중공선성이 높다면 회귀계수의 크기가 변하고 회귀계수의 부호까지 바뀌는 문제가 발생할 수 있다. 따라서 이에 대한 체크가 필요한데 분산팽창지수(VIF)나 공차한계(tolerance) 등과 같은 여러 통계량을 이용하여 판단하다. 일반적으로 VIF값이 10 이상이거나 공차한계가 0.1 이하일 때 다중공선성이 존재한다고 본다.

2.3 매개변수와 조절변수

매개효과(mediating effect)와 조절효과(moderating effect)를 이해하기는 쉽지가 않다. 도미노 게임을 생각해 보자. 도미노 게임은 첫 번째 도미노에 전달된 힘이 마지막 도미노까지 전달되어 모두 쓰러뜨리게 되면 성공하게 된다. 어떤 경우에는 마지막 도미노를 쓰러뜨리면서 게임이 성공하지만 또 어떤 경우에는 마지막(혹은 중간) 도미노를 쓰러뜨리지 못하고 실패한다. 성공하는 이유는 첫 도미노가 쓰러져 다음 도미노를 차례대로 넘어뜨렸기 때문이다. 첫 번째 도미노의 힘을 받아 다음 도미노를 순서대로 쓰러뜨리고, 그 힘으로 마지막 도미노를 넘어뜨리게 된다. 첫 번째 도미노를 독립변수라 한다면 마지막 도미노는 종속변수가 될 것이며, 그 중간 도미노는 매개변수가 된다. 중간 도미노가 마지막 도미노를 쓰러뜨리는데 지대한 영향을 미치며, 중간 도미노가 없었다면 일어날 수 없는 일이다. 중간 도미노가 마지막 도미노를 넘어뜨리는 매개역할을 한 것이다.

그런데 어떤 경우는 마지막 도미노가 넘어지지 않는다. 왜 이처럼 어떤 때는 마지막 도미노가 넘어지고 또 어떤 때는 넘어지지 않는 것일까? 그 이유는 여러 가지가 있겠지만 이런 것을 생각해 볼 수 있다. 예를 들어, 밑바닥의 크기가 넓고 좁은 두 종류의 도미노가 있다고 해 보자. 경험적으로 볼 때 밑바닥이 넓은 도미노를 사용한 경우에는 게임을 성공하지 못하지만 좁은 도미노를 사용한 경우에는 성공을 많이 하였다고 하자. 여기서 그 밑바닥의 크기가 조절변수가 된다. 예를 들어, 넓은 도미노의 성공 횟수는 0이고, 좁은 도미노의 성공 횟수는 1이라 한다면 전체 평균은 그 절반인 0.5가 된다. 그래서 전체적으로 봤을 때 첫 번째 도미노에 힘을 가하면 마지막 도미노가 쓰러지는 것이 50%는 성공하고 50%는 실패한다. 그 성공 여부는 도미노 밑바닥의 크기에 달렸으며, 이것이 조절변수의 역할을 하는 것이다. 만약 그 크기를 고려하지 않았다면 도미노는 50%의 확률로 성공한다는 잘못된 결론을 내리게 될 것이다. 도미노의 밑바닥 크기가 게임을 성공시키는 결정적인 변수가 되는 것이다. 첫 번째 도미노가 마지막 도미노에 미치는 영향은 밑바닥의 크기에 따라 다르다는 결론을 낼 수 있으며, 더 나아가서 밑바닥의 크기를 얼마로 해야 게임을 성공할 수 있는지 추론해 볼 수 있을 것이다.

이와 같은 상황을 생각해 보면, 어떤 경우에 매개변수를 사용해야 하는지 아니면 조절변수를 사용하는지 알 수 있다. 이 문제는 경험이 많은 연구자들도 어려워한다.

일반적으로 독립변수와 종속변수의 관계가 약하게 나타났거나 연구마다 일관되지 않은 결과가 나타났을 경우 조절효과를 검정한다. 도미노의 밑바닥 크기에 따라 게임의 성공 여부를 가름할 수 있으며, 밑바닥이 큰 경우 게임은 실패할 확률이 높고, 밑바닥이 좁은 경우 성공할 확률이 높다는 것이다. 특히 어떤 개입이 특정한 집단에게만 효과적인 경우 조절효과를 지닌 변수를 탐색해야 한다. 여기서 중요한 것은 특정 개입이 어떤 집단에게 왜 더 효과적인지를 설명해 줄 수 있는 이론적 근거를 토대로 조절변수를 선정해야 한다는 것이다.

반면에 독립변수와 종속변수 간에 이미 강한 관계가 존재하고 이러한 관계 이면에 존재하는 무엇인가를 탐색하고 싶을 때 매개변수를 설정하고 그 효과를 검정한다. 즉, 특정 개입의 효과에 대한 명백한 증거가 존재하지만 무엇이 그 개입을 효과적이게 하는지를 알고 싶을 때 매개변수를 설정하고 그 효과를 검정한다(서영석 2010). 매개변수가 없으면 독립변수의 영향이 종속변수에 이르지 못하는 경우도 있기 때문에 매우 중요하게 다루어져야 한다. 이러한 매개변수와 조절변수의 역할에 대한 가설검정은 회귀분석과 구조방정식을 이용한 통계분석방법을 통해 이루어진다.

03 매개효과와 조절효과의 검정방법

3.1 매개효과

3.1.1 매개효과의 조건

매개효과는 독립변수가 종속변수에 유의한 경향을 미칠 때 그 사이에서 매개하는 변수를 통해 그 영향이 전달되는 경우를 말한다. 즉, 독립변수와 종속변수 간의 인과관계가 왜(why), 어떻게(how) 일어나는지를 설명해 주는 인과모형이다(Wu and Zumbo 2008). 기본적으로는 독립변수와 종속변수 간에 유의한 관계가 존재하는데, 이는 독립변수가 종속변수에 영향을 미치는 원인이 된다. 그러나 독립변수의 직접적인 영향력도 존재할 수 있겠지만 그 사이에 특정한 변수가 독립변수의 영향력을 배가시키는 역할을 할 수도 있다. [도표 4-1]로 다시 한번 살펴보자.

[도표 4-1] 매개변수와 매개효과

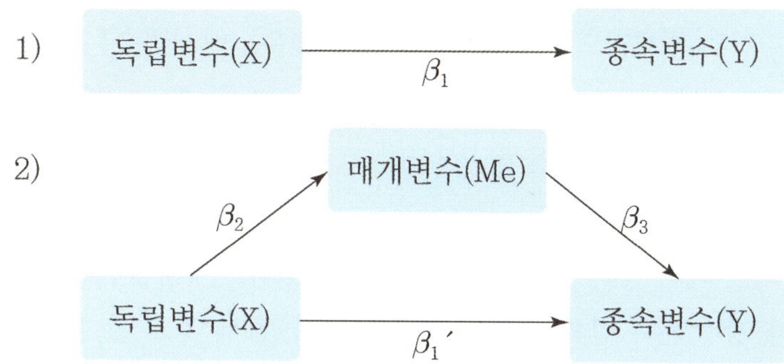

Step 1 : $Y = \alpha + \beta_1 X + e$ → β_1 유의적
Step 2 : $Me = \alpha + \beta_2 X + e$ → β_2 유의적
Step 3 : $Y = \alpha + \beta_1' X + \beta_3 Me + e$ → β_3 유의적
매개효과 $= \beta_1 - \beta_1' = \beta_2 \times \beta_3$
(단, $\beta_1' = 0$이면 완전매개, $\beta_1' \neq 0$이면 부분매개)

[도표 4-1]에는 독립변수와 종속변수, 매개변수 세 가지가 있다. 도표의 1)에서 경로 β_1은 독립변수와 종속변수 간의 관계를 나타내고 있다. 단순회귀분석에서 회귀계수에 해당한다고 보면 된다. 도표의 2)에서 경로 β_2는 독립변수와 매개변수 간의 관계를 나타내고, 경로 β_3은 매개변수와 종속변수 간의 관계를 나타낸다. 경로 β_1'는 종속변수에 대한 매개변수의 효과를 통제한 상태에서 독립변수와 종속변수 간의 관계를 나타낸다. 즉, 종속변수(Y)에 대해 X와 Me를 독립변수로 하는 것이며, Me가 Y에 미치는 효과를 제거한 X의 효과, 즉 X의 회귀계수가 통계적으로 유의한 지를 살펴보는 것이다.

어떤 변수가 매개변수임을 입증하기 위해서는 다음 네 가지 조건이 충족되어야 한다. 첫째, 도표의 1)에서 경로 β_1이 통계적으로 유의해야 한다. 이는 독립변수가 종속변수에 미치는 효과, 즉 매개할 효과가 있어야 함을 의미한다. 따라서 연구자는 선행연구를 통해 독립변수와 종속변수 간의 관계가 유의하다는 것을 확인해야 한다. 둘째, 도표의 2)에서 경로 β_2가 유의해야 한다. 독립변수와 매개변수를 회귀했을 때 독립변수가 유의한 영향을 미쳐야 한다는 것이다. 셋째, 경로 β_3이 유의해야 한다. 이는 독립변수가 종속변수에 미치는 영향을 통제한 상태에서 매개변수와 종속변수 간의 관계를 나타낸다. 넷째, 도표의 2)에서 경로 β_1'가 도표의 1)에 있는 β_1에 비해 β_1'가 유의하지 않거나 계수값이 줄어들어야 한다. 매개변수를 모형에 투입한 이후에 β_1'가 0과 다르지 않을 경우(통계적으로 유의하지 않을 경우) 매개변수는 완전매개효과를 지녔음을 시사한다. 반면, 매개변수를 모형에 투입한 이후에도 경로 β_1'가 통계적으로 유의하다면 부분매개효과가 있음을 시사한다(Baron and Kenny 1986; 서영석 2010). 이때 매개변수의 매개효과는 $(\beta_1 - \beta_1')$ 혹은 $(\beta_2 \times \beta_3)$이다.

위의 논의와 관련해서 한 가지 고려할 사항이 있다. 매개변수의 첫 번째 충족조건으로 독립변수와 종속변수 간의 관계, 즉 도표의 1)에서 경로 β_1을 언급했는데, 이에 대한 선행연구가 존재하지 않더라도 매개변수를 설정하고 효과를 검정할 수 있다는 주장도 있다. Kenny et al.(1998)은 매개효과 검정시 반드시 이 조건이 요구되지 않는다고 주장한다. 비록 독립변수와 종속변수 간의 관계에 대한 실증적인 연구결과가 존재하지 않더라도 관련 이론에서 두 변수 간의 관련성을 주장하고 있다면 매개효과 검정을 위한 다음 단계를 진행할 수 있다는 것이다. 예를 들어, 선행연구나 이론적으로 변수 X와 변수 Y가 관련이 있고, 변수 Me와 Y가 관련이 있다는 주장이 존재한다면 세 변수 간에 X→Me→Y라는 논리적 연계를 설정할 수 있다. 변수 Me는 완전매개 또는 부분매개를 하는지 확인할 수 있을 것이다(서영석 2010).

3.1.2 매개효과 검정방법

매개효과를 검정하기 위해 다중회귀분석이나 구조방정식 모형을 사용한다. 우선 회귀분석을 사용해서 매개효과를 검정하려면 일반적으로 [도표 4-1]의 step1 ~ step3 세 단계를 거쳐 분석한다. 첫째, 매개할 효과가 있다는 것을 확인하기 위해 독립변수와 종속변수 간의 회귀분석을 실시하여 [도표 4-1]에서 1)의 β_1을 추정한다. 둘째, 독립변수가 매개변수에 영향을 미친다는 것을 확인하기 위해 독립변수와 매개변수 간의 회귀분석을 실시한다. 셋째, 독립변수와 매개변수를 모두 포함하여 종속변수를 회귀 추정한다. 이 식에서는 매개변수와 종속변수 간에 관련이 있음을 검정할 뿐만 아니라 매개변수를 통제했을 때 독립변수와 종속변수 간의 관계를 추정하는 것이다. 만약에 매개변수를 통제한 상태에서 독립변수와 종속변수 간의 관계가 0(혹은 통계적으로 유의하지 않음)이라면 이는 완전매개를 시사하는 것이다. 반면 매개변수를 통제했을 때 독립변수와 종속변수 간의 계수가 0과 다르다면(통계적으로 유의해야 함) 부분매개효과가 있음을 시사한다. 이를 벤다이어그램으로 설명해 보면 [도표 4-2]와 같다.

[도표 4-2] 직접효과와 간접효과

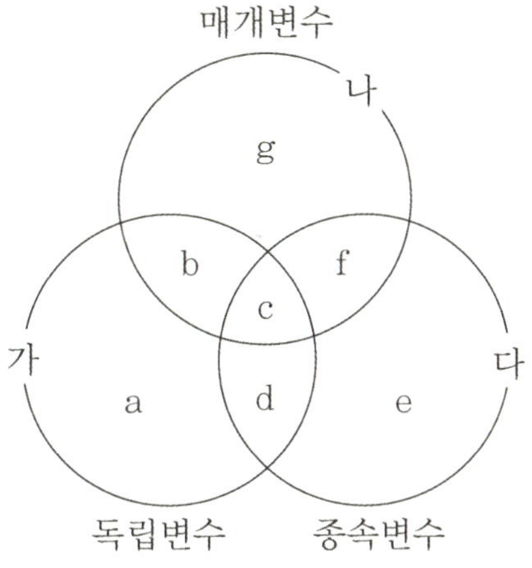

- 매개효과 3단계 검정 과정

  Step 1 : $Y = \alpha + \beta_1 X + e$

  Step 2 : $Me = \alpha + \beta_2 X + e$

  Step 3 : $Y = \alpha + \beta_1' X + \beta_3 Me + e$

- 총효과의 구분(반드시 $\beta_1 > \beta_1'$)

  직접효과 $= \beta_1'$

  간접효과 $= \beta_2 \times \beta_3$ 혹은 $(\beta_1 - \beta_1')$

  총효과 : 직접효과와 간접효과의 합

  $= \beta_1' + (\beta_2 \times \beta_3)$

[도표 4-2]에서 각 원은 각 변수의 분산을 나타낸다. 예를 들어, 원 '가'는 독립변수의 총분산이며, '나'는 매개변수의 총분산, '다'는 종속변수의 총분산이다. 원이 겹치는 경우는 두 변수 간의 관계에서 한 변수의 영향을 나타낸다. 예를 들어, c+d는 매개변수를 무시하고, 독립변수가 종속변수에 미치는 영향을 나타내는 것이다. 독립변수에 의해 설명되는 종속변수의 총분산은 c와 d로 나눌 수 있다. d는 매개변수를 통제했을 때 독립변수가 종속변수에 의해 설명되는 분산의 크기이다. c는 독립변수와 종속변수 간의 관계에서 매개변수에 의해 설명되는 분산의 크기이며, 이를 간접효과라 말한다. c의 면적이 충분히 크면 매개효과도 그 만큼 크다는 것을 의미한다.

총효과를 분해해 보면 β_1은 반드시 β_1'보다 커야 한다. 계수값 β_1이 계수값 β_1'으로 작아진 이유는 간접효과 때문이다. 계수값이 줄어든 만큼 간접효과가 존재한다는 것이다. 따라서 $(\beta_1 - \beta_1')$ 만큼 간접효과가 존재한다는 것이며, 이는 $(\beta_2 \times \beta_3)$로도 구할 수 있다. 결국 $(\beta_1 - \beta_1')$와 $(\beta_2 \times \beta_3)$는 같은 값이 도출된다. 이 값의 크기는 c의 면적에 비례한다. 앞서도 언급한 바와 같이 c의 면적이 커다면 매개효과도 커다는 것이다.

그러나 매개변수를 회귀모형에 포함한 후 독립변수와 종속변수 간의 계수가 이전보다 작아졌거나 더 이상 유의하지 않다는 것만으로는 매개효과가 유의하다는 결론을 내릴 수는 없다. 매개효과가 통계적으로 유의함을 직접 확인하는 과정이 필요한데 대표적으로 Sobel 검정 등이 있다. Sobel 검정은 [도표 4-3]과 같이 이루어진다.

[도표 4-3] Sobel 검정 방법

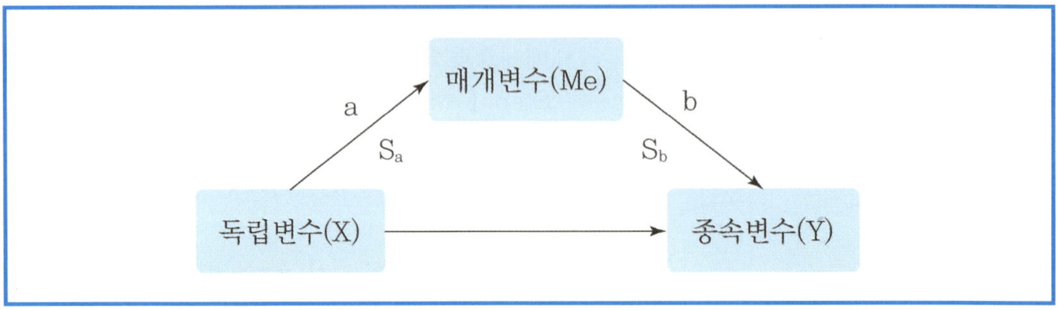

$$Sobel Z = \frac{ab}{\sqrt{a^2 S_a^2 + b^2 S_b^2}}$$

단, a, b : raw regression coefficients

Sa, Sb : standard error

한편, 구조방정식 모형을 사용해서 매개효과를 검정하면 다음과 같은 이점이 있다. 구조방정식 모형에서는 측정오차를 통제할 수 있다. 매개변수의 신뢰도 및 측정오차와 관련된 문제 때문에 매개효과 검정을 위한 통계분석 방법으로 측정오차를 고려하지 않는 다중회귀분석보다는 측정오차를 모델에 포함시키는 구조방정식 모형이 선호된다. 또한 구조방정식 모형은 매개모형의 적합도에 관한 다양한 정보를 제공해 주고, 다중회귀분석에 비해 융통성이 있다. 예를 들어, 독립변수와 종속변수뿐만 아니라 매개변수도 한 개 이상의 변수를 모형에 포함시킬 수가 있다.

구조방정식 모형을 사용해서 매개효과를 검정할 경우 LISREL, AMOS, PLS 등 다양한 통계프로그램을 사용할 수 있다. 어느 프로그램을 사용하건 분석 절차는 동일하다. 우선 필요한 경우 측정모형을 검정한다. 측정모형의 검정은 연구에서 사용한 측정변수들이 잠재변수를 적절히 구인하고 있는지를 확인하기 위해 확인적 요인분석을 실시하는 것인데, chi-square, CFI, RMSEA 등 모형의 적합도를 나타내는 지수들을 검토하여 측정모형의 적합도를 판단한다. 측정모형이 자료에 적합한 것으로 나타났을 경우 구조모형 검정을 실시한다. 구조모형 검정결과 모형이 자료에 적합한 것으로 나타나면 그 다음 부트스트랩 등의 절차를 거쳐 매개효과가 유의한 지를 검정한다.

또한 연구자의 주된 관심사는 아니지만 매개변수와 종속변수 모두에 영향을 미치는 제3의 변수가 있을 수 있다. 이 변수 때문에 분석결과가 편향된 추정치를 산출할 수 있다.

이 경우 제3의 변수를 모형에 직접 포함시켜 그 영향을 통제할 필요가 있다. 이는 회귀분석에서 종속변수에 영향을 미치는 공변량(covariate)을 포함시켜 그 영향을 통제하는 것과 같은 논리이다. 우선 상관관계분석을 통해 제3의 변수와 유의한 상관이 있는지를 확인한다. 유의한 상관이 존재한다면 이 변수를 공변량으로 설정하여 그 영향력을 통제한다. 이때 다중회귀분석에서는 모형의 1단계에 제3의 변수를 공변량으로 설정하면 되지만, 구조방정식 모형에서는 제3의 변수와 유의한 상관을 보이는 모든 잠재변수(매개변수와 종속변수)에 대해 제3의 변수에서 잠재변수로 향하는 직접 경로를 설정한다(서영석 2010).

3.2 조절효과

3.2.1 조절효과의 조건

조절변수(moderator variable)는 독립변수와 종속변수 간의 관계에 어떤 방향 또는 강도로 영향을 미치는 변수를 말한다, 독립변수와 종속변수의 관계는 조절변수의 수준(level)에 따라 달라지는데, 이러한 이유로 독립변수가 조절변수와 상호작용해서 종속변수에 영향을 미친다고 말한다. [도표 4-4]의 Mo와 같이 조절변수는 독립변수 X가 종속변수 Y에 미치는 효과를 중간에서 조절하는 변수를 의미한다. 조절변수 Mo의 수준 또는 조건에 따라 독립변수가 종속변수에 미치는 효과가 달라지는데, 이 경우 독립변수 X와 조절변수 Mo 사이에 상호작용효과가 있다고 한다(홍세희와 정송 2014). 앞서 살펴본 도미노 게임에서 밑바닥의 크기가 조절변수의 역할을 하는 것이다. [도표 4-4]에서 상호작용효과가 발생하면 즉, β_3가 통계적으로 유의하다면 Mo는 조절변수의 역할을 한다고 본다.

[도표 4-4] 조절변수와 조절효과

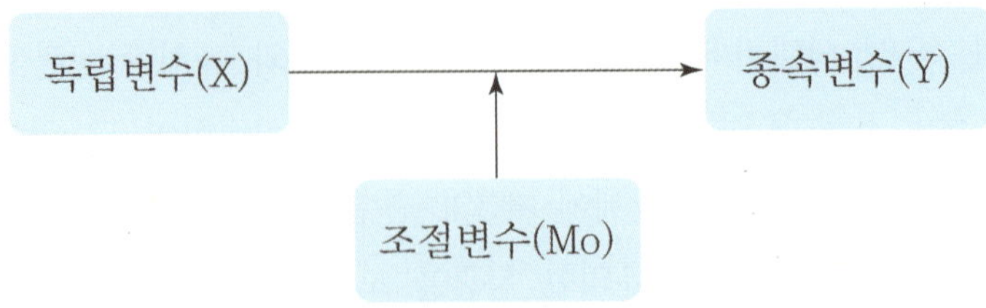

Step 1 : $Y = \alpha + \beta_1 X + \beta_2 Mo + e$

Step 2 : $Y = \alpha + \beta_1 X + \beta_2 Mo + \beta_3 X \times Mo + e \rightarrow \beta_3$가 유의적

Step 3 : Step1과 Step2 간의 R^2 증분이 유의한 지 F검정

이와 같은 회귀분석 모형에서 조절변수가 종속변수의 원인으로 모형화되어 있지만, 조절변수가 종속변수와 독립변수에 모두 비유의적인 관계를 가지고 있다는 중요한 가정이 깔려있다. 즉, 조절변수는 독립변수 혹은 종속변수와 이론적인 관계를 가지지 않아야 한다는 것이다. 이러한 선행조건이 충족되지 못한다면 조절효과 형태의 적합성은 변수들 간의 진정한 상호관계를 정확하게 나타내 주지 못한다(Wu and Zumbo 2008). 그러나 많은 선행연구들을 보면 조절변수의 이러한 통계적 특성에 관계없이 즉, 독립변수와 조절변수 간의 상관관계가 높은 경우에도 연구모형으로 설정하기도 한다. 또한 조절변수도 반드시 관련 이론을 토대로 선정하여야 한다. 독립변수와 조절변수의 상호작용에 관한 내용을 구체적인 이론을 바탕으로 가설의 형태로 제시해야 한다. 이는 이론적인 뒷받침 없이 조절변수를 선정하는 것은 적절하지 않다(서영석 2010).

조절효과를 검정하기 위해서는 독립변수와 조절변수를 곱해서 상호작용변수를 생성해야 하는데, 원점수를 사용해서 상호작용변수를 생성할 경우 상호작용항과 독립변수 및 조절변수 간에 상관이 클 수밖에 없으며, 다중공선성의 문제가 야기될 수 있다. 다중공선성의 문제는 평균중심화를 통해 줄일 수 있다(Wu and Zumbo 2008; 서영석 2010; 홍세희와 정송 2014). 평균중심화는 각 관찰치의 원점수를 해당 변수의 평균에서 빼서 새로운 변수를 생성하는 것을 말한다. 또한 평균중심화를 통해 β_1과 β_2에 대한 해석을 명확히 할 수 있다. 즉, 평균중심화 후 회귀분석에 상호작용항 X×Mo를 포함시키면, β_1은 Mo=0일 때 Y에 대한 X의 효과를 나타내며, β_2는 X=0일 때 Y에 대한 Mo의 효과를 의미하게 된다. 따라서 상호작용항이 없을 때의 β_1과 β_2는 각각 X

와 Mo의 효과이지만, 상호작용항이 추가되면 특정 조건에서의 X와 Mo의 효과가 된다(홍세희와 정송 2014).

한편, 조절효과의 검정도 신뢰도가 높은 측정도구를 선택하는 것이 중요하다. 왜냐하면 조절변수 뿐만 아니라 독립변수를 측정하는 검사도구의 측정오차가 클 경우(즉, 신뢰도가 낮을 경우) 이 두 변수로부터 생성되는 상호작용항의 신뢰도는 상호작용항에 포함된 각 변수의 신뢰도를 곱한 값이기 때문이다. 상호작용항의 신뢰도가 낮을 경우 상호작용항의 표준오차는 증가하게 되고, 결국 상호작용효과에 대한 통계적 검정력은 감소하게 된다. 측정도구의 신뢰도와 관련된 문제는 종속변수에도 해당 된다. 종속변수 또한 측정도구의 신뢰도가 낮을 경우 독립변수와의 상관이 줄어들게 되고, 이는 결국 종속변수에 대한 모델의 설명량을 감소시켜 통계적 검정력을 감소시키게 된다. 이러한 이유로 구조방정식 모형을 추천하는 학자들도 있다(서영석 2010)

3.2.2 조절효과 검정

조절효과를 검정하기 위해서 매개효과를 검정할 때와 같이 다중회귀분석이나 구조방정식 모형을 사용한다. 먼저 구조방정식 모형을 사용할 경우 LISREL, AMOS, PLS 등 다양한 통계프로그램을 사용할 수 있다. 이런 프로그램을 사용할 때 상호작용항을 만들어야 하며, 프로그래밍 없이 쉽게 적용할 수가 있다. 구체적인 방법은 관련된 각 프로그램의 운영방법을 기술한 교재를 참고하기 바란다.

회귀분석으로 조절효과를 검정할 때는 [도표 4-4]의 step1 ~ step3과 같은 과정을 거치게 되며, 이를 위계적 회귀분석이라 한다. 물론 독립변수와 조절변수 모두 범주형 변수일 경우 ANOVA를 사용하면 되지만 독립변수와 조절변수 중 하나 또는 모두가 연속형 변수일 경우 연속형 변수의 속성을 유지하기 위하여 다중회귀분석을 사용하는 것이 좋다. 예를 들어, 중앙값을 이용하여 인위적으로 집단을 구분한 후 변수간의 관련성을 비교하는 것은 지양해야 한다. 왜냐하면 인위적으로 집단을 구분할 경우 변수에 관한 정보가 많이 손실되고, 결국 상호작용효과에 대한 통계적 검정력은 감소하게 된다. 경험적인 연구에서 인위적으로 집단을 구분하는 경우보다 연속형 변수의 속성을 유지하고 위계적 회귀분석을 실시하는 것이 1종 오류와 2종 오류 모두 적은 것으로 나타났다(서영석 2010).

회귀분석을 사용해서 조절효과를 검정하려면 첫째, 독립변수와 조절변수를 함께 투입한다. 둘째, 상호작용항을 투입한다. 만약에 상호작용항이 두 개 이상일 경우 모든 상호작용항을 함께 투입하는 것이 좋다. 왜냐하면 통계검정을 여러 번 실시할 때 발생하는 1종 오류의 증가를 막을 수 있기 때문이다. 첫 번째 단계의 R^2과 두 번째 단계의 R^2 간의 차이는 상호작용항으로 설명되는 종속변수의 변량인데 이 차이가 통계적으로 유의할 경우 조절효과가 존재함을 시사한다. 상호작용항이 두 개 이상일 경우 각 상호작용항의 효과 크기, 즉 종속변수에 대한 설명량은 준부분상관의 자승(squared semipartial correlation)이 된다(서영석 2010).

위계적 회귀분석을 적용해서 상호작용효과를 검정한 경우, 회귀분석의 일반적인 제한점 즉, 변수의 측정오차로 인해 상호작용효과를 과소 추정하는 문제가 발생한다. 또한 회귀분석을 적용하면 통계적 검정력이 약화되고 제2종 오류가 증가하여, 복잡한 상호작용모형을 분석하기가 어렵다는 제한점이 있다. 구조방정식 모형을 적용하면 이러한 문제들을 해결하면서 상호작용효과를 검정할 수 있다(서영석 2010).

3.3 구조방정식 모형에서의 적합도 지수

모형의 적합도는 구조방정식으로 설정된 연구모형과 경험적 자료가 평균적으로 얼마나 일치하는가를 나타내는 값이다. 적합도 지수가 기준값에 부합한다면 수집된 자료와 연구모형이 부합한다는 의미로 받아들일 수 있다. 지난 수십 년간 수많은 적합도 지수가 개발되었고, 오히려 너무 많아서 어떤 것을 적용할 것인지 혼란스럽기도 하다. 아래 [도표 4-5]에는 구조방정식 모형에서 많이 사용되는 주요 적합도 지수와 그 기준을 제시하였다.

[도표 4-5] 구조방정식 모형에서의 주요 적합도 지수

지수		기준
절대적합도 지수	Chi-Square*	χ^2값 (p>0.10 이상)
	GFI(goodness of fit)**†	0.90 이상
	AGFI(adjusted GFI)*††	0.90(혹은 0.80) 이상
	RMR(root mean square residual)	0.05 이하
	RMSEA(root-mean-square error of approximation)**††	0.05 미만
증분(상대) 적합도 지수	NNFI(non-normed fit index)**††	0.90 이상
	NFI(normed fit index)*	0.90 이상
	CFI(comparative fit index)**†	0.90 이상
간결적합도 지수	PGFI(parsimony goodness of fit)	대안모형 중 높은 값
	PNFI(parsimony normed fit index)	0.90 이상

* 표본 크기에 민감함 ** 표본 크기에 영향이 적음 † 간명도 반영 못 함 †† 간명도 반영함

먼저, 적합도 지수는 크게 절대적합도와 증분(상대)적합도, 간결적합도로 구분할 수 있다. 절대적합도(absolute fit indices)는 연구모형의 전반적인 적합도를 평가하는 것으로 가장 많이 적용되고 있다. 증분(상대)적합도((incremental fit index)는 기초모형(null model)에 대하여 연구자의 연구모형이 얼마나 다른가를 나타낸다. 즉, 기초모형은 관측변수 간에 공분산이 존재하지 않는다고 보는 가장 제약된 최악의 모형이며, 최악의 기초모형에 비해 연구모형이 얼마나 개선되었는가를 보여주는 것이다. 예를 들어, NFI가 0.90이라면 기초모형에 비해 연구모형이 90% 개선되었다고 볼 수 있겠다. 간결적합도(parsimony fit indices)는 너무 많은 추정계수에 의해 과대적합(over fitting)하는지를 진단하는 지수이다. 추정계수가 늘어나게 되면 자유도가 줄어들고 간결적합도 지수가 줄어들게 된다. 추정계수가 많은 것에 대한 벌칙으로 생각해 볼 수 있겠다.

04 매개효과에 대한 선행연구

4.1 정양헌과 김병만(2006) : 회귀분석을 이용한 매개효과 분석

4.1.1 연구모형

정양헌과 김병만(2006)은 균형성과정보사용(USG)과 기업성과(PFM) 간의 관계에서 성과보상연계(ICN)가 매개역할을 하는지 살펴보았다. 균형성과정보의 활용이 기업의 성과에 영향을 미치고 있음에도 불구하고, 현재 균형성과정보를 활용하고 있는 기업에서도 기업의 성과에 따른 성과보상의 경우 대부분 재무적인 성과측정치에 의존하고 있다. 기업이 지속적으로 발전하기 위해서는 중장기적인 비전을 설정하고 이를 달성하기 위한 목표와 전략을 수립하여 이를 효과적으로 실행하여야 한다. 그러나 인센티브 성과보상연계의 경우 재무적인 성과측정치에 의존하다 보니 기업의 중장기적인 목표나 전략, 비전과 연계가 되지 않는다는 문제점이 있다.

본 연구에서는 균형성과정보의 사용정도는 기업성과에 영향을 미치고 있으며, 균형성과정보의 사용정도와 기업성과 간의 관계는 성과보상연계에 따라 영향을 받는다고 보는 연구모형을 상정하였다. 구체적으로는 균형성과정보의 사용정도는 기업성과에 직접적인 영향을 미치지만, 성과보상연계를 통해 간접적으로도 영향을 미치고 있는 것으로 설정하였다. 다음과 같은 연구모형에는 이러한 성과보상연계가 균형성과정보의 사용정도와 기업성과 간의 관계에 미치는 매개효과가 표시되어 있다. 연구모형은 [도표 4-6]과 같고, 이에 근거하여 가설을 설정하였다.

[도표 4-6] 정양헌과 김병만(2006)의 연구모형

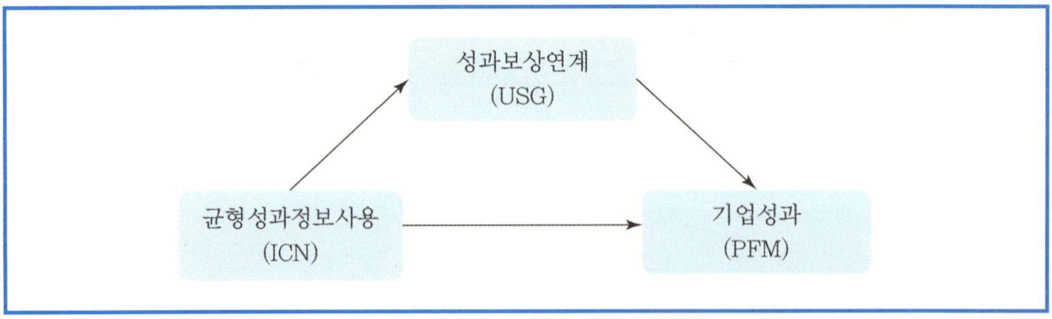

H1 : 중소기업에서 균형성과정보의 사용정도는 성과보상연계와 기업성과에 영향을 미칠 것이다.

H2 : 중소기업에서 균형성과정보의 사용정도는 성과보상연계를 통하여 기업성과에 영향을 미칠 것이다.

4.1.2 가설검정 결과

가설검정 결과는 다음 Panel A~D와 같다.

Panel A : 성과보상연계(매개변수)를 종속변수로 하는 균형성과정보의 회귀모형			
모형 : ICN = α + β_1USG + e			
독립변수	회귀계수	t-value	p
USG	0.581	5.994	0.000***
Adj. R^2=0.144, F(1, 206)=35.923(p=0.000), Durbin-Watson=1.630, *** p<0.01			

Panel A는 균형성과정보의 사용정도가 성과보상연계(매개변수)에 미치는 직접효과를 알아보기 위해 성과보상연계를 종속변수로 하고 균형성과정보의 사용정도를 독립변수로 하는 회귀모형에 대한 분석결과를 보여준다. 균형성과정보의 사용정도(β_1= 0.581, p=0.000)와 성과보상연계 간에는 1% 수준에서 통계적으로 유의적인 양(+)의 관계가 나타났다. 회귀모형의 수정된 R^2는 14.4%이고 F=35.923(p=0.000)로 나타나 모형은 통계적으로 유의한 것으로 나타났다. 이러한 결과는 균형성과정보의 사용정도가 높으면 높을수록 성과보상연계의 정도도 더 높아지는 것을 나타낸다. 이는 균형성과측정시스템에 의한 성과결과를 보상체계에 연결시키려는 의도가 증대됨을 보여주는 것이다.

Panel B : 기업성과를 종속변수로 하는 균형성과정보의 회귀모형			
모형 : PFM = α + β_2USG + e			
독립변수	회귀계수	t-value	p
USG	0.697	7.232	0.000***
Adj. R^2=0.206, F(1, 197)=52.308(p=0.000), Durbin-Watson=1.832, *** p<0.01			

Panel B는 균형성과정보의 사용정도가 기업성과에 미치는 전체효과를 알아보기 위해 기업성과를 종속변수로 하고 균형성과정보의 사용정도를 독립변수로 하는 회귀모형에 대한 분석결과를 보여준다. 균형성과정보의 사용정도(β_2=0.697, p=0.000)와 기업성과 간에는 1% 수준에서 통계적으로 유의적인 양(+)의 관계가 나타났다. 회귀모형의 수정된 R^2는 20.6%이고 F=52.308(p=0.000)로 나타나 모형은 통계적으로 유의한 것으로 나타났다. 이것은 균형성과정보의 사용정도가 높으면 높을수록 기업성과는 더 높게 나타남을 보여주는 것이다.

Panel C : 기업성과를 종속변수로 하는 균형성과정보와 성과보상연계의 회귀모형					
모형 : PFM = α + β_3USG + β_4ICN + e					
독립변수	회귀계수	t-value	p	Tolerance	VIF
USG	0.535	5.278	0.000***	0.861	1.161
ICN	0.290	4.529	0.000***	0.861	1.161
Adj. R^2=0.278, F(2, 192)=38.432(p=0.000), Durbin-Watson=1.895, *** p<0.01					

Panel C는 성과보상연계(매개변수)의 매개효과를 알아보기 위해 균형성과정보의 사용정도와 성과보상연계를 독립변수로 하고 기업성과를 종속변수로 하는 다중회귀모형에 대한 분석결과를 보여준다. 균형성과정보의 사용정도와 성과보상연계 변수는 기업성과 변수에 대하여 각각 1% 수준에서 모두 통계적으로 유의적인 양(+)의 관계가 나타났다. 회귀모형의 수정된 R^2는 27.8%이고 F=38.432(p=0.000)로 나타나 모형은 통계적으로 유의한 것으로 나타났다. 한편, 독립변수들의 공차한계와 분산확대지수에 의하면 변수 간의 다중공선성 문제는 없는 것으로 파악되며, Durbin-Watson값에 따라 잔차의 독립성이 유지되므로 회귀모형의 분석 결과에 대한 해석에는 문제가 없다고 판단된다.

균형성과정보의 사용정도(β_3=0.535, p=0.027)와 성과보상연계 변수(β_4=0.290, p=0.000)는 두 변수 모두 통계적으로 유의한 것으로 나타났으며, 기업성과와는 양(+)의 관계를 보임으로써 균형성과정보의 사용정도가 높으면 높을수록 기업성과는 보다 더 높아지고, 성과보상연계의 정도가 매개요인으로 작용함으로써 성과보상연계의 정도가 높으면 높을수록 기업성과가 더 높게 나타남을 알 수 있다.

Panel D : Panel B와 Panel C의 균형성과정보에 대한 회귀계수의 비교		
	회귀계수	t-value
β_2 (Panel B)	0.697	7.232
β_3 (Panel C)	0.535	5.278
비교결과	$\beta_3 < \beta_2$	$\beta_3 < \beta_2$

Panel D를 보면 Panel B와 Panel C의 균형성과정보의 사용정도에 대한 표준표귀계수값 β_2(Panel B)는 0.697인데 성과보상연계(매개변수)의 매개효과를 알아보기 위해 균형성과정보의 사용정도와 성과보상연계를 독립변수로 하고 기업성과를 종속변수로 하는 다중회귀모형에 대한 분석결과에 의한 표준β_3(Panel C)의 회귀계수 값은 0.535로 나타났다. 즉, 표준β_3(Panel C)의 회귀계수 값이 표준β_2(Panel B)의 회귀계수 값 0.697보다 더 작게 나타났다. 이것은 성과보상연계의 정도가 매개요인으로 작용함으로써 매개효과(또는 간접효과)가 존재함을 보여준다. 따라서 균형성과정보의 사용정도는 성과보상연계를 통하여 기업성과에 영향을 미친다는 가설2가 성립하는 것으로 나타났다. 이러한 결과는 균형성과측정시스템에 의해 산출되는 균형성과정보가 보상체계에 연계됨에 따라 성취한 결과, 즉 성과에 따른 보상이 적절하게 이루어짐으로써 궁극적으로는 기업성과를 더욱 더 증대시키는 효과를 낳는다는 것을 보여주는 것이다.

Sobel test : Z = 3.613 (0.0003***)

한편, Baron and Kenny(1986)에 의한 공식적인 매개효과 검정치인 Sobel의 Z값은 3.613으로 유의하여(p=0.0003) 성과보상연계가 균형성과정보의 사용정도와 기업성과 간에 매개효과를 나타내고 있음을 확인하였다.

4.2 이상완 등(2011) : 구조방정식을 이용한 매개효과 분석

4.2.1 연구모형

PMS와 관련된 선행연구들은 주로 성과측정지표의 다양성 관점 또는 전략과의 정렬 관점에서 PMS와 조직성과 간의 관계를 살펴보고자 하였다. 성과측정지표의 다양성 관점에서 보면, 기업이 재무적 성과지표뿐만 아니라 비재무적 성과지표까지 다양하게 사용할 때 성과를 향상시킬 수 있다는 것이다. 상황이론에 근거한 전략과의 정렬 관점에서는 성과측정지표가 기업의 전략과 잘 정렬되어야 높은 성과를 달성할 수 있다는 것이다.

그러나 선행연구들은 PMS의 진단적 이용보다는 장기적인 관점에서 유리한 PMS의 상호작용적 이용을 강조하려고 하였다. 또한, 불확실한 경영환경을 해결하기 위해 선행연구들은 PMS의 진단적 이용과 함께 PMS의 상호작용적 이용, 그리고 성과측정지표의 다양성, 즉 재무적 성과지표와 함께 비재무적 성과지표의 이용을 강조하고자 하였다. 그러나 PMS의 이용방식과 성과측정지표의 다양성을 동시에 고려한 연구는 거의 없었다. 기업이 처한 상황에 따라 경영진은 PMS의 이용방식을 결정할 것이며, 이에 따라 요구되는 성과측정지표의 정보 역시 다를 것이기 때문에 PMS의 이용방식과 성과측정지표의 다양성을 동시에 고려해 볼 필요성이 있을 것이다. 이에 따라 이상완 등(2011)은 [도표 4-7]과 같은 연구모형과 연구가설을 설정하였다.

[도표 4-7] 이상완 등(2011)의 연구모형

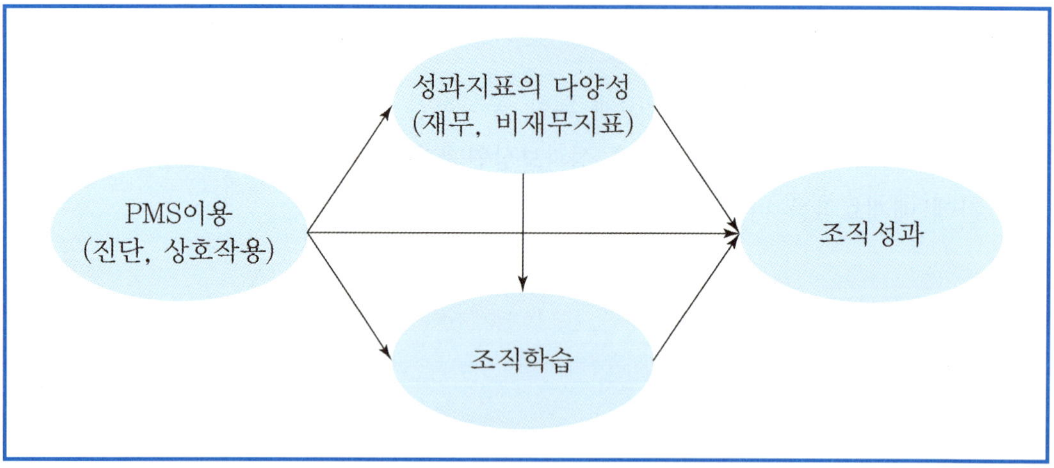

H1 : PMS의 이용은 조직성과에 정(+)의 영향을 미칠 것이다.

H2 : PMS의 이용은 성과측정지표의 다양성에 정(+)의 영향을 미칠 것이다.

H3 : PMS 이용은 조직학습에 정(+)의 영향을 미칠 것이다.

H4 : 성과측정지표의 다양성은 조직학습에 정(+)의 영향을 미칠 것이다.

H5 : 성과측정지표의 다양성은 조직성과에 정(+)의 영향을 미칠 것이다.

H6 : 조직학습은 조직성과에 정(+)의 영향을 미칠 것이다.

4.2.2 가설검정 결과

본 연구의 가설검정은 PLS 구조모형의 경로계수를 이용하여 실행되었다. 측정항목의 신뢰성과 타당성이 검증된 측정모형을 이용하여 각 변수간의 경로에 대한 유의성 검정을 통해 가설을 검정하였다. T값은 표본자료로부터 복원추출에 의해 동일한 분포를 갖는 성과측정지표를 추정하는 방식인 부트스트랩(bootstrapping)을 통한 반복추출 서브샘플링(500개) 생성을 통해 계산되었다. 분석결과는 다음 [도표 4-8]과 같다.

[도표 4-8] 분석결과

가설		경로	경로계수	t값
H1	H1-1	진단적 이용 → 조직성과	0.2165	2.0674**
	H1-2	상호작용적 이용 → 조직성과	-0.0734	0.6441
H2	H2-1	진단적 이용 → 재무적 지표의 다양성	0.3525	2.9969**
		진단적 이용 → 비재무적 지표의 다양성	0.0678	0.6759
	H2-2	상호작용적 이용 → 재무적 지표의 다양성	-0.0059	0.0384
		상호작용적 이용 → 비재무적 지표의 다양성	0.6227	7.5368***
H3	H3-1	진단적 이용 → 조직학습	0.1661	1.4986
	H3-2	상호작용적 이용 → 조직학습	0.1980	1.3936
H4	H4-1	재무적 지표의 다양성 → 조직학습	0.1572	1.7628*
	H4-2	비재무적 지표의 다양성 → 조직학습	0.2947	2.3071**
H5	H5-1	재무적 지표의 다양성 → 조직성과	0.1574	1.7604*
	H5-2	비재무적 지표의 다양성 → 조직성과	0.2004	1.6427
H6		조직학습 → 조직성과	0.4104	3.4296***
통제변수		조직규모 → 조직성과	0.0485	0.5458

* $p<0.1$ ** $p<0.05$ *** $p<0.01$

가설1의 검정결과는 진단적 이용은 5% 유의수준에서 조직성과와 유의적인 정(+)의 관계를 보여주었으며, 상호작용적이용은 조직성과와 유의적인 관계를 보여주지 못했다. 가설1은 부분적으로 지지되는 결과가 나타났다. 가설2는 PMS의 이용이 성과측정지표에 미치는 영향을 검정하는 것이다. PMS의 진단적 이용은 5% 유의수준에서 재무적 성과지표의 다양성에만, 그리고 상호작용적 이용은 1% 유의수준에서 비재무적 성과지표의 다양성에만 유의한 영향을 미치는 것으로 나타났다. 가설3은 PMS 이용이 조직학습에 미치는 영향을 검정하는 것이다. PMS의 진단적 이용과 상호작용적 이용은 모두 조직학습에 유의한 정(+)의 영향을 주지 못하는 것으로 나타나 가설3은 기각되었다. 가설4는 성과측정지표의 다양성이 조직학습에 미치는 영향을 검정하는 것이다. 재무적 성과지표의 다양성은 10% 유의수준에서, 비재무적 성과지표의 다양성은 5% 유의수준에서 조직학습에 정(+)의 영향을 미치는 것으로 나타났다. 가설5는 성과측정지표의 다양성이 조직성과에 미치는 영향을 검정하는 것이다. 재무적 성과지표의 다양성은 10% 유의수준에서 조직성과에 정(+)의 영향을 미치는 것으로 나타난 반면, 비재무적 성과지표의 다양성은 유의적인 결과를 보여주지 못하였다. 가설6은 조직학습이 조직성과에 미치는 영향을 검정하는 것이다. 조직학습은 1% 유의수준에서 조직성과에 정(+)의 영향을 미치는 것으로 나타났다.

연구결과를 종합해 보면, 가장 먼저 경영자들은 PMS를 이용하여 조직성과를 개선시키고 있는 것으로 나타났다. 진단적 이용은 직접적으로 또는 성과측정지표의 이용과 조직학습을 통해 간접적으로 조직성과를 개선시키고 있었으며, 상호작용적 이용은 성과측정지표의 이용과 조직학습을 통해 간접적으로 조직성과를 개선시키는 것으로 나타났다. PMS의 이용은 성과측정지표를 다양하게 이용하도록 장려하며, 특히 PMS의 진단적 이용은 재무적 성과지표의 이용을 강조하고, PMS의 상호작용적 이용은 비재무적 성과지표의 이용을 강조하는 것으로 해석할 수 있다. 따라서 경영자들은 재무적 성과지표의 한계점을 보완하고 장기적으로 조직성과를 더욱 개선시키기 위해서 PMS의 진단적 이용과 함께 상호작용적 이용을 늘려가야 할 것이다. 또한 재무적 성과지표와 함께 비재무적 성과지표를 다양하게 이용하는 기업은 조직학습을 강화시키며, 조직학습은 궁극적으로 조직성과를 강화시키는 것으로 나타났다. PMS의 진단적 · 상호작용적 이용과 성과측정지표의 다양성은 조직성과를 개선시키며, 그 과정에서 중요한 역할을 하는 것이 조직학습이라 판단된다. 경영자들은 조직성과를 개선시키기 위해 PMS의 진단적 이용과 함께 PMS의 상호작용적 이용을 늘려가야 하며, 동시에 조직학습을 고려해야 할 것이다. 즉, PMS를 통해 조직성과를 향상시키려면 경영자들은 조직학습을 잘 활용하는 것이 중요하다는 것을 시사해 주고 있다.

05 조절변수에 대한 선행연구

5.1 김경구 등(2007) : 회귀분석을 이용한 조절효과 분석

5.1.1 연구모형

김경구 등(2007)은 BSC의 효과에 대해 커뮤니케이션 수준(COMM), 역할갈등(RC), 보상시스템(COMP) 변수를 사용하여 살펴보았다. BSC 도입과 커뮤니케이션 개선효과, 커뮤니케이션 개선으로 인한 역할갈등 해소 여부, BSC 결과와 보상과의 연계가 기업에 미치는 영향을 직무만족에 초점을 맞추어 분석하였다. BSC 도입은 커뮤니케이션 수준의 개선을 가져올 것이고, 이러한 커뮤니케이션의 개선은 역할갈등의 해소를 통해 직무만족에 긍정적인 (+)영향을 미칠 것으로 예상하였다. 또한 BSC 결과와 보상과의 연계는 이러한 커뮤니케이션 개선 효과가 직무만족에 미치는 긍정적인(+) 영향을 더욱 촉진시킬 것으로 예상하였다. 연구모형과 가설은 [도표 4-9]와 같다.

[도표 4-9] 김경구 등(2007)의 연구모형

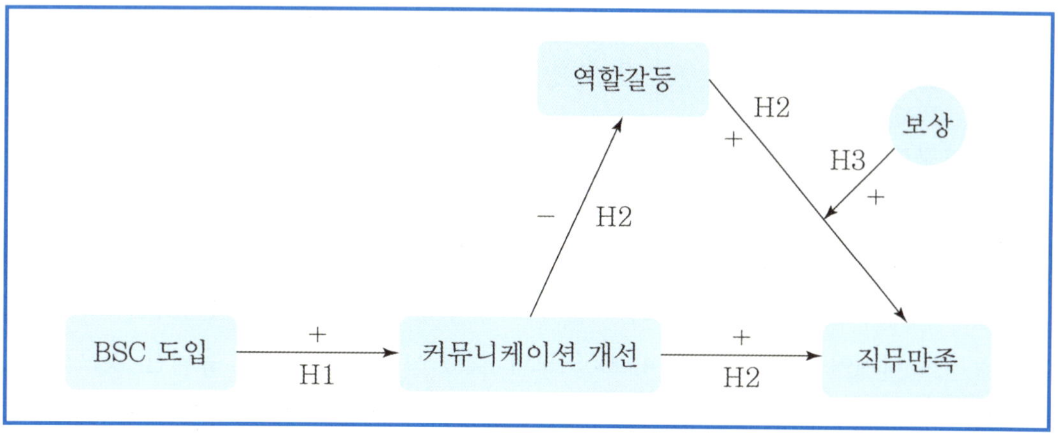

H1 : BSC 도입기업과 비도입기업 간에는 커뮤니케이션 수준의 차이가 있을 것이다.

H2 : BSC 도입기업의 경우 커뮤니케이션 수준이 높아질수록 역할갈등이 해소되어 구성원들의 직무만족은 향상될 것이다.

H3 : BSC와 보상과의 연계는 역할갈등 해소로 인한 직무만족 향상에 영향을 미칠 것이다.

한편, 변수값은 설문지로 측정하였으며, 7점 척도로 구성되어 있다. 회수된 설문지는 BSC 도입기업 47개 기업으로부터 총 428부, BSC 비도입기업 28개 기업으로부터 262부, 도합 690부로 전체적인 회수율은 57.3%이다. 이 중 자료가 미비하여 분석에 사용할 수 없는 설문지 2부를 제외한 688부의 설문지를 분석에 이용하였다.

5.1.2 가설검정 결과

가설1은 BSC 도입기업과 비도입기업 간의 커뮤니케이션 수준의 차이가 존재하는지를 파악하는 것이다. 이를 검정하기 위해 BSC 도입기업과 미도입기업 간의 커뮤니케이션 수준을 측정한 후 비교하였다.

커뮤니케이션 수준 차이 비교

구분		평균	표준편차	평균의 표준오차	t값	p값
①	BSC 도입기업	4.8371	0.5547	0.1273	4.399	0.000
	BSC 미도입기업	4.0059	0.6089	0.1397		
②	공기업	4.8704	0.5904	0.1320	1.325	0.198
	민간기업	4.6447	0.5597	0.1077		
③	BSC를 커뮤니케이션 도구로 잘 활용하는 기업	4.9623	0.4648	0.1039	2.469	0.017
	기타	4.5767	0.6057	0.1166		

위 표 ①에서 볼 수 있듯이 도입기업의 커뮤니케이션 수준(평균 4.8371)은 비도입기업의 커뮤니케이션 수준(평균 4.0059)보다 높았으며 통계적으로 유의한 것으로 나타났다. 이는 BSC 도입이 기업 내 구성원들 간의 커뮤니케이션을 활성화시키는 것을 의미한다. ②는 도입기업 내에서 공기업과 민간기업 간에 커뮤니케이션 수준에 차이가 있는지를 검정한 것이다. 조직유형에 따른 차이의 존재 여부는 아직 검정된 바 없는데

만약 차이가 있다면 조직유형이 커뮤니케이션에 영향을 미치는 것으로 해석할 수 있다. 그러나 검정결과, 공기업의 커뮤니케이션 수준(평균 4.8704)이 민간기업의 커뮤니케이션 수준(평균 4.6447)보다 약간 높았으나 유의적인 차이는 아닌 것으로 파악되었다(t값=1.325, p=0.193). 따라서 조직유형에 따른 커뮤니케이션 수준 차이는 없는 것으로 확인되었다. 마지막으로 ③은 도입기업 내에서 BSC를 커뮤니케이션 도구로 잘 활용하고 있다고 응답한 기업(20개)과 그렇지 않다고 응답한 기업(27개)을 비교한 결과이다. 이 두 집단 간에는 유의적인 차이가 있는 것으로 확인되었다(t값=2.469, p=0.017). 비록 응답자의 답변을 토대로 커뮤니케이션 향상 목적으로 BSC의 활용정도를 측정한 경우이지만 BSC 활용수준에 따라 커뮤니케이션의 수준에 차이가 있음을 간접적으로 뒷받침하는 결과라고 할 수 있다.

역할갈등의 매개역할에 대한 회귀분석 결과 : 전체기업(47개)

$$RC = \alpha_0 + \beta_1 COMM + \varepsilon \quad \text{식①}$$

$$JS = \alpha_1 + \beta_2 COMM + \varepsilon \quad \text{식②}$$

$$JS = \alpha_2 + \beta_3 COMM + \beta_4 RC + \varepsilon \quad \text{식③}$$

변수	식①		식②		식③	
	계수 (예상부호)	표준화 회귀계수	계수 (예상부호)	표준화 회귀계수	계수 (예상부호)	표준화 회귀계수
상수		5.199		0.657		0.565
COMM	$\beta_1(-)$	-0.499***	$\beta_2(+)$	0.871***	$\beta_3(+)$	0.857***
RC					$\beta_4(+)$	0.027
Adj. R^2	0.249		0.752		0.747	
F값	14.922***		140.835***		69.053***	

* p<0.1 ** p<0.05 *** p<0.01
COMM=커뮤니케이션 수준 RC=역할갈등 해소 JS=직무만족

가설2는 커뮤니케이션 개선과 직무만족 간의 관계에서 역할갈등의 매개효과를 파악하는 것이다. 위 표에서 역할갈등 해소의 표준화 회귀계수인 β_4의 값은 0.027로서 방향은 당초 예상과 일치하였으나 매개역할을 수행하지 못하는 것으로 나타났다. 따라서 커뮤니케이션과 직무만족 간의 관계를 역할갈등이 매개하지 못하는 것으로 파악되었

다. 47개 전체기업을 대상으로 한 경우 역할갈등 해소가 커뮤니케이션과 직무만족 간의 매개역할을 수행하리라는 가설2는 지지되지 않았다.

가설3은 BSC 결과와 보상과의 연계가 BSC 효과에 어떠한 영향을 미치는지를 파악하는 것이다. 본 연구의 관심 대상인 특정한 독립변수와 종속변수의 사이에서 제3의 변수가 조절역할을 하는지의 여부를 파악하는 방법으로 조절회귀분석을 실시하였다. 조절회귀분석은 단지 주효과(main effect) 항목만을 포함하는 제한된 회귀모형(restricted regression model)과 주효과 및 상호작용(interaction) 항목을 포함하는 전 구조의 회귀모형(full regression model)을 만들어 이 두 회귀식의 계산결과를 비교하는 것이다. 주효과를 제거한 상호작용효과를 측정한 후 각 회귀식의 설명력 증가분에 대하여 F검정으로 유의성 수준을 측정한다. 본 연구에서는 조절역할 검정목적으로 등간척도로 구성된 설문지를 사용하였기 때문에 독립변수와 조절변수의 상관관계가 높은 경우 다중공선성의 문제가 발생할 가능성이 존재한다. 이를 감안하여 분석자료에 대해 평균변환을 실시하였고 그 결과 다중공선성의 문제는 존재하지 않는 것으로 파악되었다.

역할갈등과 보상시스템이라는 두 변수의 상호작용효과의 유무를 파악하는 것이 가설3의 주된 목적이다. 따라서 이 두 변수의 곱의 형태로 기술하는 변수를 회귀식에 추가시킴으로써 설명력이 유의하게 증가 되는가를 파악하는 것이 주된 관심사이다. 아래 표는 직무만족을 종속변수로 하고 역할갈등과 보상시스템을 독립변수로 하여 회귀분석을 실시한 결과를 요약하고 있다. 회귀식에서 조절변수의 계수인 β_3가 양(+)의 값을 가지면서 유의적이면 역할갈등의 해소가 구성원의 직무만족에 미치는 효과는 조절변수(보상시스템)가 증가함에 따라 증가하는 것이기 때문에 역할갈등 해소로 인한 직무만족의 개선 효과를 촉진하는 것으로 해석할 수 있다. 그러나 분석결과에 따르면 주효과 항목만을 포함하는 제한모형의 설명력(R^2)은 0.249였고, 이 두 변수 간의 곱인 상호작용항을 추가로 투입한 전체모형의 설명력(R^2)은 0.256으로 그 증가분(Δ 0.007)의 F값은 유의하지 않았다. 이러한 결과를 토대로 보상시스템의 조절효과는 없는 것으로 파악되었다. 따라서 BSC를 보상과 연계하는 경우 역할갈등의 해소에 기인한 직무만족의 향상은 영향을 미칠 것이라는 가설3은 기각되었다.

보상시스템의 조절역할에 대한 회귀분석 결과 : 전체기업(47개)			
$JS = \alpha_0 + \beta_1 RC + \beta_2 COMP + \varepsilon$ (제한모형) $JS = \alpha_0 + \beta_1 RC + \beta_2 COMP + \beta_3 RC \times COMP + \varepsilon$ (전체모형)			
변수	계수(예상부호)	제한모형	전체모형
상수	–	4.596	4.548
RC	$\beta_1(+)$	0.218	0.218
COMP	$\beta_2(-)$	0.398**	−0.407**
RC×COMP	$\beta_3(-)$	–	−0.281
Adj. R^2		0.249	0.256
VIF		1.034	1.233
SSE		10.040	9.721
변화량검정 (조절효과)		1.4115	

상호작용항의 부가적 영향력을 파악하기 위한 검정은 다음과 같은 두 가지 회귀모형에 대한 F-검정을 하였다.

전체모형(full model, FM) : $Y_1 = \beta_1 X_1 + \beta_2 X_2 + \beta_3 X_1 X_2 + e_1$ ········ ①
제한모형(reduced model, RM) : $Y_1 = \beta_1 X_1 + \beta_2 X_2 + e_2$ ····················· ②

여기서, Y_1 = 직무만족, X_1 = 역할갈등, X_2 = 보상시스템을 의미

따라서 이 들 두 회귀방정식의 검토를 통해 상호작용항의 부가적 영향력의 여부에 대해 검정하게 된다. F-검정은 다음과 같다.

$$F = \frac{[SSE(RM) - SSE(FM)] / (p - q)}{SSE(FM)/(n - p - 1)}$$

여기서, FM : 전체모형, RM : 제한모형, n : 표본수, SSE : 편차제곱의 합
p : 전체모형의 독립변수의 수, q : 제한모형의 독립변수의 수
(여기서, $F_{.90(1,40)}=2.84$, $F_{.95(1,40)}=4.08$, $F_{.99(1,40)}=7.31$)

5.2 Wu(2014) : 구조방정식을 이용한 조절효과 분석

5.2.1 연구모형

Wu(2014)는 리더십 스타일이 성과에 미치는 영향이 BSC 실행에 따라 달라지는지를 살펴보았다. 여기서 BSC 실행이 조절변수로 사용되었다. 리더십은 리더가 설정한 목표를 향해 구성원들을 이끌어가는 프로세스이며, 그 결과는 성과에 영향을 미치게 된다. 이 과정에서 BSC 실행은 리더십 스타일과 함께 시너지 효과를 가지게 될 것으로 보았다. 리더십 스타일은 조직목표를 달성하기 위하여 구성원과 적시에 소통하고 격려하는 정도, 구성원들의 필요에 따라 맞춤식으로 자신의 관심사와 지도를 하는 정도, 구성원들이 부당한 행위를 하는 경우 적시에 시정을 하도록 하거나 징계 조치를 하는 정도, 업무목표를 명확히 하고 결과에 대해 보상하는 정도 등으로 측정하였다. BSC 실행은 4가지 각각의 관점이 재무성과에 어떤 영향을 미치는지로 측정하였다. 연구모형과 조절변수에 대한 가설(원본에서는 가설3)은 다음 [도표 4-10]과 같다.

[도표 4-10] Wu(2014)의 연구모형

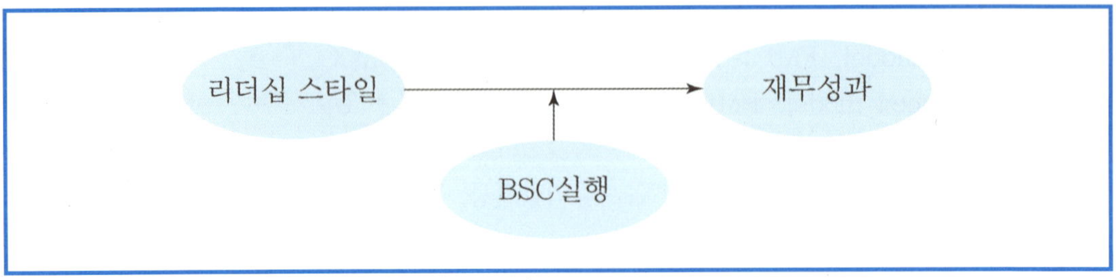

H1 : 리더십 스타일과 BSC 실행은 조직성과와 긍정적인 시너지 관계가 있을 것이다.

5.2.2 가설검정 결과

가설검정을 위하여 구조방정식 모형을 사용하였다. 먼저 적합도 지수를 살펴보았다. 적합도 지수는 다음과 같이 나타났는데, χ^2/d.f. 〈5이고, GFI, AGFI 및 NFI는 모두 0.90을 초과하고, RMR은 0.05보다 작게 나타나 연구자는 전체 모델의 적합성은 만족스럽다고 판단하였다.

적합도 지수								
	χ^2	DF	GFI	AGFI	NFI	CFI	RMR	RMSEA
지수값	12.705	14	0.923	0.913	0.903	0.901	0.024	0.021

경로	경로계수	SE	CR
리더십 스타일(X) → 재무성과(Y)	0.431	0.072	5.986***
BSC실행(Mo) → 재무성과(Y)	0.382	0.063	6.063***
X×Mo → 재무성과(Y)	0.674	0.054	12.481***

*** $p<0.01$

리더십 스타일은 재무성과에 긍정적인 유의한 영향을 미치고 있으며, BSC 실행도 재무성과에 긍정적인 유의한 영향을 미치고 있다. 또한 상호작용항 X×Mo도 재무성과에 유의한 영향을 미치고 있음을 볼 수 있다. 즉, 리더십 스타일은 BSC 실행 수준에 따라 재무성과에 미치는 영향이 다를 수 있음을 의미한다. 따라서 연구가설은 지지되었다. 연구결과를 보면 리더십 스타일과 BSC실행이 각각 재무성과에 직접적인 영향을 미치고 있으며, BSC실행의 조절효과도 존재하고 있다.

관리통제시스템의 설계와 효과

The Design and Effect of Management Control Systems

PART 02

관리통제시스템의 환경요인

5장 경영전략과 관리통제시스템

01 의의

경영전략(business strategy)이란 조직의 주요 목표와 정책, 행동프로그램을 전체로 통합한 장기계획을 말한다. 경영전략이라는 용어는 1950년대에 각종 문헌에 등장하기 시작했지만, 1980년대 초반까지만 하더라도 MCS 연구에서 중요한 변수로 사용되지 못하였다(Langfield-Smith 1997). Miles and Snow(1978), Porter(1980, 1985)가 전략의 유형과 MCS 특성 등에 대한 다양한 연구를 발표하기 시작하였으며, 최근에는 경영전략과 MCS 간의 관계에 대한 연구가 큰 관심을 받고 있다.

기존의 연구들은 경영전략을 지원하는 시스템으로 MCS를 정의하고 있다. 즉, 각 기업이 직면하고 있는 경영환경에 적응할 수 있도록 경영전략이 구축되어야 하고, 서로 다른 경영전략을 수행하기 위해서는 그에 적합한 MCS가 갖추어져야만 경쟁우위를 확보하고 성과 향상을 기대할 수 있다고 본다. 반면에 MCS가 경영전략을 제약한다고 보는 견해도 있다. 다시 말하면 경영자는 MCS에서 제공되는 정보를 통해 기업의 경영환경을 인식하고 이에 따라 의사결정을 수행하기 때문에 결국 경영전략은 MCS의 특성에 따라 새롭게 구축되거나 변경될 수 있다는 주장이다. 이러한 두 견해는 연구의 설계에도 영향을 미칠 수 있다. 예를 들면, 경영전략과 MCS 가운데 어떤 것을 선행변수 혹은 독립변수로 볼 것인가의 문제가 있다. 그러나 이 두 견해는 양립할 수 없는 것이 아니다. 왜냐하면 전자는 이미 구축된 경영전략을 효과적이고 효율적으로 실행하기 위해 그에 적합한 MCS가 필요하다는 견해이고, 후자는 이미 구축된 경영전략의 실행이 아니라 새로운 경영전략을 구축할 때 MCS의 역할에 대한 견해로 요약할 수 있기 때문이다.

경영전략은 기업전략(corporate strategy), 사업전략(business strategy), 기능전략(functional strategy)으로 구분할 수 있다. 기업전략은 기업이 나아가야 할 사업을 결정하고 그에 따라 자원을 배분하는 문제를 다루고, 사업전략은 이미 진출해 있는 사업에서 어떻게 경쟁할 것인가의 문제를 다룬다. 그리고 기능전략은 조직 내 특정 기능을 어떻게 효율적으로 운영할 것인가의 문제를 다룬다. 선행연구를 보면, 대부분 사업전략과 기능전략에 초점을 맞추고 있다. 예를 들어, 사업전략은 Miles and Snow(1978)의 공격형 전략과 방어형 전략, Porter(1980, 1985)의 원가우위 전략과 차별화 전략 등과 같은 것이다. 반면에 기능전략은 원가, 품질, 시간, 연구개발 등 기업의 핵심 경쟁요소 혹은 기능을 주제로 연구가 수행되어 왔다. 최근에는 품질을 생산부서와 같은 특정 기능부서만의 문제가 아니라 조직 전체가 참여해야 하는 전사적인 품질로 보고 사업전략으로 구분하기도 한다.

관리회계 문헌에서 경영전략을 이용한 선행연구는 대부분 MCS와의 관계를 살펴보고 있다. MCS에는 성과평가시스템이나 예산시스템, 보고 및 피드백시스템 등 여러 가지의 하위시스템이 포함되어 있다. 선행연구는 이러한 각각의 하위시스템과 경영전략과의 관계를 연구하기도 하지만, 이러한 시스템을 전체적으로 통합한 모형을 연구하기도 한다. 본서에서는 일부 하위시스템에 대한 연구를 중심으로 살펴보면서, 특히 경영전략과 MCS 간의 관계를 다룬 선행연구를 중점적으로 다루도록 한다. 각 하위시스템에 대한 연구들은 이어지는 다음 장에서 살펴보기로 한다. 이외에도 앞서 MCS에서 살펴본 조직학습, 신뢰, 역동적 긴장 등의 문제도 경영전략과 관련된 연구모형을 설정하는데 도움이 될 것이다.

02 경영전략의 개념

2.1 경영전략의 정의

전략(strategy)은 원래 병법 또는 군사학에 그 근원을 두고 있다. 전략이란 용어는 고대 그리스어의 'Strategos'라는 말에서 유래된 것으로 군대를 의미하는 'Stratos'와 이끈다는 의미를 가진 '-ag'가 합쳐진 용어로 군략(the art of the general)이라는 의미를 가지고 있다(Quinn et al. 1988). 군사학적 측면에서 전략은 대규모의 정기적 계획 및 개발을 통해 평시에 국가의 안전과 전시에 승리를 보장받기 위하여 국가의 모든 힘(force)을 사용하는 것으로 정의된다. 게임이론(game theory)에서는 전략을 행위자의 행동을 제약하는 일련의 규칙이라고 정의한다. 관리적인 측면에서 전략에 대한 정의는 연구자가 관점을 어디에 두고 있느냐에 따라 다르게 정의되고 있다. 연구의 주된 관점이 규범적이냐 혹은 기술적이냐, 전략수립이냐 혹은 전략실행이냐, 전략의 폭을 어디까지 보느냐 등과 같은 다양한 연구관점에 따라 그 정의가 달라진다. 그러나 이러한 제 정의를 종합해 보면 공통점을 발견할 수 있다(Mintzberg 1978).

먼저 전략을 어떻게 볼 것인가라는 점은 규범적 관점과 기술적 관점으로 나누어 볼 수 있다. 규범적 전략이란 1950년대 하바드 경영대학의 연구팀이 도입한 이래 Andrew(1971), Hofer and Schendel(1978), Porter(1980) 등으로 이어지고 있는 견해이다. 이는 전략을 다양하고 복잡한 의사결정을 통합하는 상황적 기술(situational art)로 보고 있다(Snow and Hambric 1980). 즉, 기업의 전략은 그 기업이 속한 경영환경과 일치해야 한다는 관점이다. 만약 특정 산업의 환경이 안정적이라면 이러한 안정성을 반영할 수 있는 전략이 구축되어야 하며, 반면에 산업환경이 급속히 변화하고 있다면 그러한 불확실성을 반영해 줄 수 있는 전략이 필요하다는 것이다.

그러나 Chandler(1962)는 기술적 관점에서 전략을 기업의 근본적인 장기목표를 달성하기 위하여 기업의 활동 방향을 결정하고 자원을 배분하는 일련의 기업활동으로 정의하고 있다. Chandler(1962)는 시장상황의 변화에 따라 새로운 전략이 수립되고, 그 전략에 맞는 새로운 구조가 설계되어야 한다고 주장한다. 이러한 관점은 Miles and Snow(1978)에게 영향을 미쳐 기업환경에 대한 조직의 반응이 조직을 제약한다는 관점으로 나타났다. 기업환경에 대하여 기업이 어떻게 반응하느냐에 따라 전략의 유형은 다르게 나타난다는 것이다.

일반적으로 많은 학자들은 전략의 수립과 실행을 구별해야 한다는데 의견을 같이하고 있다(Miles and Snow 1978). 전략의 수립과 실행을 구별하는 것은 전략의 인지적 관점(전략수립)과 행위적 관점(전략실행)이 다르다는 것을 인식하는 것이며, 전략이 계획적으로 개발되는 것으로 보고 있다는 것을 의미한다. 일반적으로 이러한 관점이 지지되고 있지만, Minzberg(1978)는 우발적 전략이라는 개념을 도입하여 경우에 따라 비계획적으로 전략이 나타날 수도 있음을 개념화하였다. 이런 측면에서 Minzberg(1978), Miles and Snow(1978)는 전략을 조직의 중요한 의사결정과 행위의 행태라고 보고 있다. 이때 조직의 의사결정과 행위는 그들의 환경에 계속적으로 적응하는 방향으로 나아가게 된다.

전략이란 조직의 주요 목표와 정책, 행동프로그램을 전체로 통합한 행태(pattern) 혹은 계획(plan)이다. 여기서 목표는 조직이 무엇을 언제 달성할 것인가를 나타내는 것이며, 정책이란 다양한 목표들이 혼재할 때 이를 해결할 수 있도록 하는 하나의 의사결정 지침이다. 그리고 행동프로그램은 조직의 주요 목표를 달성하는데 필요한 단계적인 행동순서, 즉 목표를 어떻게 달성할 것인지를 나타낸다. 이러한 개념들이 통합되어 전략을 구성하며, 이를 바탕으로 한 전략적 의사결정은 다양한 경영환경의 변화 속에서 기업의 전체적인 방향을 결정하고 궁극적으로는 기업의 생존능력을 결정하는 것이다(Quinn 1988).

기업의 전략이 최적의 수준인지를 판단하는 것은 현실적으로 어렵지만, 최적 수준의 전략이 되기 위해서는 다음과 같은 네 가지 평가요소를 만족시켜야 한다(Rumelt 1988). 첫째, 일관성(consistency)이다. 기업의 목표 및 정책과 일치하여야 한다. 둘째, 조화(consonance)이다. 기업이 직면하고 있는 경영환경에 적응하여야 하며 다른 기업과도 경쟁할 수 있어야 한다. 셋째, 기업의 장점(advantage)이다. 다른 경쟁사보다 더 잘 할 수 있는 것이 무엇인지를 찾아내는 것이다. 마지막으로 실행가능성(feasibility)이다. 현재 이용가능한 물적, 인적 및 재무적 자원으로 전략을 실행할 수 있는지를 평가하는 것이다. 이러한 전략의 평가원칙을 보면 기업의 내부뿐만 아니라 외부의 경영환경, 경쟁기업 및 고객 등에 대하여 끊임없이 관심을 가져야 한다는 것을 알 수 있다.

2.2 경영전략의 수명주기

기업은 그들이 직면한 경영환경에 지속적으로 반응하며 경영환경의 지배를 받는다. 경영환경은 외부환경과 내부환경으로 구분할 수 있다. 외부환경은 사회, 문화, 경제, 법률 및 기술적 환경 등을 포함하는 것으로 일반적으로 기업이 통제할 수 없는 외생변수로 간주 된다. 내부환경은 조직구조, 방침 및 기술 등 공식적 요소를 비롯하여 조직문화와 분위기 등 비공식적인 요소들을 포함한다. 그러나 이러한 경영환경 요인은 동질적인 것이 아니라 여러 가지 요소들이 복잡하게 혼합된 것으로서 각 요소들이 각각의 특이한 형태로 조직에 영향을 미치게 된다. 또한 기업이나 산업에 따라 그 변화의 인식정도에 차이가 있다. 앞서 언급한 바와 같이 경영전략에 대한 두 가지 관점, 즉 규범적 관점과 기술적 관점은 기업환경에 대해 어떻게 인식하느냐에 따라 경영전략이 다르게 나타난다. 경영환경에 의해서 경영전략이 결정되는 것이 아니라, 경영환경에 대한 조직의 반응에 따라 경영전략이 결정되는 것이다(Miles and Snow 1978). 즉, 기업이 직면한 경영환경을 최고경영진이 어떻게 인식하느냐에 따라 경영전략이 결정된다는 것이다. 따라서 동종 산업 내에서도 다양한 경영전략이 존재할 수 있으며, 어떠한 경영전략이라도 그 산업 내에서 잘 수행될 수 있다.

경영전략은 구상(conception), 실행 및 평가(elaboration), 쇠퇴(decay), 소멸(death)이라는 수명주기를 갖는다(Minzberg 1978). 그러나 기업에서 수행하는 모든 경영전략이 그 수명주기에 따라 진화과정을 거치는 것은 아니다. Minzberg(1978)는 경영전략의 과정을 다음의 [도표 5-1]과 같이 설명하고 있다.

[도표 5-1] 경영전략의 실현

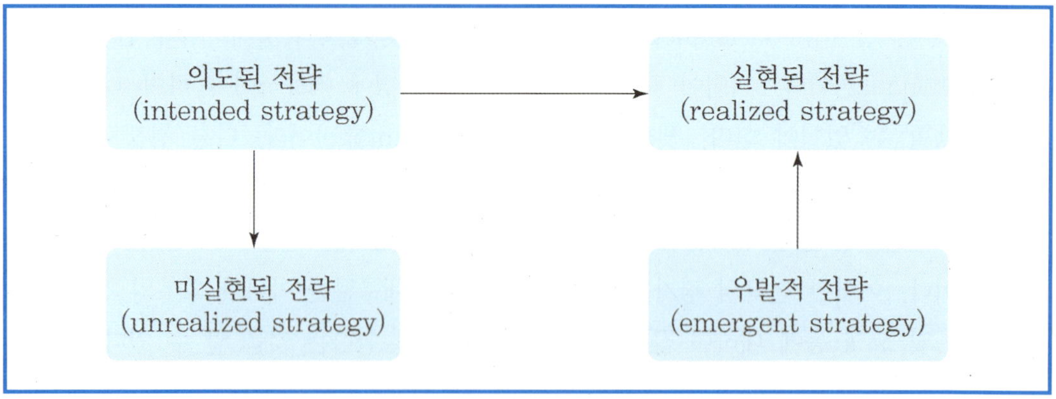

[도표 5-1]에서 보는 바와 같이, 기업이 의도했던 경영전략 중 일부는 진화의 과정을 거치면서 실현전략으로 나타나며, 나머지 일부는 실현되지 못하고 사라지는 미실현된 전략으로 나타난다. 미실현전략이 나타나는 이유는 비현실적인 기대, 경영환경에 대한 잘못된 판단, 전략을 실행하는 동안 일어난 경영환경의 변화 때문이다. 그러나 갑작스런 경영환경의 변화에 대한 인식의 정도에 따라 우발적으로 전략이 나타나기도 한다. 의도된 전략이 계획적으로 혹은 의도적으로 실행되는 경영전략이라면 우발적 전략은 비계획적으로 나타나는 경영전략의 형태이다. 의도된 전략 가운데 실현된 전략으로 끝까지 실행되는 것은 거의 10% 정도에 불과하며, 나머지 90%는 우발적 전략이 이를 대체한다.

지금까지의 논의는 경영환경에 대한 조직의 반응에 따라 경영전략이 변화한다는 것이었다. 그렇다면 경영환경의 변화에 대하여 경영전략의 변경은 얼마나 자주 발생하는가? Snow and Hambrick(1980)은 기업이 새로운 경영환경 문제에 직면하였을 때 경영전략을 변경하기보다는 대부분 그들이 지금까지 수행해왔던 익숙한 반응을 보인다고 주장하였다. 즉, 조직은 일반적으로 경영전략을 변경하고 싶어하지 않는다는 것이다. 특정한 경영전략을 실행하기 위해서는 기업 특유의 경쟁력, 기술, 조직구조 및 관리시스템이 필요하므로 시간, 인력, 비용 및 기타 자원의 많은 투자가 요구된다. 따라서 조직은 외부의 경영환경 변화에 따른 압력에 직면할 때 그들의 경영전략을 변경하기보다는 오히려 가능한 한 적응하려는 경향을 보인다.

변경과 적응 간의 차이는 미미하지만 이것은 이론의 구축(theory building)에 중요한 요소이다. 만약 어떤 영역과 구조의 변화가 경영전략의 변경으로 간주된다면 이론 자체가 자주 변화되어야 하므로 이론의 구축은 힘들어진다. 그러나 동일한 변화가 적응으로 이어진다면 연구자는 조직이 경영환경에 어떻게 상호작용하는가에 대해 일관성을 관찰할 수 있다. 이러한 측면에서 Minzberg(1978)는 초전략(metastrategy)이라는 개념을 제시하였다. 초전략은 전략의 수명주기에 따라 진화함으로써 경영환경에 적응하지만 자주 변경되지는 않는다. 그럼에도 불구하고 경영전략이 변경되는 이유는 첫째, 경영환경에 적응하는 중요한 방법이 수정되거나 둘째, 새로운 경영환경에 적합한 기술, 조직구조 및 관리시스템의 본질적인 변화가 발생하기 때문이다. 따라서 특정 기업에서 전략의 실행은 오랜 기간에 걸쳐 이루어지기 때문에 경영환경에 대한 기업의 반응에서 일관성을 발견할 수 있다.

2.3 경영전략의 측정방법

연구의 목적을 달성하기 위해서는 표본기업의 경영전략을 판단하여야 한다. 기업별 경영전략의 분류가 선행되어야만 그에 따른 연구의 가설을 검정할 수 있기 때문이다. 그러나 '경영전략을 어떻게 측정할 것인가'라는 문제는 연구를 수행하는데 큰 걸림돌이 되고 있다. 왜냐하면 특정 기업의 전략을 구분하고 측정하기 위해서는 많은 자료가 필요하고, 연구자의 객관적인 분석이 필요하기 때문이다. 특히 기업에서 필요한 자료를 알려 주는 것을 기피할 경우 그 어려움은 더욱 클 것이다. 또한 경영자가 각 용어의 개념에 대해 연구자만큼 모르고 있는 경우나 연구자가 생각하는 용어의 개념이 경영자에게 잘못 전달되는 경우도 발생할 수 있다.

이러한 문제를 극복하기 위하여 Snow and Hambrick(1980)은 경영전략을 측정하기 위한 4가지 방법을 제시하였다. 첫 번째 방법은 연구자 추론에 의한 방법(investigator inference)으로서 이 방법은 기업을 직접 방문하여 자료를 수집하고 그 결과를 바탕으로 연구자가 해당 기업의 전략을 결정하는 방법이다. 이 방법은 많은 정보를 얻을 수 있다는 장점은 있지만 표본수의 제약이 따르며, 연구자의 인지적 편의가 개입될 수 있다는 단점이 있다. 두 번째 방법은 외부평가에 의한 방법(external assessment)이다. 이 방법은 경영전략을 쉽게 분류할 수 있다는 장점은 있지만, 분류된 경영전략에 대하여 경영자나 연구자 어느 한쪽만 동의하는 경우가 있으며, 경영전략을 구분하기 위한 도구도 불완전한 경우가 많다는 단점이 있다. 세 번째 방법은 객관적인 측정치(objective indicator)를 이용하는 방법이다. 이 방법은 인지적 편의를 제거할 수 있다는 장점은 있지만, 때로는 필요한 정보가 존재하지 않는 경우도 있다. 마지막으로 네 번째 방법은 기업의 자체구분에 의한 방법(self-typing)이다. 이 방법은 조직 내에서도 기업의 경영전략에 대한 관점에 인지적 차이를 보일 수 있다는 단점이 있지만, 비교적 많은 표본에 적용이 가능하고 기업의 계획된 전략(intended strategy)을 측정하는데 적절한 방법이다.

경영전략을 측정하는 방법은 모두 장단점을 가지고 있기 때문에 연구목적과 비용의 문제를 고려하여 적절한 방법을 선택하는 것이 중요할 것이다. 그러나 어떤 방법을 사용하여 측정하느냐에 따라 그 결과가 다르게 나타날 수 있다. 각 기업의 경영전략을 잘못 구분하게 되는 경우 전체적인 연구결과에 큰 영향을 미칠 수 있다. 따라서 경영전략을 좀 더 정확하게 측정할 수 있는 대안은 어느 한 가지 방법으로 측정할 것이 아니라 두 가지 방법 이상을 이용하여 측정하고 그 결과에 따라 각 기업의 경영전략을 결정하는 것이 합리적일 것이다.

2.4 경영전략과 MCS 간의 관계

지금까지 관련 연구나 문헌에서는 MCS를 기업의 경영전략을 실행·지원하는 것으로 보았다. 그러나 이러한 관점은 경영전략의 수립과정에서 MCS의 역할을 과소평가한 것이다. 그 이유는 MCS와 경영전략의 관계에 대한 이해가 부족했기 때문이다. 즉, 기존의 연구자들은 경영전략의 수립과 경영전략의 실행을 분리시켰고, 이로 인해 MCS의 본질을 제대로 이해하지 못하였다(Simons 1990). Simons(1990)은 동일한 산업에 속해 있는 2개의 기업사례를 제시하면서 두 기업 간에 MCS가 왜 다른지, 그러한 차이가 경영전략과 어떤 관계가 있는지를 [도표 5-2]와 같이 설명하였다.

[도표 5-2] 전략과 MCS 간의 관계에 대한 프로세스 모형

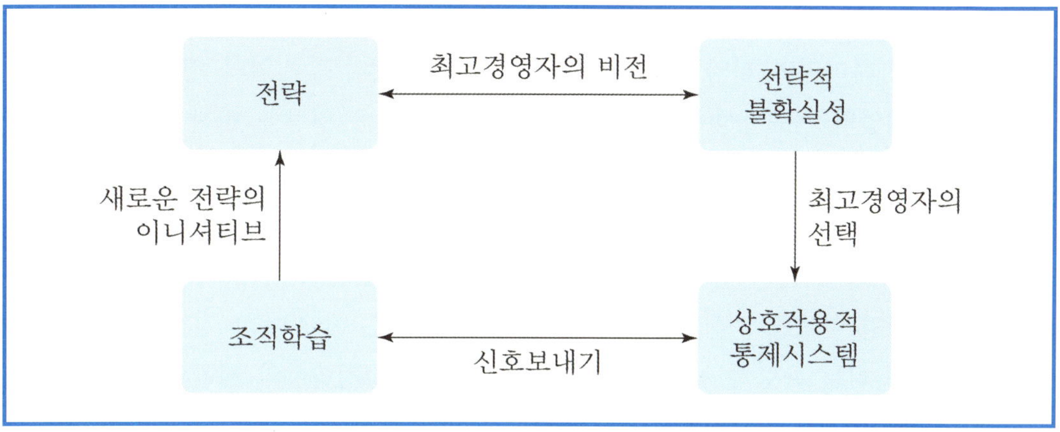

[도표 5-2]는 MCS가 전략의 수립에 왜 중요한 투입요소인지를 보여주고 있다. 전략은 계획적(intended)으로 또는 우발적(emergent)으로 수립될 수 있는데, 이 모형은 MCS가 우발적 전략에 영향을 줄 수 있고 관리할 수 있음을 보여주고 있다. 최고경영자는 공식적인 프로세스를 사용하여 조직의 주요 관심사에 초점을 맞출 수 있고, 새로운 아이디어와 전술 및 전략을 만들어 낼 수도 있다. MCS는 시간이 지남에 따라 조직학습을 유발하고 적응하도록 하는 도구로 사용될 수 있다. Simons(1990)은 동일한 산업 내에서 기업 간의 MCS와 전략의 차이가 발생하는 이유를 네 가지 개념, 즉 제한된 주의력, 전략적 불확실성, 상호작용적 관리통제, 조직학습을 사용하여 설명하였다.

첫째, 제한된 주의력(limited attention)이다. 최고경영자는 그들이 이용가능한 모든 정보를 확인하고 처리할 수 있는 시간과 능력이 부족하다. 왜냐하면 경영자는 인지적 경계(cognitive boundaries) 내에서만 합리적(rational)이고, 또한 경영자는 수많은 기업의 활동에 관여해야 하기 때문이다. 그리고 정신(mind)은 제한된 자원이기 때문에 경영자의 정보처리능력에 대한 제약조건으로 보아야 한다. 기업 내 공식적인 관리통제 과정의 일부분만이 최고경영자의 관심을 받게 되며, 대부분의 관리통제 영역은 필수불가결하게 하부관리자에게 위임되어 있다. 대리인이론에서는 제한된 합리성(bounded rationality)이라고도 한다.

둘째, 전략적 불확실성(strategic uncertainties)이다. 최고경영자는 정보처리의 시간과 능력이 부족하기 때문에 가장 중요한 활동에서부터 가장 중요하지 않은 활동에 이르기까지 서열을 매겨 보고를 받는다. 이때 최고경영자는 전략적 불확실성에 빠지게 된다. 이것은 기업의 목표를 달성하기 위해 필요한 것을 최고경영자가 감시해야 한다

고 믿는 불확실성이다. 비록 동일한 산업에서 경쟁하는 기업이 동일한 잠재적 불확실성(예를 들면, 정부규제 변화, 경쟁정도, 신기술의 진보, 고객과 공급업자의 본질, 제품수명주기, 제품라인의 다양성 등)에 직면해 있다 하더라도 기업의 경영전략은 어떤 불확실성이 기업의 목표달성에 중요한지를 판단하는데 큰 영향을 미친다. 예를 들면, 만약 기업이 제품의 개선을 통해 낮은 원가로 시장경쟁력을 유지하려고 한다면, 기업의 최고경영자는 여러 불확실성 요인 중 특히 낮은 원가의 제품을 생산할 수 있도록 하는 기술의 변화에 큰 관심을 가질 것이다. 반대로 동일한 산업에 속한 다른 기업은 오히려 적극적인 마케팅과 신제품 개발에 관심을 가지고, 이에 대한 정보 및 기술변화를 감시하고자 하는 욕구가 높을 것이다. 이와 같이 최고경영자의 제한된 주의력 때문에 동일한 상황에서도 서로 다른 정보욕구와 관심을 갖게 되는 전략적 불확실성이 존재하게 된다.

셋째, 상호작용적 관리통제(interactive management control)이다. MCS는 하부관리자가 그 부문의 의사결정 활동을 적극적으로 감시하고 개입하기 위하여 계획 및 통제절차를 사용할 때 상호작용적으로 된다. 이러한 개입은 최고경영자가 기초자료, 가정 및 행동계획 등에 대해 토론할 수 있는 기회를 제공하며, 상호작용적 MCS는 조직 내 모든 계층의 운영관리자에게 정상적인 관심을 요구하게 된다. 최고경영자는 전략적 MCS를 세 가지 기능, 즉 신호 보내기(signalling), 감독(surveillance) 및 의사결정 비준(decision ratification)을 위해 사용할 수 있다.

넷째, 조직학습(organizational learning)이다. 최고경영자가 상호작용적 통제의 특징을 정의함으로써 정보를 생산하고 공유하는데 큰 영향을 미치게 된다. 더구나 이러한 조직의 관심과 상호작용적 정보교환은 최고경영자가 인식하는 전략적 불확실성에 대해 조직 전체의 학습을 촉발시킨다. 최고경영자는 조직 전체의 관심에 초점을 맞춤으로써 상호작용적 MCS가 조직학습 과정을 유도하도록 이용한다. 최고경영자는 MCS를 선택하고 이것을 상호작용적으로 만듦으로써 조직이 전략적 불확실성에 따른 기회와 위협에 반응할 수 있도록 한다.

이 네 가지 개념을 요약해 보면, 기업의 사업전략은 전략적 불확실성을 만들어 낸다. 대부분의 대기업이 유사한 MCS를 가지고 있지만, 최고경영자는 조직의 목표달성을 위해 중요하다고 믿는 전략적 불확실성을 개인적으로 감시할 수 있도록 상호작용적 MCS를 선택한다. 통제시스템을 상호작용적으로 구축하려는 최고경영자의 이러한 선택은 조직관계자에게 어떤 신호를 보내게 된다. 즉, 그 신호는 무엇을 감시해야 하며, 새로운 아이디어는 어디서 제안되고 검정되어야 하는지 등에 대한 것이다. 이러한 신호는 조직학습을 유발하고, 상호작용적 관리통제 과정에서 토론과 대화를 통해 시간이 지남에 따라 새로운 전략과 전술이 출현하게 된다.

03 경영전략의 유형

3.1 기업전략, 사업전략 및 기능전략

경영전략은 희소한 경영자원을 배분하여 기업의 경쟁우위를 창출하고 유지시켜 줄 수 있는 주요한 의사결정이라고 정의할 수 있다. 대부분의 기업은 불확실한 경영환경하에서 경쟁우위를 확보하기 위해 시간, 자금 및 인력 등 희소한 경영자원을 배분해야 하는 의사결정에 직면해 있다. 경영전략은 치열한 경쟁상황에서 기업이 경쟁우위를 확보할 수 있는 체계적인 방식을 분석하게 하는 구체적인 사고방식이다. 이러한 경영전략은 어떠한 수준에서 분석할 것인가에 따라 기업전략(corporate strategy), 사업전략(business strategy), 그리고 기능전략(functional strategy)으로 분류된다(Daniel and Reitsperger 1991). 기업전략은 한 조직 내에서 어떤 사업에 진입하고 탈퇴할 것인가, 즉 조직 전체가 참여할 사업영역을 결정하는 것이다. 기업전략의 대표적인 예로는 콩글로머릿(conglomerate)과 같은 사업다각화가 있다. 기업전략은 기업 내부의 경영자원보다는 시장의 성장성과 매력도와 같은 기업의 외부환경에 초점을 맞추어 전략을 정의한 것이다. 따라서 기업전략의 주된 관심사는 특정 기업이 경쟁에 참여할 산업을 정하고, 선정된 제사업에 자원을 배분하는 것이다. 기업전략은 1960년대 미국 기업들이 사업을 급속히 다각화시켜 나가는 과정에서 판매할 제품과 시장을 선택하는 지침으로 중요한 의미를 갖으면서 부각되었다.

사업전략이란 기업전략에 의해 이미 진출해 있는 각 사업의 영역과 한계를 정하는 것으로, 각 사업에서 어떻게 경쟁기업보다 경쟁우위를 확보하고 유지할 것인가를 결정하는 것이다. 사업전략의 대표적인 예로는 제품별로 구분되는 사업 분야가 있다. 기업이 여러 사업에 참여하는 다각화가 더욱 진전됨에 따라 사업에 대한 관심보다는 다각화된 사업 활동에서 어떻게 경쟁우위를 창출할 것인가라는 문제에 더 많은 관심을 집중하게 되었는데, 이것이 사업전략이다(Hambrick 1983). 여기에서 경쟁이란 기업 특유의 경쟁우위를 창출하는 요인으로, 인적자원관리나 전략적 제휴를 통한 핵심역량의 배양, 비용의 감소 및 서비스의 향상 등을 말한다. 이것은 특히 경쟁기업에 비해 조직에서 잘 성취할 수 있는 요인들을 의미한다(Snow and Hambrick 1980). 특정 기업에는 여러 개의 전략적 사업단위(strategic business unit; SBU)가 있을 수 있는데, 그 SBU가 경쟁기업에 대항하여 어떻게 경쟁할 것인가의 문제가 사업전략이라고 볼 수 있다.

그리고 기능전략이란 인사, 마케팅, 연구개발, 재무관리 및 생산 등과 같이 특정 기능을 보다 효과적으로 수행하기 위한 의사결정을 의미하는 것으로, 사업부전략을 각 기능별로 어떻게 실행할 것인가와 관련된 전략이다(Gupta and Somers 1996). 기능전략은 기업전략과 사업전략이 수립된 이후, 각각의 제품기획, 영업활동 및 자금조달 등 기능별 분야에서 세부적인 수행방법을 결정하는 것이다. 생산전략도 이러한 기능전략 중 하나로 볼 수 있다. 생산전략은 크게 원가, 품질, 유연성 및 신뢰성 등 네 가지로 구분된다.

3.2 Miles and Snow(1978)의 유형

Miles and Snow(1978)는 기업이 제품 및 시장기회를 포착하고 이에 대응하는 태도의 정도, 즉 능동적 혹은 수동적 형태의 유형에 따라 경영전략을 방어형(defender), 공격형(prospector), 분석형(analyzer) 및 반응형(reactor)으로 구분하였다. 각 경영전략은 기업환경에 대한 인식의 차이에 따라 발생하는 기업 내부의 문제에 대하여 서로 다른 해결방법을 가지고 있기 때문에 나타나는 사업전략의 한 형태이다. Miles and Snow(1978)는 기업이 각기 다른 전략을 취하는 것은 세 가지 근본적인 과업 즉, 기업가적 과업(entrepreneurial task), 공학적 과업(engineering task), 관리적 과업(administrative task)에 대해 어떻게 인식하는가에 따른다고 주장하였다. 그들이 제시한 각 전략유형의 특성을 구체적으로 살펴보면 다음과 같다.

첫째, 방어형 전략은 안정된 제품 혹은 서비스 영역을 가지고 원가절감, 품질향상 및 서비스 강화 등을 통해 경쟁하는 전략이다. 따라서 품질과 재고의 통제, 자재관리, 생산계획 및 유통방법 등의 개선을 통하여 원가의 효율성을 달성하기 위해 많은 노력을 기울인다. 그러나 방어형 전략은 그들이 선택한 특정 영역외부의 시장개척은 무시하는 경향이 있기 때문에 경쟁기업의 활동을 감시하기 위하여 투입하는 관리시간과

인력은 극히 제한되어 있다. 그러므로 방어형 전략에서 기술개발이란 새로운 기술보다는 기존 기술의 개선에 관심이 집중되어 있다. 이것은 조직의 주요 의사결정에서 연구개발이나 마케팅관리자보다 생산관리자가 더 큰 영향력을 갖는다는 것을 의미한다. 이들의 MCS는 중앙통제적 특성을 갖는다.

둘째, 공격형 전략은 지속적으로 경영환경의 변화를 주시하고 신제품 및 신시장의 적극적 개발 등을 통해 경쟁하는 전략이다. 공격형 전략의 성공여부는 신제품 및 신시장의 개발에 달려있다. 따라서 경영환경의 변화를 감시하고 새로운 기회를 찾는데 많은 투자를 한다. 그리고 공격형 전략은 여러 가지 서로 다른 제품에 대해 다양한 기술을 개발해야 하기 때문에 마케팅과 연구개발을 강조한다. 이러한 경영환경에서는 유연성(flexibility)이 절실히 요구된다. 따라서 생산공정에 장기적인 투자를 최소화하므로 효율성을 달성하기는 어렵다. 이들의 MCS는 각 부문에 상당한 자율권을 인정하고 있다.

셋째, 분석형 전략은 방어형 전략과 공격형 전략의 중간형태의 특성을 가지고 있다. 왜냐하면 방어형 전략과 공격형 전략의 특성이 양극단에 위치하고 있기 때문이다. 이들의 사업영역은 안정적인 것과 변화하는 영역이 함께 존재하고 있으며, 조직의 특성도 각각 방어형 전략과 공격형 전략의 특성을 반영하고 있다. 그러나 분석형 전략이 갖는 두드러진 특징은 공격형 전략이 개발한 제품과 시장을 모방한다는 점이다. 따라서 신제품과 신시장으로 신속하게 전환할 수 있는 준비가 되어 있으므로, 공격형 전략만큼 연구개발비를 소비하지 않고 제품라인을 개선시킬 수 있다.

넷째, 반응형 전략은 다른 경영전략과는 달리 경영환경 변화에 적응하는 방법에 있어 일관성이 없다는 특성을 가지고 있다. 즉, 방어형, 공격형 및 분석형 전략은 경영환경이 변화할 때 그 변화에 조직활동을 적합시키기 위하여 각각 나름대로 일련의 행동을 취하지만 반응형 전략은 그렇지 않다. 이러한 반응형 전략이 나타나는 이유는 세 가지의 원천에서 비롯된 것이다. 첫째, 기업이 경쟁에서 생존할 수 있는 명확한 경영전략을 가지고 있지 못하기 때문이고, 둘째, 경영전략이 명확하더라도 기술, 조직구조 및 관리시스템과 적절하게 연계되어 있지 못하기 때문이며, 마지막으로 특정한 경영전략과 조직구조의 관계가 더 이상 기존의 경영환경에 적합하지 않음에도 불구하고 관리시스템이 그것을 고수하기 때문이다.

3.3 Porter(1980)의 유형

Porter(1980)는 기업이 어떤 산업에서 경쟁하든지 경쟁법칙은 다섯 가지의 경쟁요인에 의해 나타난다고 주장하였다. 다섯 가지의 경쟁요인은 잠재적인 경쟁자의 진입, 대체재의 위협, 공급자의 교섭력, 구매자의 교섭력 및 기존경쟁자 간의 경쟁상황이다. Porter(1980)는 이러한 다섯 가지 경쟁요인에서 경쟁기업을 능가하기 위한 본원적 전략으로 세 가지 전략, 즉 원가우위 전략(cost leadership strategy), 차별화 전략(differentiation strategy), 집중화 전략(focus strategy)을 제시하였다. Govindarajan and Fisher(1990)는 원가우위 전략과 차별화 전략은 서로 반대되는 특성을 가지고 있다고 보았다. 그는 일반적으로 기업은 위와 같은 전략 중 어느 하나만을 수행하는 것이 아니라 여러 가지 전략을 사용하는데 각각의 비중이 다를 뿐이라고 하였다. 각 전략의 특징적인 요소를 살펴보면 다음과 같다.

원가우위 전략은 특정 산업 내에서 원가상의 우위를 목표로 하는 여러 가지 정책을 이용함으로써 원가의 우위를 달성하는 전략을 말한다. 원가우위 전략을 추구하는 기업은 제품의 생산원가와 고객의 구매 후 원가까지 최소화할 수 있도록 제품설계를 조정하고 원가절감에 원가관리의 초점을 맞춘다. 따라서 원가우위 전략을 수행하는 기업의 일반적인 특징은 숙련도가 높은 종업원을 고용하며, 규모의 경제를 최대한 실현하려고 한다. 또한 효율적인 공장을 설계하기 위해 필요한 기술이나 공정의 효율성을 높일 수 있는 기술을 획득하려고 한다. 원가우위 전략을 수행하는 기업의 업무환경은 매우 정형화되어 있으며, 무차별적이고 표준화된 제품을 생산한다. 정형화된 업무환경에서 표준제품을 생산하므로 수단과 결과(means and ends)에 대한 지식을 잘 알고 있으며, 이것은 업무의 프로그램화 가능성이 매우 높다는 것을 의미한다(Govindarajan and Fisher 1990).

차별화 전략은 특정 산업 내의 다른 회사의 제품이나 서비스와 구별되는 독특한 제품이나 서비스를 생산하는 전략이다. 일반적으로 그러한 제품은 수단과 결과 간의 지식이 잘 알려져 있지 않고, 제품의 생산기술이나 마케팅 업무 등은 프로그램화 가능성이 매우 낮다(Govindarajan and Fisher 1990). 왜냐하면 고객의 욕구를 만족시키기 위해 신기술의 개발이 중요하며, 시장에서 고객의 욕구가 변화함에 따라 판매경로를 유연하게 대응할 수 있어야 하기 때문이다. 따라서 차별화 전략에 필요한 혁신, 고객만족 등의 요소는 예측가능성이 낮으며, 업무환경도 불확실하다(Porter 1980, 1985).

차별화 전략의 핵심적인 성공요인은 창의력, 연구개발 및 제품 엔지니어링 등이다. 이를 달성하기 위하여 단기적인(예를 들어, 월별, 반기별, 연도별 등) 결과측정치를 중요하게 생각하지 않는다. 따라서 Ouchi(1979)의 산출통제는 차별화 전략에 적절하지 않다(Govindarajan and Fisher 1990).

집중화 전략은 특정의 구매자 집단이나 생산라인 부문 또는 지역시장을 집중적으로 공략하고자 하는 경영전략이다. 원가우위 전략이나 차별화 전략이 산업 전체를 대상으로 하는 것과 달리 집중화 전략은 특정 시장만을 목표로 하여 모든 기능전략을 전개한다. 집중화 전략은 다시 원가 집중화 전략(cost focus strategy)과 차별적 집중화 전략(differentiational focus strategy)으로 구분할 수 있다. 원가 집중화 전략에서는 목표산업에서 원가우위를 추구하고, 차별적 집중화 전략에서는 목표산업에서 차별화를 추구한다.

3.4 Miller and Friesen(1982)의 유형

Miller and Friesen(1982)은 제품혁신이라는 관점에서 보수적(conservative) 기업과 기업가적(entrepreneurial) 기업 두 가지 형태의 전략을 제시하였다. 보수적 기업은 혁신을 비용이 소요되며, 생산효율성을 저해하는 것으로 본다. 보수적 기업은 혁신이나 위험을 거의 부담하지 않으려 하며, 경쟁기업이나 고객의 욕구로부터 심각한 도전을 받았을 때 혁신을 한다. 따라서 보수적 기업의 경영자가 경쟁기업이나 고객의 욕구 변화를 인식하도록 하는 조직구조와 정보처리시스템 등이 필요하다. 혁신을 위해서는 최소한 네 가지의 선행조건이 필요하다. (1) 혁신이 이루어지기 전에 경영환경의 도전(challenges)이 있어야 한다. 이 기업에서는 환경적 역동성, 저항(hostility)과 같은 요소들이 혁신과 양의 상관관계를 가질 것이다. (2) 이러한 도전에 대한 정보가 있어야 한다. 즉, 경영자에게 이런 정보를 제공해 줄 수 있는 효과적인 탐색시스템과 통제시스템이 필요하다. (3) 혁신할 수 있는 능력이 있어야 한다. 적절한 자원, 숙련된 기술자 및 구조적 장치 등과 같은 것이 필요하다. (4) 혁신 프로젝트에 적합한 의사결정 방법이 있어야 한다. 의사결정자가 혁신 관련 정보를 분석하고 계획과 전략을 수립하기 위해 정보를 사용하는 정도는 혁신과 양의 상관관계를 가질 것이다.

반면에 기업가적 기업은 정기적으로 대담하게 혁신을 수행하는 기업이다. 혁신 자체가 전략의 핵심이다. 이러한 기업에서는 혁신을 중단하려는 장애물이 있음에도 불구하고 혁신을 지속한다. (1) 훌륭한 탐색시스템 혹은 통제시스템에서 혁신을 위해 비용이 많이 소요되거나 불필요한 것이라고 알려줌에도 불구하고 혁신을 지속한다. 따라서 혁신은 탐색 혹은 통제시스템과 음의 상관관계를 가질 것이다. (2) 이러한 기업은 본질적으로 혁신에 잉여가 발생하는 경향이 있는데, 의사결정과 미래전망에 대한 효과적인 분석 그리고 명확하고 의식적인 전략의 고려 등이 이를 보호한다. (3) 전략이 혁신을 끌고 가는 추진체이기 때문에 경영환경의 역할은 감소할 것이다. 그러나 혁신 그 자체가 환경의 역동성과 이질성을 유도하기 때문에 혁신과 환경 간에 양의 상관관계가 존재할 것이다. (4) 기업가적 기업에서는 혁신과 구조적 요소, 차별화 간에는 양의 상관관계가 자주 관찰되지만, 보수적 기업보다는 유의성이 낮을 것이다. 이것은 구조와 환경이 아니라 목표와 전략이 혁신의 주요 원인이기 때문이다.

3.5 Gupta and Govindarajan(1984)의 유형

Gupta and Govindarajan(1984), Govindarajan and Gupta(1985)는 전략의 수립과 실행이 기업 전체의 수준에서도 이루어지지만 조직 하위부문이나 전략적 사업단위(strategic business unit; SBU)에서도 이루어진다고 보고, SBU 수준에서 경영전략과 관리통제의 효과성에 대해 살펴보았다. 이 과정에서 경영전략을 크게 네 가지, 즉 증대전략(build strategy), 수확전략(harvest strategy), 보유전략(hold strategy), 철수전략(divest strategy)으로 구분하였다.

Gupta and Govindarajan은 전략적 미션이 연속적인 스펙트럼(continuous spectrum) 상에 있다고 보았다. 그 스펙트럼의 한쪽 끝에는 단기적인 이익이나 현금흐름을 희생하더라도 시장점유율과 경쟁적 입지를 강화하고자 하는 미션을 가진 경영전략이 존재한다. 이런 경영전략을 취하는 SBU는 상대적으로 매력적인(attractive) 시장에서 취약한 경쟁적 입지를 가지고 있을 가능성이 있다. 또 다른 한쪽 끝에는 시장점유율과 경쟁적 입지를 희생하더라도 단기적 이익과 현금흐름을 극대화하고자 하는 미션을 가진 경영전략이 존재한다. 이러한 경영전략을 취하는 SBU는 상대적으로 매력없는(unattractive) 시장에서 강한 경쟁적 입지를 가지고 있을 가능성이 있다. 이러한 논리로 경영전략을 명목척도가 아닌 등간척도 혹은 비율척도로 측정할 수 있다.

증대전략(build strategy)은 시장점유율 증대에 관심을 갖는다. 특정한 산업 내에 있는 모든 기업의 총시장점유율은 항상 100%이기 때문에 이 전략은 경쟁기업을 능가하는 시장우월성(marketplace superiority)의 구축을 통해서만 실행될 수 있다. 최소한 고객욕구와 경쟁기업의 전략 등에서 관리지향점을 두고, 이를 감시하고 분석할 수 있는 능력이 갖추어져 있어야 한다(Gupta and Govindarajan 1984). 증대전략은 단기적인 이익이나 현금흐름이 감소 되더라도 시장점유율과 경쟁적 입지를 개선하고자 한다(Langfield-Smith 1997). 전략적 미션의 스펙트럼상 한 쪽 극단에 존재하는 경영전략이다.

반면에 수확전략(harvest strategy)은 시장점유율보다는 단기적 이익과 현금흐름을 극대화하는데 관심을 갖는다. 이런 전략으로 사업을 수행하기 위해서는 고객이나 경쟁기업에 대한 분석보다는 기업 내부의 운영효율성을 끌어 올릴 수 있는 기술이 더 중요하다. 이것은 전략적 미션의 스펙트럼상 또 다른 한쪽 극단에 위치해 있는 경영전략이다.

보유전략(hold strategy)은 합리적인 투자수익률을 획득하면서도 현재와 같이 시장점유율을 유지하는데에도 관심을 갖는다. 이런 기업은 높은 성장산업에서 높은 시장점유율을 가지고 있다. 철수전략(divest strategy)은 사업운영을 중단하고자 할 때 발생한다(Langfield-Smith 1997). 증대전략과 수확전략은 그 특성상 Miles and Snow의 공격형과 방어형과 같이 스펙트럼의 양극단에 위치하는 전략이며 보유전략은 그 중간에 위치한다고 볼 수 있다. 그러나 철수전략은 사업을 중단하는 것이기 때문에 계속사업(ongoing business)을 가정할 경우 스펙트럼상의 어느 위치에 존재한다고 보기는 어렵다. 기업의 경영전략에 관한 기존의 연구 내용을 요약하면 다음의 [도표 5-3]과 같다.

[도표 5-3] 기존 연구에서 나타난 기업의 경영전략 분류

연 구 자	전략유형	특 성
Miles and Snow(1978)	방어형	안정적인 환경, 제한된 제품범위, 저원가와 고품질을 통한 경쟁, 효율성 강조, 집중화된 구조
	공격형	향상된 신제품과 시장기회를 탐색, 경쟁자에 비해 공격적인 경영을 수행함
	분석형	혼합형으로 공격형의 시장진입 결과를 지켜본 이후에 시장에 참여, 기회를 자주 상실하게 됨
	반응형	일관성 있는 전략이 없으며, 목적에 적절하지 못한 구조를 가지며, 기회를 자주 상실하게 됨

Porter(1980)	원가우위	저가격, 높은 시장점유율에 초점을 맞춘 전략으로 표준화된 제품, 규모의 경제, 엄격한 원가통제
	차별화	경쟁자와는 차별화되는 제품특성으로 경쟁, 혁신전략과 밀접한 관계가 있음
	집중화	특정구매집단, 제품라인의 특정 부분, 특정 판매지역에 집중하는 전략
Miller and Friesen(1982)	보수적	혁신은 비용이 소요되며, 생산효율성을 저해하는 것으로 봄
	기업가적	정기적으로 대담하게 혁신을 수행하는 기업으로, 혁신 자체가 전략의 핵심임
Gupta and Govindarajan (1984)	증대	단기적인 이익이나 현금흐름이 감소되더라도 시장점유율과 경쟁적 입지를 개선하고자 함
	수확	시장점유율보다는 단기적 이익과 현금흐름을 극대화하는데 관심을 갖음
	보유	합리적인 투자수익률을 획득하면서도 현재와 같이 시장점유율을 유지하는데에도 관심을 갖음
	철수	사업운영을 중단하고자 할 때 발생

3.6 경영전략 유형 간의 관계

앞서 제시한 여러 연구자의 경영전략 유형을 비교해 보면 유사한 점과 차이점이 존재한다. 유형 간의 차이점은 경영전략의 범위(scope)와 초점(focus)이 다르기 때문이라 볼 수 있다. Langfield-Smith(1997)는 Miles and Snow(1978)의 유형, Porter(1980, 1985)의 유형, Miller and Friesen(1982)의 유형, Gupta and Govindarajan(1984)의 유형이 [도표 5-4]와 같이 서로 깊은 연관성을 가지고 있다고 주장하였다.

[도표 5-4] 경영전략 유형 간의 관계

증대	보유	수확		증대	보유	수확
×	×	?	원가우위	×	V	V
V	×	×	차 별 화	×	?	?

공격형(기업가적) ←→ 방어형(보수적)

[도표 5-4]에서 경영전략 유형 간의 관계를 보면 공격형과 방어형은 양 극단에 위치하고 있다. 공격형과 기업가적 전략은 서로 일치하며, 방어형과 보수적 전략도 서로 일치한다. 공격형은 차별화와 증대전략의 특성을 가지고 있으며, 방어형은 원가우위 전략, 보유전략과 수확전략의 특성을 가지고 있다. 반면에 공격형이 원가우위와 수확 전략의 특성을 가지고 있는지는 명확하지 않으며, 방어형이 차별화 전략, 보유전략과 수확전략의 특성을 가지고 있는지도 명확하지 않다. 이런 점에서 보면 공격형은 기업가적 전략과 차별화 전략의 특성을 가지고 있는 것은 명확하며, 방어형은 보수적 전략과 원가우위 전략의 특성을 가지고 있는 것은 명확하다. 따라서 각 전략의 유형은 조직 및 통제의 특성에서 서로 일치하는 부분이 많다는 것을 알 수 있다. 각각의 관계에 대해 좀 더 자세히 살펴보면 다음과 같다.

Miles and Snow(1978)의 방어형 기업은 불확실성을 감소시키고 문제해결을 강조하는데 관리의 초점을 두고 있지만, 신제품의 개발이나 신시장의 개척 등은 등한시한다. 또한 재무와 생산에 초점을 맞춤으로써 기술적 효율성을 중시한다. 통제시스템은 중앙집중화되어 있고, 피드포워드(feed-forward) 통제에 의존할 것이다. 또한 원가 효율성은 고숙련 노동, 공식적인 직무기술서 및 표준운영 절차 등을 통해 이루어진다. 조직 하부단위 간의 업무연계성이 부족한 단순한 상호관계, 반복적인 업무운영, 비일상적인(non-routine) 의사결정의 부재, 상대적으로 안정적인 경영환경 등은 단순한 협력만을 불러일으킬 수 있다. 이러한 특징은 Porter(1985)의 원가우위 전략과 유사한데, 이 전략은 매우 구조화된 조직에 적합하다. Miller and Freisen(1982)의 보수적 기업도 방어형 기업의 특징을 반영하고 있다. 이 기업은 시장점유율의 감소, 진부한 제품의 판매 감소, 수익성 감소 등을 지적함으로써 혁신의 필요성을 알려주는 통제시스템을 필요로 한다.

Miles and Snow(1978)의 공격형 기업은 수요변화 때문에 포괄적인 계획시스템을 사용하기 어려운 기업이다. 통제시스템은 문제를 해결하기보다는 문제를 발견하는데 초점이 맞춰져 있으며, 유연한 조직구조와 프로세스는 경영환경의 변화에 신속히 반응할 수 있도록 맞춰져 있다. 그러나 조정은 프로젝트 팀이 겹치고 정보와 자원을 공유하기 때문에 비용이 많이 든다. 업무의 영역이 넓고 표준업무절차가 부족하기 때문에 혁신을 장려할 수 있다. 통제는 분권화되어 있으며, 결과지향적이다. Porter(1985)의 차별화 전략도 공식적인 통제방식보다는 창의성과 혁신을 장려하기 위하여 조정을 통해서 통제가 이루어진다. 공격형 기업은 또한 Miller and Freisen(1982)의 기업가전략과 유사하다. 이 전략은 생산성과 효율성이 떨어졌을 때, 혁신 욕구가 떨어질 때 그에 대한 신호를 보내주는 통제시스템을 필요로 한다.

04 경영전략과 MCS 간의 관계에 대한 연구

4.1 Simons(1987)의 연구

Accounting Control Systems and Business Strategy : A Empirical Analysis (Accounting, Organizations and Society)

4.1.1 연구배경 및 목적

본 연구의 목적은 경영전략과 회계를 기반으로 한 통제시스템 간의 관계를 조사하는데 있다. 회계이론가들은 통제시스템이 기업의 경영전략과 일관되게 수정되어야 한다고 주장한다. 조직의 설계와 관련하여 상황이론 관점에서는 회계통제시스템이 기업의 경영전략에 적합하게 특별히 고안되어야 한다고 제안하고 있다. 그러나 이러한 주장을 지지할 수 있는 실증적인 증거가 거의 존재하지 않는 실정이다. 본 연구는 서로 다른 전략을 추구하는 두 기업 간에 회계통제시스템 속성의 차이를 조사함으로써 이러한 가설을 검정하고자 한다.

4.1.2 연구모형 및 가설설정

본 연구는 서로 다른 경영전략을 수행하는 기업의 통제시스템의 속성과 차이점을 검정하기 위해 고안되었다. 본 연구에서 통제시스템은 조직활동의 패턴을 유지하거나 변경하기 위해 정보를 이용하는 공식화된 절차와 시스템을 의미한다. 따라서 기획시스템, 보고시스템 및 모니터링 절차 등을 포함하고, 사회 및 문화통제와 같은 비공식적인 통제메커니즘은 제외하였다. 경영전략은 Miles and Snow(1978)의 경영전략 유형을 사용하여 통제시스템의 특성을 살펴보았다. Miles and Snow는 방어형 전략을 추구하는 기업은 새로운 기회를 찾기 위해 환경을 탐색하는 것보다 모니터링이나 효율성과 같은 추세에 따라 원가통제하는 것을 강조할 것이고, 공격형 전략을 추구하는 기업은 보다 주관적으로 성과를 측정하고 포괄적인 계획수립하는 것을 강조할 것이라고 주장하였다. 따라서 방어형 전략은 직접적인 원가통제를 위해 공식적인 회계절차에 의존하고, 공격형 전략은 창의성과 혁신을 촉진시키기 위해 회계통제는 중요하게 고려하지 않을 것으로 예상한다. 이러한 관점은 혁신과 관리통제가 서로 모순된다는 입장과 일치한다(Thompson 1965). 이러한 논의에 따라 본 연구에서는 다음과 같은 귀무가설을 설정하였다.

H1 : 공격형 기업과 방어형 기업 간의 통제시스템 속성에는 차이가 없을 것이다.

4.1.3 자료 수집

기업이 전략과 통제시스템을 정렬하는 방식의 증거를 제공하기 위해 인터뷰 자료와 설문자료를 이용하여 분석하였다. 캐나다 38개의 산업에서 261개의 제조기업을 대상으로 설문지를 배포하여 171개의 기업으로부터 설문지를 회수하였다(회수율 66%). 이 중 108개 기업의 자료만이 방어형 또는 공격형으로 확인되었다. 방어형 기업은 62개이고 공격형 기업은 42개인데, 이 중에서 76개의 기업만이 본 연구에 필요한 인터뷰와 자료를 제공하는 것에 동의하였다.

4.1.4 변수의 측정

경영전략은 양극단에 위치하는 공격형과 방어형으로 구분하고, 통제시스템은 [도표 5-5]에 제시된 바와 같이 총 10개의 변수를 사용하여 측정하였으며, 경영성과는 투자수익률(return on investment; ROI)로 측정하였다. 그리고 통제시스템 변수는 아니지만 경영환경을 대표하는 변수로 산업의 역동성이라는 변수를 사용하였다.

경영전략은 공격형 기업과 방어형 기업의 특징을 각 산업에 맞게끔 요약 · 기술하여 설문지에 제시하고, 응답자로 하여금 이 가운데 하나를 선택하도록 요청하여 측정하였다. 통제시스템은 선행연구에서 타당성이 입증된 설문항목을 주로 이용하여 7점 척도로 측정하였으며, 인터뷰를 통해 기업성과에 영향을 미치는 통제시스템의 속성도 분석하였다. 산업의 역동성 변수는 2개의 설문항목을 이용하여 7점 척도로 측정하였다. 성과변수인 ROI는 3년 간의 ROI 평균치로 측정하였다.

4.1.5 분석결과

각 경영전략에 따라 경영성과(ROI)와 통제시스템 간에 어떤 관계가 있는지 상관관계 분석을 하였는데 그 결과는 다음 [도표 5-5]와 같다.

[도표 5-5] ROI와 통제시스템 속성 간의 상관관계 분석결과

	전체 기업 (n=64)	공격형			방어형		
		전체 (n=28)	중기업 (n=12)	대기업 (n=16)	전체 (n=36)	중기업 (n=23)	대기업 (n=13)
엄격한 예산목표	0.35	0.47	0.59	0.43	0.25	0.37	−0.16
외부탐색	0.03	−0.08	−0.04	−0.11	0.10	0.13	−0.01
결과감시	0.08	0.23	0.30	0.11	0.06	0.21	−0.38
원가통제	0.03	−0.20	−0.07	−0.31	0.02	0.04	−0.10
예측자료	0.14	0.27	0.27	0.30	0.02	0.03	0.00
목표 대비 결과효과성	0.15	0.32	0.35	0.22	0.06	0.18	−0.27
보고빈도	0.16	0.14	−0.08	0.46	0.15	0.17	0.11
수식화된 보상체계	0.12	0.03	−0.05	0.09	0.24	0.22	0.29
정형화된 통제시스템	−0.10	−0.36	−0.44	−0.43	−0.04	−0.05	0.00
통제시스템 변경가능성	−0.07	0.02	−0.17	0.49	−0.16	−0.11	−0.39
산업의 역동성	−0.09	0.37	0.61	0.13	−0.42	−0.43	−0.36

[도표 5-5]를 보면 공격형 기업 전체를 대상으로 했을 때 ROI가 높은 기업은 엄격한 예산목표, 결과감시, 예측자료, 목표대비 결과효과성 변수에 대해 높은 관심을 가

지고 있으며, 반대로 원가통제와 정형화된 통제시스템에서 대해서는 부(-)의 관계가 있는 것으로 나타났다. 공격형 기업 중 중기업을 대상으로 했을 때는 엄격한 예산목표, 결과감시, 예측자료, 목표 대비 결과효과성이 ROI와 정(+)의 높은 상관관계를 보였으며, 정형화된 통제시스템은 부(-)의 상관관계가 있는 것으로 나타났다. 대기업을 대상으로 한 결과에서는 엄격한 예산목표, 예측자료, 보고빈도, 통제시스템 변경가능성은 정(+)의 관계가 있는 것으로 나타났고, 원가통제와 정형화된 통제시스템은 부(-)의 관계를 보이는 것으로 나타났다. 전체적으로 일부 변수에 대해서는 Miles and Snow(1978)의 주장을 반영하고 있지만, 다른 변수에 대해서는 차이를 보여주고 있다.

한편, 방어형 기업 전체를 대상으로 한 연구결과를 보면, 엄격한 예산목표, 수식화된 보상체계가 ROI와 정(+)의 상관관계가 있는 것으로 나타났다. 중기업을 대상으로 결과에서는 엄격한 예산목표, 결과감시, 수식화된 보상체계가 정(+)의 상관관계를 나타내고 있다. 그리고 대기업을 대상으로 한 결과는 수식화된 보상체계만이 정의 관계를 보였으며, 결과감시, 목표 대비 결과효과성, 통제시스템 변경가능성에 대해서는 부(-)의 상관관계를 보여주고 있다. 방어형 기업을 대상으로 한 연구결과에서도 Miles and Snow(1978)의 주장을 완전히 반영해 주지 못하고 있다. ROI는 기업성과에 대한 불완전한 측정치이기 때문에 이 연구결과도 시험적인(tentative) 증거로 보아야 한다(Simons 1987).

4.1.6 결론 및 시사점

본 연구는 공격형과 방어형 간에 통제시스템의 속성에 차이가 있다고 간주하였다. 성과가 높은 공격형 기업은 엄격한 예산목표를 설정하고 주의 깊게 결과를 모니터링하는 통제시스템에서 데이터를 예측하는 것의 중요성을 강조하는 것 같다. 공격형 기업에서 원가통제는 축소되고 있다. 방어형 기업, 특히 방어형 전략을 추구하는 대기업은 통제시스템을 덜 집중적으로 이용하는 것으로 나타났다. 실제로 엄격한 예산목표와 결과의 모니터링과 같은 속성은 성과와 부정적인 관계가 있다는 사실은 잘 알려져 있다. 방어형 기업은 예산목표의 달성을 근거로 한 상여금 보수를 강조하며, 통제시스템에 변화가 거의 없는 경향이 있다. 이러한 결과는 기존의 선행연구와 일치하는 것이다.

4.2 Chenhall and Langfield-Smith(1998)의 연구

The Relationship between Strategic Priorities, Management Techniques and Management Accounting : An Empirical Investigation Using a Systems Approach (Accounting, Organizations and Society)

4.2.1 연구배경 및 목적

본 연구는 전략적 우위(strategic priorities) 하에서 관리기법과 관리회계실무를 어떻게 결합하면 조직의 성과를 향상시킬 수 있는지를 검정하였다. 본 연구에 포함된 관리기법은 품질시스템, 제조시스템의 혁신, 통합시스템, 팀 중심 조직구조 및 인적자원 관리정책 등 기존의 프로세스를 개선하고 있다. 관리기법을 실행하는 경영자를 지원하는데 있어서 중요한 관리회계실무는 전통적인 관리회계기법, 즉 활동기준 기법, BSC 성과지표, 종업원 기반 지표, 벤치마킹 및 전략기획 등이다.

일반적으로 명확한 전략적 우위의 수립은 효과적인 경영을 위해 중요한 관점으로 인식되고 있다(Porter 1985). 그러나 명확한 전략적 우위는 경쟁우위를 달성하고 높은 조직성과를 보장하는데는 충분하지 않을 수 있다. 전략적 우위를 위해서는 적절하고 효과적으로 시행되는 제조프로세스와 관리회계정보의 제공을 포함하는 정보시스템이 뒷받침되어야 한다(Johnson and Kaplan 1987; Shank and Govindarajan 1993). 그러나 아직까지 다양한 전략적 우위하에 성과를 향상시키기 위해, 관리회계실무에 관리기법을 결합시키기 위한 방식을 조사한 이론적인 연구나 실증적인 연구가 거의 없는 실정이다. 본 연구는 전체 범위의 변수가 결합되어 성과에 영향을 미치는 방식을 조사하는데 있다.

4.2.2 연구모형 및 가설설정

본 연구는 전략우위와 관리회계기법 혹은 실무의 적용, 그리고 성과 간의 관계를 조사하였다. 경영전략은 차별화 전략과 원가우위 전략으로 구분하였으나, 요인분석의 결과를 기반으로 차별화 전략은 다시 두 개의 전략우위, 즉 고객서비스와 유연성으로 구분하였다. 따라서 본 연구에서 전략우위는 고객서비스, 원가우위, 유연성 3가지로 구분하여 적용하였다. 관리회계기법과 실무는 각 경영전략을 실행하기 위해 적합한 기법을 구분하여 사용하였다. 차별화 전략을 추구하는 기업은 품질시스템, 시스템 통합,

팀 중심의 조직구조, 인적자원관리정책, BSC 성과지표, 종업원 기반 지표, 벤치마킹, 전략기획 기법을 사용함으로써 더 높은 성과를 얻을 수 있을 것으로 예측하였다. 또한 원가우위 전략을 추구하는 기업은 기존의 프로세스 개선, 제조시스템 혁신, 전통적 관리회계기법, 활동기준 기법이 적합한 것으로 예측하였다. 그리고 성과는 Govindarajan and Fisher(1990)의 방법을 이용하여 효과성으로 측정하였다. 이론적인 배경을 바탕으로 연구목적을 달성하기 위해 설정한 연구의 가설은 다음과 같다.

H1 : 제품차별화 전략에 중점을 두고 높은 성과를 얻는 기업은 품질시스템, 시스템 통합, 팀 중심 조직구조, 인적자원 관리정책, BSC 성과지표, 종업원 기반 지표, 벤치마킹, 전략기획 기법을 적용함으로써 더 많은 효익을 얻을 것이다.

H2 : 원가우위 전략에 중점을 두고 높은 성과를 얻는 기업은 기존 프로세의 개선, 제조시스템 혁신, 전통적 회계기법, 활동기준 기법을 적용함으로써 더 많은 효익을 얻을 것이다.

4.2.3 자료 수집

설문조사는 호주 대기업 중 주간지 비즈니스 리뷰의 목록에 있는 140개 제조기업을 선정하여 수행하였다. 이렇게 설문대상 기업을 정한 이유는 본 연구에서 적용하고 있는 변수를 적용할 만큼 충분히 크고, 관리나 회계실무를 충분히 수행할 수 있다는 것을 보장하기 위해서이다. 기업은 전략적 사업단위이거나 독립사업체이다. 대기업을 대상으로 한 표본은 랜덤하지 않다. 140개의 제조기업 중 78개의 기업으로부터 설문지가 회수되었다(회수율 56%).

4.2.4 변수의 측정

연구가설을 검정하기 위해 사용하는 변수, 즉 전략적 우위, 관리기법, 관리회계실무 및 조직성과를 측정하기 위해 설문조사를 수행하였다. 가장 먼저 전략적 우위는 응답자에게 기업이 지난 3년에 걸쳐 전략적 우위의 범위에 대해 강조한 정도를 표시해 줄 것을 요청하였다. 척도는 7점 척도로 전혀 강조하지 않은 경우에는 '1'를 표시하고, 매우 강조한 경우에는 '7'를 표시하도록 하였다. 관리회계실무는 사업단위가 지난 3년에 걸쳐 특별한 관리기법을 채택했는지, 각 기법을 누가 채택했는지의 여부를 표시하고, 얻은 효익을 평가하여 줄 것을 요청하였다. 관리회계실무로부터 획득한 기업의 효익을 평가하기 위해 동일한 척도를 이용하였다. 전략적 우위(고객 서비스, 낮은 가격, 유연성) 및 관리기법(인적자원 관리정책, 통합시스템, 제조시스템 혁신, 품질시스템, 기존 프로세스의 개선)과 관련한 설문항목은 제조기업의 미래조사(manufacturing futures survey)에서 이용되는 관련된 항목으로부터 추출하였다. 관리회계실무(전통적인 회계기법, 벤치마킹, 활동기준 기법, 종업원 기반 지표, 전략기획 기법, BSC 성과지표)는 이전에 관리회계실무의 조사에서 추출하였다. 조직성과는 Govindarajan(1988)과 Govindarajan and Fisher(1990)에 의해 개발된 도구를 이용하여 측정하였다. 조직성과는 과거 3년 동안 경쟁기업과 비교하여 그들의 비즈니스 성과를 평가해 줄 것을 요청하여 측정하였다.

4.2.5 분석방법 및 결과

전략과 MCS 간의 적합성을 판단하기 위하여 시스템 접근방법(system approach)을 사용하였다. 이 방법은 Van de Ven and Drazin(1985)가 제안한 방법 중 하나이다. 시스템 접근법을 적용하기 위하여 군집분석(cluster analysis)을 수행하였는데, 최근 군집분석은 변수 간의 결합관계를 결정하는데 매우 정교한 수단으로 보고 있다. 따라서 본 연구에서도 전략적 우위, 관리기법과 관리회계실무 변수를 이용하여 기업의 군집을 파악하였다. 군집분석에서 가장 중요한 문제는 군집의 수를 결정하는 것인데, 본 연구에서는 덴드로그램(dendrogram)을 사용하여 여섯 개의 군집을 결정하였다. 군집 내 변수의 평균점수와 군집 간 등위의 분석결과는 다음의 [도표 5-6]과 같다.

[도표 5-6] 군집분석 결과

	군집						F-test	p
	C1	C2	C3	C4	C5	C6		
전략적 우위 :								
고객서비스	5.97(2)	5.84(3)	5.20(4)	6.00(1)	5.17(5)	4.96(6)	3.317	0.01
원가우위	3.26(5)	3.02(6)	4.14(2)	3.68(3)	5.05(1)	3.36(4)	9.848	0.01
유연성	5.08(2)	4.91(3)	5.30(1)	4.31(4)	3.94(6)	4.18(5)	3.078	0.05
관리기법 :								
인적자원관리정책	5.71(1)	5.23(2)	4.90(3)	2.94(6)	4.86(4)	3.36(5)	15.889	0.01
시스템 통합	5.13(1)	4.02(3)	4.76(2)	2.35(6)	3.62(4)	2.38(5)	10.059	0.01
팀 중심 조직구조	6.50(1)	4.62(3)	2.00(6)	2.85(4)	4.56(3)	2.30(5)	23.024	0.01
제조시스템 혁신	4.94(1)	4.45(3)	4.40(4)	0.84(6)	2.42(5)	4.52(2)	20.331	0.01

품질시스템	6.17(1)	4.15(3)	3.87(4)	0.33(6)	4.56(2)	2.22(5)	22.127	0.01
기존 프로세스 개선	5.67(1)	4.19(3)	5.20(2)	1.12(6)	2.56(5)	3.45(4)	8.389	0.01
관리회계실무 :								
전통적 회계기법	5.20(1)	5.19(2)	5.09(4)	5.18(3)	4.91(5)	4.57(6)	5.445	0.01
벤치마킹	5.63(1)	4.10(4)	4.93(2)	4.25(3)	2.74(5)	2.23(6)	14.151	0.01
활동기준 기법	4.07(1)	2.49(3)	1.93(4)	3.25(2)	0.77(6)	1.40(5)	9.653	0.01
종업원 기반 지표	5.38(1)	3.97(4)	1.73(6)	4.25(3)	4.30(2)	1.78(5)	20.280	0.01
전략기획 기법	5.28(1)	3.75(3)	3.90(2)	3.06(5)	3.11(4)	1.87(6)	14.950	0.01
BSC 성과지표	4.81(1)	4.63(2)	1.10(6)	4.00(4)	4.06(3)	2.90(5)	7.776	0.01
조직성과	4.00(1)	3.86(2)	3.76(3)	3.42(4)	3.25(5)	3.11(6)	2.553	0.05

• ( )의 숫자는 군집 간 등위를 의미함

[도표 5-6]의 결과를 보면, 제품차별화 전략은 C1, C2, C4인 것으로 나타났다. C1과 C2는 성과가 각각 1위와 2위로 나타났지만, C4는 4위인 것으로 나타났다. 또한 C1과 C2는 상대적으로 원가우위 전략을 강조하지 않았다. 그런데 C1은 차별화 전략에 적합한 기법뿐만 아니라 기존 프로세스의 개선, 제조시스템의 혁신 등과 같이 원가우위 전략에 적합한 기법도 강조하고 있다. 이러한 결과가 나타난 이유는 가장 효과적인 제품차별화 전략 기업은 기존의 프로세스도 매우 효율적이어야 함을 의미한다고 볼 수 있다. 또한 예상과는 달리 C1은 활동기준 기법을 매우 강조하는 것으로 나타났는데, 그 이유는 원가관리의 목적도 있겠지만 제품차별화를 강화하기 위하여 가치동인(value drivers)에 대한 지식을 얻기 위한 것으로 보여진다. 전통적 회계기법도 C1에서 강조하고 있는데, 다른 군집에서도 매우 강조하는 것으로 나타났다. C4의 경우 C1과 유사하게 고객서비스를 매우 강조하고 있으며, C1보다 원가우위 전략도 강조하고 있는데, C1보다 성과는 낮은 것으로 나타났다. 전반적으로 이러한 결과는 가설1에서 제안된 연관성에 대한 지지를 제공하고 있다.

원가우위 전략은 C3과 C5에서 나타나고 있다. 성과는 C3가 더 높게 나타났는데, C3가 C5보다 유연성을 더 강조하고 있다는 것이 이유가 될 수 있다. 가설2와 같이 C3는 기존프로세스의 개선과 제조시스템의 혁신 등을 통해 효익을 얻고 있지만, 예상과는 달리 시스템의 통합 등에서도 큰 효과를 나타내고 있다. 군집분석의 결과는 가설2에서 제안된 연관성에 대한 지지를 제공하고 있다. 이러한 결과는 시스템의 통합이 차별화 전략뿐만 아니라 원가우위 전략에서도 중요함을 의미한다. 또한 벤치마킹과 전략기획 기법도 차별화 전략과 원가우위 전략 모두에서 중요한 것으로 나타났다. 원가우위 전략을 추구하는 기업은 최상의 원가절감 기법을 벤치마킹하는 것이 중요하기 때문이라 판단된다.

4.2.6 결론 및 시사점

본 연구의 목적은 다양한 전략적 우위 하에서 성과를 향상시키기 위해 관리회계 실무와 관리기법이 결합되는 방식에 관한 제한된 지식체계에 기여하는데 있다. 본 연구는 전략, 관리기법 및 관리회계실무가 어떤 방식으로 결합하여 성과에 영향을 미치는지에 관한 실증적 증거를 제공하고 있다. 특히 군집분석을 이용한 시스템 접근법이 관리회계의 연구에 적용될 수 있는지에 대한 방법론을 제공한다.

4.3 Parthasarthy and Sethi(1993)의 연구

Relating Strategy and Structure to Flexible Automation : A Test of Fit and Performance Implications (Strategic Management Journal)

4.3.1 연구배경 및 목적

본 연구는 유연자동화 생산시스템(flexible automation; FA)과 전략 및 조직구조 간의 관계가 성과에 어떤 영향을 미치는지 살펴보고, 그 결정요인으로 선택될 수 있는 다양한 전략과 구조를 분석하고 있다. 본 연구는 조절변수를 이용하여 FA의 능력을 보완하는 전략과 구조의 선택이 많을수록, FA가 성과에 미치는 영향은 더 높을 것이라고 제안하고 있다.

4.3.2 연구모형 및 가설설정

Parthasarthy and Sethi(1993)는 유연자동화 생산시스템과 성과 간의 관계에서 생산전략[10], 조직구조, 생산구조, 내외부협력이 조절변수의 역할을 하는지 살펴보았다. 본 연구에서는 다음과 같은 가설을 설정하였다. 가설에서 IFA는 FA를 측정하기 위한 대용치로 유연자동화정도(intensity of flexible automation; IFA)를 의미한다.

10) 본 연구에서는 business strategy라고 하고 있지만 오히려 기능전략 가운데 하나인 생산전략으로 보는 것이 더 타당하다고 생각된다.

H1 : 범위유연성 전략을 중시하는 기업에서 IFA가 높을수록 성과도 더 높을 것이다.

H2 : 속도유연성 전략을 중시하는 기업에서 IFA가 높을수록 성과도 더 높을 것이다.

H3 : 품질우위 전략을 중시하는 기업에서 IFA가 높을수록 성과도 더 높을 것이다.

H4 : 원가우위 전략을 중시하는 기업에서 IFA가 높을수록 성과도 더 낮을 것이다.

H5 : 내외부협력을 중시하는 기업에서 IFA가 높을수록 성과도 더 높을 것이다.

H6a : 조직구조가 유기적인 기업에서 IFA가 높을수록 성과도 더 높을 것이다.

H6b : 조직구조가 기계적인 기업에서 IFA가 높을수록 성과는 더 낮을 것이다.

H7a : 현장작업자의 기술이 다기능적인 기업에서 IFA가 높을수록 성과도 더 높을 것이다.

H7b : 현장작업자의 기술이 특화된 기업에서 IFA가 높을수록 성과도 더 낮을 것이다.

H8a : 설계와 제조의 작업흐름이 병행적인 기업에서 IFA가 높을수록 성과도 더 높을 것이다.

H8b : 설계와 제조의 작업흐름이 순차적인 기업에서 IFA가 높을수록 성과도 더 낮을 것이다.

H9 : 현업에서 프로젝트팀을 자주 가동하는 기업에서 IFA가 높을수록 성과도 더 높을 것이다.

4.3.3 변수의 측정

종속변수인 성과는 매출성장률과 투자수익률을 사용하였다. 이를 측정하기 위하여 객관적인 보고서상의 과거 3년간 매출성장률과 투자수익률을 각각 측정하였고, 그 평균값을 분석에 사용하였다.

독립변수로 FA를 사용하였는데, 이것은 생산량이나 설계변경시 신속하게 반응하는 자동화된 기술적 능력을 말한다. 이는 품질개선을 위한 설계변경을 촉진시키고 기존제품을 신제품으로 신속하게 대체시킨다. FA는 표준화된 제품을 대량으로 생산하는 방식에는 적합하지 않다. FA를 측정하기가 어렵기 때문에 유연자동화정도(IFA)를 대용치로 사용하였다. FA는 제품설계(예, CAD)와 제조(예, CAD)활동과 관련하여 컴퓨터의 사용과 관련된 것으로 보고 다음과 같은 식을 이용하여 IFA를 구하였다. IFA를 구하기 위해 필요한 자료는 응답자에게 직접 질문하여 확보하였다.

$$IFA = \frac{\text{컴퓨터화된 자동화 설비의 대체원가}}{\text{총제조설비의 대체원가}}$$

본 연구에는 4가지 조절변수(생산전략, 조직구조, 생산구조, 내외부협력)를 사용하였다. 먼저 생산전략은 세 가지 유형, 즉 원가우위, 품질우위, 유연성 으로 구분하였다. 원가우위(cost leadership)는 산업 내에서 가장 효율적인 생산자가 되기 위해 노력하는 기업을 말하며, 장시간 동안 생산라인을 가동하고 제품설계변경을 최소화하려는 의도를 가지고 있다. 5개 설문항목으로 측정하였다. 품질우위(quality leadership)는 제품설계와 성능개선을 최고의 목표로 하는 기업을 말하며, 여기서도 원가절감이 중요하긴 하지만 그보다 다양한 제품의 속성이 더 우선시 된다. 4개 설문항목으로 측정하였다. 유연성(flexibility)은 하나 이상의 시장에서 제품믹스와 제품혁신으로 경쟁하려는 의도를 가진 기업을 말하며, 여기서도 원가가 중요하긴 하지만 차별화를 증가시키는 것이 더 우선시 된다. 이 유연성은 다시 두 가지 구분하였는데, 범위유연성(scope flexibility)과 속도유연성(speed flexibility)이다. 범위유연성은 제품다양성과 생산/판매수량의 유연성으로 경쟁하는 것을 말하며, 속도유연성은 잦은 신제품의 도입, 빠른 혁신 등으로 경쟁하는 것을 말한다. 이를 측정하기 위하여 각각 3개와 5개의 설문항목을 사용하였다.

다음으로 조직구조는 기계적(mechanistic) 조직과 유기적(organic) 조직으로 구분하였으며, 11개의 설문항목으로 측정하였다. 생산구조는 세 개의 변수, 즉 현장작업자의 기술(특화 혹은 다기능), 설계와 제조 간 작업의 흐름(순차적 혹은 병렬적), 프로젝트팀(사용하지 않음 혹은 자주 사용함)을 사용하였다. 각각을 측정하기 위하여 3개, 1개, 2개의 설문항목을 사용하였다. 마지막으로 내외부협력은 내부적으로는 연구개발부서와 생산부서 등의 협력이 요구되며, 외부적으로는 자재공급자와 장비공급자와 같은 협력이 요구된다. 이 변수는 4개 설문항목을 사용하여 측정하였다. 각 변수를 측정하기 위한 설문항목은 선행연구에서 사용한 것을 이용하였으며, 각 변수의 측정항목은 이 논문의 부록에 첨부되어 있으므로 필요한 독자는 참고할 수 있을 것이다.

4.3.4 분석방법 및 결과

대표적인 연구결과로서 회귀분석 결과는 다음의 [도표 5-7]과 같다. 분석방법은 조절회귀분석(moderate regression analysis)을 사용하였다. [도표 5-7]에서 식1은 모든 독립변수와 조절변수의 주효과만을 검정한 것이고, 나머지 식은 IFA와 각 조절변수 간의 상호작용효과를 추가하여 검정한 것이다. 본 연구에서는 추가적으로 다양한 분석을 수행하였는데, 여기서는 가설을 중심으로 살펴보기로 한다.

[도표 5-7] 회귀분석 결과

	식1	식2	식3	식4	식5	식6	식7	식8	식9	식10
IFA	0.05	−0.04	−0.12	−0.20	−0.51#	−0.83#	−1.16#	−0.84*	1.43**	−1.64***
ScF	0.01	0.01	0.01	0.00	−0.03	−0.24	−0.02	0.02	0.02	−0.05
SpF	0.12	0.112	0.12	0.12	0.13	0.09	0.11	0.10	0.12	−0.38*
Cost	−0.24**	0.24**	−0.24**	−0.24**	−0.24*	−0.25**	−0.26*	−0.22*	0.16	−0.24**
Qlty	0.22*	0.22#	0.21#	0.22#	0.20#	0.21#	0.01	0.20	0.24*	0.27**
Env	−0.20#	−0.20#	−0.14	−0.20#	−0.15	−0.20#	−0.15	−0.11	−0.20#	−0.14
OrgSt	0.47**	0.47**	0.47**	0.42*	0.46**	0.45**	0.46*	0.42**	0.47***	0.40**
Skills	−0.28*	−0.28*	−0.28*	−0.29*	−0.50**	−0.33**	−0.28*	−0.26*	0.26*	−0.22#
DMW	−0.15	−0.17	−0.15	−0.15	−0.14	−0.15	−0.11	−0.12	−0.20#	−0.08
Team	0.30*	0.30*	0.29*	0.30*	0.27*	0.34**	0.23#	−0.05	−0.26*	0.24*
IFA×DMW		0.05								
IFA×Env			−0.13							
IFA×OrgSt				0.23						
IFA×Skills					0.63#					
IFA×ScF						0.92#				
IFA×Qlty							1.24#			
IFA×Team								0.99*		
IFA×Cost									−1.45**	
IFA×SpF										−1.75***
상수항	−6.0	−5.9	−7.0	−3.5	2.2	7.5	8.3	4.5	−29.4	15.6
R^2	0.489	0.489	0.490	0.491	0.511	0.514	0.514	0.529	0.532	0.569

\# $p<0.10$ * $p<0.05$ ** $p<0.01$ *** $p<0.001$

IFA=FA지수   ScF=범위유연성   SpF=속도유연성   Cost=원가우위   Qlty=품질우위
Env=내외부협력   OrgSt=조직구조   Skills=현장작업자의 기술   DMW=설계와 제조 간의 작업흐름   Team=프로젝트팀 활용

[도표 5-7]에서 먼저 범위유연성(가설1)과 속도유연성(가설2)의 주효과(각각 β=0.01, 0.12)는 통계적으로 유의하게 나타나지 않았지만 상호작용효과(각각 β=0.92, 1.75)에서는 유의적인 결과를 보여주고 있으며, 그 부호도 양(+)으로 나타났다. 특히 속도유연성의 상호작용항을 추가하였을 때 R^2는 크게 증가하였다. 따라서 이들의 조절효과가 존재한다고 볼 수 있다.

품질우위전략(가설3)의 주효과는 5%의 유의수준에서 유의적이었지만(β=0.22), 상호작용효과(β=1.24)에서는 10%의 유의수준에서 유의적이다. 따라서 이 변수의 조절효과가 존재한다고 판단할 수 있다. 원가우위전략(가설4)은 음(−)의 주효과(β=−0.24)가 있는 것으로 나타났다. 즉, 나머지 모든 조건이 동일하다면 FA기업이 원가우위전략을 추구할 경우 성과가 낮아진다는 것이다. 또한 상호작용효과(β=−1.45)에서도 유의적인 음(−)의 부호를 보이고 있어 가설4를 지지하고 있다.

내외부협력(가설5)은 유의적인 음(−)의 주효과(β=−0.20)를 보이고 있다. 즉, 다른 조건이 동일하다면 FA기업이 내외부협력을 할 경우 성과가 더 낮아진다는 것이다. 상호작용효과(β=−0.13)는 유의적이지 않다. 따라서 가설5는 지지되지 않았다. 이런 결과가 나타난 이유는 산업의 효과가 반영된 것으로 보고 있다. 조직구조(가설6)는 유의적인 주효과(β=0.47)를 보이고 있는데, 이 결과는 유기적인 조직이 더 높은 성과를 얻는다는 것이다. 그러나 상호작용효과(β=0.23)는 비유의적인 것으로 나타났다. 추가분석에서 기계적 조직은 성과에 음(−)의 영향을 미치는 것으로 나타났다.

현장작업자의 기술(가설7)은 유의적인 음(−)의 주효과(β=−0.28)을 보이고 있는데, 이는 다른 조건이 동일하다면 다기능은 더 낮은 성과를 가져온다는 것이다. 이 결과가 나타난 이유는 다중공선성의 문제가 존재할 수 있기 때문으로 보여진다. 상호작용효과(β=0.63)는 양(+)의 유의적인 효과가 있는 것으로 나타났다. 따라서 가설7a와 7b를 지지한다고 볼 수 있다. 설계와 제조 간의 작업흐름(가설8)은 음(−)의 주효과(β=−0.17)를 보여주고 있지만 유의적이지는 않다. 상호작용효과도 비유의적인 것으로 나타났다. 따라서 가설8은 지지되지 않았다. 그 이유도 다중공선성이 존재할 가능성 때문으로 보여진다. 프로젝트팀의 활용(가설9)은 유의적인 주효과(β=0.30)를 보여주고 있으며, 상호작용효과(β=0.99)도 유의적인 것으로 나타났다. 따라서 가설9는 지지되고 있다.

4.4 Carr, Mak and Needham(1997)의 연구

Differences in strategy, quality management practices and performance reporting systems between ISO accredited and non-ISO accredited companies (Management Accounting Research)

4.4.1 연구배경 및 목적

최근 국제표준화기구(International Organization for Standardization; ISO)가 제공하는 인증을 획득하는 조직이 증가하고 있다. 비록 ISO 인증이 품질 중심의 비즈니스 전략을 추구하고 품질관리 실무에 몰입하는 조직을 반영할 수 있지만, ISO 인증은 단순히 품질인증에 대한 외부(고객)의 요구에 대한 응답일 수 있다. 본 연구는 ISO 인증기업이 ISO 미인증기업과 경영전략과 품질관리 실무의 실행에서 차이가 있는지를 조사한다. 또한 ISO 인증기업과 ISO 미인증기업 간의 물리적, 재정적 관점에서 품질에 대한 보고 및 전통적인 성과측정지표에 차이가 있는지를 조사한다.

4.4.2 연구모형 및 가설설정

품질에 초점을 맞추는 전략을 추구하고 있는 조직은 품질개선과 일관성을 가지는 실무를 이행할 가능성이 높다. 이를 달성하기 위하여 생각해 볼 수 있는 하나의 수단은 ISO 인증을 획득하는 것이다. ISO 인증이 순수하게 인증에 대한 고객의 요구를 충족시키기 위하여 획득될 수 있다고 하더라도, ISO 인증을 획득한 기업은 원가절감에 비하여 품질을 더 강조하는 기업전략을 추구할 가능성이 더 클 것으로 기대된다. ISO 인증은 조직이 품질경영시스템에 필요한 절차와 통제 및 철학을 개발하고 유지하는 데 가치있는 도움을 준다는 것이다. 인증 요건을 충족시키기 위하여 인증기업은 보다 발전된 품질경영실무를 가지고 있을 것으로 기대된다.

성과측정의 주요한 목적은 조직으로 하여금 자신의 전략적인 목표를 달성하는 데로 나아가는 진척도를 측정할 수 있게 하는 것이다. 품질을 전략적인 목표로 채택한 조직은 이러한 전략의 성공 여부를 점검하고 통제하기 위하여 단기적인 재무측정치 이외의 측정치를 필요로 하게 된다. 이와 동일한 중요성을 가지는 성과측정의 두 번째 목적은 종업원의 관심을 중요한 데에 집중시키고자 하는 것이다. 사람들은 일반적으로 측정 대상이 되는 항목에 집중하는 경향이 있다. 따라서 조직은 측정을 통하여 최대의 노력이 중요한 전략을 지향하는데 투입되도록 할 수 있다. Johnson and Kaplan(1987)은 단기 재무적인 측정치는 기업의 장기적인 수익성 목표에 대한 더 나은 목표수치와 예측치를 제공하는 다양한 비재무적 지표로 대체되어야 한다고 주장하였다. 이러한 논의를 바탕으로 본 연구에서는 다음과 같은 연구가설을 설정하였다.

H1 : ISO 인증기업은 미인증기업보다 품질 관련 전략을 더 많이 채택할 것이다.

H2 : ISO 인증기업은 미인증기업보다 품질관리 실무를 더 많이 채택할 것이다.

H3 : ISO 인증기업은 미인증기업보다 비재무적 품질측정치를 더 자주 보고할 것이다.

H4 : ISO 인증기업은 미인증기업보다 재무적 품질측정지표를 더 자주 보고할 것이다.

H5 : ISO 미인증기업은 인증기업보다 전통적 성과측정지표를 더 자주 보고할 것이다.

4.4.3 자료수집 및 변수의 측정

Carr et al.(1997)는 뉴질랜드 기업을 대상으로 ISO 인증기업과 미인증기업 간의 경영전략, 품질관리시스템, 성과보고시스템의 차이를 살펴보았다. 이들은 원가전략과 품질전략을 양극단에 두고 5점 척도로 경영전략을 측정하였다. 품질전략을 측정하기 위하여 선행연구에서 사용한 5개의 설문항목을 이용하였다. 품질관리시스템은 선행연구에서 사용한 설문항목을 수정하여 총 23개의 항목을 이용하였으며, 이를 통해 7개의 변수를 추정하였다. 품질관리시스템 관련 7개 변수는 고객 중심 사고, 공급자와 연계, 공정개선, 품질교육, 개방조직, 분권화, 품질측정이다. 성과보고시스템은 비재무적, 재무적 품질측정치의 성과보고의 빈도로 측정하였다. 설문항목은 Daniel and Reitsperger(1991)가 사용하였던 변수를 일부 수정하여 사용하였고, 그 외에 검사활동, 보증수리, 반송품, 고객만족도, 배달시간 등을 이용하였다. 각 설문문항은 이 논문의 부록으로 첨부되어 있으므로 필요한 독자는 참고할 수 있을 것이다.

4.4.4 분석방법 및 결과

뉴질랜드 제조기업을 대상으로 ISO 인증기업과 ISO 미인증기업에 우편으로 설문지를 발송하였다. 회수된 설문지를 기반으로 분석한 결과, 두 그룹이 추구하는 비즈니스 전략에 상당한 차이가 있으며 ISO 인증기업은 품질을 비용의 효율성보다 중요시하는 것으로 나타났다. 그러나 공정 개선 및 품질측정 분야를 제외하고 ISO 인증기업 및 ISO 미인증기업 간의 품질관리 실행에는 큰 차이가 없는 것으로 나타났다. ISO 인증기업과 ISO 미인증기업 간에 성과보고시스템의 차이에 대한 증거는 거의 없는 것으로 나타났다. ISO 인증기업과 ISO 미인증기업 간의 t-검증결과는 다음의 [도표 5-8]과 같다.

[도표 5-8] ISO 인증기업과 ISO 미인증기업 간의 t-test의 결과

	ISO 인증기업 평균(n=75)	ISO 미인증기업 평균(n=32)	t-통계량
원가/품질전략[a]	2.8236	3.2364	2.65**
전사적 품질정책	4.1986	4.1471	0.37
고객중심 사고	3.9306	4.1471	1.43*
공급자와 연계	4.0685	3.9706	0.61
공정개선	3.9507	3.4798	3.13**
품질훈련	3.4058	3.1515	1.32*
개방조직	3.4688	3.3897	0.47
분권화	3.0651	2.9449	0.67
품질측정	3.2500	2.2891	4.49**
비재무적 품질측정치	3.2321	2.9330	1.30*
재무적 품질측정치	2.4754	2.5742	0.44
전통적 효율성 측정치	3.2355	3.0250	0.95

[a] 낮은 값은 원가 관련 요소가 품질 관련 요소보다 덜 중요하다는 의미임.

* $p<0.10$(one-tailed)　　** $p<0.01$(one-tailed)

연구결과 ISO 인증기업은 원가효율성보다는 품질을 더 중요시한다는 점에서 ISO 미인증기업과 차이를 보이고 있다. 그러나 품질관리시스템에서는 고객중심사고, 공정개선, 품질교육 그리고 품질측정 등 4개의 변수에서만 유의적인 차이를 발견하였다. 성과보고시스템에서는 ISO 인증기업이나 미인증기업 간에 비재무적 품질측정치에서 차이를 보이고 있다. 즉, ISO 인증기업은 ISO 미인증기업보다 비재무적 품질측정치를 더 자주 보고한다는 것을 의미한다.

이들은 품질전략을 측정하기 위하여 운영효율성 정도, 경쟁력 있는 가격결정 정도, 규모의 경제 추구 정도, 원가할인전략 구사 정도 그리고 수량할인의 사용 정도 등 5개의 설문항목을 사용하고 있다. 이 측정도구는 각 설문항목에 대하여 품질요인과 비교를 통하여 응답하도록 요구하긴 하였지만 설문항목이 주로 원가요인으로 이루어져 있다. 예를 들어, 품질요인과 비교했을 때 규모의 경제를 추구하는 정도가 낮으면 품

질전략을 추구하는 것으로 보고 있다. 그러나 원가효율성이 달성되었다고 해서 반드시 품질이 개선되었다고는 할 수 없다.

4.4.5 결론 및 시사점

품질전략을 추구하는 기업은 ISO 인증을 획득할 가능성이 큰 것으로 나타났다. ISO 인증기업과 미인증기업의 품질관리 실무 간의 차이와 관련하여 가설에 대한 확정적인 지지는 보이지 않았다. 그러나 공정개선과 품질측정의 품질관리 실무는 두 집단 기업 간에 예상하는 유의적인 차이를 보였다. 또한 고객중심 사고, 품질훈련에서도 제한적으로 유의한 차이가 존재한다는 것을 확인할 수 있었다. 전체적으로 ISO 인증기업이 품질관리 실무를 더 많이 채택하게 된다는 부분적인 지지를 발견할 수 있었다.

ISO 인증을 획득한 기업의 경우 비인증기업에 비하여 비재무적인 품질측정치를 보고하는 빈도가 더 높은 것으로 나타났다. 그러나 재무적인 품질측정지표의 사용과 전통적인 성과측정지표의 사용에 있어서는 이 두 집단기업 간에 차이가 발견되지 않았다. 전반적으로 재무적인 품질측정지표는 비재무적인 품질측정지표에 비하여 빈도가 낮게 보고되었다. 이러한 결과는 일부 측정지표의 계량화가 어렵다는 점과 비재무적인 측정지표의 유용성 결여 등을 이유로 들 수 있다. 관리회계 문헌에서는 전통적인 성과측정지표에 의존하는 의사결정의 한계를 지속적으로 비판하여 왔다. 관리회계 문헌에서는 기술혁신이 회계혁신에 선행되는 것으로 언급되고 있는데, 본 연구결과는 회계의 지연에서 기인한 것일 수도 있다. 즉, 회계혁신은 눈에 보이는 재무적인 성과가 나타나지 않는다는 이유로 기술혁신보다 덜 매력적인 것으로 인식되고 있다는 주장을 생각해 볼 수 있을 것이다.

4.5 Ittner and Larcker(1997)의 연구

Quality Strategy, Strategic Control Systems and Organizational Performance (Accounting, Organizations and Society)

4.5.1 연구배경 및 목적

관리회계가 전략적인 계획을 실행하고 모니터링을 하는데 관련이 있음에도 불구하고, 선행연구는 미국이나 유럽의 기업이 공식적인 전략적 통제시스템(strategic control systems)을 거의 이용하고 있지 않다고 제안하고 있다. 본 연구의 목적은 캐나다, 독일, 일본과 미국의 자동차 및 컴퓨터 제조기업으로부터 수집한 설문자료를 기반으로, 품질 지향적인 전략을 따르고 있는 조직이 품질관리 문헌에서 논의되고 있는 전략적 통제실무를 채택하는지의 여부를 조사하는데 있다.

4.5.2 연구모형 및 가설설정

본 연구는 품질전략을 사용하는 기업이 관련 문헌에서 강조하는 적절한 통제시스템을 사용하고 있는지, 이들 두 시스템 간의 관계가 경영성과에 어떠한 영향을 미치는지를 검정하였다.[11] 본 연구에서 품질전략은 조직의 품질지향성으로 보았고, MCS는 전략적 통제시스템의 사용 정도로 보았으며, 경영성과는 재무성과와 설문응답자의 인지성과(perceived performance)를 사용하였다. 연구의 모형 다음의 [도표 5-9]와 같고, 가설은 아래와 같다.

[도표 5-9] 연구모형

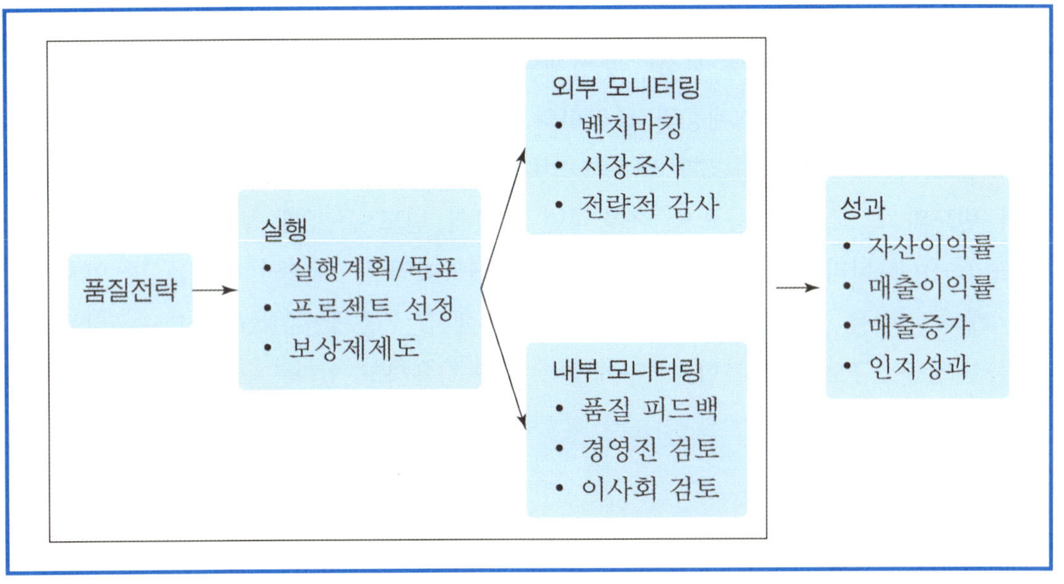

H1 : 기업이 품질전략을 수행하는 정도는 공식적인 품질 관련 전략적 통제시스템의 이용과 정(+)의 관계가 있을 것이다.

11) 이 연구에서 품질전략은 기능전략이라기보다는 사업전략으로 보는 것이 더 타당하다고 생각한다. 품질문제가 단순히 생산부서만의 문제가 아니라 조직구성원 전체가 책임져야 할 총체적 품질의 개념이 등장하였고, 따라서 이 논문에서 품질전략은 생산부서만 참여하는 것이 아니라 조직 전체가 참여하는 것으로 보고 있기 때문이다.

H2 : 기업이 전략계획에서 품질에 대한 강조와 공식적인 품질 관련 전략적 통제시스템의 이용 간의 연관성은 독일이나 북미기업보다 일본기업에서 더 높을 것이다.

H3 : 조직성과는 기업의 품질전략과 공식적인 품질 관련 전략적 통제시스템 간의 적합성이 높을수록 증가할 것이다.

4.5.3 자료수집 및 변수의 측정

설문자료는 캐나다, 독일, 일본 및 미국의 기업으로부터 수집하였다. 품질전략을 측정하기 위하여 4개의 설문항목, 즉 전략계획에서 품질의 중요성, 높은 품질과 낮은 원가 간의 충돌이 발생했을 때 전략적 해법, 높은 품질과 스케줄 간의 충돌이 발생했을 때 전략적 해법, 품질에 대한 조직의 반응에 대해 2~8명의 관리자가 응답한 점수의 평균을 사용하였다.

MCS는 총 36개 설문항목의 측정값을 이용하여 요인분석을 실시하였으며, 그 결과 9개의 요인으로 구분되었다. 9개의 요인은 [도표 5-9]의 개념적 모형에 나타난 바와 같이 크게 전략실행, 외부 모니터링 및 내부 모니터링 3가지로 분류할 수 있다. 전략실행에는 전략실행계획(실행계획/목표), 전략수행팀 구성이나 프로젝트 선정시 최고경영층의 참여 정도(프로젝트 선정), 보상제도 등 3개 변수가 있다. 내부 모니터링에는 품질정보 피드백, 각 관리계층의 품질회의 참석 정도(경영진 검토), 이사회의 품질보고서 검토(이사회 검토) 등 3개 변수가 있다. 외부 모니터링에는 벤치마킹 빈도, 시장조사 빈도와 그 결과의 중요성, 전략적인 감사의 빈도 등 3개 변수가 있다. 성과는 [도표 5-9]에 나타난 바와 같이 자산이익률, 매출이익률, 매출의 증가율 및 인지성과 등 4개의 변수를 사용하였다. 그리고 본 연구에서는 통제변수(control variables)로 국가, 제품군, 규모, 노동조합, 연구개발비 등을 사용하고 있다.

4.5.4 분석결과

본 연구에서 품질전략과 MCS 간의 피어슨 상관관계를 분석한 결과는 다음의 [도표 5-10]과 같다.

[도표 5-10] 품질전략과 MCS 간의 상관관계

	총표본(n=249)	캐나다(n=53)	독일(n=50)	일본(n=54)	미국(n=92)
실행계획	0.30***	0.22	0.35***	0.28**	0.36***
프로젝트선정	−0.10#	−0.28***	0.00	−0.19	0.00
보상제도	0.22***	0.08	0.32**	−0.03	0.33***
품질피드백	0.33***	0.28**	0.34***	0.19	0.40***
관리자 검토	0.29***	0.19	0.50***	0.05	0.33***
이사회 검토	0.27***	0.20	0.47***	0.13	0.41***
벤치마킹	0.18***	0.28	0.02	0.19	0.22**
시장조사	0.24***	0.37**	0.25*	0.10	0.27**
전략적 감사	0.30***	0.34**	0.22#	0.35**	0.32***

*** $p<0.01$ ** $p<0.05$ * $p<0.10$ # $p<0.15$

[도표 5-10]에서 보는 바와 같이, 총표본을 대상으로 했을 때, 품질전략은 프로젝트 선정을 제외한 MCS 변수와 유의수준 1%에서 유의한 정(+)의 관계가 있는 것으로 나타났다. 따라서 가설1은 지지되는 것으로 판단할 수 있다. 이는 품질을 경쟁도구로 사용하는 기업이 품질과 관련된 통제시스템을 더 많이 사용하고 있음을 나타내는 것이다. 그러나 프로젝트 선정과 품질전략 간의 상관관계는 유의수준 15%에서 부(−)의 관계를 보여주고 있는데, 이 결과는 경영자의 동의 없이 전략수행팀을 구성하고 프로젝트를 선정할 수 있도록 권한을 위임할 필요가 있음을 의미한다.

가설2와 관련하여 각 국가별로 분석결과를 살펴보면, 일본기업이 품질전략을 보다 더 수행할 것이라는 기대와는 달리 다른 나라의 기업과 통계적으로 차이가 없는 것으로 나타났다. 그러나 일본기업은 전략실행계획과 목표의 중요도, 전략수행팀 구성이나 프로젝트 선정시 최고경영층의 참여도, 이사회의 품질보고서 검토, 벤치마킹의 빈도, 시장조사의 빈도와 그 결과의 중요성 등과 같은 통제시스템에 대해서는 서구기업과 통계적으로 유의한 차이가 있는 것으로 나타났다. 그럼에도 불구하고 일본기업은 그 결과가 보상과 연결되지는 않는 것으로 나타났다.

가설3을 검정하기 위하여 과거(1988년)의 품질전략과 MCS, 현재(1991년)의 성과 간의 상관관계도 함께 검증하였다. 이것은 전략과 MCS가 실행된 후 시간상의 차이(time lag)가 존재하기 때문이다. 또한 자동차 산업과 컴퓨터 산업을 분리하여 각각에 대하여 회귀분석을 실시하였다. 회귀분석시 품질전략과 MCS 간의 상호작용효과를 포함하여 분석하였다. 이 중 컴퓨터 산업에 대한 품질전략, MCS 및 성과 간의 회귀계수의 분석결과는 다음 [도표 5-11]과 같다. [도표 5-11]에는 통계적으로 유의적인 변수의 회귀계수만을 제시하였다.

[도표 5-11] 품질전략, MCS 및 성과 간의 회귀계수의 분석결과

	과거의 전략과 MCS				현재의 전략과 MCS			
	ROA	ROS	Growth	Percep	ROA	ROS	Growth	Percep
품질전략	–	–	–	–	–	–	–	–
실행계획	−5.71	−4.71	−4.54	−0.39^{M}	–	–	–	–
프로젝트선정	–	–	–	0.27^{M}	5.50	2.57^{M}	–	–
보상제도	–	–	–	0.36^{M}	–	2.06^{M}	6.88	0.26^{M}
품질피드백	3.80^{M}	–	5.16^{M}	–	–	–	4.62	–
관리자 검토	–	–	−4.48	−0.17^{M}	−6.89	−3.82^{M}	–	−0.28
이사회 검토	–	–	–	–	−6.37^{M}	−3.89^{M}	–	−0.20^{M}
벤치마킹	–	–	–	−0.83	–	–	–	−0.65
시장조사	–	–	–	–	–	–	–	–
전략적 감사	–	–	–	–	–	–	–	0.51
R^2	0.53	0.26	0.33	0.38	0.33	0.26	0.17	0.36
n	60	63	69	64	61	62	69	66

• ^{M}은 품질전략과의 주효과(main effect)가 유의적인 경우이며, 나머지는 상호작용효과 임.

[도표 5-11]의 결과를 보면 품질전략은 경영성과에 어떠한 영향도 미치지 못하고 있다는 것을 확인할 수 있다. 품질전략을 도입하여 적용하고 있다는 그 자체만으로는 경영성과의 개선은 이루어지지 않는다고 볼 수 있다. 품질전략과 MCS 변수 중 일부만이 경영성과에 영향을 미치는 것으로 나타났으며, 일부 변수에 대해서는 부(−)의 효과를 보여주고 있다. 품질전략 및 통제시스템의 적합성 정도와 경영성과 간의 관계에서도 일관성 있는 결과는 나타나지 않았다.

본 연구에서는 모호한 연구결과를 보이기도 하였다. 경영자의 품질전략 수행을 위한 팀의 구성과 프로젝트 선정시 참여 정도 변수가 품질전략과 부(−)의 관계가 있는 것으로 나타났다. 이 결과를 바탕으로 그들은 품질전략을 강력하게 수행하는 기업에서는 경영자의 승인 없이도 전략수행계획을 실행할 수 있도록 구성원에게 더 많은 권한

을 위임해야 한다고 주장하였다. 그러나 이 변수는 경영성과, 즉 투자수익률과 총자산이익률 등 성과와의 상관관계분석에서는 오히려 정(+)의 관계가 있는 것으로 나타났다. 따라서 경영자들이 계획수립이나 프로젝트 선정에 참여하여야 한다고 하였다. 이 두 가지의 연구결과는 품질전략 수행과정에서의 최고경영자 역할에 대하여 서로 상반된 결과를 보여주는 것이다. 추가분석이나 연구결과의 해석이 필요했다고 본다.

4.5.5 결론 및 시사점

본 연구의 결과로 보면 품질전략을 효율적으로 이행하기 위해서는 경영자의 활동적인 역할이 중요한 것인지 아니면 권한위임을 해야 하는 것인지 판단하기 어렵다. 관련문헌을 보면 이러한 경영자의 역할문제는 두 가지 관점에서 다루어지고 있다. 첫째, Garvin(1991)은 최고경영자가 적극적으로 품질전략 수행과정에 참여함으로써 구성원에게 관심을 갖도록 한다는 상징적인 의미가 있다고 하였다. 그러나 이러한 상징성만으로는 품질전략의 성공을 기대하기는 어려우며 최고경영자가 품질교육실시, 품질개선팀 격려, 품질 관련 보고서 검토, 고객 혹은 구성원과의 대화 등 적극적인 활동이 요구된다. 둘째, Juran(1993)은 권한위임이 반드시 필요하지만 위임할 수 있는 것과 없는 것을 구분하여야 한다고 하였다. 품질전략계획이나 자원배분 등에 대한 승인은 최고경영층에서 이루어져야 하며, 품질목표 달성에 대한 권한과 책임은 보상시스템과 연결하여 구성원에게 위임하여야 한다.

4.6 Abernethy and Brownell(1999)의 연구

The role of budgets in organizations facing strategic change : an exploratory study (Accounting, Organizations and Society)

4.6.1 연구배경 및 목적

최근 관리회계 문헌의 관심은 기업이 경영환경의 변화에 대해 반응하고 적응하기 위해 이용하고 있는 메커니즘과 프로세스에 집중되어 있다. 그러나 기업이 변화를 실현하는데 있어서 관리통제시스템이 수행하는 역할을 명백하게 조사한 실증연구는 거의 없는 실정이다. 회계가 대화, 학습 및 아이디어 창출 도구로서의 역할을 할 수 있다는 인식에도 불구하고, 대부분의 실증연구는 경영성과를 평가하고 보상하기 위한 진단적인 도구로서의 역할에 집중되어 있다(Burchell et al. 1980).

본 논문은 회계가 이 대안의 역할을 어떻게 수행할 수 있는지를 조사하는데 목적이 있다. 즉, 조직의 전략적인 변화를 계획 · 실행하는 최고경영진이 어떻게 MCS를 이용하는지를 조사하는 것이다. 본 연구는 기업의 전략적인 변화의 과정에서 나타나는 효과가 최고경영진이 예산을 상호작용적으로 이용하는 정도에 의한 성과인지 아니면 진단적인 이용에 의한 성과인지를 검정하고자 하였다.

4.6.2 연구모형 및 가설설정

본 연구는 조직이 변화하는 과정에 있어서 예산의 상호작용적인 이용이 보다 더 잘 대처하도록 하는지를 분석하고자 한다. 즉, 예산을 상호작용적으로 이용할 때, 전략적 변화와 성과 간의 관계를 강화할 수 있는지를 확인하려는 것이다. 연구모형은 전략적 변화와 성과 간의 관계에 영향을 미치는 하나의 변수로서 예산의 이용방식을 적용하였다. 예산을 진단적으로 이용할 때 보다는 상호작용적으로 이용할 때, 전략적 변화와 성과 간의 관계가 더 긍정적일 것으로 기대한다. 이러한 기대는 전략적 변화가 의사결정 상황에 미치는 효과에서 나온다. 그 변화의 과정은 새로운 기회가 전략적인 목적으로 경쟁우위의 변화를 모색하는 만큼 최고경영진에 의한 의사결정은 복잡하고 예측할 수 없는 상황에서 야기된다. 이러한 상황에서 최고경영진은 목표와 목적을 재정의하는데, 이 과정에서 그들의 관심이 집중되는 경쟁우위(priorities)에 대해 조직구성원의 불확실성과 애매성을 야기시킬 수 있다. 더불어 제품믹스의 변화와 신제품의 개발과 관련된 기술 및 생산변화는 새로운 루틴의 학습이 필요하다. 이러한 의사결정 상황에서 조직은 전략적 변화에 따라 성과를 개선시키기 위해 조직 내의 구조적 정렬과 정보 요구의 변화에 대응해야 한다.

예산을 상호작용적으로 이용할 때, 진행 중인 전략적 변화의 수준과 성과 간의 관계가 강화될 것으로 예측된다. 반대로 조직이 전략적인 변화가 거의 없거나 전혀 겪지 않는 상황에서는 예산의 진단적 이용이 성과를 지속적으로 강화시킬 수 있을 것으로 기대한다. 결론적으로 예산이 상호작용적으로 이용될 때, 전략적 변화는 성과와 더 긍정적인 관계를 유지할 것이라고 기대한다. 이러한 논의를 기반으로 설정된 가설은 다음과 같다.

H : 전략적 변화와 성과 간의 관계는 예산이 상호작용적으로 이용되는 정도에 따라 조절될 것이다.

본 연구는 가설을 검정하기 위해, 다음의 (식)을 이용한다.

$$Y = \beta_0 + \beta_1 X + \beta_2 Z + \beta_3 XZ + \varepsilon \cdots\cdots\cdots\cdots\cdots\cdots\cdots\cdots\cdots\cdots\cdots (식)$$

여기에서, Y는 성과, X는 전략적 변화(높은 스코어는 실질적인 변화를 의미), Z는 예산의 이용방식(높은 스코어는 상호작용적 이용을 의미)이다.

그리고 전략적 변화, 예산의 이용방식 및 성과 간의 가설화된 관계를 그림으로 나타내면 다음과 같다.

		예산의 이용방식	
		진단적 이용	상호작용적 이용
전략적 변화	낮음	매치 (가장 높은 성과) 1	비매치 (가장 낮은 성과) 2
	높음	3 비매치 (가장 낮은 성과)	4 매치 (가장 높은 성과)

4.6.3 자료 수집

데이터는 호주의 병원 부문에서 획득하였다. 한 산업을 연구대상으로 한 이유는 산업이 미치는 효과를 통제할 수 있기 때문이다. 연구자료는 병원과 건강서비스 연감(1994)에서 확인된 호주의 대형 공공병원(200개 이상의 병상)의 CEO에게서 수집하였으며, 설문지를 이용하였다. 통계적 분석에 이용 가능한 63(75%)개의 샘플이 수집되었다. 연구에서 종속변수인 성과에 관한 데이터는 성과측정치의 수렴타당성의 평가를 가능케 하는 각 병원의 재무책임자와 의료책임자로부터 획득하였다. 세 명의 모든 응답자로부터 성과에 관한 매치된 데이터는 29개의 병원에서 획득하였다.

4.6.4 변수의 측정

전략적 변화(strategic change)는 병원 산업에 전략적 변화의 특성을 적절하게 적용한 Shortell et al.(1990)의 접근법을 이용하여 측정하였다. 병원 부문의 경쟁환경에 따른 가장 명백한 전략적 변화의 징후는 제품 · 시장 입장의 변화이다. 도구는 한쪽에는 방어형 타입의 조직, 그리고 다른 한쪽에는 공격형 타입의 조직을 설명하고, CEO에게 그들의 현재 전략적 위치를 비율로 나타내 줄 것을 요구하였다. 구성요인의 핵심은 그것의 방향과 대립하는 것으로서 변화의 정도와 수준이다. 따라서 기업이 방어형 입장에서 공격형 입장으로 또는 반대로 움직이는지의 여부는 중요하지 않다. 이러한 이유 때문에 전략적 변화는 두 비율 간의 절대적인 가치의 차이로서 측정한다.

본 연구에서 예산의 이용방식에 대한 적절한 이론적인 구성요인은 CEO에 의해 의도되는 방식, 또는 예산의 역할이라고 할 수 있다. 예산의 상호작용적 이용은 Simons(1990, 1991)의 상호작용적 이용의 설명을 근거로 하여 4개의 항목을 개발하고, 응답자에게 예산행동과 관련한 4개의 진술에 동의하는 정도를 나타내도록 요청하였다. 또한 Simons(1990, 1991)의 정의를 근거로 하여 예산의 이용에 대한 2개의 기술, 즉 상호작용적 이용과 진단적 이용에 대한 설명을 제공하고, 응답자에게 그들의 예산 이용방식을 잘 표현하는 것을 선택하도록 요청하였다. 최종 측정치는 4개 항목의 합계로 구성하였으며, 높은 값을 가질수록 예산의 상호작용적 이용을 나타내는 것으로 코딩하였다.

병원 성과의 다차원적인 특징을 포착하기 위해, CEO의 인터뷰를 통해 6개의 관점(다른 병원과 비교되는 원가, 자원을 창출할 수 있는 능력, 병원 프로그램의 명성, 의학 학부 및 대학원 전문교육, 연구 및 의료서비스의 질)으로 구분하여 자기평가방법으로 측정하였다. 병원 성과는 CEO에게 비슷한 규모의 다른 병원과 비교하여, 병원의 현재 성과를 리커트 7점 척도로 나타내줄 것을 요청하여 측정하였다.

4.6.5 분석방법 및 결과

가설을 검정하기 위해 회귀분석과 분산분석을 수행하였다. 다음 [도표 5-12]는 분석결과를 보여주는 것이다. β_3는 모형에 의해 설명된 종속변수(R^2=0.18, $F_{3,59}$=4.26, $p<0.001$)에서 유의한 양의 차이로 유의한 정(+)(t=3.42, p=0.001)의 값을 보여주고 있다. 부가적으로 회귀분석에서 상호작용 조건의 포함은 그것을 배제한 모형과 비교

할 때($F_{2, 60}$=11.66, p〈0.001), 모형의 설명력을 유의하게 증가시킨다. 이러한 결과는 예산의 이용방식이 전략적 변화와 성과 간의 관계를 조절(moderate)한다는 기대를 지지하고 있다. 표에서 나타난 바와 같이, 전략적 변화와 성과 간의 관계는 예산의 이용방식이 진단적 이용일 때와 비교하여 상호작용적 이용일 때보다 더 긍정적이다.

[도표 5-12] 회귀분석 결과

변수	표준화된 베타 상관계수[t-value, 유의수준]
상수	5.73[7.78, p<0.001]
전략적 변화	−0.27[−1.93, p<0.058]
예산의 이용	0.18[1.44, ns]
상호작용(전략적 변화×예산이용)	0.45[3.42, p<0.001]
R^2	0.18
수정R^2	0.14
F값	4.26
유의수준	0.001

전략적 변화는 예산의 이용방식이 진단적 이용과 비교하여 상호작용적 이용일 때, 성과와 더욱 유의하게 정(+)의 관계를 나타내는지에 대해, 이원배치 분산분석(two-way ANOVA)를 이용하여 관계를 평가하였다. 전략적 변화는 2개의 그룹을 창출하기 위해 중간값으로 분리하였다(낮은 전략적 변화와 높은 전략적 변화). 또한 예산의 상호작용적 이용에 대한 측정치는 중간값을 기준으로 2개의 그룹으로 분류하였다. 분석결과는 다음 [도표 5-13]과 같다.

[도표 5-13] 분산분석 결과

		예산의 이용방식	
		진단적 이용	상호작용적 이용
전략적 변화	낮음	매치 (가장 높은 성과) 평균=6.22 n=18 1	비매치 (가장 낮은 성과) 평균=5.67 n=18 2
	높음	3 비매치 (가장 낮은 성과) 평균=5.18 n=8	4 매치 (가장 높은 성과) 평균=5.95 n=19

[도표 5-13]에서 성과에 대한 평균 스코어는 상호작용적 이용과 전략적 변화가 적당하게 매치될 때 가장 높은 것으로 나타났다. 즉, 성과는 전략적 변화가 낮고 예산의 이용이 진단적인 셀1과 전략적 변화가 높고 예산의 이용이 상호작용적인 셀4에서 가장 높은 것으로 나타났다. 그리고 성과는 비매치되는 셀2와 셀3에서 가장 낮은 것으로 나타났다. ANOVA의 결과는 이러한 차이는 전략적 변화와 예산의 이용 간의 상호작용 때문이라는 지지를 제공하고 있다. 이원(two-way)의 상호작용 조건은 매우 높은 수준에서 유의한 것으로 나타났다(F=10.50, p=0.002).

4.6.6 결론 및 시사점

본 연구는 전략적 변화를 촉진하기 위해 MCS가 어떻게 이용될 수 있는지에 대한 이해를 돕기 위해 고안된 탐색적 연구결과를 제공하고 있다. 기업이 전략적 변화를 겪고 있을 때, 예산의 역할을 조사하기 위해서 Simons(1990, 1991)의 진단적 이용과 상호작용적 이용의 유형을 이용하였다. 연구는 조직이 전략적 변화를 겪고 있을 때, 예산이 상호작용적으로 이용되는 경우 성과를 강화할 수 있을 것으로 예측하고 있다. 이러한 관계는 63개의 병원의 데이터를 이용하여 분석하였으며, 그 증거는 기대치를 지지하고 있다. 즉, 기업이 전략적 불확실성을 관리하기 위해서 통제시스템을 이용하고, 조직의 변화에 대한 해석적인 설명을 위해서 이용된다는 Simons(1990, 1991)의 주장과 일치하는 것이다.

이러한 결과는 전략적 우위의 효과적인 실행은 반드시 회계통제의 중요성에 좌우되는 것이 아니라, 오히려 이러한 통제가 이용되는 방식에 좌우된다는 Simons(1990)의 주장을 지지하고 있다. 즉, 최고경영진이 예산을 상호작용적 방식으로 이용한다고 제안하고 있는데, 상호작용적 이용방식의 장점은 전략적 변화가 진행 중일 때 필요로 하는 학습과 적응에 도움이 된다. 본 연구의 시사점은 전략적 변화가 어떻게 통제시스템 설계에 영향을 미치는지를 분석하였다는 것이다. 즉, 경영환경의 변화를 관리하는데 회계가 기여하는 서로 다른 역할을 체계적으로 검정하였다는 점에 의의가 있다.

4.7 Van der Stede, Chow and Lin(2006)의 연구

Strategy, Choice of Performance Measures, and Performance (Behavioral Research in Accounting)

4.7.1 연구배경 및 목적

본 연구는 품질기반 제조전략과 서로 다른 유형의 성과측정지표의 이용 간의 관계뿐만 아니라 성과에 미치는 그들의 개별적인 효과와 결합(joint) 효과를 조사한다. 본 연구의 핵심은 재무적 측정지표와 객관적·주관적 비재무적 측정지표 간의 구별에 있다. 본 연구는 이론과 실무의 관점에서, 성과측정이 전략을 수행하고 조직의 성과를 강화하는데 수행하는 역할에 대한 이해를 촉진하기 위한 시도이다. 본 연구는 성과측정의 다양성이 성과에 미치는 영향에 대하여 3개의 가설을 제안하고 이를 실증적으로 검정한다. 즉, 품질기반 제조전략과 기업의 서로 다른 유형의 성과측정지표의 이용 간의 관계, 그리고 전략과 성과측정이 조직의 성과에 미치는 결합(joint) 효과를 검정한다.

4.7.2 연구모형 및 가설설정

본 연구의 목적을 달성하기 위해서 객관적 성과측정지표와 주관적 성과측정지표 간의 구별은 매우 중요하다. 이전의 실증적인 연구는 전형적으로 재무적 성과측정지표와 비재무적 성과측정지표만 구별하였다. 본 연구는 양적이고 객관적(불량률)으로 파생되는 비재무적 측정지표와 질적이고 주관적(부서의 경계에 따라 공유하는 협력 or 지식의 정도를 평가)으로 파생되는 비재무적 측정지표로 세분화하여 선행연구의 재무적·비재무적 성과측정지표라는 이분법 범위를 능가한다. 이러한 비재무적 성과측정지표 간의 구별은 성과측정, 평가, 그리고 인센티브에 주관성의 이용에 집중하기 시작한 최근의 회계연구에 공헌하고 있다. 본 연구에서는 더욱 광범위한 성과측정시스템(PMS)을 가지고 있는 기업, 특히 객관적 · 주관적 비재무적 측정지표를 포함하고 있는 기업은 보다 높은 성과를 보인다는 것을 전제로 한다. 이러한 결과는 기업의 제조전략과 관계없이 유지되므로, 본질적으로 성과측정의 다양성은 유익한 것이라는 관점을 지지하고 있다. 또한 성과측정지표의 선택과 제조전략을 정렬시킬 때, 보다 나은 성과를 나타낼 것이라고 가정한다. 연구가설은 다음과 같다.

H1 : 기업의 성과는 성과측정의 다양성, 특히 PMS가 객관적 · 주관적 비재무적 성과측정지표를 포함하여 광범위해질 때 정(+)의 관계가 있을 것이다.

H2 : 제조전략에서 품질을 더 강조하는 기업은 객관적이고 주관적인 비재무적 성과측정지표를 포함하기 위해 PMS를 확장할 것이다.

H3 : 제조전략에서 품질을 더 강조하는 기업은 PMS와 전략을 조화시킬 경우에만, 즉 객관적이고 주관적인 비재무적 성과측정지표를 포함하기 위해 PMS를 확장할 때 보다 높은 성과를 가질 것이다.

4.7.3 자료 수집

본 연구는 통계적인 검정에 필요한 거대하고 충분한 자료를 획득하기 위해, 미국과 유럽의 기업을 대상으로 자료를 수집하였다. CorpTech로부터 Explore 데이터베이스를 이용하였으며, 미국의 서부 캘리포니아로 제한하였다. 본 연구는 충분히 정교화되어 있고 진보된 관리 실무(PMS)를 이용할 수 있는 조직규모의 기업을 연구대상으로 하기 위해, 최소한 50명 이상의 종업원과 연매출액이 250만 달러 이상인 제조기업을 선택하였다. 연구대상으로부터 87개의 자료와 유럽의 베를린 기업으로부터 41개의 자료를 획득하여 최종분석에 128개의 자료를 활용하였다.

4.7.4 변수의 측정

성과측정지표의 다양성은 재무적 측정지표의 수, 객관적인 비재무적 측정지표의 수 및 주관적 측정지표의 수로 구분하였다. 객관적 비재무적 측정지표는 3개로 세분(내부운영 측정지표의 수, 종업원 지향 측정지표의 수, 고객지향 측정지표의 수)하였다. 설문조사를 할 때, 기업에서 성과측정과 제조부문의 평가를 위해 상위 경영진에 의해 현재 이용되는 특정한 성과측정지표를 나타내도록 요구하였다. 본 연구는 성과측정의

"다양성"의 개념을 두 개의 서로 다른 접근법을 이용하여 조작화 하였다. 첫 번째 조작화는 측정지표의 수, 즉 재무적, 객관적인 비재무적, 그리고 주관적인 비재무적 측정지표의 수를 확인하였다. 두 번째 조작화는 범주형 측정지표, 즉 재무적 측정지표; 재무적, 객관적인 비재무적인 측정지표; 재무적, 주관적인 측정지표; 그리고 재무적, 객관적인 비재무적, 그리고 주관적인 측정지표이다. 이러한 범주에 속하는 접근법은 3가지 유형의 측정지표 중에 각각 2개를 가지고 있는 회사와 오직 2개의 카테고리로부터 각각 3개의 측정지표를 가지고 있는 회사를 비교하는 경우처럼, 성과측정 다양성의 다른 차원에 대한 인지를 용이하게 한다.

제조전략은 Abernethy and Lillis(1995), Chenhall(1997), Ittner and Larcker(1995), 그리고 Perera et al.(1997)에서 품질기반 제조전략을 주로 도출하고, 학계와 실무 문헌의 폭넓은 견해를 추가하였다. 전체적으로 품질전략은 7개의 항목으로 구성되어 있는데, 항목은 품질 독창성(initiatives)의 중요한 관점으로서 선행연구에서 지속적으로 확인하였던, 종업원 참여, 프로세스 개선 및 부서 간의 조정을 포함하고 있다(Ittner and Larcker 1995).

한편, 성과는 4개의 차원에서 측정하였다. 4개의 차원은 재무적, 운영, 종업원-지향, 그리고 고객-지향이며, 각 차원에 따른 제조부문의 성과를 측정하였다.

4.7.5 분석결과

연구의 가설을 검정하기 위해 상관관계 분석과 회귀분석을 수행하였으며, 그 결과는 다음의 [도표 5-14]와 같다. 가장 먼저, 가설1은 전략과 상관없이 성과측정의 다양성과 기업의 성과 간에는 정의 관계가 있다고 가정하였는데, 분석결과는 다음의 표와 같다.

[도표 5-14] 성과측정의 다양성과 성과간의 관계

Panel A : 상관관계 분석결과	
재무적 측정지표의 수	0.06
객관적인 비재무적 측정지표의 수	0.29***
내부운영 측정지표의 수	0.18**
종업원-지향 측정지표의 수	0.27***
고객-지향 측정지표의 수	0.23***
주관적 측정지표의 수	0.38***
측정지표의 총수	0.30***
성과측정 다양성의 범주형 측정지표	0.36***

Panel B : 회귀분석 결과			
	(1)	(2)	(3)
상수	2.85(0.25)***	2.47(0.27)***	2.45(.24)**
재무적 측정지표		-0.01(0.03)	
비재무적 측정지표		0.03(0.02)*	
주관적 측정지표		0.13(0.04)***	
총수	0.02(0.01)**		
범주형 측정지표			0.23(0.06)***
품질전략	0.23(0.13)*	0.15(0.08)**	0.34(0.11)***
조직규모	$-1.4 \cdot 10^{-5}(1.2 \cdot 10^{-4})$	$3.5 \cdot 10^{-5}(1.2 \cdot 10^{-3})$	$-5.9 \cdot 10^{-6}(1.1 \cdot 10^{-4})$
	F=3.97***	F=5.22***	F=9.22***
	Adj. R^2=0.08	Adj. R^2=0.16	Adj. R^2=0.18

[도표 5-14]의 Panel A의 분석결과를 보면, 객관적, 주관적인 비재무적 성과측정 지표의 수는 성과와 개별적으로 뿐만 아니라, 결합된 모든 유형의 성과측정지표의 총수(total number) 사이에 정(+)의 유의적인 상관관계를 보여주고 있다. 그러나 재무적 측정지표의 수는 성과와 유의한 상관관계가 나타나지 않았다. 또한 성과측정 다양성의 범주형 측정지표는 성과와 정(+)의 유의한 상관관계가 있는 것으로 나타났다. Panel B의 결과는 전략을 통제한 후에, 혹은 전략에 관계 없이 성과측정 다양성의 유익한 효과를 지지하고 있다. 전체적으로 이러한 결과는 성과측정 다양성의 증가, 특히

객관적, 주관적 비재무적 측정지표 이용을 확대함으로써 성과가 증대될 수 있음을 지지하고 있다.

가설2는 품질기반 제조전략을 더 많이 추구하는 기업은 객관적, 주관적인 비재무적 성과측정지표에 더 의존할 것이라고 가정하였는데, 분석결과는 다음 [도표 5-15]와 같다.

[도표 5-15] 성과측정의 다양성과 전략간의 관계

Panel A : 상관관계 분석결과	
재무적 측정지표의 수	0.22**
객관적인 비재무적 측정지표의 수	0.44***
내부운영 측정지표의 수	0.31***
종업원-지향 측정지표의 수	0.47***
고객-지향 측정지표의 수	0.25***
주관적 측정지표의 수	0.28***
성과측정 다양성의 범주형 측정지표	0.19*

Panel B : 품질전략 강조에 따른 성과측정지표의 차이			
	품질전략		
	Low	High	차이
재무적 측정지표의 수	5.77	6.78	p=0.05
객관적인 비재무적 측정지표의 수	12.55	15.66	p<0.01
내부운영 측정지표의 수	5.88	6.88	p=0.01
종업원-지향 측정지표의 수	3.24	4.65	p<0.01
고객-지향 측정지표의 수	3.50	4.06	p=0.13
주관적 측정지표의 수	4.25	4.92	p=0.04
성과측정 다양성의 범주형 측정지표	2.92	3.45	p=0.02

[도표 5-15]의 Panel A는 품질전략과 비재무적 측정지표와 주관적인 측정지표 사이에 각각 아주 강한 상관관계가 존재한다고 나타났으며, 품질전략과 모든 유형의 측정지표의 수 사이에 정(+)의 유의적인 상관관계를 보여주고 있다. 또한 품질전략과 다양한 측정지표도 정(+)의 유의적인 상관관계가 있는 것으로 나타났다. 제조에서 품

질에 대한 강조가 낮은 기업과 높은 기업 간에 측정지표 이용의 차이를 분석하였는데, 그 결과는 [도표 5-15]의 Panel B와 같다. 제조에서 품질을 더 많이 강조하는 기업은 객관적인 비재무적 측정지표(특히 내부운영과 종업원과 관련된 측정지표)와 주관적 측정지표를 더 많이 이용하는 것으로 나타났다. 범주형의 다양한 측정지표에 근거한 추론도 질적으로 유사하다. 이것은 가설2를 지지하는 결과이다. 그러나 [도표 5-15]의 Panel B의 결과에서 흥미로운 점은 제조에서 품질을 강조하는 기업이 품질을 강조하지 않는 기업에 비하여 상대적으로 재무적 측정지표를 덜 이용하지 않고, 오히려 재무적 측정지표도 더 많이 이용하는 것으로 나타났다. 다시 말해서, 품질을 강조하는 기업은 세 유형의 측정지표 모두를 더 이용하고, 특히 객관적, 주관적인 비재무적 측정지표의 수를 확대하는 것으로 나타났다.

가설3은 품질기반 제조전략을 더 추구하고 객관적, 주관적인 비재무적 측정지표를 보다 많이 이용하는 기업일수록 성과가 높아질 것이라고 가정하였는데, 분석결과는 다음의 [도표 5-16]과 같다.

[도표 5-16] 품질전략과 성과측정 다양성간의 정렬이 성과에 미치는 효과

품질전략과 성과측정의 다양성 간의 정렬이 성과에 미치는 영향		
	[1]	[2]
상수	2.97(0.69)***	1.68(0.35)***
품질전략	0.04(0.19)	0.37(0.09)***
비재무적 측정지표	0.03(0.03)	
주관적 측정지표	0.05(0.11)	
범주형 측정지표		0.03(0.14)
품질전략 · 비재무적 측정지표	−0.01(0.01)	
품질전략 · 주관적 측정지표	0.08(0.04)*	
품질전략 · 범주형 측정지표		0.06(0.03)*
조직규모	$-2.8 \cdot 10^{-5}(1.1 \cdot 10^{-4})$	$2.1 \cdot 10^{-6}(1.2 \cdot 10^{-4})$
	F=4.62***	F=9.72***
	Adj. R^2=0.17	Adj. R^2=0.25

회귀분석의 결과인 [도표 5-16]에서 핵심적인 의의는 ① 객관적, 주관적인 비재무적 측정지표의 수, 그리고 ② 범주형의 다양성 측정지표를 가진 횡적인 품질기반 제조전략에 의해 달성되는 상호작용 관계이다. 모형 [1]의 결과는 제조전략에서 품질을 더 강조하고 주관적 측정지표를 보다 많이 이용하는 기업은 높은 성과를 가진다는 것을 나타내고 있다. 그러나 품질전략과 객관적인 비재무적 측정지표의 이용 간의 상호작용에서는 어떤 유의한 효과도 나타나지 않았다. 모형 [2]는 품질전략과 범주형의 다양성 측정지표의 상호작용은 성과에 유의한 효과가 있다는 것을 보여주고 있다. 전체적으로 [도표 5-16]의 결과는 주관적인 측정지표에 대한 가설3을 지지하고 있지만, 객관적인 비재무적 측정지표에 대한 가설은 지지하지 못하고 있다.

4.7.6 결론 및 시사점

본 연구는 광범위한 PMS를 가진 기업, 특히 객관적, 주관적인 비재무적 측정지표를 포함하고 있는 기업은 보다 높은 성과를 얻는다는 것을 확인하였다. 이러한 결과는 기업의 제조전략과 관계없이 유지된다. 즉, 성과측정지표 수의 증가는 본질적으로 성과에 이롭다는 주장에 대한 일반적인 지지를 제공한다. 또한 성과측정은 전략과 부합해야 한다는 관점을 지지하는 증거도 부분적으로 발견되었다. 전략-성과측정 간의 "적합도"는 성과에 영향을 미친다는 것이다. 특히 품질기반 제조전략을 추구하는 기업은 객관적, 주관적인 비재무적 측정지표 모두를 더 광범위하게 이용한다는 것을 발견하였다. 그리고 품질기반 제조전략이 광범위한 주관적인 측정지표의 이용과 결합될 때 성과가 개선된다는 것을 발견하였다.

본 연구의 결과물은 상황/정렬 관점보다 성과측정지표의 다양성에 대한 강력한 지지를 제공한다. 첫째, 객관적, 주관적인 비재무적 측정치를 더욱 많이 이용하면 제조에서 상대적으로 품질에 대한 낮은 강조를 한 기업에서조차도 성과가 상향되는 것으로 나타났다. 둘째, 성과측정과 전략 간의 매치를 고려할 때, 연구결과는 유사한 품질기반 제조전략을 가진 기업이 보다 적은 측정지표를 이용할 때 성과가 나빠지지만, 반면에 더 많은 측정지표를 이용할 때는 그렇지 않다는 것을 제시하고 있다. 결과적으로 본 연구는 성과측정지표 유형을 섬세하게 구별함으로써 성과측정지표의 역할을 이해하는데 기여하였다.

6장 조직특성과 관리통제시스템

01 의의

조직(organization)은 환경에서 자원을 획득하고, 처리하여 산출물을 생산하는 안정되고 정형화된 사회구조이다. 조직이라는 말은 아리스토텔레스의 저작인 「오르가논(Organon)」에서 유래하였는데, 「오르가논」은 도구나 수단을 의미한다. 조직은 학자마다 다르게 정의되어 왔다. 미국의 조직 이론가인 Barnard는 조직을 어떤 목적을 성취하기 위하여 두 사람 이상의 힘과 활동을 의도적으로 조정한 협동적 체제라고 정의하였고, Schein은 조직을 업무와 기능의 분배, 권한과 위임의 계층을 통하여 어떤 특정한 조직 구성원의 공통된 목표를 달성하기 위하여 여러 사람의 활동을 합리적으로 조정하는 것이라고 정의하였다. Presthus는 조직은 구성원의 활동을 조정하여 제한된 목표를 성취하도록 설치된 비교적 지속적으로 존재하는 사회체제라고 하였으며, Katz and Kahn은 조직은 어떤 목표에 따른 결과를 산출하는 개방체계라고 언급하였다.

이와 같이 학자마다 조직에 대한 정의가 다르며, 조직의 본질을 부분적으로 밝혀주고 있다. 이런 다양한 정의를 종합해 볼 때, 조직은 어떤 특정한 목표를 가지고 있으며, 구성원 · 구조 · 기술 등의 요소로 구성되어 있다. 그리고 조직은 그 목표를 달성하기 위하여 이들 부분 요소들이 하나의 전체 단위를 이루며, 유기적 상호작용을 함과 동시에 외부환경과 서로 영향을 주고받으며 안정과 발전을 도모한다.

이러한 정의에 비추어 볼 때 조직이라고 말할 수 있으려면 목표 · 구성원 · 구조 · 기술 · 환경 등이 모두 갖추어져 있어야 할 것이다. 여기서 "조직구조"라 함은 그 조직에 소속한 사람들의 상호관계에 관한 규범적 질서를 비롯하여 상호 권력관계, 구성원의 행동을 조정하는 체계라 말할 수 있다. 그리고 기술(technology)이란 조직의 목표를 효율적으로 달성할 수 있게 하고 조직의 구조를 원만히 유지 · 발전시키는 데 필요한 지식 · 경험 · 운영방법이라 할 수 있다. 그리고 환경(environment)이란 조직과 직접 또는 간접으로 상호작용을 하게 되는 다른 외부 조직, 즉 사회체계를 말한다.

모든 현대조직은 일정한 특성을 가지고 있다. 조직은 업무와 전문분야의 구분이 명확한 관리제도이다. 조직은 전문가를 책임이 있고 규칙이나 절차로 특정 권한이 한정되는 계층구조에 배치한다. 이러한 규칙이나 절차는 공정하고 보편적인 의사결정 체계를 구성한다. 조직은 개인적 친분관계가 아닌 기술능력과 전문성에 기초하여 조직구성원을 고용하고 개발하려고 노력한다. 조직은 한정된 투입물(input)로 최대한의 산출물(output)을 창출하는 효율성의 원칙을 중시하는 시스템이다. 조직의 다른 특성으로 경영환경, 조직문화, 리더십, 조직정치, 조직구조 등이 있다. 이런 모든 특성은 조직이 이용하는 통제시스템에 영향을 미친다.

02 경영환경

2.1 경영환경의 정의

조직은 경영환경으로부터 필요한 자원을 획득하고 이를 이용하여 생산한 제품과 서비스를 공급하는 개방형 체제(open system)이며, 조직과 환경은 상호작용을 한다. 환경은 경영자가 수행하는 활동에 주요한 영향을 미치는 요인이다. 본 절에서는 경영자에게 영향력을 행사하는 주요 환경요인을 정의하고 통제시스템에 어떠한 영향을 미치는지를 살펴보고자 한다.

경영환경(business environment)은 조직의 성과에 영향을 미칠 수 있는 외부환경이나 영향력을 의미한다. 조직은 그들을 둘러싼 사회적, 물리적 환경에 의존하며, 개방되어 있다. 조직은 재무자원이나 인적자원이 없이는 존립할 수 없다. 조직은 고객과 경쟁사의 행동뿐만 아니라 정부가 요구하는 법률과 요구사항에도 대응해야 한다. 한편, 경영환경이 조직이 할 수 있는 일을 결정짓기도 하지만, 반대로 조직이 그들의 환경에 영향을 미칠 수 있으며 경영환경의 변화를 결정할 수도 있다. 예를 들어, 기업은 정책 프로세스에 영향을 미치기 위해 다른 기업과 제휴를 맺기도 하고, 고객이 제품이나 서비스를 구매하도록 유인하기 위해 광고도 할 수 있다. 조직은 환경변화를 감지하고 환경에 대응할 수 있도록 지원하기 위해 통제시스템을 구축한다. 통제시스템은 조직이 경영환경의 변화를 감지 · 파악 · 분석하기 위한 핵심적인 도구이다. 통제시스템은 경영자가 조직의 대응이 요구되는 환경변화를 식별하고 합리적인 의사결정을 수행하는 데 중요한 역할을 한다.

경영환경은 일반환경(general environment)과 세부환경(specific environment)으로 구분할 수 있는데, 다음 [도표 6-1]은 경영환경의 요소를 보여주고 있다.

[도표 6-1] 경영환경의 요소

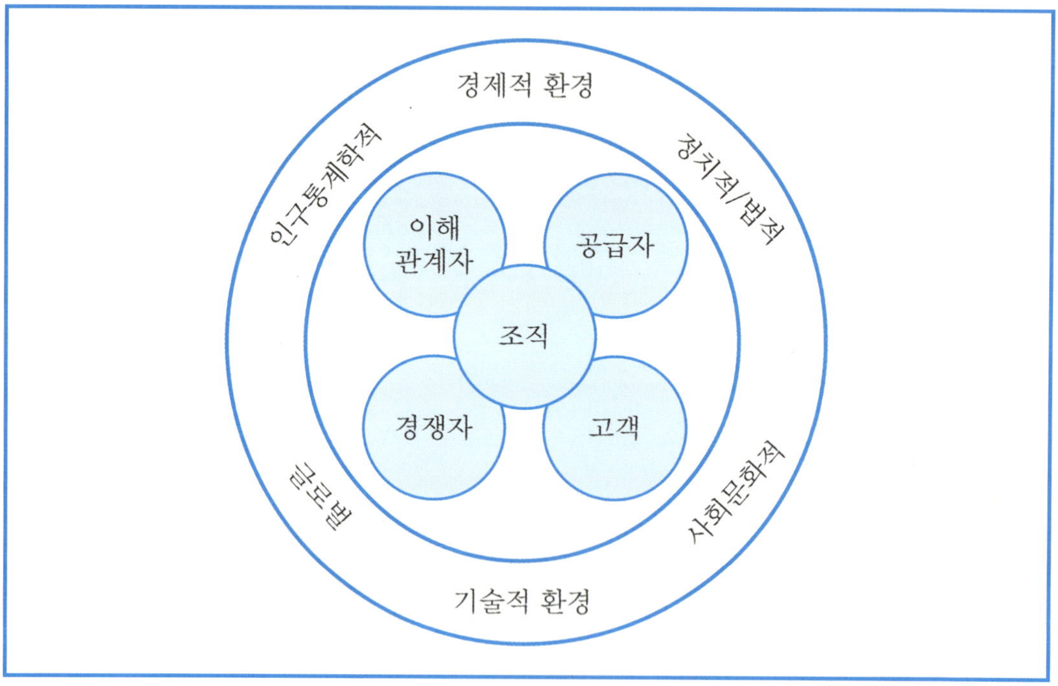

일반환경은 조직에 영향을 미칠 수 있는 광범위한 개념으로 경제적 환경, 정치적·법률적 환경, 사회문화적인 환경, 인구통계학적 환경, 기술적인 환경 및 글로벌 환경 등으로 구성되어 있다. 이러한 일반환경이 변화하는 경우 경영자는 조직을 계획하고 운영하며, 통제할 때 반드시 고려해야 한다. 가장 먼저 경제적 환경은 일반적인 경제 순환 단계, 인플레이션, 이자율, 소득의 변화 및 주식시장의 변동 등과 관련된 환경으로, 조직의 경영활동에 영향을 미칠 수 있는 요소이다. 정치적/법적 환경은 경제시스템과 비즈니스에 대해 정부가 얼마나 긍정적이거나 부정적인 역할을 하는지와 관련된 환경으로, 세금과 규제 등은 기업의 경영에 심각한 영향을 미칠 수 있다. 또한 자본주의 시스템은 정직과 성실, 높은 도덕적 기준에 의존하고 있기 때문에, 이러한 기본적인 요소의 부재는 경제 전체의 시스템을 약화시킬 수 있다. 사회문화적 환경은 사회의

가치관, 관습 및 취향과 관련된 환경으로 조직은 사회가 요구하는 기대치의 변화에 따라 그들의 사업 관행도 변화시켜야 한다. 즉, 사회문화적 환경은 조직의 의사결정과 행동에 잠재적인 제약조건이 될 수 있다. 따라서 조직은 사회의 가치관과 문화에 친근해져야 하며, 독특한 사회문화적 특징을 수용하고 인식하는 방식으로 관리해야 한다. 인구통계학적 환경은 성별, 연령, 교육수준, 소득 등과 같은 인구의 물리적 특성으로, 이러한 환경의 변화는 조직이 계획하고 운영하며, 통제하는 것에 제약을 가할 수 있다. 기술적 환경은 전화기, 복사기, 컴퓨터 및 비즈니스 과정을 효율적이고 효과적으로 만들어주는 다양한 소프트웨어 등 정보기술(IT)을 의미하는 것으로, 일반환경 중에서 가장 빠른 변화가 발생하고 있는 분야이다. 기술 영역의 급속한 변화는 조직의 구조와 경영자가 운영하는 방식을 근본적으로 변화시키고 있다.

세부환경은 경영자의 의사결정과 행동에 직접적이고 즉각적으로 영향을 미칠 수 있는 요소로서, 조직의 목표달성에 직접적으로 관련된 외부의 영향력을 의미한다. 조직의 세부환경은 각각 다르며, 경영상황에 따라 변화된다. 세부환경의 주요 구성요인으로는 고객(customers), 공급자(suppliers), 경쟁자(competitor) 및 이해관계자의 압력을 들 수 있다. 가장 먼저 고객은 조직이 생산한 제품이나 서비스 등을 구매하는 개인이나 기관 또는 기업을 말하며, 정부기관이나 비영리단체 등도 포함된다. 조직은 고객의 수요를 충족시키기 위해 제품이나 서비스를 공급함으로써 기업활동을 영위한다. 이러한 고객은 조직에게 있어서 잠재적으로 불확실성을 내포하고 있다. 공급자는 일반적으로 원재료나 장비를 제공하는 기업뿐만 아니라 재무자원과 인력을 공급해주는 기업도 포함된다. 조직은 필요한 자원이 불확실성, 즉 자원의 부족이나 지연이 조직의 효율성을 심각하게 감소시킬 수 있기 때문에 자원의 안정적인 흐름을 확보할 수 있는 방안을 마련하기 위해 노력한다. 경쟁자는 동일한 산업 내에서 경쟁하고 있는 기업 간의 경쟁 관계를 의미하는 것으로, 대부분의 산업에서 경쟁의 양상과 산업 전체의 수익률을 결정하는 가장 중요한 요인 중 하나이다. 따라서 조직은 경쟁자의 가격, 신제품의 개발 및 서비스 제공 등을 모니터링 하고 대응방안을 마련해야 한다. 이해관계자는 소비자, 종업원, 주주, 공급자, 금융기관, 지역사회 및 정부기관 등을 포함한다. 조직의 목표는 이해관계자들의 다양한 요구를 절충하여 이익을 창출하는 것이다. 이해관계자는 조직이 무엇을 하고, 어떻게 운영할 것인가에 영향을 미치기 때문에 중요하다. 따라서 조직은 의사결정이나 행동에 영향을 미치려고 하는 특정 이해관계자의 압력을 인식해야 한다.

조직의 경영자에게 있어서 경영환경의 다양한 구성요소가 무엇인지를 이해하는 것은 중요하다. 하지만 경영환경이 경영자에게 어떻게 영향을 미치는지를 이해하는 것은 더욱 중요하다. 경영환경은 경영자에게 현재 드러난 환경불확실성의 정도를 통해 영향을 미치고, 조직과 외부 고객 간에 존재하는 다양한 이해관계자와의 관계를 통해 영향을 미친다.

2.2 환경불확실성의 개념

2.2.1 환경불확실성의 정의

경영환경의 변화는 기업이 수행하는 활동에 영향을 미친다. 특히 오늘날과 같이 경쟁과 불확실성이 심화되고 있는 동태적인 시장환경에서 기업은 외부의 환경변화에 얼마나 잘 적응하느냐에 따라 경쟁우위를 확보하고 이익을 창출할 수 있다. 이러한 경영환경은 연구자에 따라 다양하게 구분되고 있다. 정보 불확실성의 관점에서 경영환경을 정태성과 역동성, 단순성과 복잡성으로 구분하거나 또는 자원의존성의 관점에서 호의적 환경과 적대적 환경으로 구분한다.

본서에서 경영환경은 환경불확실성(environmental uncertainty)을 의미한다. 환경불확실성은 외부 환경요소가 매우 복잡하여 예측이 어렵고 동태적으로 변화하고 있는 정도를 의미한다. 또한 시장에 출시되는 제품이나 서비스의 변화가 심화되는 정도, 기업이 급변하는 기술의 변화속도에 맞춰 시장의 수요나 기호를 예측하고 원자재를 확보하기 어려운 정도, 그리고 경쟁기업에 대한 예측을 통해 경쟁상황을 관리하는 등 경영관리가 어려운 정도를 의미한다. Lenz(1980)는 환경불확실성을 각 개별기업이 기회와 위협을 창출하는 경향으로 정의하였다. Beckert(1996)는 환경불확실성을 확률의 계산이 불가능하고 어떠한 정보도 없는 상황으로 정의하였으며, 위험에 대비하기 위해서는 불확실한 상황에서 무엇을 어떻게 할 것인가를 결정하는 문제가 핵심이라고 주장하였다. 이러한 환경불확실성은 다양한 원인으로 발생한다. Duncan(1972)은 환경불확실성의 세 가지 원인으로 (1) 주어진 의사결정 상황과 관련되는 환경요소에 대한 정보 부족, (2) 환경요소가 특정한 조직의 의사결정에 좋은 영향을 미칠 것인지에 대한 확률적인 기준의 부여가 어려움, (3) 불확실한 의사결정이나 행동을 수행함으로써 발생하는 비용에 대한 정보 부족 등을 제시하였다.

Porter(1980)는 기업이 환경불확실성을 주관적 인지에 의해 판단하게 되는데, 각 기업은 외부의 환경변화에 따라 경쟁전략을 적절히 선택하여 실행함으로써 우수한 기업의 성과를 달성할 수 있다고 하였다. 경영환경과 기업성과 간의 관련성을 분석하는 최근 연구들은 불확실성의 개념에 다차원적인 특징을 포함하기보다는 환경불확실성을 극복하는데 필요한 기업의 대응책을 중점적으로 다루고 있다(이관표와 박형권 2006). 즉, 기업은 경쟁자, 고객, 공급자 등 시장참여자의 다양한 욕구와 시장변화에 대한 정보를 파악하고 이에 효과적으로 대응함으로써 시장에서의 경쟁우위를 확보할 수 있는 제품이나 서비스를 창출하기 위하여 부단히 노력하고 있다(Kohli and Jaworski 1990).

2.2.2 환경불확실성의 구성요소

환경불확실성의 구성요소를 구분하는 방법에는 두 가지 접근법이 있다. 첫 번째 접근법은 고객, 경쟁자 및 판매자 등과 같은 환경을 구성하는 요소의 변화와 불예측성으로 구분하는 방법이다. 환경불확실성은 내부 환경불확실성과 외부 환경불확실성으로 구분할 수 있다. 내부 환경불확실성은 판매자와 기술의 불명확성이며, 외부 환경불확실성은 고객과 경쟁자의 불확실성으로 구분할 수 있다. Ettlie and Reza(1992)는 환경불확실성을 고객, 공급자, 경쟁자, 판매자 및 기술 등의 예상하지 못한 변화로 정의하였다. 고객의 불확실성은 고객의 수요와 욕구에 대한 변화와 예측하기 어려운 정도로 정의하였는데, 경쟁의 심화로 인해 환경불확실성에 직면하는 경우 시장은 더욱 동태적이게 된다. 이러한 상황에서 고객은 더욱 복잡한 상황을 보이며, 보다 나은 양질의 제품을 요구하게 된다(Claycomb 1999). 또한 고객의 불확실성은 제품의 수요에 대한 예측성으로 나타낼 수 있다. 제품의 변동성이 확대되면 예측이 어렵고, 수명주기가 짧아지고, 혁신의 수준이 높아짐으로써 고객의 불확실성이 심화되는데, Gavin(1998)은 기업이 고객지향적인 제품의 제공을 통해 특정 고객의 니즈를 충족시키는 것이 중요하다고 강조하였다. 기술의 불확실성은 제품의 변화와 예측이 불가능한 기술의 개발과정과 범위로 정의하고 있다. 새로운 기술의 개발과 기술의 혁신은 기업에게 많은 기회를 제공하면서 새로운 시장을 개척할 수 있다. 정보기술의 발전은 공급망의 통제를 가능하게 하고, 고객에 대한 신속한 대응으로 거래비용을 절감할 수 있다. Ragatz(2002)는 생산물과 프로세스 기술이 새롭게, 복잡하게, 급격하게 변화하는 정도로서 기술의 불확실성을 측정한다고 제안하였다. 공급자의 불확실성은 공급자의 디자인, 품질 및 납기의 결과에 대한 변화와 예측하기 어려운 정도로 정의하고 있다. 공급자의 불확실성은 납기의 지연, 기계의 고장과 재료 및 품질의 불일치성 정도로 제조과정의 문제에 따라 공급자에 의해 야기된다고 할 수 있다.

두 번째 접근법은 환경불확실성의 특성에 따라 구분하는 방법이 있다. 환경의 불확실성을 나타내는 대표적인 구성요소로 복잡성(complexity)과 동태성(dynamism)을 들 수 있다. Duncan(1972)은 복잡성은 조직이 의사결정을 수행할 때 고려해야 할 환경요소의 수와 관련된 개념이며, 고려해야 할 환경요소의 수가 많아질수록 환경의 복잡성은 높아진다고 하였다. 복잡성이 높아질수록 차별화와 통합의 요구가 많아지고, 정교한 구조와 계획시스템도 갖춰야 한다. 동태성은 조직이 의사결정을 수행하는 경우 고려하는 환경요소의 변화가 얼마나 심한가를 나타내는 개념이다. 동태성이 높아질수록 경영자는 규칙과 현상에 덜 의존하게 되고, 조직변화를 추진하기 쉬워지며, 계획화 과정에서도 유연성을 보인다. Osborn and Hunt(1974)은 복잡성과 동태성의 구성을 격동성(turbulence)으로 표현하였다. Miiller(1992)는 인지된 환경불확실성을 동태성, 이질성 및 적대성의 차원으로 구분하였는데, 여기에서 동태성은 외부환경의 변화 정도, 이질성은 가용자원에 영향을 미치는 환경요소 간의 유사성이나 상이성의 정도, 그리고 적대성은 자원의 활용도와 자원을 획득하기 위한 조직 간의 경쟁 정도를 의미한다. Dess and Beard(1984)는 환경불확실성의 특성에 동태성과 복잡성 외에 풍부성(호혜성) 개념을 추가하였다. 여기에서 동태성은 환경요소의 변화와 관련된 개념으로 고객기호의 변화, 경쟁기업의 전략 변화, 제품과 서비스의 변화, 수요변동의 심화 등 성과를 위한 의사결정 요인이 변화하는 정도를 의미한다. 복잡성은 환경요인의 다양성을 나타내는 개념으로 조직이 관리해야만 하는 특유의 환경과 일반환경의 강도, 과업환경의 수 및 상호 연관성 등으로 정의할 수 있다. 따라서 고객니즈의 다양성, 제품 및 서비스 개발과정의 복잡성, 그리고 유통망과 판매경로의 복잡성 등의 특성을 가지고 있다. 풍부성은 조직의 활동영역을 지원하는데 필요한 자원의 양을 나타내는 개념으로 기업의 안정적인 성장과 관련되는 특성을 의미한다. Lawrence and Lorsch(1967)는 환경불확실성의 특성을 복잡성과 동태성에 다양성(diversity)과 적대성(hostility)을 추가하여 설명하였으며, Pfeffer and Salancik(1978)은 환경불확실성을 자원의 집중도, 자원의 희소성 및 조직 간의 연관성으로 구분하여 설명하였다.

환경불확실성에 대한 이러한 구분방법 외에도 경영자가 발휘할 수 있는 재량(Hambrick and Finkelstein 1987), 산업 내 경쟁과 복잡성 정도(Murray 1989), 산업 상황이나 시장 상황(Rajagopalan and Datta 1996), 조직의 외부환경과 내부환경

(Hambrick 1996)을 기준으로 구분할 수도 있다.

환경불확실성과 관련한 선행연구는 동태성, 복잡성 및 적대성을 공통적으로 제시하였다. 동태성과 복잡성은 Dess and Beard(1984)가 제시한 개념으로 환경요소의 변화가 심화될수록 환경불확실성이 높아지는 것으로 보았으며, 조직의 환경이 복잡해질수록 환경불확실성은 높아져서 자원의 흐름을 예측하거나 통제하는 것이 매우 어려워진다. 적대성은 조직의 활동을 지원하는데 필요한 자원의 양 및 활용도, 자원을 획득하기 위한 경쟁을 나타내는 개념으로, 경영환경의 다양한 변화요인에 따른 조직 생존의 위협 가능성을 의미한다. 또한 동태적인 환경에서는 다수의 경쟁자가 존재하게 되며, 적대성이 높은 환경에서 조직은 환경에 대한 신속한 대응이 요구된다(Mintzberg 1979).

이러한 환경요소는 관리회계연구에 적용되어 기업이 직면하고 있는 외부환경의 특성에 따라 내부통제시스템으로서 관리통제시스템에 대한 요구가 변화하는 것으로 인식되어 왔다. 특히 기업이 직면하는 경쟁 정도, 시장환경의 변화 및 제약요소의 변화 등에 의해서 측정되는 환경불확실성은 관리통제시스템의 특성에 영향을 미치는 것으로 조사되어 왔다.

2.3 경영환경의 측정방법

모든 경영환경이 동일한 것은 아니다. 경영환경은 조직환경이 변화하는 정도와 복잡성의 정도를 나타내는 환경불확실성 정도에 따라 다르게 나타난다. 다음의 [도표 6-2]는 환경불확실성의 정도를 파악하는 매트릭스이다.

[도표 6-2] 환경불확실성의 매트릭스

		변화의 정도	
		안정적	유동적
복잡성 정도	단순	A • 안정적이고 예측 가능한 환경 • 환경 구성요소가 적음 • 구성요소가 비슷하거나 근본적으로 같음 • 구성요소에 대한 복잡한 지식 요구정도가 낮음	B • 유동적이고 예측 불가능한 환경 • 환경 구성요소가 적음 • 구성요소가 비슷하나, 지속적인 변화과정에 있음 • 구성요소에 대한 복잡한 지식 요구정도가 낮음
	복잡	C • 안정적이고 예측 가능한 환경 • 환경 구성요소가 많음 • 구성요소가 비슷하지는 않지만, 근본적으로 같음 • 구성요소에 대한 복잡한 지식 요구정도가 높음	D • 유동적이고 예측 불가능한 환경 • 환경 구성요소가 많음 • 구성요소가 비슷하지 않으며, 지속적인 변화과정에 있음 • 구성요소에 대한 복잡한 지식 요구정도가 높음

환경불확실성은 조직의 환경에 내재하는 변화의 정도인 동태성(dynamism)과 복잡성(complexity)의 정도로 측정할 수 있다. 첫째, 환경변화의 정도이다. 조직환경의 구성요소가 빠르게 변화하면 동적인 환경이라고 하고, 환경의 변화가 느리다면 안정적인 환경이라 한다. 안정적인 환경이란 새로운 경쟁자가 없거나 현재의 경쟁자에 의해 기술의 진전이 없거나, 조직에 영향을 미치는 이해관계자의 압력활동이 거의 없는 상황을 의미한다. 반대로 동적인 환경은 높은 수준의 불확실성과 예측이 불가능한 환경에 직면해 있다. 둘째, 환경의 복잡성 정도이다. 여기에서 복잡성의 정도란 조직의 환경을 구성하고 있는 요소의 숫자와 조직이 갖고 있는 이러한 요소에 대한 지식의 범위를 의미한다. 따라서 기업이 대응해야 할 경쟁자, 고객, 공급자, 정부기관 등의 숫자가 줄어든다면, 복잡성이 감소하고 이로 인해 기업의 불확실성이 줄어들게 될 것이다.

환경불확실성의 개념은 조직에 어떠한 영향을 미치게 될까? [도표 6-2]에서 보는 바와 같이, 사분면은 서로 다른 환경변화의 정도와 복잡성의 정도로 구성되어 있다. A는 환경이 안정적이고 단순한 가장 낮은 수준의 환경불확실성을 나타내고, D는 환경이 유동적이고 복잡한 가장 높은 수준의 환경불확실성을 나타내고 있다.

환경불확실성은 복잡성과 동태성의 차원에서 측정할 수 있다. Dess and Beard(1984)는 환경불확실성을 환경의 인지적 구성요소인 복잡성과 동태성에 대한 불확실성의 인지정도로 측정하였다. 첫째, 복잡성은 정부정책의 복잡성, 원자재 공급선의 어려움, 유통경로나 판매망의 복잡성, 생산기술의 복잡성, 제품라인의 다양성 등 5가지 항목으로 측정하였다. 둘째, 동태성은 신기술의 발전 정도, 원자재의 공급 상황 변화, 소비자 선호의 변화, 시장유통과 판매상황의 변화, 새로운 제품도입의 빈도 등 5가지 항목으로 측정하였다. 측정된 항목의 평균치가 높은 것은 환경의 복잡성과 동태성이 높은 것을 의미한다. 이렇게 구성된 환경의 복잡성과 동태성 두 측정치를 활용하여 이들의 지표를 합한 하나의 종합지표를 구했으며, 이를 인지된 환경불확실성(perceived environmental uncertainty; PEU)으로 파악하였다.

2.4 경영환경과 MCS 간의 관계

환경불확실성은 상황이론 기반의 MCS 연구에서 가장 대표적으로 언급되는 외부환경변수 중 하나로써 MCS의 결정요인으로 고려되고 있다. 기업은 경쟁우위를 확보하고 장기적인 성장을 도모하기 위해, 조직의 통제문제를 해결해야 할 뿐만 아니라 조직의 유연성도 확보해야 한다(Simons 1995). 이러한 통제와 유연성 사이의 균형문제는 오랜 기간 기업이 해결해야 할 딜레마로 간주되어 왔다. 왜냐하면 통제가치(control value)는 절차, 안정성 및 예측가능성 등을 지향하는 반면, 유연성가치(flexible value)는 변화, 적응 및 개방성 등을 지향하므로 하나의 가치를 고양시키는 일은 다른 가치를 배제시키는 것을 의미하기 때문이다. 이러한 문제를 MCS를 통해 해결하고자 했던 선행연구는 MCS의 역할과 효과를 규명하는데 주된 관심을 보였다. 대부분의 연구는 상황이론을 중심으로 이루어졌는데, 주로 기업의 규모, 경영전략 및 환경불확실성 등과 같은 기업 상황과 MCS의 적합성에 대한 분석을 바탕으로 MCS의 구축과 운영방안에 대한 제언이 이루어졌다.

경영자는 불확실한 환경에 대처하기 위해, 불확실성의 정도에 따라 MCS를 결정하게 된다. 선행연구에 따르면, 환경불확실성의 증가는 통제가치와 유연성가치를 동시에 요구하는 것으로 나타나고 있다. 즉, 환경불확실성이 증가함에 따라 경영자들은 자신의 성과평가에 있어 사전에 형성된 목표 기대치를 달성하고, 목표에 대한 압박감을 해소하기 위해 예산통제와 같은 전통적인 통제방식을 고수하게 되지만, 한편으로는 부서 간의 협력과 의견교환을 통해 변화하는 상황에 대처하려는 노력을 보이게 된다. Ezzamel(1990)은 환경불확실성이 높은 상황에서 경영자의 성과평가가 이루어지면 경영자는 목표달성을 위해 예산에 대한 압박을 강조하지만, 한편 불확실성을 제거하기 위해 높은 수준의 참여나 대인 간의 상호작용도 강조하게 된다고 주장하였다. Chapman(1998)은 회계정보는 불확실한 상황에서 계획의 기능을 수행하는 기계적 정보처리구조를 가지지만, 불확실한 상황에 대처할 수 있게 상호교류와 같은 유기적인 정보처리구조도 가진다고 주장하였다. 즉, 당장의 성과에 따라 보상을 받게 되는 경영자는 예산통제와 같은 통제 지향적 수단으로 목표달성을 꾀하게 되지만, 이와 동시에 불확실한 상황 자체를 해소시키기 위해 부서 간의 협력과 의견교환과 같은 유연성 지향적 수단을 활용하려는 유인을 갖게 된다.

Atkinson et al.(1995)은 MCS가 효과적이려면 외부환경의 통제요구조건을 충족시킬 수 있도록 설계되어야 하며, 조직구조 및 경영자의 의사결정 유형과 일관성을 유지해야 한다고 주장하였다. MCS는 고객, 협력업체 및 주주 등과 같은 이해관계자와의 상호작용에서 필요한 사전적 또는 사후적 성과와 관련한 경영자의 정보욕구를 충족시키기 위해 존재한다. 따라서 환경의 역동성, 이질성 및 적대성 등에 따라 정의된 환경불확실성이 증가하면, MCS는 더 넓은 영역을 대상으로 해야 하고 더욱 정밀해야 한다. Waterhouse and Tiessen(1978)은 MCS가 효과적이기 위해서는 환경의 예측가능성, 기술적 일상성, 기능의 부문화 등이 MCS의 구축에 통합되어야 한다고 주장하였다. Ewusi-Mensah(1981)는 경영자에게 경영환경과 일치하는 정보를 제공하는 것이 성공적으로 상호작용을 하는데 도움이 될 것이라고 주장하였다. 상이한 유형의 경영환경에 직면한 경영자는 상이한 정보를 필요로 한다. 각 유형의 환경을 위한 정보는 반응시간, 정보의 유형 및 원천 등에 있어서 차이가 발생한다. 통제가능성이 보다 적은 환경에 직면한 경영자에게는 통제가능한 환경에 직면한 경영자에 비해 보다 즉각적이고(반응시간), 보다 외부적이며(정보의 원천), 보다 미래 지향적인(정보의 유형) 정보가 필요하다. 아울러 고도로 통제가 불가능한 환경에서 경영자는 통제가능한 환경에서보다 더욱 질적인 정보를 필요로 한다.

경영환경의 불확실성은 MCS의 구성에 영향을 미칠 가능성이 높다. 환경불확실성의 정도가 변화함에 따라, 경영자는 변화하는 불확실한 환경에 적절히 대응하기 위하여 그에 상응하는 정보적 수요를 갖게 될 수 있다. 예를 들어, Chenhall and Morris(1986)에 따르면 기업은 불확실성이 증가함에 따라 이에 보다 적절히 대응하기 위하여 광범위한 수준의 비재무적 정보를 사용하려는 경향이 높아지게 된다. 과거 지향적이고 재무적인 성격의 성과측정지표는 주로 조직 내부의 문제를 측정하는데 맞추어져 있기 때문에 재무적 성과측정지표만으로는 불확실한 환경에서 효과적인 통제와 운영을 기대하기 어렵다. 특히 경영자는 불확실한 상황에서 정확한 의사결정을 내리기 위해 의사결정에 보다 유용할 수 있는 광범위한 수준의 정보를 요구할 가능성이 높다. Mia(1993)는 광범위한 관리회계정보가 환경불확실성과 성과 간의 관계에서 매개역할을 수행함을 밝힌 바가 있다. 이러한 점은 정보의 다양성이 환경불확실성에 의해 영향을 받을 수 있음을 시사하는 것이다. 즉, 환경불확실성이 높아질수록 비재무적 정보를 포함하는 다양한 정보시스템 체계가 구축될 가능성이 높아질 것이라는 예측이 가능하다.

03 조직문화

3.1 조직문화의 정의

문화(culture)의 정의는 학문의 분야와 학자의 관점에 따라 다양하게 논의되고 있다. Parsons(1973)는 문화란 사회구성원의 행동과 사회체계를 형성하고 이들을 연결하고 조정하는 총합요소라고 정의하였다. Light and Keller(1975)는 사회의 구성원이 공유하고 있는 가치, 신념, 관습, 규범, 전통, 지식, 기술체계 등을 총칭하는 것으로 그 문화권에 속한 인간의 행동에 영향을 미치는 법칙에 대한 거시적인 개념을 문화라고 정의하였다. Spencer(1979)는 문화를 한 사회집단에서 여러 세대에 거쳐 계승되는 아이디어, 가치관, 신념, 지식, 그리고 습관의 총체라고 정의하였다. 조직문화에 대해서는 1970년대 후반부터 구체적으로 학문적 연구가 시작되었는데, Pettigrew(1979)가 학술 논문에 '조직문화'라는 용어를 최초로 사용하였다. 이학종(1986)은 문화의 개념에 대한 정의는 전통적으로 거시적인 사회체계를 그 분석단위로 하는 인류학, 사회학 등에서 연구되어 온 것으로서 포괄적이라 할 수 있고, 이러한 문화개념을 사회체계를 구성하고 있는 미시적인 조직체 수준에서 적용시킨 것이 조직문화의 개념이라고 하였다.

조직문화(organizational culture)란 조직구성원이 서로 혹은 다른 사람에게 어떻게 행동할 것인가 하는 것을 결정하는 공통의 의미 혹은 신념의 집합체를 의미한다.

또한 조직구성원이 어떻게 행동할 것인지에 영향을 미치는 공유된 인식을 의미한다. 다시 말해서, 조직문화란 조직구성원이 공통적으로 갖고 있는 가치관과 업무를 수행하는 방식에 대한 가정을 의미한다. 모든 조직은 오랜 시간에 걸쳐 구축되고 발전된 가치관, 의식 및 관행이 존재한다. 조직문화는 정치적 마찰을 억제하고, 공통의 이해를 촉진하는 강력한 결합력을 가지고 있는 절차에 대한 합의로서 공통의 실행방식이다. 이러한 공유된 가치관 및 경험은 넓은 의미에서 조직구성원이 무엇을 인식하며, 그들 자신의 세상에서 어떻게 반응하는지를 결정한다. 조직문화는 조직구성원이 실무에서 수행하는 행동방식을 의미하는 것으로 어려움이나 중요한 문제에 직면하게 되는 경우 문제를 인식하고, 정의하고, 분석하며 해결하는 방안에 영향을 미친다. 이와 같은 조직문화는 조직이 주주, 공급업체, 조직구성원 및 지역사회와 어떠한 방식으로 관계를 형성할 것인가를 결정한다. 조직문화의 주요 요소인 관행과 가치체계는 일반적으로 창업자나 최고경영진에 의해 형성되고 유지된다. 이러한 조직문화는 조직의 성과를 결정하는데 큰 역할을 한다. Barney(1986)는 명시적으로 조직문화가 경쟁우위의 근원이 될 수 있다고 주장하였다.

최근에 조직문화는 기업경영과 조직연구에서 많은 주목을 받고 있다. 왜냐하면 조직문화를 개선하면 조직의 경쟁력을 유지시키고, 쇠퇴해가는 조직을 활성화시킬 수 있다고 믿기 때문이다. 또한 조직문화는 기업의 목표를 위해 모든 조직구성원의 역량을 수렴할 수 있고, 조직구성원의 동기를 높여주며, 그들 스스로 가치관에 의해 규제를 가능하게 해준다는 점에서 기업의 중요한 경영자원으로 작용할 수 있다(곽원섭 1999). 조직문화는 초기에 문화인류학에서 도입되었고 문화인류학에서는 연구의 시각을 달리하는 학자 또는 학파에 따라 문화의 개념을 달리 규정하고 있다. 문화의 개념이 조직론에 도입되어 사용되고 있는 영역이 다양하고, 각 연구 영역별로 문화라는 용어의 개념이 다르게 규정됨에 따라 조직문화의 개념도 여러 가지로 정의되었다. 조직문화의 정의에 대한 선행연구는 다음과 같다.

조직문화는 조직구성원이 공유하고 있는 가치관과 신념, 이념과 관습, 그리고 지식과 기술을 포함하는 거시적이고 종합적인 개념으로, 조직구성원의 행동에 영향을 주는 요소로 기업의 성과에 직접적인 영향을 미친다(Deal and Kennedy 1982; Peters and Waterman 1982). Ouchi(1980)는 조직문화를 조직구성원에게 조직의 가치와 신념을 전달하는 상징, 의식 등의 집합으로 정의하였고, Martin and Siehl(1983)은 조직을 하나로 엮는 사회적 또는 규범적 집합체라고 정의하였으며, Tunstall(1983)은 각 조직의 독특한 신념, 원칙, 관습, 가치체계, 행동규범 및 사업을 하는 방법의 집합이라고 정의하였다. Jelinek et al.(1983)은 조직문화는 조직의 신화, 패러다임, 의미체계, 고유한 언어체계를 공유함으로써 조직구성원의 가치판단의 틀로 작용한다고 하였고, Kilmann(1984)은 규범, 관례, 의식 등에 나타난 구성원의 집합적 의지라고 정의하였다. Sathe(1985)는 조직문화를 조직구성원이 보편적으로 공유하고 있는 중요한 믿음이라고 정의하였으며, Denison(1990)은 조직의 핵심적인 정체성을 형성해주는 가치, 신념, 행동유형의 집합이라고 정의하고 있다. Shien(1992)은 조직문화란 조직이 외부 환경에 대해 어떻게 적응하며 조직 내의 문제를 어떻게 해결할 것인가를 학습해 온 것으로써, 집단에 의해 이러한 패턴의 타당성이 검증됨에 따라 새로운 구성원이 문제의 해결을 위해 어떻게 행동하는 것이 올바른 방법인가를 가르치는 틀이며, 이 틀은 조직구성원이 공통적으로 인정하는 것이어야 한다고 정의하였다. 최근에 Cameron and Quinn(1999)은 조직문화란 리더십 유형, 언어와 상징, 절차와 루틴, 그리고 성공의 척도를 통해서 조직구성원에게 가치가 있다고 여겨지는 것들의 총체라고 정의하였다. 국내 문헌에서 신유근(1986)은 조직문화란 특정 기업에서 역사적으로 형성된 조직구성원의 고유한 가치의식이 행동양식으로 표출된 것으로, 기업 자체적 관리활동과 최고경영자가 강조하는 사원정신과 경영이념으로 보았다. 이학종(1986)은 조직문화를 조직구성원이 공유하고 있고, 조직구성원의 행동과 전체적인 조직의 행동에 기본 전제로 작용하는 조직 고유의 가치관, 관습, 신념, 그리고 행동패턴 등의 거시적 총체로 보고 있다.

3.2. 조직문화의 유형

조직문화 연구자들은 조직의 문화적 특성을 설명하고 여러 조직의 문화적 특성을 비교하기 위해서 조직문화를 몇 가지 특징적인 유형으로 분류하였다. 조직문화를 분류하려는 이유는 조직의 가치를 판단하거나 구분하기 위해서가 아니라, 조직의 공통적인 특성을 기반으로 조직문화를 고찰하기 위한 편의성을 제공하고, 이러한 분류가 의사전달의 효과성을 높일 수 있기 때문이다.

조직문화의 유형과 관련하여 연구자의 관점은 매우 다양하지만, 많은 연구자들이 차원이라는 개념을 적용하여 조직문화 간의 차이를 설명하고 있다. 그러나 모든 상황을 포괄할 수 있는 완벽한 분류가 사실상 거의 불가능하기 때문에, 많은 연구자들은 조직문화의 유형을 몇 가지로 분류하고 있다. 조직문화 유형의 분류와 관련한 선행연구를 살펴보면 다음과 같다. 가장 먼저 Harrison(1972)은 조직문화의 특성이 조직의 이념적 지향에 따라 형성된다고 보고, 조직의 이해관계와 조직구성원의 이해관계의 일치성 여부 및 조직의 외부환경에 대한 적응능력에 따라 조직문화를 권력 지향형, 역할 지향형, 과업 지향형 및 인간 지향형으로 분류하였다. Ouchi(1980)는 거래비용의 관점에서 거래비용을 처리하는 방법을 기준으로 조직문화 유형을 시장문화, 관료문화 및 동류문화로 구분하였다. Deal and Kennedy(1982)는 조직이 안고 있는 위험부담의 정도와 전략적 의사결정의 성공여부에 대한 판단의 피드백 속도에 따라 조직문화를 남성문화, 직무를 열심히 하는 문화, 투기적 문화, 그리고 과정중시 문화로 구분하였다. Quinn and McGrath(1985)는 조직문화를 환경에 대한 인식과 그에 반응하는 정도에 따라 집단(합의)문화, 개발문화, 위계문화 및 합리문화로 구분하였다. Reimann and Weiner(1988)는 조직문화를 가치관의 초점과 원천이라는 두 가지 차원에 기초하여 전략적 문화, 기업가적 문화, 배타적 문화, 그리고 국수주의적 문화로 분류하였다.

이러한 조직문화의 유형 중 가장 널리 알려진 것은 Quinn and McGrath(1985)의 경쟁가치모형(competing value model)에 의한 조직문화의 특성이다. 경쟁가치모형은 1980년대 이후 등장한 개념으로, 원래 조직효과성에 관한 다양한 모형을 통합하려는 목적에서 출발하였고 초기에는 조직의 효과성을 정리하고 분석하기 위한 틀로써 제시되었다. 이후 경쟁가치모형은 조직변화, 정보과정, 리더십 등 다양한 분야에서 적용되었으며, Quinn and Kimberly(1984)에 의해 조직문화 연구에 적용되었고, 현재는 주로 조직문화의 유형을 분석하기 위해 사용되고 있다. Quinn and Rohrbaugh(1983)는 생산성의 측정에는 3가지 차원, 즉 ① 내부지향과 외부지향으로 이루어진 조직적 초점, ② 유연성과 통제, ③ 수단과 목표가 있으며, 이 차원들은 상호 갈등에 직면하고 있기 때문에 효과성 측정은 경쟁적인 가치 간의 균형을 잡기 위한 종합적인 접근법이 적절하다고 주장한다. [도표 6-3]에서 보는 바와 같이, 조직효과성 측정모형을 분류할 때, 1) 내부/외부 차원, 2) 유연성/통제 차원, 3) 수단/목표 차원을 고려하여 경영자는 가치 간의 균형을 추구해야 한다는 것이다.

[도표 6-3] 경쟁가치 체계

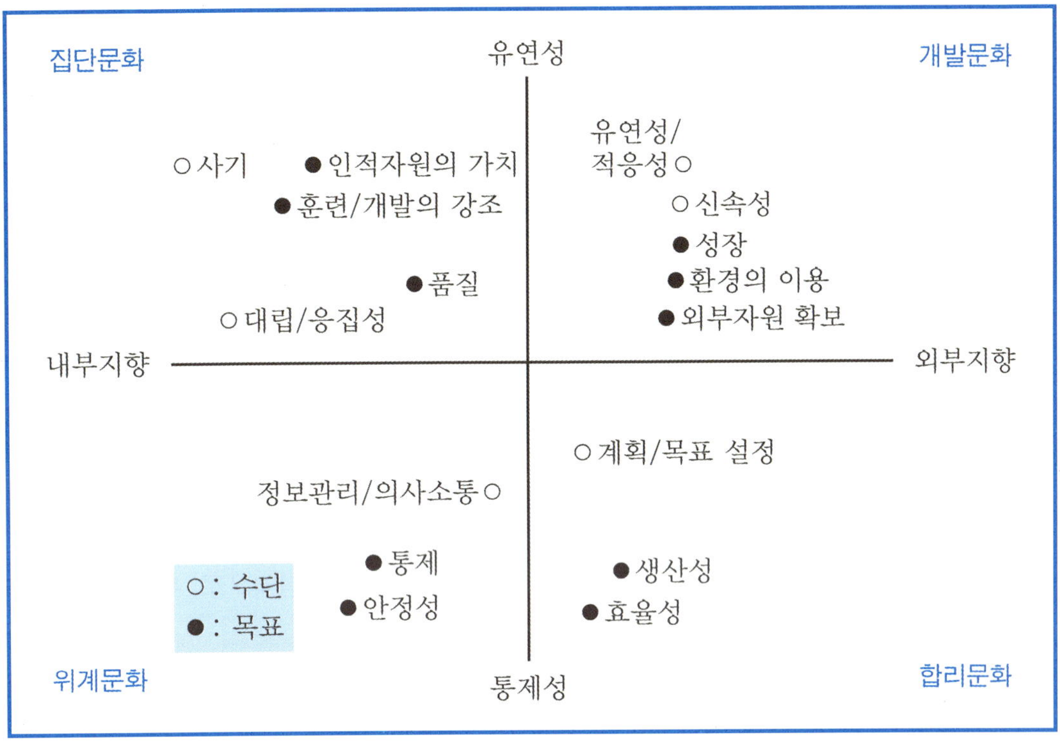

Quinn and McGrath(1985)에 의한 조직문화 유형의 분류는 두 가지 차원을 기준으로 하고 있다. 첫째, 조직구조에 대한 선호를 반영하는 유연성과 통제성의 차원이다. 유연성 지향가치는 분권화와 다양성을 강조하고, 통제성 지향가치는 집권화와 통합을 강조한다. 둘째, 내부지향성과 외부지향성의 차원이다. 내부지향성은 기존 조직의 유지를 위한 조직 내부의 통합과 조정에 초점을 두고, 외부지향성은 외부환경과의 상호작용, 환경적응 및 경쟁을 강조한다(Parker and Bradley 2000). 이 두 가지 차원의 결합에 의해 조직문화는 집단문화(group culture), 개발문화(development culture), 위계문화(hierarchical culture) 및 합리문화(rational culture)로 구분되는데, 그 내용은 다음과 같다.

첫째, 집단문화는 조직의 유연성과 내부지향성을 강조하고, 조직구성원 간의 상호믿음과 신뢰를 바탕으로 가족과 같은 분위기를 가진 문화이다. 이 문화의 유형은 조직구성원 간의 신뢰, 충성, 사기, 믿음을 강조하고 인적자원 개발을 중시하면서 조직구성원의 의사결정 참여에 가치를 둔다.

둘째, 개발문화는 조직의 유연성과 외부지향성을 강조하고, 변화와 혁신 및 외부환경에의 적응을 중요시하는 문화이다. 조직의 적응과 성장을 지원할 수 있는 적절한 자원의 획득을 중요시하고, 조직구성원의 모험정신, 창의성과 기업가 정신에 가치를 둔다.

셋째, 위계문화는 통제성과 내부지향성을 강조하고, 공식적 명령과 규칙, 집권적 통제와 안정성을 강조하는 관료제의 규범을 반영한다. 위계문화는 명령, 규칙, 규제 등 통제와 능률을 중요시하고 예측 가능성에 가치를 둔다.

넷째, 합리문화는 조직의 통제와 외부지향성을 강조하고, 조직의 성과목표 달성과 과업 수행에서의 생산성을 강조한다. 이 문화의 유형은 조직의 명확한 목표의 설정과 구성원 간의 경쟁이 주된 자극제가 되며, 시장점유율을 높이고 경쟁에서 우위를 확보하고 명확한 목표의 설정 및 과업의 성취에 가치를 둔다.

조직문화의 네 가지 유형은 양립이 불가능하고 배타적인 것처럼 보일 수 있다. 그러나 경쟁가치모형의 연구들은 동일한 조직 내에서도 서로 다른 문화적 가치가 공존하며, 이들의 균형이 조직의 효과성에 바람직하다는 것을 경험적으로 제시하고 있다(Parker and Bradley 2000).

3.3 조직문화와 MCS 간의 관계

관리회계의 분야에서 조직문화에 대한 실증적 연구는 최근에 시작되었다. 이러한 연구는 문화와 MCS 간의 관계를 분석하면서 조직문화가 아닌 국가차원의 문화를 중심으로 진행되어 왔다(Henri 2006a). Dunk and Lysons(1997)는 MCS의 구성요소로서 예산시스템을 강조하여 조직문화와 MCS 간의 관계를 살펴보았고, Bhimani(2003)는 전체적인 관리회계시스템을 MCS로 보고 조직문화와 MCS 간의 관계를 분석하였다.

Henri(2006a)는 조직문화와 MCS의 구성요인 중 하나인 PMS 간의 관계를 검정하였다. 조직문화는 Quinn(1980)의 경쟁가치모형을 이용하여 통제 지향적인 문화와 유연성 지향적인 문화로 구분하였다. PMS는 두 가지 속성, 즉 측정의 다양성(광범위한 재무적, 비재무적 측정지표)과 이용의 본질(모니터링, 주의집중, 전략적 의사결정, 정당화)로 구분하여 조사하였다. Henri(2006a)는 통제가치는 예측가능성, 형식성, 경직성 및 적합성과 관련이 있다고 하면서 합리문화는 능률과 적응을 강조하고, 위계문화는 관료적이고 안정적임을 반영하며 강제된 역할과 규칙 및 규정을 강조한다고 하였다. 따라서 통제가치와 연관된 문화유형은 조직의 운영에 있어서 엄격한 통제와 수직적 의사소통, 제한된 정보의 흐름을 갖게 된다고 주장하였다. 반면에 유연성가치는 자발성, 변화, 개방성, 적응성 및 응답성과 관련이 있는데 개발문화는 성장, 혁신 및 창조성을 강조하고, 합리문화는 발전, 권한부여, 단결, 팀웍 및 사기를 강조한다고 하였다. 따라서 유연성가치와 연관된 문화유형은 느슨하고 비형식적인 통제와 개방, 수평적 의사소통과 자유로운 정보의 흐름을 촉진시킨다고 강조하였다. 연구결과 유연성을 지향하는 기업은 통제 지향적인 기업보다 PMS를 주의집중, 전략적 의사결정 및 정당화 목적을 위해 더 많이 이용하였고, 성과측정지표도 더 다양하게 사용한 것으로 나타났다. 어떠한 조직도 단 하나의 문화만을 보유하고 있지는 않다. 일반적으로 각 조직은 가치들의 조합에 기반한 특유의 문화를 가지고 있다(Quinn and Kimberly 1984). 실제의 조직은 어떤 한 가지의 문화유형에 정확하게 들어맞지 않으며, 또한 이 모형이 기업의 모든 유형을 포함할 수는 없다. 다시 말해서 조직은 네 가지 유형의 모든 특징을 포함하고 있다(Quinn 1988). 그러므로 통제가치 및 유연성가치와 연관된 문화의 유형은 이분법으로 명확하게 구분되는 것이 아니라 연속체의 양극단 사이에 위치한 한 부분인 것이다(Henri 2006a).

Norio and Tsutomu(2009)는 관리통제시스템은 조직의 행동에 영향을 미치기 위해 사용되는 정보기반시스템이라고 정의하고, 서로 다른 조직문화를 가지고 있는 일본의 기업을 대상으로 관리통제시스템의 역할을 실증적으로 분석하였다. 조직구성원의 혁신과 종업원의 만족도에 영향을 미치는 관리통제시스템의 역할을 확인하기 위해 설문조사를 수행하였다. 연구결과는 조직구성원의 혁신과 조직성과에 영향을 미치는 관리통제시스템의 결합(combination)은 조직문화의 유형별로 차이가 있는 것으로 나타났다. 구체적으로 설명하면, 유연성 지향적인 문화를 가지고 있는 조직은 사회통제(social control)와 신뢰통제(belief control)를 할 가능성이 많고, 통제 지향적인 문화를 가지고 있는 조직은 더 중요한 회계통제(accounting control)를 할 가능성이 많은 것으로 나타났다.

최종민(2006)은 조직문화, 경영전략, 첨단 생산기술과 관리회계 정보 간의 상호관련성과 인과관계를 실증적으로 분석하였다. 본 연구는 상황변수와 관리회계정보의 제공정도 간의 관련성을 규명하고, 상황변수에 적합한 관리회계정보의 제공이 성과의 개선을 가져오는지를 검정하였다. 연구결과, 관료적 문화는 전통정보의 제공정도와 정(+)의 상관관계가 나타났으며, 혁신적 지원적 문화와 최신정보 간에도 정(+)의 상관관계가 나타났다. 경영전략 및 생산기술과 정보의 제공정도 간의 관계분석에서는 차별화 전략과 첨단 생산기술이 전통 및 최신정보와 유의한 정(+)의 상관관계가 나타났으며, 원가전략과 관리회계 정보 간에는 유의적인 관계가 나타나지 않았다. 연구변수 간의 인과관계는 구조방정식 모형분석 기법을 이용하여 검증하였는데, 조직문화는 기업이 채택하는 첨단 생산기술에 정(+)의 유의한 영향을 미치는 것으로 나타났다. 그러나 조직문화의 경영전략에 대한 영향은 유의하지 않았다. 조직문화와 첨단 생산기술은 관리회계정보의 제공정도에도 정(+)의 유의적인 영향을 미치는 것으로 나타났다. 그리고 군집분석의 결과로서 상황변수에 적합한 관리회계정보의 제공은 기업의 성과개선에 기여하는 것으로 나타났다.

04 리더십

4.1 리더십의 정의 및 중요성

리더십(leadership)은 인류의 역사만큼이나 오래된 주제이다. 리더를 과학적으로 이해하고 육성하려는 노력은 조직사회와 함께 발전되어 왔다. 연구자들이 개인적으로 관심을 가지고 있는 현상에 초점을 두어 리더십을 연구하기 때문에 학자의 수만큼이나 리더십의 정의는 매우 다양하다. 결국 리더십은 사회적 현상이나 연구관점에 따라 어떻게 활용하느냐에 따라 그 의미가 다르게 나타날 수 있다. 그러나 리더십이 조직구성원에게 영향을 미친다는 것에는 이견이 없다. 리더십은 지도력 또는 지도성이라고 번역될 수 있으나 원어를 그대로 사용하는 것이 일반적이다. 리더십의 개념은 연구자의 입장에 따라 여러 가지로 정의되고 있는데, Terry(1960)는 모든 사람들이 집단목표를 위하여 자발적으로 노력하도록 영향을 미치는 활동으로, Fleishman(1973)은 어떤 목표의 달성을 위하여 의사소통 과정을 통해서 개인 간에 영향력을 행사하려는 행위로 정의하고 있다. Hollender(1978)는 리더십을 집단의 목표를 달성하기 위하여 리더가 개인 또는 집단의 활동에 의도적으로 영향력을 행사하는 과정으로 정의하였다. 리더십과 관련된 연구의 대표적인 학자인 Stogdill(1974)은 리더십을 리더와 구성원 사이의 상호작용에 초점을 두고, 조직의 목표를 달성하거나 목표의 달성을 지향하도록 하기 위해 구성원에게 영향력을 발휘하는 과정이라고 정의하였다. Yukl(1989)는 리더십을 공동의 목표를 달성하기 위해 조직구성원을 활용하고, 집합적인 노력을 이끌어내고 그

문화에 영향력을 행사하는 과정이라고 정의하였다. 그는 상황적인 견지에서 리더십을 정의하려고 노력하면서 조직구성원이 어떤 일을 수행해야 하는지, 어떻게 일이 이루어져야 하는지를 이해시키는 과정이라고 설명하였다. 그리고 리더십은 경영자의 인간적 특성과 행위적 특성으로 구성되어 있다고 주장하였다. 박내회(2009)는 리더십을 리더가 지닌 특성(자질과 능력)과 리더가 보이는 행동양식(영향력 행사, 의미 부여 및 변화 유도 등)과 관련이 있으며, 조직의 목표나 목적을 달성하기 위해 리더가 추종자에게 영향력을 행사하는 과정으로 정의하였다.

Covey(2004)는 리더십이란 조직구성원이 자신의 가치와 잠재능력을 볼 수 있도록 분명하게 알려주는 것으로, 리더십이 발휘되면 각자의 강점이 생산성으로 연결되고 각자의 약점이 다른 이들의 강점으로 보완된다고 하였다. 이러한 리더십의 역할 중에 모범 보이기(양심)는 신뢰가 형성되는 좋은 본보기가 되고, 방향설정(비전)은 질서를 만들어내고, 한 방향 정렬(규율)은 조직의 비전과 임파워먼트를 정착시키고 시스템을 관리하며, 임파워 해주기(열정)는 잠재능력을 이끌어낼 수 있도록 도움을 준다. 이러한 4가지를 실행하게 되면 지식노동자 시대에 조직은 비약적인 성과를 얻을 수 있다고 한다.

백기복(2005)은 선행연구에서 논의된 리더십의 정의를 다음의 [도표 6-4]와 같이 요약하여 정리하였다.

[도표 6-4] 리더십의 정의

선행연구	정 의
Hemphill(1957)	조직구성원에 의하여 공유된 목표를 향하여 집단을 지도하는 과정으로 나타나는 개인의 행위
Terry(1960)	모든 사람들이 집단목표를 위하여 자발적으로 노력하도록 영향을 미치는 활동
Stogdill(1974)	리더와 구성원 사이의 상호작용에 초점을 두고, 조직의 목표를 달성하거나 목표의 달성을 지향하도록 하기 위해 구성원에게 영향력을 발휘하는 과정
Katz and Kahn(1978)	조직 내에서 일상적으로 이루어지는 지시에 하위자가 기계적으로 조직의 명령을 수행하는 것 이상의 결과를 가져올 수 있게 하는 영향력

Jago(1982)	강제성이 없는 영향력 행사과정으로 구성원에게 방향을 제시하고 활동을 조종하는 것으로 성공적으로 영향력을 행사하는 사람들이 갖고 있는 속성 및 특성
Hersey and Blanchard(1982)	주어진 상황에서 개인이나 집단의 목표달성을 위한 활동에 영향을 미치는 과정
이학종(1987)	두 사람 이상의 사람이 공동의 목표를 수행하는데 발생하는 상호작용과 집단 구성원 간의 영향력을 의미하며 집단 현상이 있을 때 일어난 상호작용적 현상
Bass(1990)	상황이나 집단구성원의 인식과 기대를 구조화 또는 재구조화 하기 위해서 구성원 간에 교류하는 과정
Nanus(1992)	비전의 제시를 통하여 추종자의 자발적 몰입을 유인하고 활력을 제공함으로써 조직을 혁신하여 보다 큰 잠재력을 갖는 새로운 조직형태로 변형시키는 과정
Lord and Maher(1993)	특정 개인이 다른 사람에 의해서 리더라고 인정받는 과정으로 정의하고, 일정한 직위를 가지고 있기 때문에 리더가 되는 것이 아니라 다른 사람으로부터 인정받는 것이 중요하다고 주장
Yukl(1998)	특정한 집단이나 조직의 한 구성원이 사건의 해석, 목표나 전략의 선택, 작업활동의 조직화, 목표 성취를 위해 구성원에게 동기부여, 협력적 관계의 유지, 구성원의 기술과 자신감의 계발, 외부인의 지지와 협력의 확보 등에 영향을 미치는 과정
Covey(2004)	조직구성원이 자신의 가치와 잠재능력을 볼 수 있도록 분명하게 알려주는 것
박내회(2009)	리더가 지닌 특성(자질과 능력)과 리더가 보이는 행동양식(영향력 행사, 의미 부여 및 변화 유도 등)과 관련이 있으며, 조직의 목표나 목적을 달성하기 위해 리더가 추종자에에 영향력을 행사하는 과정

이러한 리더십의 정의는 다음과 같은 성격을 지니고 있다. 첫째, 리더십은 집단의 목표달성을 위해 자발적으로 노력하도록 조직구성원에게 영향력을 행사하는 활동이다. 이러한 영향력의 발휘는 집단에 의해 어느 정도 인정받고 있는지에 달려있다. 둘째, 리더십은 구체적인 목표를 달성하기 위하여 의사소통 과정을 통해 조직구성원에게 영향력을 행사하는 과정이다. 셋째, 집단의 목표를 달성하기 위하여 조직구성원의 활동

을 지도하고 조정하는데 비강제적인 영향력을 행사하는 것이다. 이상의 내용을 기반으로 공통점을 찾아보면, 리더십이란 '조직 내에서 어떤 특정의 사람이 다른 사람을 조직의 목적 달성에 자발적으로 협력하도록 하는 능력 또는 기술'이라 정의할 수 있다. 이와 같이 정의해 볼 때, 리더십은 사람을 강제적으로 움직이게 하는 것이 아니라 자발적으로 움직이게끔 유도하는 것이다.

Kotter(1990)에 따르면, 최근 리더십이 중요해진 이유 중 하나는 기업 간의 경쟁이 치열해지고 환경의 변화가 매우 심화되었기 때문이라고 한다. 환경의 변화가 심화되면서 능동적으로 대응할 수 있는 리더십 발휘가 점점 더 어려워지고 있는 것이다. 또한 새로운 패러다임의 변화에 맞춰 조직이 더욱 경쟁적이기 위해서 복잡해지고 있는데, 이로 인해 환경변화에 적응할 수 있는 효과적인 리더십이 요구되고 있다. 결국 뛰어난 리더는 조직구성원을 의사결정에 참여시키고, 자신이 수행하는 직무가 중요하다고 인식하도록 하며, 스스로 책임을 지고 일할 수 있는 재량권을 부여하게 된다(Avolio et al. 2004). 왜냐하면 조직구성원의 자발적인 참여 없이는 조직의 효과성을 기대할 수 없기 때문이다. 이처럼 리더십의 발휘는 조직성과의 개선, 자발성, 몰입 및 조직구성원에게 영향력을 행사하는 것과 관련이 있다(백기복 2008). 반대로 리더십에 대한 불만은 조직에 대한 만족감이나 몰입을 저해하고, 열정을 저하시키고, 이직률을 조장하며, 조직성과에도 부정적 영향을 미칠 수 있다(노용진과 김현기 2008).

Collins(2001)는 'Good to Great(위대함을 향해)'에서 위대한 회사로 도약한 기업인 GE, 씨티그룹 및 월마트 등 11개 기업의 공통점을 사람, 사고, 행동의 세 가지 차원에서 분석하였다. 분석결과 가장 두드러진 특징은 곧 사람의 문제였고, 위대한 기업에는 두 가지 리더십의 특성을 가진 최고 경지에 오른 리더가 있었다. 그 특성 중 하나는 인간적인 겸허이고 다른 하나는 직업적인 의지였다고 한다. 리더의 인간적인 겸허는 겸손하며 조용하고 차분하게 결정하고 동기를 부여한다. 또한 그들은 허식에 사로잡히지 않고 언제나 겸허함을 잃지 않았으며, 회사의 성공을 다른 사람과 외부요인으로 돌린다. 직업적인 의지는 초일류의 성과를 창출하고 지속적인 유지를 위한 불굴의 의지를 가지고 있으며, 결과가 나쁠 때에는 책임을 자신에게 돌리는 특성이 있다고 보았다.

4.2 리더십 이론

리더십 연구는 학자마다 정의가 다르기 때문에 리더십을 연구하는 접근방법도 다양하다(Yukl 1989). 지금까지 전개된 리더십에 관한 연구는 리더십이 강조하는 측면에 따라 네 가지 이론으로 분류할 수 있다. 가장 먼저 성공적인 리더의 개인적인 특성 및 자질에 초점을 둔 특성이론(trait theory)이다. 특성이론은 리더십에 관한 가장 오래된 접근방법으로, 리더는 리더가 아닌 사람이 갖고 있지 않은 특성을 갖고 있다는 논리이다. 리더를 구분하는 특성으로는 신체적 특성(신장, 외모 및 힘 등), 성격(자신감, 정서적인 안정성 및 지배 성향 등), 능력(지능, 언어의 유창성, 독창성 및 통찰력 등) 등이 있다고 본다. 그러나 리더의 개인적 특성만을 고려하여 어떠한 리더십이 효과가 있는지를 설명할 수 없기 때문에 오늘날 특성이론은 거의 활용되고 있지 않다. 둘째, 리더와 부하 간의 관계를 중심으로 리더의 행동에 초점을 둔 행동이론(behavior theory)이다. 행동이론은 리더가 자신의 역할을 수행하기 위해 종업원에게 어떠한 행동을 보여주느냐에 따라 리더십이 얼마나 효과가 있는지 결정된다는 이론이다. 즉, 리더의 어떠한 행동으로 인해 리더십이 발휘될 수 있는지를 연구하는 접근방법이다. 셋째, 리더의 특성과 특정한 행동은 주어진 상황에 따라 다르기 때문에 상황과의 적합성에 초점을 둔 상황이론(situational theory)이다. 상황이론은 모든 상황이나 조건에 적합한 최적의 리더십 특성이나 행동의 유형은 존재하지 않고 직면한 상황에 가장 적합한 리더십 유형을 찾으려고 하는 이론을 말한다. 그리고 마지막으로 변화에 적응하지 못하는 조직은 생존할 수 없다는 인식을 바탕으로, 변화를 주도하고 이끌어 나가는 것에 초점을 둔 새로운 리더십 이론(new leadership theory)이다. Yukl(1994)은 각 리더십의 접근방법에 대한 내용을 다음의 [도표 6-5]와 같이 정리하였다.

[도표 6-5] 리더십 이론의 발전과정

기 간	접근방법	내 용
1940~1950	특성이론 (trait theory)	성공적인 리더의 안정적이고 지속적인 특성을 연구. 지능, 성격 및 사회적 배경 및 특성. 리더의 개인적 특성과 조직구성원의 특성을 연구
1950~1960	행동이론 (behavior theory)	행동이론 접근으로 효율적인 리더의 행동유형, 리더의 행동, 리더십 스타일이 구성원의 태도와 업무성과에 미치는 영향을 연구
1960~1980	상황이론 (situational theory)	효율적인 리더십에 작용하는 환경적 상황요소와 리더의 행동, 특성과 업무효율성과 부하의 만족도 사이에서 발생하는 상황요인을 연구
1980~	새로운 리더십 이론 (new leadership theory)	새로운 흐름의 리더십으로 카리스마, 변혁적, 비전적 리더십, 리더와 구성원 간의 관계에 대해 연구

4.3 리더십의 유형

4.3.1 변혁적-거래적 리더십

1980년대에 급격하고 복잡하게 변화되는 환경과 위기의 상황에 대처하기 위해서는 미래의 환경변화에 적응할 수 있는 새로운 가치관을 가진 리더가 필요하다는 인식이 확산되면서 등장한 이론이 Bass와 Burns의 리더십 이론이다. Bass(1985)는 Burns(1978)가 제시한 거래적 리더십(transactional leadership)과 변혁적 리더십(transformational leadership)의 차이점을 근거로 이루어지는 이요인 모형(two-factor model)을 제시하였다. Bass(1985)가 정립한 '변혁적 리더십'과 '거래적 리더십'이 1980년대 후반부터 21세기에 접어든 지금까지 새로운 리더십으로 자리잡고 있다. Bass는 변혁적 리더십과 거래적 리더십을 상호 독립적인 연속체라기보다는 단일선상의 연속체로 설명함으로써 Burns의 연구결과를 확장하였다. 그 개념은 다음의 [도표 6-6]과 같다.

[도표 6-6] 리더십 연속체

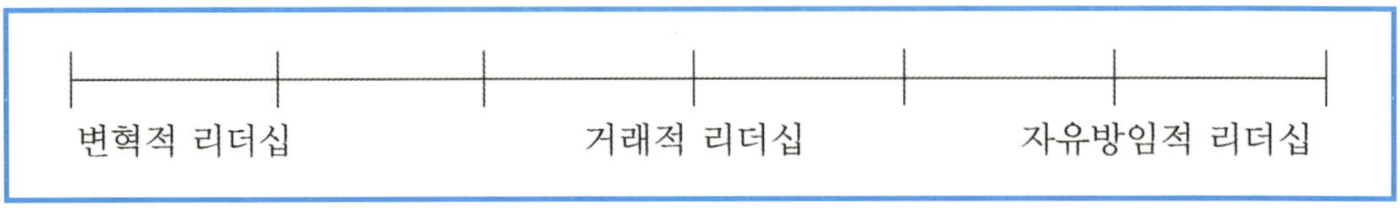

변혁적 리더십은 리더가 조직구성원으로 하여금 희망과 꿈을 가질 수 있도록 비전을 제시하고, 개별적 배려와 지적인 자극을 통해 조직구성원에게 가치관의 변화를 유도함으로써, 보다 높은 조직성과 달성 및 개인의 욕구를 충족시키도록 영향력을 발휘하는 것이다. 변혁적 리더는 조직의 사명과 비전의 강조, 개인적 관심과 욕구에 대한 배려와 공정한 대우, 조직구성원의 사고방식에 대한 지적인 자극과 정보의 제공 및 의사결정의 참여 등의 행동을 보임으로써 조직구성원과 신뢰를 형성하게 되고, 조직구성원으로 하여금 애정, 연모, 충성 및 존경심을 느끼게 한다(House et al. 1997). 변혁적 리더십은 리더의 가치관에 대한 조직구성원의 확고한 믿음이나 신념을 유발시키고, 리더가 조직구성원에게 확실한 목표를 설정해 주고 모범을 보이며, 조직구성원의 욕구에 대한 세심한 배려와 적절한 자극을 통해 조직 및 조직구성원의 성과와 만족도를 제고할 수 있다(Kuhnert and Lewis 1987). 결국 변혁적 리더십은 조직구성원에게 조직의 목적을 추구하기 위해 기꺼이 개인의 희생을 감수하고, 리더의 기대수준보다 더 높은 성과를 달성하게 만든다. 이러한 조직구성원은 자신의 욕구차원을 더 끌어올리게 되어, 조직의 사명과 비전에 대해 몰입함으로써 조직의 성과를 더 높일 수 있게 된다(Bryman 1991; Howell and Avolio 1993; Pillai et al. 2004).

거래적 리더십은 리더와 조직구성원 간의 사회적 교환관계(social exchange theory)에 기초를 둔 것으로 정의할 수 있다. 이러한 교환관계는 리더와 조직구성원 모두에게 편익이 비용보다 높으면 지속될 수 있다는 시각이다(Bass 1990). 거래적 리더십은 구성원에게 교환적 의도를 가지고 접근하는 과정이며, 리더와 조직구성원은 서로 상대방을 힘, 태도 그리고 제공 가능한 자원으로 인식한다(Burns 1978). 이는 조직구성원이 기본적 욕구를 만족함으로써 생산성과 사기를 증진시킬 수 있다는 것이다. 또한 규칙을 준수하기 때문에 거래적 리더들은 변화를 자주 증진하는 것보다는 오히려 안정을 추구하려고 한다(Daft 1999). 결국 거래적 리더십은 조직이 목표를 달성하였을 경우 조직구성원과 보상을 주고받는 사회적 교환관계를 형성하기 때문에, 조직구성원에게 목표를 명확하게 주지시키게 되고, 목표달성에 대한 보상의 내용과 가치를 명확히 인식하게 한다. Bass(1985)는 거래적 리더십은 현재에 초점을 두고 조직을 순조롭게 효율적으로 운영하는데 효과적이라고 주장했다. 그러나 거래적 리더십은 조직 구성원에게 권한을 부여하면서 동기부여 하기가 어렵고(French and Bell 1995), 조직의 관행과 규정을 벗어나 새로운 변화의 노력과 시도를 용인하지 않는다(Bycio et al. 1995). Bass(1990)는 거래적 리더십을 거래적 보상(contingent reward)과 예외에 의한 관리(management by exception)로 구분하였다. 이러한 변혁적 리더십과 거래적 리더십의 요인은 다음의 [도표 6-7]과 같이 정리할 수 있다.

[도표 6-7] 변혁적 리더십과 거래적 리더십의 요인

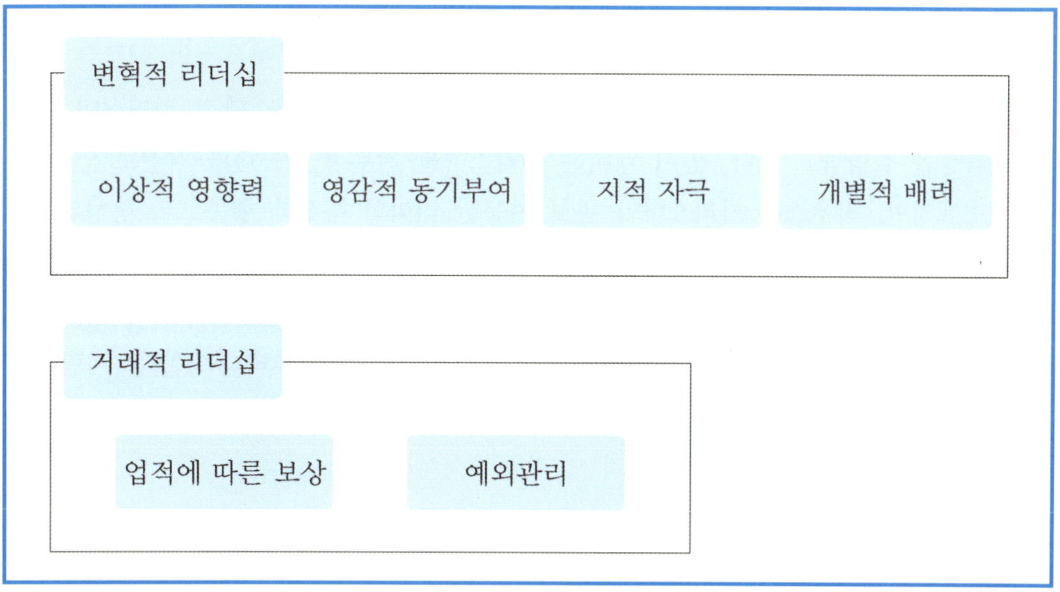

본질적으로 변혁적 리더십은 거래적 리더십과 비교할 때, 보다 큰 성과를 이루어낸다. 변혁적 리더십은 부하들이 자신들에게 보통 기대하는 것보다 더 많은 것을 달성하도록 만든다. 또한 부하들은 자신들이 속한 조직의 이익이나 집단의 이익을 위해 자신의 개인적 이익을 초월하려는 의지를 갖게 된다(Bass and Avolio 1990).

변혁적 리더십과 거래적 리더십의 가장 큰 차이점은 조직성과의 제고를 위해 변혁적 리더는 부하의 자발적인 문제해결 능력이나 창의력을 증진시키고, 거래적 리더는 부하가 목표를 달성하도록 독려하기 위해 조건적 보상을 기본으로 동기를 부여한다는 것이다.

4.3.2 카리스마적-비전적 리더십

카리스마적 리더십(charismatic leadership)에서 카리스마(charisma)의 어원은 그리스어 'kharisma'에서 유래되었으며 이것은 '신이 주신 재능(endowed gift)'을 의미한다. 일반적으로 카리스마는 구성원 스스로 리더를 따르게 만드는 리더의 천부적인 능력, 영향력, 독특한 매력 등으로 해석된다. 카리스마적 리더십은 1900년대 초 독일의 사회학자인 베버(Weber)가 사회를 지배하는 원천 가운데 하나로서 제시한 카리스마적 권한에서 비롯되었다. 카리스마적 권한은 구성원이 리더의 천부적인 능력을 믿어 스스로 복종하고자 하는 신념과 태도에 기반을 두고 있다. 이후 1977년에 하우스(House)가 카리스마를 리더십 특성이론에 적용하여 카리스마적 리더십 이론을 발표하면서 지금까지 연구자와 일반대중에게 많은 관심을 받고 있다. 하우스의 이론은 리더가 카리스마를 형성하는데 영향을 미치는 구체적인 변수와 카리스마적 리더십이 지니는 효과성을 설명하고 있다. 앞서 베버는 카리스마를 천부적인 능력과 자질로 연관 지어 설명했지만, 하우스는 카리스마가 관찰 가능한 리더의 특성과 행동으로 형성된다고 보았다. 즉, 카리스마와 비카리스마를 구별할 수 있는 관찰 가능한 특성과 행동이 존재하며, 카리스마적 리더는 그러한 특성과 행동에 기초해서 구성원에게 리더십을 발휘하게 된다는 것이다. 하우스의 카리스마적 리더십은 카리스마적 리더가 일반 사람들과 어떻게 다르며 어떤 방식으로 행동해서 카리스마적 리더십을 발휘하는지를 잘 보여주는 유형이다. 카리스마적 리더의 성격 및 행동특성은 다음과 같다.

- 카리스마적 리더의 성격 특성
  ① 타인을 지배하고자 하는 강한 우월성
  ② 자신의 능력에 대한 높은 자신감
  ③ 자신의 신념과 관점에 대한 강한 확신
  ④ 타인에게 영향력을 행사하고자 하는 강한 권력 욕구

- 카리스마적 리더의 행동 특성
  ① 역할모델링 : 구성원의 가치관 형성에 있어서 확실한 역할 모델이 된다.
  ② 이미지 구축 : 구성원에게 비범한 능력을 지닌 유능한 사람으로 비춰진다.
  ③ 목표의 명확한 제시 : 구성원에게 조직의 비전과 목표를 명확하게 전달한다.
  ④ 높은 기대와 신뢰 표현 : 구성원에게 높은 기대감을 표시하고 그들의 능력에 대한 강한 신뢰감을 표현한다.

⑤ 동기유발 : 외적 보상(extrinsic reward)보다 내적 보상(intrinsic reward)을 통해 구성원의 마음속에 내재되어 있는 동기를 유발시킨다.

House(1977)에 의하면, 리더의 카리스마적 특성과 행동은 여러 측면에서 구성원에게 직접적인 영향을 미친다. 우선, 구성원은 카리스마적 리더가 지닌 신념을 신뢰하게 되어 리더와 구성원들의 신념이 서로 유사해진다. 또한 구성원 사이에서는 리더에 대한 무조건적인 수용과 자발적인 복종이 일어난다. 목표달성과 관련해서, 구성원은 리더가 제시한 목표가 달성될 수 있다는 자신감을 갖게 되고, 결국 리더의 목표 추구에 대한 정서적 몰입이 일어나게 된다. 이러한 현상은 곧 구성원의 성과가 향상되는 결과로도 나타나게 된다.

그러나 카리스마적 리더는 자신이 유능한 리더라는 이미지를 심어주기 위해 신상관리를 하는데, 이것이 지나치면 오히려 구성원의 충성을 이끌어내지 못할 수도 있다. 또한 카리스마적 리더십은 기본적으로 리더의 강력한 영향력에 기초하기 때문에 구성원에 대한 관심과 배려는 부족한 경향도 있다. 이러한 점은 구성원과의 지속적인 협력관계 구축을 방해하는 요인으로 작용한다. 이밖에 카리스마적 리더가 조직의 목표보다 개인적 야망을 우선시하는 경우 구성원을 목표달성을 위한 수단으로 이용하기도 한다.

비전적 리더십(visionary leadership)은 성공적인 미래를 위해 비전을 강조하는 리더십으로, 현재 상황을 개선하기 위해 미래의 실재적이고, 믿을 만하고, 매력적인 비전을 창조하고 설명하는 능력을 의미한다. 비전이 적당히 선택하고 적용된다면 활력을 제공하여 어떤 일을 이루기 위해 기술, 재원 및 자원이 동원되게 함으로써 결과적으로 미래로 도약하게 만든다. 따라서 비전은 조직구성원의 감정을 자극하여 조직의 목표를 추구하기 위해 열정을 보이도록 명확하고 강력한 상상력을 제공해야 한다. 비전은 고취적이고 독특한 가능성을 만들어낼 수 있어야 하고, 조직과 조직구성원을 위해 확실히 좋은 일들을 수행하는 새로운 방법을 제시할 수 있어야 한다. 명확히 설명되고 강력한 상상력을 갖는 비전은 쉽게 감지되고 받아들여진다.

비전적 리더십은 올바른 비전을 제시함으로써 리더와 구성원이 같은 방향으로 노력하는 것을 의미한다. 또한 조직의 방향에 대해 자신의 비전을 맞추고 조직문화를 변혁시키는데 주된 관심을 지니는 리더십이다. 이러한 비전적 리더십은 개인이 현재 가지고 있는 역량이나 능력보다 개발 가능성에 초점을 맞추며, 구성원의 동기를 유발시켜 조직의 변화를 유도하고 조직 전체에 목표를 제시함으로써 조직구성원의 역량을 밀집시키게 한다. 따라서 비전적 리더가 가지는 주된 능력과 특성은 유창한 언변과 자신감, 책임감과 독창성 등이다.

4.3.3 서번트 리더십

기업이 조직의 문화를 형성하고 목표를 달성하기 위해서는 리더의 역할이 가장 중요하다. 리더에게는 막강한 권한이 주어지고, 그 권한은 조직의 성패를 좌지우지할 수 있는 실질적인 힘이기도 하다. CEO의 역량과 역할수행에 따라 기업문화는 물론 재무적 성과까지 크게 변할 수 있고, 이런 추세 속에서 최근 세계적으로 주목을 받고 있는 것이 서번트 리더십(servant leadership)이다.

서번트 리더십은 미국의 통신회사 AT&T에서 경영 관련 교육과 연구를 담당했던 로버트 그린리프(Greenleaf) 부회장이 1977년 '서번트 리더십 원전'이라는 책을 출간하면서 소개되었다. 그는 서번트 리더십의 기본개념, 철학, 그리고 기업, 교육기관, 종교기관과 같은 관료사회에서의 사례를 체계적으로 서술하였다. 그린리프는 서번트 리더십은 타인을 위한 봉사에 초점을 두고 종업원, 고객 및 조직을 우선으로 여기며, 그들의 욕구를 만족시키기 위해 헌신하는 리더십이라고 하였다. 즉, 서번트 리더십은 다른 사람을 지배하고 군림하는 사람이 아니라 섬기고 봉사하는 지도자라고 할 수 있다. 그린리프는 서번트 리더십의 기본적인 아이디어를 헤르만 헤세의 '동방순례'에서 얻었다고 한다. 책의 내용은 순례단의 허드렛일이나 식사준비를 돕고, 저녁에는 지친 순례자들을 위해 악기를 연주하는 '레오'라는 인물에 초점을 맞추고 있다. 여행 중 온갖 허드렛일을 도맡아 하던 레오가 사라지자 일행은 당황하면서 혼란에 빠지게 되고 분쟁이 잦아지면서 결국 여행이 중단되고 말았다. 신앙심 깊은 순례단은 충직한 심부름꾼이었던 레오 없이는 아무것도 할 수 없다는 사실을 깨닫게 됩니다. 여행을 계속할 수 없었던 순례자들은 하찮은 심부름꾼으로 알고 있던 레오가 신분은 낮으나 그 순례단의 책임자이자 정신적 지도자이며 훌륭한 리더라는 사실을 깨닫게 되었다. 이 대목이 바로 서번트 리더십의 개념을 도출하게 만든 내용이다. 그린리프가 제시한 서번트 리더십은 이후 피터 드러커(Peter Drucker), 스티븐 코비(Stephen Covey), 피터 센게(Peter Senge), 워런 베니스(Warren Bennis) 등과 같은 세계적인 리더십 대가의 이론에 지대한 영향을 미치게 되었다.

오늘날 왜 서번트 리더십이 필요한가? 드러커(Drucker)는 그의 저서 '미래경영'에서 현재와 같은 지식경제시대에는 기업을 비롯한 여러 조직에서 상사와 부하의 구분이 없어지며, 지시와 감독은 통하지 않는다고 말했다. 그는 21세기에는 리더가 우월한 위치에서 조직구성원을 이끄는 기존의 리더십 패러다임 대신 리더가 조직구성원의 의견을 경청하고, 그들의 성장을 위해 노력하고 헌신하며, 조직구성원과 함께 더 나은 공동체를 만들어 가는 서번트 리더십이 요구된다고 주장하였다.

서번트 리더십에서 CEO의 역할은 관계관리(relation-management)라는 영역에 초점을 맞추고 있다. 목표관리를 위해서 리더는 전문적인 지식과 업무기술을 갖춰야 하며, 함께 일하는 조직구성원과의 관계관리를 위해서 무엇보다 중요한 것은 신뢰의 토대를 구축하는 것이다. 왜냐하면 CEO가 아무리 전문성이 높고 업무추진 능력이 뛰어나다고 할지라도 조직구성원과의 관계에서 신뢰를 구축하지 못한다면 탁월한 리더로 평가받을 수 없기 때문이다. 서번트 리더십의 개념이 세계적으로 주목을 받는 이유도 서번트 리더의 철학과 행동이 상하 간의 신뢰와 직결되기 때문이다. 독단적 영웅으로서의 전통적 리더와 서번트 리더의 차이점은 우선 부하에 대한 리더의 사고방식의 차이라고 할 수 있다.

서번트 리더는 조직구성원을 조직의 목표를 달성하는데 필요한 가장 중요한 재원으로 여겨 자신의 전문적인 경험과 지식을 조직구성원에게 제공하는 반면에 전통적 리더는 조직구성원을 다양한 수많은 자원 중 하나일 뿐이라고 간주한다. 서번트 리더는 조직구성원의 능력을 신뢰하기 때문에 그들의 생각을 수용하는 개방적 코치인 동시에 지원자가 되며, 또한 그들의 의견을 수렴하기 위해 공동체 형성을 강조한다. 서번트 리더는 선입견이 없는 경청, 공동체 조성, 권한의 위임 등을 통해 상호 간의 신뢰를 구축하는 리더라고 규정할 수 있다. 서번트 리더에게는 무엇보다 자기 수련의 과정이 필요하며, 경쟁적인 조직구조에서 익혀온 자기중심적인 가치관을 버리고, 조직구성원 개개인의 가치를 소중히 여길 수 있도록 고정관념의 틀을 바꿔 가는 것이 중요하다.

4.4 리더십의 측정방법

1980년대 초부터 많은 연구의 초점이 되고 있으며, 비교적 최근의 리더십 접근법 중의 하나는 변혁적 리더십 접근법으로 이는 새로운 리더십 패러다임의 일부이기도 하다(Bryman 1992). Lowe and Gardner(2001)는 모든 리더십 연구의 1/3이 변혁적 리더십에 관한 것이라는 것을 발견하였다. 변혁적 리더십은 부하의 정서, 가치관, 윤리, 행동규범 및 장기적 목표 등을 변화시켜줌으로써 개인을 변화시키고 변혁시키는 과정이다. 이러한 변혁적 리더십 접근법은 카리스카적 리더십과 비전적 리더십의 개념을 포함하는 리더십이기도 하다.

변혁적 리더십을 측정하기 위해 가장 널리 사용되는 측정도구는 MLQ(Multifactor

Leadership Questionnaire)로서 Bass(1985)에 의해 최초로 개발되었다. 측정도구의 개발을 위해 Bass와 동료들은 남아프리카에서 70여 명의 최고경영자를 대상으로 일련의 인터뷰를 실시하였다. Bass와 동료들은 경영자들에게 자신의 경험을 통해 보다 폭넓은 목표의식을 자각할 수 있도록 하였거나, 자신의 동기를 유발하였거나, 자신의 이익에 앞서 다른 사람의 이익을 먼저 배려하도록 고무해 준 리더를 생각해 내도록 요구하였다. 그리고 경영자들에게 자신이 기억하고 있는 리더들이 어떻게 행동하였는지, 그 변화과정에 어떤 영향을 미쳤는지에 대해 설명하도록 요구하였다. Bass는 이러한 인터뷰를 기반으로 하여 변혁적 리더십을 측정할 수 있는 MLQ라는 설문지를 개발하였다.

MLQ는 리더들의 행동에 대해 조직구성원이 지각하는 정도를 측정하는 항목과 그 외에 조직구성원의 추가적인 노력과 조직의 효과성 및 만족도를 측정하는 항목으로 구성되어 있다. 여기서 리더들의 행동에 대한 측정은 앞에서 소개하였던 [도표 6-7]의 6가지 요인(이상적 영향력, 영감적 동기부여, 지적 자극, 개별적 배려, 업적에 따른 보상, 예외관리)에 자유방임적 요인을 추가한 7가지 요인 각각에 대해 이루어진다.

변혁적 리더십을 개발하기 위해 설계된 프로그램은 조직구성원에게 MLQ나 유사한 설문지에 응답하게 함으로써 변혁적 리더십이 가지고 있는 리더로서의 특정한 강점과 약점을 측정한다. MLQ의 설문항목을 통해 리더는 자신이 개선해야 할 리더십 영역이 무엇인가를 구체적으로 확인할 수 있다.

Bass and Avolio(1992)는 MLQ-6S라고 불리는 MLQ의 축소판을 개발하여 변혁적, 거래적 및 자유방임적 리더십을 평가할 수 있도록 제시하였다. 아울러 점수를 해석하는데 필요한 정보도 제시하였는데, 7개의 요인을 3개의 묶음 단위로 구분하여 평가할 수 있다. 첫 번째 묶음 단위로 요인 1~4의 점수는 변혁적 리더십의 정도를 평가하는 항목으로, 높은 점수는 변혁적 리더십을 보다 빈번히 보이고 있음을 의미한다. 두 번째 묶음 단위로서 요인 5와 6은 거래적 리더십의 정도로서 높은 점수는 보상시스템이나 교정적 구조(corrective structure)를 리더십의 스타일로 이용하려는 경향이 있음을 나타낸다. 마지막으로 자유방임적 리더십으로 비리더십(nonleadership)을 채택하고 있는 정도로서, 높은 점수는 조직구성원에게 지침이나 제도를 거의 제공하지 않은 경향이 있다는 것을 의미한다.

4.5 리더십과 MCS 간의 관계

Simons(1995)은 경영자가 조직의 비전 및 목표를 달성하기 위해 MCS를 이용하고 있기 때문에 기업은 조직의 특성에 맞는 MCS를 보유하게 된다고 언급하였다. 이는 MCS는 조직의 활동에 관한 정보를 수집하고, 편성하고, 의사소통하기 위한 공식적인 메커니즘인데 기업마다 기업의 특성에 맞추어 MCS를 상이 하게 구축하고 이용한다는 의미이다. 이전의 관리회계 문헌에서 리더십 스타일이 관리성과에 미치는 영향에 관한 연구는 많이 이루어졌으나, MCS와 관련한 연구는 거의 이루어지지 않은 실정이다. Abernethy et al.(2010)은 리더십 스타일이 통제시스템의 구축에 미치는 영향을 검정하면서 리더십의 개념적인 프레임워크을 비전의 설정, 의사소통, 권한의 위임, 비전 실행, 그리고 진실성으로 설명하였다. 여기에서 비전의 설정은 리더가 경영환경으로부터 정보를 수집하여 미션과 전략을 수립함으로써 조직의 방향성을 제시하는 것을 의미하고, 의사소통은 리더가 조직전략과 조직구성원의 개인적인 욕구 간의 차이를 줄이기 위해 조직의 비전에 대해 조직구성원과 소통하는 것을 의미한다. 권한의 위임은 조직구성원이 사적인 지식을 보유하고 있을 경우 조직구성원에게 의사결정 권한을 위임하는 것을 의미한다. 비전의 실행은 리더가 활용가능한 모든 정보를 이용하여 비전을 실행하고, 실행 수준을 모니터링하기 위해 MCS를 이용하는 것을 의미한다. 그리고 진실성은 조직구성원이 리더가 비전과 방향성을 올바르게 제시하였는지, 원활하게 의사소통하였는지를 평가하는 기준을 의미한다. 즉, 리더가 설정한 비전과 실행과정에 대한 조직구성원의 평가기준을 진실성이라고 할 수 있다. Bolton et al.(2008)은 리더의 자질과 특성을 논의하면서, 리더는 비전을 수립하고, 비전과 기대치를 조직구성원과 의사소통하며, 비전이 바람직한 방향으로 성취되고 있는지를 모니터링하기 위해 MCS를 구축하고 이용한다고 주장하였다.

Scherr and Jensen(2006)은 새로운 리더십 모델을 진실성(integrity)에 기초하여 개인과 조직의 헌신을 이끌어내고 비전의 달성을 집요하게 추진하는 소통과 돌파의 리더십을 강조하였다. 그리고 리더십의 구성요소로서 강력한 비전의 수립, 조직구성원의 몰입, MCS 및 위기감(breakdowns)으로 설명하면서, 최고경영자는 비전을 달성하기 위해 MCS를 구축하고 활용한다고 하였다. 위대한 리더십은 위기감을 생성하고 공식화하기 위해 MCS가 필요하고, MCS는 조직의 비전과 목표달성을 위해 리더와 조직구성원 간의 의사소통뿐만 아니라 위기감의 정의 및 비전 달성에 방해가 되는 요인을 극복하기 위해 사용되어진다. 위기감이 형성되기 위해서는 조직구성원이 몰입할 비전과 현재 조직의 자원 및 능력으로는 비전을 실현하기가 어렵다는 위기감이 인식되어야 한다는 것이다. 위기감을 극복하기 위한 상세한 계획은 경영관리 영역이지만, 리더십을 실행하기 위해서는 효과적인 MCS가 필수적인 구성요소라고 하였다.

Abernethy et al.(2010)은 리더십 스타일인 구조주도형 리더십과 배려형 리더십에 따른 MCS 이용의 차이를 실증적으로 분석하였다. 실증분석 결과, 구조주도형 리더는 하위자의 보상 및 승진을 위해 재무적 성과측정지표를 많이 이용하고, 배려형 리더는 조직구성원과의 의사소통을 위해 계획통제시스템을 상호작용적으로 많이 이용하는 것으로 나타났다. 리더십과 권한위임 간의 관계에서는 리더십 스타일에 따라 하위자의 권한위임 수준이 상이하게 나타나지는 않았다. 다만, 배려형 리더의 경우 하위자와의 의사소통을 원활하게 하기 위해 계획통제시스템을 이용하면서 하위자에게 권한도 많이 위임하는 것으로 나타났다. 또한 배려형 리더십은 본인의 선호와 조직구성원의 의견을 반영하고, 조직구성원에게 비전을 전달하고 영감을 불어 넣기 위해, 구조주도형 리더십보다 계획통제시스템을 상호작용적인 방식으로 많이 이용하는 것으로 나타났다. 반면에, 구조주도형 리더십은 하급관리자의 보상 및 승진을 위해 배려형 리더십보다 재무측정지표를 많이 이용하는 것으로 나타났다.

Jansen(2011)은 공식적이고 표준적인 프로세스보다는 조직구성원과의 의사소통을 통해 경영운영 의사결정과 조직구성원을 훈련시키는 변혁적 리더십의 경우 이러한 행동 특성을 지원하지 못하는 관리회계정보의 도입은 조직구성원의 만족도에 부정적인 영향을 미친다고 주장하였다. Jansen(2011)의 사례연구에서 거래적 리더십의 경우 관리회계정보의 도입이 종업원 만족도에 긍정적인 영향을 미치는 것으로 나타났다. 새롭게 도입된 관리회계정보는 MCS의 진단적 이용(주요 성공요인의 모니터링 및 피드백)과 유사한데, 이런 정보가 거래적 리더십을 지원하여 종업원 만족도와 조직성과에 긍정적인 영향을 미치는 것으로 나타났다. 그러나 변혁적 리더십의 경우, 새롭게 도입된 관리회계정보는 목표의 설정과 실적과의 비교, 공식적인 의사소통 채널의 강조 등의 특성이 변혁적 리더십을 지원하지 못하여 종업원 만족도와 조직성과에 부정적인 영향을 미쳤다고 주장하였다. 리더의 의사소통 능력은 리더십의 구성 요소 중 하나이다. 리더는 비전을 조직구성원과 의사소통해야 할 뿐만 아니라 비전을 운영목표로 전환해야 한다(Abernethy et al., 2010).

표춘미(2011)는 최고경영진을 대상으로 리더십 스타일인 구조주도형과 배려형 리더십이 조직역량(조직학습과 혁신)에 미치는 영향과, 리더십 스타일과 조직역량 간의 관계에서 PMS 이용(진단적 이용과 상호작용적 이용)의 매개효과를 실증분석하였다. 연구결과, 리더십 스타일과 조직역량 간의 관계에서 PMS의 상호작용적 이용의 매개효과를 발견하였다. 그러나 PMS의 진단적 이용의 매개효과는 발견하지 못하였다. 특히, 구조주도형 리더십은 직접적으로 조직역량 강화에 유의적인 영향을 미치지 않는 것으로 나타났지만, 구조주도형 리더가 PMS의 상호작용적 이용을 증가시킬 때, 상호작용적 이용의 매개효과로 인해 조직역량이 강화되는 것으로 나타났다. 이러한 연구결과는 PMS의 상호작용적 이용을 강조하는 기존의 선행연구(Bisbe and Otley 2004; Henri 2006b)의 결과와 일치한다.

성욱진(2014)은 리더십 스타일(구조주도형 리더십과 배려형 리더십)이 성과측정지표의 다양성과 조직성과에 미치는 영향을 분석하였다. 연구결과 첫째, 구조주도형 리더십과 배려형 리더십은 모두 조직성과에 유의한 영향이 없는 것으로 나타났다. 그러나 리더십과 조직성과 간의 관계는 유의하지 않지만 선행연구와 마찬가지로 방향성이 일치하는 것으로 나타났는데, 배려형 리더십은 조직성과에 정(+)의 영향을 미치며, 구조주도형 리더십은 조직성과에 부(-)의 영향을 미치는 것으로 나타났다. 둘째, 배려형 리더십은 성과측정지표의 다양성과 통계적으로 유의한 정(+)의 관계가 있는 것으로 나타났으나, 예상과는 다르게 구조주도형 리더십은 성과측정지표의 다양성과 통계적으로 유의한 정(+)의 관계가 있는 것으로 나타났다. 셋째, 성과측정지표의 다양성은 조직성과에 유의적인 정(+)의 영향을 미치는 것으로 나타났다.

05 조직특성과 MCS 간의 관계에 대한 연구

5.1 Gordon and Narayanan(1984)의 연구

Management accounting systems, perceived environmental uncertainty and organization structure : An empirical investigation (Accounting, Organizations and Society)

5.1.1 연구배경 및 목적

본 연구는 조직의 환경, 조직구조 및 정보시스템 간의 관계를 실증적으로 분석하였다. 즉, 상황변수로서 기업이 직면하는 외부환경의 불확실성, 조직구조의 유기적인 특성, 그리고 관리회계정보 유형 간의 상호관련성을 분석하였다. 본 연구의 목적은 인지된 환경불확실성, 조직구조 및 주요한 의사결정권자에 의해 중요하다고 인식되는 정보의 특성 간에 존재하는 연관성에 대한 실증적 증거를 찾는 것이다. 회계정보시스템 문헌은 다양한 상황변수를 제안하고 있다. 즉, 인지된 환경불확실성과 조직구조가 이러한 변수이다. 본 연구는 선별된 정보의 특성으로만 관심을 제한한다.

5.1.2 연구모형 및 가설설정

본 연구에서 분석하는 가설은 인지된 환경불확실성, 조직구조, 그리고 정보의 특성 간의 관련성을 기술한다. 가설은 1차 분석과 2차 분석(단순하고 부분적인 상관관계)을 통해 검증하였다. 첫 번째 가설은 인지된 환경불확실성과 조직구조 간의 관계에 대한 것으로, 조직이론에서 도출된 결과물을 재검정하는 것이다. 두 번째 가설은 인지된 환경불확실성과 주요한 의사결정권자에 의해 요구되는 정보의 특성 간의 관계에 대한 것이다. 세 번째 가설은 외부, 비재무적 및 사전적인 정보와 조직구조 간의 관계에 대한 것이다. 본 연구에서 검정하려고 하는 가설을 정리하면 다음과 같다.

H1 : 유기적인 조직구조는 인지된 환경불확실성과 정(+)의 관계가 있을 것이다.

H2 : 인지되는 외부, 비재무적 및 사전적인 정보의 중요성은 인지된 환경불확실성의 증가와 정(+)의 관계가 있을 것이다.

H3 : 인지되는 외부, 비재무적 및 사전적인 정보의 중요성은 유기적인 조직구조와 정(+)의 관계가 있을 것이다.

5.1.3 자료수집 및 변수의 측정

본 연구는 가설을 검정하기 위해서 미국의 캔사스와 미조리주에 본사를 두고 있는 34개의 이익지향적인 중간규모의 기업으로부터 수집한 자료를 이용하여 횡단면적인 실증연구를 수행하였다. 주요 변수는 다음과 같이 측정하였다.

인지된 환경불확실성은 조직의 산업, 경제, 기술, 경쟁 및 고객환경에 대해 예측가능성 및 안정성에 관해 응답자가 인지하고 있는 수준에 대해 응답해 줄 것을 요청하여 측정하였다. 설문내용은 7개 항목으로 구성되어 있으며, 7점 척도를 이용하여 측정하였다. 조직구조는 Burns and Stalker(1961)의 기계적/유기적인 개념을 이용하였다. 구성요인은 권한의 집중화, 공식화의 정도, 조직에 존재하고 있는 일반적인 관료주의의 특성의 정도에 관한 5개의 설문항목을 이용하여 측정하였다. 높은 값일수록 유기적인 조직구조의 특성을 가진다. 그리고 조직의 정보특성은 외부, 비재무적 및 사전적인 정보의 특성으로 구분하였다. 외부 정보의 특성은 조직 외부의 사건을 다루는 것을 의미하고, 비재무적 정보는 화폐로 표현할 수 없는 것을 의미한다. 그리고 사전적인 정보는 사후적인 정보가 과거의 사건과 관련이 있는 것과는 반대로 미래의 사건과 관련이 있다. MCS의 설계를 위한 이러한 3가지 정보 특성의 중요성은 이미 문헌에서 제안되고 있다. 본 연구는 정보시스템의 특성을 측정하기 위한 설문항목을 특별히 고안하였다. 응답자에게 각 설문항목에 대해 중요성의 정도를 나타내줄 것을 요청하여 측정하였다.

5.1.4 분석결과

본 연구는 변수 간의 단순상관관계를 분석하여 각 변수 간의 영향관계를 분석하고, 다음으로 변수 중 하나를 통제한 후 나머지 두 가지 변수를 사용하여 부분상관관계를 분석함으로써 각 변수가 다른 변수에 미치는 직접적인 상관관계를 분석하였다. 예를 들어, 조직구조에 관한 영향을 통제한 후 외부환경의 불확실성과 관리회계정보의 유형 사이에 상관관계를 분석함으로써 외부환경의 불확실성이 조직구조 변수를 통하여 관리회계정보의 유형에 미치는 영향을 제거하여 평가하였다.

본 연구는 2단계의 상관관계 분석결과를 기반으로 가설을 검정하였는데, 분석결과는 다음의 [도표 6-8]과 같이 요약할 수 있다.

[도표 6-8] 분석결과

상관관계	단순상관관계	부분상관관계
환경불확실성 / 조직구조	0.51*	0.39*, 0.41**, 0.44**
환경불확실성 / 외부지향적 정보	0.52**	0.41**
환경불확실성 / 비재무적 정보	0.58**	0.50**
환경불확실성 / 사전적인 정보	0.42**	0.32*
조직구조 / 외부지향적 정보	0.38*	0.15
조직구조 / 비재무적 정보	0.34*	0.05
조직구조 / 사전적인 정보	0.31*	0.12

위 [도표 6-8]에서 환경불확실성과 조직구조 간의 부분상관관계는 관리회계정보의 유형을 차례로 통제한 후의 상관관계이며, **는 유의수준 1%, *는 유의수준 5%에서 통계적으로 유의적임을 의미한다. [도표 6-8]에서 보는 바와 같이, 단순상관관계 분석결과는 환경불확실성과 조직구조의 유기적인 특성 간에는 통계적으로 유의수준 1%에서 정(+)의 상관관계가 있는 것으로 나타났다. 또한 환경불확실성과 관리회계정보의 세 가지 유형(외부지향적인 정보, 비재무적인 정보 및 사전적인 정보) 간에는 모두 통계적으로 유의수준 1%에서 정(+)의 상관관계가 있는 것으로 나타났다. 한편에 조직구조의 경우 통계적으로 유의수준 5%에서 정(+)의 상관관계가 있는 것으로 나타났다. 즉, 인지된 외부환경의 불확실성이 증가하면 조직구조의 유기적인 특성이 증가하고, 관리회계정보의 세 가지 유형의 중요성이 증가하는 것으로 나타났다. 또한 조직구조의 유기적인 특성이 증가하면 관리회계정보의 세 가지 유형의 중요성이 증가하는 것으로 나타났다. 따라서 단순상관관계 분석결과를 기반으로 가설1, 2, 3은 지지되는 것으로 나타났다.

그러나 [도표 6-8]에서 보는 바와 같이, 부분상관관계의 분석결과는 일관되게 나타나지 않았다. 즉, 관리회계시스템의 유형을 통제한 후 환경불확실성과 조직구조의 유기적인 특성 간의 부분상관관계는 모두 통계적으로 유의수준 1%에서 정(+)의 상관관계를 가지는 것으로 나타났다. 또한 조직구조의 유기적인 특성을 통제한 후 환경불확실성과 관리회계시스템의 세 가지 유형 간의 부분상관관계는 통계적으로 유의수준 1% 혹은 5%에서 정(+)의 상관관계를 가지는 것으로 나타났다. 그러나 환경불확실성의 영향을 통제한 후 조직구조의 유기적인 특성과 관리회계시스템의 세 가지 유형 간의 부분상관관계는 통계적으로 유의하지 않은 것으로 나타났다.

5.1.5 결론 및 시사점

본 연구의 결과는 기업이 직면하고 있는 외부환경의 불확실성과 조직구조의 유기적인 특성은 기업의 관리회계정보의 유형에 영향을 미치는 요인으로 작용하고 있지만, 조직구조는 환경불확실성의 영향을 받아서 관리회계정보의 유형에 영향을 미치는 것으로 나타났다. 이러한 결과는 조직구조가 환경불확실성과 관리회계정보의 특성 간에서 매개변수로서의 역할을 하고 있는 것으로 해석할 수 있다.

5.2 Chenhall and Morris(1986)의 연구

The Impact of Structure, Environment, and Interdependence on the Perceived Usefulness of Management Accounting Systems (The Accounting Review)

5.2.1 연구배경 및 목적

본 연구는 조직의 분권화, 인지된 환경불확실성 및 조직의 상호의존성이 관리회계시스템(Management Accounting Systems; MAS)의 설계에 미치는 영향을 조사하였다. 여기에서 관리회계시스템의 설계는 관리회계시스템과 연관될 수 있는 다양한 정보의 특성, 즉 범위, 적시성, 요약수준(levels of aggregation) 및 통합정보에 관한 인지된 유용성으로 정의하였다. 본 연구는 상황변수의 직접적인 효과를 조사하기 위해 독립변수 간에 어떻게 상호작용하는지를 확인하려고 노력하였다. 상황변수의 직·간접적인 효과를 검정하기 위해 가설을 설정하였다.

5.2.2 연구모형 및 가설설정

본 연구의 기본적인 프레임워크, 즉 관리회계시스템의 유용성에 관한 상황모형은 다음 [도표 6-9]와 같다. 본 연구는 3가지의 목적을 가지고 있다. 첫째, 다양한 정보의 특성, 즉 범위, 적시성, 요약수준 및 활동이 어떻게 통합되는지에 관한 정보 등이 MAS의 설계에 고려되는지를 조사한다. 둘째, 이러한 MAS 정보의 특성이 분권화 수준으로 정의된 조직구조, 운영환경에서 불확실성에 대한 경영자의 인식, 그리고 서로 다른 부문 간에 교환되는 정도로 정의되는 조직의 상호의존성 간의 관계를 조사한다.

또한 3가지 상황변수 간의 상호작용을 조사하고, 이로 인한 결합효과가 인지된 정보의 유용성에 미치는 효과를 조사한다. 셋째, 최근 Gordon and Narayanan(1984)의 연구를 부분적으로 재조사하는데 있다.

[도표 6-9] 연구의 프레임워크

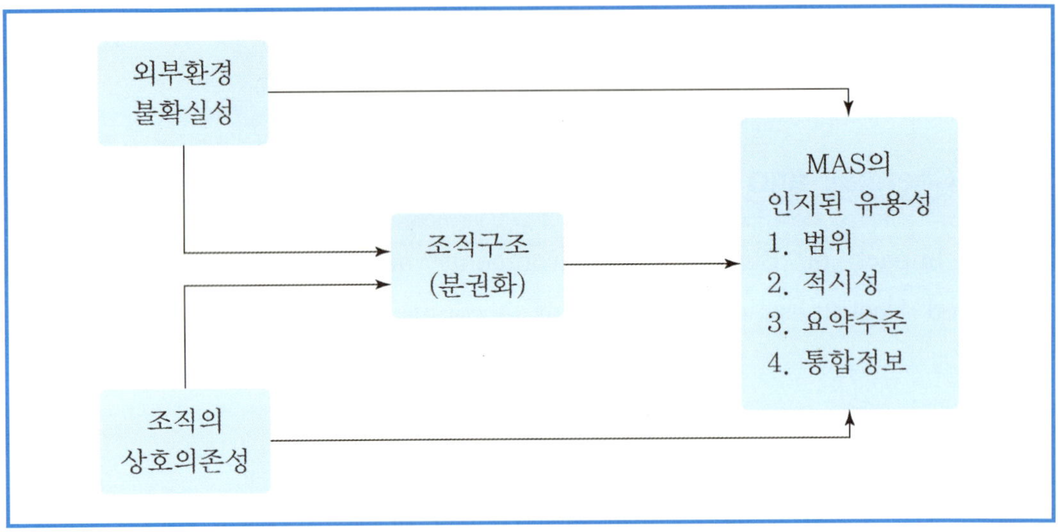

이러한 목적을 달성하기 위해 설정된 가설은 다음과 같다.

H1 : MAS의 인지된 유용성의 특성 중 광범위한 범위와 3가지 상황변수(분권화, 인지된 환경불확실성 및 조직의 상호의존성) 간에는 직접적인 관계가 있을 것이다.

H2 : MAS의 인지된 유용성의 특성 중 적시성과 인지된 환경불확실성 간에는 직접적인 관계가 있을 것이다.

H3 : MAS의 인지된 유용성의 특성 중 요약수준과 2가지 상황변수(분권화, 인지된 환경불확실성) 간에는 직접적인 관계가 있을 것이다.

H4 : MAS의 인지된 유용성의 특성 중 통합수준과 2가지 상황변수(분권화, 조직의 상호의존성) 간에는 간접적인 관계가 있을 것이다.

H5 : 인지된 환경불확실성이 분권화를 통해 MAS의 인지된 유용성의 특성 중 광범위한 범위 및 요약수준에 미치는 간접적인 효과가 있을 것이다.

H6 : 조직의 상호의존성이 분권화를 통해 MAS의 인지된 유용성의 특성 중 광범위한 범위 및 통합수준에 미치는 간접적인 효과가 있을 것이다.

5.2.3 자료 수집 및 변수의 측정

본 연구는 시드니 지역에 있는 36개 제조기업의 68명의 경영자로부터 수집된 자료를 이용하여 가설을 검정하였다. 분석의 단위는 조직 내의 사업부이다. 조직의 사업부 규모는 50~220명의 조직구성원으로 구성되어 있다. 자료는 구조화된 설문지를 기반으로 한 인터뷰를 통해 수집하였다.

분권화는 "권한의 집중"이라는 Aston의 축약된 측정치를 이용하여 측정하였다. 권한의 분권화는 경영자가 의사결정권을 얼마나 가지고 있는지에 대해 응답해 줄 것을 요청하여 측정하였다. 인지된 환경불확실성은 Duncan(1972)에 의하여 개발되고 Sathe(1974)에 의해 수정된 도구를 이용하여 측정하였다. 이 도구는 환경요인에 관한 정보의 부족, 환경이 성패에 어떻게 영향을 미칠지에 대한 가능성을 평가할 수 없고, 조직의 의사결정이 부정확한 경우 손실이 어느 정도인지 의사결정의 결과를 알지 못하는 것에 중점을 두고 인지된 불확실성을 측정한다. 조직의 상호의존성은 Pugh et al.(1969)에 의해 개발된 도구인 "직무흐름도의 상호의존성"의 수정된 버전을 이용하여 측정하였다. 이 도구는 응답자에게 사업부에 적용되는 직무흐름도의 통합을 3가지 서술(pooled, sequential, and reciprocal) 중의 하나로 나타내 줄 것을 요청하여 측정하였다. 여기에서 sequential and reciprocal 유형은 pooled 범주보다 상대적으로 높은 상호의존성을 의미한다. 종속변수인 경영자의 MAS 정보 특성의 인식은 사업부의 전반적인 직무를 수행하면서 정보의 유용성에 대한 정도를 나타내 줄 것을 요청하여 측정하였다.

5.2.4 분석방법 및 결과

상황변수가 인지된 정보의 유용성(가설1, 2, 3, 4)에 미치는 직접적인 효과를 검정하기 위해 회귀식을 다음과 같이 도출하였으며, 직접적인 효과를 검정하기 위한 회귀분석의 결과는 다음의 [도표 6-10]과 같다.

$$X_{4i} = \beta_0 + \beta_1 X_1 + \beta_2 X_2 + \beta_3 X_3 \quad \cdots\cdots\cdots \text{식 (1)}$$
$$X_1 = \alpha_1 + \alpha_2 X_2 + \alpha_3 X_3 \quad \cdots\cdots\cdots \text{식 (2)}$$

[도표 6-10] 회귀분석 결과

식 (1) : X_{4i}=인지된 정보의 유용성, X_1=분권화, X_2=환경불확실성, X_3=상호의존성					
	상관계수	값	표준오차	t값	유의성
H1 범위					
분권화	β_1	0.04	0.108	0.37	–
불확실성	β_2	0.35	0.110	3.17	$p<0.01$
상호의존성	β_3	0.33	0.115	2.88	$p<0.01$
$R^2=0.27$, $F=7.86$, $p<0.01$					
H2 적시성					
분권화	β_1	0.02	0.105	0.19	–
불확실성	β_2	0.39	0.118	3.31	$p<0.01$
상호의존성	β_3	0.00	0.007	0.41	–
$R^2=0.16$, $F=4.08$, $p<0.05$					
H3 요약수준					
분권화	β_1	0.37	0.112	3.30	$p<0.01$
불확실성	β_2	0.03	0.094	0.32	–
상호의존성	β_3	0.32	0.108	2.95	$p<0.01$
$R^2=0.33$, $F=10.60$, $p<0.01$					
H4 통합수준					
분권화	β_1	0.27	0.121	2.23	$p<0.05$
불확실성	β_2	0.04	0.108	0.37	–
상호의존성	β_3	0.36	0.127	2.82	$p<0.01$
$R^2=0.25$, $F=7.00$, $p<0.01$					
식 (2) : X_1=분권화, X_2=환경불확실성, X_3=상호의존성					
분권화					
불확실성	α_2	0.24	0.111	2.16	$p<0.05$
상호의존성	α_3	0.32	0.113	2.84	$p<0.01$
$R^2=0.17$, $F=6.89$, $p<0.01$					

[도표 6-10]에 제시되어 있는 회귀분석의 결과를 보면, 광범위한 정보는 인지된 환경불확실성과 조직의 상호의존성과 통계적으로 유의한 정의 관계가 있는 것으로 나타났으나, 분권화와는 유의하지 않은 것으로 나타났다. 이러한 결과는 가설1에서 제시된 3가지 관계 중 2개만이 지지되는 것으로 나타났다. 가설2는 적시성과 상황변수 간의 관계를 예측하였는데, 분석결과 적시성은 환경불확실성과 통계적으로 유의한 것으로 나타났다. 가설3인 요약정보와 관련된 결과는 제안된 효과 중 일부만이 지지되는 것으로 나타났다. 즉, 요약정보는 분권화 및 조직의 상호의존성과 통계적으로 유의한 것으로 나타났다. 통합정보와 관련된 회귀결과는 분권화와 조직의 상호의존성만이 통계적으로 유의한 것으로 나타났다.

가설5와 가설6의 간접효과를 검정하기 위해 경로분석을 수행하였으며, 그 결과는 다음 [도표 6-11]과 같다.

[도표 6-11] 경로분석 결과

Panel A. H5 환경불확실성과 정보의 특성 간의 상관관계				
	상관관계	직접효과	간접효과	허구적 상관관계[12]
범위	0.39	0.35	0.01	0.03
적시성	0.40	0.39	0.01	
요약수준	0.16	0.03	0.10	0.03
통합수준	0.14	0.04	0.07	0.03

Panel B. H6 조직의 상호의존성과 정보의 특성 간의 상관관계				
	상관관계	직접효과	간접효과	허구적 상관관계
범위	0.37	0.33	0.01	0.03
적시성	0.04	0.001	0.007	0.03
요약수준	0.45	0.32	0.13	
통합수준	0.48	0.36	0.09	0.02

12) Asher(1976)의 허구적 효과(spurious effects)에 대한 논의를 참고. 경로분석은 실증적 관계에 대한 증거를 제공하고 있다. 그러나 이것은 직·간접적인 효과에 대한 방향성이나 유의성에 대한 증거를 나타내는 것은 아니다.

가설5는 정보의 특성 중 광범위한 범위 및 요약수준에 대해 분권화를 통해 나타나는 인지된 환경불확실성의 간접적인 효과를 제안하였다. [도표 6-11]의 패널 A를 보면, 요약정보의 간접적인 효과는 있는 것으로 나타났으나, 광범위한 정보는 간접적인 효과가 없는 것으로 나타났다.

가설6은 조직의 상호의존성이 분권화를 통해 광범위한 범위 및 통합정보에 미치는 간접적인 효과를 제안하였다. [도표 6-11]의 패널 B를 보면, 통합정보에 대한 조직의 상호의존성의 간접적인 효과는 지지되는 것으로 나타났으나, 광범위한 범위의 정보는 유의하지 않은 것으로 나타났다.

연구결과를 요약하면, 기업이 직면한 환경의 불확실성과 조직의 분권화 정도와 부문 간의 상호의존성에 따라 관리회계시스템에 관한 인지된 유용성에 영향을 미치는 것으로 나타났다. 분권화는 요약정보와 통합정보를 선호하고, 환경의 불확실성은 광범위한 정보와 적시성 정보를 선호하며, 조직의 상호의존성은 광범위한 정보, 요약정보 및 통합정보를 선호하는 것으로 나타났다. 그리고 인지된 환경불확실성과 조직의 상호의존성은 분권화와의 연계를 통해 부분적이면서 간접적으로 영향을 미치는 것으로 나타났다.

본 연구의 결과는 관리회계시스템을 설계할 때 조직의 상호의존성이 매우 중요하다는 것을 제시한다. 즉, 정보의 범위, 요약수준, 통합정보는 상호의존적인 영업을 하는 사업부의 관리자에 의해서 유용한 것으로 인식되었다. 사업부 간의 상호의존성이 증가할수록 보다 광범위한 정보와 요약된 정보, 그리고 통합된 정보에 대한 요구가 증가한다는 것이다. 또한 관리자가 직면하는 외부환경의 불확실성이 증가할수록 보다 광범위한 정보와 보다 빠른 정보의 제공에 대한 요구가 증가하게 된다는 것이다. 그러나 요약된 정보의 유용성은 인지된 환경불확실성과는 관계가 없는 것으로 나타났다. 분권화의 정도가 높을수록 요약된 정보와 통합된 정보에 대한 관리자의 요구가 높아지는 것으로 나타났다.

5.2.5 결론 및 시사점

본 연구는 이러한 관계를 경로분석을 통하여 분석하였는데, 분권화는 인지된 환경불확실성과 정보특성(요약수준) 사이에 매개변수로서 역할을 하는 것으로 나타났다. 그리고 조직의 상호의존성과 정보특성(요약수준, 통합정보) 사이에서도 분권화가 매개변수로서의 역할을 하는 것으로 나타났다. 이러한 연구결과는 관리회계시스템을 설계할 때 조직의 상호의존성과 환경불확실성의 인지정도 뿐만 아니라 이들의 영향을 받아 관리회계시스템에 영향을 미치는 조직의 분권화 정도도 함께 고려해야 한다는 것을 시사하는 것이다.

5.3 Henri(2006a)의 연구

Organizational culture and Performance measurement systems (Accounting, Organizations and Society)

5.3.1 연구배경 및 목적

본 연구는 조직문화와 MCS의 구성요인 중 하나인 PMS 간의 관계를 명료하게 표현하고 검정하기 위한 것이다. 특히 PMS의 두 가지 속성, 즉 측정의 다양성(광범위한 재무적, 비재무적 측정지표)과 이용의 본질(모니터링, 주의집중, 전략적 의사결정, 정당화)을 조사하였다. 지금까지 대부분의 실증적인 연구는 측정의 다양성과 관련된 이슈에 집중하여 왔으며, 대체적으로 PMS의 이용은 간과하였다. 왜냐하면 측정의 다양성은 투명한 인과관계를 형성하고, 경영자가 다른 것을 희생하여 하나의 측정치를 개선하기 위해 준최적화하는 것을 억제하는 역할(Hoque and James 2000)을 하지만, PMS의 이용에 영향을 미치는 요인과 상황에 관해서는 어떠한 이론이나 분명한 합의가 없는 실정(Ittner and Larcker 2001)이었기 때문이다. 본 연구에서는 3개의 연구가설 즉, '(1) 통제와 유연성 가치가 측정의 다양성에 어느 정도 영향을 미치는가? (2) 통제와 유연성 가치가 최고경영자의 PMS 이용의 본질에 어느 정도 영향을 미치는가? (3) 통제와 유연성 가치 그리고 측정의 다양성 간의 관계는 PMS 이용에 의해 어느 정도 매개될 수 있는가?'를 검정한다.

5.3.2 연구모형 및 가설설정

연구모형은 경쟁가치의 통제/유연성이 PMS의 이용과 측정의 다양성에 미치는 영향을 반영하고 있다. 본 연구는 조직문화가 통제시스템의 설계와 이용에 개입되는 정도를 검정하고자 한다. 이러한 관계는 문화가 실무적으로 최고경영자 수준의 활동뿐만 아니라 조직의 상호작용의 모든 관점에 영향을 미치기 때문에 조사되었다(Chatterjee et al. 1992). 또한 통제실무와 조직 활동의 일부분으로서, PMS의 이용과 측정의 다양성은 조직문화에 의해 영향을 받는다. 더욱이 성과평가는 주로 가치를 근거로 하여 정확하다고 평가한다면(Quinn and Rohrbaugh 1983), PMS의 속성은 조직 가치의 관점에 영향을 미칠 것이다.

또한 연구모형은 PMS의 이용이 통제/유연성 가치와 측정의 다양성 간의 관계에 미치는 조절효과(moderating)를 반영한다. 특히 기업의 가치가 최고경영진(TMT; Top Management Team) 의한 PMS의 이용 및 측정의 다양성에 미치는 영향을 보여준다. 다시 말해서 통제/유연성 연속선상에서 조직의 위치는 PMS 이용의 본질에 영향을 미칠 것이다. 그리고 최고경영자가 PMS 이용의 유형에 의존한다면, 그들의 필요성을 지원하기 위해 재무적, 비재무적 측정지표와 같은 변화를 필요로 할 것이다. 마지막으로 조직규모, 전략, 그리고 환경의 불확실성은 통제변수로 이용한다. 연구모형은 다음 [도표 6-12]와 같고 가설은 아래와 같다.

[도표 6-12] 연구모형

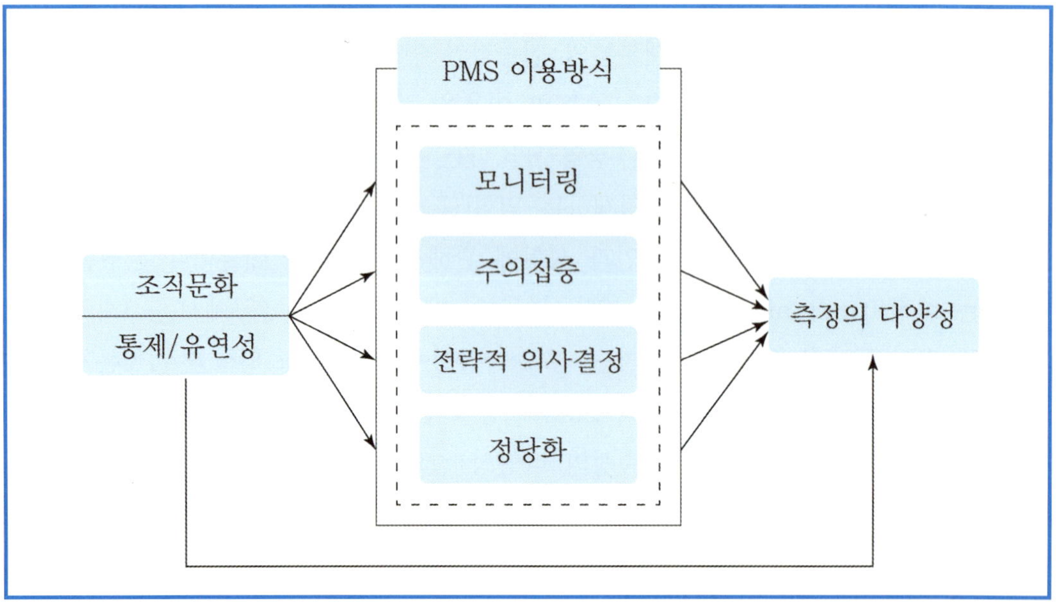

H1 : 통제 지향적인 기업의 TMT는 유연성 지향적인 기업보다 모니터링을 위해 PMS를 이용하는 경향이 있을 것이다.

H2 : 유연성 지향적인 기업의 TMT는 통제 지향적인 기업보다 주의집중을 위해 PMS를 이용하는 경향이 있을 것이다.

H3 : 유연성 지향적인 기업의 TMT는 통제 지향적인 기업보다 전략적 의사결정을 위해 PMS를 이용하는 경향이 있을 것이다.
H4 : 통제 지향적인 기업의 TMT는 유연성 지향적인 기업보다 정당화를 위해 PMS를 이용하는 경향이 있을 것이다.
H5 : PMS의 모니터링 이용은 보다 적은 측정의 다양성과 관련이 있을 것이다.
H6 : PMS의 주의집중 이용은 보다 큰 측정의 다양성과 관련이 있을 것이다.
H7 : PMS의 전략적 의사결정 이용은 보다 큰 측정의 다양성과 관련이 있을 것이다.
H8 : PMS의 정당화 이용은 보다 적은 측정의 다양성과 관련이 있을 것이다.
H9 : 유연성 지향적인 기업의 TMT는 통제 지향적인 기업보다 광범위한 측정의 다양성과 관련되는 경향이 있을 것이다.

5.3.3 자료 수집

본 연구의 목적을 달성하기 위해 연구 자료는 2,175개의 캐나다 제조기업을 대상으로 구성하였으며, 설문대상의 기업은 완전히 독립적인 실체이거나 거대한 기업의 사업단위이다. 기업은 조직의 전략 변수를 적용하고 PMS가 이용되고 있을 정도로 충분히 거대한 회사로서, 매출액은 2,000만 달러 이상, 종업원의 수는 150명 이상인 기업을 대상으로 하였다. 383개(24%의 응답률)의 이용 가능한 설문지가 회수되었다.

5.3.4 변수의 측정

조직문화는 경쟁가치 관점에서 National Center for Higher Education Management Systems에서 개발된 IPS(Institutional Performance Survey)의 한 부문으로 측정하였다. 응답자는 4개의 문화 특성, 즉 조직의 성격, 조직의 리더, 조직의 단결, 조직의 강조 등에 대해 100점을 배분하도록 요청받았다. 응답자가 각 특성에 대해 100점을 배분하면, 합의문화와 개발문화의 합계 평균 점수와 위계문화와 합리문화의 합계 평균점수를 비교하여 유연성가치 지향 기업과 통제가치 지향 기업을 분류한다. 변수는 조직의 특성, 조직의 리더, 조직의 결합, 조직의 강조점과 관련한 16개의 설문문항을 통해 측정하였다.

PMS의 이용은 4개의 특성, 즉 주의집중, 의사결정의 합리화, 문제의 해결로 중역지원시스템의 이용 강도를 측정하기 위해 최초로 개발된 Vandenbosch(1999)의 도구의 수정된 버전을 이용하여 측정하였다. 모든 설문은 리커트 7점 척도를 이용하여 측정하였다. 평균 스코어는 각각의 항목을 근거로 하여 4개의 이용에 대해 계산하였으며, 높은 점수는 PMS의 보다 집중적인 이용을 나타낸다.

측정의 다양성은 Hoque et al.(2001)과 Hoque and James(2000)에 의해 사용된 측정도구의 수정된 버전으로 측정되었다. 이 측정도구는 리커트 7점 척도로 20개의 성과측정치의 이용횟수(frequency)에 대해 질문하였다. 이러한 항목은 Kaplan and Norton(1992)에 의해 개발된 BSC의 4가지 관점을 근거로 하였다. 평균 스코어는 20개의 재무적, 비재무적 측정지표에 대해 계산되었다. 따라서 높은 평균 스코어는 기업이 크게 모든 측정치를 이용한다는 것을 나타낸다.

마지막으로 통제변수로서 환경의 불확실성은 Govindarajan(1984)의 측정도구를 이용하였으며, 조직규모는 종업원의 수를 이용하여 측정하였다. 그리고 전략은 Govindarajan(1988)의 측정도구를 이용하여 측정하였다.

5.3.5 분석방법

구조모형 방정식은 내생적인 변수와 외생적 잠재 변수 간의 다양한 인과관계를 동시에 연구하는 것이 가능한 일련의 다변량기법을 의미한다. 서베이로부터 수집한 데이터는 LISREL 8.52를 이용하여 분석하였다. 또한 일련의 변수에 대한 분석은 통제와 유연성 지배적인 유형을 반영하는 기업 간 PMS의 특성을 비교하기 위해 ANOVA 분석을 수행하였다.

5.3.6 분석결과

문화적 그룹이 분명하게 정의된 지배적인 유형을 가진다는 것을 확인하기 위해, 기업의 절대적 가치점수가 55점 이상인 경우, 통제 또는 유연성가치 기업으로 분류되었다. 따라서 45-55 사이의 가치점수를 가지는 기업은 분석을 위한 샘플에서 삭제되었다. 이 과정에서 55개가 삭제된 후에, 유연성가치 기업으로 207개, 통제가치 기업으로 121개가 분류되었다. 가설을 검정하기 위해 수행된 분산분석(ANOVA)의 결과는 다음 [도표 6-13]과 같다.

[도표 6-13] 분산분석 결과

PMS의 속성	유연성가치 기업	통제가치 기업	F값	p값
모니터링	5.59(0.97)*	5.64(1.03)	0.140	0.71
주의집중	5.16(0.98)	4.90(1.08)	5.060	0.03
전략적 의사결정	4.92(0.95)	4.56(1.01)	10.190	0.00
정당화	4.85(0.94)	4.63(0.98)	4.148	0.04
측정의 다양성	4.83(0.83)	4.43(0.85)	17.495	0.00

* 평균점수(표준편차)를 의미

[도표 6-13]의 분산분석 결과는 유연성가치 기업은 조직의 주의집중을 위해, 전략적 의사결정을 지원하기 위해, 활동을 정당화하기 위해 통제가치 기업보다 크게 PMS를 이용한다고 제안한다($p < 0.05$). 그러나 모니터링 이용에 대해서는 어떠한 유의한 차이도 없었다. 그리고 통제가치 기업보다 유연성가치 기업에서 보다 큰 측정의 다양성을 보여주고 있다($p < 0.01$).

연구모형의 가설을 검정하기 위해 수행된 구조방정식 모형의 분석결과로서 경로계수, 직간접적인 효과, 모형적합도 지수에 대한 주된 결과는 다음 [도표 6-14]와 같다.

[도표 6-14] 구조방정식 모형 분석결과

Panel A : 세부적인 결과				
가설	경로 방향	경로계수	Z 통계량	결과
H1	통제/유연성 → 모니터링	-0.004	-0.08	기각
H2	통제/유연성 → 주의집중	0.130	2.58***	지지
H3	통제/유연성 → 전략적 의사결정	0.179	3.61***	지지
H4	통제/유연성 → 정당화	0.098	2.11**	기각
H5	모니터링 → 측정의 다양성	0.163	1.49	기각
H6	주의집중 → 측정의 다양성	0.248	2.54**	지지
H7	전략적 의사결정 → 측정의 다양성	0.183	2.00**	지지
H8	정당화 → 측정의 다양성	-0.037	-0.30	기각
H9	통제/유연성 → 측정의 다양성	0.134	3.80***	지지
	조직규모 → 모니터링	0.131	2.78***	
	조직규모 → 주의집중	0.195	3.83***	

조직규모 → 전략적 의사결정	0.095	1.94*
조직규모 → 정당화	0.120	2.58***
조직규모 → 측정의 다양성	−0.027	−0.81
전략 → 모니터링	0.049	1.05
전략 → 주의집중	0.072	1.44
전략 → 전략적 의사결정	0.051	1.05
전략 → 정당화	0.026	0.55
전략 → 측정의 다양성	−0.062	−1.93*
환경불확실성 → 모니터링	−0.057	−1.22
환경불확실성 → 주의집중	−0.042	−0.83
환경불확실성 → 전략적 의사결정	0.007	0.15
환경불확실성 → 정당화	−0.030	−0.64
환경불확실성 → 측정의 다양성	0.054	1.68*

Panel B : 전체적인 결과 (통제/유연성이 측정의 다양성에 미치는 효과)		
직접효과	0.134	3.80***
간접효과	0.049	1.82*
모니터링	−0.0001	0.13
주의집중	0.021	3.71***
전략적 의사결정	0.032	7.19***
정당화	−0.0036	0.64
총 효과	0.183	4.62***

• Goodness-of-fit indices : $\chi^2(126)=364.2$ p=0.0; NNFI=0.969; CFI=0.977; RMSEA=0.069
* p<0.10 ** p<0.05 ***p<0.01.

[도표 6-14]의 Panel A는 (1) 유연성가치와 PMS의 세 가지 사용(주의집중, 전략적 의사결정, 정당화; p 〈 0.05), (2) 유연성가치와 측정의 다양성(p 〈 0.01), (3) 측정의 다양성과 PMS의 두 가지 사용(주의집중과 전략적 의사결정; p 〈 0.05) 간에 정의 유의한 경로계수를 보여준다. 또한 [도표 6-14]의 Panel B는 유연성가치는 특히 PMS의 두 가지 이용(주의집중과 전략적 의사결정; p 〈 0.05)을 통해 측정의 다양성에 유의한 간접적 효과를 가지고 있음을 보여준다.

설정된 가설을 기반으로 구체적으로 살펴보면, 첫째, PMS의 모니터링 이용과 관련한 결과는 전체적으로 결정적이지 않다. 통제가치 기업에서 모니터링을 위한 PMS의 이용이 더 큼에도 불구하고, 유연성가치 기업과의 차이는 약하고 유의하지 않았다. 따라서 가설1에 대한 어떤 지지도 제공되지 않았다. 왜냐하면 모니터링 이용은 가장 전통적이고 널리 보급된 통제시스템과 관련되어 있기 때문에, 모니터링 이용은 거의 모든 조직에서도 사용하고 있을 것이다. 더욱이 가설5는 모니터링 이용이 적은 측정의 다양성과 관련이 있을 것이라고 예측하였다. 그 결과는 긍정적이지만(positive), 모니터링 이용과 성과측정의 다양성 간의 차이는 유의하지 않았으며, 이는 PMS가 모니터링을 위해 사용되었을 때, 측정의 다양성과 어떠한 유의한 차이도 관찰되지 않았다는 것을 의미한다. 따라서 가설5는 지지되지 않았다. 최근에 비재무적 측정지표와 새로운 예산의 발달(Hansen, Otley and Van der Stede 2003)에 몰두하는 중요성을 고려한다면, 모니터링 이용은 재무적, 비재무적 측정지표 양자를 포함하기 위해 확대되고 있는 것으로 보인다.

둘째, 유연성가치는 주의집중을 위해 보다 큰 PMS의 이용과 유의한 관계가 있다는 것을 보여줌으로써 가설2를 지지하고 있다. 더욱이 가설6은 주의집중과 측정의 다양성(0.248; $p < 0.05$) 간에 정(+)의 유의한 계수를 나타냄으로써 지지되고 있다. 이러한 효과는 유연성가치와 공통적으로 관련이 있는 다양한 커뮤니케이션 채널뿐만 아니라, 느슨하고 비공식적인 통제 때문일 가능성이 있다. 유연성가치의 목적은 통제 대신에 관리활동의 지표가 되는 것이다. 재무적, 비재무적 측정지표는 기업 전체에 신호를 보내고, 조직의 대화를 자극하기 위해 사용된다.

셋째, 의사결정 이론에 따라 가설7은 전략적인 의사결정 이용과 측정의 다양성(0.183, $p < 0.05$) 간의 정(+)의 유의한 관계를 나타냄으로써 지지되고 있다. 더욱이 중요한 관계가 유연성가치와 전략적 의사결정 간의 관계가 도표에서 제시되고 있다. 이러한 결과는 가설3에 대한 지지를 가져온다. 유연성 기업이 지향하는 변화, 적응성과 반응성을 고려한다면, 기업은 전략적인 선택을 수행해야 할 상황에 더 자주 직면하게 될 것이다.

넷째, ANOVA와 구조방정식 모형은 둘 다 유연성가치 기업이 통제가치 기업보다 더 크게 정당화를 위해 PMS를 이용한다고 제안하고 있다. 이러한 결론은 가설4의 예측과는 반대이다. 이러한 결과는 최고경영진에 의한 권력의 집중화는 정당화를 위한 PMS의 이용에서 결정적인 요인이 아닐 것이라는 것을 제안하고 있다. 유연성가치 기업이 내리는 의사결정은 통제가치 기업보다 더 복잡하고 중요할 것이다. 따라서 전후에 의사결정의 정당화에 대한 필요성은 더 중요하게 될 것이다. 반대로 통제가치 기업은 더욱 일상화된 이슈에 직면할 것이다. 조직의 이해관계는 분명하고, 그리고 결과는 예측가능하다. 마지막으로 정당화와 측정의 다양성 간에는 어떤 관계도 입증되지 않았다. 따라서 가설8에 대한 어떤 지지도 제공되지 않았다.

다섯째, 구조방정식 모형의 결과는 유연성가치가 측정의 다양성(0.134, $p < 0.01$)과 관련이 있다는 것을 제안한다. 따라서 가설9를 지지하고 있다. 이러한 관계는 PMS의 이용을 통해 직간접적으로 설명되어질 수 있다. PMS의 이용을 통한 간접적인 효과에 의해 지지되고 있다.(0.049, $p < 0.10$). 특히 PMS 이용의 조절효과는 주의집중 이용(0.021, $p < 0.01$), 그리고 전략적 의사결정 이용(0.032, $p < 0.01$)에 기인한다. 마지막으로 통제변수와 관련하여, 그 결과는 기업의 규모와 PMS의 4가지 이용 간의 정(+)의 유의적인 관계를 제안하고 있다. 그 결과는 PMS의 4가지 이용과 전략과 환경의 불확실성 간에 어떠한 유의한 관계도 반영하지 않았다. 한편, 측정의 다양성과 전략과 환경의 불확실성 간에 유의한 관계가 발견되었다.

요약하면, 연구결과는 이론적인 모형에 대한 지지를 제공하고 있다. 기대했던 것과 같이, 유연성가치는 PMS의 주의집중과 전략적 의사결정 이용을 촉진하고, 측정의 다양성에 정(+)의 영향을 미친다. 또한 유연성가치와 측정의 다양성 간에 직접적인 관계가 관찰되었다. 그러나 기대와는 반대로, 유연성가치는 PMS의 정당화 이용과 관련이 있지만, 모니터링 이용에 대해선 어떤 관계도 입증되지 않았다. 이러한 결과물은 통제와 유사성 대 유연성과 변화 간의 조직의 긴장(tension)을 관리하는데 있어서, 통제시스템과 PMS의 역할과 공헌에 관한 통찰력을 제공한다.

5.3.7 결론 및 시사점

본 연구의 목적은 조직문화와 최고경영진을 위해 개발된 PMS 간의 관계에 대해 더 나은 이해를 제공하는 것이다. 이론적 관점에서, 본 논문은 상황접근법을 이용한 이전의 관리회계 문헌과 조직문화가 관리통제시스템의 구성요소 중 하나인 PMS의 설계와 이용에 미치는 영향을 조사했던 이전의 PMS에 관한 연구를 확장한다. 본 연구는 횡단면적 연구이며, 방대한 샘플을 이용하여 조직문화를 조사한 몇 안되는 관리회계 연구 중 하나이다. 지금까지 PMS에 관한 실증적인 연구의 대부분은 재무적, 비재무적 측정지표의 혼합에 초점을 맞춰왔다(Bourne et al. 2000). 이 연구의 밑바탕은 측정의 다양성을 설명하는 다양한 상황요인을 확인하는 것이다. 대부분의 이전 연구가 PMS의 두 기본적인 특성, 즉 PMS의 이용과 측정의 다양성을 동시에 고려하지 않았다. 이론적인 관점에서 본 논문은 측정의 다양성과 특별하게 조사되어야 하는 PMS와 아주 밀접하게 관련 있는 2가지 속성으로서 이용의 본질에 흥미를 집중시키고 있다. 더욱이 본 연구는 재무적, 비재무적 측정지표의 혼합에 영향을 끼치는 다른 상황요인으로서 PMS의 이용을 제시하고 있다. 그 결과는 PMS 이용의 본질과 강도에 의존한다면 측정의 다양성은 변할 것이라고 제안한다.

또한 본 연구는 관리실무를 위해 중요한 의미를 가지고 있다. PMS의 4가지 이용이 통제와 유연성가치와 반드시 양립하는 것이 아니기 때문에 조직의 활동은 PMS의 성공을 확신하기 위해 조정되어야 할 것이다. 경영자는 조직이 특정한 방식으로 PMS의 이용을 시도하거나 특정한 이용을 촉진하기 위해 조직의 프로세스를 변경하기 전에 조직이 의존하는 가치를 인식해야 한다. 또한 연구결과는 측정의 다양성이 이용의 유형에 의존한다는 것을 제안하고 있다. 따라서 조직은 올바른 성과측정지표의 다양성을 위해 시스템의 설계가 보다 나은 지표가 되기 위해서는 PMS를 실행하기 전에 기대하는 이용을 특징짓도록 조장하고 있다.

5.4 Domingo and Antonio(2011)의 연구

Innovative Culture, Management Control Systems and Performance in Young SMEs (Doctoral Track and Conference)

5.4.1 연구배경 및 목적

본 연구는 조직문화를 확인하고, 조직문화와 MCS 이용 간의 관계, 그리고 조직문화와 MCS의 이용이 성과에 미치는 효과를 검정한다. 신진기업(young firms)의 지식기반관점(knowledge-based view)에 따르면, 지식은 지속적인 경쟁우위를 달성하기 위해서 사회와 경제에서 변화와 활력의 원천으로 여겨지는, 즉 성장의 원동력으로 여겨지는 학습과정을 통해 축적된다(McQuaid 2002). 신진기업은 경쟁우위를 확보하고 생존하기 위해서 혁신하려는 조직문화 개발의 중요성을 인지해야 한다. 혁신은 회사가 지속가능한 우위를 달성하는 것을 가능하게 하고(Vermeulen 2004), 경제 성장을 위한 핵심적인 요인으로 간주된다. 조직문화는 기업의 조직구성원에 의해 공유되고 있는 믿음, 기대치, 그리고 가치의 축적물을 의미한다(Leal 1991). 부가적으로 관리통제시스템은 의사결정 과정에서 매우 중요한 요소이다. Henri(2006a)에 따르면, 광범위한 문헌에서 조직문화가 관리통제시스템에 중요한 영향을 미친다고 주장하고 있다. 게다가 매우 정교하게 개발되고 구조화된 정보시스템은 지속가능한 경쟁우위를 확보할 수 있다(Barney 1991; Morikawa 2004). 경영의사결정은 편파적이지 않은 정보, 재무계획, 원가회계와 같은 관리기법을 기반으로 이루어져야 하며, 재정 진단은 의사결정 과정에서 일반적인 도구이어야 한다. 그럼에도 불구하고 일부 연구는 관리회계시스템이 중소기업에서 광범위하게 이용하지 않고 있다는 것을 보여주고 있다(Chenhall and Langfield-Smith 1998).

5.4.2 연구모형 및 가설설정

본 연구는 혁신문화(innovative culture)와 관리통제시스템이 신진 중소기업의 성과에 미치는 영향을 분석하였다. 본 연구는 신진 중소기업의 문화를 제시하고, 조직문화가 신진 중소기업의 성과에 어떻게 영향을 미치는지를 제시하며, 신진 중소기업이 경쟁우위를 달성하는데 있어 MCS가 어떤 역할을 수행하는지를 밝힌다. 그리고 혁신문화가 기업성과를 개선하는데 기여할 수 있는지를 확인한다. 연구의 목적을 달성하기 위해 설정된 가설은 다음과 같다.

H1 : 혁신문화는 신진 중소기업의 성과에 정(+)의 영향을 미칠 것이다.

H2 : MCS의 이용은 신진 중소기업의 성과에 정(+)의 영향을 미칠 것이다.

5.4.3 자료 수집

본 연구의 목적을 달성하기 위해, 유럽연합(European Union)에 의해 구축된 데이터베이스로부터 추출한 기업으로부터 설문조사를 통해 연구 자료를 수집하였다. 본 연구는 종업원이 10명 이상 250명 이하이면서 설립일이 10년 이내인 기업을 대상으로 하였다. 신진 중소기업 89개로부터 자료를 수집하여 실증분석을 수행하였다.

5.4.4 변수의 측정

조직문화는 Cameron and Quinn(1999)에 의해 제안된 조직문화 평가도구(organizational culture assessment instrument)를 이용하여 측정하였다. Cameron and Quinn(1999)은 조

직문화를 두 가지 차원을 기준으로 하여 4가지 유형, 즉 시장문화(market culture), 위계문화(hierarchy culture), 동류문화(clan culture), 애드호크러시 문화(adhocracy culture)로 구분하였다. 첫 번째 차원은 기업이 통제성, 안정성 및 명령체계에 대해 지향하는 정도이다. 이러한 차원 내에서 기업은 한편으로는 높은 안정성, 예측가능성 및 명령체계를 강조하든지, 다른 한편으로는 높은 유연성, 유기적인 구조와 적응력을 유지하면서 변동을 거듭한다. 두 번째 차원은 내부 비즈니스 지향–외부 비즈니스 지향에 관한 것이다. 이러한 두 차원의 결합에 의해 조직문화는 4개의 유형으로 분류되는데, 구체적인 내용은 다음 [도표 6–15]와 같다.

[도표 6-15] 조직문화의 유형

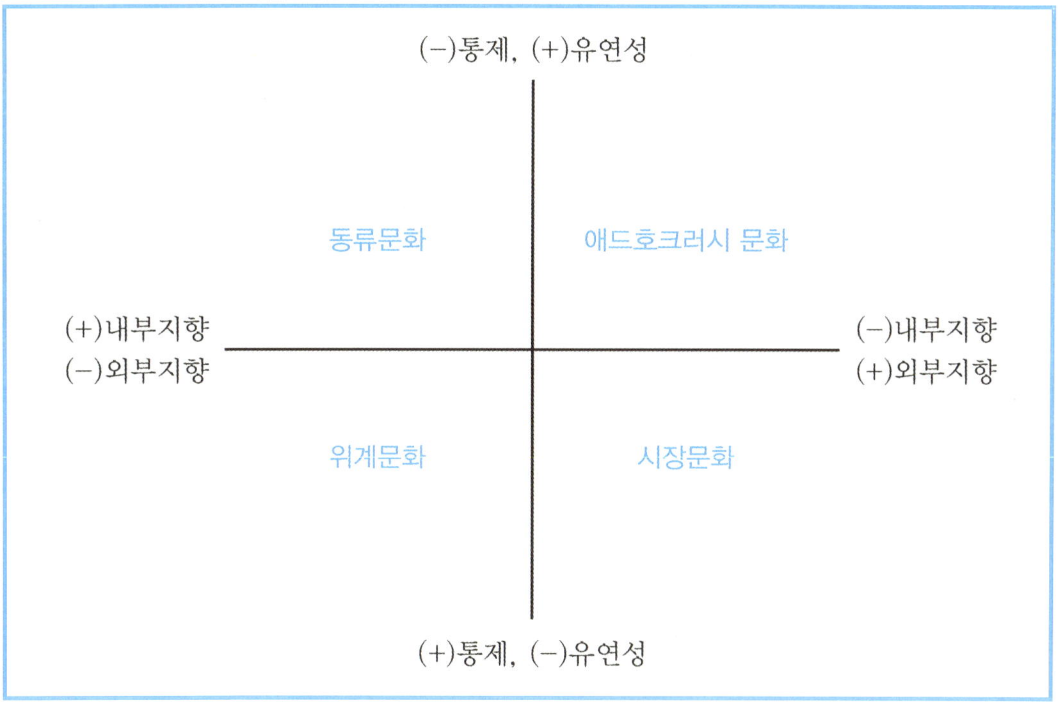

동류문화는 조직의 내부통제를 강조하는 전형적인 회사의 유형이지만, 유연성을 가지고 조직구성원의 참여와 특정 고객의 관심사 등을 중요시한다. 애드호크러시 문화는 조직의 외적인 측면에 중점을 두는 회사와 관련이 있는데, 높은 수준의 유연성과 혁신을 추구한다. 시장문화는 비즈니스의 외부 지향을 강조하는 조직에서 나타나지만, 동시에 통제와 내부 안정성에 대한 필요성에도 주의를 기울인다. 위계문화는 통제와 안정성을 필요로 하는 내적인 측면에 특별한 관심을 기울이는 회사와 관련이 있다. 문헌은 어떤 조직이든지 네 가지 문화의 가치를 공유하고 있음에도 불구하고 일반적으로 다른 것보다 우위를 보이는 하나의 문화가 있게 마련이라고 언급하고 있다.

경영자는 회사의 정의, 경영스타일, 공유되고 있는 가치 및 비즈니스의 주요한 성공요인과 관련한 4가지 유형의 질문에 100점을 배분하여 응답한다. 이 응답을 기초로 혁신문화를 측정한다. 혁신문화의 가치, 규칙 및 관례는 동류문화와 애드호크러시 문화와 일치한다. 혁신적인 회사는 명확성과 유연성을 지향하면서 변화하기가 용이하다. 이러한 이유 때문에, 새로운 변수인 혁신문화는 수학적인 알고리즘을 통해 계산하였다.

MCS의 이용수준은 Choe(2004)와 Hoque and James(2000)에 의해 이용된 3가지 항목, 즉 관리회계 기법, 단기 현금흐름 예산 및 재무분석에 대해 경영자의 주관적인 인식을 리커드 5점 척도를 이용하여 측정하였다. MCS의 이용은 3가지 항목의 평균값을 이용하여 측정하였다.

성과는 Quinn and Rohrbaugh(1983)에 의해 제안된 성과 변수를 이용하였다. Quinn and Rohrbaugh(1983)은 조직의 분석(organizational analysis)을 위해 특징적인 3가지 차원의 조직효율성의 프레임워크를 설정하였다. 첫 번째 차원은 의사소통과 인적개발과 같은 미시적 관점을 기반으로 하는 내적관점으로부터 비즈니스 성과와 같은 거시적 수준을 강조하는 외적관점에 이르기까지 조직접근법과 관련되어 있다. 두 번째 차원은 조직구조, 비즈니스의 안정성 및 유연성을 강조하는 것에 초점이 맞춰져 있다. 세 번째 차원은 조직의 수단과 목적을 기반으로 하고 있다. 4가지 성과 모형, 즉 내부프로세스, 개방시스템, 합리성 및 인적관계는 이러한 3가지 차원의 결합에서 기인한다. 이러한 모형을 측정하기 위해서 12개의 설문항목에 대해 리커드 5점 척도를 이용하여 측정하였다.

5.4.5 분석방법 및 결과

본 연구의 가설을 검정하기 전에, 주요 목표는 신진 중소기업의 일반적인 문화의 유형을 결정하는 것이다. 본 연구에서는 동류문화에 기인하는 가치가 지배적이라는 것을 관찰할 수 있었다. 조직문화와 MCS 이용이 기업성과에 미치는 영향과 관련한 분석결과는 다음 [도표 6-16]과 같다.

[도표 6-16] 분석결과

	성과 모형								글로벌 성과	
	내부프로세스		개방시스템		합리성		인적관계			
	모형 1	모형 2	모형 1	모형 2	모형 1	모형 2	모형 1	모형 2	모형 1	모형 2
동류문화	0.123	0.083	0.079	0.043	0.001	−0.032	0.021	−0.013	0.068	0.020
	(1.155)	(0.821)	(0.737)	(0.417)	(0.009)	(−0.310)	(0.195)	(−0.121)	(0.640)	(0.207)
MCS		0.341*		0.307*		0.285*		0.288*		0.412*
		(3.365)		(2.976)		(2.735)		(2.766)		(4.166)
VIF		1.014		1.014		1.014		1.014		1.014
F	1.333	6.406*	0.543	4.724‡	0.000	3.741‡	0.038	3.485‡	0.410	8.920*
R^2	0.015	0.130	−0.005	0.078	−0.11	0.059	−0.011	0.061	−0.007	0.153
수정된 R^2		0.115*		0.093*		0.080*		0.082*		0.167*
	성과 모형								글로벌 성과	
	내부프로세스		개방시스템		합리성		인적관계			
	모형 1	모형 2	모형 1	모형 2	모형 1	모형 2	모형 1	모형 2	모형 1	모형 2
애드호크러시 문화	0.293*	0.277*	0.261*	0.247‡	0.056	0.043	−0.014	−0.027	0.185+	0.166+
	(2.860)	(2.871)	(2.521)	(2.491)	(0.523)	(0.414)	(−0.127)	(−0.262)	(1.758)	(1.720)
MCS		0.337*		0.300*		0.279*		0.287*		0.406*
		(3.494)		(3.030)		(2.697)		(2.781)		(4.204)
VIF		1.002		1.002		1.002		1.002		1.002
F	8.180*	10.72*	6.354‡	8.065*	0.274	3.783‡	0.016	3.875‡	3.092+	10.68*
R^2	0.075	0.181	0.057	0.138	−0.008	0.059	−0.011	0.061	0.023	0.180
수정된 R^2		0.114*		0.090*		0.078*		0.082*		0.165*
	성과 모형								글로벌 성과	
	내부프로세스		개방시스템		합리성		인적관계			
	모형 1	모형 2	모형 1	모형 2	모형 1	모형 2	모형 1	모형 2	모형 1	모형 2
시장문화	−0.050	−0.095	−0.152	−0.194+	−0.005	−0.041	−0.002	−0.039	−0.63	−0.116
	(−0.464)	(−0.936)	(−1.432)	(−1.914)	(−0.047)	(−0.391)	(−0.023)	(−0.372)	(−0.586)	(−1.183)
MCS		0.362*		0.336*		0.286*		0.291*		0.428*
		(3.578)		(3.321)		(2.746)		(2.297)		(4.366)
VIF		1.016		1.016		1.016		1.016		1.016
F	0.215	6.522*	2.051	6.657*	0.002	3.772‡	0.001	3.912‡	0.343	9.738*
R^2	−0.009	0.112	0.012	0.114	−0.011	0.059	−0.11	0.062	−0.088	0.166
수정된 R^2		0.129*		0.111*		0.081*		0.083*		0.181*

	성과 모형								글로벌 성과	
	내부프로세스		개방시스템		합리성		인적관계			
	모형 1	모형 2	모형 1	모형 2	모형 1	모형 2	모형 1	모형 2	모형 1	모형 2
위계문화	−0.337*	−0.253‡	−0.154	−0.62	−0.040	0.052	−0.015	−0.081	−0.171	−0.047
	(−3.342)	(−2.467)	(−1.454)	(−0.593)	(−0.375)	(0.475)	(−0.144)	(0.746)	(−1.617)	(−0.460)
MCS		0.272*		0.292*		0.297*		0.311*		0.399*
		(2.653)		(2.716)		(2.734)		(2.874)		(3.874)
VIF		1.106		1.106		1.106		1.106		1.106
F	11.168*	9.491*	2.113	4.822*	0.141	3.812‡	0.021	4.140‡	2.616	9.022*
R^2	0.104	0.162	0.012	0.080	−0.10	0.060	−0.11	0.067	0.018	0.154
수정된 R^2		0.067*		0.077*		0.080*		0.088*		0.144*

	성과 모형								글로벌 성과	
	내부프로세스		개방시스템		합리성		인적관계			
	모형 1	모형 2	모형 1	모형 2	모형 1	모형 2	모형 1	모형 2	모형 1	모형 2
혁신문화	0.339*	0.316*	0.261‡	0.240‡	0.049	0.029	0.027	0.008	0.212‡	0.184+
	(3.356)	(3.310)	(2.520)	(2.417)	(0.453)	(0.280)	(0.257)	(0.073)	(2.020)	(1.905)
MCS		0.328*		0.295*		0.279*		0.286*		0.401*
		(3.345)		(2.967)		(2.691)		(2.758)		(4.162)
VIF		1.005		1.005		1.005		1.028		1.005
F	11.263‡	12.26*	6.351‡	7.862*	0.205	3.732*	0.066	3.840‡	4.080‡	11.08*
R^2	0.104	0.204	0.057	0.135	−0.009	0.058	−0.011	0.061	0.034	0.186
수정된 R^2		0.107*		0.087*		0.078*		0.081*		0.160*

+ $p<0.10$ ‡ $p<0.05$ * $p<0.01$

본 연구의 주요 목적은 신진 중소기업의 지배적인 문화의 유형을 파악하는 것인데, 동류문화가 지배적인 것으로 나타났다. 애드호크러시 문화는 상대적으로 많지 않다는 것을 확인하였다.

신진 중소기업의 조직문화와 MCS 이용이 성과에 미치는 효과를 검정하기 위해 계층적 회귀분석을 수행하였다. 글로벌 성과와 관련하여, 애드호크러시 문화와 혁신문화(애드호크러시와 동류문화의 혼합)는 글로벌 성과에 정(+)의 영향을 미치는 것으로 나타났다. 동류문화, 시장문화 및 위계문화와 글로벌 성과 간의 관계에 대해서는 유의한 증거를 얻을 수 없었다. 이와 같은 결과는 혁신문화를 갖고 있는 신진 기업이 보다 더 높은 성과를 달성할 수 있다는 가설1을 지지하는 것이라 할 수 있다. [도표 6-16]

의 모형1의 결과를 보면, 성과를 다양한 유형으로 세분화해서 분석하였는데, 혁신문화, 애드호크러시 문화의 주요한 효과가 내부프로세스와 개방시스템 성과 모형에서 나타난 것을 관찰할 수 있다. 추가적으로 위계문화와 내부프로세스의 성과 간에는 통계적으로 유의한 부(−)의 관계가 있는 것으로 나타났다.

[도표 6−16]의 모형2의 결과에서는 MCS의 이용을 검정하기 위한 회귀분석 결과를 제시하고 있다. 분석결과를 보면 문화가 미치는 영향을 고려할 때, MCS의 이용이 성과에 유의한 정(+)의 영향을 미친다는 것을 입증하고 있다. 모형2에서 MCS 이용은 모든 유형의 성과 모형에 대해 통계적으로 유의적인 정(+)의 상관계수를 가지는 것으로 나타났다. 이것은 선행연구와 일치하는 결과이다(Kennedy and Affleck−Graves 2001; Bright et al. 1992).

5.4.6 결론 및 시사점

조직문화는 신진기업의 생존을 보장할 수 있는 결정적인 요소가 될 수 있다. 이런 점에서 혁신의 촉진을 유도할 수 있는 문화의 정착은 신진기업이 경쟁우위를 획득하는데 도움이 될 수 있다. 연구결과에서 조직문화는 신진기업의 성과에 미치는 영향이 대조적인 것으로 나타났다. 혁신문화는 신진기업의 글로벌 성과에 유의한 정(+)의 영향을 미치는 것으로 나타난 반면, 위계문화는 내부프로세스 성과에 유의한 부(−)의 영향을 미치는 것으로 나타났다. 추가적으로 MCS는 신진기업이 높은 성과를 달성하는데 영향을 미치는 것으로 나타났다. 이것은 MCS가 의사결정 과정에 필수적인 정보를 제공하기 때문으로, MCS는 신진기업을 위해 필수적인 요소라는 것을 확인하는 결과라고 할 수 있다. 본 연구의 결과는 혁신문화의 실행과 MCS 이용으로부터 얻는 이익을 인지할 수 있는 만큼 신진기업을 위해 매우 유용할 것으로 기대한다.

5.5 Abernethy et al.(2010)의 연구

Leadership and control system design (Management Accounting Research)

5.5.1 연구배경 및 목적

경영학에서 조직의 비전수립과 의사소통, 권한위임 그리고 전략 수행은 조직마다 상이한 리더의 개인적 특성과 행위적 특성으로 설명하고 있는데, 이러한 리더의 특성을 종합하여 리더십 스타일(Yukl 2005)이라고 한다. 그러나 관리회계에서는 최고경영진의 의사소통과 권한위임 그리고 전략실행의 도구인 관리통제시스템 설계에서 리더십 스타일은 주어진 것이라 가정하고 연구를 진행하였다.

본 논문은 관리회계에서 간과하고 있는 리더십이 통제시스템 설계에 미치는 영향에 대해 연구하였다. Bolton et al.(2008)의 리더십 프레임워크를 활용하여 리더십이 조직구성원과의 의사소통을 위한 PCS(Planning and Control Systems) 이용, 권한위임 그리고 조직의 목표 실행 및 책무성을 평가하는 PMS의 이용에 미치는 영향을 검정하였다.

5.5.2 연구모형 및 가설설정

리더가 조직구성원에게 지시를 내리고 통제하는 것은 리더 행동의 일부분이고, 리더의 행동 경향과 개인적 특성은 통제시스템 이용에 영향을 미치며, 이것은 조직구성원의 행위에 영향을 미친다(Bass 1990; Hunt and Conger 1999; Waldman and Yammarino 1999; Yukl 2005). 리더는 기업의 비전을 분명히 하고 조직구성원과의 의사소통을 통해 본인의 가치를 표현하고, 성과기대치를 전달하고, 조직구성원에게 성과기대치의 성취가능성에 대한 확신을 제공한다(Roberts 2004). 리더와 조직구성원 간의 개인적 관계는 행위를 변화시키는 결과를 가져온다.

관리회계에서 리더십을 다양하게 정의하고 있지만, 본 논문은 Stogdill and Coons(1957)의 리더십 스타일을 적용하도록 한다. Stogdill and Coons(1957)에 의하면 배려형의 리더는 조직구성원을 의사결정에 참여시키고, 조직구성원의 의견을 고려하고, 조직구성원의 복지에 관심을 갖는다. 반면, 구조주도형의 리더는 역할과 책임을 명확히 정의하고 통일적인 업무절차를 구현하여 업무환경을 구조화한다. 이론과 실무연구에서 최고경영진은 구조주도형과 배려형의 스타일을 갖고 있음을 제시한다. 구조주도형은 조직구성원의 역할을 명확히 하고, 공식적인 통제시스템과 업무절차를 통해 조직구성원의 성과를 모니터링하고 조직의 방향을 전달한다. 그리고 배려형은 조직구성원과의 개인적인 관계를 발전시켜 상호신뢰를 증진시킨다(Waldman et al. 2001; Koene et al. 2002). 실질적으로 조직의 최고경영진은 두 가지 리더십 특징을 동시에 갖고 있지만, 리더십 스타일이 관리통제시스템 설계에 미치는 영향을 분석하기 위해 두 가지 리더십은 구분된다고 가정하였다.

리더십 스타일이 관리통제시스템의 선택에 영향을 미치는지, 또는 운영환경(부서 간 상호의존성, 정보의 비대칭성)에 의해 관리통제시스템의 선택이 결정되는지는 명확하지 않다. 리더십 스타일은 조직구성원의 상급자에 대한 인지적이고, 개인적인 특성을 반영한다. 선행연구에서 권한위임은 사업부 간의 정보의 비대칭성과 상호의존성에 영향을 받고, 리더십 스타일이 권한위임에 미치는 영향은 명확하지 않다. 다음과 같은 가설을 설정하였으며, 이를 정리하면 [도표 6-17]과 같다.

H1 : 리더십 스타일과 조직구성원의 의사결정권 위임수준 간에는 어떠한 연관성도 없을 것이다.

H2a : 리더십 스타일과 PCS의 상호작용적 의사소통 이용 간에는 정(+)의 관계가 있을 것이다.

H2b : 배려형 리더십 스타일과 계획·통제시스템 간의 관계는 구조주도형 리더십 스타일과의 관계보다 더 정(+)의 관계일 것이다.

H3a : 구조주도형 리더십 스타일과 PMS의 이용 간에는 정(+)의 관계가 있을 것이다.

H3b : 배려형 리더십 스타일과 PMS의 이용 간에는 어떠한 연관성도 없을 것이다.

H4 : 권한위임 수준과 PCS의 상호작용적 의사소통 이용 간에는 정(+)의 관계가 있을 것이다.

H5 : 권한위임 수준과 PMS의 이용 간에는 정(+)의 관계가 있을 것이다.

[도표 6-17] 변수와 가설 관계

Path From	Path to		
	권한위임	PCS	PMS
Endogenous			
권한위임		+(H4)	+(H5)
Test variables			
배려형 리더십	?(H1)	++(H2a, H2b)	?(H3b)
구조주도형 리더십	?(H1)	+(H2a, H2b)	+(H3)

• 위 도표에서 "?"는 어떠한 관계도 없다는 것을 의미함

5.5.3 자료 수집

최고경영진의 리더십 스타일과 수익중심점 관리자(subunit)의 MCS 선택을 평가하기 위해 네덜란드 기업의 서비스와 제조부문을 대상으로 설문조사를 수행하였다. 기업은 최소한 3개의 수익중심점을 가지고 있고 종업원 100명 이상인 기업을 대상으로 하였다. 왜냐하면 공식적인 통제시스템(PCS, MCS)을 사용하기 위해서는 일정한 규모 이상이여야 하기 때문이다. 기업의 수익중심점 관리자를 무작위로 선택하여 인터뷰를 진행하였으며, 설문대상 170개 기업 중에서 128개의 수익중심점으로부터 자료를 획득하였다.

5.5.4 변수의 측정

권한위임은 Abernethy et al.(2004)에 의해 개발된 도구를 사용하였는데, 응답자에게 상급자와 비교한 의사결정권(전략, 투자, 마케팅, 내부프로세스 및 인적자원)의 수준을 나타내 줄 것을 요청하여 7점 척도로 측정하였다. 수익중심점 관리자에게 투자의사결정 권한은 크지 않은 것으로 나타났으며, 요인분석결과 투자와 관련한 설문문항은 제거되었다.

PCS의 상호작용적 의사소통 이용은 Abernethy and Brownell(1999)에 의해 개발된 도구를 이용하였으며, PCS의 이용을 측정하기 위해 Bisbe and Otley(2004)의 문항도 채택하였다. 초기의 설문문항은 병원을 대상으로 4개의 항목으로 구성되어 있었기 때문에 서비스와 제조부문에 적합하도록 재구성하였다. 응답자에게 PCS가 기업 내에서 경영자뿐만 아니라 CEO, 수익중심점 관리자에 의해 이용되는 방식에 대해 나타내줄 것을 요청하였다. 설문문항은 4개 항목으로 구성되어 있으며 7점 척도로 측정하였다.

본 연구는 최고경영진이 수익중심점 관리자의 보상 및 승진을 결정하는데 있어 성과측정지표를 어느 정도 이용하는가에 관심이 있다. 선행연구는 경영성과를 평가하는데 있어 성과측정지표의 상대적인 중요도를 측정하거나 보상 인센티브 계약을 위해 다양한 성과측정지표 유형의 가중치를 측정하였다(Ittner et al. 1997). 이러한 도구는 경영성과의 평가나 보상을 위해 이용되기보다는 오히려 보상시스템의 설계에 초점을 맞추고 있다. 본 연구는 최고경영진이 수익중심점 관리자의 보상이나 승진을 결정하는데 있어 성과측정지표의 이용정도를 포착하기 위해 3가지 항목을 7점 척도로 측정하였다.

리더십 스타일은 Stogdill and Coons(1957)에 의해 개발된 LBDQ의 수정된 버전을 이용하였다. 이 도구는 리더십 스타일의 2가지 유형을 포착하기 위해 문헌에서 지속적으로 이용되고 있다. Judge et al.(2004)는 2가지 리더십 스타일에 대해 타당성 검증을 하였다. 몇 개의 항목은 신뢰성과 타당성 문제로 인해 삭제되었다. 점수가 높을수록 배려형 및 구조주도형 리더십이 강하다는 의미이다.

운영환경은 지식의 비대칭성과 상호의존성으로 구분하여 측정하였다. 지식의 비대칭성은 Dunk(1993)에 의해 개발된 도구를 기반으로 측정하였고, 상호의존성은 Keating(1997)이 개발한 도구를 이용하였다.

5.5.5 분석방법 및 결과

본 연구의 가설을 검정하기 위해 PLS와 SEM을 사용하였다. 주요 변수 간의 상관관계를 분석한 결과는 다음 [도표 6-18]과 같다.

[도표 6-18] 주요 변수간 상관관계

	복합 신뢰도	1	2	3	4	5	6	7
1. 권한위임	0.82	0.73						
2. PCS	0.81	0.18**	0.72					
3. PMS	0.80	0.07	-0.36***	0.82				
4. 배려형	0.82	-0.05	0.40***	0.09	0.66			
5. 구조주도형	0.79	-0.06	0.31***	0.42***	0.25***	0.64		
6. 지식 비대칭성	0.81	0.35***	0.15*	0.10	-0.04	0.06	0.68	
7. 상호의존성	0.91	-0.22**	-0.12	-0.11	0.02	-0.04	-0.22**	0.92

배려형과 구조주도형 리더십 스타일 간에는 강한 상관관계가 있는 것으로 나타났으며, 2가지 리더십 스타일은 상호작용적 PCS와 긍정적인 관계가 있는 것으로 나타났다. 반면에 구조주도형 리더십은 PMS와 정(+)의 상관관계가 있는 것으로 나타났으나, 배려형 리더십과는 상관관계가 없는 것으로 나타났다. 리더십 스타일과 권한위임 간에는 어떠한 상관관계도 나타나지 않았다. 가설검정을 위한 PLS 분석결과는 다음 [도표 6-19]와 같다.

[도표 6-19] PLS 분석결과

Path From	예측부호	Path to 권한위임 (multiple R^2=0.15)	PCS (multiple R^2=0.26)	PMS (multiple R^2=0.19)
Endogenous				
권한위임	NR, +, +		0.17(1.69)*	0.07(0.68)
Test variables				
배려형	+, +, NR	−0.01(0.12)	0.36(4.77)***	0.00(0.04)
구조주도형	−, +, +	−0.09(1.05)	0.23(2.59)***	0.42(4.36)***
지식 비대칭성	+, NR, NR	0.32(3.72)***	0.07(0.85)	0.03(0.30)
상호의존성	−, NR, NR	−0.15(1.57)+	0.06(0.68)	−0.07(0.70)

+ $p<0.15$ * $p<0.10$ ** $p<0.05$ *** $p<0.01$

[도표 6-19]의 PLS 분석결과를 보면, 통제변수인 운영환경 중 지식의 비대칭성과 권한위임 간에는 통계적으로 유의한 정(+)의 관계(0.32, t=3.72)가, 사업부 간의 상호의존성과 권한위임 간에는 통계적으로 유의한 부(−)의 관계(−0.15, t=1.57)가 있는 것으로 나타났다. 그러나 운영환경 변수를 통제한 후, 리더십 스타일은 권한위임에 통계적으로 유의한 영향을 미치지 못하는 것으로 나타났다.

가설2는 지지되는 것으로 나타났다. 가설2는 리더십 유형과 상호작용적 의사소통 도구로서 PCS의 이용과 정(+)의 관계를, 그리고 배려형 리더십은 구조형 리더십보다 PCS의 이용과 더 정(+)의 관계가 있을 것으로 예측하였다. 연구결과 배려형 리더십과 구조주도형 리더십은 PCS의 상호작용적 이용과 통계적으로 유의한 정(+)의 관계(각각 coefficient=0.36, t=4.77; coefficient=0.23, t=2.59)가 있는 것으로 나타났다. 가설2b를 검정하기 위해 t-검증을 수행한 결과 통계적으로 유의한 차이가 있는 것으로 나타났다(t=3.08, p<0.01). 따라서 예측한 것과 같이, 배려형 리더십 스타일과 PCS 간의 관계는 구조주도형 리더십과의 관계보다 더 정(+)의 관계가 있는 것으로 나타났다.

가설3은 구조주도형 리더십은 PMS의 이용과 정(+)의 관계를, 배려형 리더십은 PMS의 이용과 관계가 없을 것으로 예측하였는데, 이 가설도 지지되었다. 구조주도형 리더는 승진 및 보상에 대한 의사결정을 수행하면서 성과측정지표를 더 이용하는 것으로 나타났으나(coefficient=0.42, t=4.36), 승진 및 보상에 대한 의사결정에서 배려형 리더십과 성과측정지표의 이용 간에는 어떠한 관계도 없는 것으로 나타났다.

가설4를 지지하는 증거도 발견하였다. 즉, 권한위임 수준은 PCS의 상호작용적 의사소통 이용에 영향을 미치는 것으로 나타났다. 두 구성요인 간의 경로계수는 0.17(t=1.69)이다. 한편, 기대했던 것과는 다르게 권한위임 수준은 승진 및 보상 의사결정을 위한 성과측정지표의 이용에 영향을 미치지 않는 것으로 나타나서, 가설5는 지지되지 않았다.

5.5.6 결론 및 시사점

본 연구는 리더의 특성이 관리회계시스템의 선택에 미치는 영향을 연구하였다. 본 연구의 의의와 시사점은 다음과 같다. 첫째, 대부분의 관리회계 연구가 MCS의 설계(예를 들어 PMS에서의 재무측정치와 비재무측정치의 비중, 보상 설계 시 재무·비재무측정치의 비중)에 초점을 맞춘데 비하여, 본 연구는 상대적으로 연구가 미흡한 최고경영진의 PMS 이용을 연구하였다. 둘째, 리더십 스타일은 MCS의 선택에 중요한 선행변수라는 것을 확인하였다. 2가지 리더십 스타일은 PCS의 상호작용적 이용에 영향을 미치고, 구조주도형 리더십은 PMS의 보상 및 승진 이용에 영향을 미친다. 이러한 증거는 경영학에서 대인 간 리더십 특성은 최고경영진이 하급자와 미션을 공유하고, 하급자의 기대되는 성취를 고취하기에 중요하다는 것을 뒷받침 한다(Waldman and Yammarino 1999). 상호작용적 PCS는 이러한 프로세스에 이용된다. 셋째, 구조주도형 리더십 스타일은 PMS의 보상 및 승진 이용과 관련이 있다. 이러한 리더십 스타일은 공식적인 시스템을 사용하며, 구체적인 목표치의 설정과 목표 성취에 기반하여 평가 하려고 한다. 상호의존성과 지식의 비대칭성은 상호작용적 PCS와 PMS의 보상 및 승진 이용에 영향을 미치지 않았다. 넷째, 기업이 의도한 MCS의 목적을 성취하려면 MCS의 설계뿐만 아니라 조직구조(사업부 간 지식의 비대칭성, 상호의존성)와 최고경영진의 리더십 스타일을 고려해야 한다.

5.6 Jansen(2011)의 연구

The effect of leadership style on the information receiver's reaction to management accounting change (Management Accounting Research)

5.6.1 연구배경 및 목적

관리자의 리더십 스타일과 회계데이터 이용 간의 관계는 이미 알려져 있지만, 관리자의 리더십 스타일이 관리회계의 변화에 미치는 영향은 거의 연구되지 않았다. 본 연구는 10개의 자동차 대리점을 소유한 기업을 사례로 관리자의 리더십 스타일이 새롭게 도입되는 관리회계정보에 미치는 영향을 분석한 사례연구이다. 사례에서 최고경영진은 본인의 리더십에 활용하기 위해 새로운 관리회계정보를 도입하는 것으로 나타났다. 흥미롭게도 개별적인 자동차 대리점과 최고경영진의 역사적인 리더십 스타일에 따라 새로운 회계정보의 활용이 상이한 것으로 나타났다.

5.6.2 연구모형 및 가설설정

본 연구의 주요한 개념은 관리회계의 변화, 리더십 스타일 그리고 업무만족도이다. 관리회계의 변화는 관리자가 이용 가능한 회계정보를 변화시키는 것을 의미한다. 새로운 관리회계정보의 도입이 조직의 MCS의 변화와 동시에 일어날지는 미지수다. 사례에서 변화를 분석하기 위해 복잡성의 수준은 3가지, 즉 Type1, 2, 3-변화로 구분하도록 한다. Type1-변화는 조직의 회계정보변화만을 의미한다. MCS의 변화 또는 조직 경영자의 리더십 스타일의 변화를 포함하지 않는 변화의 유형이다. Type2-변화는 조직의 회계정보의 변화뿐만 아니라 MCS의 변화도 의미한다. 경영환경이 불확실한 상황에서 상호작용적인 통제와 같이 좀 더 유연한 관리통제의 도입은 외부환경의 변화에 조직이 쉽게 적응하는데 도움이 될 것이다. Type3-변화는 새로운 MCS뿐만 아니라 경영자(상위 및 하위수준의 경영)의 리더십 스타일의 변화를 포함한다. Type3-변화는 Type2-변화보다 더욱 복잡하고 실현하는데 어려움이 있다.

이론적으로 개별적 리더는 변혁적 리더십 또는 거래적 리더십 스타일로 구분되지만, 많은 실증연구(Avolio et al. 1999; Bass and Avolio 1993; Bass 1998; Vera and Crossan 2004)에서 리더는 변혁적 리더십과 거래적 리더십 속성을 동시에 가지고 있으며, 단지 정도의 차이가 있을 뿐이라고 제안되고 있다. 본 연구에서 최고경영진은 변혁적 리더십과 거래적 리더십을 동시에 보유하고 있고, 단지 정도의 차이만 있을 뿐이라고 가정한다. 거래적 리더십은 사이버네틱 시스템(cybernetic system)을 잘 활용할 수 있을 때 효과적이고, 변혁적 리더십은 암묵적 통제시스템(신념시스템)을 잘 활용하는 경우에 효과적이다. 개념적 연구모형과 명제(Proposition)는 다음과 같다.

[도표 6-20] 개념적 연구모형

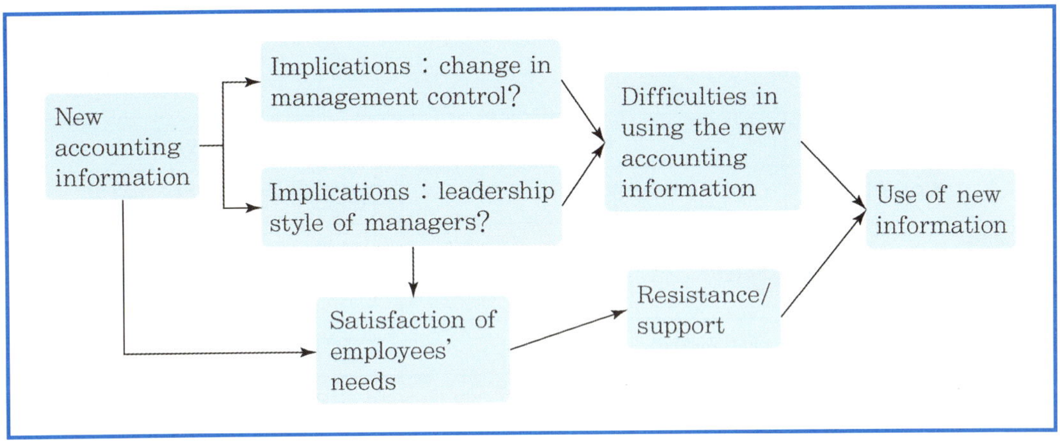

P1 : 의도적인 관리회계의 변화는 관리통제와 경영자의 리더십 스타일의 변화를 의미하는 것으로, 그것은 의도된 변화를 실현하는 것이 더 복잡할 것이다.

P2 : 새로운 회계정보의 도입은 조직구성원의 직무만족에 영향을 미칠 것이다.

P3 : 새로운 회계정보의 도입이 직무만족에 미치는 영향은 새로운 회계정보에 대한 지원 또는 저항의 결과일 것이다.

5.6.3 연구방법

사례연구 회사는 Stam Groep이라는 가족에 의해 운영되는 회사그룹으로 자동차 분야의 서비스를 제공하고 있다. 회사의 종업원은 대략 360명이고, 네덜란드에 10개의 르노 대리점을 소유하고 있다. 2001년 기업의 신임 경영진은 새로운 관리회계정보를 도입하였으나, 대리점별로 새로운 관리회계정보의 이용은 상이하였다. 그 당시 회사에는 다음과 같은 급격한 변화가 진행되고 있었다. 첫째, 대리점의 경영자는 가족이 아닌 Evert Kroon이 선정되었다. 둘째, 시장점유율을 높이기 위해 노력하고 있었다. 셋째, 기존 경영진이 퇴진하였다. 넷째, 4세대 경영이 시작되었다. 기존 경영진과 4세대 경영진의 큰 차이는 기존 경영진은 현장에서 업무를 습득하여 대리점의 운영에 익숙한 반면, 4세대는 대학에서 교육을 받은 경영진으로 회사의 규모가 확대되고 업무가 복잡해지는 상황에서 기업을 운영하게 되었다. 즉, 본사 경영진이 더 이상 대리점의 일일업무에 간여하기 힘들어지고 의사결정의 많은 부분을 대리점에 위임해야 하는 상황이었다. 마지막으로 다섯째 변화는 본사가 새로운 관리통제시스템을 도입하였다는 것이다. 사례회사의 MCS가 변화하고 있었는데, 가장 중요한 5가지의 변화를 요약하면 다음 [도표 6-21]과 같다.

[도표 6-21] MCS의 변화

	Old	New
소유주의 위치	대리점 경영자	그룹본부 관리팀의 구성원
의사결정권	소유주 / 대리점 관리자	이분화 : 전략-소유주, 운영-대리점 관리자
대리점의 조직구조	대리점별로 상이함	표준화됨
운영통제	암묵적으로 사업주	명시적인 프로토콜
성과측정	재무적 수치-소유주만이 활용할 수 있는 정보	손익계산서, 고객만족도 조사 및 BSC-폭넓게 사용 가능

3개 대리점(Soest, Hilversum, Leidsche Rijn)의 관리자는 운영통제와 성과측정의 이용에 상이성을 보이고 있다. 본 연구는 본사 경영진의 과거와 현재의 리더십 스타일과 새로운 대리점 관리자의 리더십을 탐색적 연구로 진행하였다. 연구대상인 대리점의 특성으로 Soest는 운영통제를 위한 프로토콜과 성과측정지표를 대리점과 부서의 운영에 거의 이용하지 않았고, Leidsche Rijn은 이를 집중적으로 이용하고 있었다. 마지막으로 Hilversum은 이를 중간 정도로 이용하고 있는 실정이다.

MCS를 적극적으로 이용하고 있는 Leidsche Rijn의 재무적 성과는 관리통제의 새로운 정보를 거의 이용하지 않고 있는 Soest보다 높은 것으로 나타났다. 반면, 고객의 관점에서 Soest는 Hiversum과 Leidsche Rijn보다 점수가 낮게 나타났다.

5.6.4 분석결과

사례회사의 3개의 대리점을 대상으로 한 관리회계와 관리통제의 변화에 대한 내용을 정리하면 다음의 표와 같다.

대리점	MCS 변화	리더십 스타일 변화	직무만족도 효과	변화의 성공여부
Soest	있음	있음	부정적	실패
Hilversum	있음	있음, 점차적으로	약간 긍정적	성공
Leidsche Rijn	있음	없음	긍정적	성공

① Soest

경영진은 변혁적 리더십 스타일로서 조직의 가치에 대해 의사소통하고, 모든 조직구성원을 개별적으로 훈련시키면서 개인적인 관심을 표현하였다. 조직구성원을 대상으로 운영 프로세스의 교육을 진행하면서 끊임없이 의사소통을 위해 노력하였다. 가장 중요한 관리통제 수단은 의사소통이다.

Soest의 경영진과 대리점의 관리자는 변혁적 리더십 스타일이었지만 새로 도입된 관리회계는 운영프로세스의 표준화와 재무/비재무적 관점의 성과측정보고서를 활용하였다. 의도적으로 도입된 관리회계는 Soest에서 잘 실현되지 못하였다. 왜냐하면 경영진과 대리점의 관리자는 조직구성원과 개인적인 관심과 대화로써 조직의 기대치를 표현하고, 운영 의사결정을 처리하는데 익숙해 있었으며, 조직구성원도 경영진의 이러한 행동에 익숙하고 감사하게 생각하고 있었기 때문이다. 결과적으로 경영진과 관리자의 변혁적 리더십과 의도된 관리통제는 매치되지 않아서 조직구성원의 만족도에 부정적인 영향을 미치고 있었다.

② Hilversum

Hilversum의 새로운 관리자는 기존의 리더십 스타일과 운영방식에 익숙하지 않았다. 관리자는 새로운 관리통제(운영프로세스 프로토콜, 성과측정보고서)의 성과측정보고서를 기반으로 대리점의 이슈를 파악하고, 경영진과 조직구성원과의 대화 및 논의 주제로 활용하였다.

새로 도입된 관리회계 변화는 거래적 리더십을 지원하지만, Hilversum의 관리자는 대리점의 상황을 이해하지 못해 부서 관리자에게 개인적 관심을 표현하고, 이슈를 논의하기 위해 의사소통을 강화하였다. 경영진은 새로 부임한 대리점 관리자를 개인적 관심으로 지원하였다. 이러한 경영진의 개인적 관심과 부서 관리자와의 의사소통 강화는 대리점 관리자를 다소 변혁적 스타일로 변화시켰다.

Hilversum에서 새로운 관리회계의 도입은 조직구성원의 만족도에 거의 영향을 미치지 못하였다. 새로운 관리회계의 변화는 의사결정권과 책임을 명확하게 하고, 운영 프로세스를 잘 구조화시켰다. 조직구성원도 이러한 구조화에 만족하였다.

③ Leidsche Rijn

새로운 관리회계를 도입하기 전에 Leidsche Rijn의 경영진은 거래적 리더십 스타일로 오직 손익에만 관심을 가지고 목표만 달성하면 되었기 때문에 대리점의 경영자와 부서 관리자는 의사결정과 행동에 다소 자유로웠다. 그러나 경영진이 명확한 손익 목표를 제시하지 못하였고, 회계마감 후 의도적으로 손익을 조작하기도 하였다. 이익이 낮은 경우 주저하지 않고 대리점의 관리자와 부서의 직원을 해고하였다. 이로 인해 대리점의 경영자와 부서 직원은 항상 해고의 두려움으로 인해 불안해했다.

새로운 관리회계의 성과보고서는 대리점 관리자와 부서 관리자 간의 회의와 부서 관리자와 조직구성원 간의 회의시 활용되었고, 종업원의 만족도에도 긍정적인 영향을 미쳤다.

5.6.5 결론 및 시사점

Jansen(2011)은 표준적인 프로세스보다는 조직구성원과의 의사소통으로 운영적 의사결정과 종업원을 훈련시키는 변혁적 리더십을 지원하지 않는 관리회계정보의 도입은 조직구성원의 만족도에 부정적인 영향을 미쳤고, 거래적 리더십을 지원하는 관리회계정보는 조직구성원의 만족도에 긍정적인 영향을 미친다는 사실을 사례연구를 통해 제시하였다. 관리회계정보는 거래적 리더와 변혁적 리더에게 사용된다.

첫째, 거래적 리더십의 경우 회계정보는 최고경영진의 기대를 조직구성원에게 전달하기 위해 사용되고, 경영진의 기대를 실현하기 위한 방안을 의사결정하는데 기여했다.

둘째, 변혁적 리더십의 경우 회계정보는 조직구성원과의 논의를 위한 이슈를 제공하고 조직구성원을 훈련시키는 도구로서 활용되고 좀 더 나은 성과를 창출하도록 도와준다고 한다.

Hilversum 경영자는 그룹에서 처음으로 임명되어 대리점을 운영하는 경험이 부족하였다. 경영자는 성과측정보고서를 부서관리자에게 오픈하고 회의시 이슈를 해결하기 위해 사용하였고, 부서관리자에게 개인적인 관심을 표현하고, 문제해결을 위해 의사소통을 강화하였다. 그룹의 경영진은 새로 부임한 Hilversum 경영자를 지원하기 위해 개인적인 관심과 전폭적인 지원을 하였다. Hilversum 경영자는 거래적 리더십과 변혁적 리더십을 동시에 보유하고 있었다. 거래적 리더십과 변혁적 리더십을 동시에 발휘한 Hilversum 대리점은 의도적인 관리회계의 변화가 잘 실현되고 종업원의 만족도도 높아졌다.

관리통제시스템의 설계와 효과

The Design and Effect of Management Control Systems

PART 03

관리통제시스템의 영향

7장 조직수준에서의 MCS의 영향

01 의의

초기 실증연구들은 주로 상황변수와 MCS 간의 관계에 초점을 둔 반면, 이들 관계가 성과에 미치는 영향에 대해선 검정하지 않았다. 그 후 연구들은 상황변수에 따른 MCS의 선택과 그러한 선택이 성과에 미치는 영향을 조사하였다. 또한 MCS가 산출하는 정보를 특성이나 특징에 따라 정의하고, BSC(balanced scorecard), SPMS(strategic performance measurement systems), CPMS(comprehensive performance measurement systems) 등과 같은 MCS의 유형과 조직성과 간의 관계에 대해 실증연구를 진행하여 왔다. 그러나 오랜 연구에도 불구하고 일관된 결론을 도출하지 못하고 혼재된 결과를 나타내고 있는 추세이다(Ittner et al. 2003; Henri 2006b; 김순기와 이상완 2011). 이러한 문제를 해결하고자 최근의 연구자들도 MCS의 이용방식에 초점을 둔, MCS의 진단적 이용 및 상호작용적 이용과 조직성과 간의 관계에 관한 실증연구를 진행하여 왔으나, 역시 일관된 결과를 보고하지 못하였다. 그러나 대부분의 연구자들은 MCS가 조직성과에 영향을 미친다는 것에는 거의 이견이 없다. MCS가 직접적으로 조직성과에 영향을 미치는 것보다는 MCS가 매개변수를 통해 간접적으로 조직성과에 영향을 미친다는 것이 일반적인 견해이다. 따라서 이번 PART Ⅲ에서는 MCS가 성과에 영향을 미치는데 중요한 역할을 수행하는 매개변수에 초점을 두어 설명하고자 한다. 이러한 매개변수는 조직수준과 개인수준으로 구분하여 2가지 측면에서 설명할 수 있다. 제7장에서는 조직수준의 매개변수에 대해 살펴보고, 제8장에서는 개인수준의 매개변수에 대해 살펴보도록 한다.

우선, 조직수준에서 설명하면 다음과 같다. 관리회계 문헌에서 대부분의 선행연구들은 MCS와 조직성과 간의 관계에서 조직수준의 중요한 매개변수로 조직역량에 초점을 두었다. 왜냐하면, 조직역량은 기업의 전략을 촉진하고 지원하는 특성이 있으며, 조직의 지속가능한 성공을 보장하는 주요한 자원이기 때문이다(Burgelman 2009). 이와 같은 자원기반관점의 조직역량은 Penrose(1959)의 연구를 기반으로 하고 있는데, 기업 간의 성과 차이는 기업이 보유한 조직역량의 양적, 질적 차이에서 발생한다고 본다. 이에 따라 MCS가 제공하는 다양한 정보는 조직역량을 강화하는데 기여할 수 있으며, 조직역량은 조직성과를 향상시키는데 공헌할 것으로 기대된다는 것이다.

조직역량과 관련된 관리회계 분야의 선행연구들은 MCS의 이용이 조직역량(시장지향성, 조직학습, 혁신 등)을 강화시킨다고 주장하였으나, 그 연구결과는 혼재되어 있다(Henri 2006b; Widener 2007; 이상완 2010; 표춘미 2011). 그 이유 중 하나는 조직역량에 내재된 속성을 구분하지 않고 조직역량의 유형과의 관계를 분석하였기 때문이라고 볼 수 있다. 따라서 조직역량에 대한 연구영역을 확대시키고 동시에 선행연구의 혼재된 연구결과를 명료화하는데 도움을 줄 수 있는 조직역량에 대한 새로운 정의와 측정을 통한 연구결과의 제시가 필요하다고 판단된다. 본 장에서는 전체적인 관점에서 조직역량과 MCS 간의 관계에 대해 살펴보고자 한다. 그리고 조직역량의 개념 중에서 관리회계 문헌에서 가장 많이 실증연구가 진행된 조직학습, 혁신, 그리고 시장지향성에 많은 초점을 두어 설명한다. 아울러 최근 이슈가 되고 있는 민첩성에 대해서도 설명하고자 한다.

기업은 급변하는 경영환경 속에서 장기적인 생존과 발전을 위해 지속적인 변화가 필요하다. 조직역량은 급변하는 경영환경 속에서 기업이 경영전략을 새롭게 실행하고 수립하도록 유인한다. Prahalad and Hamel(1990)은 조직역량이 고객에게 가치를 제공하거나 그 가치를 전달하는 과정을 보다 효율적으로 할 수 있는 특정한 방법으로, 이러한 능력은 기업이 새로운 사업에 진출할 수 있는 능력이 된다고 주장한다. 또한, Diericks and Cool(1989)는 조직역량을 기업이 경쟁사보다 더 좋은 성과를 거두기 위해서 자원을 조달하고, 개발하며, 그리고 배분하도록 해주는 비정형적인 메커니즘으로 정의한다. 조직역량은 연구자마다 다양하게 정의되어 왔으나, 보편적인 의미에서 조직의 경영자원을 효과적으로 배치하고 활용할 수 있는 노하우나 능력으로 정의할 수 있다(Barney 1991; 구정대 2009).

조직역량은 이론적 토대를 자원기반관점(resource-based view)에 두고 있다. 자원기반관점은 기업은 자원의 집합체이며, 자원은 잠재적인 서비스의 묶음이라고 정의한다(Barney 1991; Penrose 1959). 기업자원의 특성은 가치 있고, 희소하고, 모방이 불가능하며, 대체가 불가능하다는 것이다(Barney 1991). 이러한 특성으로 인해 자원은 기업이 경쟁력을 갖는데 중요한 요소가 되며, 자원의 창출과 활용수준에 의해 기업의 경쟁우위가 결정될 수 있다. 즉, 기업은 자원을 활용하는 전략을 수행함으로써 지속적인 경쟁우위를 확보해 나갈 수 있다(Lado et al. 2006). 자원기반관점의 핵심은 높은 성과를 이끌어내는 역량과 자원에 초점을 두는 것이다(Wang and Ahmed 2007). 자원기반관점에 따르면 기업 간의 성과 차이는 해당 기업이 속해 있는 산업의 구조적 특성에 따라 발생하는 것이 아니고, 기업이 보유하고 있는 자원의 종류와 자원의 양적 또는 질적 차이에 의해 발생한다(Barney 1991; Wernerfelt 1984). 즉, 기업마다 자원의 보유수준이 다르기 때문에 기업의 경쟁력에 차이가 발생되며, 장기적으로 성과의 차이가 발생한다는 것이다. 따라서 조직역량은 기업의 전략을 촉진하고 지원하며, 조직의 장기적인 성장을 보장하는 중요한 자원이다(Burgelman 2009).

자원기반관점의 연구들을 살펴보면, 연구자들은 조직역량을 다양하게 분류하였다.[13] 관리회계 문헌에서는 경쟁우위를 창출하는 동인의 관점에서 조직역량을 조직학습, 혁신, 그리고 시장지향성 등으로 분류하고 이들 변수의 일부 또는 전부를 대상으로 실증연구를 수행하였다(Simons 1995; Bisbe and Otley 2004; Henri 2006b; Widener 2007). 자원기반관점에서는 MCS가 조직성과에 미치는 영향에 있어 그 효과는 조직역량을 통해 간접적으로 전달된다고 본다(Henri 2006b; Teece et al. 1997; Widener 2007). 조직역량이란 자원조합에 바탕을 둔 조직의 강점으로 정의되는데, 경쟁우위를 달성하기 위해 활용되는 역량의 원천이 제공되기 위해서는 해당 역량은 반드시 조직의 루틴 속에 포함되어 있어야 하며, MCS는 조직역량의 선행요건으로써 작용하는 핵심적인 조직의 루틴이다(Henri 2006b).

한편, 조직역량에 대한 새로운 관점은 조직역량을 유형에 따라 분류하는 것이 아니라 내재된 속성에 따라 분류하는 것이다. Gibson and Birkinshaw(2004)는 조직역량을 활용역량(exploitative capabilities)과 탐험역량(exploratory capabilities)으로 구분하였고, Grafton et al.(2010)은 조직역량을 기존역량(existing capabilities)과 신역량(new capabilities)으로 구분하였다. March(1991)는 단어의 나열을 통하여 활용과 탐험의 개념적 차이를 나타내기도 하였는데 활용은 개선(refinement), 선택(choice), 효율성(efficiency), 이행(implementation) 등의 개념을 포함하고, 탐험은

13) Mahoney(1995)는 조직역량을 재무자원, 물질자원, 인적자원, 기술자원, 명성과 조직적 자원 등으로 분류하였고, Hitt and Ireland(1986)는 일반관리, 생산/운영/엔지니어링, 연구개발, 마케팅, 재무관리, 인적자원관리, 공중 및 정부관계 등으로 분류하였고, Barney(1991)는 물적자원, 인적자원 및 조직자원 등으로 분류하였으며, Grant(1991)은 물적자원, 인적자원, 재무자원, 기술자원, 무형자원 등으로 구분하였다.

탐색(search), 변동(variation), 위험감수(risk taking), 유연성(flexibility) 등의 개념을 포함한다. March(1991)는 활용과 탐험에 대해 '기존 자원의 확실성에 대한 활용(exploitation of old certainties)'과 '새로운 가능성에 대한 탐험(exploration of new possibilities)' 이라고 구분한 바 있다. Grafton et al.(2010)은 기존역량은 기업이 기존에 갖고 있던 역량이나 기술을 활용하여 개선과 점진적 변화를 이끌어내는 능력이고, 신역량은 역량, 자원, 기술, 프로세스와 같은 대상을 새롭게 탐구하고 개발하여 급진적 변화를 이끌어내는 능력이라 하였다. 그들은 기업이 환경변화를 극복해 나가기 위해 안정성과 적응가능성을 동시에 추구한다고 보았다. 즉, 기업은 기존역량의 강화뿐만 아니라 현재 기업이 처한 상황의 도전에 대한 적응을 위해 지속적으로 신역량을 추구한다고 보았다.

02 조직학습

2.1 조직학습의 개념 및 분류

Argyris(1977)는 조직구성원이 오류를 탐지하고 수정해 감으로써 조직 내·외부의 환경변화에 반응하는 과정을 조직학습(organizational learning)으로 정의하였다. 그 과정이 현재의 조직정책을 수행하고 그 목표를 달성가능하게 할 때 이를 단일고리학습(single loop learning)이라 한다. 단일고리학습에선 기존의 전략과 조직구조, 조직행동 등 기존의 운영패러다임이 지속된다. 단일고리학습은 기존 시스템을 안정화시키고 유지할 수 있도록 하는 정보를 획득하는데 초점을 맞추며, 오류의 탐지와 수정이 강조된다. 이는 정태적 조직에서 활용 가능한 학습형태이다. 반면에 학습이 오류를 탐지하는 것뿐만 아니라 조직의 근본적인 정책과 목표에 대해 의문을 제기할 때 이를 이중고리학습(double loop learning)이라 한다. 이중고리학습은 기존의 규범을 수정 혹은 재설정함으로서 새로운 운영패러다임을 구축하게 한다. 이중고리학습은 경영환경의 위기가 있을 때, 기존 경영방식에서 혁신을 통해 나타날 수 있다.

Senge(1990)는 경영환경을 다르게 인식하게 하고, 조직의 행동이 어떤 문제 혹은 해법을 만들어 낸다고 인식하게 하는 근본적인 마인드의 변화(shift or movement of mind)를 조직학습으로 정의하였다. 그는 조직학습을 적응학습(adaptive learning)과 생성학습(generative or fundamental learning)으로 구분하였다. 적응학습은 조직이 단지 생존을 위해 취하는 학습이다. 조직에서 적응학습이 중요하긴 하지만 조직의 큰 변화를 필요로 하지는 않는다. 이는 Argyris의 단일고리학습에 해당한다고 볼 수 있다. 이와는 달리 생성학습은 새로운 패러다임의 창출능력을 강화시킨다. 이는 Argyris의 이중고리학습에 해당한다고 볼 수 있다.

Marquardt and Reynolds(1994)는 개인이 새로운 지식을 획득하고 그들의 행동을 변화시킬 수 있는 통찰력을 얻는 과정을 학습으로 정의하였다. 학습은 학습자가 오류를 감지하고 그 오류를 수정하려는 동기부여가 있을 때만 발생할 수 있다. 조직학습은 개인의 학습을 필요로 한다. 그러나 단순히 개인학습을 총합시킨 것 이상의 의미를 갖는다. 즉, 조직학습은 사회적, 정치적, 구조적 변수 등 다양한 요인들에 의해 영향을 받는다. 조직학습을 위해서는 개인 간의 지식과 믿음의 공유가 필요하다.

요약하면, 조직학습은 (1) 조직 내부에서 문제를 찾아내고, 조직이 적응하기 어려운 경영환경의 변화를 감지하는 과정을 말하며, (2) 문제의 해법을 찾아내고, 환경변화에 어떻게 대처할 것인지를 결정하는 과정을 말한다. 따라서 조직학습은 조직생존에 매우 중요한 요소이다. 조직은 단기적인 조직생존을 위하여 단일고리학습뿐만 아니라 장기적인 생존을 위하여 조직 전체에 대한 이중고리학습도 해야 한다(Kloot 1997). 개인학습만으로는 불충분하다. 조직학습에서는 팀의 학습이 어떻게 이루어지고 있는지, 조직 내에서 학습경험을 공유하기 위하여 인프라와 네트워크(infrastructures and networks)을 어떻게 구축할 것인지 등에 대해서 좀 더 이해할 필요가 있다(Marquardt and Reynolds 1994).

이중고리학습은 조직의 성공과 실패를 결정하는 매우 중요한 요소이다. 조직의 생존은 과거에 대해 어떻게 반응할 것인가가 아니라 지속적인 학습의 과정을 통해 미래를 어떻게 만들어갈 것인가에 달려 있다. 조직은 내생적으로 복잡하다는 특징이 있기 때문에 조직학습을 창출하기가 쉽지 않음은 당연하다. 물론 어떤 조직형태에서는 조직학습이 상대적으로 쉬울 수도 있다. 아무튼 최상의 조직구조는 변화를 촉진하도록 설계되어 있고, 학습하도록 준비되어 있는 구조라고 할 수 있다. 그리고 MCS의 구조가 상이하면 조직학습의 형태와 그 정도에도 차이가 나타난다(Kloot 1997).

2.2 학습조직의 특징

많은 기업이 지속적인 개선프로그램을 적용했지만, 대부분이 성공하기보다는 실패하였다. 지속적인 개선은 학습을 필요로 한다. 학습이 없으면 단순히 과거의 실무를 반복할 뿐이다. 학습이 없는 변화는 장식에 불과하며, 개선은 우연의 결과이거나 단기적으로 나타난 효과일 뿐이다. 학습조직(learning organization)은 지식을 창출, 획득, 이전하고, 새로운 지식과 통찰력을 반영한 행위를 유도하는 잘 숙련된 조직을 말한다(Garvin 1993). Garvin(1993)은 학습조직의 특징으로 5가지의 주요 활동, 즉 (1) 체계적 문제해결, (2) 새로운 접근방법의 실험, (3) 자신의 경험과 과거 역사로부터의 학습, (4) 다른 조직의 경험과 역사로부터의 학습, 그리고 (5) 지식을 조직 전체에 효과적으로 신속하게 확산시키는 활동을 제시하였다.

구체적으로 살펴보면, 먼저 체계적 문제해결은 과학적 방법을 적용하고, 가정(assumption)보다는 자료(data)에 근거하며, 자료를 분석하는데 히스토그램 등과 같은 단순한 통계기법을 이용하는 것이다. 대부분의 개선 프로그램은 예제를 이용한 문제해결에 초점을 맞추고 있다. 이 방법은 비교적 직설적(straight-forward)이며 쉽게 이해할 수 있으나 조직학습에 필요한 정신자세를 갖추는데 도움을 주기에는 부족하다.

둘째, 새로운 접근방법의 실험은 새로운 지식을 체계적으로 탐색하고 검정하는 활동이다. 과학적 방법을 사용하는 것은 필수적이며, 체계적 문제해결과도 관련이 있다. 그러나 문제해결과는 달리 실험은 항상 현재의 어려움이 아니라 새로운 기회와 영역확장을 통해 동기부여 된다. 여기에는 두 가지 형태, 즉 지속적 프로그램과 시범 프로그램이 있다. 먼저 지속적 프로그램은 증분적 지식을 얻도록 설계된 일련의 작은 실험을 계속하는 것이다. 이를 위해서는 새로운 아이디어의 안정적인 흐름, 위험부담에 따른 인센티브시스템, 실험수행과 평가기술을 가진 경영자와 종업원 등이 필요하다. 시범 프로그램은 일반적으로 지속적인 프로그램보다는 더 크고 복잡하다. 이것은 새로운 조직의 능력을 창출하려는 목적을 가지고 수행되는데 대개 한 부문(single site)에 시험적으로 도입되며, 전체적인 변화를 목표로 한다.

셋째, 자신의 경험과 과거 역사로부터의 학습은 과거의 실패와 성공 사례를 체계적으로 평가하고 그 교훈을 기록하며, 구성원들이 쉽게 접근할 수 있도록 하는 활동이다. 과거의 실패로부터 얻은 지식은 그 이후 프로그램의 성공을 위한 도구가 된다. 이 사고의 핵심은 비생산적인 성공보다는 생산적인 실패의 가치를 인정하는 기업의 자세이다. 생산적인 실패는 통찰력과 이해력을 이끌어내고, 조직의 지혜를 확장시킬 수 있다. 그러나 비생산적인 성공은 어떤 일이 잘 수행될 수는 있지만, 수행된 방법이나 이유를 파악하지는 못한다.

넷째, 다른 조직의 경험과 역사로부터의 학습은 기업 외부로부터 통찰력을 얻는 방식이다. 이것은 광의의 개념으로 벤치마킹(benchmarking)이라 볼 수 있다. 벤치마킹은 산업 내 최상의 실무를 발견, 분석, 적용, 수행하도록 하는 지속적인 탐색과 학습 경험이다. 그 실무의 결과보다는 업무가 이루어지는 방법을 연구하고, 그 프로세스를 담당하는 현장담당자를 연구함으로써 최상의 효과를 얻을 수 있다. 또한 벤치마킹과 마찬가지로 고객도 훌륭한 아이디어의 원천이다. 고객은 제품의 개선정보, 경쟁사와의 비교, 선호도의 변화에 대한 정보, 사용행태에 대한 즉각적인 피드백 등을 제공한다.

다섯째, 지식은 조직 전체에 효과적으로 신속하게 확산되어야 한다. 지식은 조직구성원 소수가 보유할 때보다 조직 내에서 광범위하게 공유될 때 최대의 효과를 얻을 수 있다. 다양한 메커니즘이 이러한 프로세스를 강화할 수 있는데, 예를 들면, 글쓰기, 대화하기, 보고서, 직접 방문, 구성원 순환 프로그램, 교육과 훈련 프로그램 등이 포함된다. 물론 각 방법은 장단점을 가지고 있다. 보고서와 직접 방문하는 것은 가장 일반적인 방법이지만 수동적인 방법이다. 이 방법으로는 실제의 모습을 다른 구성원에게 전달하고 이해시키는데 한계가 있다. 이에 대한 대안으로 구성원의 순환 프로그램을 들 수 있다.

2.3 조직학습의 과정

Huber(1991)는 조직학습을 위해 필수적인 4가지 구성요소, 즉 지식획득(knowledge acquisition), 정보확산(information distribution), 정보해석(information interpretation), 조직내면화(organization memory)를 제시하였다. 구체적으로 살펴보면 다음과 같다. [도표 7-1]은 김달곤(2007)과 이상완(2007)의 연구를 바탕으로 연구자가 재정리한 것으로 MCS의 특성과 조직학습의 각 구성요소 간에 어떤 관계가 있는지를 보여주고 있다.

[도표 7-1] MCS의 특성과 조직학습 구성요소 간의 관계

MCS	조직학습
강력한 계획시스템	지식획득
강력한 내부통제 : 루틴, 절차, 보고서	지식획득, 정보확산, 정보해석
환경탐색과 보고 : 경쟁적 입지, 제품/서비스 검토	지식획득, 조직내면화
의사결정 참여	지식획득, 정보확산, 정보해석
재무성과측정과 평가 : 회계보고서, 예산보고서, 재무비율 등	지식획득, 정보확산, 정보해석, 조직내면화
비재무성과 측정 : 균형성과표(BSC) 등	지식획득
수평적 정보흐름, 하의상향식 정보흐름	정보확산
훈련 및 개발 프로그램	정보확산, 정보해석, 조직내면화
팀워크	정보해석
폭넓은 가치와 이해관계자(stakeholders), 창의성 존중	정보해석

첫째, 기존의 지식은 학습을 강화시키고, 새로운 지식획득을 촉진한다. 새로운 지식의 획득은 조직학습의 핵심이다. 지식획득을 위해 경영환경의 탐색, 특정 문제에 대한 해법 탐색, 성과감시 등이 이루어진다. 조직이 새로운 지식을 획득하게 되는 경우는 다른 조직을 통하거나 혹은 새로운 구성원 등을 영입함으로써 가능해진다(Huber 1991). 자신의 경험으로부터 새로운 지식을 획득하는 경우는 매우 제한적이다. 특히 급변하는 경영환경에서 생존경쟁을 하고 있는 현대 기업이 자기 스스로의 경험에 의존하여 새로운 지식을 획득하려는 것은 바람직하지도 가능하지도 않다. 왜냐하면, 어떤 조직이나 개인은 스스로의 인식능력에 한계를 가지고 있는데, 조직이나 개인이 스스로의 경험으로부터 발휘하게 되는 지식창출능력은 이러한 제한적인 인식능력의 한계 속에 갇힐 수밖에 없기 때문이다. 따라서 조직학습과정에서 지식획득을 촉진하기 위해서는 무엇보다 공개성과 다양성의 가치가 중요시된다. 지식이 조직 안으로 유입되고 조직 내에서 창출되는 경우, 기존 지식과의 충돌이나 조직구성원의 반발이 예상되는만큼 지식 간의 다양성의 가치를 인정해야만 조직 내에 새로운 지식의 정착이 가능해진다.

둘째, 정보확산은 조직이 지식을 조직 내 부서 간, 개인 간 공유하는 과정으로, 조직학습의 발생과 그 폭을 결정한다. 따라서 조직은 학습을 유도하고, 새로운 지식의

창출을 기대할 수 있다. 예를 들어, 구성원들이 다양한 의사소통 채널을 통해 갖가지 노하우나 공식적 · 비공식적 문서를 공유하는 과정에서 조직의 새로운 지식이 발굴되고 창출된다. 조직 내 비공식적 의사소통 채널이 정보확산에 중요한 역할을 담당한다. 정보가 조직 전체로 확산될 때 조직구성원과 사업단위의 학습가능성은 더욱 높아지고 조직 내 정보불균형의 문제를 해결하는데도 도움이 된다.

셋째, 정보가 조직구성원이나 부서 간에 공유되기 위해서는 반드시 구성원 사이에서 정보해석의 단계를 거쳐야 한다. 정보해석 단계를 거치는 과정에서 조직학습의 정도가 결정된다. 조직 내 공유된 정보해석이 다양할 때 더 많은 조직학습이 생길 가능성이 높다. 조직 내 새로운 정보가 기존의 관행이나 일상적인 업무행태를 변화시킬 수 있으며(단일고리학습), 조직의 핵심적인 가치와 규범들을 본질적으로 변화시킬 수도 있다(이중고리학습). 정보해석은 부분적으로 조직단위가 소유하고 있는 인지적 지도(cognitive map; mental model)에 의존한다. 이 지도는 경영자가 세상을 인식하는 렌즈와 같은 것으로, 이러한 렌즈와 지도는 경험, 루틴(routines), 정보시스템에 의해서 구체화 된다.

넷째, 조직내면화는 습득된 지식이 조직 내부에 저장되는 것을 의미한다. 학습은 조직의 경험이 유지되거나 축적되는 과정이다. 조직은 인간처럼 저장능력을 가진 두뇌를 가지고 있지 않지만 조직 안에는 인식체제와 저장능력이 있다. 인간이 성장하면서 개인적인 인성과 습관, 신념체계를 구성해 가는 것과 같이 조직도 독특한 시각과 이념을 갖게 된다. 물리적으로 볼 때 컴퓨터 기술의 비약적인 발전은 조직의 지식저장 및 분석능력을 제고하는데 크게 기여했다.

2.4 조직학습과 MCS 간의 관계

MCS와 조직학습은 기업이 경영환경에 적합하도록 조직을 변화시키고 적응시키는 것과 관련이 있다. 조직은 경영환경이 변화함에 따라 기존의 패러다임을 버리고 새로운 패러다임을 도입한다. Argyris(1990)는 MCS의 한 부분인 회계가 학습도구로 사용될 수 있다고 주장하였다. 회계가 미래를 예측하게 하고(looking ahead), 심사숙고하게 하며(thinking), 인식하지 못한 편의를 제거하게 하여 조직변화를 촉진시키는 수단을 제공할 수 있기 때문이다. 예를 들어, 제품원가와 벤치마킹정보는 경쟁자의 성과를 감지하도록 하고 조직변화를 이끌어낼 수 있다(Cobb et al. 1995). 반대로 회계는 그

것을 어떻게 사용하느냐에 따라 '반학습(anti-learning)을 이끌어 낼 수도 있다(Argyris 1990). 예를 들어, 용이하게 달성할 수 있는 예산의 편성은 근본적인 문제를 감춰버릴 수 있다.

상황이론(contingency theory)에서는 경영환경을 MCS의 결정요소인 중 하나로 인식하고 있다. 경영환경의 불확실성, 기술수준, 조직특성 등이 MCS의 구조를 결정한다는 것이다. 반대로 MCS가 경영환경에 대한 인식을 결정한다고 보는 입장도 있다(Ansari and Bell 1991). 부분적으로는 조직이 경영환경을 어떻게 인식하느냐에 따라 MCS의 구조가 결정된다고 보는 것이다. 즉, 조직의 MCS는 경영환경을 인식하게 하는 렌즈 혹은 필터와 같은 역할을 한다(Dent 1990; Miller 1993). 조직은 이를 통해 경영환경에 대한 정보를 수정하고, 의사소통을 수행하게 된다. 조직학습도 경영환경을 어떻게 인식하느냐에 달려 있다. 경영자는 자신의 세계관, 경영철학 및 관심사항 등에 따라 경영환경의 특성을 결정짓는다. 따라서 경영환경은 경영자의 의지에 따라 결정된 산물(product) 혹은 가공물(artifact)이며, 조직의 MCS는 이러한 경영자의 의지에 영향을 미치게 된다(Kloot 1997).

적응학습과 생성학습의 관점에서 MCS에 대해 살펴보자. 전통적인 MCS는 무엇인가가 잘못되어 갈 때, 즉 행위가 계획과 다를 때 이를 최고경영자에게 알려줄 수 있도록 설계되어 있다(Simons 1995). 이것은 단일고리학습, 즉 적응학습에 해당한다. 예산차이 정보나 피드백 등과 같은 통제장치는 운영상의 문제(operating problems)를 찾아낼 수 있도록 설계되어 있다. 이러한 통제장치에서 제공되는 정보는 현재의 운영 패러다임 내에서 운영상의 문제를 수정하기 위하여 사용된다. 기본적인 가정이나 정책 등에 대해서는 의문을 제기하지 않으며, 따라서 단일고리학습, 즉 적응학습이 이루어지게 된다(Kloot 1997).

반면에 MCS를 상호작용적으로 이용하는 목적은 새로운 기회를 포착할 수 있도록 하고, 조직의 방향전환을 감지하도록 하는 것이다. 상호작용적 프로세스는 주변 환경에 대한 탐색(searching), 감시(surveillance), 대화(dialogue)와 토론(debate) 등으로 새로운 전략을 출현시키고 생성학습도 발생하도록 한다(Simons 1995). 기존 패러다임의 변화, 즉 이중고리학습이 이루어지게 되는 것이다. MCS에서 수집된 정보는 현재의 활동이 합리적인지, 현재의 전략과 구조가 새로운 환경에 적절한 것인지 등에 대한 의문을 제기한다. MCS의 특징인 경영환경의 탐색 혹은 감시 수준(외부정보의 탐색), 그리고 의사결정과정에의 참여정도(내부정보탐색 및 의사소통) 등은 경영환경의 변화에 대해 조직이 어떻게 적응할 것인지를 결정한다. 즉, MCS의 특징이 경영환경의 변화에 대한 조직의 반응을 결정짓는다(Simons 1990; 1995). 따라서 조직의 반응이 근본적인 수준에서 조직변화를 초래할 때 생성학습이 발생한다(Kloot 1997).

요약하면, 조직학습과 MCS는 조직과 경영환경 간의 적합성과 관련되어 있다. 즉, 급격한 환경변화에 적합하도록 조직을 변화시키는 것과 관련이 있다. 특히 MCS는 조직학습을 강화시키는데 중요한 역할을 하며, MCS의 특성은 생성학습에 큰 영향을 미친다. 그러나 몇몇 연구자들은 MCS가 생성학습을 방해한다고 주장한다. Argyris(1990)는 MCS가 단일고리학습에만 도움을 주며, 이중고리학습에는 기여하지 못한다고 주장하였다. 또한, MCS는 조직의 몇몇 측면에만 초점을 맞추고 있다. 왜냐하면, MCS로 무엇을 측정할 것인지 혹은 의사결정에 무엇을 이용할 것인지 등을 통해 그 범위를 제한해 버리기 때문이다(Miller 1993).

그러나 조직학습과 MCS와 관련한 문헌에서는 이 두 가지가 매우 밀접하게 관련되어 있으며, 순환적(recursive)이라고 주장하고 있다. MCS는 경영환경의 인식에 영향을 미치고, 생성학습은 그 인식에 따라 반응을 한다. MCS는 변화의 의미가 무엇인지를 이해하는데 영향을 미치고, 어떤 해법이 존재하는지, 언제 새로운 조직구조 혹은 패러다임으로 변화해야 하는지 등을 살펴보도록 한다. 조직이 학습을 통해 변화함에 따라 조직구조도 변화하고 이는 자연스럽게 MCS의 변화로 이어진다는 것이다.

생성학습 혹은 이중고리학습을 위해서는 특별한 MCS의 특징이 요구되는데, 그것은 적절한 회계정보를 자유롭고 빈번하게 이용할 수 있어야 한다는 것이다. 회계정보는 원가나 수익과 같은 현재의 내부정보뿐만 아니라 미래의 외부환경에 대한 추정치와 정보도 포함되어야 한다. 재무적·비재무적 성과측정과 창의성 및 위험부담(risk-taking)을 지원할 수 있는 보상제도, 권한위임과 의사결정 참여, 교육훈련 프로그램, 총체적 품질의 강조, 비전의 공유 등도 MCS와 조직학습을 위한 중요한 요소이다. 이러한 특징은 조직학습의 본질적 요소인 지식획득, 정보확산, 정보해석 및 조직내부화하는 조직의 능력을 강화시킨다. 이런 MCS를 보유하고 있는 조직은 더 나은 생성학습이 가능하며, 경영환경의 변화에 반응하는 패러다임의 변화에도 영향을 미치게 된다. 만약 어떤 조직에서 이런 MCS의 특징이 나타나지 않는다면, 변화능력이 제한적일 수밖에 없게 되고 결국 변화하는 경영환경에서 조직이 생존할 수 있는 기회는 제한받게 될 것이다.

2.5 생성학습을 위한 MCS의 설계

현대 기업의 경영환경은 급격하게 변화하고 있다. 이에 따라 사업프로세스와 가치사슬분석에 기초한 다운사이징(down-sizing), 소계층 조직구조(flatter structure), 리엔지니어링(re-engineering) 등 새로운 조직모형이 개발되었다. 특히 중간관리자의 수가 급격하게 감소하면서, 그들의 책임은 대폭 확대되었다. 생성학습을 하는 조직은 전통적인 조직형태인 관료조직보다는 덜 구조화되어 있어, 불확실성을 해소하기 위한 비공식적인 의사소통이 매우 활발하게 이루질 수 있다. 또한, 그러한 조직은 전통적인 조직형태보다 수직적이지 않으며, 소계층 조직구조를 가지고 있기 때문에 관리계층이 축소되어 있다(Bartlett and Ghoshal 1993; Coopey 1995). 이와 같이 서로 다른 조직구조는 MCS에 몇 가지 함축적인 의미를 갖는다. 즉, 소계층 조직구조는 전통적인 수직적 MCS를 요구하지 않으며, 구성원에게 권한을 이양함으로써 전통적인 MCS을 대체하도록 한다. 새로운 시스템은 전통적인 시스템의 수직적 관계보다는 수평적인 관계에 초점을 맞출 필요가 있다(Otley 1994).

새로운 MCS는 과거와 같이 내부절차에 초점을 맞추기보다는 가치를 추구하도록 설계되어야 한다. 예를 들면, 총체적 품질관리, 제품의 개발, 그리고 고객 등과 같은 것이다. 현대 조직에서 자기감시(self monitoring)와 자기규제(self regulating) 메커니즘은 통제의 핵심이 되고 있다(Bartlett and Ghoshal 1993). 또한 기본적인 보상정책이 공유되어야 하며, 창의성과 지식개발을 증진시킬 수 있는 방법도 강구될 필요가 있다. 이러한 요소들은 관리자와 구성원 간의 통제경계(control boundary)를 흐리게 할 것이다(Coopey 1995).

조직은 적응학습과 생성학습을 모두 극대화시킬 수 있도록 설계될 수 있다. 적응학습을 위해 필요한 특징은 잘 알려져 있는 것처럼 표준 사이버네틱 MCS와 관계가 있다. 즉, 표준 혹은 목표를 설정하고, 산출물 혹은 결과를 측정하며, 적절한 행위를 통해 그 편차를 바로잡는 것이다. 생성학습을 강화하기 위한 시스템 설계는 문제가 좀 복잡하다. 전통적인 관리회계 실무에서 사용했던 예산수립이나 회계시스템이 출발점이긴 하지만 조직학습을 유발하는 데는 충분하지 못하다(Jacobs 1995). 생성학습은 MCS를 더욱 폭넓게 보는 시각과 정의가 필요하다.

Marquardt and Reynolds(1994)는 생성학습을 위한 11가지의 특징을 제시하였다. 그것은 적합한 조직구조, 기업의 학습문화, 권력이양, 경영환경의 탐색, 지식창출과 이전, 학습기술(정보수집시스템), 품질과 지속적인 개선, 전략, 지원 분위기, 팀워크와 네트워킹, 그리고 비전이다. 생성학습의 11가지 특징 중 일부는 MCS의 특징과 밀접하게 관련되어 있다(Kloot 1997).

03 혁신[14)]

3.1 혁신의 개념

기업은 밀폐된 공간 속에 홀로 존재하는 것이 아니라 열린 공간에서 환경과 유기적인 관계를 통해 생성, 성장, 그리고 소멸한다. 따라서 기업을 둘러싸고 있는 환경의 변화에 주의집중하며 그 변화에 반응하고 함께 변화하는 것은 기업을 유지·발전시키기 위한 중요한 요소이다. 무한경쟁, 정보의 다양성, 글로벌 경영환경과 기술의 변화는 기업의 생존문제와 직결되어 있으므로, 기업은 이러한 환경 속에서 경쟁우위를 확보하기 위해서 끊임없이 변화를 추구하고 지속적인 혁신을 하여야 한다. 만약 지속적인 혁신이 이루어지지 않는다면, 기업이 갖고 있는 경쟁우위 요소는 다른 기업에 의하여 쉽게 모방되고, 이로 인하여 경쟁우위 요소는 머지않아 고유의 강점을 상실하게 될 것이다. Schumpeter(1934)가 기업의 경쟁우위를 확보하기 위한 중요한 요인으로 경영혁신을 주장한 이후 많은 연구자들이 혁신에 대한 연구를 진행해 왔다(Tushman et al. 1997).

대부분의 경영자는 혁신 능력이 국제사회에서 경쟁력 획득 및 유지, 그리고 지속적인 성장에 필수적인 요소임을 인식하고, 기업의 핵심적인 경쟁전략으로 혁신을 채택하고 있다(Eisenhardt and Brown 1999). 하지만 투자한 만큼 혁신의 효과가 나타나지는 않았는데 그 주된 이유는 혁신의 중요성을 인지는 하고 있지만, 혁신을 추구하는 방법에 문제가 있었기 때문이다. 기업의 환경과 특성에 따라 추구하는 혁신의 유형을 선택해야 함에도 불구하고 환경을 고려하지 않고 무조건 당시에 유행하는 혁신기법을 도입했기 때문이다.

14) 혁신과 관련된 3.1부터 3.3까지의 내용은 임태종(2011) 박사학위 논문의 내용을 정리한 것이다.

혁신이란 아이디어가 확산되고 효과적으로 활용되는 전 과정을 의미한다(Tidd et al. 1997). 혁신에 대한 정의는 강조하는 특성에 따라 다양하다. Thompson(1965)은 조직이 새로운 프로세스, 제품 혹은 서비스를 최초로 생성, 수용 및 수행하는 과정을 혁신으로 정의하였고, Schumpeter(1976)는 혁신을 창조적 파괴(creative destruction)라고 정의하였다. Damanpour(1991)는 창의적인 아이디어를 유용한 제품, 서비스, 그리고 운영방법으로 전환시키는 과정을 혁신으로 정의하였고, Hurley and Hult(1998)는 조직이 새로운 아이디어, 제품, 그리고 프로세스에 대하여 개방되어 있는 정도를 혁신으로 정의하였다. Drucker(2000)는 이미 일어난 변화를 체계적으로 확인하고, 그것을 기회로 인식하는 것을 혁신으로 정의하였다. 그리고 Shapiro(2002)는 기업에게 월등한 가치를 주는 기업의 핵심역량을 혁신이라 하였고, Bisbe and Otley(2004)는 실행단계를 포함하여 기존 제품으로부터 독특하거나 구별된 특성을 지닌 제품을 개발하거나 출시하는 것을 제품혁신이라 하였다. 연구자별로 혁신에 대한 정의는 상이하지만, 넓은 의미에서 혁신은 급변하는 경영환경에 대응하기 위하여 새로운 아이디어를 개발하고, 프로세스를 개선하며, 신제품이나 서비스를 출시하는 과정 또는 이와 같은 변화를 수용하는 것을 의미한다.

선행연구에 의하면 혁신의 결정요인은 내부요인과 외부요인이 있는데, 내부요인은 기업의 특성으로 인한 요인이고, 외부요인은 기업의 외부환경으로 인한 요인이다(Keizer et al. 2002). 황수정과 신지교(2009)가 정리한 혁신의 결정요인은 다음 [도표 7-2]와 같다. 이 연구들을 종합해 보면 외부요인보다는 내부요인이 혁신에 더 중요한 결정요인임을 알 수 있다(Hall and Bagchi-Sen 2002).

[도표 7-2] 혁신의 결정요인

연구자	내부요인	외부요인
Hall and Bahchi-Sen(2002)	품질, 제품개발 속도, 상업화 능력, 관리기술	정부지원, 벤처자금 활용, 외부와의 협력
Keizer et al(2002)	전략, 구조, 기술정책, 교육수준, R&D 투자, 지리적 위치	외부기업과의 협력, 지식센터와의 연계, 재무자원 · 지원기관의 활용
Nieto and Quevedo (2005)	규모, 부서 간 협력, 인적자원 절차, 재무능력, 다각화전략	산업집중도, 수요, 기술적 기회, 전유가능성, 전이의 존재

3.2 혁신의 유형

3.2.1 혁신 대상에 따른 유형

혁신이란 기업을 둘러싼 다양한 환경이 창출하는 기회와 위협을 적절히 활용함으로써 지속적인 고도성장을 하고, 새로운 발상, 방법 및 시스템을 채택하여 전사적인 차원에서 구체적으로 변화를 추구하는 것이다(Damanpour 1991). 혁신은 그 범위와 특성에 따라 다양한 유형으로 구분할 수 있다.

Damanpour(1991)는 혁신을 특성에 따라 관리혁신과 기술혁신으로 구분하였다. 관리혁신(administrative innovation)은 구성원을 선발하고 자원, 과업구조, 권한과 보상 등을 담당하는 부문에 새로운 방법을 채택하여 실용화하는 것을 의미한다. 관리혁신은 구조적 혁신과 인적자원 혁신으로 세분할 수 있다. 구조적 혁신이란 조직구조, 인사정책, 정보 및 MCS, 그리고 보상관리 등 조직구조와 관리기법 등에서의 새로운 변화를 추구하는 것이고, 인적자원 혁신이란 구성원의 태도, 행위, 능력, 기대 등에서 변화를 유발할 수 있도록 새로운 아이디어를 도입하여 실용화하는 것이다. 한편, 기술혁신(technology innovation)은 조직 내의 기술체계 내에서 발생하여 기업의 기본적인 작업 활동에 직접적인 영향을 미치는 것으로서, 제품이나 서비스에 내재되어 있는 새로운 아이디어의 채택 또는 생산과정이나 서비스 운용과 관련된 새로운 요소의 도입 등과 같은 형태로 나타날 수 있다. 기술혁신은 공정혁신과 제품혁신으로 구분할 수 있다(Zahra et al. 2000). 공정혁신이란 조직의 생산 혹은 서비스 운영, 즉 재료, 과업전문화, 업무와 정보흐름의 메커니즘, 그리고 제품생산이나 서비스 창출을 위해 사용되는 장비의 투입 등에 도입되는 새로운 요소들을 의미한다. 제품혁신이란 새로운 시장 및 고객을 창출하거나 시장점유율을 높이기 위하여 기능의 향상, 신제품이나 서비스의 개발, 그리고 기존의 제품 및 서비스의 개선 등을 의미한다.

Knight(1967)는 혁신을 제품혁신, 공정혁신, 조직구성원 혁신, 그리고 조직구조 혁신 등으로 분류하였다. 제품혁신이란 신제품을 개발하여 시장에 출시하는 것을 말하며, 공정혁신은 생산성을 향상시키기 위하여 새로운 생산방법을 개발하고 도입하는 것을 의미한다. 조직구성원 혁신이란 기업의 조직구성원의 사고의 전환과 기업문화 혁신을 의미하며, 조직구조 혁신이란 기업의 사업구조, 제품구조 및 조직구조와 같은 기업의 구조적 측면의 혁신을 의미한다.

기업이 경영혁신을 도입하는 이유는 제품 및 품질혁신을 통한 제품의 경쟁력을 제고시키고, 조직구조 혁신과 인적자원 혁신을 통한 경영의 효율성과 투명성을 제고시키기 때문이다. 그리고 이윤극대화, 시장점유율 제고, 그리고 고객만족 등을 통하여 경쟁우위를 확보하고 기업가치의 극대화를 달성할 수 있기 때문이다.

본 교재에서는 관리회계 관점에서 MCS 또는 PMS의 이용방식과 혁신 간의 관계에 대해 정리하고자 하므로 혁신을 기술혁신으로 제한하고자 한다. 왜냐하면 혁신을 구성하는 요소 중 관리혁신은 구성원의 태도, 행위 또는 인사정책 등과 관련된 것이므로 관리회계 관점에 주안점을 두고 있는 본 교재의 목적에서 벗어나기 때문이다. 또한 혁신과 관련된 대부분의 선행연구가 기술혁신을 대상으로 진행된 연구(Benner and Tushman 2002; He and Wong 2004; Jansen et al. 2006; 송상호 2006; 신진교 2007)이므로 이를 따르는 것이 연구의 결과를 해석하고 비교하기에 적합하다고 판단하기 때문이다.

한편, 본 교재는 기술혁신을 대상으로 이론과 실증분석을 정리하므로 기술혁신을 구성하는 제품혁신을 이해할 필요가 있으므로, 가장 먼저 신제품에 대한 개념을 정립할 필요가 있다. 신제품을 어떻게 정의하느냐에 따라 전략이 달라지기 때문에 신제품의 정의 및 분류는 중요하다. 신제품이란 기업의 입장에서 보면 기존 시장에 유사한 제품이 존재하는가와 상관없이 특정기업에 의해 새로운 제품으로 상업화된 제품을 말한다. 따라서 시장에서 출시된 기존 제품과 동일하더라도 특정 기업이 새로운 제품을 출시하였다면 기업 입장에서는 신제품으로 취급한다. 김봉기(2002)는 기업이 혁신제품과 제품계열의 추가 및 확장뿐만 아니라 제품개선과 재포지셔닝도 중요한 신제품 개발의 일환으로 간주하였다. 따라서 기존 제품의 개선에 대하여 별도로 언급하지 않으면 현업에서는 이것도 신제품으로 간주하게 된다.

3.2.2 변화정도에 따른 유형

변화의 정도 또는 변화의 성격에 따라 활용적 혁신과 탐험적 혁신으로 분류할 수 있다. 활용적 혁신(exploitative innovation)은 기존 확실성의 활용(exploitation of old certainty)을 의미하며, 기존 기술궤적의 강화, 기존 제품시장 영역을 개선하려는 목적의 혁신이다(March 1991; Benner and Tushman 2002; He and Wong 2004). 활용적 혁신은 기술시스템의 근본적인 변화가 없이 기존 기술과 연속성을 가지는 변화를 말하며, 기존 시장과 기존의 기술에 기초하여 원가를 개선하고, 기존의 제품 및 서비스나 프로세스를 개선하는 불확실성이 낮은 혁신을 의미한다. 반면, 탐험적 혁신(exploratory innovation)은 새로운 가능성의 탐험(exploration of new possibility)을 의미하며, 새로운 기술궤적으로의 이전, 새로운 제품시장 영역으로 진출하는 것을 목적으로 하는 혁신이다. 탐험적 혁신은 기존의 기술과 단절된 불연속성을 가지는 근본적인 변화를 의미하며, 기존 시장에 대하여 비판적이고, 변화하는 고객의 욕구를 만족시키기 위하여 전례 없는 성능이나 특징을 갖는 신제품 및 서비스나 프로세스를 개발하는 불확실성이 매우 높은 혁신을 의미한다(배종석과 박오원 2005).

March(1991)는 용어의 나열을 통하여 활용과 탐험의 개념적 차이를 나타내었다. 활용은 개선(refinement), 선택(choice), 제작(production), 효율성(efficiency), 선별(selection), 이행(implementation) 및 실행(execution) 등의 개념을 포함하고, 반면에 탐험은 탐색(search), 변동(variation), 위험감수(risk taking), 실험(experimentation), 활동(play), 유연성(flexibility), 발견(discovery) 및 혁신(innovation) 등의 개념을 포함한다고 하였다. Nonaka(1994)는 활용이란 기술적 혹은 마케팅 궤적을 통한 지식의 정제과정을 의미하며, 이를 통하여 기존의 명시적 지식을 통합하여 내부화시키는 것을 의미한다고 하였다. 반면에 탐험은 새로운 기술적 혹은 마케팅 궤적을 창출하며, 이를 통하여 암묵적 지식을 사용하는 것을 의미한다고 하였다. 한편, 배종석과 박오원(2005)은 기존의 연구내용을 바탕으로 탐험과 활용이 가지는 주요한 특징을 비교하여 다음 [도표 7-3]과 같이 정리하였다.

[도표 7-3] 활용과 탐험의 비교

	활용	탐험	주요 연구
성과	정태적 효율성	동태적 효율성	Ghemawat and Costa(1993)
	활용적 혁신	탐험적 혁신	Benner and Tushman(2002)
학습	활용 학습	탐험 학습	March(1991)
	일차원적 학습	이차원적 학습	Argyris and Schon(1974)
강조속성	효율성	유연성	O'Reilly and Tushman(2004)
	적합성	적응성	Gibson and Birkinshaw(2004)
	수 렴	발 산	Van de Ven et al(1999)
	질 서	혼 돈	Nonaka(1998)
	평균 추구형	분산 추구형	McGrath(2001)

역량 및 행동특성	정확성	독창성	Hesket(1987) Schuler and Jackson(1989)
	순응성	창의성	
	근면성	혁 신	
	안정성 추구	기업가 정신	
	낮은 위험선호도	높은 위험선호도	
	반복적 예측가능 행동	애매모호 불확실성 추구	

혁신은 변화의 정도 또는 변화의 성격에 따라 활용적 혁신과 탐험적 혁신으로 분류할 수 있지만, 표현하는 방식은 연구자에 따라 다양하다. 혁신을 활용적 혁신과 탐험적 혁신으로 분류한 방식과 유사한 방식으로 Abernathy and Utterback(1978)은 혁신을 점진적 혁신(incremental innovation)과 급진적 혁신(architectural innovation)으로 분류하였고, Tushman and Anderson(1986)과 Miller and Moris(1999)는 혁신을 연속적 혁신(continuous innovation)과 불연속적 혁신(discontinuous innovation)으로 분류하였으며, Christensen(1997)은 혁신을 존속성 혁신(sustaining innovation)과 와해성 혁신(disruptive innovation)으로 구분하였다. 이를 정리하면 다음 [도표 7-4]와 같은데, 이는 정동덕(2004)의 내용을 일부 수정한 것이다.

[도표 7-4] 변화정도에 따른 혁신의 분류

변화의 정도(성격)		관련문헌
낮음(점진적 변화)	높음(급진적 변화)	
점진적 혁신(incremental) 제품성능 개선과 품질 향상을 하는 혁신	급진적 혁신(radical) 전례 없는 성능과 특징을 갖는 신제품 개발	Abernathy and Utterback(1978)
활용적 혁신(exploitation) 기존 제품이나 공정을 개선하는 혁신	탐험적 혁신(exploration) 신제품이나 신공정의 근본적 혁신	March(1991) He and Wong(2004) Jansen et al.(2006)

연속적 혁신(continuous) 형식적 지식을 바탕으로 기존 니즈(needs)의 충족을 위한 혁신	불연속적 혁신(discontinuous) 암묵적 지식을 바탕으로 잠재적 니즈(needs)의 충족을 위한 혁신	Tushman and Anderson(1986) Miller and Moris(1999)
존속성 혁신(sustaining) 기존 기술을 부분적으로 향상시키는 혁신	와해성 혁신(disruptive) 새로운 시장 니즈(needs)를 충족시키는 혁신	Christensen(1997)

3.3 혁신과 MCS 간의 관계

Bisbe and Otley(2004)는 MCS와 혁신에 대한 선행연구의 흐름을 크게 네 가지로 분류하였다. 첫 번째 흐름은 성공적인 제품혁신을 위하여 영향을 미칠 수 있는 요소 중의 하나인 공식적 MCS의 역할을 최소화하거나 무시하는 경향의 연구이고, 두 번째 흐름은 공식적 MCS의 광범위한 이용이 제품혁신을 포함한 혁신을 오히려 방해한다는 연구이다. 그리고 세 번째 흐름은 비공식적 MCS와 다른 관리적 시스템이 혁신을 지원하는 반면, 공식적 MCS는 과도한 혁신을 제어하고, 아이디어를 효과적인 제품혁신으로 전환하여 성과를 향상시키는데 기여한다는 연구이다. 네 번째 흐름은 공식적 MCS는 창조적인 아이디어의 발생과 이행을 자극하므로 MCS의 집중적인 사용이 혁신을 증가시킨다는 연구이다.

Bisbe and Otley(2004)는 공식적 MCS와 혁신 간의 관계에 대한 연구결과가 일치하지 않는 이유는, Simons(1990; 1991; 1995)이 지적한 바와 같이 공식적 MCS 이용방식이 서로 상이하고 MCS의 다양한 역할이 있음에도 불구하고 이를 무시하고 MCS를 단일 변수로 보았기 때문이라고 판단하였다. 즉, 공식적 MCS가 혁신을 방해한다는 연구들은 MCS의 진단적 사용에 집중하였고, 공식적 MCS가 성공적 혁신을 촉진시킨다는 연구들은 공식적 MCS의 상호작용적 이용에 초점을 두었기 때문이다.

MCS의 진단적 이용은 예측 가능한 목표의 달성을 모니터링하기 위해 이용되는 방식이며, 상호작용적 이용은 최고경영자에게 보내지는 신호를 반영함으로써 조직 전체의 주의를 집중시키고, 대화를 강화하는 이용방식을 말한다. MCS의 상호작용적 이용은 빈번한 의사소통과 끊임없는 토론을 통하여 새로운 혁신적 아이디어를 찾는 실마리를 제공하거나 새로운 제품의 개발에 도움이 되는 안내 도구가 될 수 있다(Simons 1995). 불확실성이 높은 경영환경에 처한 기업의 최고경영자는 MCS의 상호작용적 이용을 통하여 조직구성원에게 실험과 기회를 탐색하도록 자극하고, 새로운 이니셔티브를 찾도록 격려하며, 조직적 자기만족을 깨뜨려서 새로운 제품개발을 위해 아이디어를 찾도록 조직구성원의 행동을 자극할 수 있다(Bisbe and Otley 2004).

Simons(1990; 1991; 1995)의 연구를 기반으로 통제와 피드백을 위한 MCS의 유형을 진단적 이용과 상호작용적 이용으로 구분한 연구들이 이루어졌는데, 대표적인 연구가 Bisbe and Otley(2004)의 연구와 Henri(2006b)의 연구이다. Bisbe and Otley(2004)는 MCS의 이용을 진단적 이용과 상호작용적 이용으로 구분하고, 이용방식이 단일 선상의 양극단에 있다고 보고 상호작용적 이용과 혁신 간의 관계에 대하여 실증분석을 수행하였다. 실증분석 결과 MCS의 상호작용적 이용이 제품혁신에 미치는 영향은 유의하지 않지만, MCS의 상호작용적 이용이 제품혁신과 조직성과 간에 조절효과를 갖는 것으로 나타났다. 한편, Henri(2006b)는 자원기반관점에서 경쟁우위의 원천이 되는 역량의 4가지 구성요소, 즉 시장지향성, 기업가정신, 조직학습 및 혁신성과 PMS의 이용 간의 관계를 분석하였다. 연구결과 PMS의 진단적 이용은 혁신성(innovativeness)에 음(−)의 유의적인 영향을 미치고, PMS의 상호작용적 이용은 양(+)의 유의적인 영향을 미치는 것으로 나타났다. 그리고 진단적 이용과 상호작용적 이용의 곱을 역동적 긴장(dynamic tension)으로 정의하고 역동적 긴장과 혁신성 간의 관계도 분석하였는데, 결과는 유의적인 영향을 미치지 않는 것으로 나타났다.

MCS의 이용(진단적, 상호작용적)과 혁신 간의 관계를 분석한 대표적인 연구의 결과는 서로 일치하지 않았다. Bisbe and Otley(2004)의 연구는 MCS의 상호작용적 이용이 혁신에 유의적인 영향을 미치지 않았으며, Henri(2006b)의 연구는 양(+)의 유의적인 영향을 미치는 것으로 나타났다. Bisbe and Otley(2004)의 연구와 Henri(2006b)의 연구의 결과가 일치하지 않는 이유는 여러 가지가 있겠지만, 무엇보다도 중요한 요소는 측정의 문제라기보다는 혁신에 대한 정의와 혁신의 다양한 속성을 구분하지 않았기 때문이라 판단된다. 즉, Bisbe and Otley(2004)의 연구에서 제품혁신은 활용적 혁신과 탐험적 혁신이 혼재되어 있는 반면, Henri(2006b) 연구에서 혁신성은 탐험적 혁신만을 사용했기 때문이다. 따라서 최근 연구에서는 혁신을 활용적 혁신과 탐험적 혁신으로 구분하여, MCS의 진단적 이용과 상호작용적 이용이 각 혁신유형에 미치는 영향을 분석하여 선행연구에서 일관성 없이 나타난 결과의 이유를 찾기 위해 노력하고 있다.

04 시장지향성[15)]

4.1 시장지향성의 개념

오늘날 대부분의 기업은 고객에게 최상의 가치를 제공하고 경쟁우위를 지속하기 위해서는 시장지향성[16)]이 매우 중요하다는 것을 인식하고 있다. 왜냐하면 기업이 지속적인 경쟁우위를 확보하고 높은 성과를 창출하기 위해서는 시장의 변화를 정확히 예측하고, 고객의 욕구에 경쟁자보다 더 잘 대응해야 하기 때문이다(유봉호 2008). 시장지향성은 마케팅을 기반으로 도출된 용어로서 마케팅 개념을 보다 체계화시키기 위해 실질적인 활동지침을 제시해주는 새로운 차원의 경영사고라고 할 수 있다(예종석과 윤운락 1996).

Laffert and Hult(2001)는 다양한 연구를 기반으로 시장지향성을 의사결정적 관점(decision-making perspective), 시장정보관점(market intelligence perspective), 문화기반의 행동적 관점(culturally based behavioral perspective), 전략적 관점(strategic perspective) 및 고객관점(customer perspective)으로 구분하였다. 이후 많은 연구에서 시장정보관점과 문화기반의 행동적 관점에 관심을 갖고 이론적, 경험적 연구결과를 제시하였다. 시장정보관점에서 Kohli and Jaworskie(1990)는 시장지향성을 소비자의 현재 및 미래 욕구에 대한 정보를 창출하고, 창출된 정보를 조직 전체에 공유하며, 이를 기반으로 조직 전체의 반응성을 보여주는 구체적인 조직활동이라고 정의하였다. 반면 문화기반의 행동적 관점으로 대표되는 Narver and Slater(1990)는 시장지향성을 조직의 구체적인 활동보다는 조직문화로 정의하였다. 즉, 시장시향성을 고객과 경쟁자에 대한 정보를 획득하고 조직 내에서 정보를 공유하면서, 정보를 기초로 고객을 위해 조직이 가장 효과적·효율적 방식으로 우월한 가치를 창출하고 산업 내에서 지속적으로 우월성을 확보해 나가는 조직문화라고 보았다.

Deshpande et al.(1993)은 시장지향성에 대해 다른 관점을 주장하였는데, 고객지향성이 조직의 장기적 이익에 영향을 미치는 주요 요소임을 강조하고 시장을 모든 잠재고객의 집합으로 봄으로써 시장지향성과 고객지향성을 같은 개념으로 보았다. 그리

15) 시장지향성과 관련된 4.1부터 4.3까지의 내용은 송종화(2018) 박사학위 논문의 내용을 정리한 것이다.
16) 지향성(orientation)은 자신의 상황을 올바르게 파악하여 관계되는 대상이나 환경을 똑바로 인지하고 나아갈 방향을 정하는 것이다. 기업경영 관점에서 살펴보면, 기업을 둘러싸고 있는 주변 환경을 바르게 파악하여 나아가야 할 방향을 올바로 인지하는 것이라고 할 수 있다.

고 시장지향성을 조직의 장기적 이익을 확보하기 위해 소유자, 경영자, 근로자 등 모든 이해관계자의 이익을 배제하지 않으면서 고객의 이익을 최우선으로 하는 신념의 집합으로 정의하였다. 반면, Narver and Slater(1990)는 두 개념을 비교하여 시장지향성이 고객지향성을 포함하는 광의의 개념이라고 주장하였다. 즉, 고객지향성은 조직이 고객의 표현된 욕구에 반응하는 단기적 관점으로 접근하는데 반해, 시장지향성은 고객의 표현된 욕구와 잠재 욕구 모두를 이해하기 위해 장기적 관점에서 더 높은 차원의 고객가치를 창출하는 것을 목표로 한다는 것이다.

Day(1994)는 시장지향성을 고객을 이해하고 만족시킬 수 있는 우월한 기술이나 능력으로 정의하였다. 그리고 시장지향성은 고객의 이익을 최우선으로 한다는 신념, 고객과 경쟁자에 대한 가치있는 정보를 창출·전파하고 사용할 수 있는 기업의 능력, 그리고 우월한 고객가치를 창출하기 위해 부서 간 자원의 조정 등과 같은 특징을 갖는다고 하였다. 결국 시장지향성은 고객만족을 위한 체계적인 행위로서 소비자에게는 고객만족을 제공하고, 기업에게는 수익과 성장을 제공한다(이홍규 2003). 또한 시장지향성은 종업원이 고객만족이라는 공통 목표를 위해 일하게 함으로써 소속감을 갖게 하고, 공통 목표의 달성은 자신이 속한 조직에 가치있는 기여를 하였다는 자부심을 갖게 하는 결과를 가져온다(구자혁 2001).

시장지향성에 대한 접근 및 개념 정의는 학자별로 조금씩 차이가 있다. 그러나 고객에 대한 강조가 핵심 구성요소라는 점, 조직의 내부요인뿐만 아니라 외부요인도 고려한다는 점, 고객에 대한 반응을 중요시한다는 점, 그리고 경쟁자 및 주요 이해관계자 등을 포괄적으로 고려한다는 점 등에서 공통점을 보인다(오재원 2013). 송종화(2018)는 시장지향성에 대한 정의를 다음 [도표 7-5]와 같이 요약하였다.

[도표 7-5] 시장지향성에 대한 정의

연구자	정의
Narver and Slater(1990)	구매자를 위한 우월한 가치창조를 위해 필요한 행동을 효과적이고 효율적으로 창조함으로써 기업에게 우월한 성과를 지속적으로 제공해 주는 기업문화
Kohli and Jaworski(1990)	현재와 미래의 고객 필요에 관계되는 정보의 전사적인 창출, 전체 부서에 정보의 확산과 전사적인 대응

Ruekert(1992)	획득한 정보를 바탕으로 전략을 수립하여 고객만족과 가치를 창출하기 위한 기업자원의 통합
Deshpandé et al.(1993)	기업의 장기적 이익을 확보하기 위해 소유자, 경영자, 직원 등 모든 이해관계자의 이익을 배제하지 않으면서 고객의 이익을 최우선으로 두는 신념의 집합
Day(1994)	고객과 경쟁자에 관한 가치 있는 정보의 창출, 정보확산 및 유용한 정보로 전환시킬 수 있는 기업의 능력, 최상의 고객가치를 창출하기 위한 부서 간 자원의 조정
Deshpandé and Farley(1998)	지속적인 고객 욕구의 평가를 통한 고객창출과 고객을 위한 탁월한 가치를 창출하기 위해 수행되는 전사적인 과정과 활동의 집합
Jaworski et al.(2000)	시장지향적인 시장지향성은 현재의 고객욕구에 부합하려는 것이고, 시장창출적인 시장지향성은 미래의 고객욕구에 초점을 두고 현재의 시장구도를 바꾸려는 경영활동
예종석과 윤운락(1998)	시장의 욕구와 이익기회를 확인하고, 고객 및 경쟁자에 관련된 정보를 지속적으로 획득하며, 모든 정보에 기업의 전 구성원이 쉽게 접근 가능하게 하여, 경쟁자보다 고객에게 더 큰 가치를 제공하기 위해 기업의 전 부서가 힘을 모으는 것
강성호 외(2011)	고객에게 제공할 우월한 가치를 창출하고 유지하는데 최우선 순위를 두고 시장정보를 창출하고 조직 내에 확산시켜 반응하게 하는 기업문화
이성호 외(2011)	시장에서 소비자의 현재 또는 새로운 욕구를 찾아내고 이를 충족시키기 위해 기업 활동 전반에 걸쳐서 시장정보를 공유하고 새로운 프로그램을 실현하는 일련의 행동과정

4.2 시장시향성의 구성요소

Kohli and Jaworski(1990)는 시장지향적인 기업들은 고객의 욕구를 충족시켜 줄 수 있는 제품이나 서비스를 통해 고객을 만족시킴으로써 조직성과를 높일 수 있다고 하였다. 그리고 시장지향성은 전사적 차원의 시장정보의 창출, 조직 내 시장정보의 확산, 시장정보에 대한 전사적 반응의 세 가지 개념으로 구성된다고 하였다. 첫째, 시장정보의 창출은 고객의 현재와 미래의 욕구 및 선호에 관한 정보와 이들에게 영향을 주는 외적 요인에 대한 정보를 수집하고 평가하는 것이다. 둘째, 시장정보의 확산은 창출된 시장정보가 조직 내에서 공유되고, 분석되며, 효과적으로 반응되는 것으로, 기업 내에서 시장정보를 교환하는 과정과 교환된 정보를 의미한다. 셋째, 정보의 반응은 시장정보에 대한 확산이 이루어졌음을 판단할 수 있는 과정이다. 예를 들면, 수집된 시장정보를 근거로 주요 의사결정을 수행하는 것을 말한다. 조직 내에서 고객에 대한 반응이 이루어지지 않는다면 이러한 과정은 의미가 없다. 따라서 시장정보에 대한 적절한 반응이 기업에 있어서 필수적인 요소이다.

이와 유사한 맥락으로 Narver and Slater(1990)는 시장지향성을 고객을 위한 더 나은 가치를 창조함으로써 지속적인 고성과를 창출해 내는 조직문화이며, 고객과 경쟁자에 대한 정보를 수집하고 집대성할 수 있는 능력이라고 정의하였다. 이러한 시장지향성은 고객지향성, 경쟁자지향성, 부서 간 조정의 세 가지 개념으로 구성된다고 하였다. 첫째, 고객지향성은 고객의 욕구를 파악하고 이해하여 이에 부합하는 더 나은 가치를 창조하고 제공하는 것이다. 고객을 위한 더 나은 가치란 고객이 지각한 총체적 가치를 말하며, 기업은 경쟁자보다 더 나은 고객가치를 창출하고 제공함으로써 높은 조직성과를 낼 수 있다. 둘째, 경쟁자지향성은 3가지 중요한 질문을 야기하는데, 즉 경쟁자가 누구인가, 경쟁자가 제공하는 기술은 무엇인가, 경쟁자는 고객의 기대에 부응하는 가치를 제공할 수 있는가에 대한 질문이다. 경쟁자지향성은 경쟁자가 누구인지를 정확히 파악하고 경쟁자의 강점과 약점을 분석하여 대응해 나가는 것을 말한다. 셋째, 부서 간 조정은 고객의 욕구를 충족시킬 수 있는 가치를 창출하기 위한 기업자원의 조정과 통합이다. Webster(1988)는 부서 간 조정이 고객 및 경쟁자지향성과도 밀접한 관련이 있으며, 인적/물적 자원을 효율적으로 조정하고 통합하기 위해서는 특정 부서가 아니라 전사적으로 이루어져야 한다고 주장하였다.

4.3 MCS와 시장지향성 간의 관계

Jaworski and Kohli(1993)는 시장지향성에 영향을 주는 선행요인으로 최고경영진의 강조점과 위험회피, 부서상호 간 동태성의 갈등과 결속 그리고 조직시스템의 공식화 · 집중화 · 분권화 · 보상시스템 등 크게 세 가지 요인을 제시하였다. Otley(1999)는 PMS가 일관된 구조를 갖기 위한 이슈 중 하나로 조직 내부적으로 활용 가능한 보상체계를 명확히 해야 할 뿐만 아니라, PMS는 목표를 제시하고 목표달성을 위한 방향성과 공식적인 절차를 명시함으로써 구성원의 광범위한 참여와 몰입을 지원하는데 이용될 수 있어야 한다고 주장하였다. 이러한 선행연구을 고려해 볼 때 대부분의 조직이 활용하는 PMS는 시장지향성에 구조적으로 영향을 미칠 수 있음을 예상할 수 있다. 본 장에서는 최근 연구가 활발하게 진행되고 있는 PMS의 진단적 이용과 상호작용적 이용 그리고 PMS의 피드백 이용과 피드포워드 이용에 초점을 두어 설명하고자 한다.

우선, PMS의 진단적 이용은 이미 설정된 목표달성 과정에서 발생한 실수 혹은 불리한 차이 등의 관리에 초점을 두고 있으며, 새로운 기회나 혁신을 추구하기보다는 운영상의 문제를 찾아내도록 설계된 전통적인 방식이다. PMS의 진단적 이용은 기업의 중요한 성공요소를 포함하고 있으며, 조직구성원이 조직의 목표에 일치하는 방향으로 행동하도록 동기부여 한다. PMS의 진단적 이용을 통해 제공되는 정보는 현재의 운영 패러다임 내에서 운영상의 문제를 수정하기 위하여 사용되며, 이러한 정보는 시장지향성에 영향을 미칠 수 있을 것이다. 반면, Henri(2006b)는 PMS가 조직역량과 효율적으로 정렬되어야 하며, 전략적 선택과 일관성을 가져야 한다고 주장하였다. 그러나 전통적인 PMS는 경영환경의 변화에 대처하지 못하였으며, 조직 목표에 정렬되거나 일관성을 유지하지 못하였다. 이런 관점에서 보면 PMS의 진단적 이용은 시장지향성에 대해 관심이 부족하다고 볼 수 있다. 따라서 시장에 대한 지속적인 관심을 보이면서 감시하는 시장지향성과 PMS의 진단적 이용 간의 관련성은 낮을 수 있다. PMS의 진단적 이용이 시장지향성에 미치는 영향은 정(+) 또는 부(−)의 모든 방향이 가능할 수 있는데, 이는 PMS의 이용방식과 시장지향성에 대한 정의 및 연구의 목적에 따라 달라질 수 있을 것이다.

PMS의 상호작용적 이용은 기업외부의 경영환경 변화에 대해 지속적으로 감시활동을 하고, 기존의 경영전략과 조직구조 등에 대해 의문을 제기하고, 조직 내의 협력과 의사소통을 통한 새로운 아이디어와 이니셔티브를 강조한다. 기업외부, 비재무적, 미래지향적인 정보의 제공을 PMS의 상호작용적 이용이 담당하고 있다(김달곤, 2009). 따라서 PMS의 상호작용적 이용은 PMS의 진단적 이용보다 시장지향성과 관련성이 더 높을 것으로 예상된다.

한편, PMS의 이용방식을 피드백 이용과 피드포워드 이용으로 분류하는데 이들 이용방식도 시장지향성과 관계가 있다. PMS의 피드백 이용은 전략과 목표의 재검증을 촉진하고, 수정조치의 필요성을 파악하는 등에 이용되는 것을 의미한다. PMS의 피드백 이용은 과거와 현재의 정보에 의존한다. 재검증과 수정조치를 위한 차이에 대한 원인을 규명하는 과정에서 고객의 과거와 현재의 욕구 및 선호에 관한 정보를 분석하여 조직구성원들에게 정보를 제공해준다. 고객의 욕구와 선호의 변화를 파악하고 이해하는 것은 고객에게 더 나은 가치를 창출하기 위한 출발점으로 결국 조직의 시장지향성을 강화시킬 것이다.

PMS의 피드포워드 이용은 전략과 관련된 주요 내용에 대해 의사소통하고 전략 실행과 관련된 정보를 제공하며, 이를 통하여 실행계획을 수립하고, 목표를 설정하는데 사용된다(Grafton et al. 2010). PMS의 피드포워드 이용에 의한 정보는 새로운 아이디어의 창출이나 전략과 계획의 재수립 등과 연관되기 때문에 현재뿐만 아니라 미래 고객의 욕구나 시장변화에 대한 전망이나 대응 아이디어를 반영하게 한다. 또한 PMS의 피드포워드 이용은 조직구성원 간에 원활한 정보의 교환을 장려하고 지식공유, 목표설정, 자율성 등을 증대시킨다(Cooper 1996). 따라서 부서별로 나타나는 고객경험에 관한 정보는 자연스럽게 공유될 수 있다. 특히, 고객지원에 대한 전략적 정보를 촉진시킴으로써 조직의 시장지향성을 보다 강화시킬 수 있다.

05 민첩성[17)]

5.1 민첩성의 개념

최근 경영환경의 급속한 변화 및 미래에 대한 불확실성은 기업으로 하여금 고객의 요구를 신속히 파악하여 민첩하게 대응할 것을 요구하고 있다(이은지와 이지연 2012). 특히, 변화의 초기 신호를 재빨리 간파하고 그 신호의 중요성을 인식하여 의미를 정확히 파악하고, 적극적으로 대응할 수 있는 기업만이 생존하고 지속적으로 성장해 나갈 수 있는데 이를 위한 수단으로 민첩성(agility)이 제기되고 있다(장건오와 임영균 2010). 민첩성은 Stalk(1988)에 의해 처음 개념화 되었는데, 그 초점은 시간 중심의 경영[18)]을 통하여 속도에서 우위를 가지는 기업이 경쟁력을 확보할 수 있다는 것이다. Stalk(1988)는 기업이 불확실한 환경을 감지하여 시간경영을 실행한다면 대응시간이

17) 민첩성과 관련된 5.1부터 5.3까지의 내용은 송종화(2018) 박사학위 논문의 내용을 정리한 것이다.
18) 시간 중심의 경영이란 변화에 대해 신속하게 반응하여 새로운 사업을 조기 발견하고 고객에게 제품과 서비스를 신속하게 제공하는 것과 의사결정 및 리드 타임과 관련된 시간의 감소 등 스피드에 우선순위를 두는 경영방식을 말한다.

줄어들어 기업의 재고 보유가 줄어들고 다양한 제품을 만들 수 있는 능력이 향상된다는 것을 제시하였다.

민첩성이라는 용어는 연구자의 연구목적에 따라 다양하게 정의되었다. 민첩성에 대한 초기 연구를 살펴보면 주로 기업의 관점에서 생산의 민첩성을 달성하기 위해 컴퓨터 통합생산(CIM; Computer Intergrated Manufacturing)과 같은 고급기술의 활용에 대한 필요성을 강조하였다(Yound et al. 1996). 최근 연구에서는 민첩성의 원리가 다른 산업에도 똑같이 적용될 수 있다는 것이 제안되면서, 공급사슬의 민첩성으로부터 구성원의 민첩성까지 다양하게 연구되고 있다(허명숙과 천면중 2013).

생산부문이나 공급사슬에 초점을 맞춘 연구로 Fliedner and Vokurka(1997)는 민첩성을 고객의 욕구를 충족시키기 위한 리드타임(lead time)의 단축과 낮은 비용으로 양질의 제품을 다양하게 생산할 수 있는 능력으로 정의하였다. Tolone(2000)은 민첩성을 소비자와 공급자 간에 밀접하고 지속적인 관계를 유지하기 위한 효율적 공급가치사슬의 통합으로 정의하였다. 또한 전사적인 측면에서 민첩성을 정의하기도 하는데, Goldmann et al.(1995)은 민첩성을 변화의 불확실성 속에서 기업이 대처할 수 있는 총체적인 대응능력이라 하였다. Van Hoek et al.(2001)은 민첩성을 기업이 급변하는 고객과 시장 환경에 대응하여 효율적인 활동을 추구하는데 필요한 기업의 특별한 능력이라 하였다. Chonko and Jones(2005)는 변화하는 환경을 기회로 그 변화를 활용할 수 있는 능력을 민첩성이라 하였고, Overby et al.(2006)은 변화하는 환경을 감지하고 대응하는 능력을 민첩성으로 정의하였으며, Van Oosterhout et al.(2006)은 기업이 예상하지 못했던 내·외부 환경변화의 효율적인 관리를 위해 프로세스를 변경하는 능력을 민첩성이라 정의하였다.

Donald(2010)는 민첩성을 환경 변화를 신속하게 감지하고 적시에 유연하게 대응하는 능력으로 정의하면서 민첩성은 속도 자체만을 의미하는 것은 아니라고 하였다. 지나치게 빨리 추진하는 것은 지나치게 늦게 추진하는 것과 같은 결과를 초래한다는 의미로, 적절한 시간에 적절한 것을 할 수 있는 능력의 필요성을 강조한 것이다. 민첩성은 3가지 유형, 즉 조직운영의 민첩성, 포트폴리오 민첩성 및 전략적 민첩성으로 분류할 수 있다. 먼저, 조직운영의 민첩성은 기업이 비즈니스 모델에 집중하면서 조직운영과 생산 공정을 개선시킬 기회를 알아차리고 이것을 놓치지 않고 활용하는 능력을 의미한다. 포트폴리오 민첩성은 조직의 자금과 구성원의 능력, 관리자의 관심 등과 같은 자원을 전망이 없는 사업에 배치하지 않고 전망이 좋은 사업에 신속하고도 효과적으로 배치하는 능력을 의미한다. 마지막으로 전략적 민첩성은 중요한 기회가 나타났을 때 조직이 그 기회를 포착해서 놓치지 않고 활용하는 능력을 의미한다.

Roberts and Grover(2012)는 불확실한 환경에서 고객의 요구를 신속히 감지하고 대응할 수 있는 정도를 민첩성이라 정의하였으며, 양재훈(2010)은 민첩성을 기업이 예측하기 어려운 상거래 환경에서 적재적소에 필요한 재화, 정보 및 서비스를 제공해 나가는 능력이라고 정의하였다. 이와 같은 민첩성의 다양한 개념을 종합해 볼 때, 기업이 외부환경으로부터 변화를 감지하고, 신속히 대처할 수 있는 능력을 민첩성으로 개념화할 수 있다. 송종화(2018)는 기업의 민첩성에 대한 정의를 다음 [도표 7-6]과 같이 요약하였다.

[도표 7-6] 기업의 민첩성에 대한 정의

연구자	정 의
Yusuf et al.(1999)	급속도로 변화하는 시장환경에서 고객화된 제품과 서비스를 제공하기 위한 지식기반 자원과 최우량 사례의 통합을 통해 경쟁우위를 확보하는 능력
Christopher(2000)	추측이 어려우며 다양성이 심한 환경의 변화에 신속히 대응할 수 있는 능력
Bessant et al.(2001)	변화하는 환경에 적응해 신속하게 대처하고 새로운 시장에 대응하는 능력
Chonko and Jones(2005)	변화하는 환경을 기회로 활용할 수 있는 능력
Lin et al.(2006)	대응성, 능숙함, 유연성, 신속성을 확보하는 능력
Overby et al.(2006)	변화하는 환경을 감지하고 대응하는 능력
Swafford et al.(2006)	변화하는 환경에 신속히 대응하는 능력
Van oosterhout et al.(2006)	기업이 예상하지 못했던 내·외부 환경변화의 효율적인 관리를 위해 프로세스를 변경하는 능력
Donald(2010)	환경변화를 신속히 감지하고 적시에 유연하게 대응하는 능력

Roberts and Grover(2012)	불확실한 환경에서 고객의 요구를 신속히 감지하고 대응할 수 있는 정도
김병욱(2006)	환경변화를 신속히 파악하고 적절한 의사결정을 통하여 민첩하게 대처하는 능력
양재훈(2010)	기업이 예측하기 어려운 상거래 환경에서 적재적소에 필요한 재화, 정보 및 서비스를 제공해 나가는 능력
김근아와 김상현(2013)	변화를 극복하고 기회로 활용할 수 있도록 하는 능력

Breu et al.(2002)은 선행연구가 민첩성에 대해 주로 기업수준에서 유연성과 스피드를 강조한 까닭에 구성원의 민첩성은 관심을 받지 못했다고 주장하면서, 기업 입장에서는 혼란스럽고 변화무쌍한 업무환경에 대한 구성원의 대응력이 중요하다고 강조하였다. 구성원 민첩성은 Breu et al.(2002)의 연구에서 처음으로 소개되었다. Qin and Nembhard(2010)는 불확실한 환경에 전략적으로 대응하는 구성원의 능력을 민첩성이라고 정의하고, 구성원의 민첩성은 새로운 첨단 기술을 제품에 이전시키는 중요한 역할을 담당한다고 설명하였다. 또한 Sherehiy and Karwowski(2014)는 구성원 민첩성을 불확실한 환경에서 발휘되는 것으로 민첩한 성격 및 성향을 나타내는 것이 아닌, 기업에서 업무활동을 민첩하게 수행하는 행동으로 정의하였다. 류경민 등(2013)은 적시에 유연하게 대응하는 역량으로 빠르게 변화하는 고객의 욕구에 대응해야 하는 서비스 시장에서 구성원의 민첩성은 핵심역량으로 인식되고 있다고 주장하였다. 신정신 등(2014)은 고객의 욕구를 충족시키기 위해 유연하고 신속하게 고객에 대응하는 능력을 구성원 민첩성이라 하였다. 송종화(2018)는 구성원 민첩성에 대한 정의를 다음 [도표 7-7]과 같이 요약하였다.

[도표 7-7] 구성원 민첩성에 대한 정의

연구자	정 의
Breu et al.(2002)	변화무상한 업무환경에 대한 구성원의 대응 능력
Qin and Nembhard(2010)	불확실한 환경에 전략적으로 대응하는 구성원의 능력
Sherehiy and Karwowski(2014)	민첩한 성격 및 성향을 나타내는 것이 아니라 기업에서 구성원이 작업 활동 중에 취하는 민첩한 행동

곽기영과 홍문경(2011)	자원을 적재적소에 조합하여 기회와 위기에 민첩하게 대응하는 능력
류경민 등(2013)	적시에 유연하게 대응하는 역량
신정신 등(2014)	고객의 욕구를 충족시키기 위해 유연하고 신속하게 고객에 대응할 수 있는 개인적 능력

5.2 민첩성의 구성요소

민첩성의 구성요소는 변화하는 환경에서 실시간으로 환경 변화를 감지하고 감지된 변화를 신속한 분석과 의사결정을 통해 대응하는 구조라고 할 수 있다(김병욱 2006; 김진완 등 2012). 감지와 대응은 민첩성의 구성요소로 성과에 긍정적인 영향을 줄 수 있다는 것이 여러 연구문헌에서 제시되고 있다(Zaheer and Zaheer 1997; Overby et al. 2006; Roberts and Grover 2012; 곽기영과 홍문경 2011; 홍관수 2014).

5.2.1 감지성

감지는 환경에 대한 꾸준한 모니터링을 통해 고객의 새로운 욕구를 예측하는 것을 의미한다(Teece et al. 1997). 김병욱(2006)은 이벤트 및 지연 요소의 예측을 위해 실시간으로 모니터링하는 것을 감지성이라고 정의하였다. 즉, 감지성의 확보는 환경변화에 대한 실시간 예측을 통해 최신의 정보를 적재적소에 투입하여 프로세스를 개선하고 고객의 욕구에 대응하여 기업의 경쟁우위를 향상시킨다(Jansen-Vullers et al. 2003; Wang and Wei 2007).

5.2.2 대응성

대응은 서비스 기업에서 접점직원이 꾸준한 모니터링을 통해 새로운 욕구를 감지하고, 감지된 변화에 대한 반응과 대처를 위해 기존의 자원을 재구성하는 것을 의미한다(Jayachandran et al. 2004; Teece 2007). 곽기영과 홍문경(2011)은 대응능력을 Sambamurthy et al.(2003)이 제시한 3가지 능력인 고객 민첩성, 운영 민첩성 및 파트너 민첩성이라고 정의하고, 이 3가지 영역은 고객과의 상호작용, 기업의 내부 운영 및 파트너와의 공조시스템으로 설명할 수 있다고 하였다. 한편, Sambamurthy et al.(2003)은 민첩성의 영역 중 고객 민첩성에 보다 중점을 두어야 한다고 강조하였다. 즉, 접점직원의 대응능력은 환경 변화에서 고객접점을 중심으로 한 유연한 대처라고 할 수 있다. 이러한 맥락에서 보면 대응성은 예상치 못한 환경에 대한 감지를 통하여 즉각적으로 기존의 운영능력을 재구성하여 고객의 다양한 욕구에 대해 빠르고 정확하게 처리하는 것을 의미한다(Braunscheidel and Suresh 2009; 김진완 등 2012).

5.3 민첩성과 MCS 간의 관계

PMS는 조직의 활동에 관한 정보를 수집하고, 편성하고, 의사소통하기 위한 공식적인 메카니즘이다(Horngren et al. 2002). 전통적인 PMS가 조직 내의 활동에 대해 재무적이며 역사적인 정보에 중점을 두고 사용되는 반면, 오늘날의 PMS는 기업 외부와 비재무적, 미래지향적인 정보에 중점을 두고 있다(Atkinson et al. 2001; Mia and Chenhall, 1994). PMS의 이용방식인 진단적 이용과 상호작용적 이용은 민첩성과 관계가 있다. PMS의 진단적 이용은 목표와 결과를 비교하여 그 차이에 대해 수정조치를 취하는 전통적인 방식이며, PMS의 상호작용적 이용은 경영환경의 변화를 지속적으로 감시하고 새로운 기회를 모색하고, 조직의 변화와 혁신이 이루어질 수 있도록 유도하는 방식이다. 그러나 경영환경의 변화에도 불구하고 PMS의 진단적 이용인 표준원가계산과 차이분석 등과 같은 전통적인 방법이 여전히 효과적인 통제시스템 중 하나로 널리 사용되고 있다. 민첩성을 구현하려면 기업은 외부환경의 변화에 대해 열린 기업이 되어야 한다. 열린 기업이란 외부환경의 변화에 대응하기 가장 좋은 모습으로 움직일 수 있도록 모든 경영자원 또는 기술을 사용하고 통합하고 연결하는데 어려움이 없이 진행될 수 있는 기업이라는 의미이다. 외부환경의 변화에 대응하기 위해서는 다기능팀을 구성하거나, 기업 내부에서 대응방법에 대해 가장 전문가인 사람에게 경영권을 부여하거나, 기술의 통합과 연계가 가능한 지식공유 및 생성 등이 자유롭고 역동적으로 이루어져야 한다. 다른 기업에 비하여 민첩성이 우수한 기업은 외부환경의 변화에 대응하는 능력이 우수하다는 것이므로 변화가 오히려 성장의 기회가 될 수 있다. 따라서 불확실한 경영환경에서 전통적인 PMS의 진단적 이용만으로는 기업의 경쟁력을 강화시킨다고 보기는 어렵다. 왜냐하면 PMS의 진단적 이용은 목표와 결과의 비교를 통해 현재 운영상의 문제를 발견하고 수정하는 것에 관심의 초점을 두고 있기 때문이다. 급변하는 경영환경에서는 환경변화를 지속적으로 감시하고, 그 변화 속에서 새로운 기회를 모색하고, 내부적으로 구성원간의 상호협력과 의사소통을 강조할 수 있는 PMS의 상호작용적 이용이 필수적이다. 기업내부의 효율성을 강조하는 PMS의 진단적 이용보다는 시장환경 변화에 대하여 새로운 기회를 모색하고자 하는 기업에서 민첩성이 더욱 높을 것이며, 그러한 민첩성을 기반으로 경영성과도 향상될 수 있다. PMS가 민첩성에 미치는 영향은 PMS의 유형과 민첩성의 유형에 따라 다를 수 있지만, MCS가 조직역량을 강화한다는 큰 틀에서 본다면 PMS의 진단적 이용과 상호작용적 이용 모두가 민첩성에 정(+)의 영향을 미칠 것으로 기대된다.

한편, PMS의 이용방식을 피드백 이용과 피드포워드 이용으로도 분류할 수 있는데 이들 이용방식도 민첩성과 관계가 있다. PMS의 피드백 이용은 과거 의사결정에 대한 영향을 분석하고 조직학습을 촉진시키는 기능을 한다. 즉, PMS의 피드백 이용은 전략적 프로세스와 일상적인 경영관리를 지원하며, 학습과 변화를 지원하고 촉진하기 위해 조직 내에서 활용되는 공식적 통제활동이다. Sriram(2017)은 빨리 실패한다면, 성공의 혜택은 그대로 두면서 실패의 위험을 줄일 수 있고, 빨리 실패하면 피드백 회로[19]도 당연히 빨라지게 된다고 하였다. 그 결과 민첩한 조직이 될 수 있다고 강조하였다. 신속한 피드백은 실시간 정보를 제공해줌으로써 고객과 시장의 욕구변화에 대한 대응력을 높여 준다. 그리고 PMS의 피드백 이용은 성공과 실패에 대한 조직학습을 촉진시켜 새로운 영업기회의 발굴에 대한 지속적인 긴장감을 갖게 하여 민첩성을 향상시킬 것으로 기대된다.

오늘날 기업이 직면하고 있는 환경은 예측이 불가능하고 급변하며, 조직에 요구되는 대응방안도 극도로 복잡하게 상호 연결되어 있다. PMS는 기업 외부와 비재무적, 미래지향적인 정보에 중점을 두고 있다(Atkinson et al. 2001; Mia and Chenhall 1994). PMS의 피드포워드 이용은 다양한 정보를 바탕으로 실행계획을 수립하는데 중요한 도구로 PMS를 이용하는 것을 의미한다. 실행계획을 수립한다는 것은 기존 자원을 재구성하는 것으로, 전망이 없는 사업에서 전망이 좋은 사업으로 자원을 신속하고 효과적으로 재배치하여 결국 민첩성을 향상시키게 된다(Donald 2010).

19) 피드백 회로는 단순한 수정사항 뿐만 아니라 신제품과 같은 새로운 가치를 만들어 내는 과정을 포함하는 것이다.

06 조직수준에서의 MCS의 영향에 관한 연구

6.1 Robert H. Chenhall(2005)의 연구

Integrative Strategic Performance Measurement Systems, Strategic Alignment of Manufacturing, Learning and Strategic Outcomes: An Exploratory Study (Accounting, Organizations and Society)

6.1.1 연구배경 및 목적

통합적인 전략성과측정시스템(Strategic Performance Measurement Systems; SPMS)는 관리자에게 다양한 정보를 제공하며, 특히 전략 및 운영지표 간의 인과관계와 가치사슬을 중심으로 관점별로 다양한 정보를 제공한다. SPMS의 특징은 여러 관점을 포함하고 있는 재무적, 비재무적 측정치를 경영자에게 제공하기 위해서 설계되었다. 그러나 선행연구 중에서 SPMS의 설계 및 구축 또는 조직이 원하는 성과달성에 관한 결과를 확인하는 실증연구는 거의 없었으며, 대부분이 일회성이었다. 따라서 본 연구는 선행연구의 한계점을 극복하기 위해 통합적인 SPMS의 본질을 나타내는 근본적인 정보특성을 확인하고자 하였다. 이러한 정보특성인 통합성은 경영자에게 경쟁적인 전략을 개발하는데 도움이 되는 정보를 제공할 것이며, SPMS를 통해 경쟁성과가 달성되는 것을 보여줄 수 있을 것이다. 따라서 본 연구는 SPSM의 본질을 나타내는 정보의 특성을 통해 조직이 원하는 성과를 어떻게 달성하는지를 분석하였다.

6.1.2 연구모형 및 가설설정

본 연구는 통합적인 SPMS와 제조활동의 전략적 정렬, 조직학습, 경쟁성과 간의 관계에 대해 살펴보았다. SPMS가 인과관계의 타당성을 갖는 시스템으로 구축되고 SPMS가 종합적인 성과 결과와 피드백 정보를 구성원에게 제공하면, 구성원의 전략에 대한 이해도가 높아지면서 전략적 정렬을 달성할 수 있을 것이다. 또한 SPMS가 조직 내 구성원 간의 의사소통을 활성화하고, 전략실행의 구심점 역할을 하게 되어(Malina and Selto 2004; Niven 2002), 궁극적으로 경쟁성과가 향상될 것이다. 이론적인 배경을 통해 [도표 7-8]과 같은 개념적인 연구모형을 설계하고 다음과 같은 연구가설을 설정하였다.

[도표 7-8] Chenhall(2005)의 연구모형

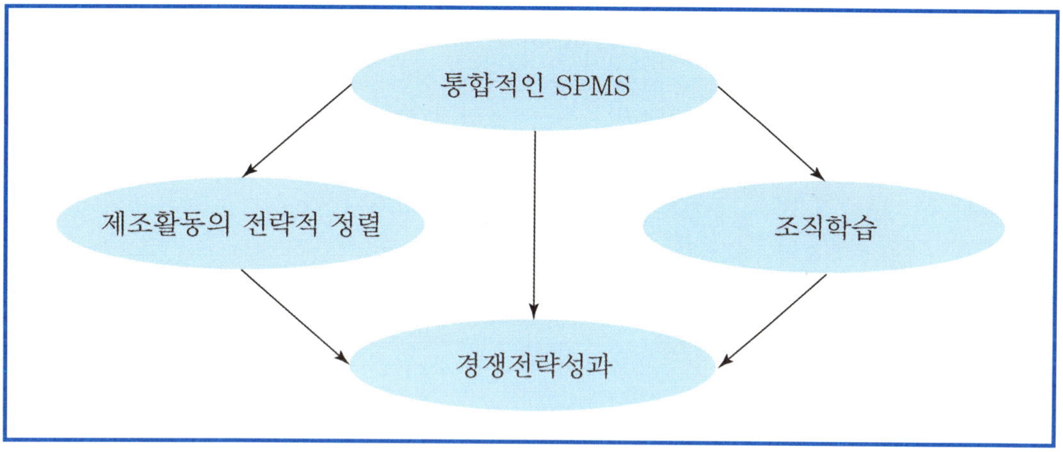

H1 : 통합적인 SPMS는 제품차별화 전략과 원가우위 전략의 경쟁성과와 정(+)의 관계가 있을 것이다.

H2 : 제조활동의 전략적 정렬은 제품차별화 전략과 원가우위 전략의 경쟁성과와 정(+)의 관계가 있을 것이다.

H3 : 통합적인 SPMS는 제조활동의 전략적 정렬과 정(+)의 관계가 있을 것이다.

H4 : 조직학습은 제품차별화 전략과 원가우위 전략의 경쟁성과와 정(+)의 관계가 있을 것이다.

H5 : 통합적인 SPMS는 조직학습과 정(+)의 관계가 있을 것이다.

6.1.3 자료수집과

설문자료는 호주의 200대 기업을 대상으로 상위 경영자에게 설문지를 배포하여 수집하였다. 이 중에서 80명의 경영자로부터 설문지가 회수되었고, 이를 최종분석에 활용하였다(최종 응답률 40%).

6.1.4 변수측정

통합적인 SPMS는 전략, 전략 목표와 운영활동 간의 인과관계, 다양한 성과관점(예를 들어 재무, 고객, 프로세스, 학습과 성장)과 핵심성과지표(key performance indicator; KPI)를 갖춘 PMS라고 정의를 하였다. 통합적인 SPMS는 3가지 변수, 즉 전략과 운영지표 연계(strategic and operational linkages), 고객지향(customer orientation) 및 공급자지향(supplier orientation)으로 구성되어 있다. 고객지향은 재무 및 고객관점 지표를 활용하고, 공급자지향은 비즈니스 프로세스와 혁신지표 등을 활용하였다. 통합적인 SPMS에 대한 설문문항은 총 12문항으로 구성하였으며, 리커트 7점 척도로 측정하였다.

제조활동의 전략적 정렬(strategic alignment of manufacturing)은 제조활동과 전략 간의 명확한 연계가 있고, 제조분야 투자는 사업전략과 일관성을 유지하기 위해서 사전에 검토되며, 상위 관리자들이 제품, 시장 및 제조프로세스가 어떻게 상호작용되고 이러한 상호작용을 어떻게 관리하고 있는가에 대한 일반적인 이해정도를 측정하였다. 설문항목은 3개이고, 리커트 7점 척도로 측정하였다.

조직학습은 Huber(1991)의 주장을 인용하여 정보의 취득, 해석, 확산 및 조직내면화하는 과정으로 정의하였다. 조직학습은 4단계(정보취득, 정보해석, 정보확산, 조직내면화)로 구분하여, 각 단계를 측정하기 위해 4개의 설문항목을 이용하였으며, 리커트 7점 척도로 측정하였다.

경쟁전략우선순위는 원가, 품질, 신뢰성, 유연성 등 개념적으로 기업들이 실제로 추구하는 생산능력의 경쟁수단을 의미한다. 경쟁전략우선순위는 Miller et al.(1992)에 의해 확인된 11가지 항목을 사용하여 측정하였다. 11가지 경쟁전략우선순위는 현재 경쟁업체와 비교한 사업부의 수준과 같은 항목에 대하여 사업부 내에서의 중요성 정도를 리커트 7점 척도로 측정하였다. 그리고 경쟁성과는 경쟁전략우선순위를 측정한 두 측정값의 곱으로 측정하였다. 경쟁성과는 3개의 변수, 즉 납기/서비스(deliver/service), 유연성(flexibility), 저원가/가격(low cost/price)으로 구성되어 있다.

6.1.5 분석 결과

연구모형과 설정된 연구가설을 검정하기 위해 PLS를 이용하였다.

[도표 7-9a] PLS 분석결과와 가설검정

	제조활동의 전략적 정렬	조직학습	통합적인 SPMS		
			전략/운영 연계	고객지향	공급자지향
경쟁전략우선순위					
유연성	0.364***	0.456***	0.214**	0.377***	0.259**
납 기	0.314***	0.284	0.294***	0.232**	0.280***
저원가/가격	0.295***	0.330***	0.183**	0.251**	0.435***
제조활동의 전략적 정렬		0.480***	0.375***	0.232**	0.359***
조직학습			0.495***	0.478***	0.430***

** $p<0.05$　　　*** $p<0.01$

[도표 7-9b] 구조방정식 모형의 경로계수

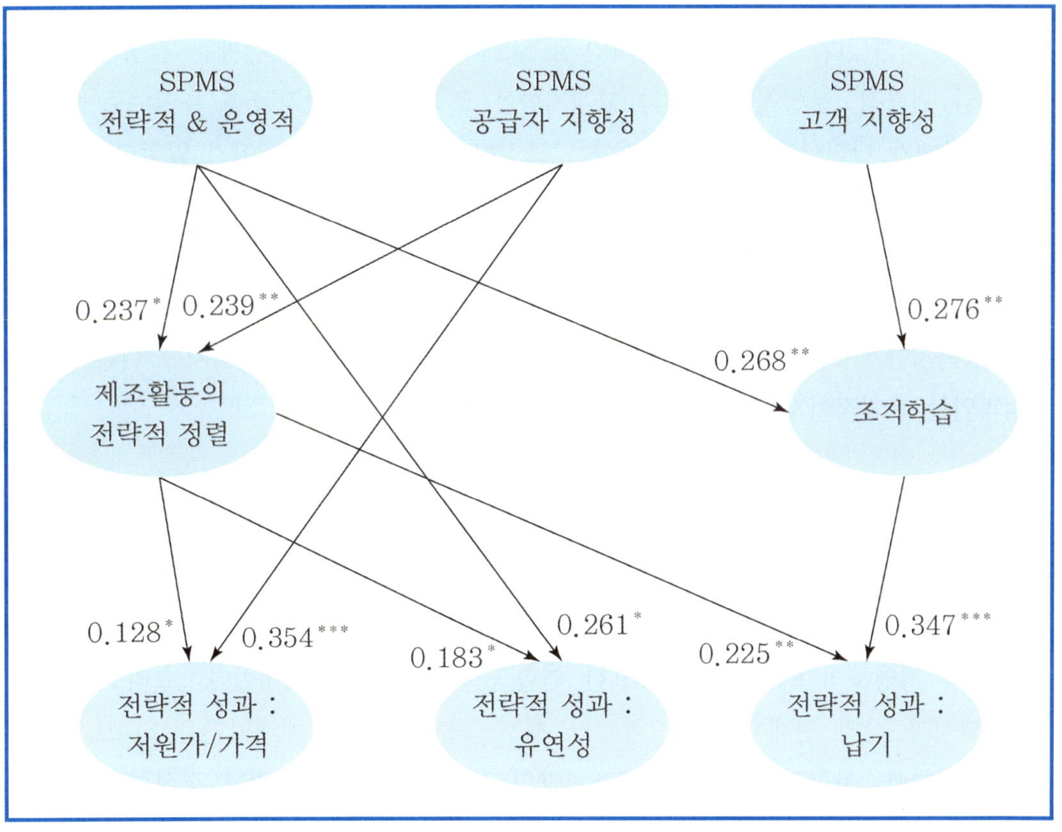

* $p<0.10$　　　** $p<0.05$　　　*** $p<0.01$

연구결과를 요약하면 다음과 같다. 가설1은 통합적인 SPMS와 제품차별화 전략과 원가우위 전략의 경쟁성과 간의 관계를 검정하였다. 연구결과 전략적·운영적 SPMS는 전략적 유연성과 10% 유의수준에서 정(+)의 관계가 있고, 공급자지향 SPMS는 저원가/가격의 성과와 1% 유의수준에서 정(+)의 관계가 있는 것으로 나타났다. 가설2는 제조활동의 전략적 정렬과 제품차별화 전략과 원가우위 전략의 경쟁성과 간의 관계를 검정하였다. 연구결과 제조전략의 전략적 정렬과 저원가/유연성의 경쟁성과는 10% 유의수준에서, 납기 성과와는 1% 유의수준에서 정(+)의 관계가 있는 것으로 나타났다. 가설3은 통합적인 SPMS와 제조활동의 전략적 정렬 간의 관계를 검정하였다. 연구결과 전략적·운영적 SPMS와 공급자지향은 제조활동의 전략적 정렬과 각각 10%와 5% 유의수준에서 정(+)의 관계가 있는 것으로 나타났으나, 고객지향은 제조활동의 전략적 정렬과 통계적으로 유의하지 않은 것으로 나타났다. 가설4는 조직학습과 제품차별화 전략과 원가우위 전략의 경쟁성과 간의 관계를 검정하였다. 연구결과 납기성과만이 1% 유의수준에서 정(+)의 관계가 나타났고, 그 외의 성과와는 유의성이 없는 것으로 나타났다. 가설5는 통합적인 SPMS와 조직학습 간의 관계를 검정하였는데, 연구결과 전략적·운영적 SPMS와 고객지향은 조직학습과 각각 5% 유의수준에서 정(+)의 관계가 나타났지만, 공급자지향은 조직학습과 유의성을 보이지 않았다. 실증분석 결과, 생산부문의 관리자가 제조부문의 생산전략(예를 들어 투자)을 조직의 전략과 정렬할 때 제조부문의 경쟁전략 성과를 달성함을 확인하였다. 구체적으로 SPMS의 전략과 운영지표 연계 및 공급자지향은 제조부문의 전략적 정렬을 통하여 전략적 성과를 달성하지만, 고객지향은 조직학습을 통하여 납기에는 영향을 미치지만 다른 두 전략성과와는 유의적이지 않은 것으로 나타났다.

6.1.6 결론 및 시사점

통합적인 SPMS와 경쟁성과 간의 관계는 통합적인 SPMS가 직·간접적으로 모두 경쟁성과와 연계되는 결과를 보여주었다. 이는 SPMS가 미래 기업의 경쟁력 창출에 공헌하며, 경영자의 의사결정에 중요한 역할을 한다는 것을 의미한다. 그리고 SPMS와 경쟁성과 간의 관계에서 조직학습과 제조전략의 정렬이 매개역할을 하고 있다는 것을 의미한다. 통합적인 SPMS, 제조전략의 정렬, 조직학습 그리고 경쟁성과는 각각 개별적인 의미보다는 모든 변수들의 구체적, 체계적, 유기적인 연계가 중요하다는 것을 보여주고 있다. 본 연구는 SPMS가 조직의 경쟁성과를 강화하는데 어떻게 조력할 수 있는지를 보여주며, SPMS의 적용을 이해하는데 개념적인 토대를 제공하고 있다. 따라서 본 연구는 SPMS의 통합적인 차원이 제조와 전략을 정렬하고 조직학습을 증진시킴으로써 조직이 경쟁성과를 달성하는데 있어 중요한 정보특성이라는 것을 보여주었다. 그리고 SPMS와 경쟁성과 간의 관계에서 조직학습과 제조전략의 정렬이 매개역할을 수행하고 있음을 확인하였다.

6.2 Jean-Francois Henri(2006b)의 연구

Management Control Systems and Strategy: A Resource-Based Perspective (Accounting Organizations and Society)

6.2.1 연구배경 및 목적

고객, 기술 및 경쟁의 빠른 변화가 특징인 오늘날의 경영환경에서 생존하기 위해 기업은 끊임없이 새로운 것을 필요로 한다(Danneels 2002). 혁신성, 조직학습, 시장지향성과 기업가정신은 경쟁우위를 확보할 수 있는 주요한 역량으로 인식되어 왔다(Hult and Ketchen 2001; Hurley and Hult 1998; Ireland et al. 2001).

본 연구의 목적은 MCS의 구성요소 중 하나인 PMS(performance measurement systems)와 자원기반관점(resource-based view; RBV)의 조직역량 간의 관계를 명료하게 표현하고 검정하는 것이다. 특히 본 연구에서는 PMS의 두 가지 이용인 진단적 이용과 상호작용적 이용뿐만 아니라 진단적 이용과 상호작용적 이용의 곱(진단적 이용×상호작용적 이용)으로 산출되는 역동적 긴장의 개념을 추가하였다. MCS의 진단적 이용은 예측가능한 목표의 달성을 추적하고 검토하며 지원하는데 사용되는 기계적 통제(mechanistic control)를 말한다. 이는 목표와 결과를 비교하고 수정조치를 취하는 전통적인 MCS에 해당한다. MCS의 상호작용적 이용은 조직구성원 간의 의사소통과 상호 조정을 지원하는 유기적 통제(organic control)를 말한다. 본 연구의 구체적인 목적은 PMS의 진단적 이용과 상호작용적 이용이 조직역량(시장지향성, 기업가정신, 조직학습 및 혁신성)에 미치는 영향, 역동적 긴장이 조직역량에 미치는 영향, 그리고 조직역량이 조직성과에 미치는 영향을 검정하는 것이다.

6.2.2 연구모형 및 가설설정

PMS의 진단적 이용은 현재의 운영패러다임 내에서 문제를 수정하고, 기 설정된 목표달성과정에서의 실수 혹은 급격한 차이 등의 관리에 초점을 맞추고 있다. 진단적 이용은 목표 대비 실적의 달성수준을 파악하고 예산차이 분석 등 현재 운영상의 문제를 모니터링하기 위해 설계되었다. 성과정보의 피드백 측면에서 진단적 이용은 조직역량의 활용을 촉진할 것이다(Martin 2001).

PMS의 상호작용적 이용은 미래의 기회를 포착하고 활용하게 하여 조직역량을 개발하며, 미래의 전략적 대화, 계획 및 목표설정의 측면에 크게 기여할 수 있다(Martin 2001). 또한 창의성과 지식을 증진시켜 전략적 불확실성에 관심을 유도하고, 새로운 위협과 기회를 감지하는데 이용된다. 즉, PMS의 상호작용적 이용은 조직구성원에게 그들이 관심을 가져야 하는 사항에 대해 신호를 보내며, 대화와 토론을 통해 조직학습을 강화시키고 새로운 전략의 출현을 촉진함으로써 조직이 시장에서 기회를 탐색하고 스스로를 변화시키도록 한다(Bisbe and Otley 2004).

Henri(2006b)는 PMS의 진단적 이용과 상호작용적 이용 간의 균형이 유지되고 활용되어야 한다고 강조하면서, 이용방식의 균형에 의해 창출되는 역동적 긴장(dynamic tension)이라는 개념을 제안하였다. 역동적 긴장은 조직의 대화를 자극하여(Dent 1987) 유연성과 혁신성 등을 개선하는 정보를 제공한다. 이는 전략적인 문제에 관한 지속적인 의사소통을 촉진하고 상호이해를 증진시킨다. 또한 개방적이고 활발한 토론을 장려하고, 조직구성원의 생각과 행동을 일치시키는 것을 돕는다(Tjosvold 1991; DeDreu 1991; Amason 1996). 진단적 이용과 상호작용적 이용의 균형적인 사용은 근본적인 이슈를 명백하게 만들고 어려운 문제를 해결할 수 있는 동기와 힘을 제공함으로써 공동의 목표를 향해 협력할 수 있는 인센티브를 제공하고 참여와 권한을 강화시킨다. 따라서 조직의 의사소통을 촉진시키고 창의성을 자극하여 조직의 성과를 증대시킨다. 이와 같은 이론적인 배경을 바탕으로 Henri(2006b)가 제시한 연구모형은 [도표 7-10]과 같고, 연구가설은 다음과 같다.

[도표 7-10] Henri(2006b)의 연구모형

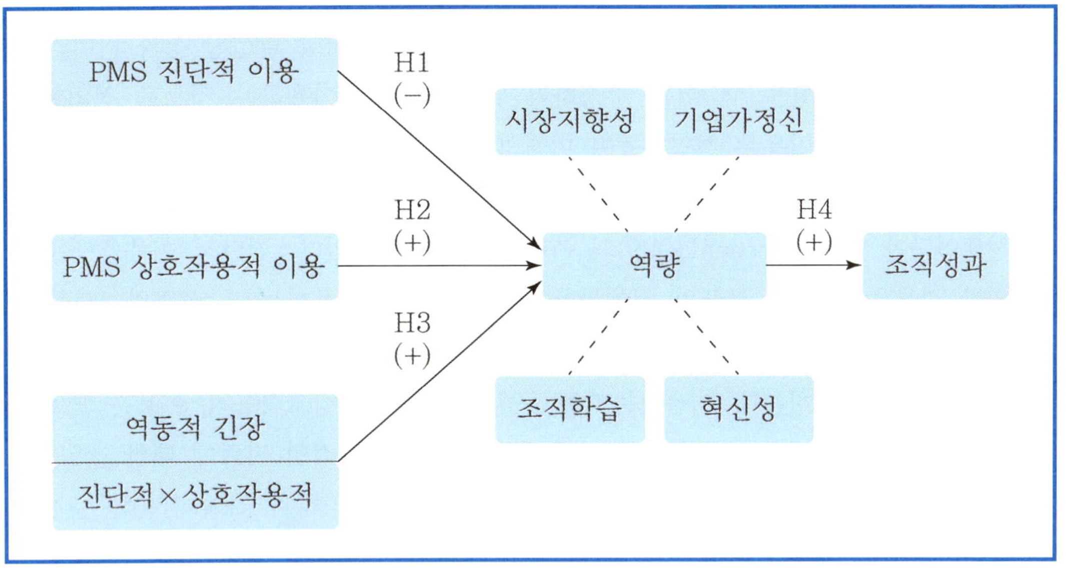

H1 : PMS의 진단적 이용은 시장지향성, 기업가정신, 혁신성 및 조직학습에 부(−)의 영향을 미칠 것이다.

H2 : PMS의 상호작용적 이용은 시장지향성, 기업가정신, 혁신성 및 조직학습에 정(+)의 영향을 미칠 것이다.

H3 : PMS의 균형적인 이용(진단적, 상호작용적)으로 나타나는 역동적 긴장은 시장지향성, 기업가정신, 혁신성 및 조직학습에 정(+)의 영향을 미칠 것이다.

H4a : PMS의 진단적 이용과 상호작용적 이용은 시장지향성, 기업가정신, 혁신성 및 조직학습을 통해 조직성과에 간접적인 효과를 미칠 것이다.

H4b : PMS의 균형적인 이용으로 나타나는 역동적 긴장은 시장지향성, 기업가정신, 혁신성 및 조직학습을 통해 조직성과에 간접적인 효과를 미칠 것이다.

6.2.3 자료 수집

표본은 2,175개의 캐나다 제조기업을 대상으로 구성하였으며, 이 연구에서 기업은 완전히 독립적인 실체이거나 거대한 기업의 사업단위이다. 기업은 PMS를 구축하고 이용할 수 있는 충분한 규모의 회사로서, 매출액은 20만 달러 이상, 종업원의 수는 150명 이상인 기업을 대상으로 하였다. 총 383개(24%의 응답률)의 설문지를 분석에 사용하였다.

6.2.4 변수측정

PMS의 진단적 이용은 경영자들이 조직성과를 모니터링하고 달성된 성과가 미리 설정한 목표에서 벗어났을 때 이를 수정하기 위해 PMS를 이용하는 것으로 정의한다. PMS의 상호작용적 이용은 경영자들이 미래의 전략을 수립하고 전략적 불확실성을 감소시키기 위해 PMS를 능동적으로 대화방식으로 이용하는 것으로 정의한다. 설문항목은 선행연구인 Vandenbosch(1999)의 측정도구를 사용하였다. 진단적 이용을 측정하기 위한 항목은 PMS를 목표의 진행상황을 검토하는데 이용하는지, 성과의 모니터링에 이용하는지, 사전에 설정한 목표와 실제 성과를 비교하는데 이용하는지, 그리고 주요 측정지표를 검토하는데 이용하는지로 구성되어 있다. 상호작용적 이용은 PMS를 회의시 의사소통을 위해 이용하는지, 행동계획 · 추정 · 근본적인 자료에 대한 끊임없는 토론을 위해 이용하는지, 조직의 공통 관심사와 시각을 제공하기 위해 이용하는지, 조직을 하나로 결속시키기 위해 이용하는지, 조직의 공통 문제에 집중시키기 위해 이용하는지, 조직이 중요한 성공요인에 집중시키기 위해 이용하는지, 그리고 조직 내 공통언어를 개발하기 위해 이용하는지로 측정하였다. 역동적 긴장은 진단적 PMS의 2개 측정치와 상호작용적 PMS의 2개 측정치를 추출하여 각각의 곱의 값으로 측정하였다. 즉, 역동적 긴장은 상호작용효과로 조작적 정의를 내려서 측정한 것이다.

한편, 조직역량은 자원조합에 바탕을 둔 조직의 강점으로 정의된다. 조직역량은 시장지향성, 기업가정신, 조직학습, 그리고 혁신성으로 분류하였다. 시장지향성은 Narver and Slater(1990)에 의해 개발된 도구를 이용하였고, 기업가정신과 조직학습은 Hult(1998)에 의해 개발된 도구를 이용하였으며, 그리고 혁신성은 Hurley and Hult(1998)와 Burke(1989)가 사용한 도구를 이용하여 측정하였다. 마지막으로 조직성과는 주관적인 측정치로 판매량, 투자수익률, 그리고 수익으로 측정하였다.

6.2.5 분석방법 및 결과

구조모형 방정식은 내생적인 변수와 외생적 잠재변수 간의 다양한 인과관계를 동시에 연구하는 것이 가능한 일련의 다변량기법이다. 설문을 통하여 수집한 데이터를 LISREL 8.52를 이용하여 분석하였다. 구조방정식의 분석결과는 다음 [도표 7-11]과 같다.

[도표 7-11] LISREL 분석결과 및 가설검정

경로 방향과 예상 부호	모형 A		모형 B	
	경로계수	Z통계량	경로계수	Z통계량
진단 PMS → 시장지향성(−)	−3.838	−1.984**	−5.011	−2.118**
진단 PMS → 기업가정신(−)	−5.957	−2.037**	−8.606	−2.179**
진단 PMS → 혁신성(−)	−5.817	−2.034**	−7.525	−2.176**
진단 PMS → 조직학습(−)	−5.717	−2.003**	−7.367	−2.136**
상호작용 PMS → 시장지향성(+)	4.199	2.164**	4.526	2.331**
상호작용 PMS → 기업가정신(+)	6.109	2.084**	7.304	2.256**
상호작용 PMS → 혁신성(+)	6.023	2.101**	6.451	2.275**
상호작용 PMS → 조직학습(+)	6.141	2.147**	6.565	2.321**
역동적 긴장 → 시장지향성(+)	n/a	n/a	0.009	0.328
역동적 긴장 → 기업가정신(+)	n/a	n/a	0.030	0.731
역동적 긴장 → 혁신성(+)	n/a	n/a	0.030	0.909
역동적 긴장 → 조직학습(+)	n/a	n/a	0.063	1.547
시장지향성 → 성과(+)	1.570	1.536	1.767	1.731*
기업가정신 → 성과(+)	1.619	1.076	1.698	1.264
혁신성 → 성과(+)	3.783	1.016	4.218	1.159
조직학습 → 성과(+)	0.718	1.048	0.828	1.225
진단 PMS → 성과(−)	3.832	0.760	6.102	0.893
상호작용 PMS → 성과(+)	−3.655	−0.726	−4.806	−0.855
역동적 긴장 → 성과(+)	n/a	n/a	0.081	2.438***
Fit indices of the model				
Chi-square	284.012		571.250	
DF	137		214	
NNFI	0.972		0.948	
CFI	0.978		0.956	
RMSEA	0.0530		0.0661	

* P<0.10　　** P<0.05　　*** P<0.01

연구결과는 다음과 같다. 우선 모형을 A와 B로 구분하였으며, 모형A는 가설1, 2, 4a를 검정하기 위한 것이고, 모형B는 가설3과 4b를 검정하고, 가설1, 2, 4a 검정에 대한 보완을 위한 것이다. 가설1은 PMS의 진단적 이용이 4가지 역량에 미치는 영향을 검정하였는데, 연구결과 PMS의 진단적 이용이 4가지 역량에 각각 5% 유의수준에서 부(-)의 영향을 미치는 것으로 나타났다. 가설2는 PMS의 상호작용적 이용이 4가지 역량에 미치는 영향을 검정하였는데, 연구결과 PMS의 상호작용적 이용이 4가지 역량에 각각 5% 유의수준에서 정(+)의 영향을 미치는 것으로 나타났다. 가설3은 역동적 긴장이 4가지 역량에 미치는 영향을 검정하였는데, 연구결과 유의적인 영향이 없는 것으로 나타났다. 가설4a는 PMS의 진단적 이용과 상호작용적 이용이 4가지 역량을 통해 조직성과에 미치는 간접적인 효과를 검정하였는데, 연구결과 간접효과는 없는 것으로 나타났다. 가설4b는 역동적 긴장이 4가지 역량을 통해 조직성과에 미치는 간접적인 효과를 검정하였는데, 연구결과 간접효과는 없는 것으로 나타났다.

분석결과를 종합해보면, PMS 이용이 기업역량을 통해 조직성과에 영향을 미칠 것이라는 그 어떤 가설도 지지되지 않았다. 한편, 역동적 긴장은 조직성과와 유의적인 정(+)의 관계가 나타났지만, 역량과는 유의적인 관계가 나타나지 않았다. 이 결과는 MCS의 진단적 이용과 상호작용적 이용은 서로 배타적인 관계가 아닌 보완적인 관계가 있음을 시사해 주는 것이다.

6.2.6 결론 및 시사점

본 연구의 목적은 자원기반 관점에서 MCS를 이용하는 방식에 따라 기업의 역량에 미치는 영향이 다를 수 있고, 그 결과가 조직성과에 미치는 영향이 다를 수 있음을 확인하는 것이다. 본 연구는 MCS를 PMS로 정의하여 진단적 이용과 상호작용적 이용으로 구분하였고, 기업역량은 시장지향성, 기업가정신, 조직학습, 그리고 혁신성으로 세분하여 두 변수 간의 관계를 검증하였다. MCS와 전략 간의 관계에 대한 관점에서 본 연구의 시사점은 다음과 같다. 첫째, 본 연구는 관리회계 분야에 전략에서 자원기반관점에 이르는 프레임워크를 통합하였다. 둘째, MCS와 전략 간의 관계에 대한 실증연구는 명확한 연구결과를 제시하지 못하였으며, 그러한 모호한 결과는 이론적인 틀이 없기 때문이라는 지적이 있어 왔다. 본 연구는 PMS의 진단적 이용과 상호작용적 이용이 자원기반관점에서 영향을 미치는 것으로 타나났다. 또한 PMS의 균형적인 이용인 역동적 긴장에 대한 제한된 검증결과를 보여주었다. 셋째, Simons(1995)이 제안한 모델을 여러 가지 방법으로 확장하였다. 즉. Simons(1995)의 연구는 혁신과 조직학습을 명확하게 구분하지 않았으며, 진단적 MCS와 상호작용적 MCS를 조직이 통합 또는 결합하는 이유에 대해 설명하지 못하였다. 그러나 본 연구는 이에 대한 개념과 문제점을 고려하여 연구를 수행하였으며, 경영진이 PMS를 균형있게 이용(진단적 이용×상호작용적 이용)할 때 PMS의 효과가 있음을 보여주었다.

6.3 Sally K. Widener(2007)의 연구

An Empirical Analysis of the Levers of Control Framework(Accounting, Organizations and Society)

6.3.1 연구배경 및 목적

MCS의 목적은 의사결정, 계획수립 및 성과평가에 유용한 정보를 제공하는 것이다(Merchant and Otley 2006). 관리회계 문헌을 살펴보면, MCS에 관한 연구는 많이 있으나, 성과측정지표의 이용과 같은 하나의 MCS에 초점을 두어 연구되어 왔다(Ittner and Larcker 1998). 그러나 전체 MCS는 다양한 하부 MCS로 구성되어 있다. Simons(2000)은 4가지 MCS는 기업의 성과를 개선시키기 위해 함께 작동한다고 주장하면서 MCS를 LoC(Levers of Control, 통제지렛대) framework로 통합하였다. 본 연구의 목적은 LoC framework를 사용하여 MCS의 선행변수(전략적 불확실성, 전략적 위험)와 성과 사이에서 MCS가 어떤 영향을 미치는지를 조사하는 것이다.

LoC framework는 신념시스템(beliefs system), 경계시스템(boundary system), 진단적 통제(diagnostic controls), 그리고 상호작용적 통제(interactive controls)로 구성된다. 관리회계 문헌을 살펴보면, MCS는 상호의존적(inter-dependent)이지만(Milgrom and Roberts 1995), MCS가 보완적(complements)인지, 대체적(substitutes)인지는 명확하지 않다. 따라서 본 연구의 목적은 전체 MCS를 구성하는 하부 MCS의 각 구성요소 간의 관계가 보완적인지, 대체적인지를 확인하는 것이다.

6.3.2 연구모형 및 가설설정

신념시스템은 조직의 핵심가치, 목적, 방향에 대한 공식적인 정의로서 종업원이 적절한 활동을 탐색하고 창출하며, 이러한 활동에 노력을 기울일 수 있도록 하는 시스템이다(김순기 등 2015). 신념시스템의 예로는 사훈이나 사명문(mission statement) 등을 통해 조직의 목표를 조직구성원에게 공식적으로 전달하고 조직구성원의 활동에 동기를 부여하는 것이 있다. 한편, 조직의 경영환경은 많은 위험과 불확실성을 내포하고 있기 때문에 목표를 달성하기 위해 조직구성원이 위험한 활동을 수행하지 못하도록 활동영역을 제한할 필요가 있다. 이러한 역할을 하는 통제시스템이 경계시스템이다. 경계시스템은 구성원의 전략적 행동의 용인 가능한 범위를 한정함으로써 신념시스템에 의해 동기부여된 행동에 제한을 가할 수 있다(김순기 등 2015).

진단적 통제는 전통적인 관리통제의 방식으로 경영자들이 조직성과를 모니터링하고 미리 설정한 목표와 실제 결과를 비교하여 차이를 분석하고 발생한 차이에 대한 수정조치를 위해 사용하는 공식적인 정보시스템이다. 진단적 통제는 조직성과를 향상시킬 수 있도록 조직구성원에게 동기를 부여하며, 경계시스템과 유사하게 행동을 제약하는 역할과 행동을 정렬시켜주는 역할을 한다(Simons 1995). 그리고 상호작용적 통제는 변화하는 경영환경을 지속적으로 감시하고 변화에 대응하기 위해 의사소통을 통한 조직학습과 조직의 변화가 이루어질 수 있도록 유도하는 방식이다(Simons 1990).

조직의 경영환경은 많은 위험과 불확실성을 내포하고 있다. 이러한 통제시스템은 조직목표를 달성하기 위해 환경 불확실성과 위험을 완화시키고, 조직구성원이 적절한 활동을 수행할 수 있도록 도와준다. 또한 통제시스템은 조직구성원이 위험한 활동을 수행하지 못하도록 활동영역을 제한하고 새로운 전략을 수립하는데 도움을 줄 수 있으므로 전략적 불확실성을 감소시키기 위해 사용된다. 이를 통해 조직구성원의 관심과 학습을 증진시켜 궁극적으로 조직의 성과에 긍정적인 영향을 미친다. 이와 같은 이론적 배경을 바탕으로 설계한 연구모형은 [도표 7-12]와 같고, 연구가설은 다음과 같다.

[도표 7-12] Widener(2007)의 연구모형

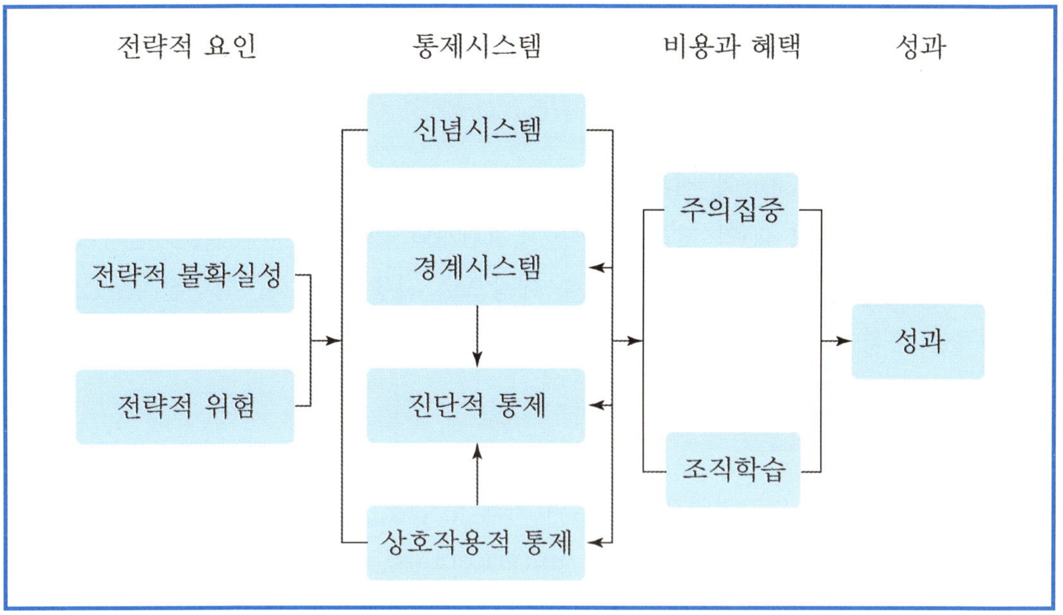

H1a : 신념시스템은 경계시스템에 정(+)의 영향을 미칠 것이다.
H1b : 신념시스템은 진단적 통제에 정(+)의 영향을 미칠 것이다.
H1c : 신념시스템은 상호작용적 통제에 정(+)의 영향을 미칠 것이다.
H1d : 경계시스템은 진단적 통제에 정(+)의 영향을 미칠 것이다.
H1e : 상호작용적 통제는 진단적 통제에 정(+)의 영향을 미칠 것이다.
H2a : 전략적 위험과 불확실성은 신념시스템에 정(+)의 영향을 미칠 것이다.
H2b : 전략적 위험과 불확실성은 경계시스템에 정(+)의 영향을 미칠 것이다.
H2c : 전략적 위험과 불확실성은 진단적 통제에 정(+)의 영향을 미칠 것이다.
H2d : 전략적 위험과 불확실성은 상호작용적 통제에 정(+)의 영향을 미칠 것이다.
H3a : 신념시스템은 조직학습에 정(+)의 영향을 미칠 것이다.
H3b : 경계시스템은 조직학습에 정(+)의 영향을 미칠 것이다.
H3c : 진단적 통제는 조직학습에 정(+)의 영향을 미칠 것이다.
H3d : 상호작용적 통제는 조직학습에 정(+)의 영향을 미칠 것이다.
H4a : 신념시스템은 주의집중에 정(+)의 영향을 미칠 것이다.
H4b : 경계시스템은 주의집중에 정(+)의 영향을 미칠 것이다.
H4c : 진단적 통제는 주의집중에 정(+)의 영향을 미칠 것이다.
H4d : 상호작용적 통제는 주의집중에 정(+)의 영향을 미칠 것이다.

H5a : 조직학습은 조직성과에 정(+)의 영향을 미칠 것이다.
H5b : 주의집중은 조직성과에 정(+)의 영향을 미칠 것이다.

6.3.3 자료 수집

설문자료는 Compustat와 설문조사 데이터를 이용하였다. 일반화 가능성을 높이기 위해서 기업의 매출이 20억 달러 미만인 4,400개의 기업 중에서 1,000개의 회사를 무작위로 추출하였다. 설문조사는 CFO를 대상으로 진행하였으며, 회수된 총 122개의 설문자료를 분석에 사용하였다.

6.3.4 변수측정

전략적 불확실성은 최고경영자가 조직의 목표 달성을 위해 감시하는 불확실성이라고 정의하고, 운영적 불확실성(operational uncertainties), 경쟁적 불확실성(competitive uncertainties) 및 기술적 불확실성(technological uncertainties)으로 구분하였다. 운영적 불확실성은 지식확산, 규모와 범위효과, 투입비용, 내부 제품혁신 등으로 측정하였고, 경쟁적 불확실성은 제품 출시, 경쟁업체 시장전략, 신규산업진출 등으로 측정하였으며, 기술적 불확실성은 제품 기술, 신기술 등으로 측정하였다.

전략적 위험은 운영적 위험(operational risk)과 경쟁적 위험(competitive risk)으로 구분하였다(Simons 1990; 2000). 운영적 위험은 핵심 내부 비즈니스 프로세스의 붕괴로 야기되고 회사의 전략구현 능력을 방해하는 것으로 정의되며, 경쟁적 위험은 시장에 내재된 위험으로 정의된다. 운영적 위험은 기업의 안전, 품질, 신뢰성, 그리고 운영의 효율성 등으로 측정하였고, 경쟁적 위험은 고객, 공급업체, 대체제품의 존재, 신규시장 개척자 등으로 측정하였다.

MCS은 LoC framework를 기반으로 신념시스템, 경계시스템, 진단적 통제, 상호작용적 통제로 분류하여 측정하였다. 주의집중(attention)은 효과적인 시간 활용, 지속적인 모니터링에 대한 필요성 줄이기, MCS가 주의집중에 어떻게 영향을 주는지 등을 통해 측정하였다. 조직학습은 Hult and Thomas(1998)의 측정도구를 사용하여 측정하였다. 마지막으로 성과는 Roth and Jackson(1995)의 도구를 사용하여 측정하였다.

6.3.5 분석방법 및 결과

분석을 위해 AMOS 4.0 software program을 사용하였다. 분석결과는 다음과 같다.

[도표 7-13a] AMOS 분석결과1

종속변수(R)	독립변수	Base model	Trimmed model(Alt.1)	Trimmed model(Alt.2)
		경로계수	경로계수	경로계수
DIAG(0.213)	COUNC	0.023	–	–
	OPUNC	0.129**	0.135**	0.137**
	OPRSK	0.112**	0.115**	0.119**
	BELIEF	0.278***	0.280***	0.303***
	BOUND	0.057	0.058	–
	INT	0.462***	0.464***	0.470***
BELIEF(0.188)	COUNC	0.177**	0.177**	0.177**
	OPUNC	0.273***	0.273**	0.273***
	OPRSK	0.150**	0.150**	0.150**
BOUND(0.096)	COUNC	0.044	0.044	–
	OPUNC	0.027	0.027	–
	OPRSK	0.090	0.090	–
	BELIEF	0.478***	0.478***	0.530***
INT(0.117)	COUNC	0.141*	0.141*	0.116*
	OPUNC	−0.065	−0.065	–
	OPRSK	0.170**	0.170**	0.167**
	BELIEF	0.352***	0.352***	0.337***
ATTEN(0.381)	DIAG	0.538***	0.538***	0.543***
	BELIEF	0.255***	0.255***	0.256***
	BOUND	0.105	0.105	0.106
	INT	−0.315***	−0.315***	−0.316***
LEARN(0.327)	DIAG	0.303***	0.303***	0.279***
	BELIEF	0.351***	0.351***	0.350***
	BOUND	0.070	0.070	0.067
	INT	−0.041	−0.041	–
PERF(0.166)	ATTEN	0.210***	0.210***	0.209***
	LEARN	0.292***	0.292***	0.292***

Model fit			
X^2	24.747	24.854	28.406
p-value	0.053	0.072	0.163
df	15	16	22
CMINDF	1.650	1.553	1.291
RMSEA	0.073	0.068	0.049
GFI	0.962	0.962	0.957
CFI	0.974	0.977	0.983
X^2 difference test			
X^2 difference(df)		0.107(1)	2.417(4)
p-value		Ns	Ns

DIAG=진단적 통제　BELIEF=신념시스템　BOUND=경계시스템　INT=상호작용적 통제
ATTEN=주의집중　LEARN=조직학습　PERF=조직성과　COUNC=경쟁적 불확실성
OPUNC=운영적 불확실성　OPRSK=운영적 위험

[도표 7-13b] AMOS 분석결과2

종속변수	독립변수	Trimmed base model	Alt.1	Alt.2	Alt.3	Alt.4	Alt.5	Alt.6
DIAG	OPUNC	0.137**	0.140**	0.137**	0.137**	0.137**	0.137**	0.137**
	OPRSK	0.119**	0.074	0.119**	0.119**	0.119**	0.119**	0.119**
	BELIEF	0.303***	0.218*	0.303***	0.303***	0.303***	0.304***	0.303***
	INTERACT	0.470***	0.701**	0.470***	0.470***	0.470***	0.472***	0.470***
BELIEF	COUNC	0.177**	0.177**	0.177**	0.177**	0.177**	0.132	0.177**
	OPUNC	0.273***	0.273***	0.273***	0.273***	0.273***	0.266***	0.273***
	OPRSK	0.150**	0.150**	0.150**	0.150**	0.150**	0.101	0.150**
BOUND	BELIEF	0.530***	0.530***	0.530***	0.530***	0.461***	0.530***	0.530***
INTERACT	COUNC	0.116*	0.187	0.116*	0.116*	0.116*	0.183*	0.116*
	OPRSK	0.167**	0.277	0.167**	0.167**	0.167**	0.205**	0.167**
	BELIEF	0.337***	0.607	0.337***	0.337***	0.337***	0.116	0.337***
ATTEN	DIAG	0.543***	0.541***	0.530***	0.543***	0.543***	0.541***	-
	BELIEF	0.256***	0.256***	0.242**	0.256***	0.257***	0.256***	-
	BOUND	0.106	0.106	0.106	0.106	0.106	0.106	-
	INTERACT	-0.316***	-0.316***	-0.315***	-0.316***	-0.317***	-0.316***	-

LEARN	DIAG	0.279***	0.279***	0.279***	0.262***	0.279***	0.279***	–
	BELIEF	0.350***	0.350***	0.350***	0.337***	0.350***	0.350***	–
	BOUND	0.067	0.067	0.067	0.062	0.066	0.067	–
PERF	ATTEN	0.209***	0.209***	0.209***	0.209***	0.209***	0.209***	–
	LEARN	0.292***	0.292***	0.292***	0.292***	0.292***	0.292***	–
Alternative model specification								
INTERACT	DIAG	–	–0.552	–	–	–	–	–
ATTEN	LEARN	–	–	0.042	–	–	–	–
LEARN	ATTEN	–	–	–	0.051	–	–	–
BOUND	INTERACT	–	–	–	–	0.163*	–	–
BELIEF	INTERACT	–	–	–	–	–	0.222	–
PERF	DIAG	–	–	–	–	–	–	0.332***
PERF	BELIEF	–	–	–	–	–	–	0.087
PERF	BOUND	–	–	–	–	–	–	0.046
PERF	INTERACT	–	–	–	–	–	–	–0.058
	Model fit							
	X^2	28.406	27.851	28.182	28.077	24.669	27.950	8.680
	p–value	0.163	0.1444	0.135	0.138	0.262	0.142	0.563
	df	22	21	21	21	21	21	10
	CMINDF	1.291	1.326	1.342	1.337	1.175	1.331	0.868
	RMSEA	0.049	0.052	0.053	0.053	0.038	0.952	0.000
	GFI	0.957	0.958	0.957	0.958	0.962	0.958	0.983
	CFI	0.983	0.982	0.981	0.981	0.990	0.982	1.00
	X^2 difference test							
	X^2 difference(df)		0.555(1)	0.226(1)	0.329(1)	3.737(1)	0.456(1)	19.726(12)
	p–value		Ns	Ns	Ns	P<0.10	Ns	P<0.10

[도표 7-13c] 구조방정식 모형의 경로계수

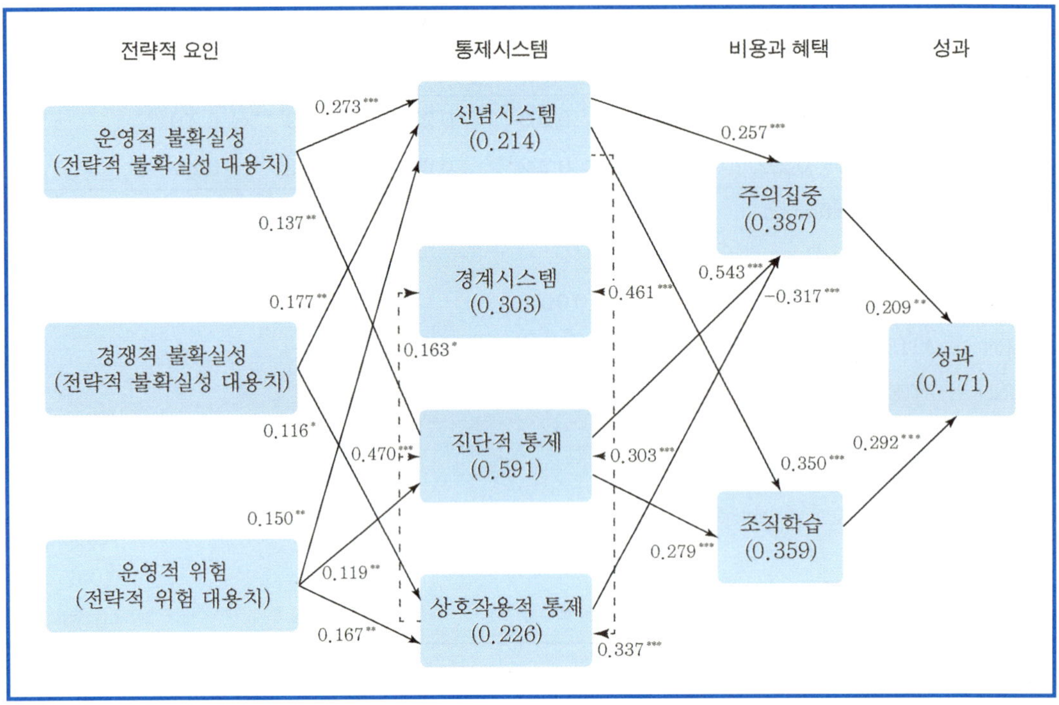

분석결과는 다음과 같다. 가설1은 하부 통제시스템 간의 관계를 검정하는 것이다. 연구결과, 신념시스템은 경계시스템, 진단적 통제 및 상호작용적 통제에, 상호작용적 통제는 진단적 통제에 유의한 정(+)의 영향을 미치지만, 경계시스템은 진단적 통제에 유의한 영향을 미치지 못하는 것으로 나타났다. 가설2는 전략적 위험과 불확실성이 하부 통제시스템에 미치는 영향을 검정하는 것이다. 연구결과, 운영적 불확실성은 신념시스템과 진단적 통제에, 경쟁적 불확실성은 신념시스템과 상호작용적 통제에, 운영적 위험은 신념시스템, 진단적 통제 및 상호작용적 통제에 유의한 정(+)의 영향을 미치는 것으로 나타났다. 가설3은 하부 통제시스템이 조직학습에 미치는 영향을 검정하는 것이다. 연구결과, 신념시스템과 진단적 통제가 조직학습에 유의한 정(+)의 영향을 미치는 것으로 나타났다. 가설4는 하부 통제시스템이 주의집중에 미치는 영향을 검정하는 것이다. 연구결과, 신념시스템, 진단적 통제 및 상호작용적 통제가 주의집중에 각각 유의한 정(+)의 영향을 미치는 것으로 나타났다. 마지막으로 가설5는 조직학습과 주의집중이 조직성과에 미치는 영향을 검정한 것이다. 연구결과, 조직학습과 주의집중이 각각 조직성과에 유의한 정(+)의 영향을 미치는 것으로 나타났다.

분석결과를 종합해 보면, 경영자는 운영적 불확실성이 높을수록 신념시스템과 진단적 통제를 강조하고, 경쟁적 불확실성이 높을수록 신념시스템과 상호작용적 통제를 강조하며, 운영적 위험이 높을수록 신념시스템, 진단적 통제 및 상호작용적 통제를 강조하는 것으로 나타났다. 또한 신념시스템은 경계시스템, 진단적 통제 및 상호작용적 통제에 각각 정(+)의 영향을 미치고, 상호작용적 통제는 다시 진단적 통제와 경계시스템에 각각 정(+)의 영향을 미치는 것으로 나타났다. 이는 MCS의 4가지 유형이 서로 보완적인 관계라는 것을 보여주는 결과이다. 그리고 MCS 4가지 유형 간의 관계를 보면 신념시스템과 상호작용적 통제의 역할이 중요하다는 것을 알 수 있다. 즉, 조직구성원이 기회를 탐색하고 발견할 수 있도록 동기를 부여하는 신념시스템이 나머지 개별통제시스템을 지원하는 역할을 하고 있다. 그리고 최고경영자가 전달하는 신호를 반영하여 조직 전체에 주의집중과 의사소통을 강화하는 상호작용적 통제가 진단적 통제와 경계시스템을 강화하는 역할도 한다.

6.3.6 결론 및 시사점

본 연구는 MCS 전체를 탐색하기 위해 LoC framework를 사용하였다. 본 연구에서는 Simons(1995)이 제시한 MCS의 4가지 유형, 즉 신념시스템, 경계시스템, 진단적 통제 및 상호작용적 통제 간의 관계, MCS의 4가지 유형과 상황변수(전략적 불확실성, 전략적 위험) 그리고 MCS의 산출물(주의집중, 조직학습 및 조직성과) 간의 관계를 실증분석하였다. 본 연구에서는 Henri(2006b)의 PMS 이용에 대한 정의가 좁은 의미로 설정되었음을 지적하면서 진단적 이용과 상호작용적 이용 모두 조직학습에 정(+)의 영향을 미칠 것으로 가설을 설정하였으나 연구 결과는 PMS의 진단적 이용만이 조직학습에 유의적인 정(+)의 영향을 미치고, 상호작용적 이용은 조직학습에 직접적인 영향을 미치지 못하는 것으로 나타났다. 다만, 상호작용적 이용은 진단적 이용을 통해 조직학습에 간접적인 영향을 미치는 것으로 나타났다. 또한 신념시스템은 조직학습에 유의한 정(+)의 영향을 미쳤지만, 경계시스템과 조직학습 간의 관계는 유의적이지 않은 것으로 나타났다. 이러한 결과는 통제시스템 간에 상호의존적이고 보완적인 관계가 있음을 시사해주는 것이다. 그리고 전략적 위험과 불확실성이 진단적 통제와 상호작용적 통제의 중요성과 사용을 유도한다는 것을 보여주었다.

6.4 Jennifer Grafton and Anne M. Lillis and Sally K. Widener(2010)의 연구

The role of performance measurement and evaluation in building organazational capabilities and performance(Accounting, Organizations and Society)

6.4.1 연구배경 및 목적

PMS의 설계에 관한 현대적 사고는 조직의 주요 부가가치 활동을 반영하는 재무 및 비재무 성과지표를 개발하는 것을 촉진한다(Kaplan and Norton 1992; 1996). 전략적으로 정렬된 광범위한 성과지표를 제공하면 경영자가 이용할 수 있는 의사결정 관련 정보를 향상시켜 전략적으로 일관된 의사결정을 촉진함으로써 조직성과를 개선할 것으로 예상된다. 현대 성과측정 혁신에 수반되는 많은 연구들은 관리자들이 효과적인 전략 구현을 실행할 수 있도록 장려하여 장기적인 결과에 주의를 기울이고 조직의 역량 개발과 평가를 위한 성과측정의 역할을 강조한다(Chenhall 2005; Kaplan and Norton 1996; Simons 2000). 많은 실증적 증거는 현대적인 광범위한 PMS의 도입이 광범위한 조직적 결과(성과)를 가져올 수 있다는 것을 보여준다(Scot and Tiessen 1999; Chenhall and Langfield-Smith 1998; Davis and Albright 2004; Malina and Selto 2001). 그러나 이러한 결과들은 명확하지 않으며(Ittner et al. 2003), 기존의 관련문헌이나 선행연구들은 성과개선에 기여하는 수단에 대해서는 제한된 통찰력만을 제공한다(De Geuser et al. 2009). 본 연구는 광범위한 성과측정 정보가 조직성과에 영향을 미칠 수 있는지에 대해 검증을 수행한다. 즉 성과측정지표의 역할을 의사결정촉진(decision-facilitating), 의사결정영향(decision-influencing)으로 나누어, 두 역할의 공통성(교집합)이 의사결정촉진 성과측정지표의 사용 유형(피드백/피드포워드)에 미치는 영향을 검증하고, 결정촉진 성과측정지표의 상이한 이용방식에 따라 역량(기존/새로운)에 미치는 영향이 상이한지 검증하며, 마지막으로 현존하는 조직역량이 사업부성과에 미치는 영향을 검증하고자 한다.

6.4.2 연구모형 및 가설설정

Grafton et al.(2010)은 호주의 제조 및 서비스 기업을 대상으로 의사결정패턴과 조직 내 전략적 역량 및 조직성과 간의 관계를 살펴보았다. 그들은 의사결정의 패턴을 의사결정촉진과 의사결정영향으로 분류하였다. 의사결정촉진은 의사결정문제의 불확실성을 해소하기 위해 의사결정권자에게 정보를 제공하는 것을 말한다. 반면에 의사결정영향은 상위경영진이 하위관리자의 성과를 평가하기 위해 정보를 이용하는 것을 말한다. 따라서 상위경영진이 성과를 평가하기 위해 어떤 성과측정지표를 사용할지에 대한 인식을 형성함으로써, 하위관리자가 이러한 측정지표에 대한 성과를 향상시키기 위한 결정을 내리는데 영향을 미친다(Demski and Feltham 1976; Narayanan and Davila 1998). 즉, 관리자는 상위경영자들이 중요하게 여기는 영역에 가장 큰 영향을 받는 경향이 있으며, 이러한 영역에서의 성공은 조직 내 상태와 진행상황을 잠재적으로 결정할 수 있다. 따라서 관리자들이 의사결정촉진 측정지표를 피드백, 피드포워드의 형태로 사용하는 정도는 의사결정촉진측정지표가 평가에 반영되는 정도(의사결정과 그로 인한 행동 간의 연관성)에 의해 영향을 받을 것이다. 피드백과 피드포워드 통제는 실제 결과의 평가와 예측 정보의 공식화 및 사용을 각각 포착할 수 있다. 또한 피드백 통제와 피드포워드 통제를 위한 성과측정정보의 사용은 조직이 전략적 역량을 활용하고 식별하는데 도움이 된다. 기존 역량의 활용과 신역량의 식별을 지원하거나 방해하는 성과측정지표의 이용방법, 즉 피드백 및 피드포워드 이용에 대해 이해하는 것이 중요하다. 그들은 결과적인 의사결정 패턴이 조직 내의 전략적 역량 및 조직성과에 영향을 미친다고 가정하면서 의사결정촉진과 의사결정영향 간의 공통성 정도가 피드백과 피드포워드에 영향을 미치고, 피드백과 피드포워드는 기존 역량과 신역량에 영향을 미치며, 궁극적으로 조직성과에 영향을 미칠 것으로 기대하였다. 이와 같은 이론적인 배경을 바탕으로 이들이 제시한 연구모형은 [도표 7-14]와 같으며, 그 모형을 이용하여 도출한 가설은 다음과 같다.

[도표 7-14] Grafton et al.(2010)의 연구모형

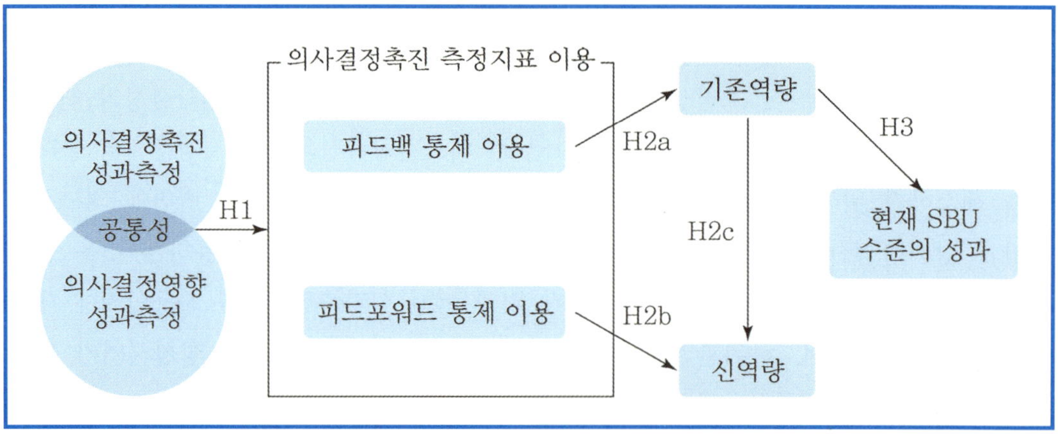

H1 : 의사결정촉진 측정지표와 평가에 사용되는 것으로 인지되는 측정지표 간의 공통성이 클수록 피드백/피드포워드 통제를 위한 의사결정촉진 측정지표의 이용이 증대될 것이다.

H2a : 전략 사업부(SBU) 관리자가 의사결정촉진 측정지표를 피드백 통제로 사용하는 경향이 높을수록, 기존역량을 활용하는 SBU의 능력이 증대될 것이다.

H2b : SBU 관리자가 의사결정촉진 측정지표를 피드포워드 통제로 사용하는 경향이 높을수록, 신역량을 탐색, 규명하는 SBU의 능력이 증대될 것이다.

H2c : SBU의 기존역량을 활용하는 능력이 높을수록 신역량을 탐색, 규명하는 SBU의 능력이 증대될 것이다.

H3 : SBU의 기존역량을 활용하는 능력이 높을수록 현재의 SBU 성과는 향상될 것이다.

6.4.3 자료 수집

호주의 제조 및 서비스 분야의 SBU 관리자로부터 우편조사를 통해 자료를 수집하였다. 직원이 200명 이상인 기업을 대상으로 설문을 진행하였다. 그 이유는 그 정도 규모라야 기업이 SBU에 따라 구조화하기에 충분하고 공식적인 PMS를 이용할 수 있을 것으로 기대되기 때문이다. 설문조사는 6주 동안 이루어졌으며 설문조사 관리는 초기 설문조사 메일, 후속 알림 우편카드, 미응답자에게 보내는 최종 알림 편지 및 대체 설문조사로 구성되었다(Dilman 2000). 총 설문응답은 188개(24.58%)였으며, 이 중 설문에 문제가 있는 5부를 제외한 183개의 자료가 분석에 사용되었다.

6.4.4 변수측정

성과측정정보(공통성)는 응답자에게 SBU 관리와 관련하여 정보성과 평가에 사용되는 정도가 가장 높은 측정지표를 5개까지 기재하도록 한 후, 각 측정지표의 정보성에 대해 상대적 가중치 부여하도록 하였다. 이 두 측정지표를 활용하여 공통성 가중치 값을 제시하였으며, 이는 의사결정촉진 측정지표가 평가에 반영되는 정도를 의미한다. 공통성은 성과측정지표가 의사결정촉진 및 영향의 두 역할에 모두 일치하는 경우에만 해당된다.

성과측정정보의 이용은 피드백 이용방식과 피드포워드 이용방식으로 분류하였으며, 총 8개의 항목으로 측정하였다. 피드백 이용방식은 조직학습의 촉진, 과거 의사결정 영향의 분석, 전략과 목표에 대한 재검증, 그리고 시정조치의 필요성을 파악하는데 PMS를 이용하는 정도로 측정하였다. 피드포워드 이용방식은 목표설정, 전략의 실행과 관련된 정보 제공, 실행계획의 수립, 그리고 사업부의 비즈니스나 전략과 관련된 주요 측면을 소통하는데 PMS를 이용하는 정도로 측정하였다.

조직역량은 기존역량과 신역량으로 구분하였다. 기존역량은 기업이 기존의 역량이나 기술을 활용하여 개선과 점진적 변화를 이끌어 내는 능력으로 정의하였다. 신역량은 역량, 자원, 기술, 프로세스와 같은 대상을 새롭게 탐구하고 개발하여 급진적 변화를 창출하는 능력으로 정의하였다. 조직역량은 현재 역량활용, 현재 역량갱신, 전략적 변화의 필요성 감지, 전략적 변화의 필요성에 비추어 새로운 역량 추구, 전략적 변화 발생시 새로운 기회 활용의 정도 등으로 측정하였다.

성과는 지난 1년 간 경쟁사 대비 성과를 평가하도록 하였으며, 현재 사업부 성과를 파악할 수 있는 시장점유율, 수익, 매출성장률 정도 등으로 측정하였다. 한편, 설문항목은 리커트 7점 척도로 측정하였다.

6.4.5 분석방법 및 결과

통계적 분석을 위해 AMOS 5.0을 사용하였다. 분석결과는 다음 도표와 같다.

[도표 7-15a] AMOS 분석결과

독립변수	종속변수	방향	경로계수
LAP_W	피드백 통제	+	0.197**
LAP_W	피드포워드 통제	+	0.256***
피드백 통제	기존역량	+	0.270**
피드포워드 통제	신역량	+	0.340***
기존역량	신역량	+	0.360**
기존역량	SUB 성과	+	0.454***
		Model fit	
		X^2	186.709
		p-value	0.000
		DF	85
		CMINDF	2.197
		RMSEA	0.081
		GFI	0.892
		CFI	0.831

• LAP_W : 의사결정촉진 측정지표와 영향측정치의 공통성
** P<0.05 *** P<0.01

[도표 7-15b] 구조방정식 모형의 경로계수

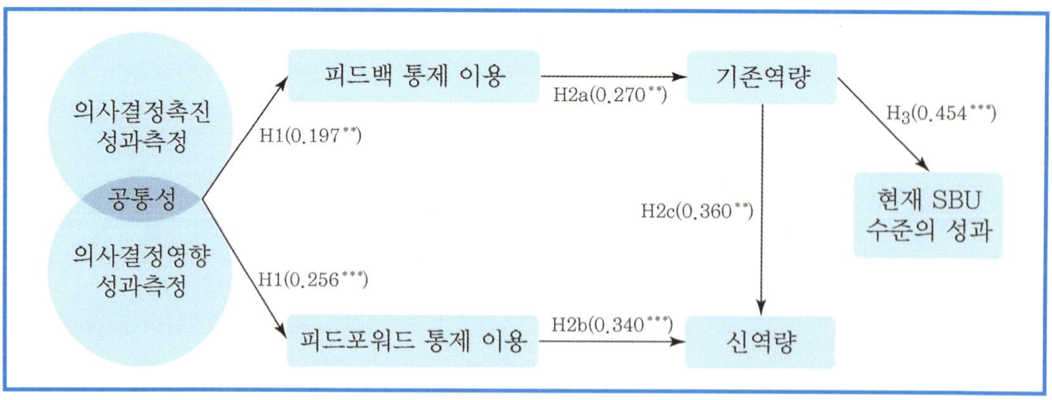

연구결과는 다음과 같다. 가설1은 의사결정촉진 측정지표와 평가에 사용되는 것으로 인지되는 측정지표 간의 공통성이 클수록 피드백/피드포워드 통제를 위한 의사결정촉진 측정지표의 이용이 증대되는지를 검정하는 것이다. 연구결과, 공통성이 피드백 통제의 이용과 피드포워드 통제의 이용에 각각 유의한 정(+)의 영향을 미치는 것으로 나타났다. 가설2a는 SBU 관리자들이 의사결정촉진 측정지표를 피드백 통제로 사용하는 경향이 높을수록 기존역량을 활용하는 SBU의 능력이 증대되는지를 검정하는 것인데, 연구결과 5% 유의수준에서 유의적인 정(+)의 영향을 미치는 것으로 나타났다. 가설2b는 SBU 관리자들이 의사결정촉진 측정지표를 피드포워드 통제로 사용하는 경향이 높을수록 새로운 역량을 탐색하고 규명하는 SBU의 능력이 증대되는지를 검정하는 것인데 연구결과, 1% 유의수준에서 유의적인 정(+)의 영향을 미치는 것으로 나타났다. 가설2c는 SBU의 기존역량을 활용하는 능력이 높을수록 신역량을 탐색, 규명하는 SBU의 능력이 증대되는지를 검정하는 것인데 연구결과, 5% 유의수준에서 유의적인 정(+)의 영향을 미치는 것으로 나타났다. 가설3은 SBU의 기존역량을 활용하는 능력이 높을수록 현재의 SBU 성과가 향상되었는지 검정하는 것인데 연구결과, 1% 유의수준에서 유의적인 정(+)의 영향을 미치는 것으로 나타났다.

성과평가의 목적으로 광범위한 성과측정정보를 피드백 방식과 피드포워드 방식으로 이용하는 경우, PMS의 피드백 이용은 기존역량을 강화하고, PMS의 피드포워드 이용은 신역량을 강화시키는 것을 발견하였다. 또한, PMS의 피드백 이용으로 발전되는 기존역량이 현재 사업부의 성과를 개선시키는데 기여하는 것을 확인하였다.

6.4.6 결론 및 시사점

본 연구에서는 성과측정의 피드백 이용과 피드포워드 이용에 대한 중요한 의미를 보여준다. 기존의 역량과 새로운 역량의 탐색을 모델링함으로써, 2가지 성과측정의 이용이 전략구현 및 실행과 개발을 지원하는 명확한 목적에 기여한다는 것을 알 수 있다. 성과정보의 피드백 이용은 기존역량을 강화시키고, 피드포워드 이용은 새로운 역량의 탐색과 식별을 지원한다. 이러한 발견은 Henri(2006b)의 연구결과를 잘 보완한다. Henri(2006b)는 진단적 통제가 새로운 역량의 개발에 부정적인 영향을 미친다고 하였지만, 피드백 통제는 기존역량의 활용에 긍정적인 영향을 미칠 수 있다. 이것은 성과측정(진단적/상호작용적, 피드백/피드포워드)과 역량관리(기존역량 및 신역량)에 존재하는 역동적 긴장에 대한 대체적인 관점을 제공한다. 게다가, 추가 분석에서 성과

측정의 피드백 이용과 피드포워드 이용이 진단적 이용과 상호작용적 이용의 관계를 밝히는 Widener(2007)의 연구결과와 일치한다는 것을 발견하였다. 이러한 연구들을 종합해 보면 변화하는 경쟁환경에서 경쟁우위를 확보하는 수단으로서 현재와 미래의 역량을 모두 지원하기 위해 성과측정의 균형을 맞추는 것이 중요하다는 것을 시사해 준다.

본 연구의 공헌점은 다음과 같다. 첫째, PMS가 관리자들이 경쟁우위를 달성하기 위해 자원을 활용하는 방식(역량)에 영향을 미치고, 이를 통해 간접적으로 조직성과에 영향을 미친다는 것을 확인함으로써 MCS의 역할을 보다 구체적으로 제시하였다. 둘째, PMS가 광범위한 의사결정촉진 측정지표의 이용에 영향을 미칠 수 있음을 보여줌으로써 의사결정을 위해 사용된 성과정보가 평가프로세스에 고려되는 것이 바람직하다는 것을 제시하고 있다.

6.5 David S. Bedford(2015)의 연구

Management Control Systems Across Different Modes of Innovation: Implications for Firm Performance(Management Accounting Research)

6.5.1 연구배경 및 목적

최근 연구에서 MCS가 혁신경영에 어떻게 중심적인 역할을 할 수 있는지 밝혀지고 있다. 과거에는 MCS이 혁신활동에 방해가 된다고 하였으나(Amabile 1988; Damanpour 1991), 최근에는 공식적인 통제를 상호작용적인 방식으로 사용하면, 혁신을 통하여 이익을 창출할 수 있는 조직의 능력이 증가함을 알게 되었다(Bisbe and Otley 2004; Jorgensen and Messner 2009). 그러나 대부분의 선행연구에서는 혁신의 특성보다는 기술혁신의 변화만을 고려하였다. 그러므로 동일한 통제 형태가 서로 다른 유형의 기술혁신에 동등하게 효과적인지 또는 서로 다른 혁신 유형을 추구할 때 MCS가 어떻게 채택되는지에 대해서는 모호한 실정이다. Davila et al.(2009)는 혁신은 동시에 공존하는 다양한 프로세스로 각각 다른 유형의 통제시스템이 필요하다고 주장하였다. 따라서 본 연구에서는 혁신의 유형인 탐색적 혁신/활용적 혁신과 MCS의 이용 간의 관계를 살펴보고자 한다.

6.5.2 연구모형 및 가설설정

활용적 활동은 일상의 반복을 통해 얻은 경험적 학습을 활용하여 기술시스템의 효율성을 높이는데 중점을 두며, 이러한 점진적인 학습과정을 통해 조직의 역량을 강화하고 심화시킨다(Benner and Tushman 2002; He and Wong 2004). 반대로 탐색적 활동은 신흥시장에 대한 조사, 새로운 혁신적인 기술 개발 등에 중점을 두고 있으며, 이를 위해 조직의 우수한 역량과 학습된 루틴을 통한 급진적인 투자와 활동을 추구하고 지속적인 실험과 혁신적인 활동에 대한 관용을 보여준다.

조직에서 탐색과 활용은 근본적으로 양립할 수 없다고 제기되고 있지만, 둘 다 기업의 장기적인 생존에는 필수적이다. 최근 탐색과 활용 사이의 균형을 어떻게 달성할 수 있는지에 대한 연구가 진행되고 있다(Gupta et al. 2006; Boumgarden et al. 2012). 안정적이고 예측 가능한 환경과 상품화된 제품시장은 기존 기술을 효과적으로 활용하는 조직에 더 큰 수익을 제공하는 반면, 빠른 제품 노후화에 노출되는 매우 역동적이고 경쟁적인 환경에 처한 기업은 생존을 유지하기 위해 탐색적 활동에 지속적으로 중점을 두어야 한다(Benner and Tushman 2003; Simsek 2009). 즉, 기업이 보완자원을 통제할 때 조직 간의 관계를 통해 전문화를 달성할 수 있다. 한 기업의 탐색 노력은 다른 기업의 활용 능력에 투입된다(Gupta et al. 2006).

MCS는 Simons(1995; 2000)의 LoC framework를 사용하여 MCS가 각 혁신 유형의 조직성과를 향상시키는 방법을 고려한다. LoC framework는 최고경영진이 조직 활동을 이끄는 4가지 통제레버(신념시스템, 경계시스템, 진단통제시스템 및 상호작용통제시스템)를 의미한다. 최고경영진의 통제시스템 사용에 대한 초점은 조직의 혁신과 학습의 성공 또는 실패에 중추적인 역할을 하는 것으로 널리 인식되고 있다(Davila et al. 2009; Simsek 2009; Smith and Tushman 2005).

진단통제시스템은 엄격한 통제와 고도로 구조화된 의사소통 채널을 구축하고 있으므로 활용적 혁신의 특성과 일치한다. 활용적 혁신은 기존 프로세스와 능력에 대한 이해를 기반으로 하기 때문에 명확한 것을 추구하는 경향이 있다. 진단 메커니즘에서 나오는 비생산적인 논의는 관리 선호도가 불안정하거나 목표를 양적 지표로 명확하게 분류할 수 없을 때 발생할 가능성이 높다(Chapman 1997). 진단통제시스템을 통해 조직목표를 명확하고 정확하게 설정할 수 있으며(Turner and Makhja 2006), 목표가 명확하게 정의되고 전달되면 불확실성을 해소하고 원하는 결과에 직접 주의를 기울이는데 도움이 된다. 또한 조직의 목표를 투명하게 함으로써, 진단통제시스템은 상호 간의 약속과 원하는 결과를 위한 조정된 조치를 촉진하여 보다 확실한 성과를 이끌어낸다(Widener 2007; Adler and Chen 2011).

상호작용통제시스템은 새로운 기회와 전략적 불확실성에 중점을 둔 빈번한 의사소통 형태를 보이는 공식적인 정보시스템이다(Simons 1995). 진단통제시스템과 달리 상호작용통제시스템은 의사소통을 통해 조직구성원에게 동기를 부여하고 영감을 주는 긍정적인 통제수단이다. 이러한 형태의 통제는 혁신과 변화가 특징인 환경에서 회사의 성과에 긍정적인 영향을 미친다. 이는 대체로 탐색적 혁신과 관련이 있을 것으로 예상된다.

경계시스템은 수용가능한 조직활동 영역을 지정해주는 공식적인 메커니즘이다(Simons 1995). 이러한 시스템은 본질적으로 전문적이며 하위 행동에 대한 제한 또는 최소 요구 사항을 설정해주고 기회 검색 범위를 제한하여 전략적 행동을 회피하게 한다. 이러한 제한된 자율성은 조직구성원이 현재 운영성과에 중요한 영향을 미치는 영역에 주의를 집중하도록 돕기 때문에 활용적 혁신에 효과적이다(Mundy 2010). 또한 확립된 프로세스의 신뢰성과 연속성을 훼손하는 활동을 추구하는 조직구성원의 위험을 최소화하므로 이는 활용적 혁신 기업에서 중요하게 여기는 요소이다(Benner and Tushman 2002).

신념시스템은 최고경영자가 조직의 기본적인 가치, 목적, 방향을 제공하기 위해 체계적이고 공식적으로 의사소통하는 메커니즘이다(Simons 1995). 신념시스템은 기업의 핵심가치를 전달함으로써 조직구성원이 조직의 전략적 의도에 맞게 판단을 내릴 수 있는 안정적인 기준점을 제시해준다(Bartlett and Ghoshal 1993; Mundy 2010). 또한 신념시스템은 창의성을 요구하는 환경에서 개인의 동기를 향상시키며(Simons 1995), 공유가치를 통해 새로운 아이디어를 창출하기 위해 서로 다른 경험과 지식을 가진 조직구성원 간의 정보 교환을 용이하게 한다. 이는 불확실한 조건에서 새로운 환경과 시장을 탐색하고, 불확실한 환경에 대해 명시적으로 이를 체계화하기 어려운 탐색적 혁신 기업에 적합하다.

Simons(1995)은 활용과 탐색의 경쟁적 긴장을 효과적으로 관리하기 위해서는 통제 레버를 결합해야 한다고 하였다. 그는 긍정적 통제 레버로 신념시스템과 상호작용통제시스템이 있고 부정적 통제레버로 경계시스템과 진단통제시스템이 있는데, 이들 간에 상호강화 효과가 있다고 하였다. 또한, 반대의 효과를 가진 신념시스템과 경계시스템은 회사의 전략적 영역을 구성하는 것으로, 진단통제시스템과 상호작용통제시스템은 전략의 구현 및 공식화를 이끌어 내는 협력적인 관계라고 하였다. 따라서 본 연구에서는 MCS의 통제레버 간의 효과와 이들 간의 상호의존적 관계를 고려하여 혁신의 유형 간의 관계를 보다 구체적으로 분석하고자 하였다. 이와 같은 이론적 배경과 선행연구를 바탕으로 [도표 7-16]과 같은 연구모형과 가설을 설정하였다.

[도표 7-16] Bedford(2015) 연구모형

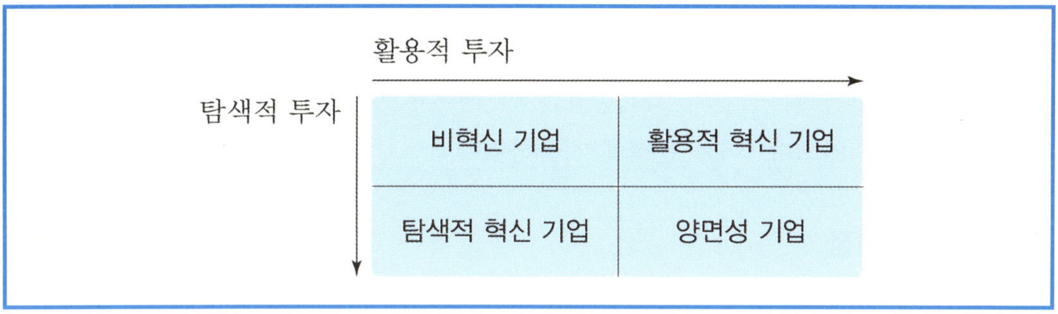

H1 : 진단시스템의 강조는 활용적 혁신 기업에 대한 성과와 긍정적인 관계가 있을 것이다.

H2 : 상호작용통제시스템의 강조는 탐색적 혁신 기업에 대한 성과와 긍정적인 관계가 있을 것이다.

H3 : 경계시스템의 강조는 활용적 혁신 기업에 대한 성과와 긍정적인 관계가 있을 것이다.

H4 : 신념시스템의 강조는 탐색적 혁신 기업에 대한 성과와 긍정적인 관계가 있을 것이다.

H5 : 활용적 혁신 기업의 경우 진단(경계)시스템의 사용은 경계(진단)시스템에 대한 강조가 높을수록 성과에 더욱 높은 긍정적인 관계가 있을 것이다.

H6 : 탐색적 혁신 기업의 경우 상호작용(신념)통제시스템의 사용은 신념(상호작용)통제시스템에 대한 강조가 높을수록 성과에 더욱 높은 긍정적인 관계가 있을 것이다.

H7 : 진단 및 상호작용통제시스템을 동시에 사용하면 탐색과 활용 모두 추구하는 기업에 대한 성과와 긍정적인 관계가 있을 것이다.

H8 : 경계 및 신념시스템을 동시에 사용하면 탐색과 활용 모두 추구하는 기업에 대한 성과와 긍정적인 관계가 있을 것이다.

H9 : 상호작용 및 진단통제시스템의 사용 간의 불균형은 탐색과 활용 모두 추구하는 기업에 부정적인 관계가 있을 것이다.

H10 : 신념 및 경계시스템의 사용 간의 불균형은 탐색과 활용 모두 추구하는 기업에 부정적인 관계가 있을 것이다.

6.5.3 자료 수집

호주의 CPA 데이터베이스로부터 얻은 1,500개의 기업을 대상으로 우편을 통하여 설문조사를 하였다. 각 기업의 최고경영진 한 명에게 설문자료를 보냈는데 총 400개의 설문응답을 받았으며, 이를 분석에 사용하였다.

6.5.4 변수측정

진단시스템과 상호작용통제시스템은 최고경영진들이 예산시스템과 PMS를 사용하는 방법과 정도를 측정하였다. 설문항목은 Simons(1994; 1995; 2000), Henri(2006b) 및 Widener(2007)가 사용한 항목을 일부 이용하여 구성하였다. 진단시스템은 목표설정, 모니터링, 설정된 목표와 실제와의 차이, 성과에 대한 핵심항목 검토 등으로 측정하였다. 상호작용통제시스템은 최고경영자에 의한 집중적 사용, 운영관리자에 의한 집중적 사용, 대면 기회와 토론, 전략적 불확실성에 초점, 용이성과 동기유발로 측정하였다.

경계시스템과 신념시스템은 Simons(1994; 1995; 2000)이 사용한 설문항목을 사용하여 측정하였다. 경계시스템은 적절한 행동 정의, 검색 및 실험을 제한하는데 사용, 최고경영진과 적극적인 의사소통, 결과와 관계없이 명시된 범위 밖에서 활동한 조직구성원에 대한 제재 등으로 측정하였다. 신념시스템은 기업의 핵심가치 문서화, 능동적인 의사소통, 기업 목표에 대한 헌신 창출, 새로운 기회 탐색에 대한 고무 및 지도 등으로 측정하였다.

탐색적 혁신과 활용적 혁신은 He and Wong(2004)이 사용한 10개의 설문항목을 차용하여 측정하였다. 설문항목을 구체적으로 살펴보면 시장 선점, 신세대 역량개발, 빈번한 신제품 출시, 신제품 개발, 새로운 시장 개척, 기존 제품의 품질향상, 기존 제품 수정, 기존제품의 효율성, 규모의 경제 등으로 측정하였다.

기업성과는 주관적인 평가를 통해 측정하였다. 기업성과에 대한 설문항목은 Cao et al.(2009), Gupta and Govindarajan(1986) 및 Widener(2007)가 사용한 설문항목을 이용하여 총 5개 항목으로 구성하였다. 설문항목은 재무성과, 기존 시장에서의 매출성장, 신규 시장에서의 매출성장, 시장점유율, 전반적인 성과 등으로 구성되어 있다.

6.5.5 분석방법 및 결과

통계분석을 위해 OLS 회귀분석을 활용하였다. 서로 다른 혁신 유형에서 통제시스템과 기업성과 간의 연관성을 조사하기 위해 2단계 군집분석을 사용하여 하위 그룹을 만들었다(Ketchen and Shook 1996). 분석결과는 다음 [도표 7-17]과 같다.

[도표 7-17a] OLS 회귀분석 결과 : 활용적, 탐색적 혁신 기업

	활용적 혁신 기업(N=80)				탐색적 혁신 기업(N=61)			
	모형 1		모형 2		모형 3		모형 4	
	경로계수	t값	경로계수	t값	경로계수	t값	경로계수	t값
Control levers								
DIAG	0.295	2.079**	0.314	2.220**	−0.002	−0.011	0.002	0.011
INT	−0.008	−0.053	−0.039	−0.253	0.323	2.214**	0.317	2.029**
BOUND	0.273	2.300**	0.258	2.119**	−0.253	−1.729*	−0.250	−1.659
BELIEF	0.093	0.786	0.091	0.771	0.247	1.606	0.232	1.448
Interaction terms								
DIAG×BOUND			−0.109	−0.970			−0.057	−0.437
INT×BELIEF			−0.108	−0.974			−0.014	−0.105
Firm controls								
AGE	0.161	1.499	0.171	1.596	0.134	1.109	0.152	1.181
SIZE	0.007	0.065	0.002	0.021	0.224	1.779*	0.211	1.609
ENVHOST	−0.065	−0.593	−0.090	−0.819	−0.073	−0.598	−0.070	−0.555
ENVDYN	−0.069	−0.632	−0.050	−0.449	−0.058	−0.451	−0.058	−0.435
R^2	0.260		0.288		0.306		0.309	
Adj.R^2	0.176		0.185		0.200		0.171	
F−value	3.114		2.797		2.870		2.241	
sig.F	0.005		0.006		0.010		0.030	

DIAG=진단통제시스템 INT=상호작용통제시스템 BOUND=경계시스템
BELIEF=신념시스템 AGE=기업 수명 SIZE=기업 규모
ENVHOST=환경의 적대성 ENVDYN=환경의 역동성

[도표 7-17b] OLS 회귀분석 결과 : ambidextrous firms(양면성 기업)

	모형1		모형2		모형3		모형4	
	경로계수	t값	경로계수	t값	경로계수	t값	경로계수	t값
Control levers								
DIAG	0.071	0.606	0.126	1.077	0.156	1.303	0.182	1.515
INT	0.127	1.058	0.108	0.908	0.006	0.047	0.017	0.131
BOUND	0.097	0.096	0.095	0.953	0.112	1.107	0.098	0.959
BELIEF	0.221	2.198**	0.206	1.952*	0.173	1.729*	0.166	1.556
Interaction terms								
DIAG×BOUND			0.223	2.398**			0.169	1.735*
INT×BELIEF			-0.051	-0.525			-0.059	-0.585
Difference terms								
ABS[DIAG-INT]					-0.244	-2.519**	-0.186	-1.833*
ABS[BOUND-BELIEF]					0.001	0.013	-0.029	-0.314
Firm controls								
AGE	-0.115	-1.232	-0.062	-0.661	-0.107	-1.172	-0.070	-0.748
SIZE	0.153	1.646*	0.163	1.785*	0.165	1.811*	0.172	1.891**
ENVHOST	0.017	0.183	0.021	0.230	0.060	0.646	0.056	0.610
ENVDYN	-0.291	-3.188***	-0.274	-3.039***	-0.309	-3.447***	-0.291	-3.238***
R^2	0.266		0.309		0.312		0.335	
Adj.R^2	0.204		0.235		0.239		0.249	
F-value	4.340		4.194		4.273		3.866	
sig.F	0.000		0.000		0.000		0.000	

연구결과는 다음과 같다. 가설1은 진단시스템의 강조가 활용적 혁신 기업의 성과와 긍정적인 관계가 있는지 검정하는 것인데, 연구결과 5% 유의수준에서 긍정적인 관계가 있는 것으로 나타났다. 가설2는 상호작용통제시스템의 강조가 탐색적 혁신 기업의 성과와 긍정적인 관계가 있는지 검정하는 것인데, 연구결과 5% 유의수준에서 긍정적인 관계가 있는 것으로 나타났다. 가설3은 경계시스템의 강조가 활용적 혁신 기업의 성과와 긍정적인 관계가 있는지 검정한 것인데, 연구결과 5% 유의수준에서 긍정적인 관계가 있는 것으로 나타났다. 가설4는 신념시스템의 강조가 탐색적 혁신 기업의 성과와 긍정적인 관계가 있는지 검정한 것인데, 연구결과 유의적인 관계가 없는 것으로 나타났다. 가설5는 활용적 혁신 기업의 경우 진단(경계)시스템의 사용은 경계(진단)시스템에 대한 강조가 높을수록 성과에 더욱 높은 긍정적인 관계가 있는지 검정한 것인데, 연구결과 유의적인 관계가 없는 것으로 나타났다. 가설6은 탐색적 혁신 기업의 경

우 상호작용(신념)통제시스템의 사용은 신념(상호작용)통제시스템에 대한 강조가 높을수록 성과에 더욱 높은 긍정적인 관계가 있는지 검정한 것인데, 연구결과 유의적인 관계가 없는 것으로 나타났다. 가설7은 진단 및 상호작용통제시스템을 동시에 사용하는 것이 탐색과 활용 모두 추구하는 기업에 대한 성과와 긍정적인 관계가 있는지 검정한 것인데, 연구결과 5% 유의수준에서 긍정적인 관계가 있는 것으로 나타났다. 가설8은 경계 및 신념시스템을 동시에 사용하는 것이 탐색과 활용 모두 추구하는 기업에 대한 성과와 긍정적인 관계가 있지 검정한 것인데, 연구결과 유의적인 관계가 없는 것으로 나타났다. 가설9는 상호작용 및 진단통제시스템의 사용 간의 불균형이 탐색과 활용 모두 추구하는 기업에 부정적인 관계가 있는지 검정한 것인데, 연구결과 5% 유의수준에서 긍정적인 관계가 있는 것으로 나타났다. 가설10은 신념 및 경계시스템의 사용 간의 불균형은 탐색과 활용 모두 추구하는 기업에 부정적인 관계가 있는지 검정한 것인데, 연구결과 유의적인 관계가 없는 것으로 나타났다.

실증분석 결과에 의하면, 상호작용통제시스템의 사용에 대한 강조는 탐색적 혁신을 추구하는 기업의 성과 향상에는 관련이 있지만, 활용적 혁신을 추구하는 기업에는 관련이 없었다. 상호작용통제시스템이 새로운 제품 및 기술을 추구하는 기업의 성과를 증가시키는 대신 혁신 프로세스의 효과를 증가시킨다는 결론을 뒷받침 한다(Henri 2006b; Widener 2007). 현재 지식 및 1차 역량 개선에 관심을 가지고 활용적 혁신을 추구하는 조직에서 경계시스템과 진단통제시스템은 독립적으로 성과와 관련이 있는 것으로 나타났다. 진단통제시스템은 전략수립 단계에서 최고경영진의 계획적 활동을 통해 구축된 혁신 의제를 나타내며, 조직구성원이 더 제한적인 방식으로 실험할 충분한 조건과 동기를 부여할 수 있다. 따라서 기존 시장과 기술 역량을 활용하려는 기업은 진단통제시스템의 사용이 중요하다(Benner and Tushman 2003).

활용적 혁신과 탐색적 혁신을 추구하는 기업의 경우, 상호작용통제시스템은 탐색적 혁신을 추구하는 회사의 성과와 관련이 있다. 그러나 활용적 혁신을 추구하는 기업은 진단통제시스템과 경계시스템을 강조함으로써 성과를 향상시킬 수 있다. 탐색적 혁신과 활용적 혁신을 동시에 추구하는 회사에서는 진단통제시스템과 상호작용통제시스템의 균형 잡힌 조합을 통해 성과에 중요한 역동적 긴장을 형성하는 것으로 보여진다. 특히, 경쟁 전략적 우선순위의 효과적인 균형을 맞추기 위해 상반되는 통제레버 사이의 상호작용에서 발생하는 역동적 긴장이 필요하다는 Simons(1995; 2000)의 핵심 주장과 일치한다.

6.5.6 결론 및 시사점

본 논문은 기업성과와 관련된 MCS의 사용 형태가 다양한 혁신 유형에 따라 어떻게 다른지에 대한 증거를 제공한다. 기존의 선행연구는 혁신의 특성보다는 MCS와 신제품 개발과 같은 특정 상황에서 혁신 정도와의 연관성만을 고려하였다(Davila et al. 2009). 본 연구는 탐색과 활용 중 한 가지 또는 두 가지 모두를 추구하는 기업의 최고경영진이 MCS를 어떻게 사용하는지를 조사함으로써 이를 해결하고자 하였다.

본 연구는 혁신환경에서 MCS의 역할을 조사하는 문헌의 확장에 기여하였다. 선행연구에 따르면 유연하고 상호작용적 통제구조가 일반적으로 혁신에 유리한 것으로 밝혀졌지만 이 연구의 결과는 그 효과가 기업이 추구하는 특정 혁신 방식에 달려 있음을 시사한다. 또한, 통제시스템 전체를 조사함으로써 통제시스템이 개별적으로 혁신 성과에 미치는 효과뿐만 아니라 통제시스템 간의 조합이 혁신 성과에 미치는 영향을 보여주었다. 이와 같은 접근은 LoC framework에 대한 연구를 확장하였다는데 의의가 있다.

6.6 김달곤(2007)의 연구

경영전략과 통제시스템 간의 조직학습효과가 성과에 미치는 영향(회계연구)

6.6.1 연구배경 및 목적

경영전략은 기업의 목표를 달성하기 위한 장기계획을 말하며, MCS는 그 계획을 실행함에 있어 조직구성원의 행위를 일치시키는 목적을 가지고 있다. 그러나 최근 경영환경이 급격하게 변화하면서 이에 적응하기 위해서는 과거와 같이 목표와 결과의 차이를 분석하고, 그 차이에 대한 일련의 수정조치를 취하는 진단 MCS만으로는 부족하다. 그러므로 경영계획이나 목표 자체의 가정에 대해 의문을 제기할 수 있어야 하고, 창의성과 지식개발을 증진시킬 수 있는 방법이 강구되어야 한다(Goold and Quinn 1990; Coopey 1995). 조직학습에서도 기존의 경영전략이나 패러다임에 대한 지속적인 감시와 위기를 인지할 수 있어야 하며, 기존의 패러다임을 새로운 패러다임으로 대체할 수 있는 능력을 강화시키는 학습이 필요하다. 이와 같이 경영전략과 MCS 그리고 조직학습 간에는 밀접한 관련성이 있음을 알 수 있으나 이에 대한 연구는 많이 이루어지지 않았다.

본 연구의 목적은 MCS를 전통적인 방법인 진단 MCS와 창의력과 혁신을 강조하는 상호작용 MCS로 구분하여 경영전략과 조직학습 그리고 성과 간에 어떤 관계가 있는지를 살펴보고 실증분석하는 것이다.

6.6.2 연구모형 및 가설설정

경영전략과 MCS 간의 관계에서 조직학습의 정도가 경영성과에 어떤 영향을 미치는지를 검정하였다. 경영전략은 원가우위전략과 차별화전략으로 구분하고, 각각이 양극단에 존재하는 것으로 보았다(Langfield-Smith 1997; Govindarajan and Fisher 1990). MCS는 기계적인(mechanistic) 것에서부터 유기적인(organic) 것까지 범주를 주고, 그 영역 내에서 시스템을 구분하였다. 조직학습은 지식획득, 정보확산, 정보해석, 조직내면화와 조직학습투자로 보았다. 성과는 주관적인 효과성으로 보았다(Chenhall 2005). 연구모형 및 연구가설은 다음과 같다.

[도표 7-18] 김달곤(2007)의 연구모형

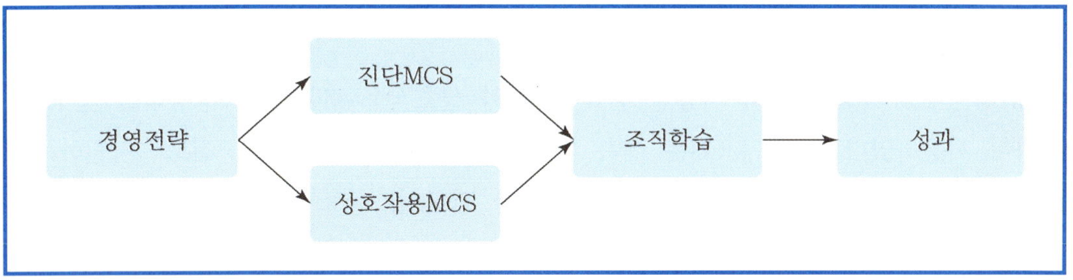

H1 : 경영전략은 MCS에 영향을 미칠 것이다.
H1a : 차별화전략은 상호작용 MCS에 양의 영향을 미칠 것이다.
H1b : 원가우위전략은 진단 MCS에 양의 영향을 미칠 것이다.
H2 : 상호작용 MCS는 조직학습에 양의 영향을 미칠 것이다.
H3 : 진단 MCS는 조직학습에 음의 영향을 미칠 것이다.
H4 : 조직학습은 성과에 양의 영향을 미칠 것이다.

6.6.3 자료 수집

연구자료는 총 101개로 섬유·의복, 석유화학, 1차 조립금속, 비금속광물, 전기전가 그리고 자동차트레일러 제조업체의 각 사업부문을 대상으로 구성하였다. 설문지는 원가관리회계 담당자를 대상으로 우편 발송하여 회수하였다.

6.6.4 변수측정

본 연구에서는 Porter(1980; 1985)가 제시한 경영전략의 유형인 원가우위전략과 차별화전략을 사용하였다. Govindarajan and Fisher(1990)와 Langfield-Smith(1997)는 이 경영전략의 유형이 양극단에 위치하는 것으로 보았다. 본 연구에서는 Govindarajan and Gupta(1985)와 Govindarajan and Fisher(1990)가 사용한 방법을 일부 수정하여 경영전략 변수를 측정하였다. 원가우위전략과 차별화전략을 간략히 기술·설명하고 각각에 의한 매출액의 비중을 측정하였다. 그 후에 완전한 원가우위전략은 1점의 값을 부여하고 차별화전략은 5점의 값을 부여한 후, 응답자의 각 매출액 비중을 가중치로 한 가중평균전략지수를 산출하였다. 따라서 경영전략은 최소 1점에서 최고 5점까지의 스펙트럼을 가진다.

MCS는 Henri(2006b)가 사용한 진단 MCS와 상호작용 MCS의 측정항목을 일부 수정하여 사용하였다. 진단 MCS는 예측 가능한 목표의 달성을 추적·검토·지원하는데 사용되는 기계적 통제(mechanistic control)를 말하며, 목표와 결과를 비교하고 수정조치를 취하는 전통적인 MCS를 말한다. 상호작용 MCS는 새로운 아이디어와 이니셔티브(initiatives)를 촉진시키는 유기적 통제(organic control)이다. MCS는 5점 척도로 측정하였다. 각 MCS는 모두 높은 값을 가질수록 더 중요시하는 것으로 측정하였다.

조직학습은 Chenhall(2005)과 Henri(2006b)의 측정방법을 혼합하고 일부 수정하여 사용하였다. Chenhall(2005)은 Huber(1991)의 조직학습을 위한 4가지 필수구성요소, 즉 지식획득, 정보확산, 정보해석, 조직내면화를 각각 하나의 설문항목으로 측정하였다. Henri(2006b)는 학습의 중요성이라는 관점에서 조직학습을 측정하였다. 주로 Chenhall(2005)의 설문항목을 이용하였으며, Henri(2006b)가 사용한 조직학습투자에 대한 항목을 추가하였다. 높은 값을 가질수록 조직학습의 정도가 높은 것으로 측정하였다.

성과는 Chenhall(2005)이 사용한 주관적인 측정치인 효과성을 수정하여 사용하였다. 그는 요인분석을 통해 납기/서비스, 유연성, 낮은 원가/가격을 성과변수로 사용하였다. 이 방법은 주관적인 평가라는 한계를 가지고 있지만 Govindarajan and

Fisher(1990) 등 여러 연구에서 사용하고 있다. 재무측정치는 객관적이긴 하지만 회계처리방법의 차이나 기업규모의 차이 등에 따른 비교가능성의 문제가 있으며(Powell 1992), 논리적 비약도 존재할 수 있다는 한계점을 가지고 있다(Chenhall 2003). 또한 본 연구의 대상이 사업부문이기 때문에 각 사업부문별로 재무자료를 구하기 어렵다는 점도 있다.

6.6.5 분석방법 및 연구결과

연구모형을 검정하기 위하여 Lisrel 8.8 프로그램을 사용하였다. 각 변수들의 평균값을 원자료(raw data)로 하여 공분산을 이용한 구조방정식 모형을 적용하였다. 분석결과는 다음과 같이 나타났다.

[도표 7-19a] LISREL 분석결과와 가설검정

<table>
<tr><th></th><th>경로계수</th><th>표준오차</th><th>t값</th><th>SMC</th></tr>
<tr><td>경영전략 → 진단 MCS</td><td>−0.12</td><td>0.058</td><td>−1.69</td><td>0.03</td></tr>
<tr><td>경영전략 → 상호작용 MCS</td><td>0.58</td><td>0.045</td><td>9.19*</td><td>0.49</td></tr>
<tr><td>진단 MCS → 조직학습</td><td>0.13</td><td>0.080</td><td>1.36</td><td rowspan="2">0.56</td></tr>
<tr><td>상호작용 MCS → 조직학습</td><td>0.85</td><td>0.049</td><td>10.59*</td></tr>
<tr><td>조직학습 → 원가</td><td>0.54</td><td>0.064</td><td>6.65*</td><td>0.33</td></tr>
<tr><td>조직학습 → 유연성</td><td>0.44</td><td>0.036</td><td>7.25*</td><td>0.37</td></tr>
</table>

* $p<0.01$

[도표 7-19b] 구조방정식 모형의 경로계수

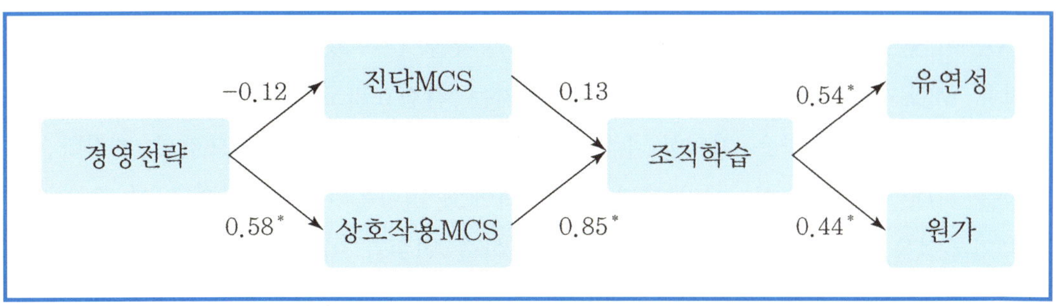

* $p<0.01$

가설1은 경영전략이 MCS에 미치는 영향을 검정하는 것인데, 연구결과 유의성이 없는 것으로 나타났다. 가설2는 상호작용 MCS가 조직학습에 미치는 영향을 검정하는 것인데, 연구결과 1% 유의수준에서 양(+)의 영향을 미치는 것으로 나타났다. 가설3은 진단 MCS가 조직학습에 미치는 영향을 검정하는 것인데, 연구결과 유의성이 없는 것으로 나타났다. 가설4는 조직학습이 성과에 미치는 영향을 검정하는 것인데, 연구결과 1% 유의수준에서 양(+)의 영향을 미치는 것으로 나타났다.

경영전략과 진단 MCS 간의 관계, 진단 MCS와 조직학습 간의 관계는 통계적으로 유의하지 않았으며, 다른 경로계수들은 유의수준 1%에서 유의한 것으로 나타났다. 경영전략과 진단 MCS 간에는 Henri(2006b)의 연구결과와 마찬가지로 음(−)의 관계를 보였지만 유의수준 5%에서도 유의적이지 않았다. 반대로 경영전략과 상호작용 MCS 간에는 유의수준 1%에서 유의적인 영향력이 있는 것으로 나타났으며, 모형의 설명력을 나타내는 SMC는 0.49로 나타나 매우 높은 수준을 보여주고 있다. 이는 차별화전략을 추구하는 기업일수록 창의력이나 혁신을 강조하는 상호작용 MCS를 더 중요시한다는 Henri(2006b)의 연구결과와 일치하는 것이다.

MCS와 조직학습 간의 관계에서는 진단 MCS가 예상과는 달리 양의 부호를 보여주었으나 통계적으로 유의적이지는 않았다. 상호작용 MCS는 조직학습과 유의수준 1%에서 유의적인 양의 관계를 보여주었다. 이로써 진단 MCS보다는 상호작용 MCS가 조직학습에 긍정적인 영향을 미칠 수 있음을 알 수 있다. 또한 차별화전략이 상호작용 MCS를 통해 조직학습에 영향을 미치는 간접적인 효과가 있는 것으로 나타났다. 따라서 조직의 창의력과 혁신을 강조하는 차별화전략에서 조직학습을 유발하기 위해서는 상호작용 MCS가 더 효과적이라고 볼 수 있다.

조직학습과 성과 간의 관계에서는 원가와 유연성 모두 유의수준 1%에서 유의한 결과를 보여주고 있다. SMC도 각각 0.33과 0.37로 높은 수준으로 나타났다. 조직학습의 수준이 높을수록 원가와 유연성에서 높은 성과를 얻는 것으로 볼 수 있다. 또한 상호작용 MCS가 조직학습을 통해 성과에 미치는 간접효과도 존재하는 것으로 나타났다. 따라서 차별화전략을 지원할 수 있는 상호작용 MCS를 구축함으로써 조직학습의 향상을 기대할 수 있으며, 이러한 관계는 성과에도 영향을 미치는 것으로 볼 수 있다.

추가분석을 위하여 경영전략과 MCS, 조직학습 변수를 이용하여 군집분석을 실시하였다. 군집분석을 통해 경영전략과 MCS, 조직학습 간의 적합관계를 이용하여 각 집단의 특성과 성과차이를 살펴보고자 하였다.

[도표 7-20] 각 집단의 특성 및 성과차이 검정

		평균			집단간 차이	F
		집단1(N=32)	집단2(N=37)	집단3(N=22)		
집단간 특성	경영전략	3.878	2.067	3.393	1 3 2	169.76*
	진단 MCS	3.734	3.838	3.216	2 1 3	8.24*
	상호작용 MCS	3.603	2.209	2.701	1 3 2	80.27*
	조직학습	3.756	2.130	2.381	1 3 2	123.53*
성과 차이	원가	3.563	2.662	2.614	1 2 3	18.65*
	유연성	3.331	2.562	2.564	1 3 2	24.41*

* $p<0.01$

집단1은 경영전략의 값이 가장 높으며, 진단 MCS뿐만 아니라 상호작용 MCS도 중요시하며, 조직학습도 다른 집단에 비하여 가장 높은 값을 보이고 있다. 본 연구에서 경영전략의 값이 높을수록 차별화전략을 추구하는 기업으로 보았다. 따라서 집단1은 차별화전략을 추구하며, 일상적인 활동의 결과를 비교분석할 뿐만 아니라 창의력과 혁신을 강조하는 MCS의 특징을 가지고 있으며, 조직학습의 정도도 매우 높다는 특성을 가지고 있다.

집단2는 경영전략의 점수가 가장 낮으며, 진단 MCS의 값이 가장 높고, 상호작용 MCS와 조직학습은 가장 낮은 값을 보이고 있다. 따라서 집단2는 원가우위전략을 추구하며, 일상적인 활동결과의 비교분석은 강조하지만 창의력과 혁신을 위한 상호작용 MCS는 중요시 하지 않는 것으로 볼 수 있다.

집단3은 집단1과 집단2의 중간정도 특성을 가지고 있기 때문에 결과적으로 보면 집단1과 집단2가 비교적 대비관계에 있는 것으로 판단된다.

3개 집단 간의 성과차이를 분석한 결과 집단1이 가장 높은 원가 및 유연성 성과를 보이고 있다. 이 결과는 구조방정식 모형의 분석결과와 일치한다. 즉, 차별화전략을 추구하며, 상호작용 MCS와 조직학습의 정도가 높은 기업에서 더 높은 성과를 기대할 수 있다. 집단1은 상호작용 MCS만 사용하는 것이 아니라 진단 MCS도 높은 값을 보였다. 집단2는 원가우위전략을 추구하면서도 원가 성과에서는 오히려 차별화전략을 추구하는 집단1보다 낮게 나타났다. 오히려 중간적인 특징을 보인 집단3과 유사한 성과를 보였다. 원가는 차별화전략, 상호작용 MCS, 조직학습과 높은 상관관계를 보이지만 진단 MCS와는 관련성이 없는 것으로 나타났다. 이는 집단2가 원가우위전략과 진단 MCS를 강조할 뿐 상호작용 MCS와 조직학습은 중요시하지 않음을 의미한다. 따라서 원가우위전략을 추구하면서도 조직학습에 대해 관심을 가질 필요가 있음을 시사한다.

6.6.6 결론 및 시사점

경영전략과 MCS 간의 관계에 대해 많은 연구들이 진행되어 왔다. 이 연구들의 주요 논점은 경영전략을 효과적으로 수행하기 위해서는 그에 적합한 MCS가 갖추어져야 하며, 이를 통해 경쟁우위의 달성과 성과향상을 기대할 수 있다는 것이다. 그러나 선행연구들은 MCS를 서로 다르게 정의하거나 혹은 일부 하위 MCS 요소를 대상으로 연구하는 등의 문제가 있었다. Chenhall(2003)은 하위 MCS를 이용한 연구는 연구모형을 불명확하게 만드는 문제가 있음을 지적하였다. 또한 MCS가 어떤 특성을 갖느냐에 따라 조직학습의 형태와 정도에도 차이가 있다(Kloot 1997). 그러나 MCS와 관련된 실증연구에서는 조직학습의 문제가 잘 다루어지지 않았다. 본 연구에서는 경영전략과 MCS, 조직학습 그리고 경영성과 간의 관계를 살펴보았다. 연구결과 원가우위전략은 진단 MCS에 양의 영향을 미칠 것으로 예상하였으나 통계적 유의성이 발견되지 않았으며, 진단 MCS와 조직학습 간에도 유의적이지 않았다. 반대로 차별화전략은 상호작용 MCS에 양의 영향을 미치고 있었으며, 상호작용 MCS와 조직학습 간에도 양의 영향력을 발견할 수 있었으며, 경영성과에도 양의 영향을 미치는 것으로 나타났다. 즉, 창의력과 혁신을 강조하는 차별화전략에서는 그에 적합한 상호작용 MCS와 조직학습이 필요하며, 그 적합관계가 성립했을 때 경영성과의 향상도 기대할 수 있다.

6.7 나가사카 요시유키와 김달곤(2013)의 연구

성과측정정보이용과 조직역량, 경영성과 간의 관계 : 한국과 일본 기업의 비교(관리회계연구)

6.7.1 연구배경 및 목적

한국 기업과 일본기업에서는 성과주의 임금체계가 점차 강화되고 있으며, IMF 경제위기 이후 경쟁력강화와 생존을 위해 혁신은 필수불가결한 요인으로 작용하고 있다

(박주홍과 이재하 1999). 이러한 혁신의 추구양상은 선진국일수록 더욱 강하게 나타나고 있는데, 이것은 정부차원뿐만 아니라 기업차원에서도 혁신활동을 더욱 강하게 추진함으로써 국가 및 기업의 경쟁우위를 확고히 하고자 하는데 그 이유가 있다(박주홍과 이재하 1999). 이와 같이 최근까지 한국 기업뿐만 아니라 일본 기업도 많은 변화를 거듭하고 있으며, 새로운 위협요인들이 나타나고 있고, 그에 따른 새로운 기회요인들도 존재한다. 불확실성이 높아지는 경영환경의 변화 속에서 양국 기업 간의 관리회계시스템의 차이를 살펴보는 것은 의미가 있을 것으로 생각한다. 특히 일본의 경우 그동안 기업 성장을 지탱해 온 것으로 평가되었던 종신고용제와 연공서열제 등이 무너지고 성과중심의 연봉제 도입이 확산되고 있다. 또한 일본 기업에 대한 성과측정정보이용과 조직역량 등에 대한 연구들이 많이 부족하기 때문에 이에 대한 연구결과들이 축적될 필요가 있을 것이며, 본 연구에서 제시된 기술통계자료가 향후 연구에서 참고자료로 활용될 수도 있을 것이다.

6.7.2 연구모형 및 가설설정

본 연구는 한국과 일본 기업 간의 성과측정정보이용과 조직역량 간의 관계가 경영성과에 미치는 영향을 검정하였다. 성과측정정보이용은 Henri(2006b)와 같이 진단PMS, 상호작용PMS와 역동적 긴장으로 구분하였고 경영성과는 수익성으로 살펴보았다. 조직역량은 시장지향성, 기업가정신, 조직학습 및 민첩성으로 살펴보았다. 연구모형과 연구가설은 다음과 같다.

[도표 7-21] 나가사카 요시유키와 김달곤(2013)의 연구모형

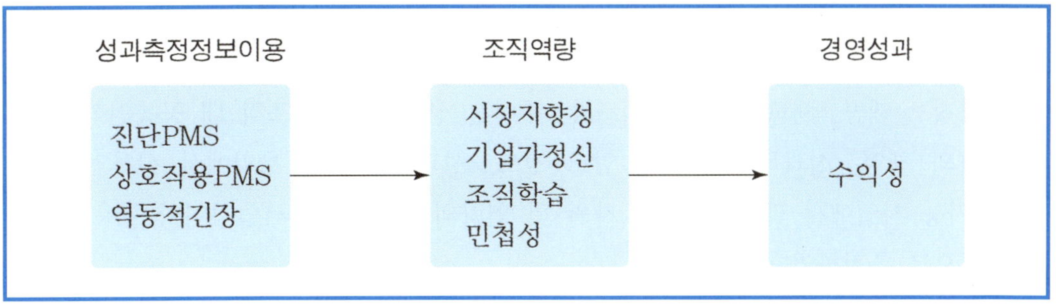

H1 : 성과측정정보이용과 경영성과 간의 관계에서 조직역량이 매개역할을 할 것이다.
H2 : 역동적 긴장과 경영성과 간의 관계에서 조직역량이 매개역할을 할 것이다.
H3 : 한국과 일본 기업 간의 경로계수는 차이가 있을 것이다.

6.7.3 자료 수집

한국 기업의 설문대상은 한국신용평가(주)의 Kis-Value의 산업분류 중 제조업을 대상으로 2010년도 매출액 기준 400대 기업으로 구성하였다. 일본기업은 동경증권거래소 1부 상장기업과 2부 상장기업 1,035사를 대상으로 하였다. 양국의 대상기업에 설문지를 발송하여 최종적으로 한국기업에서는 67개, 일본기업에서는 72개를 회수하였다.

6.7.4 변수측정

MCS는 Henri(2006b)와 Widener(2007)의 항목을 일부 수정하여 측정하였다. 진단 PMS는 목표에 관한 진행상황 검토에 이용, 성과 모니터링에 이용, 목표와 결과의 비교에 이용, 주요 측정지표 검토에 성과측정정보이용 등 4개 항목으로 측정하였고, 상호작용 PMS는 최고경영진 · 임원 · 부하직원 간의 의사소통에 이용, 행동계획 · 추정사항 · 근본자료에 대한 토론에 이용, 조직 내 미션과 사고인식의 통일에 이용, 주요 성공요인에 대한 집중에 이용, 공통의 언어로 이용 등 5개 항목으로 측정하였다.

조직역량은 Henri(2006b)의 항목을 수정하고, Donald(2010)이 제시한 민첩성 항목을 추가하여 측정하였다. 시장지향성은 고객경험의 정보 교류, 조직 내 고객욕구 이해, 고객욕구 충족을 위한 기능 통합, 충실한 애프터서비스, 조직 내 경쟁사의 전략정보 공유, 현재 및 미래고객에 대한 주의 등 6개 항목으로 측정하였다. 기업가정신은 기업목표 달성을 위한 전사적인 활동, 위험이 높은 투자성향, 제품을 변경하는 정도, 신제품 제조, 신제품 · 기술도입의 선두주자, 경쟁사에 대한 자세 등 6개 항목으로 측정하였다. 조직학습은 개선의 핵심인 학습 능력, 근본가치에 포함된 학습, 학습 중단 시 미래 위험, 학습은 비용이 아닌 투자 등 4개 항목으로 측정하였다. 민첩성은 실시간 시장정보 제공, 새로운 사업기회포착, 주어진 상황에 대한 조직 내 공통인식, 분명한 목표와 책임, 성과목표에 대한 압도 정도, 성과보상체계, 호황에서 신사업 개발, 성공불가능 사업에서 과감한 탈피, 자원 및 역량의 재배치, 신사업기회의 활용 등 10개 항목으로 측정하였다.

경영성과는 매출액증가율, 영업이익률, 당기순이익, 총자산이익률 등 4개 항목에 대해 경쟁사 대비 성과 달성정도로 측정하였다.

6.7.5 분석방법 및 연구결과

연구가설을 검정하기 위하여 제시한 연구모형에 따라 구조방정식 모형을 설정하였고, 이를 PLS(Partial Least Squares)를 이용하여 분석하였다. 주요 연구결과는 다음 [도표 7-22]와 같다.

[도표 7-22] PLS를 이용한 경로분석 결과

	전체		한국		일본	
	모형1	모형2	모형1	모형2	모형1	모형2
진단 PMS → 시장지향성	0.004	0.021	0.298	0.314	-0.174	-0.202
진단 PMS → 기업가정신	-0.020	-0.011	0.082	0.092	-0.094	-0.120
진단 PMS → 조직학습	0.026	0.039	0.101	0.127	-0.000	-0.011
진단 PMS → 민 첩 성	0.136	0.150	0.017	-0.014	0.236	0.206
상호작용 PMS → 시장지향성	0.438**	0.480**	0.243	0.243	0.594**	0.701*
상호작용 PMS → 기업가정신	0.506**	0.528**	0.445*	0.444*	0.519**	0.603**
상호작용 PMS → 조직학습	0.434**	0.463**	0.472**	0.470**	0.403*	0.460*
상호작용 PMS → 민 첩 성	0.436**	0.465**	0.571**	0.573**	0.328	0.416
역동적 긴장→ 시장지향성	no	0.165	no	0.035	no	0.271
역동적 긴장 → 기업가정신	no	0.083	no	0.020	no	0.172
역동적 긴장 → 조직학습	no	0.114	no	0.057	no	0.156
역동적 긴장 → 민 첩 성	no	0.120	no	-0.064	no	0.261**
시장지향성 → 경영성과	0.179	0.177	0.190	0.190	0.196	0.191
기업가정신 → 경영성과	0.119	0.118	0.103	0.104	0.204	0.171
조직학습 → 경영성과	0.044	0.044	0.193	0.195	-0.082	-0.080
민 첩 성 → 경영성과	0.236	0.238	0.248	0.245	-0.000	0.022

* $p<0.05$ ** $p<0.01$

PLS 분석은 양국 기업에 대해 각각 실시하였으며, 또 양국의 연구표본을 전체로 모아서 다시 분석을 수행하였다. 그리고 모형을 두 가지로 설정하였는데, 모형1은 역동적 긴장을 제외하고 분석한 것이고, 모형2는 역동적 긴장을 포함하여 분석한 것이다. 이렇게 구분한 이유는 한 기업에서 진단 PMS만을 사용하기보다는 상호작용 PMS도 동시에 적용할 수 있기 때문이다. 역동적 긴장의 변수 값은 Henri(2006b)가 사용한 방법으로 구했다.

가설1은 성과측정정보이용과 경영성과 간의 관계에서 조직역량이 매개역할을 하는지 검정하는 것이고, 가설2는 역동적 긴장과 경영성과 간의 관계에서 조직역량이 매개역할을 하는지 검정하는 것인데, 연구결과 두 가설이 모두 기각되었다. PLS의 결과를 구체적으로 살펴보면, 양국 기업 모두 진단 PMS는 조직역량에 어떠한 유의적인 영향도 미치지 못하는 것으로 나타났으며, 양국 기업 모두 상호작용 PMS는 기업가정신과 조직학습에 영향을 미치는 직접효과가 있는 것으로 나타났다. 추가로 한국 기업에서는 상호작용 PMS가 민첩성에 직접효과가 있고, 일본 기업에서는 시장지향성에 직접효과가 있는 것으로 나타났다. 그러나 양국 모두 이러한 관계가 경영성과에는 영향을 미치지 못하였다. 또한, 진단 PMS와 상호작용 PMS를 동시에 이용하는 역동적 긴장의 경우 일본 기업에서만 민첩성에 직접효과가 존재하는 것으로 나타났다. 또한 역동적 긴장은 민첩성에 5% 유의수준에서 유의적인 정(+)의 영향을 미쳤으나, 민첩성이 경영성과에 미치는 영향은 없는 것으로 나타났다. 이상의 연구결과에 의하면 성과측정정보이용과 경영성과 간의 관계에서 조직역량의 매개효과는 존재하지 않는다. 본 연구의 결과는 Henri(2006b)의 연구결과와 일치한다.

가설3은 한국과 일본 기업 간의 PLS 경로계수에 차이가 있는지 검정하는 것이다. 두 집단 간의 경로계수 차이는 Sánchez-Franco(2006)이 사용한 식을 이용하여 분석하였으며, 역동적 긴장이 포함된 모형2에 대해서 분석한 결과는 다음 [도표 7-23]과 같다.

[도표 7-23] 군집분석 후 집단 간 평균차이 검정 결과

<table>
<tr><th rowspan="2" colspan="2">구분</th><th colspan="3">한국(N=67)</th><th colspan="3">일본(N=72)</th></tr>
<tr><th>평균</th><th>표준편차</th><th>t값</th><th>평균</th><th>표준편차</th><th>t값</th></tr>
<tr><td rowspan="2">진단 PMS</td><td>집단1(N=31, 29)</td><td>6.242</td><td>0.526</td><td rowspan="2">8.16**</td><td>5.672</td><td>1.292</td><td rowspan="2">5.47**</td></tr>
<tr><td>집단2(N=36, 43)</td><td>4.750</td><td>0.939</td><td>3.959</td><td>1.309</td></tr>
<tr><td rowspan="2">상호작용 PMS</td><td>집단1(N=31, 29)</td><td>5.845</td><td>0.685</td><td rowspan="2">7.09**</td><td>5.497</td><td>0.860</td><td rowspan="2">7.21**</td></tr>
<tr><td>집단2(N=36, 43)</td><td>4.444</td><td>0.897</td><td>3.647</td><td>1.317</td></tr>
<tr><td rowspan="2">시장 지향성</td><td>집단1(N=31, 29)</td><td>5.597</td><td>0.542</td><td rowspan="2">6.70**</td><td>5.667</td><td>0.551</td><td rowspan="2">6.96**</td></tr>
<tr><td>집단2(N=36, 43)</td><td>4.486</td><td>0.805</td><td>4.496</td><td>0.783</td></tr>
<tr><td rowspan="2">기업가 정신</td><td>집단1(N=31, 29)</td><td>5.210</td><td>1.041</td><td rowspan="2">6.17**</td><td>4.750</td><td>0.793</td><td rowspan="2">5.88**</td></tr>
<tr><td>집단2(N=36, 43)</td><td>3.667</td><td>1.002</td><td>3.459</td><td>0.985</td></tr>
<tr><td rowspan="2">조직학습</td><td>집단1(N=31, 29)</td><td>5.661</td><td>0.810</td><td rowspan="2">5.99**</td><td>5.603</td><td>0.803</td><td rowspan="2">6.53**</td></tr>
<tr><td>집단2(N=36, 43)</td><td>4.361</td><td>0.946</td><td>4.291</td><td>0.859</td></tr>
<tr><td rowspan="2">민 첩 성</td><td>집단1(N=31, 29)</td><td>5.409</td><td>0.673</td><td rowspan="2">6.42**</td><td>4.931</td><td>0.768</td><td rowspan="2">6.56**</td></tr>
<tr><td>집단2(N=36, 43)</td><td>4.227</td><td>0.812</td><td>3.845</td><td>0.630</td></tr>
<tr><td rowspan="2">경영성과</td><td>집단1(N=31, 29)</td><td>5.126</td><td>1.302</td><td rowspan="2">4.19**</td><td>4.164</td><td>1.177</td><td rowspan="2">0.92**</td></tr>
<tr><td>집단2(N=36, 43)</td><td>3.903</td><td>1.096</td><td>3.924</td><td>1.023</td></tr>
</table>

PLS 분석에서 유의적으로 나타난 경로계수에 대해서만 그 차이를 제시하였다. 역동적 긴장이 포함된 모형2에 대하여 양국 기업 간에 경로계수의 차이가 존재하는지 살펴본 결과 통계량 t값이 모두 1.0을 넘지 않아 비유의적이었다. 따라서 양국 간에 경로계수 차이는 없으며, 특정 변수에 대해 어느 나라의 영향력이 더 높다고 말할 수 없다. 따라서 가설3은 기각되었다.

6.7.6 결론 및 시사점

연구결과에서 도출할 수 있는 함의는 다음과 같다. 첫째, 본 연구에서 진단 PMS는 조직역량에 영향을 미치지 못하는 것으로 나타났고, 상호작용 PMS만이 조직역량에 유의적인 영향을 미치는 것으로 나타났다. 따라서 조직역량을 강화하기 위해서는 양국 기업 모두 진단 PMS보다는 상호작용 PMS의 강화가 필요하다고 볼 수 있다. 둘째, 한국 기업의 상호작용 PMS는 민첩성에서 유의한 영향을 미치고 있는데, 일본 기업의 경우 각 PMS 유형이 독립적으로는 민첩성에 영향을 미치지는 않았다. 한편, 일본 기업의 경우 역동적 긴장이 민첩성을 높이는 것으로 나타났다. 이는 진단 PMS와 상호작용 PMS를 동시에 사용하는 것이 민첩성에 영향을 미친다는 의미이다. 민첩성에는 시장 감시를 통한 기회 포착뿐만 아니라 자원의 재배치와 운영관리 능력 등과 같은 진단 PMS의 개념도 일부 포함된다. 한국 기업도 민첩성을 강화하기 위해서는 진단 PMS를 기반으로 하여 상호작용 PMS를 함께 운영하는 것이 필요하다. 셋째, 일본 기업은 성과측정정보이용이나 조직역량이 높은 기업과 낮은 기업 간에 경영성과에 차이가 없었고, 한국 기업보다 대체적으로 성과측정정보이용이나 조직역량을 낮게 인식하고 있었다. 일본의 경제 상황이 좋지 않았기 때문일 수도 있겠지만 경영성과를 개선시킬 만큼 일본 기업의 PMS 이용과 혁신적인 조직역량의 수준이 높지 않았기 때문일 수도 있다. 또 다른 측면에서 보면 일본 기업은 과거 세계 최고 수준으로 평가받았던 운영관리에 대한 관성이 존재할 가능성도 있다.

8장 개인수준에서의 MCS의 영향

01 의의

MCS와 조직성과 간의 관계에 관한 선행연구는 혼재된 연구결과를 보이고 있다. 최근 연구에서는 이와 같은 혼재된 결과를 해결하고자 조직수준이 아닌 개인수준에서 MCS와 관리적 성과(개인성과) 간의 관계에서 개인행동의 역할을 규명하는데 초점을 두고 있다(Burney and Widener 2007; Hall 2008). MCS와 조직성과에 관한 선행연구들은 시스템이 개인의 행동에 영향을 미치고 이것이 조직의 목표 달성을 용이하게 한다는 가정 하에서 연구를 진행하여 왔다. 그러나 이러한 가정에는 설득력이 없으며 개인행동에 대한 세부적인 조사가 필요하다는 주장이 제기되었다. 즉, 기존의 실증연구들은 조직수준에서 MCS의 구축 및 이용에 따른 효과를 규명하는데 지나치게 집중한 나머지 MCS가 성과를 개선시키는데 있어서 개인행동의 역할은 간과하였다. 이러한 선행연구의 한계점을 극복하기 위해 Burney and Widener(2007)와 Hall(2008)은 개인행동과 관련된 직무관련정보, 직무스트레스, 역할명확성, 그리고 심리적 권한위임(psychological empowerment) 등을 고려하여 MCS와 관리적 성과 간의 관계를 연구하였다.

관리회계문헌을 살펴보면 MCS가 개인행동에 미치는 영향에 관한 연구는 부족하지만 이와 관련된 이론적 분야는 조직행동의 문헌에서 그 증거들을 발견할 수 있다(Johnson et al. 2008). 조직행동 분야의 연구는 인적자원에 대한 관리를 위하여 선발, 학습 및 훈련, 그리고 성과평가에 대해 설명하고 있으며, 관리회계문헌은 성과평가에 많은 초점을 두어왔다. 성과평가와 관련된 조직행동의 연구들은 관리적 성과를 개선시키는데 조직시민행동의 역할을 강조해 왔으며, 최근에는 조직시민행동의 선행요인으로 공정성과 직무스트레스 등에 대해 초점을 두고 있다(Podsakoff et al. 2000). 조직시민행동은 조직이 공식적으로 규정한 행동이 아니며 조직을 위해 자발적으로 행하는 자유재량적 행동이다(Organ 1988). 조직 환경의 복잡성과 불확실성이 커지면서 조직구성원이 자신에게 주어진 역할을 넘어서서 스스로 행동하는 조직시민행동이 더욱 강조되고 있다.

조직시민행동이 유발되고 관리적 성과가 개선된다는 것은 호혜의 법칙(norm of reciprocity)과 공정성(fairness) 이론으로 설명할 수 있다(Podsakoff et al. 2000). 이 법칙과 이론에 의하면 사람들은 서로 도우면서 화답하고 호의를 베풀거나 공정하게 대함으로써 조직시민행동이 발생된다. 그리고 이와 같은 과정은 성과를 개선시키고, 조직구성원들은 높은 성과평가 결과에 대해 보상을 받는다. 이 이론에서는 공정성, 직무스트레스, 그리고 조직시민행동 등이 성과개선과 성과평가에 있어서 중요한 요인임을 강조한다. 이러한 이론을 바탕으로 MCS가 개인행동과 관리적 성과에 미치는 영향을 보다 명확히 규명하기 위해 관리회계와 조직행동 연구에서 이슈가 되고 있는 공정성, 직무스트레스 및 조직시민행동 등을 고려한 실증연구들이 나타나게 되었다. 따라서 본 장에서는 MCS가 개인행동과 관리적 성과에 미치는 영향을 보다 명확히 규명하기 위해 수행된 선행연구의 주요변수인 공정성, 직무스트레스(역할갈등과 역할모호성 등 포함), 조직시민행동, 조직몰입, 신뢰, 그리고 심리적 자본 등을 살펴보고자 한다.

02 공정성[20)]

2.1 공정성의 개념

공정성(justice)이란 조직 내에 마련된 제도와 성과평가 및 의사결정 절차가 어느 정도 공정한지에 대한 조직구성원들의 인지정도라고 할 수 있다. 공정성에 대한 연구가 중요한 이유는 공정성에 대한 조직구성원의 인지정도가 직무만족, 조직몰입, 그리고 직무성과에 영향을 미치기 때문이다(Alexander and Runderman 1987; Fryxell and Gordon 1989). 기업은 근로자와의 계약에 기반한 교환관계를 맺고 있으므로 공정성 확보는 기업과 근로자의 관계 생성 및 유지, 근로자의 조직에 대한 태도 및 행동에 영향을 미친다. Adams(1965)의 공정성 이론 이후, 조직공정성의 초기 연구들은

20) 공정성과 관련된 2.1부터 2.3까지의 내용은 문성병(2013) 박사학위 논문의 내용을 정리한 것이다.

주로 분배공정성(distributive justice)을 중심으로 진행되었고 점차 절차공정성(procedural justice) 및 상호작용 공정성(interactional justice)으로 그 범위가 확대되었다(Niehoff and Moorman 1993).

2.1.1 분배공정성

분배공정성은 조직구성원이 투입한 노력에 대하여 제공되는 보상의 정도와 관련된 공정성으로, 조직으로부터 받는 보상의 크기에 대해 공정하다고 인식하는 정도를 말한다(Folger and Konovsky 1989). 따라서 구성원과 조직 간의 교환관계에 대한 결과적인 공정성으로 이해할 수 있다. Adams(1965)의 형평이론은 분배공정성의 문제를 사회교환이론의 틀을 이용하여 설명하였다. 즉, 종업원들은 직무수행에 필요한 교육, 경험, 훈련 등의 노력을 투입하게 되고 그 투입의 대가로 보수나 승진과 같은 특정한 성과를 얻게 된다. 이러한 상황에서 종업원들은 자신의 투입에 대한 성과의 비율과 다른 종업원들의 그 비율을 비교하여 동등하지 않다고 느끼게 되면 불공정하다고 여길 것이다. 과소보상을 받는다고 생각할 때 화를 내게 되고, 과다보상을 받는다고 생각할 때 죄의식을 느낄 것이다. Adams(1965)는 이러한 부정적인 긴장상태를 바로잡기 위해 조직구성원들은 무언가를 하게 되는데, 이 과정에서 동기부여 된다고 주장하였다.

분배공정성의 개념에 영향을 미친 다른 이론으로는 공정성판단이론을 들 수 있다. 공정성이론이 보상의 불공정성에 대한 반응에 초점을 두는데 비하여, 공정성판단이론에서는 사람들이 보상의 공정성 유지를 위하여 다양한 공정성규범을 이용한다는 점을 강조한다. 즉, 조직 내에서 이루어지는 보상의 배분 전략은 때때로 상황적 요인에 의해 결정된다는 것이다. 예를 들어, 사회적 조화의 유지가 강조되는 상황에서는 보상의 '균등한 배분'을 채택함으로써 사회적 조화가 증진될 수 있으며, 성과의 극대화는 '비례적 배분'에 의해 촉진되며, 사회복지를 목표로 할 때는 '필요에 의한 분배규칙'을 선택하는 경향이 있다(Leventhal 1980).

Lerner(1997)는 Adams(1965)의 형평원칙만이 보편적으로 적용되는 분배원칙이 아니며 조직구성원들이 상호 간에 어떻게 지각하느냐에 따라 분배원칙이 달라질 수 있다고 하였다. 그는 구성원들이 서로를 동일시하는 일치의 관계로 지각할 때는 투입량과 상관없이 필요에 따라 나누는 필요원칙이, 서로를 연합·협동의 관계로 지각할 경우에는 투입이 다르더라도 똑같이 나누는 균등원칙이, 그리고 비연합·경쟁의 관계로 지각할 경우 투입에 비례하여 분배하는 형평원칙이 작용한다고 주장하였다.

분배공정성은 산출 결과를 어떻게 분배할 지에만 초점을 둔다는 점에서 한계가 있으며, 분배공정성이라는 개념은 조직구성원들의 행태를 이해하는데 크게 기여하였으나, 분배가 결정되는 절차와 과정에서 발생하는 불공정성을 설명해주지는 못한다. 즉, 분배공정성이 확보되더라도 의사결정에 이르는 과정이 불공정할 경우 구성원들은 이를 불공정하다고 느낄 수 있다는 것이다. 이러한 한계점을 보완하기 위해 결과에 이르는 절차 및 과정이 얼마나 공정했느냐에 대한 논의의 필요성이 제기되었고, 이런 논의를 바탕으로 의사결정과정, 절차, 규칙에 초점을 맞춘 절차공정성에 관한 연구가 시작되었다.

2.1.2 절차공정성

절차공정성은 보상의 크기를 결정하는데 사용되는 수단이나 절차에 대해 공정하다고 인식하는 정도를 의미한다(Alexander and Ruderman 1987; Folger and Konovskey 1989). 절차공정성 연구가 시작된 이유는 조직상황에서 공정성을 분배공정성으로 설명하는데 있어서 한계에 직면했기 때문이다. 분배공정성에 대한 연구는 주로 보상의 배분결과에 논의의 초점을 두었기 때문에 조직의 의사결정이 이루어지는 절차나 규칙 기준에 대해서는 거의 관심을 두지 않았다. 따라서 분배공정성은 분배결과에 무관한 만족이나 불만족의 느낌을 설명하기가 쉽지 않고, 동일한 보상의 상황에서 조직구성원들이 보이는 반응의 차이를 이해하거나 설명하기 어렵다는 한계를 지니고 있었다. 이와 같은 문제를 해결하고자 하는 노력에 의해 절차공정성 연구가 촉진되었다.

절차공정성 개념을 본격적으로 조직상황에 적용한 연구로는 Greenberg(1986)의 인사고과의 공정성에 영향을 미치는 요인에 대한 연구가 있다. 그는 기업의 중간관리자들에게 그들이 받았던 인사고과가 특별히 공정했던 경우와 특별히 불공정했던 경우를 기술하도록 한 다음, 요인분류를 하여 7가지의 공정성 요인을 발견하였다. 그 중 절차공정성 관련 요인은 평가 전의 의견개진, 면접 중의 쌍방향 의사소통, 평가에 대한 반박수용성, 피평가자의 업무에 대한 평가자의 사전 인지도, 그리고 기준적용의 일관성 등 5가지이다. 분배공정성 관련 요인은 성과에 기초한 평가와 평가에 기초한 임금 및 승진 추천 2가지이다. 절차공정성은 인지적이고 감정적인 면과 밀접하게 관련되고 조직몰입과 같은 조직측면의 행동적 반응에 영향을 주는 것으로 나타나고 있다(Mossholder et al. 1998). 따라서 절차공정성은 개인과 조직행동의 다양한 측면을 설명해 줄 수 있으며, 분배공정성과는 다른 판단기준에 의해 인지되는 공정성이라 할 수 있다. 그러나 이러한 절차공정성은 절차라는 틀에 고정되어 절차를 밟는 과정에서 발생하는 구성원들 간의 교감, 처우, 상호작용에 의한 영향력은 간과한다. 이러한 한계점을 보완하기 위해 상호작용공정성이라는 새로운 개념이 등장하게 된다.

2.1.3 상호작용공정성

상호작용공정성이란 의사결정자와의 관계에서 조직구성원들이 지각하는 공정성 또는 조직구성원들이 정책이나 절차의 집행 과정에서 인식하는 공정성을 말한다(Greenberg and Lind 2000). 즉, 조직구성원들이 자신의 상사나 감독자에 의해 어떤 대우를 받고, 절차가 행해질 때 어떻게 다루어지는지와 같은 비공식적인 관계에서 기인하는 공정성을 의미한다. 상호작용공정성은 절차 그 자체 외에도 주어진 절차가 시행될 때 관련된 행위자들 간의 상호작용 또한 공정성 인식에 중요한 영향을 미친다는 것을 시사한다. Bies and Moag(1986)는 절차공정성이 '절차'라는 한 가지 측면에만 고정되어 절차가 집행되는 과정에서 구성원들 간에 이루어지는 '상호작용'을 간과하고 있다고 지적하면서 상호작용공정성이라는 개념을 제안하였다. 그러면서 상호작용공정성을 절차공정성과 구분하고 동시에 그에 대한 보완을 시도하였다.

공정성은 '절차–상호작용–결과' 3단계를 거치는 과정에서 형성되므로 상호작용공정성 개념에서는 절차나 결과뿐만 아니라 구성원 간의 상호작용도 공정성을 인식하는데 중요한 역할을 한다고 본다. 상호작용공정성의 평가기준은 진실성, 존중, 질문의 적절성, 정당한 설명 등 4가지이다. 이와 같은 요인들은 의사결정절차의 구조적 특성에 초점을 두는 절차공정성과는 다른 속성을 지니고 있다. 즉, 절차가 아무리 공정하게 체계화되어 있다 할지라도 절차의 실제 집행과정에서 나타나는 개인적 처우의 방식은 의사결정자에 따라 다르게 나타날 수 있으며, 또 사람에 따라 다르게 받아들여질 수 있다. 이와 같은 측면에서 대인적 상호작용이 활발할수록 공정성에 대한 평가가 호의적으로 이루어질 가능성은 높아진다.

최근에는 Mathur and Padmakumari(2013)가 상호작용공정성을 대인공정성과 정보공정성으로 세분하였다. 대인공정성은 권위자가 구성원들에게 보여주는 존중과 예의로부터 인식되는 것이며, 정보공정성이란 의사결정과정에서 구성원들에게 정확한 정보가 제공되거나 구성원들이 정보에 대한 접근성이 높을 경우 나타나는 개념이다. 대인공정성이 높은 경우 조직구성원들은 의사결정과정에 적극적으로 참여할 것이며, 정보공정성이 높은 경우 조직구성원들은 결정된 결과를 호의적으로 수용할 가능성이 높다.

2.2 MCS와 공정성 간의 관계

과정통제이론(process control theory)에 의하면 절차공정성은 조직구성원들에게 매우 중요하다(Erdogan 2002). 과정통제이론은 조직구성원들이 의사결정을 하는데 통제권을 가지고 의사결정과정에 참여하고 있다는 것을 느끼고 싶어 한다는 것이다(Burney et al. 2009). 왜냐하면 그로 인해 조직구성원들이 그 집단에서 가치 있는 구성원이라고 느끼기 때문이다(Lind and Tyler 1988). Lind and tyler(1988)는 구성원이 PMS에 참여하는 정도에 따라 PMS의 공정성에 대한 인식이 달라진다고 하였다. 즉, 구성원이 성과에 대한 정보를 평가자에게 제공할 수 있는 기회를 갖는 것과 평가기준에 대한 정보를 구성원에게 제공하는 것이 PMS의 공정성 인식에 영향을 미친다는 것이다. PMS가 제공하는 다양한 성과정보와 피드백정보는 조직구성원들의 목표설정에 도움을 주고, 목표를 달성하도록 조직구성원들을 동기부여 시키고, 적절한 절차 특성을 반영하며, 성과목표에 대한 의사소통이 가능하도록 돕기 때문에 조직구성원들의 공정성 인식에 영향을 미칠 수 있다(Gilliland and Langdon 1998; Folger et al. 1992).

PMS의 특성은 기업의 전략목표를 명확히 나타내고 전략과 성과동인을 연결하는 것이다. 이러한 전략정렬을 통하여 조직구성원들은 자신들의 임무와 조직의 장기적인 목표가 어떻게 관련되어 있는지를 알게 된다. 이와 같은 지각은 그들이 구체적인 업무를 수행하고 부과된 목표를 달성함으로써 보상을 받는 로봇처럼 행동하기 보다는 조직의 목표를 달성하기 위하여 그들이 탁월하게 수행해야할 업무가 무엇인지 알게 한다(Burney et al. 2009). 개인의 업무가 전체 사업단위와 일맥상통하는지 명확하게 규명함으로써 그들은 내적으로 동기부여가 될 것이다. 기업은 전략적으로 선택된 측정지표의 목표를 충족시키거나 더 나은 성과 향상을 위하여 목표를 달성한 종업원을 인정하고 보상한다. 성과측정의 주요목적 중 하나는 개인의 성과를 정확히 평가하여 보상분배 결정의 기초로 사용하는 것이다(Nathan et al. 1991). PMS를 통해 측정된 성과결과로 본인의 기여정도를 알게 하고 그에 따라 보상받게 된다면 분배공정성을 향상시킬 수 있을 것이다. Lau and Sholihin(2005)은 재무적, 비재무적 측정은 공정성과 중요하게 관련되어 있다는 것을 발견하였다. 따라서 SPMS가 제공하는 다양한 성과정보 및 피드백 정보가 조직구성원에게 제공된다면 조직구성원들은 의사결정, 성과평가 및 보상의 결정에 대해 공정하다고 인지할 것이다.

03 직무스트레스[21)]

3.1 직무스트레스의 개념

스트레스는 사람들이 심리적 혹은 신체적으로 감당하기 어려운 상황에 처했을 때 느끼는 불안과 위협의 감정을 말한다(Lazarus 1993). 스트레스는 근본원인에 따라 크게 생활스트레스와 직무스트레스로 분류된다. 생활스트레스는 가정에서 자녀문제, 가족문제, 경제적 문제 등으로부터 야기되는 스트레스이고, 직무스트레스는 직장에서 상사, 동료, 부하로부터 또는 직무수행 자체와 관련하여 받게 되는 모든 스트레스를 의미한다. 직무스트레스는 환경변화가 심화될수록 증가하고 조직구성원 개인과 조직에 커다란 부담을 주는 요인이므로 기업은 직무스트레스에 관심을 갖고 이를 관리할 필요가 있다. Caplana and Jones(1975)는 직무스트레스란 개인을 위협하는 직무환경의 특성이라고 정의하였다. Cooper and Marshall(1976)은 직무스트레스를 직무와 관련된 부정적인 환경요소라고 하였고, 여기에는 직무과정, 역할갈등, 역할모호성 및 위해한 작업조건 등이 포함된다고 하였다. Beehr and newman(1978)은 직무스트레스를 직무관련 요소들이 직무수행자와 상호작용하여 심리적 및 생리적인 상황을 변화시키는 조건이라고 정의하면서 인간과 직무 사이에서 발생된 상태로서 인간을 정상적인 기능에서 벗어나게 하는 내면의 심리적, 생리적 상황의 변화 상태라고 하였다. Parker and Decotis(1983)는 직무스트레스를 직무와 관련하여 성과와 연계된 요구나 강요 및 기회의 결과로서, 직무현장에서 자신이 요구하거나 통상적인 것으로부터 벗어나기를 요구하는 개인에 의해 경험된 불편하고 바람직하지 않은 감정의 상태로 정의하였다. 문헌을 살펴보면, 직무스트레스에 관한 정의는 다양한데, 직무스트레스의 요인은 크게 직무관련 요인, 조직상황적 요인 및 리더십 요인으로 분류할 수 있다. 관리회계문헌에서는 직무스트레스를 직무관련 요인 중심으로 정의하고 연구를 진행해왔다. 문헌에서는 직무스트레스의 구성요소로 역할모호성과 역할갈등을 제시하고 있으며 연구자에 따라 이를 역할지각으로 표현하기도 한다(Jackson and Schuler 1985; Podsakoff et al. 2000). 역할갈등과 역할모호성은 학자들에 따라 비슷한 개념으로 보는 경향이 있지만, Szilagy and Wallace(1978)는 역할관계에 대한 설명에서 역할갈등과 역할모호성의 개념을 [도표 8-1]과 같이 명확히 구분하였다.

---

21) 직무스트레스와 관련된 3.1부터 3.2까지의 내용은 문성병(2013) 박사학위 논문의 내용을 정리한 것이다.

[도표 8-1] 역할 간의 관계

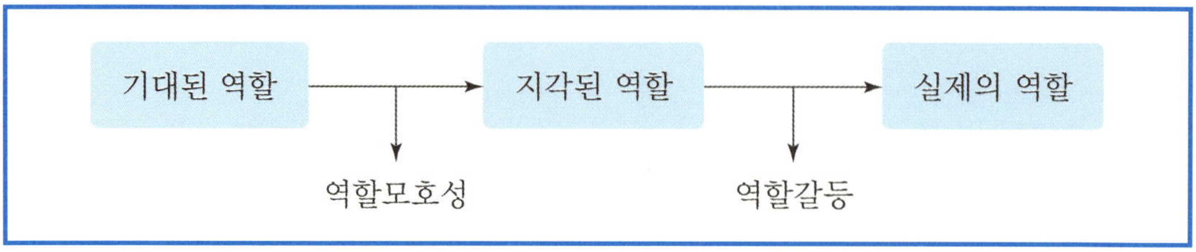

역할갈등은 지각된 역할과 실제의 역할에 차이가 나는 경우, 또는 2가지 이상의 사회적 지위를 갖고 있는 사람이 상반된 기대역할을 요구받을 때 경험하는 갈등을 말한다. 역할갈등에 대해 Rizzo et al.(1970)은 개인의 욕구와 역할의 요구가 불일치하는 상태라고 정의하였고, Parsons(1951)는 역할행위자가 상충된 역할기대들에 처해있는 사회적 상황을 의미하는 것으로 정의하였다. 그리고 Katz and Kahn(1966)는 둘 이상의 역할기대가 동시에 발생하는 것을 역할갈등이라 정의하였다. 역할갈등은 역할모호성과 달리 조직의 하위계층에서 많이 발생한다(박영배 2010). 조직의 하위계층은 주로 정해진 규칙에 의해 직무가 명확하게 규정되기 때문에 역할모호성은 큰 문제가 되지 않지만 책임, 규칙, 과업의 범위 등에서 발생하는 갈등요인을 제거할 수 있는 권한이 부여되어 있지 않기 때문에 역할갈등이 중요한 문제가 될 수 있다.

역할모호성은 개인의 직무, 직책, 과업 등이 명확하지 않고, 이로 인해 개인이 해야 할 행동이 분명하지 않는 경우에 그 역할을 맡은 사람이 경험하는 문제를 말한다. 즉, 역할모호성은 자신의 직무에 대한 책임영역과 직무목표에 대하여 명확하게 인식하고 있지 못할 때 생성되는 것으로, 관리자가 업무행동에 대해 가장 영향력 있는 선택에 충분한 정보를 가지지 못하거나 의무, 권한, 책임의 설명에 대해 불명확한 신호를 받을 때 발생한다(Netemeyer et al. 1990; Pasewark and Strawser 1996; Tubre and Collins 2000). 역할모호성은 업무를 수행하는데 필요한 정보와 이용할 수 있는 정보 사이의 갭이라고도 한다. Rizzo et al.(1970)은 역할모호성은 조직구성원의 행동에 대한 역할요구가 불명확할 때에 발생하는 것이며, 역할기대를 수행할 방법과 역할수행의 결과에 관하여 정확한 정보가 부족한 정도라고 정의하였다. 상위계층의 직무일수록, 직무내용이 복잡할수록, 그리고 과업자체가 복잡하고 다양할수록 역할모호성이 높아지는 경향이 있다. 왜냐하면 상위계층의 업무일수록 직무의 범위가 넓어지고 책임과 과업의 범위가 좀 더 불확실하기 때문이다.

3.2 MCS와 직무스트레스 간의 관계

Katz and Kahn(1966)에 의하면 역할모호성과 역할갈등은 직무를 수행하는데 필요한 정보가 충분히 제공되지 않을 때 나타나는 역할수행의 불확실성을 말한다. PMS는 조직구성원들의 역할모호성과 역할갈등을 줄일 수 있는 다양한 성과정보를 제공해준다(Collins 1982). 그러한 성과정보에는 업무와 관련된 성과와 작업 결과에 대한 피드백 등이 있다. PMS는 조직구성원들이 성과를 달성하고자 할 때, 특별한 행동에 대한 의사소통을 증가시키고, 그들이 목표를 달성하도록 동기부여 하며, 그들이 목표를 달성하기 위해 고려해야 할 정보를 제공한다(Ittner et al. 2003).

PMS는 명확성과 전략적 관점의 소통에 대해 도움을 주므로 조직운영을 설명하는데 있어 중요하다. Robbins(2003)는 조직의 공식적인 의사소통이 증가할수록 역할갈등과 역할모호성이 줄어든다고 하였으며, Rizzo et al.(1970)은 목표의 공식화는 역할모호성을 줄인다는 실증적 증거를 제공하였다. 따라서 PMS에 포함된 공식적인 목표와 PMS를 통한 의사소통은 역할모호성을 감소시킬 수 있다. PMS가 조직구성원들에게 가치사슬과 관련된 더욱 포괄적인 성과정보를 제공한다면, 자신의 직무에 대한 책임영역과 직무목표에 대하여 명확히 인식하게 되므로 역할모호성과 역할갈등은 감소될 것이다(Bowen and Lawler 1992; Burney and Widner 2007; Collins 1982; Lawler 1992; Latham and Locke 1979; Robbins 2003).

04 조직시민행동[22)]

4.1 조직시민행동의 개념

조직시민행동(organizational citizenship behaviors)이란 조직이 공식적으로 규정한 행동도 아니며 그 행동이 조직의 공식적인 보상체계와 관련성이 없음에도 불구하고 조직구성원이 조직의 효율성 증진을 위해 자발적으로 하는 행동을 의미한다(Bateman and Organ 1983; Organ 1988). 조직의 성립과 유지에 필수적인 요소들을 역할 기준으로 보면 개인에게 맡겨진 역할의 요구수준을 충족하는 역할-내 행동

22) 조직시민행동과 관련된 4.1부터 4.3까지의 내용은 문성병(2013) 박사학위 논문의 내용을 정리한 것이다.

(in-role behavior)과 맡겨진 역할의 요구수준을 넘어서는 역할-외 행동(out-role behavior)으로 나눌 수 있다(Katz 1964). 역할-외 행동은 조직시민행동, 친사회적행동, 조직자발성 등과 같은 다양한 용어로 사용되고 있는데, 주어진 역할을 넘어서는 조직구성원의 행동은 조직 환경의 복잡성과 불확실성이 커지면서 더욱 강조되고 있다(Burney et al. 2009).

조직시민행동은 조직 내 바람직한 행동을 유도하고 구성원의 조직몰입을 향상시켜서 조직유효성을 제고하고, 구성원의 신뢰성을 높이며, 조직만족도를 향상시키는 효과가 있다(Organ 1988; Spreitzer et al. 1997; Podsakoff et al. 2000). 조직시민행동은 이타주의, 양심성, 스포츠맨십, 예의성 및 시민도덕 등 5가지 하위 차원으로 구성된다(Organ 1988). 이 견해는 관련 연구 분야에서 널리 받아들여져 왔다.

먼저, 이타주의는 조직 내에서 타 조직구성원이 업무수행 과정에서 어려움에 처하였을 때에 도움을 주려는 자발적이고 임의적인 조직행동을 말한다. 이타주의에 의한 행동은 조직의 에너지를 창의적이고 효율적으로 배분시키기 때문에 직·간접적으로 조직유효성에 긍정적인 역할을 하게 한다. 이타주의는 조직구성원들 쪽으로 향하는 조직시민행동을 표현한 것이다(Organ 1988; Smith et, al. 1983). 이타주의적인 사람은 구체적인 프로젝트나 작업 임무에서 동료를 지원하는 것과 같이 직무와 관련된 행동을 돕는다거나, 개인적 문제를 지닌 동료나 상사를 돕는다.

양심성은 조직구성원으로서 조직이 자신에게 요구하는 규칙과 절차를 준수하는 것을 의미한다. Graham(1986)은 출석 등 시간 사용과 관련된 행동을 양심적 행동이라고 부르며 규칙준수의 행동을 일반화된 순응이라고 하였다. 양심적 행동을 통하여 투입된 자원 대비 최대의 효율을 확보할 수 있으며 비용 절감 등의 간접적인 조직효율성을 향상 시킬 수 있다. 양심은 개인의 감정을 섞지 않는 조직에 대한 공헌과 탁월한 태도 그리고 조직의 규칙과 정책에 대한 충실함을 의미한다(Organ and Ryan 1995).

스포츠맨십은 조직에서 발생하는 사소한 문제나 고충에 대해 불평하거나 비난하지 않고 이를 자발적으로 해결하려는 행동이다. 이런 행동에는 동료와 상사에 대해 험담하지 않는 행동도 포함된다. 스포츠맨십이 높은 사람은 직무의 사소한 국면들에 대해 불평을 하지 않을 것이며, 자신이 갖고 있는 것에 더하여 타인들의 작업 문제들에 대해서도 생각하는 경향이 있을 것이다.

예의성이란 동료의 문제에 대비할 의도를 가진 행동을 말하는데 이는 조직의 원활한 기능에 매우 중요한 기여를 한다(Organ 1997; George and Brief 1992; Konovsky and Organ 1996). 구성원들 사이의 공식적이거나 비공식적인 협력도 모두 예의성에 포함된다. 예의성은 자신이 의사결정이나 조직의 결정에 참여함에 따라 이것에 관련하여 영향을 받게 될 다른 조직구성원을 사전에 배려하여 다른 문제가 발생하지 않게 예방하려는 행동이다(Organ 1988). 이는 직무와 관련하여 다른 구성원과 문제가 발생하지 않도록 관련 의사결정시에 미리 구성원 간에 정보를 공유하고, 예방하는 것을 의미한다.

시민도덕은 공적선행이라고도 불리는데, 이는 조직 내 활동을 적극적이고 책임감 있게 수행하고 적극적으로 참여하는 행동을 의미한다(Graham 1991). 이러한 참여에는 조직 이미지를 제고하거나 조직의 발전이 뒤쳐지지 않게 노력하는 일이 포함된다. 또한 시민도덕에는 의사결정과정에서 보다 발전적인 대안을 제시하거나 의사결정에 참여하고 조직 변화를 위해 스스로의 노력을 제고하며 조직의 이미지를 위한 자발적인 행동참여를 하는 것도 포함된다. 그리고 조직 관리와 함께 조직의 이슈에 관해 관심을 갖고 적극적으로 참여하는 행동도 포함된다. 즉, 회의에 참여하고, 회사의 이메일을 읽고 응답하며, 조직 발전을 위해 정보를 제공하고 조직의 종합적인 움직임에 적극적인 역할을 하는 행동도 이에 포함된다(Organ and Ryan 1996).

조직구성원의 내재적 만족이 결국 조직시민행동을 낳는다는 점에서 경영자는 조직구성원을 공정하고 합당하게 대우할 필요가 있다. 자신의 직무에 만족한 구성원은 조직에 대해 긍정적으로 평가함은 물론 동료에 대한 지원, 기대이상의 노력, 남에 대한 배려도 할 것이라 예측할 수 있으며, 조직시민행동 역시 나타날 가능성이 높다(Payne and Webber 2006).

4.2 MCS와 조직시민행동 간의 관계

성과 정보를 충분하게 제공하는 것은 조직시민행동을 발전시킬 수 있을 것이다. 심리학적 피드백이론은 업무 행동과 성과에 대하여 정보를 제공함으로서 조직시민행동을 향상시킬 수 있다고 주장한다(Collins 1982; Ilgen et al. 1979; Locke et al. 1981; Luckett and Eggleton 1991). Ilgen et al.(1979)은 조직구성원들의 내재적 업무동기는 사업부 운영결과에 대한 피드백을 제공할 때 증가되고, 업무와 관련된 정보제공의 양이 많을수록 업무동기의 잠재력은 더 커질 것이라 했다. 왜냐하면 적은 정보를 제공하면 조직구성원이 결과에 대한 지식 없이 업무를 수행하게 되고, 허둥거리게 되고, 불만족하게 될 개연성이 있어서 결국 내재적 동기가 감소될 수 있기 때문이다(Luckett and Eggleton 1991). Burney et al.(2009)은 SPMS의 특성인 전략적 인과모형을 반영하는 정도와 기술적 타당성의 정도가 조직시민행동에 유의한 정(+)의 영향을 미치는 것을 발견하였다.

Spreitzer(1995)는 더 큰 성과를 내도록 하는 것은 조직구성원들의 업무가 가치 있다는 것을 믿는 신념이라고 하였다. SPMS가 제공하는 다양한 정보는 조직의 넓은 범위에서 조직구성원들의 업무를 어떤 방식으로 적합하게 결정할 것인가를 도와줌으로써 조직구성원들로 하여금 수행하는 업무가 의미가 있다는 신념을 갖게 할 수 있다. 이러한 신념을 가진 조직구성원은 그 업무를 실패할 것이라고 생각하기 보다는 잘 실행할 것이라고 믿기 때문에 더 잘할 수 있을 것이며, 더 많은 노력을 하여 장애를 극복하고 지속적이고 진취적인 결과를 만들어 낼 것이다. 따라서 SPMS가 제공하는 다양한 성과정보는 조직시민행동을 증대시킬 것으로 기대된다.

05 심리적 권한위임[23)]

5.1 심리적 권한위임의 개념

권한위임은 권한을 주거나 무언가를 가능하게 할 수 있도록 힘을 부여하는 것을 의미하며, 권한위임과 관련된 행동은 힘이 부여된 상태를 유발할 수 있다(Conger and Kanungo 1988). 이와 같이 힘이 곧 권한위임의 초점이 되며, 대부분의 권한위임의 정의는 이러한 힘의 소유에 대한 논의에서 비롯된다. 그러나 권한위임은 상황의존적으로 다양한 관점에서 정의되는 경향을 보인다(Conger and Kanungo 1988; Quinn and Spreitzer 1997; Lee and Koh 2001; Vidal 2007). 권한위임은 리더십, 구조적 차원의 조직풍조, 혹은 구성원의 심리적 상태의 차원에서 정의될 수 있으며(Greasley et al. 2008), 단일 차원으로서 정의내리기는 어려운 개념이다(Conger and Kanungo 1988; Spreitzer 2007; Sun et al. 2012). 권한위임과 관련된 초기 연구는 구조적 해법 혹은 권한위임을 가능케 하는 관리적 기법에 초점을 맞추었지만(Block 1987; Mintzberg 1979), 구조적 차원의 이슈와 관리적 기법의 다양성은 실

23) 심리적 권한위임과 관련된 5.1부터 5.3까지의 내용은 이다솜(2017) 박사학위 논문의 내용을 정리한 것이다.

증연구 수행에 장애요소로 작용하였다(Menon 2001). 반면, 동기부여적 상태로서 심리적 차원의 권한위임에 초점을 맞추는 것은 개념의 조작화와 효율성의 차원에서 효익을 지니는 것으로 검정되었다(Thomas and Velthouse 1990). 이에 일부 연구자들은 권한위임을 구조, 기법 및 동기부여의 조합으로서 이해하였지만(Conger and Kanungo 1988), 다수의 연구자들은 권한위임의 동기부여적 상태에 초점을 맞추며 구조적 차원의 권한위임 혹은 권한위임을 위한 기법과 구별하여 권한위임에 대해 논의하였다(Quinn and spreitzer 1997; Seibert et al. 2004). 권한위임에 대한 연구가 중요한 이유는 권한위임이 급속한 환경의 변화(자율 경영 환경, 수평적 조직구조 등)에 적응할 뿐만 아니라 변화를 이끌어 내기 위한 필수 개념이며, 이는 조직효과성, 조직혁신, 직무만족도, 조직몰입 및 업무성과 등에 영향을 미치기 때문이다(Spreitzer 1995).

권한위임에 관한 인사조직 분야의 선행연구들은 구조적 차원의 권한위임과 심리적 차원의 권한위임을 구분하는 한편, 심리적 차원의 권한위임에 초점을 맞추어 구성원의 심리적 상태가 경영성과를 증진시키는데 기여할 수 있다는 다양한 증거를 제시하고 있다(Thomas and Velthouse 1990; Seibert et al. 2004, 2011). 또한, 관리회계 분야의 선행연구에서는 회계정보 혹은 PMS와 같은 MCS와 관련하여 심리적 권한위임이 자극받을 수 있음을 제시하며 권한위임의 역할을 조명하고 있다(Hall 2008; Marginson et al. 2014). 따라서 본서에서는 권한위임을 심리적 차원에 초점을 두고자 하며, 이하의 권한위임은 심리적 차원의 권한위임을 의미한다.

Spreitzer(1995)가 심리적 권한위임을 의미성, 자기효능감, 자기결정성 및 영향력 등 4가지 인지적 차원으로 구성된 내적인 동기부여로 설명한 이후, 이를 바탕으로 한 연구들이 주를 이루어 왔다(Seibert et al. 2011). 심리적 차원의 권한위임은 사회인지적 이론에 의거하여 권한위임과 연관된 관리적 기법보다는 자기효능감, 할 수 있다는 믿음 등에 대한 이해를 우선시한다. 이에 Spreitzer et al.(1997)은 권한위임에 대한 심리적 차원의 접근방식을 경험된 심리적 상태 혹은 인지의 조합으로 정의하고 이는 경험, 믿음, 인지(cognition) 및 지각(perception) 등을 포함한다고 하였다. 심리적 차원의 권한위임을 이해하는데 있어 핵심적 요인은 권한위임 과정에 대한 개인의 심리적 상태를 내적 동기부여의 측면에서 이해하는 것이다. 심리적 권한위임을 동기부여적 개념으로서 정의하는 것은 자기효능감의 개념에서부터 출발한 것으로, 권한위임은 자기자신과 업무역할 간의 관계에 대한 인지에서 비롯되는 내재적 동기와 일치한다(Conger and Kanungo 1988; Thomas and Velthouse 1990; Spreitzer 1995).

선행연구는 권한위임을 의미성, 자기효능감, 자기결정성, 영향력 등 4가지 차원으로 구성된 다차원적 속성으로 이해하는 경향을 보인다(Spreitzer 1995; Spreitzer and Quinn 2001; Avolio et al. 2004; Seibert et al. 2004; Sun et al. 2012). 의미성은 개인의 가치체계와 행동의 목표가 종사하고 있는 업무와 결합되는 것으로서 개인이 그들의 업무가 그들에게 중요하다고 느끼는 정도로서 정의될 수 있다. 자기효능감은 개인의 직무수행과 관련된 역량에 대한 믿음을 의미하며, 자기결정성은 개인이 업무행동을 주도하거나 수행하는데 있어 고유의 선택권을 지니고 있다고 믿는 정도를 의미한다. 마지막으로 영향력은 개인이 업무성과에 영향을 미칠 수 있다고 믿는 정도를 의미한다(Spreitzer 1995; Thomas and Velthouse 1990). 이와 같은 4가지 속성의 권한위임이 높은 수준으로 발현된다는 것은 높은 내적인 동기부여의 상태를 의미하며, 이는 곧 업무에 대한 보다 높은 수준의 집중력, 노력, 그리고 향상된 업무능력 및 전략 등의 결과를 가져올 수 있다(Hall 2008).

한편, 선행연구는 개인수준 외 집단수준 및 조직수준에서도 심리적 권한위임의 역할을 제시하고 있다. 전술한 Spreitzer(1995)의 권한위임에 대한 정의 및 요인규명을 바탕으로 Kirkman and Rosen(1999)은 집단수준의 권한위임을 제시하였다. 이들은 팀 권한위임을 집단차원의 권한위임에 대한 공유된 지각으로서 정의하고, 이것이 단순히 개인적 권한위임의 총계를 의미하는 것이 아니라 집단의 합치된 의사결정 등을 가능케 하는 권한위임이 될 수 있다고 주장하였다. Kirckman and Rosen(1999)은 팀 권한위임을 자율성, 역량, 영향력 및 의미성 등 4가지 차원으로 제시하였다. 먼저 자율성은 팀의 의사결정과 관련된 자유에 대한 인식을 의미하며, 이는 개인차원의 심리적 권한위임의 구성차원 중 자기결정성과 연관 있는 것이다. 역량은 심리적 권한위임의 구성차원 중 자기효능감과 연관 있는데, 특정한 업무성과에 대한 효능감보다는 보다 광범위하고 일반적인 차원에서의 유효성에 대한 인식을 의미한다. 한편, 팀의 구성원들은 그들의 업무가 중요하고 가치 있다고 인식할 때 업무의 의미에 대한 믿음을 공유하게 되며, 이는 의미성의 차원에 해당된다. 마지막으로 권한위임이 고취된 팀은 그들의 업무가 전체 조직에 영향을 미칠 수 있으리라 기대하게 되는데, 이는 영향력의 차원을 설명할 수 있다.

이와 같이 개인수준의 권한위임이 개인이 개인적으로 느끼는 권한위임과 연관된다면 집단수준의 권한위임은 소속집단과 관련하여 조직구성원들이 느끼는 공유된 인식을 의미한다. 즉, 높은 수준의 집단적 권한위임을 지닐 경우 해당 집단에 소속된 구성원들은 보다 높은 수준의 업무에 대한 가치를 느끼고, 업무역량에 대한 믿음을 지니고, 많은 재량권 혹은 선택권을 지닌다고 믿으며, 조직에 그들의 집단이 미치는 영향력이나 중요성의 수준이 높다고 인식할 것이다. 선행연구에서는 집단의 성과나 권한위임이 개개인의 성과 및 권한위임의 단순합과 일치하지는 않으나, 두 수준의 권한위임이 유사한 의미를 공유하며, 개인과 집단의 기능적 관계가 존재한다는 측면에서 권한위임의 선행요인이나 영향에 대한 논리적 추론이 다르지 않다고 하였다(Kirkman and Rosen 1997; Chen et al. 2007; Seibert et al. 2011).

5.2 MCS와 심리적 권한위임 간의 관계

PMS의 이용방식 중 피드백 이용의 핵심은 사후적 통제이다. 즉, PMS를 목표대비 실적에 대한 분석과 이를 토대로 한 수정조치 제공, 그리고 실적에 대한 전반적인 통제를 통한 학습 촉진 등의 방식으로 이용한다면, 이는 곧 행동의 결과에 대한 사후적인 통제와 연관된다. 심리학 연구에서는 자기발전적이고 권한위임이 고취된 사람일수록 목표를 향한 과정을 평가하고 모니터링하려는 성향을 보인다고 하였다(Bandura 1986). 즉, 이들은 목표를 설정하고 목표달성을 위한 행동전략을 수립할 뿐만 아니라, 목표달성여부와 달성과정에 대한 평가를 중시한다(Williams et al. 1991). 이러한 측면에서 심리학 분야의 피드백 이론은 성과에 대한 피드백이 업무행동과 성과에 대한 정보를 제공함으로써 심리적 권한위임을 향상시킬 수 있음을 설명한다(Collins 1982; Ilgen et al. 1979; Locke et al. 1981). 피드백은 구성원이 적절한 속도와 올바른 방향으로 움직이고 있는지에 대한 명확한 정보를 제공해준다는 점에서 중요하다(Locke 1996; Marginson and Ogden 2005). 목표와 결과에 대한 지식이 없는 가운데 업무를 수행할 경우 적절한 피드백을 받기 어려우며, 이는 심리적으로 좌절과 불만족을 야기하여 내적 동기부여를 저해할 수 있다(Luckett and Eggleton 1991).

심리적 권한위임의 각 차원을 고려하여 성과에 대한 피드백 정보와 심리적 권한위임 간의 관계를 살펴보면, 먼저 피드백 정보는 구성원들에게 본인이 수행하는 업무의 의미와 목적에 대해 강한 신뢰를 갖도록 한다(Hackman and Oldham 1976; Conger and Kanungo 1988). 또한, 피드백 정보는 구성원들의 성과역량에 대한 평가능력을 제고하고, 과업성취의 수준에 대한 증거를 제시함으로써 역량에 대한 믿음에 영향을 미칠 수 있다(Bandura 1982). 보다 풍부한 성과정보가 제공될 경우 의사결정 방향에 대한 확신이 제고되어 자율성이 증진될 수 있다(Gist and Mitchell 1992; Spreitzer 1995). 한편, 조직의 목표와 우선순위 등에 대한 이해가 제고될 때, 이와 일치하는 방향의 행동을 통해 조직 전체에 대한 영향력이 증대될 수 있다(Lawler 1992). 또한, 업무와 관련된 피드백의 제공은 성과의 질과 유효성에 대한 정보를 제공하여, 수행하고 있는 업무가 지니는 영향력에 대한 인지적 평가를 높이는데 영향을 미칠 수 있다.

이와 같은 논의는 관리회계문헌에 나타난 바와 같이 결과통제(Merchant and Van der Stede 2012)나 진단적 통제(Simons 1995)가 결과에 대한 모니터링이나 목표대비 실적비교가 구성원들의 책임감을 증대시켜 권한위임을 고취시킬 수 있다는 주장과 유사하다. 또한, PMS의 이용과 성과 간의 관계에서 긍정적인 심리상태의 역할을 실증분석한 선행연구는 대체로 PMS가 제공하는 성과정보가 구성원들의 동기부여와 권한위임에 정(+)의 영향을 미친다는 결과를 제시하였다(Hall 2008; Marginson et al. 2014). 이에 따라 PMS의 피드백 이용방식은 적절한 성과정보를 제공하여 책임감과 동기부여를 증진시켜 권한위임을 고취시키는 방향으로 영향을 줄 것으로 기대한다.

한편, PMS의 피드포워드 이용의 핵심은 사전적인 계획기능을 수행하는데 있다. 즉, 외부정보와 현재의 성과정보를 함께 고려하여 미래의 달성가능한 성과를 예측하고 목표를 설정하므로 구성원들이 나아가야 할 방향과 역할을 명확하게 제시하며, 새로운 전략적 가능성을 타진하고 이를 소통하는 것에 초점을 맞춘다(Speklé et al. 2015; Marginson et al. 2014). 미래에 벌어질 일을 시각화하는 인지적 프로세스는 앞으로의 전략 및 행동의 실행과정과 목표달성을 상상하게 하며, 이 경우 높은 수준의 성과를 내는 구성원은 실패나 부정적인 이미지보다 성공의 이미지를 더 많이 떠올리게 되고 이 과정에서 권한위임을 고취시킨다(Margisnson et al. 2014). 또한, 피드포워드 이용방식은 전략의 타당성에 대한 통제를 포함하므로 불확실성에 대한 구성원들의 주의집중을 장려함에 따라 권한위임을 고취시킬 수 있다(Simons 1995). 특히 수행하고 있는 비즈니스와 전략에 대한 소통은 구성원 간의 양방향 의사소통을 가능하게 하며, 이는 권한위임의 중요한 원천으로 작용할 수 있다.

심리적 권한위임의 각 차원을 고려하여 피드포워드 통제와 심리적 권한위임 간의 관계를 살펴보면, 먼저 피드포워드 통제는 앞으로 나아가야 할 방향과 행동과 기대되는 성과간의 인과관계를 제시함에 따라 구성원 스스로 업무가 갖는 의미와 가치를 더 높이 평가할 수 있도록 한다. 또한, 예측가능한 미래성과정보의 제공은 조직구성원들에게 업무완수에 대한 자신감 혹은 역량을 고취시킬 수 있다. 한편, 구성원들이 전략적 불확실성과 전략의 타당성에 관심을 기울여 비즈니스나 전략과 관련된 중요한 측면을 논의하는 것은 의사결정과 행동의 방향에 대한 확신을 고취시키므로 자율성과 영향력을 증대시킬 수 있다. 이와 같이 PMS의 피드백 이용과 피드포워드 이용은 소속 구성원들의 권한위임을 고취시키는 방향으로 작용할 수 있을 것이다.

06 신뢰

6.1 신뢰의 개념

Dirks and Ferrin(2001)은 신뢰를 다른 사람의 의도 또는 행동에 대한 긍정적인 기대에 근거하여 취약성을 받아들이려는 의도를 구성하는 심리적 상태라고 정의하였다. 즉, 상대가 자신의 기대에 부응하여 행동할 것이라는 믿음이다. 신뢰는 다차원적으로 구성된 개념으로 연구되고 있으며, 1980년대 이후 연구에서는 사람 간 신뢰(inter-personal trust), 조직 간 신뢰(inter-organizational trust), 조직신뢰(organizational trust) 및 제도신뢰(institutional trust) 등 여러 차원에서 연구되고 있다. 사람 간 신뢰는 상사와 부하 간의 수직적 신뢰와 동료 상호 간의 수평적 신뢰로 나눌 수 있다. 그리고 조직 간 신뢰는 조직과 조직 사이에서 형성되는 신뢰를 의미하며, 조직신뢰는 개인과 조직 사이에서 형성되는 신뢰를 의미한다. 마지막으로 제도신뢰는 신뢰를 제도적인 것으로 보아 자기가 속한 조직시스템에 대한 신뢰를 의미한다. 관리회계문헌을 살펴보면, 일반적으로 신뢰는 조직신뢰의 관점에서 연구되어 왔으며, 본서에서도 조직신뢰에 초점을 맞춰 설명하고자 한다.

조직신뢰는 조직과 구성원 간의 객관적 고용관계 신뢰로서 구성원들에게 조직이 유익하거나 적어도 해롭지 않은 행동을 할 것이라는 구성원들의 조직에 대한 전체적인 평가와 확신으로 정의된다(Tan and Tan 2000). 넓은 의미에서 조직신뢰의 구성요소는 상사신뢰, 동료신뢰, 그리고 조직신뢰로 세분할 수 있다.

상사신뢰는 특성기반 관점과 관계기반 관점으로 분류할 수 있다(Dirks and Ferrin 2002). 특성기반 관점의 상사신뢰는 상사의 특성에 대한 부하의 지각과 그것이 위계적 관계에서 부하의 순종에 어떤 영향을 미치는지에 초점을 두는 것이고, 관계기반 관점의 상사신뢰는 사회적 교환관계에 따라 작용한다고 보는 관점이다(Konovsky and Pugh 1994). Greenberg(1993)는 상사신뢰를 상사에게 공정하게 대우받을 수 있다는 믿음의 정도로 정의하였고, Mayer et al.(1995)은 상사신뢰를 상사가 부하들을 통제하거나 감시하는 것과는 상관없이 상대방에게 중요한 행위를 할 것이라는 기대에 기초하여 상대방 신뢰 주체의 행동을 기꺼이 받아들이려는 감정이라고 정의하였다. 상사신뢰는 상대방으로 하여금 타인에 대한 충분한 정보가 결여된 상태나 또는 미래가 불확실한 상태에서도 협력을 가능케 하며, 확실치 않은 상황에서도 다른 사람이 유익한 방법으로 자발적인 행동을 할 것이라고 확신하도록 한다. 상사신뢰는 타인들과의 상황에 대한 주관적인 지각으로 개인의 주관적인 판단에 의해 좌우된다. 조직에서 신뢰관계를 바람직하게 맺기를 원한다면 모든 신뢰가 중요하지만 상사와 부하 간에 형성되는 수직적 책임관계의 상사신뢰가 매우 중요하다. 상사와 부하 간 비종속적 신뢰는 위험 축소나 보상의 기대감, 그리고 업무 수행에 있어 상호 이해를 통해 구축된다.

동료신뢰는 동일 조직에서 근무하는 동등한 입장의 다른 개체 혹은 개인과의 신뢰를 말한다. 동료신뢰는 포괄적인 신뢰의 개념과 정확하게 구별하기는 쉽지 않으나 일반적으로 자기효능, 협동, 욕구 등 3가지로 구성된다고 본다. 첫째, 자기효능(self-efficacy)은 집단효능(team-efficacy)의 근원이며, 구성원의 미래 성취에 대한 탐구 형태, 구성원의 자원관리 방법, 구성원을 구성하기 위한 기획과 전략, 구성원 개개인의 집단을 위한 노력 수단, 집단적 노력 실패에 따른 권력 유지, 좌절에 기인한 집단적 동조 등에 영향을 크게 미친다(Bandura 1997). 그러나 비현실적으로 강한 집단효능은 지나친 확신만 대량 산출하고 조직의 노력과 성과를 떨어지게 하므로 주의가 필요하다. 한편, 집단효능이 강한 조직은 구성원 개인의 효능도 함께 향상시키는 형태를 갖지만 집단효능의 저하가 개인효능의 저하와 비례하지는 않는다. 둘째, 협동은 혼자서 해결하기 어려운 일련의 문제 상황을 해결하기 위해 둘 이상의 이해당사자들이 이해, 정보, 금전, 노동 등 다양한 가시적 자원을 공유하고 협력하는 것을 의미 한다(Bandura 1975). 협동은 조직의 이익을 특정 개인에서 조직으로 변경시키는 역할을 하는데 이러한 변환은 다른 경쟁 집단이 존재할 때 발생할 가능성이 높다. 동료는 상사와 달리 심리적 부담이 덜하고 그에 비해 인정받는 느낌이 매우 강하다. 따라서 협동을 유발하기 용이하고 그 효과 역시 크다. 셋째, 개인의 욕구는 성취욕구, 친화욕구, 자율욕구, 권력욕구 등으로 세분할 수 있으며, 각각 만족과 자긍심, 우호적 관계와 우정, 독립성과 외부 압력에 굴복하지 않는 의지, 리더십 등에 영향을 크게 미친다. 이상의 욕구에 대해 동료신뢰는 긍정적인 영향요인으로 작용한다.

조직신뢰는 수직적 신뢰로, 구성원과 조직 또는 최고경영자(CEO)와의 신뢰로 정의된다(Daley and Vasu 1998). 조직신뢰는 기업이나 조직이 조직구성원에게 유익한 행동을 할 것이라는 믿음과 이에 대한 전반적인 평가를 의미한다(Tan and Tan 2000). 상호작용이 지속적으로 발생하면 신뢰가 형성되고, 신뢰의 대상에 대한 신뢰가능성이 높아지면 제도적 장치를 통해서도 신뢰가 높아질 수 있다(Zucker 1986). 조직신뢰는 성과달성을 하는데 있어 촉매역할을 하고, 조직구성원들로 하여금 스스로 협력하여 거래비용을 감소시키도록 하며, 조직구성원들의 자발적인 인식을 높이는 기능을 한다.

6.2 MCS와 신뢰 간의 관계

많은 통제 메카니즘을 사용한다고 해서 더 많은 통제효과를 가져다준다고 볼 수는 없다(Merchant 1984). 오히려 더 많은 통제 메카니즘을 사용함으로써 효과적인 통제를 방해하기도 한다. 통제목표는 성과를 왜곡하기도 한다. 때로는 회계수치나 결과치를 조작하는 문제가 발생하기도 한다. 왜냐하면 관리자들은 측정가능한 산출기준에만 관심을 가질 뿐 전체적인 전략의 관점을 망각하기 때문이다. 또한 목표는 목표달성 과정을 측정하는 중요한 이정표(milestones)가 아니라 적대적인 파벌(warring factions) 간의 정치적 합의에 의해 도출되고 있기 때문이다.

Johansson and Baldvinsdottir(2003)는 성과평가시스템을 이용하여 신뢰의 문제를 다루고 있다. 이들이 분석한 사례기업 M의 예를 보면, 기업 M의 경영자는 조직과 그 구성원들의 행위를 비효율적인 것으로 보고 있고, 조직구성원들을 혼내기(accuse) 위하여 회계보고서의 정보를 사용하며, 구성원들의 설명을 무시하면서 위협감을 준다. 이 경우의 경영자는 회계보고서가 통제도구로 사용되어야 한다고 보고 있다. 이 경영자는 이러한 관리형태가 구성원들의 성과에 부정적인 영향을 미친다는 것과 그것이 불신을 만들어낸다는 것을 모르고 있는 것처럼 보인다. 구성원들을 비난하기 위하여 회계수치를 사용함으로서 조직 내 긴장과 불신을 야기하고 구성원들이 성과를 향상시키는데 회계정보를 사용하는 것을 방해하는 결과를 초래한다. 그런데 잘 작동하는 MCS의 핵심은 조직구성원들에게 신뢰(trust)와 자신감(confidence)을 주는 것이다

(Goold and Quinn 1990).

신뢰와 통제의 개념은 명확하게 파악하기가 쉽지 않으며, 서로 상충관계에 있는 것으로 보인다. 전통적으로 신뢰의 개념은 불확실한 경영환경에서 전체적인 협력을 지원하는 도덕적 가치와 규범에 기초한 조정 메커니즘을 의미한다. 반면, 통제는 권력의 불균형적인 관계에 기초한 조정 메커니즘을 말한다(Reed 2001). 신뢰의 수준이 높으면 그 만큼 통제를 더 적게 사용할 수 있다. 신뢰는 갈등을 감소시키며, 기회주의적인 행동을 감소시키기 위한 MCS의 필요성도 감소시킨다. 통제 메커니즘을 실행하기 위해서는 일정한 수준의 신뢰가 필요하며, 신뢰가 효과적인 MCS의 전제조건이라 할 수 있다. 최소한의 신뢰가 보장되지 않는다면 목표에 대한 동의, 규정준수와 팀워크 발휘 등이 매우 어려워질 것이다. 따라서 상호 간의 신뢰가 존재함으로써 상호 이해를 증진시키고, 기회주의적 행동을 억제할 수 있게 된다. 대인 간의 신뢰는 협력관계의 기본이 되어 협력행동을 유발하며, 갈등과 거래비용을 감소시켜 조직 내 효율성을 높인다.

또한 조직 내 신뢰는 인간중심경영의 기본으로 상사와 부하, 동료 간의 관계의 질을 결정하며, 이러한 관계의 질이 때로는 조직의 성공과 실패에 중요한 영향을 주기도 한다. 즉, 조직 내에서 부하가 상사를 신뢰하는지의 여부는 부하의 직무태도에 직접적인 영향을 미치며, 결과적으로 조직유효성에도 영향을 미치게 된다. 이제 신뢰는 조직 전반의 문제를 해결할 수 있는 중요한 수단이자 하나의 패러다임으로 인식될 필요가 있다.

현대 조직에서 대인 간 및 조직 간의 신뢰는 조직의 장기적인 안정과 조직구성원들의 복지를 위해 가장 중요한 요소로 평가받고 있으며, 조직구성원들의 만족과 협력에 긍정적인 영향을 미치는 핵심적인 요소 가운데 하나이다. 특히 기업들이 통제중심의 관리에서 자율중심의 관리로 이전해 가고 있는 전환시점에 비추어 볼 때 그 중요성이 더욱 커지고 있다. 이런 측면에서 21세기 경영을 주도할 경영패러다임 중 하나가 신뢰경영(trust management) 혹은 신뢰중심조직(trust-based organization)이라 할 수 있다. 따라서 미래 기업은 신뢰를 어떻게 구축·발전시키며, 구축된 신뢰를 어떻게 경영성과에 연결시킬 것인가가 중요한 이슈가 될 것이다.

07 개인수준에서의 MCS의 영향에 관한 연구

7.1 Burney and Widener(2007)의 연구

Strategic Performance Measurement Systems, Job-Relavant Information, and Managerial Behavioral Responses- Role Stress and Performance (Behavior Research Accounting)

7.1.1 연구배경 및 목적

전략적 성과측정시스템(Strategic Performance Measurement Systems; SPMS)은 재무, 전략 및 운영 비즈니스 측정을 결합하여 기업이 기업의 목표들을 얼마나 잘 달성하는지를 측정한다. SPMS는 비즈니스 전략들을 실현가능한 결과로 변환하는 시스템이라 할 수 있으며, 기업이 추구하는 전략적 목표에 따라 다를 수 있다.

한편, 조직이론은 일반적으로 기업의 장기적인 성공이 개인의 행동에 달려 있다는 것을 인식하지만, SPMS와 개인의 행동 반응 사이의 관계에 대한 실증연구는 거의 없었다. 기존의 선행연구들은 SPMS와 기업성과 간의 관계에 초점을 두고 연구를 진행하였으나, 결과는 혼재되어 있다. 본 연구는 MCS와 조직성과 간의 관계와 관련된 연구들의 혼재된 연구결과를 해결하고자 조직수준이 아닌 개인수준에서 MCS와 관리적 성과 간의 관계에서 개인행동의 역할을 규명하였다. 그리고 본 연구는 전략과 MCS 간의 정렬이 기업성과에 미치는 영향에 대한 연구결과가 명확하게 나타나지 않음을 지적하면서, SPMS와 개인행동 간의 관계에 대한 연구를 하였다.

7.1.2 연구모형 및 가설설정

본 연구는 개인행동과 관련된 직무 관련 정보, 업무스트레스(역할모호성, 역할갈등) 등을 고려하여 SPMS와 관리적 성과 간의 관계에 대해 연구한다. 본 연구에서는 SPMS가 경영자(관리자)들에게 직무 관련 정보(Job-Relevant Information; JRI)를 제공하거나 추가적인 직무 관련 정보를 검색 및 탐색하도록 동기를 부여하는 역할을 한다고 가정한다. 그리고 SPMS는 직무 관련 정보와 함께 역할 갈등(RC)과 역할 모호성(RA)이라는 2가지 행동 반응과 연관되어 있다고 가정한다. 연구자들은 SPMS가 직무 관련 정보와 역할모호성 및 역할갈등에 영향을 미치고, 이들은 다시 관리적 성과에 영향을 미칠 것으로 기대하였다. 이론적인 배경을 바탕으로 연구모형을 설계하고, 그 모형에 기초하여 연구가설을 도출하였다. 본 연구의 연구모형과 가설은 다음과 같다.

[도표 8-2] Burney and Widener(2007)의 연구모형

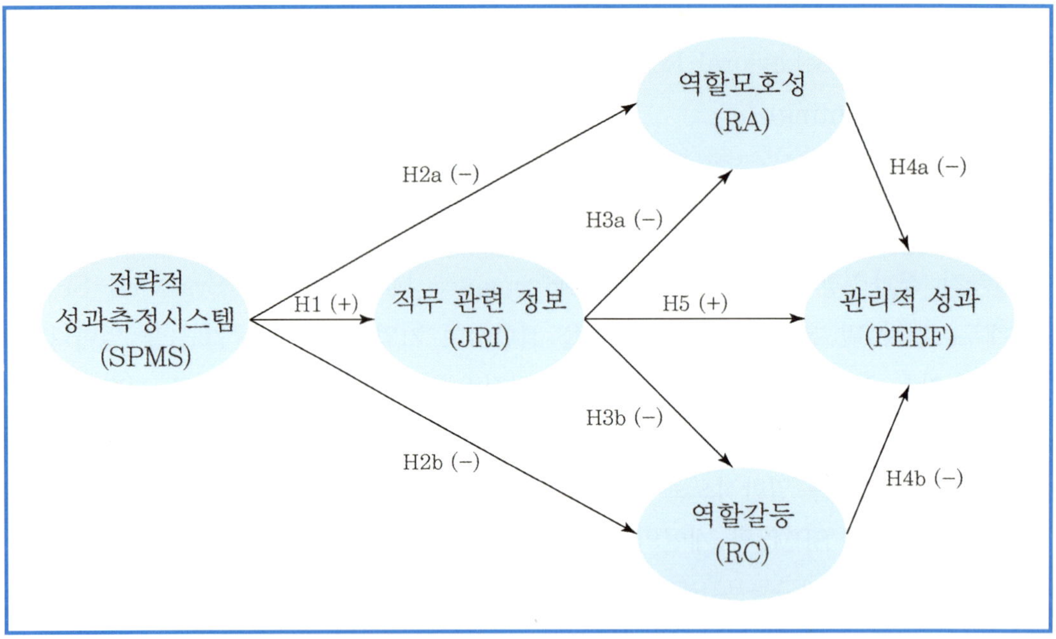

H1 : SPMS는 직무 관련 정보와 정(+)의 관계가 있을 것이다.
H2a : SPMS는 역할모호성과 부(−)의 관계가 있을 것이다.
H2b : SPMS는 역할갈등과 부(−)의 관계가 있을 것이다.
H3a : 직무 관련 정보는 역할모호성과 부(−)의 관계가 있을 것이다.
H3b : 직무 관련 정보는 역할갈등과 부(−)의 관계가 있을 것이다.
H4a : 역할모호성은 성과와 부(−)의 관계가 있을 것이다.
H4b : 역할갈등은 성과와 부(−)의 관계가 있을 것이다.
H5 : 직무 관련 정보는 성과와 정(+)의 관계가 있을 것이다.

7.1.3 자료 수집

본 연구를 위해 관리자(경영자) 이상의 직함을 가진 관리회계사협회(Institute of Management Accountants; IMA) 회원을 대상으로 설문조사를 실시하였다. IMA 회

원을 대상으로 설문조사를 한 이유는 이들이 PMS의 내용 및 작업에 대해 잘 알고 있을 것으로 기대되기 때문이다. IMA 회원들을 대상으로 랜덤 샘플을 통해 1,524명에게 우편으로 설문지를 발송하여, 총 763개(50.07%)의 설문지를 회수하였다. 회수된 설문지 중 결측치가 있는 것을 제외하고 728개(47.76%)를 이용하여 통계적 분석을 하였다.

7.1.4 변수측정

연구자들은 관리적 성과(PERF)를 제외한 모든 항목을 7점 척도로 측정하였다. 역할모호성(RA)은 Rizzo et al.(1970)이 개발한 6개 설문항목을 사용하여 측정하였고, 역할갈등(RC)은 Rizzo et al.(1970)이 개발한 8개 설문항목을 사용하여 측정하였다. 그리고 비재무적 측정지표는 BSC의 성과측정을 기초로 하여 Kaplan and Atkinson(1998)의 척도를 사용하여 측정하였다.

연구자들은 SPMS를 사업전략을 실현 가능한 결과로 변환하는 시스템으로 정의하고, 재무, 전략 및 운영 비즈니스 측정을 결합하여 기업이 목표치를 얼마나 잘 달성하는 지로 SPMS를 측정하였다. SPMS는 기업의 성과측정시스템이 전략과 연결되어 있는 정도를 의미한다. SPMS는 조직의 성과측정시스템에 대해 4가지 설문항목으로 측정하였다. 그리고 직무 관련 정보(JRI)는 경영자가 업무 관련 의사결정에 적절한 정보를 사용할 수 있다고 인식하는 정도로 측정하였는데, 설문항목은 Kren(1992)이 개발한 3개 항목으로 구성하였다.

관리적 성과(PERF)는 SPMS에 대한 의존도와 관련된 결과로 2개 항목 척도를 사용하여 측정하였다(Kaplan and Norton 1996; Gates 1999; Otley 1999; Kaplan and Norton 2001; Ittner et al. 2003).

7.1.5 분석방법 및 결과

분석을 위해 AMOS 4.0을 사용하였다. 분석결과는 도표와 같다.

[도표 8-3a] AMOS 분석결과와 가설검정

종속변수(R^2)	독립변수	가설	예측방향	경로계수
JRI (0.365)	SPMS	H1	+	0.605***
RA (++)	SPMS	H2a	−	−0.195***
RC (++)	SPMS	H2b	−	−0.137**
RA (0.612)	JRI	H3a	−	−0.649***
RC (0.392)	JRI	H3b	−	−0.533***
PERF (++)	RA	H4a	−	−0.200**
PERF (0.130)	RC	H4b	−	−0.116*
PERF (++)	JRI	H5	+	0.098
Model fit Statistics				
X^2		283.999***		
DF		144		
CMINDF		1.972		
CFI		0.993		
RMSEA		0.044		
Hoelter's Critical N		323(0.01)		

* p<0.10 ** p<0.05 *** p<0.01

[도표 8-3b] 구조방정식 모형의 경로계수

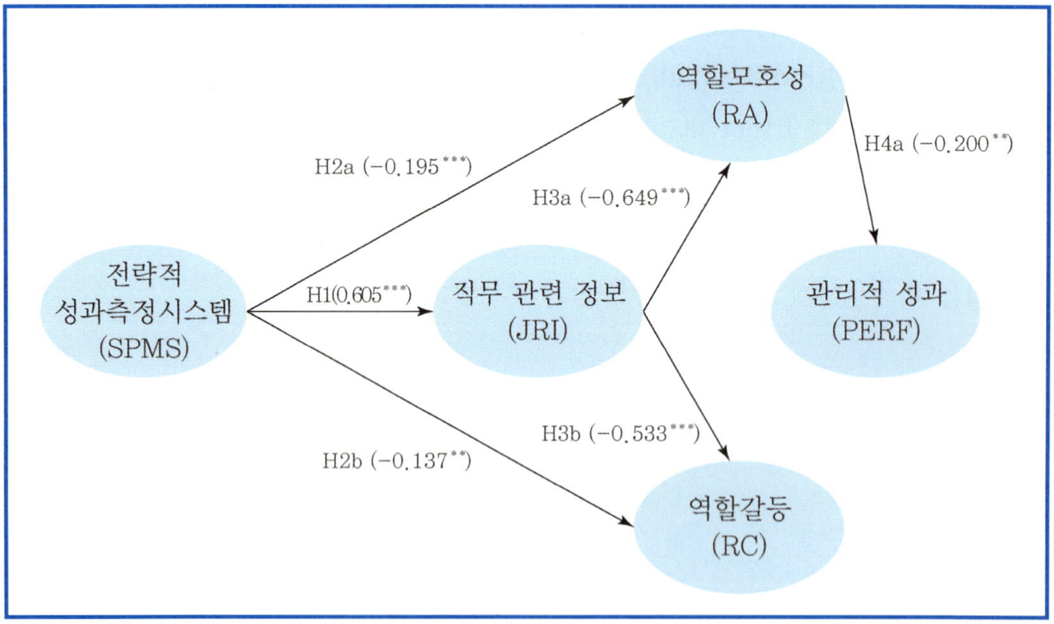

연구결과를 요약하면 다음과 같다. 가설1은 SPMS와 직무 관련 정보 간의 관계를 검정하는 것인데, 분석결과 SPMS는 직무 관련 정보와 유의한 정(+)의 관계가 있는 것으로 나타났다. 가설2는 SPMS와 역할모호성 및 역할갈등 간의 관계를 검정하는 것인데, 분석결과 SPMS는 역할모호성 및 역할갈등과 각각 유의한 부(−)의 관계에 있는 것으로 나타났다. 가설3은 직무 관련 정보와 역할모호성 및 역할갈등 간의 관계를 검정하는 것인데, 분석결과 직무 관련 정보는 역할모호성 및 역할갈등과 각각 유의한 부(−)의 관계가 있는 것으로 나타났다. 가설4는 역할모호성 및 역할갈등과 관리자 성과 간의 관계를 검정하는 것인데, 분석결과 역할모호성은 관리자 성과와 유의한 부(−)의 관계가 있는 것으로 나타났으나, 역할갈등은 유의한 관계가 없는 것으로 나타났다.

이상의 실증분석 결과에 의하면, SPMS의 수준이 높을수록 직무 관련 정보가 더 많아지고, 이로 인하여 역할모호성이 적어지며, 역할모호성이 낮을 때 관리자 성과가 높다. SPMS를 사용할 때 관리자가 역할 관련 정보를 추구할 가능성이 높으며, 이를 통해 역할모호성과 역할갈등은 낮아진다. 이는 SPMS가 관리자가 직무와 책임을 수행하는데 필요한 정보와 수집 가능한 정보 사이의 격차를 좁혀서 관리자가 직무에 대한 명확한 기대치를 가지고 관련 직무를 수행하도록 도울 수 있다는 의미이다.

7.1.6 결론 및 시사점

최근 학계와 실무 현장은 BSC를 포함한 SPMS에 많은 관심이 있다. SPMS에 대한 관심이 증가하면서 많은 글로벌 기업들이 이러한 시스템을 사용하고 있다. 조사대상 글로벌 기업의 약 62%가 BSC를 사용하고 있다는 보고도 있다(Hendricks et al. 2004).

SPMS는 조직의 전략을 전달하기 위한 도구이므로 관리 행동에 긍정적인 영향을 미칠 수 있다. 본 연구는 SPMS가 직무 관련 정보 및 역할스트레스를 통해 성과에 긍정적인 영향을 미칠 수 있음을 보여준다. 전략과 밀접하게 연결된 SPMS를 가지고 있을 때 관리자들은 더 높은 수준의 직무 관련 정보를 가지게 되고, 그 결과 더 낮은 수준의 역할모호성과 역할갈등을 가지고 된다. 그리고 낮은 역할모호성은 높은 관리자 성과는 가져온다.

본 연구는 SPMS와 직무 관련 정보, 역할모호성 및 역할갈등 사이의 관계를 실증적으로 분석함으로써 관리회계문헌에 기여하며, 이들 사이의 직접적인 관계가 언제 발생하는지에 대해 탐색적 분석을 하였다는 점에 의의가 있다. 본 연구는 SPMS가 경영성과 향상 측면에서 중요함을 보여주었고, MCS와 성과 간의 관계에 대한 새로운 통찰력을 제공하였다.

7.2 Matthew Hall(2008)의 연구

The Effect of Comprehensive Performance Measurement Systems on Role Clarity, Psychological Empowerment and Managerial Performance (Accounting, Organizations and Society)

7.2.1 연구배경 및 목적

최근 기업들은 기업의 운영 및 관리에 도움이 되는 정보를 관리자와 직원에게 제공하기 위해 포괄적인 성과측정시스템(Comprehensive Perfrocmacne Measurement Systems; CPMS)을 개발하려고 노력해왔다(Ittner et al. 2003; Malina and Selto 2001; Ullrich and Tuttle 2004). 선행연구에 따르면 CPMS는 기업의 전략과 연계되는 보다 다양한 정보를 제공한다. 기존의 선행연구는 CPMS와 조직성과 간의 관계에서 성과평가를 위한 다양한 성과측정지표의 이용에 초점을 맞춰왔으며, CPMS의 행동적 결과를 조사한 실증연구는 제한적이었다. MCS와 조직성과 사이의 연관성을 조사하는 연구는 MCS가 조직 내 개인의 행동에 영향을 미치고, 개인의 행동이 조직적 목표 달성을 촉진한다고 가정한다. 그러나 Chenhall(2005)이 언급했듯이, 이러한 가정은 논리에 있어서 많은 부분을 축약하고 있으며, 이러한 연결고리가 존재한다는 것에 대한 설득력 있는 실증적 증거는 제시하지 못하고 있다. 또한, 통제시스템의 구성요소가 업무 성과에 직·간접적 영향을 미치는지 여부를 조사한 실증연구는 거의 없다. 따라서 본 연구에서는 Chenhall(2005)의 SPMS 개념을 바탕으로 사업부 전략과 사업부 운영의 연계 및 가치사슬의 각 부분에 대한 정보를 제공할 수 있는 다양한 성과측정지표를 포함하는 CPMS를 개발하였다. 최근에 기업들은 관리자와 조직구성원들에게 회사의 운영 및 관리에 도움을 주기 위해 다양한 정보를 제공하는 CPMS를 개발하고 있다(Fullerton and Mcwatters 2002; Ittner et al. 2003; Lillis 2002;

Malina and Selto 2001; Ulrich and Tuttle 2004). 이러한 관점을 반영하여 연구자는 CPMS와 관리적 성과 간의 관계에서 역할의 명확성과 심리적 권한위임의 역할에 대해 연구하였다. 본 연구는 CPMS와 경영성과 간의 관계에서 개인의 행동 변화를 살펴보았다는 점에 의의가 있다.

7.2.2 연구모형 및 가설설정

CPMS는 성과정보를 제공하여 SBU 관리자의 성과동인에 대한 이해를 높이고, 가치사슬 부분에 대한 조치의 효과 및 조직 운영의 여러 부분 간의 연결을 개선함으로써 프로세스 명확성을 높일 수 있다. 특히 CPMS는 SBU 관리자에게 비즈니스의 경제성과 수익·비용 및 성과의 동인에 대한 정보를 알려줄 수 있다(Kaplan and Norton 1996; Lynch and Cross 1992; Simons 2000). 이는 CPMS가 SBU 관리자의 업무 역할에 대한 이해를 높이고, 역할명확성을 높일 수 있다는 의미이다. 직무의 목표와 효과적인 직무 활동에 관한 정보가 부족한 경우 직무수행에 비효율이 발생하거나 충분한 직무가 수행되지 않아 직무성과가 저하 될 수 있다(Jackson and Schuler 1985).

적절한 성과정보는 심리적인 힘을 향상시킬 수 있다. 심리학의 피드백 이론에서는 성과정보가 업무 활동과 성과에 대한 정보를 제공함으로써 심리적 권한 강화를 향상시킬 수 있다고 본다(Collins 1982; Luckett and Eggleton 1991). 특히, 관리자에게 운영결과에 대한 피드백을 제공하면 본질적인 업무 동기가 증가하고, 직업에 제공되는 정보의 양이 많을수록 직업의 동기부여 가능성도 커진다.

CPMS는 사업부 운영 성과에 대한 풍부한 정보를 제공하여 SBU 관리자의 조직 전략 및 운영상황에서 업무가치를 판단하는 능력을 향상시킨다. 또한 SBU 관리자의 운영 및 조직 우선순위에 대한 지식을 강화하고 해당 우선순위와 일관된 방식으로 영향을 미치고 영향을 줄 수 있는 관리자의 능력을 향상시킨다. 심리적 권한부여가 관리자의 업무 행동과 지속성, 유연성을 모두 증가시켜 성과를 향상시킨다(Mitchell and Daniels 2003). SBU 관리자가 자신의 책임과 이를 달성하는 방법을 명확하게 이해하지 않는 한, 업무를 적절하게 수행하는데 필요한 기술과 능력이 있는지 알기 어렵다. 따라서 역할명확성은 심리적 권한부여의 각 차원을 증가시킬 것으로 보인다. 명확한 업무 목표를 가지고 있으면 업무 수행에 있어 유능함을 느끼게 되고, 개인의 업무 영역에 관련된 결정을 스스로 내릴 수 있게 된다(Sawyer 1992). 연구자는 이론적 배경을 바탕으로 연구모형을 설정하고 이에 따라 연구가설을 도출하였다. 연구모형과 가설은 다음과 같다.

[도표 8-4] Matthew Hall(2008)의 연구모형

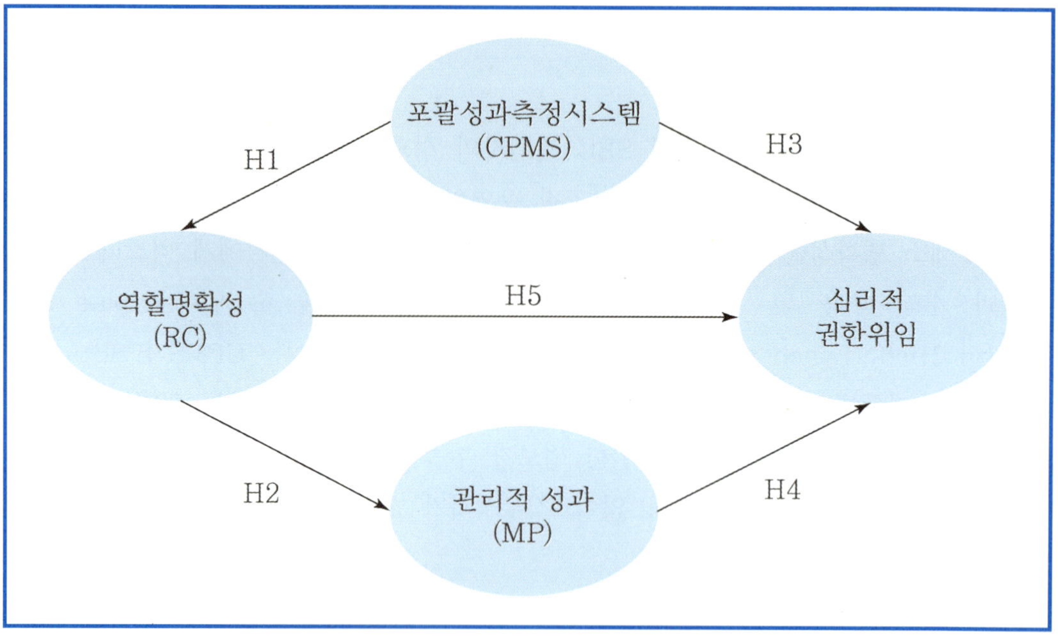

H1 : CPMS와 역할명확성 간에는 정(+)의 관계가 있을 것이다.

H2 : 역할명확성과 관리적 성과 간에는 정(+)의 관계가 있을 것이다.

H3 : CPMS와 심리적 권한위임의 4가지 차원 간에는 정(+)의 관계가 있을 것이다.

H4 : 심리적 권한위임의 4가지 차원과 관리적 성과 간에는 정(+)의 관계가 있을 것이다.

H5 : 역할명확성과 심리적 권한위임의 4가지 차원 간에는 정(+)의 관계가 있을 것이다.

7.2.3 자료 수집

호주 제조회사의 SBU 관리자들을 대상으로 설문조사를 실시하였다. 369개의 설문지를 배포하여 총 83개의 설문지(22.5%)를 회수하였으며, 이를 통계적 분석에 사용하였다.

7.2.4 변수측정

CPMS는 조직운영과 관련된 다양한 부분을 아우르는 광범위한 성과측정지표를 활용하고, 가치사슬 상의 다양한 부분의 전략과 연계하여 포괄적인 정보를 제공하는 시스템으로 정의하였다. 이를 측정하기 위해 새로운 9개의 설문항목을 개발하였다. 5가지 항목은 PMS가 SBU 운영의 중요한 부분에 대한 다양한 성과정보를 제공하는 범위와 관련된 것이고, 4가지 항목은 Chenhall(2005)이 사용한 척도를 차용한 것이다.

심리적 권한위임은 임파워먼트(empowerment)에 대한 심리적 차원의 접근방식을 경험한 심리적 상태 혹은 인지의 조합으로 정의한다. 심리적 권한위임은 의미성, 자기효능감, 자기결정성, 영향력 등 4가지 차원으로 분류하였다. 의미성은 개인의 가치체계와 행동의 목표가 종사하고 있는 업무와 결합되는 것으로서 개인이 그들의 업무가 그들에게 중요하다고 느끼는 정도로 정의한다. 자기효능감은 개인의 직무수행과 관련된 역량에 대한 믿음을 의미하며, 자기결정성은 개인이 업무행동을 주도하거나 수행하는데 있어 고유의 선택권을 지니고 있다고 믿는 정도를 의미한다. 그리고 영향력은 개인이 업무성과에 영향을 미칠 수 있다고 믿는 정도로 정의한다. 이를 측정하기 위해 Spreitzer(1995)가 사용한 12가지 항목을 사용하였다.

역할명확성은 조직구성원들의 업무 측면(양상)에 대해 확실하거나 불확실한 정도로 정의한다. 역할명확성은 목표명확성과 과정명확성으로 분류하였고, 이들 항목은 Sawyer(1992)가 사용한 5가지 항목을 이용하여 측정하였다. 그리고 관리적 성과는 Mahoney et al.(1965)이 개발한 9개의 설문문항을 이용하여 리커트 7점 척도로 측정하였다.

7.2.5 분석방법 및 결과

PLS를 사용하여 통계적 분석을 하였으며, 분석결과는 다음과 같다.

[도표 8-5a] PLS 분석결과 및 가설검정

종속변수 R^2	독립변수								
	CPMS	GP	PC	MEAN	COMP	SD	IMP	근무기간	R^2
CPMS	–	–	–	–	–	–	–	0.121(1.365)*	0.016
GC	0.440 (4.668)***	–	–	–	–	–	–	−0.050(0.600)	0.200
PC	0.184 (1.497)*	–	–	–	–	–	–	−0.020(0.237)	0.034
MEAN	0.256 (2.845)***	0.448 (3.153)***	0.052 (0.445)	–	–	–	–	0.143(2.100)**	0.442
COMP	0.167 (1.474)*	0.224 (1.594)*	0.374 (3.369)***	–	–	–	–	0.151(1.857)**	0.417
SD	0.147 (1.305)*	0.064 (0.492)	0.495 (4.171)***	–	–	–	–	0.143(1.647)**	0.375
IMP	0.292 (2.717)***	0.334 (2.607)***	0.233 (2.328)***	–	–	–	–	0.063(0.835)	0.480
MP	−0.030 (0.298)	0.380 (2.328)***	0.047 (0.311)	0.351 (2.350)***	0.113 (0.826)	0.107 (0.833)	−0.129 (−0.591)	−0.027(0.379)	0.513

CPMS=포괄적 성과측정시스템 GC=목표명확성 PC=절차명확성 MEAN=의미성
COMP=(자기효능감) SD=자기결정성 IMP=영향력 MP=관리적 성과
* $p<0.10$ ** $p<0.05$ *** $p<0.01$

[도표 8-5b] 구조방정식 모형의 경로계수

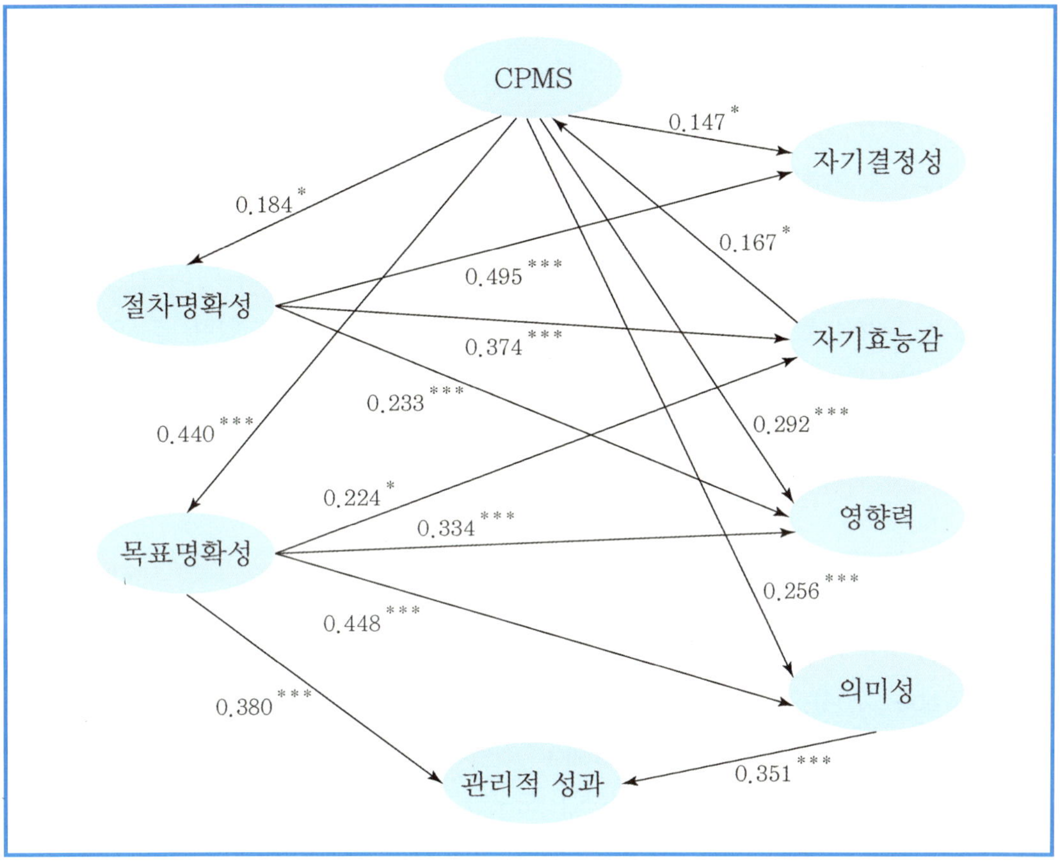

연구결과를 요약하면 다음과 같다. 가설1은 CPMS와 역할명확성 간의 관계를 검정하기 위해 설정되었는데, 분석결과 CPMS는 과정명확성 및 목표명확성과 각각 유의한 정(+)의 관계가 있는 것으로 나타났다. 가설2는 역할명확성과 관리적 성과 간의 관계를 검정하기 위해 설정되었는데, 분석결과 목표명확성은 관리적 성과와 유의한 정(+)의 관계가 있는 것으로 나타났으나, 과정명확성은 관리적 성과와 유의한 관계가 나타나지 않았다. 가설3은 CPMS와 심리적 권한위임 간의 관계를 검정하기 위해 설정되었는데, 분석결과 CPMS는 심리적 권한위임의 4가지 차원 모두와 각각 유의한 정(+)의 관계가 있는 것으로 나타났다. 가설4는 심리적 권한위임과 관리적 성과 간의 관계를 검정하기 위해 설정되는데, 분석결과 심리적 권한위임의 4가지 차원 중 의미성만 관리적 성과와 유의한 정(+)의 관계가 있는 것으로 나타났고, 나머지 3가지는 유의한 관계가 나타나지 않았다. 가설5는 역할명확성과 심리적 권한위임 간의 관계를 검정하기 위해 설정되었는데, 분석결과 과정명확성은 자기결정성, 역량 및 영향력과 유의한 정(+)의 관계가 있는 것으로 나타났고, 목표명확성은 역량, 영향력 및 의미성과 유의한 정(+)의 관계가 있는 것으로 나타났다.

이러한 결과는 인지 및 동기 메커니즘이 업무 수행에 대한 관리통제시스템의 영향을 설명하는 데 도움이 된다는 주장과 일치한다(Collins 1982; Ilgen et al. 1979; Luckett and Eggleton 1991). 연구결과를 종합적으로 판단해 볼 때, CPMS가 관리적 성과에 직접적인 영향을 미치지는 않지만 CPMS와 관리적 성과 간의 관계에서 역할명확성과 심리적 권한위임이 완전매개역할을 하고 있음을 알 수 있다. 그 이유는 연구결과가 CPMS가 관리적 성과에 직접적인 영향을 미치지는 않지만 CPMS가 역할명확성과 심리적 권한위임에 유의한 영향을 미치고, 역할명확성과 심리적 권한위임이 관리적 성과에 유의한 영향을 미치고 있음을 보여주고 있기 때문이다.

7.2.6 결론 및 시사점

본 연구는 CPMS의 행동 결과에 관한 실증적 증거를 제공하는 최초의 연구 중 하나이다(Webb 2004). 또한 성과측정 관련 선행연구들을 참조하여 SBU 운영의 중요한 부분을 설명하는 성과측정방법을 제공하고 전략과 가치사슬에 측정을 통합하는 것을 포함한 CPMS의 중요한 특성을 측정하는 도구를 개발하였다(Malmi 2001; Chenhall 2005). 본 연구의 결과는 CPMS가 관리자의 인식과 동기부여에 영향을 미치고 결과적으로 관리적 성과에 영향을 미친다는 것을 나타낸다. 따라서 이 연구는 업무 성과에 대한 MCS 구성요소의 직·간접 영향을 조사하는 선행연구에 기여한다(Shields et al. 2000). 이론적 관점에서 본 연구는 인지 및 동기부여 변수를 포함하는 이론적 모형의 개발이 MCS가 관리업무 행동에 미치는 영향에 대한 이해를 향상시키는 데 도움이 될 수 있음을 보여준다.

7.3 Lau and Moser(2008)의 연구

Behavioral Effects of Nonfinancial Performance Measures : The Role of Procedural Fairness (Behavior Research Accounting)

7.3.1 연구배경 및 목적

최근 선행연구들은 전통적인 재무성과 측정지표의 한계를 극복하기 위해 비재무적 성과측정지표의 이용을 강조하고 있다. 그러나 비재무적 성과측정지표가 어떻게 조직구성원들에게 영향을 미치는지에 대한 선행연구는 부족하다. 본 연구는 이 같은 선행연구의 한계점을 극복하고자 수행되었다. 즉, 본 연구는 비재무적 측정지표의 이용이 조직구성원들의 행동 반응(공정성과 조직몰입)을 통해 관리적 성과에 미치는 영향에 대해 실증분석한 연구이다. 본 연구에서는 조직구성원들이 성과평가를 공정하다고 인식하는 경우에만 바람직한 행동이 나타날 것이며, 이를 통해 조직에 대한 몰입이 증가되어 궁극적으로 성과를 개선시킬 것으로 보고 있다.

7.3.2 연구모형 및 가설설정

재무적 측정지표는 재무성과 및 단기적 평가로 인해 조직구성원들의 노력과 성과를 광범위하게 포착하기에는 근시안적이라는 한계를 갖고 있다. 본 연구는 비재무적 측정지표의 이용을 통해 재무적 측정지표의 한계를 해결할 수 있음을 전제한다. 비재무적 측정지표는 관리자의 노력을 보다 정확하게 측정할 수 있으며, 장기적인 조직 목표, 기대 및 결과를 전달하는 수단으로 더 유용하다. 이를 통해 조직구성원들은 조직과의 관계가 장기적으로 어떻게 형성되는지 이해 할 수 있다. 따라서 조직에서 성과평가를 할 때 비재무적 측정지표를 이용하면 조직구성원들은 절차가 공정하다고 느끼게 되고, 조직에 남아 있을 가능성이 높아지며, 정서적 애착과 조직에 대한 충성도가 높아질 것이다. 이는 조직의 목표와 가치에 대한 조직구성원들의 강한 믿음과 수용을 의미하며, 조직구성원들이 조직의 성공을 돕기 위해 목표를 달성하고자 노력할 것이라는 의미이다. 즉, 비재무적 측정지표의 이용은 조직구성원들에게 절차적 공정성과 조직몰입을 향상시켜 궁극적으로 조직성과를 향상시킨다. 연구자들은 이론적 논리를 바탕으로 연구모형을 제시하고, 이에 근거하여 연구가설을 설정하였다. 연구모형과 가설은 다음과 같다.

[도표 8-6] Lau and Moser(2008)의 연구모형

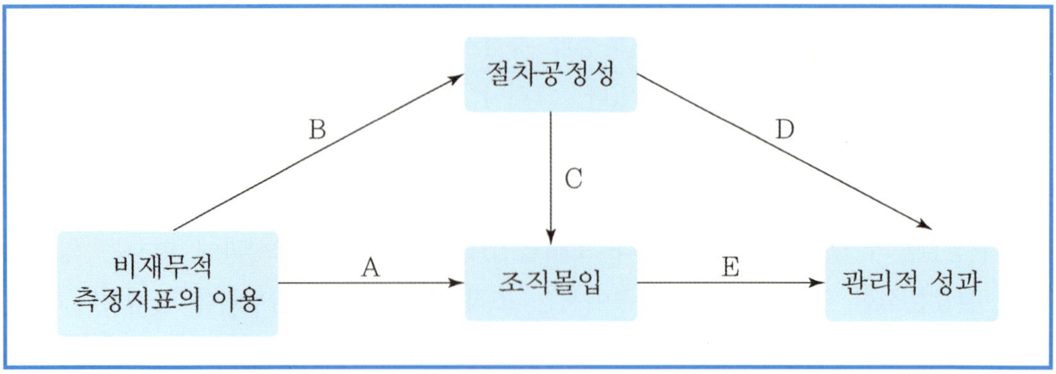

H1 : 비재무적 측정지표의 이용은 조직몰입에 정(+)의 영향을 미칠 것이다.

H2 : 비재무적 측정지표의 이용은 절차공정성에 정(+)의 영향을 미칠 것이다.

H3 : 절차공정성은 조직몰입에 정(+)의 영향을 미칠 것이다.

H4 : 절차공정성은 관리적 성과에 정(+)의 영향을 미칠 것이다.

H5 : 조직몰입은 관리적 성과에 정(+)의 영향을 미칠 것이다.

H6 : 비재무적 측정지표의 이용과 조직몰입 간의 관계는 절차공정성을 통해 간접적인 관계가 있을 것이다.

H7 : 비재무적 측정지표의 이용과 관리적 성과 간의 관계는 절차공정성과 조직몰입을 통해 간접적인 관계가 있을 것이다.

7.3.3 자료 수집

영국 온라인 데이터베이스 Kompass에 있는 기업 중에서 직원이 100명 이상이고 연간 매출이 750만 파운드 이상인 제조회사를 대상으로 설문조사를 하였다. 296개의 설문지를 배포하여 총 158개의 설문지가 회수되었고, 이 중 149개의 설문지를 이용하여 통계적 분석을 하였다.

7.3.4 변수측정

비재무적 측정지표는 개별 직원 성과의 평가를 측정하는 도구이다. 비재무적 측정지표는 BSC의 성과측정을 기초로 하여 고객관점, 내부비즈니스 관점, 학습 및 성장관점으로 분류하여 Kaplan and Atkinson(1998)의 척도를 사용하여 15개 설문문항

으로 측정하였다. 구체적으로, 고객관점은 신규 고객 수, 고객에 대한 응답시간, 고객 불만수, 연체 배송 횟수 및 고객 만족도로 측정하였고, 내부 비즈니스 관점은 품질, 결함비율, 설정시간, 제조주기 및 재고 수준으로 측정하였으며, 학습 및 성장 관점은 직원 만족도, 숙련된 직원 수, 직원 이직률, 개발된 혁신의 수 및 신기술 채택으로 측정하였다.

절차공정성은 공정성에 대한 관리자의 인식을 측정하기 위해 McFarlin and Sweeney(1992)의 척도를 사용하여 4개 설문문항으로 측정하였다. 구체적으로 성과평가, 피드백 전달, 임금 인상 및 승진 결정에 대한 절차공정성으로 측정하였고, 이들 점수를 합산하여 절차공정성 점수를 구하였다.

조직몰입은 일반적으로 특정 조직에 대한 개인의 정체성과 참여의 강도로 정의하며, Mowday et al.(1974)의 척도를 사용하여 9개 설문문항으로 측정하였다. 9개 설문문항 중에는 내 가치관과 조직의 가치관이 매우 비슷하다는 것을 발견하는지, 다른 사람들에게 내가 이 조직의 일부라고 말하는 것이 자랑스러운지, 이 조직에 정말 관심이 있는지 등이 있다.

관리적 성과는 관리자의 전반적인 성과를 기준으로 하며 Mahoney et al.(1963)의 척도를 사용하여 측정하였다. 구체적으로 관리자의 계획, 조정, 평가, 조사, 감독, 직원, 협상, 대표 및 전반적인 성과 등 9가지 차원의 성과로 평가한다.

7.3.5 분석방법 및 결과

AMOS를 사용하여 통제적 분석을 하였으며, 분석결과는 다음과 같다.

[도표 8-7a] AMOS 분석결과 및 가설검정

독립변수	종속변수	표준화된 직접효과	표준화된 간접효과	표준화된 총 효과
비재무적 측정지표	절차공정성	0.312	–	0.312
비재무적 측정지표	조직몰입	0.218	0.167	0.385
절차공정성		0.536	–	0.536
비재무적 측정지표	관리적 성과	0.134	0.143	0.277
절차공정성		0.221	0.103	0.324
조직몰입		0.193	–	0.193

[도표 8-7b] 구조방정식 모형의 경로계수

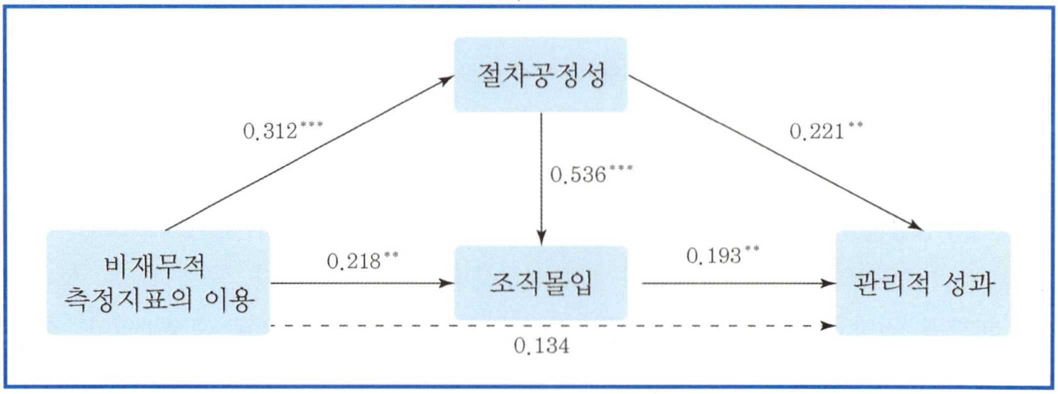

** $p<0.05$ *** $p<0.01$

Path(1)	NF-PF-MP	0.312×0.221		0.069
Path(2)	NF-PF-OC-MP	0.312×0.536×0.193	0.032	
Path(3)	NF-OC-MP	0.218×0.193	0.042	0.074
간접효과				0.143
직접효과				0.134
총 효 과				0.277

연구결과를 요약하면 다음과 같다. 가설1에서 가설5는 두 변수 간의 관계를 검정하기 위해 설정된 것이다. 분석결과, 비재무적 측정지표의 이용과 조직몰입 간에 유의한 정(+)의 관계가 있는 것으로 나타났고(H1), 비재무적 측정지표의 이용과 절차공정성 간에도 유의한 정(+)의 관계가 있는 것으로 나타났다(H2). 절차공정성과 조직몰입 간에 유의한 정(+)의 관계가 있는 것으로 나타났고(H3), 절차공정성과 관리적 성과 간에도 유의한 정(+)의 관계가 있는 것으로 나타났다(H4). 그리고 조직몰입과 관리적 성과 간에 유의한 정(+)의 관계가 있는 것으로 나타났다(H5).

한편, 가설6과 가설7은 두 변수 간의 관계에서 연구모형 내의 또 다른 변수가 매개 역할을 하는지 검정하기 위해 설정된 것이다. 가설6은 비재무적 측정지표의 이용과 조직몰입 간의 관계에서 절차공정성을 통한 간접효과를 검정하기 위해 설정되었다. 분석결과, 비재무적 측정지표 이용과 조직몰입 간의 표준화된 총 효과는 0.385이며, 이 중 직접효과는 0.218, 절차공정성을 통한 간접효과는 0.167(0.312×0.536)이다. 간접효과가 0.05를 초과하면 의미 있는 것으로 간주하므로(Pedhazur 1982; Bartol 1983), 가설6은 지지되었다. 그리고 가설7은 비재무적 측정지표의 이용과 관리적 성과 간의 관계에서 절차공정성과 조직몰입을 통한 간접효과를 검정하기 위해 설정되었다. 분석결과, 비재무적 측정지표와 관리적 성과 간의 표준화된 총 효과는 0.277이며, 이 중 직접효과는 0.134, 간접효과는 0.143이다. 간접효과는 절차공정성을 통한 부분(0.069)과 조직몰입을 통한 부분(0.074)으로 나눌 수 있는데, 두 간접효과가 모두 0.05를 초과하므로 가설7은 지지되었다. 따라서 비재무적 측정지표의 이용은 절차공정성과 조직몰입이라는 매개변수를 통해 관리적 성과에 간접적으로 영향을 미치는 것으로 밝혀졌다. 이는 비재무적 측정지표로 평가된 직원이 평가절차를 공정하다고 인식하고 있음을 의미한다. 이러한 연구결과는 평가절차가 공정하다고 인식하는 조직구성원은 조직에 대한 몰입이 높아지고 결과적으로 성과가 더 좋아진다는 것을 보여주는 것이다. 또한 이 연구결과는 직원의 업무성과에 대한 절차적 공정성의 영향이 조직구성원의 조직몰입에 의하여 강화될 수 있음을 보여주는 것이다.

7.3.6 결론 및 시사점

본 연구는 성과평가 기준으로 비재무적 측정지표의 이용이 공정성, 조직몰입, 그리고 관리적 성과 등 직원의 행동에 영향을 미치는 프로세스에 초점을 두고 있다. 또한 이러한 관계에서 절차공정성과 조직몰입의 역할을 분석한다.

본 연구의 결과는 실질적이고 이론적인 의미를 지닌다. 본 연구는 첫째, 비재무적 측정지표의 이용에 의해 평가되는 종업원들은 절차를 공정하게 인식함으로써 더 높은 조직몰입을 이행하는 것으로 나타나 궁극적으로 더 나은 성과를 보인다. 이는 절차공정성이 직원 직무 성과에 미치는 영향은 직원들의 조직몰입 향상에 달려 있음을 시사한다. 둘째, 조직구성원의 성과평가와 관련하여 공정성을 유지하는 것이 중요함을 보여주고 있다. 이는 긍정적인 조직구성원들의 행동을 장려하는데 도움이 되며, 실무자에게 절차공정성이 향상 될 수 있는 방법을 보여주므로 유용하다. 선행연구들은 주로 재무적 측정지표가 공정성에 미치는 영향에 중점을 두어왔다. 그러나 본 연구는 비재무적 측정지표의 이용이 어떻게 공정성을 향상시키는데 기여할 수 있는지에 대한 통찰력을 제공한다는 점에 의의가 있다.

7.4 Burney et al.(2009)의 연구

A Path Model Examining the Relations Among Strategic Performance Measurement Systems Characteristics, Organizational Justice, and Extra- and in Role Performance (Accounting, Organizations and Society)

7.4.1 연구배경 및 목적

최근 많은 기업이 전략을 조직구성원들에게 전달하기 위해 재무, 운영 및 전략적 측정을 다양하게 선택하는 전략적 성과측정시스템(SPMS)을 사용하고 있다. 조직의 장기적인 성공은 조직구성원들 개개인의 행동에 달려 있다. SPMS는 조직구성원들에게 조직의 성공을 위해 수행할 행동에 대한 정보를 제공한다. 본 연구에서는 인센티브 보상의 근거로 사용되는 SPMS의 2가지 특성에 대한 직원들의 인식이 공정성에 대한 인식에 미치는 영향을 조사한다. 조직구성원들의 공정성에 대한 인식을 조직적 맥락에서 연구하는 이유는 공정성이 궁극적으로 조직의 성공에 영향을 미치는 조직몰입이나 조직시민행동의 중요한 선행 요인이기 때문이다.

조직은 SPMS를 사용하여 의사결정을 촉진하고 직원 행동에 영향을 미친다. 많은 이론은 인센티브와 성과 사이의 긍정적인 관계를 예측하지만, 일부 연구자들은 인센티브가 직원들에게 한 분야를 위해 다른 분야를 희생시키면서 과도한 투자를 하게 할 수 있다고 제안한다. 또한, 제대로 설계되지 않은 인센티브 제도는 바람직하지 않은 업무 노력을 야기할 수 있다. 그리고 관련된 실증연구들은 인센티브 제도와 성과 간의 관계에 대해 일관된 연구결과를 제시하지 못하고 있다.

본 연구는 조직구성원들이 효과적인 행동을 할 수 있도록 그들의 인식을 형성하는 시스템의 특성을 제안한다. SPMS의 2가지 중요한 특성은 전략적 인과모형의 반영과 기술적 타당성이다. 전략적 인과모형의 반영은 전략적 연계가 조직의 전략을 조직구성원들에게 전달하고 측정지표 간의 관계를 보여주며, 이러한 측정지표가 원하는 목표를 달성하는데 필요한 결과를 어떻게 도출하는지를 보여준다. 기술적 타당성은 측정이 정확하고, 접근가능하고, 이해가능하고, 신뢰할 수 있으며, 시기적절하다는 것을 보장한다. 이는 좋은 시스템 설계와 구현이 공정성에 대한 인식과 결합되어 인센티브 계획의 부정적인 측면을 극복할 수 있다고 제안한다. 따라서 본 연구는 SPMS의 2가지 특성(전략적 인과모형의 반영, 기술적 타당성 정도)과 역할-내 성과 간의 관계에서, 조직공정성과 조직시민행동의 매개역할을 실증분석하고자 하였다.

7.4.2 연구모형 및 가설설정

다양한 성과측정지표와 인센티브를 SPMS에 연계하면 보다 균형 잡힌 직원의 노력을 유도하고 더 높은 수준의 성과를 달성 할 수 있다. 이와 같은 연계는 조직의 목표에 부합하고 명시된 결과를 달성하기 위해 취할 수 있는 조치를 조직구성원들에게 명확하게 전달한다. 또한, 기업의 전략을 반영하는 SPMS는 역할모호성 및 직무 관련 정보와 관련된 의사결정 프로세스를 명확하게 한다. 기술적 타당성이 높으면 조직구성원들이 적절한 프로세스라는 인식을 많이 갖게 되고, 자신의 환경을 통제할 수 있다는 인식을 갖게 된다(Vera-Munoz et al. 2007). 왜냐하면, 기술적 타당성이 높은 SPMS는 적시에 이해 가능하고 신뢰할 수 있는 정보를 포함하고 있으므로, 조직구성원의 평가기준, 조직목표 및 피드백 관련 내용을 명확하고 쉽게 의사소통할 수 있기 때문이다. SPMS는 전략과 밀접한 관련이 있고 높은 수준의 기술적 타당성을 갖고 있으므로 조직의 의사결정 과정을 촉진한다. 또한, 조직구성원들의 인센티브 보상의 기초를 형성함에 따라 조직구성원들은 자신에 대한 평가가 노력과 기대를 정확하게 반영하고 있다는 것을 인식하게 한다.

조직시민행동과 관련하여 사회교환이론에서는 개인이나 단체가 직원들에 대해 선의로 행동한다는 것을 직원들이 인식하면, 직원들도 호의를 돌려준다고 제안하고 있다(Lind and Tyler 1988). 또한, 조직시민행동은 직원의 업무 성과를 향상시킬 수 있다. 조직시민행동은 보다 생산적인 업무에 자원을 전달하여 생산성을 높이고, 유지보수 기능에만 자원을 배분하는 필요성을 줄여주며, 조직구성원들 간의 조정을 강화하고 우수한 구성원을 유지하여 조직의 역량을 높여 궁극적으로 성과를 향상시킨다(Podsakoff and MacKenzie 1997). 연구자들은 이론적 논리를 바탕으로 연구모형을 제시하고, 이에 근거하여 연구가설을 설정하였다. 연구모형과 가설은 다음과 같다.

[도표 8-8] Burney, Henle, and Widener(2009)의 연구모형

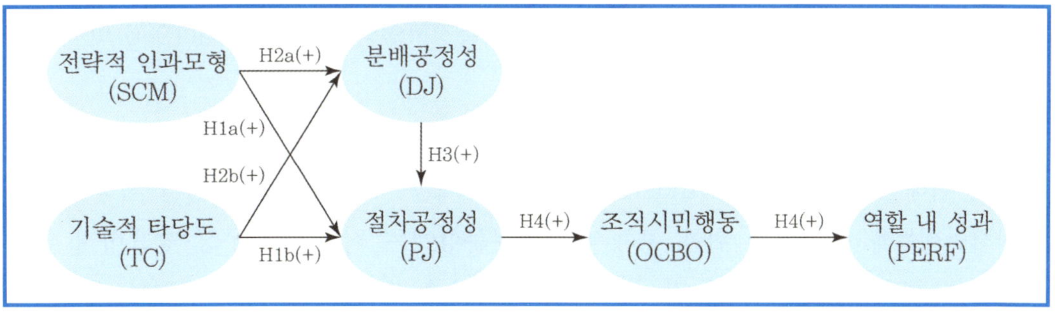

H1a : 전략적 인과모형을 반영한 SPMS는 절차공정성에 정(+)의 영향을 미칠 것이다.
H1b : SPMS가 기술적으로 타당한 정도는 절차공정성에 정(+)의 영향을 미칠 것이다.
H2a : 전략적 인과모형을 반영한 SPMS는 분배공정성에 정(+)의 영향을 미칠 것이다.
H2b : SPMS가 기술적으로 타당한 정도는 분배공정성에 정(+)의 영향을 미칠 것이다.
H3 : 분배공정성은 절차공성성에 정(+)의 영향을 미칠 것이다.
H4 : 절차공정성은 조직시민행동을 통해 역할-내 성과에 정(+)의 영향을 미칠 것이다.

7.4.3 자료 수집

설문은 미국 남동부 금융기업들을 대상으로 진행하였다. 540개의 설문지를 배포하여 총 373개의 설문지가 회수 되었으며, 회수된 설문지 중 242개가 통계적 분석에 사용되었다.

7.4.4 변수측정

기술적 타당성 정도(TC)는 McGowan(1998)의 원가계산시스템 정보규모의 기술특성을 수정하여 측정하였다. 즉, 응답자들에게 인센티브 매트릭스에 의해 제공된 정보가 정확하고, 접근가능하고, 신뢰할 수 있고, 시기적절하며, 이해할 수 있는지 등에 대해 평가하도록 요청하여 측정하였다.

전략적 인과모형(SCM)은 Kaplan and Norton(1996)의 연구를 기초로 하여 직원의 인센티브 매트릭스가 회사의 전략 목표와 관련이 있는 정도로 측정하였다. 이를 위해서 성과측정시스템의 다양한 세부사항을 포착하는 14개의 항목을 사용하였으며, 항목 합계의 평균을 사용하여 측정하였다.

조직공정성은 Colquitt(2001)가 개발한 다차원적인 척도를 사용하여 측정하였다. 분배공정성은 직원이 자신의 노력과 성과 수준을 고려할 때 공정한 보상을 받는 정도를 평가하는 4가지 항목을 사용하여 측정하였다. 절차공정성은 조직이 의사결정에 사용하는 절차에 대한 직원의 공정성 인식으로 측정하였다. Leventhal(1980)의 6가지 절차와 규칙을 측정도구로 사용하였다.

조직시민행동(OCB)은 자율적인 추가 역할행동이라는 특성을 갖고 있는데, 이를 측정하기 위해 Williams and Anderson(1991)이 개발한 7가지 설문문항을 사용하였다. 조직시민행동을 측정하기 위한 구체적인 설문문항에는 직원이 업무상 중요하지 않은 사안에 대해 불만을 제기하는지, 조직 재산을 보존 및 보호하는지, 질서를 유지하기 위해 고안된 비공식 규칙을 준수하는지 등이 포함되어 있다.

역할-내 성과는 공식적인 보상시스템에 의해 인정되고 직무기술서에 설명된 요구사항의 일부에 해당하는 행동으로 정의되며, 역할-내 행동으로 포착된다. 이를 측정하기 위하여 Williams and Anderson(1991)이 개발한 7가지 설문문항을 사용하였다. 구체적인 설문문항에는 성장기회, 성과, 우수한 성과, 예외적 성과 등이 포함된다.

7.4.5 분석방법과 결과

AMOS를 사용하여 통제적 분석을 하였으며, 분석결과는 다음과 같다.

[도표 8-9a] AMOS 분석결과 및 가설검정

종속변수(R^2)	독립변수	가설	예측방향	경로계수
Base model				
DJ(0.274)	SCM	H2a	+	0.312***
PJ(0.652)	SCM	H1a	+	0.179**
DJ(++)	TC	H2b	+	0.257**
PJ(++)	TC	H1b	+	0.365***
PJ(++)	DJ	H3	+	0.422***
OCBO(0.028)	PJ	H4	+	0.169**
PERF(++)	OCBO	H4	+	0.793***
Model fit Statistics				
X^2	1753.403***			
DF	894			
CMINDF	1.961			
CFI	0.976			
RMSEA	0.063			
Hoelter's Critical N critical N	137 (0.01)			

* p<0.10　　** p<0.05　　*** p<0.01

[도표 8-9b] 구조방정식 모형의 경로계수

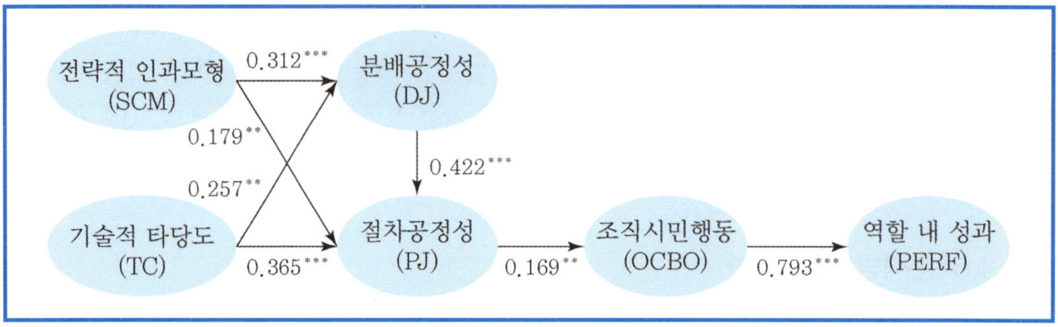

연구결과를 요약하면 다음과 같다. 가설1은 SPMS의 2가지 특성이 절차공정성에 미치는 영향을 검정하기 위해 설정되었는데, 분석결과 전략적 인과모형의 반영과 기술적 타당성 정도가 각각 절차공정성에 유의한 정(+)의 영향을 미치는 것으로 나타났다. 가설2는 SPMS의 2가지 특성이 분배공정성에 미치는 영향을 검정하기 위해 설정되었는데, 분석결과 전략적 인과모형의 반영과 기술적 타당성 정도가 각각 분배공정성에 유의한 정(+)의 영향을 미치는 것으로 나타났다. 가설3은 분배공정성이 절차공정성에 미치는 영향을 검정하기 위해 설정되었는데, 분석결과 분배공정성이 절차공정성에 유의한 정(+)의 영향을 미치는 것으로 나타났다. 가설4는 절차공정성이 조직시민행동을 통하여 역할-내 성과에 영향을 미치는지 검정하기 위해 설정되었다. 분석결과, 절차공정성은 조직시민행동에 유의한 정(+)의 영향을 미치고, 조직시민행동은 역할-내 성과에 유의한 정(+)의 영향을 미치는 것으로 나타나서 가설4는 지지되었다. Baron and Kenny(1986)가 제안한 방법에 의해서도 절차공정성과 역할-내 성과 간의 관계에서 조직시민행동이 매개역할을 하는 것을 확인되었다.

7.4.6 결론 및 시사점

세계적으로 기업의 약 62%가 BSC 또는 변형된 BSC를 사용하고 있으므로, SPMS는 세계적으로 널리 사용되는 비즈니스 도구라 할 수 있다(Hendricks et al. 2004). 많은 사람이 SPMS가 인센티브 계획의 기초로 사용된다고 제안하지만, 그 효과를 달성하는 방법은 물론 성과에 미치는 영향을 조사한 실증연구는 거의 없었다. 그런데 본 연구는 실증분석을 통하여 SPMS 인센티브 계획의 2가지 특성(기술적 타당성과 전략적 인과모형)이 공정성(분배공정성과 절차공정성)과 높은 관련성을 갖고 있다는 것을 보여주었다. 그리고 절차공정성이 조직시민의식을 통해 직원의 성과향상에 기여한다는 증거를 제공하였다. 또한, 이 같은 연구결과는 Otley(1999)의 주장과 같이 성과측정은 조직구성원의 동기부여 및 행동에 대한 문제와 반드시 관련되어야 하며, 이러한 문제에 대한 이해는 통제시스템을 적절히 설계하고 구현하기 위해 필요하다는 것을 보여주는 것이다.

7.5 Johansson and Baldvinsdottir(2003)의 연구

Accounting for trust : some empirical evidence (Management Accounting Research)

7.5.1 연구배경 및 목적

평가는 지속적으로 진행되는 프로세스이며, 조직의 성과향상을 위해서 회계정보를 활용하여 평가하는 것은 산업 관행 중 하나이다. 성과평가는 회계에 포함된 정보가 평가대상자의 행동에 영향을 미친다고 가정하기 때문에 오랫동안 관리회계에서 중요한 기능으로 간주되어 왔다. 또한 회계 수치에 기초한 조직구성원들의 행동평가에서 역기능 효과가 발생할 수 있다는 것도 널리 알려져 있다(Argyris 1952). 그러나 이에 대한 연구결과는 일관되지 못하고 혼재되어 있었다(Hartmann 2000).

Ross(1994)는 Hopwood(1972)와 Otley(1978)의 접근방식을 채택하여 성과평가의 역기능적인 영향을 완화시키는데 신뢰가 중요한 요인이라고 주장하였다. 이와 같은 주장은 성과평가의 영향에 대한 이해와 평가자와 평가대상 간의 관계의 중요성을 이해하는데 기여하였다. 그러나 당사자 간의 신뢰 또는 불신이 회계정보 사용에 어떤 영향을 받는지에 대한 연구는 거의 없었다. 따라서 본 연구에서는 회계정보를 사용하여 성과평가에 관련된 당사자 간의 신뢰를 창출할 수 있는 방법을 찾아보고자 한다.

7.5.2 연구내용

본 논문은 Scapens(1994)와 Burns and Scapens(2000)의 이론적 틀을 바탕으로 관리회계가 사고방식, 습관에 따라 행동하는 방식에 기여하고, 일상적인 조직 생활 과정을 형성하데 도움을 주는 것으로 간주하였다. 시간이 지남에 따라 일상적인 행동(예를 들어 성과평가)을 반복적으로 모니터링하여 개인이 얻는 암묵적 지식에 의해 일상이 뒷받침된다. 제도는 행동을 형성함과 동시에 인간 행동의 결과이다. 조직의 개별

구성원은 조직의 원칙을 규칙과 루틴으로 하며, 그 제정에 참여하는 과정을 통해 조직의 원칙이 재생산되도록 한다. 이와 같은 재생산은 제도화 과정의 기본 요소이다.

Tomkins(2001)는 학습과정 자체가 신뢰를 얻기 위해 일정 시점까지 필요한 정보에 의존하기 때문에 성과평가를 통해 경험으로부터 배우는 것이 신뢰의 바탕이 된다고 하였다. 그러나 신뢰가 생긴 뒤 지속적인 모니터링을 통해 신뢰에 대한 위반이 발생할 수 있다. 따라서 성과평가가 신뢰에 의존하는 것으로 밝혀졌지만(Ross 1995), 신뢰 확립을 위한 정보의 중요한 역할은 고려되지 않았다. 개인의 신뢰 성향과 정보에 대한 인식의 필요성은 해당 개인이 나타내는 능력과 성실성에 영향을 받는다(Mayer et al. 1995). 다른 사람을 신뢰하면 부분적으로 위험을 감수할 수 있는 정도가 결정되며, 수용할 수 있는 취약성 수준도 결정된다. 일이 잘 진행되면 신뢰가 커질 것이다. 이는 향후 관계에서 통제력이 약화될 것임을 의미한다. 반대로 상황이 잘 진행되지 않으면 결과가 부정적일 수 있다. 이로 인해 신뢰가 약화되고 더 많은 통제가 필요하게 된다. 이는 성과평가에서 신뢰의 중요성을 보여준다. 그럼에도 불구하고 평가자, 피평가자 및 공인회계사 간의 신뢰와 불신에 초점을 둔 실증연구는 거의 없다. 또한, 회계 루틴의 생산, 재생산 및 중단의 중심으로 신뢰와 불신 관계를 고려한 연구는 더 부족하다. 따라서 평가를 위한 회계정보의 이용과 신뢰 간의 관계, 회계정보를 이용하고 이를 개방하는 것이 신뢰에 미치는 영향, 그리고 조직구성원 간의 신뢰 형성의 과정 등을 연구하는 것은 의미가 있다.

7.5.3 자료 수집

연구자들은 사례를 연구하였다. 사례연구는 컨설팅 회사 C와 제조회사 M을 대상으로 진행하였다. 먼저, 컨설팅 회사 C에 대한 사례연구를 진행하기 위해 4년에 걸쳐 다양한 유형의 인터뷰, 비디오 녹화, 현장 관찰 및 소시오그램 등을 통하여 자료를 수집하였다. 인터뷰는 1~2시간 동안 하였으며, 세 번에 걸쳐 진행되었다. 첫 번째는 회사의 설립 및 개발에 대한 인터뷰였다. 두 번째는 회사 발전에 기여할 수 있는 역량과 관련하여 조직구성원이 다른 구성원을 얼마나 신뢰하는지를 시각적으로 표현하기 위해 소시오그램을 구성하기 위한 인터뷰였다. 세 번째는 회의에서 발생한 다양한 상황을 식별하고 오해의 원인이 되거나 신뢰 관계를 위반할 가능성이 있는 특정 사건을 추적하기 위한 인터뷰였다. 또한, 조직의 다양한 조직구성원들과 여러 비공식 회의와 토론을 하였으며, 이는 광범위한 재무 및 관리 문서에 대한 접근과 함께 조직구성원과 의미 있는 관계를 설정하고 회사의 활동에 대한 지식을 습득하는데 도움이 되었다.

제조회사 M에 대한 연구는 행동연구로 진행되었다. 행동연구란 연구원이 회사의 실제 프로세스에 참여하는 것을 의미한다. 저자 중 한 명이 실제 상황을 관찰하고 참여하기 위해 1년 이상 회사에 남아있었으며, 회사에 머물며 회계시스템을 배우고 시스템의 영향을 받는 사람들 사이의 공식 및 비공식 관계를 파악하였다. 이후 관리자들과 회의 및 토론을 통하여 회계시스템을 수정한 후 생성된 보고서에 대해 몇 차례의 인터뷰를 진행하였다.

7.5.4 연구결과

본 연구는 평가자와 피평가자 간의 관계에서 성과평가 프로세스에 대한 회계수치를 제공할 책임이 있는 사람과의 신뢰 관계에 중점을 둔다. 먼저, 1980년대 중반에 설립된 소규모 컨설팅 회사 C는 두 명의 설립자인 MD와 부MD의 오랜 우정으로 맺어진 상호 신뢰를 바탕으로 구축되었다. 이 조직은 비공식적인 통제 메커니즘으로 리더십을 활용하였으며, MD는 개방성과 관용을 보여줌으로써 신뢰를 형성하였다. C회사는 공식적인 시스템이 약하고 일상적인 루틴이 없었으며 세금 목적에 필요한 것 이외에는 회계정보가 거의 사용되지 않았다. 회사의 구성원들은 서로를 가족으로 인식하여 이들 간의 신뢰 관계는 암묵적으로 인식되어 의문의 여지가 없었다. 그러나 1991년 말 회사가 재무 문제에 부딪혔을 때 심각한 의문이 제기되면서 부MD는 회계정보를 사용한 새로운 스타일의 성과평가를 도입하였다. 이에 조직구성원들의 신뢰를 받던 MD마저 부MD의 경영 스타일에 동의하였다. 그러나 조직구성원들에게 회계수치를 활용한 회계보고서에 대한 충분한 설명을 하지 않아 부MD에 대한 조직구성원들의 신뢰가 떨어지게 되었다. 그는 조직문화와 조직 내 신뢰 관계를 구축하지 않은 상태에서 조직구성원들에게 새로운 과제를 실행하고 홍보 활동에 더욱 적극적으로 참여하며, 더 많은 책임을 지고 노력하도록 요구하였다. 재무위기에 따른 MD와 부MD의 압박감과 스트레스는 회계정보를 통해 조직구성원들에게 책임을 요구하는 방식으로 전달되었고, 주기적이지 않은 회계보고서의 공개와 이에 대한 설명 없는 통보만이 빈번해지게 되었다. 회계시스템을 이런 식으로 사용함에 따라 조직구성원들의 신뢰는 감소하였고, 결국 회사를 떠나는 조직구성원들이 발생하고 C회사는 거의 폐업위기에 처하게 되었다.

두 번째 사례연구 대상인 M회사는 1977년에 설립된 소규모 제조회사이다. M회사에서 처음에 근무하던 MD는 개별 구성원이 자신의 업무에 충분한 노력을 기울이지 않는다는 것을 비난하는데 회계수치를 사용하였다. 그러면서도 조직구성원들에게 왜 그런지에 대한 충분한 설명을 하지는 않았다. 그는 회계시스템뿐만 아니라 그 사용방식을 통제함으로써 직원들을 지배하였다. 그는 회계수치를 조직구성원들에게 페널티를 주는 목적으로 사용하였다. 그로 인해 조직구성원들의 불신과 긴장은 커졌지만, 정작 중요한 정보를 공유하지 않아 성과를 향상시키는데 활용하지는 못하였다. 이러한 상황 속에서 기업의 소유주는 공인회계사를 고용하도록 압박하여 공인회계사가 재무담당을 맡게 되었다. 조직구성원들의 높은 불신을 해소하기 위하여 공인회계사는 회계정보를 영업사원에게 직접 전달하는 개방적인 태도를 보였다. 그로 인해 조직구성원들의 신뢰가 높아졌으며, 조직구성원들은 일주일에 한 번씩 회계보고서를 통해 자기 스스로 모니터링을 하면서 실수를 줄여나갔다. 또한, 공인회계사는 조직구성원들과 주기적으로 회계정보에 근거한 논의를 통하여 설정된 목표와 실제 수치를 비교하면서 차이점을 확인하였다. 그리고 이를 기초로 실수를 발견하고, 긴밀한 협력을 하였다. 이와 같은 과정을 통해 판매가 향상되고, 궁극적으로 M회사의 성과가 크게 향상되었다.

7.5.5 결론 및 시사점

본 연구는 회계 관련 정보가 조직성과를 향상시키는데 기여하기 위해서는 회계정보를 이용하여 성과평가를 함에 있어서 회계수치에 대한 신뢰와 평가자와 피평가자 간의 신뢰가 필요함을 보여주고 있다. 회계수치에 대한 신뢰의 창출은 평가자(재무담당, 공인회계사 등)가 조직구성원들로부터 신뢰를 받을 수 있는 방식으로 행동함으로써 회계수치에 대한 객관성을 확보할 때 가능하다.

본 연구는 조직성과를 향상시키기 위해서는 평가자와 피평가자 간의 신뢰를 형성하는 것이 필요하며, 신뢰 형성을 위해서는 주기적인 회계보고서와 이에 대한 상호 간의 의사소통과 논의가 필요함을 보여주고 있다. 또한, 관리자가 모니터링을 통해 조직구성원들의 행동과 실수를 바로 잡아 주는 것도 성과향상에 기여한다는 것을 보여주고 있다. 다만, 신뢰가 형성된 상황에서는 관리자의 엄격한 모니터링이 오히려 조직구성원들의 신뢰를 감소시킬 위험이 존재하므로 회계수치에 기초한 회계보고서를 주기적으로 개방하여 조직구성원 스스로 모니터링 할 수 있도록 해야 한다. 요약하면 성과평가와 제도화 과정은 평가자와 피평가자 모두의 신뢰에 의존한다. 즉, 평가자, 피평가자 및 공인회계사 간의 신뢰에 의존하는 것으로 나타났다. 또한, 신뢰의 전달은 신뢰의 창출, 확대 및 보존에 필수적이다.

7.6 Langfield-Smith and Smith(2003)의 연구

Management Control Systems and trust in outsourcing relationships (Management Accounting Research)

7.6.1 연구배경 및 목적

지난 10년 간 전략적 제휴, 특히 아웃소싱에 의해 제공되는 기회에 대한 관심이 높아지고 있다(Ring and Van de Ven 1992; Nooteboom et al. 1997; Das and Teng 2001). 그러나 아웃소싱에 의한 서로 다른 목표를 가진 파트너와의 협력을 얻는데 따른 어려움과 파트너 간 존재하는 종속성 관계의 기회적 활용 가능성으로 인하여 높은 수준의 위험이 존재한다(Das and Teng 2001).

관리회계문헌에 따르면, 관리통제시스템(MCS)과 신뢰를 포함한 적절한 기업지배구조는 이러한 위험을 줄이고 아웃소싱의 실패를 줄이는데 효과적이라고 하였다(Das and Teng 2001; Speklé 2001). 그러나 아웃소싱에 적합한 MCS의 형태에 대한 관심은 부족하며, 이러한 관계에서 신뢰가 수행하는 역할에 대한 연구는 제한적이다. 따라서 본 연구에서는 아웃소싱 관계의 특성에 맞는 MCS와 신뢰를 명시적으로 고려하여 사례연구를 진행하고자 한다.

7.6.2 연구내용

최근 기업은 공급 업체와의 전략적 제휴 또는 아웃소싱으로 인하여 전통적인 조직 경계에 걸쳐있는 상황에 놓여있다. 이러한 아웃소싱은 일반적으로 파트너십 관계로 특징지어지며, 전략기획, 신제품 및 프로세스 개발과 같은 분야에서 공동 의사결정을 공유할 수 있다. 또한 관계형 자산에 대한 공동투자를 수반 할 수도 있으나, 이는 양 당사자에게 많은 불확실성 또는 위험을 수반 할 수 있다. 아웃소싱은 양 당사자 간의 복잡한 계약의 성격, 다양한 관심분야, 복잡한 약정 등으로 인해 세부 계약에 대한 완전한 사전 규정이 배제될 수 있다(Heide 1994). 또한 이러한 관계에 대한 유연성과 적응은 MCS가 공식적인 메커니즘에 포함되어 있지 않다는 것을 암시하는 것일 수도 있다(Gietzmann 1996; Ittner et al. 1999). 그러나 일부 아웃소싱 상황에서 공식적인 통제시스템은 통제 및 투명성을 가능하게 할 수 있으며, 이는 조직 간의 관계에 영향을 줄 뿐만 아니라 아웃소싱 회사 내에서 통제력을 강화하고 통찰력을 높이는데 영향을 줄 수 있다(Mouritsen et al. 2001).

통제시스템은 공식적, 비공식적, 행동 대 결과 등 다양한 방식으로 개념화되고 분류되고 있다. Merchant(1985)는 통제시스템은 개인이 행동이나 결과의 모니터링을 전혀 하지 않거나 불완전한 상태에서 조직을 위해 최선을 다해 일을 할 것이라는 신뢰를 어느 정도 포함하고 있다고 하였다. 신뢰는 다양하게 정의되고 분류되고 있다. 신뢰는 자신의 기대가 실현될 것이라는 확신을 갖는다는 것으로 또는 위험한 상황에서 상대방과 관련하여 긍정적인 기대를 수반하며, 그러한 믿음을 확인하기 위한 완전한 정보를 갖지 않고 믿음을 채택하는 것으로 정의된다. 신뢰는 시간이 지남에 따라 학습 및 적응 과정을 통해 발전 할 수 있으며, 이는 파트너 간의 관계를 강화하고 지식 교환 및 서로의 이해를 증진시키는 파트너 간의 상호작용을 장려한다(Johanson and Mattsson 1987). 또한, 신뢰는 공급 업체와의 긴밀한 관계에서 정보공유, 공동제품 및 프로세스 개발, 공동 비용 개선 활동 등을 통하여 아웃소싱이 활성화되도록 하며, 기회주의적 행동의 가능성을 감소시키기 때문에 중요한 요소로 간주되어 왔다(Axelrod 1984; Bradach and Eccles 1989; Bimberg 1998). 최근 신뢰는 기회주의를 줄이는 중요한 방법으로, 통제시스템의 설계 및 연구의 한 요소가 되고 있다(Ring and Van de Ven 1992; Gietzmann 1996; Nooteboom et al. 1997). 그러나 기존 선행연구들에서는 MCS의 설계와 신뢰 사이의 특정 관계를 연구하였지만 연구결과는 혼재되어 있었다. 일부 연구자들은 통제 메커니즘과 신뢰가 동시에 추구될 수 있거나 보완적인 관계일 수 있다고 주장하였지만(Zaheer and Venkatraman 1995; Goold and Campbell 1987; Das and Teng 1998), 다른 연구자들은 통제메커니즘이 신뢰에 부정적인 영향을 미친다고 주장하였다(Lorange and Roos 1992). 그러나 선행연구에서는 MCS의 유형과 특정 형태의 신뢰가 어떻게 관련이 되어 있거나 상호작용하는지에 대한 고려는 하지 않았다. 따라서 본 연구에서는 아웃소싱 관계에 있는 기업을 대상으로 MCS와 신뢰 간의 관계에 대한 사례연구를 하고자 한다.

7.6.3 사례연구 대상 및 자료 수집

Central Energy는 호주에 있는 전기 산업 분야의 회사이다. 이 회사를 연구대상으로 선정한 이유는 이 회사가 정보기술 기능을 Global 기업에 아웃소싱을 하면서 이에 대한 계약을 잘 구축한 것으로 알려져 있었기 때문이다. Central Energy는 1995년 Hilton Energy와 Woodside Electricity의 두 전기 당국의 합병을 통해 설립되었고,

전기 및 부가가치 에너지 서비스를 광범위하고 다양한 지역의 100만명 이상에게 배포 및 소매하는 기업이다.

사례연구를 진행하기 위해 아웃소싱에 관여한 전력 회사의 주요 관리자와의 인터뷰를 통해 데이터를 수집하였다. 이 관리자들은 재무, 정보기술, 공유 서비스 및 계약 분야에서 근무했다. 인터뷰는 각각 2~3시간씩 진행하였고, 인터뷰 자료의 해석 및 도출된 결론의 신뢰성을 높이기 위해 각 인터뷰에 2명 이상의 연구원이 참석하였다. 모든 인터뷰 내용을 테이프로 녹음하고 기록하였다. 인터뷰의 목적은 회사와 아웃소싱 업체 간의 관계의 성격과 아웃소싱 관계에서 사용된 통제시스템의 유형을 이해하기 위함이다. 연구에 대한 맥락을 제공하기 위해 회사가 아웃소싱을 고려한 동기와 아웃소싱 업체를 선택하는데 사용한 기준, 그리고 MCS의 형태를 조사하기 위해 아웃소싱 업체와 체결한 공식 계약의 성격과 관계에서 통제를 달성하는데 사용된 프로세스를 이해하는데 중점을 두었다.

7.6.4 연구결과

Central Energy는 Global과 아웃소싱을 진행하였지만 서로 간의 의사소통은 일상적인 문제의 처리만을 위한 창구였다. 그러나 제한적인 의사소통을 통한 정보공유 등으로 인해 기회주의적 행동, 새로운 프로젝트에 대한 실행의 어려움 등과 같은 문제점들이 발생하였다. 이에 Central Energy는 성과를 검토하고 향후 계획을 논의하기 위해 관리자와 아웃소싱 업체 간에 정기적인 회의를 통한 정보공유의 필요성을 강조하면서 효과적인 의사소통을 위한 프로세스를 구축하였다. 아웃소싱의 높은 불확실성으로 인해 초기 성과표준을 지정하기가 어려웠다. 그러나 Central Energy와 Global 관리자 간의 수많은 토론과 회의를 통해 아웃소싱 업체가 양질의 서비스를 제공할 수 있는 적절한 인센티브를 제공하기 위한 성과측정 및 목표를 개발할 수 있었다. 성과측정개발은 회사가 계약기간 내내 지속적으로 업무 성과를 모니터링하고 아웃소싱 관계 측면을 모니터링함으로써 아웃소싱 되는 기능을 통제 할 수 있다고 제안하였다(McFarlan and Nolan 1995). 이는 고객 만족도, 배송응답성, 제품의 품질 및 비용과 같은 영역에 중점을 두고 계약에 포함되거나 협상되는 성과측정 및 벤치마크를 사용하여 달성 할 수 있다.

아웃소싱 업체가 새로운 프로젝트를 수행할 때 더 많은 수익을 달성하는 동시에 Central Energy는 비용을 절감할 수 있도록 위험 보상시스템을 도입하였다. 따라서 인센티브 시스템이 구축되었고 양 당사자에게 혜택을 주고 공동목표의 개발을 효과적으로 장려하며, 신뢰를 강화시킬 수 있는 구조적인 기틀을 마련하였다. 시간이 지남에 따라 양 당사자의 프로세스에 대한 공유지식이 증가하였고, MCS를 보다 효과적으로 개발 및 활용할 수 있었다.

정기회의 및 의사소통을 포함한 다양한 통제 메커니즘을 통해 계약 운영에 대한 기본 규칙을 수립하고 성과측정을 개발하였으며, 위험 보상시스템을 구현함으로써 신뢰를 강화시키는 중요한 역할을 하였다. 두 기업 간의 상호작용을 위한 포럼을 제공하여 공동 거래 수를 늘리고 친숙도를 높여 신뢰를 강화시킬 수 있었다(Browning et al. 1995; Chiles and McMackin 1996). 또한 성과측정지표는 양 당사자에 대한 성과 기대치를 전달하는 효율적인 의사소통 수단 및 방법을 제공하였고 새로운 프로젝트에 대한 위험 보상시스템을 설계하여 양 당사자 간에 보상을 공유할 수 있게 함으로써 신뢰관계를 향상시키는데 기여하였다.

7.6.5 결론 및 시사점

본 사례연구는 아웃소싱 관계에 있는 기업들의 통제 메커니즘과 신뢰 간의 관계에 중점을 둔 연구이다. 이는 아웃소싱 관계에서 통제 메커니즘이 어떻게 개발되고 발전하는지에 따라 신뢰가 강화되는지에 대한 증거를 제공한다. Central Energy와 Global 간의 관계에서 통제권을 획득하는데 필수적인 것은 신뢰의 발전이었다. 아웃소싱 관계에 있는 기업들은 초기 단계에서 공식적인 통제를 구현하기 어렵기 때문에 관료주의 기반 패턴이나 시장 기반 패턴과는 달리, 업무 프로그래밍 및 성과 측정이 어렵다. 신뢰, 특히 호의적인 신뢰는 통제 매커니즘과 함께 작업하며, 엄격하게 지정된 규칙이 없을 때 운영이 진행될 수 있도록 하는 역할을 했다. 영업권 신뢰는 더욱 엄격한 성과 기대와 계약 명세서의 개발에도 불구하고 계속 존재했고 심지어 강화되었다. 이 연구의 결과를 통해 아웃소싱 관계를 맺은 기업의 관리자와 새로운 조직 형태와 관련된 통제시스템 및 신뢰의 본질을 이해할 수 있다.

7.7 김달곤(2008)의 연구

불확실성하의 조직 내 신뢰와 통제시스템 간의 관계(국제회계연구)

7.7.1 연구배경 및 목적

본 연구에서는 경영환경의 불확실성과 통제시스템 간의 관계에서 조직 내 신뢰가 매개역할을 하는지 살펴보고자 하였다. 경영환경의 불확실성 하에서 조직 내 효과적인 의사소통과 협력, 합의 등이 필요하지만 이에 대한 연구는 이루어지지 않았다. 본 연구는 불확실성, 신뢰, 상호작용통제 및 역동적 긴장 등 4개의 변수를 사용하여 연구를 진행한다.

경영환경과 통제시스템 간에는 밀접한 관계가 있음을 알 수 있다. 그러나 원활한 통제시스템의 운영을 위해서는 조직 내 신뢰가 전제되어야 하며(Goold and Quinn 1990), 불확실한 경영환경에서도 신뢰를 바탕으로 조직구성원들 간의 활발한 의사소통과 협력이 요구된다(서준호와 윤위석 2003). 따라서 신뢰가 경영환경과 통제시스템 간의 관계에서 어떤 역할을 하고 있다는 것을 알 수 있다. 그러나 선행연구에서는 신뢰와 통제시스템 간의 상충관계를 주장한다. 조직 내 신뢰가 낮을 경우 더 많은 통제가 필요하며, 신뢰가 높은 경우 통제의 필요성은 낮아진다(이재훈과 최익봉 2004). 조직 내 신뢰관계가 높게 형성될 경우 조직 내 갈등을 감소시키며, 구성원들의 기회주의적인 행동을 감소시키기 위한 통제의 필요성도 감소하게 된다(Reed 2001). 반대로 조직 내 신뢰관계가 낮다면 통제의 필요성은 증가하게 된다(Johansson and Baldvinsdottir 2003; Coletti et al. 2005). 그러나 이와 같은 관계가 상호작용통제 하에서도 성립한다고 보기는 어렵다. 왜냐하면 상호작용통제에서는 구성원들 간의 활발한 의사소통과 협력, 창의력을 요구하므로 만약 상호작용통제 하에서 신뢰가 낮다면 구성원들 스스로에 의한 자율통제(self-control)도 무너지게 될 것이다. 상호작용통제는 타인의 압력이나 억압에 의해 이루어지는 것이 아니므로 구성원 자신의 자발적인 욕구가 없으면 불가능하며, 그 바탕이 되는 것은 조직 내 신뢰관계이다. 따라서 신뢰관계가 낮다면 더 많은 상호작용통제가 필요한 것이 아니라 오히려 통제 자체가 실행되기 어려울 것이며, 상호작용통제의 원활한 작동을 위해서는 조직 내 높은 신뢰관계가 유지되어야 한다.

7.7.2 연구모형 및 가설설정

기업은 그들이 처해 있는 경영환경에 지배를 받고 있으며, 급변하는 경영환경의 변화와 높은 불확실성으로 인해 구성원들의 협력과 원활한 의사소통이 요구된다(Bartlett and Ghoshal 1993; Coopey 1995). 이에 본 연구에서는 경영환경의 불확실성과 통제시스템 간의 관계에서 조직 내 신뢰가 매개역할을 하는지 살펴보고자 하였다. 연구자는 이론적 논리를 바탕으로 연구모형을 제시하고, 이에 근거하여 연구가설을 설정하였다. 연구모형과 가설은 다음과 같다.

[도표 8-10] 김달곤(2008)의 연구모형

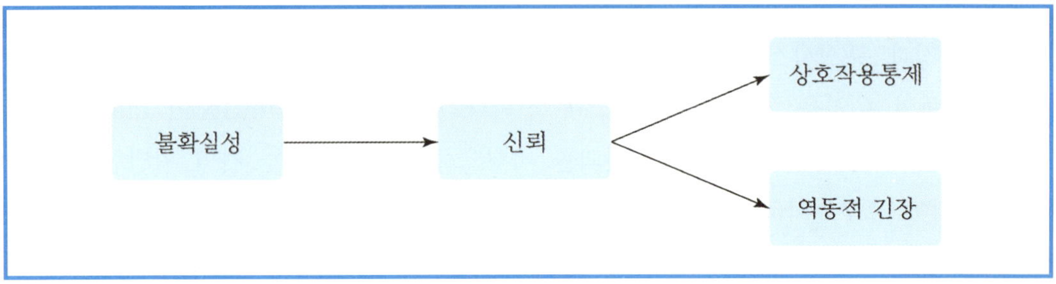

H1 : 신뢰는 불확실성과 상호작용통제 간의 관계에서 정(+)의 매개역할을 할 것이다.
H2 : 신뢰는 불확실성과 역동적 긴장 간의 관계에서 정(+)의 매개역할을 할 것이다.

7.7.3 자료 수집

본 연구는 섬유 · 의복, 섬유화학, 1차 조립금속, 비금속광물, 전기전자 그리고 자동차트레일러 등의 제조기업의 사업부문을 연구대상으로 하였다. 설문지는 560부를 배부하였으며, 103부가 회수되었다. 회수된 설문지 중 95부(18.4%)를 통계적 분석에 사용하였다.

7.7.4 변수측정

불확실성은 경영환경의 변화 정도를 의미한다. 불확실성을 측정하기 위해 Powell(1995)의 5가지 설문항목인 가격경쟁정도, 품질경쟁정도, 제품특성변화 정도, 기술변화 정도, 여유생산능력 등을 수정하여 사용하였다.

신뢰는 조직구성원들이 사회의 보편적 규범과 조직이 추구하는 가치에 기초하여 규칙적으로 행동하면서 상호간에 정직하게 협력하는 것을 의미한다. 신뢰는 임효창 등(2006)의 5가지 설문항목을 사용하여 측정하였다. 설문항목은 귀하의 상사는 공정하게 대우하려고 노력한다고 확신하는지, 귀하는 상사가 결과와 관련하여 질문을 할 때 비록 비난을 받더라도 자유스럽게 대답하는지, 귀하는 어떤 위기 상황에서도 상사를 지지하는지, 귀하는 상사에 대하여 높은 충성심을 가지고 있는지, 상사가 귀하를 속이거나 희생시켜가면서 자신의 이익을 얻으리라고 보지 않는지 등으로 구성하였다.

통제시스템은 Henri(2006b)가 사용한 진단통제와 상호작용통제의 측정항목을 사용하였다. 진단통제는 기존의 정책유지, 결과감시, 목표와 결과비교, 수정조치, 목표달성과정 추적 등의 항목으로 측정하였다. 상호작용통제는 창의력과 혁신의 강조, 거시적 환경분석 정도, 정책위협요인 감시정도, 시장 감시정도, 공통관심사의 조직 내 확산, 핵심성공요인의 조직 내 확산, 정책토론, 계층 간 토론 등으로 측정하였다. 그리고 역동적 긴장은 Henri(2006b)가 사용한 것처럼 진단통제와 상호작용통제의 곱으로 측정하였다.

7.7.5 분석방법과 결과

LISREL 8.8 program을 사용하여 통제적 분석을 하였으며, 분석결과는 다음과 같다.

[도표 8-11] 분석결과

	표준경로계수	표준오차	t값	SMC
불확실성 → 신뢰	0.22	0.15	2.17**	0.05
신뢰 → 상호작용통제	0.71	0.09	9.53**	0.51
신뢰 → 역동적 긴장	0.67	2.73	8.62**	0.45

** p<0.01

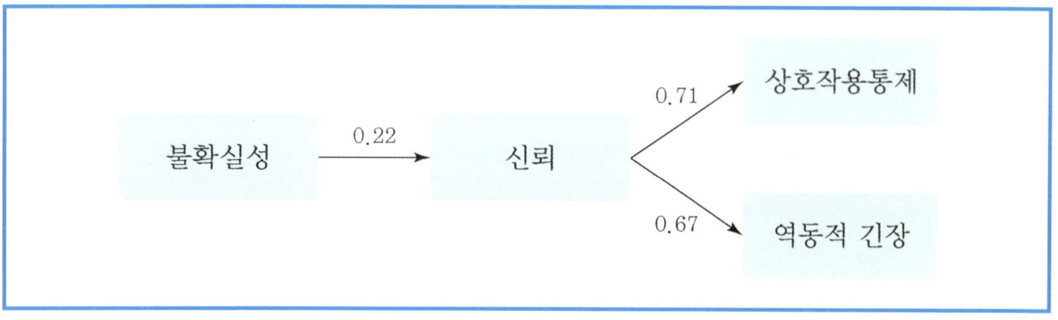

연구결과를 요약하면, 불확실성은 신뢰에 유의한 정(+)의 영향을 미치는 것으로 나타났다. 이는 불확실성이 높은 기업에서 신뢰관계가 높다는 것을 의미한다. 가설1은 신뢰가 불확실성과 상호작용통제 간의 관계에서 매개역할을 하는지 검정하기 위해 설정되었는데, 분석결과 높은 불확실성에 직면한 기업이 높은 신뢰관계를 매개로 상호작용통제에 정(+)의 영향을 미치는 것으로 나타났다. 가설2는 신뢰가 불확실성과 역동적 긴장 간의 관계에서 매개역할을 하는지 검정하기 위해 설정되었는데, 분석결과 높은 불확실성에 직면한 기업은 높은 신뢰관계를 매개로 역동적 긴장에 정(+)의 영향을 미치는 것으로 나타났다. 이와 같은 연구결과는 불확실성이 높은 기업의 경우, 이를 해소하기 위하여 구성원들 간의 신뢰를 바탕으로 협력과 의사소통하는 것이 매우 중요하다는 것을 보여주는 것이며, 그에 적합한 통제시스템을 구축할 필요가 있음을 보여주는 것이다.

7.7.6 결론 및 시사점

본 연구에서는 불확실성과 신뢰, 통제시스템 간의 관계를 살펴보고자 하였다. 본 연구에서는 신뢰가 불확실성과 통제시스템 간의 관계에서 매개역할을 할 것으로 기대하였다. 연구결과는 경영환경의 불확실성 정도가 높은 기업들은 이를 해소할 수 있는 방법으로 조직 내 높은 신뢰관계를 구축하고 있었으며, 상호작용통제의 활용도와 역동적 긴장이 매우 높은 것으로 나타났다. 반대로 조직 내 신뢰관계가 낮은 기업은 통제시스템의 활용도도 낮은 것으로 나타났다.

이러한 연구결과는 신뢰와 통제 간에 상충관계가 존재한다는 이론적인 관점과는 반대되는 것이다. 이러한 결과가 나타난 이유는 선행연구에서는 전통적인 통제방식에만 초점을 두었지만 본 연구에서는 상호작용적 통제에 초점을 두었기 때문이다.

7.8 임태종과 이상완(2013)의 연구

PMS의 상호작용적 이용이 보상갈등, 조직시민행동, 그리고 조직성과에 미치는 영향(국제회계연구)

7.8.1 연구배경 및 목적

기업은 경쟁상황에서 목표를 설정하고 전략을 수립하면서 이를 효과적이고 효율적으로 실행하기 위하여 MCS를 구축한다. MCS를 구축하고 이용하는 이유는 조직구성원들이 기업 목표에 일치하는 행동을 하도록 유도하고 이에 따른 성과측정을 통해 보상하기 위함이다. 그러나 성과측정이 보상과 적절하게 연계되어 있지 않으면 부서이기주의, 성과측정지표 외의 활동에 소홀히 하는 경향 등이 발생하여 성과에 부정적인 영향을 주고 상충되는 결과로 나타날 수 있다. 이에 본 연구는 PMS의 상호작용적 이용이 보상갈등과 조직시민행동을 통하여 조직성과에 미치는 영향을 분석하고자 한다.

7.8.2 연구모형 및 가설설정

PMS의 상호작용적 이용의 특성은 성과측정을 통하여 의사소통과 문제에 대한 주의집중을 유도하고 이를 통하여 조직구성원을 하나로 결속시키는 것이다. 이 같은 특성으로 인하여 PMS의 상호작용적 이용은 보상갈등을 감소시키고, 조직시민행동을 증가시킬 것으로 기대되며, 보상갈등과 조직시민행동은 조직성과에 영향을 미칠 것으로 기대된다. 연구자들은 이론적 논리를 바탕으로 연구모형을 제시하고, 이에 근거하여 연구가설을 설정하였다. 연구모형과 가설은 다음과 같다.

[도표 8-12] 임태종과 이상완(2013)의 연구모형

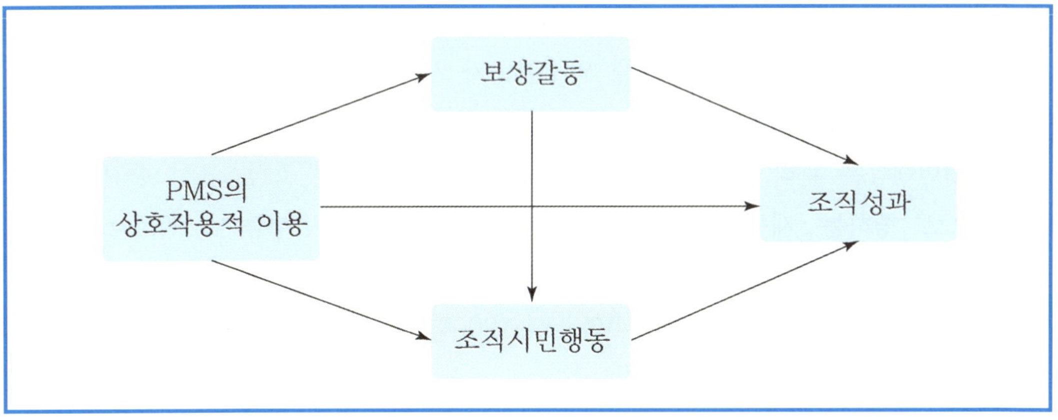

H1 : PMS의 상호작용적 이용은 조직성과에 정(+)의 영향을 미칠 것이다.
H2 : PMS의 상호작용적 이용은 보상갈등에 부(-)의 영향을 미칠 것이다.
H3 : PMS의 상호작용적 이용은 조직시민행동에 정(+)의 영향을 미칠 것이다.
H4 : 보상갈등은 조직시민행동에 부(-)의 영향을 미칠 것이다.
H5 : 보상갈등은 조직성과에 부(-)의 영향을 미칠 것이다.
H6 : 조직시민행동은 조직성과에 정(+)의 영향을 미칠 것이다.

7.8.3 자료수집

설문지 조사대상은 한국신용평가(주)의 Kis-value의 산업분류 중 제조업에 속하는 기업 중에서 2011년도 매출액 기준 400대 기업으로 구성하였다. 설문응답자는 표본기업 중 사업부를 중심으로 차장급 이상의 경영 관리자를 대상으로 선정하였다. 설문지는 총 400부를 배포하였으며, 92개 기업으로부터 설문지를 회수하였다. 회수된 설문지 중에서 86개를 통계적 분석에 사용하였다.

7.8.4 변수측정

PMS의 상호작용적 이용은 경영자가 PMS를 문제해결을 위한 의사소통과 주의집중 등에 이용하는 정도로 정의하였다. Henri(2006b)와 Widener(2007)가 사용한 설문문항을 수정하여 7개 항목으로 측정하였다.

보상시스템은 PMS 결과정보를 활용하여 구성원들의 성과평가와 보상에 활용하는 시스템을 말한다. 보상갈등은 전용대 외(2012)가 사용한 설문문항을 차용하여 3개 항목으로 측정하였다.

조직시민행동은 관리자가 조직의 공식적 역할규정을 넘어 조직효율성 증진을 위해 자발적으로 행하는 재량적 행동이라 정의하였다. 조직시민행동은 Williams and Anderson(1991)과 Burney et al.(2009)이 사용한 설문항목을 수정하여 7개 항목으로 측정하였다. 그리고 조직성과는 Widener(2007)가 사용한 설문문항을 이용하여 4개 항목으로 측정하였다.

7.8.5 분석방법과 결과

PLS(Partial Least Squares)를 이용하여 통제적 분석을 하였으며, 분석결과는 다음과 같다.

[도표 8-13] PLS 분석결과

가설	경로	경로계수값	t값	검정결과
H1	상호작용 PMS → 조직성과	0.244	1.909*	채택
H2	상호작용 PMS → 보상갈등	−0.290	−2.670***	채택
H3	상호작용 PMS → 조직시민행동	0.234	2.077**	채택
H4	보상갈등 → 조직시민행동	−0.242	−2.006**	채택
H5	보상갈등 → 조직성과	0.095	0.803	기각
H6	조직시민행동 → 조직성과	0.377	3.944***	채택
	규　　모 → 조직성과	0.041	0.360	

* $p<0.10$　　** $p<0.05$　　*** $p<0.01$

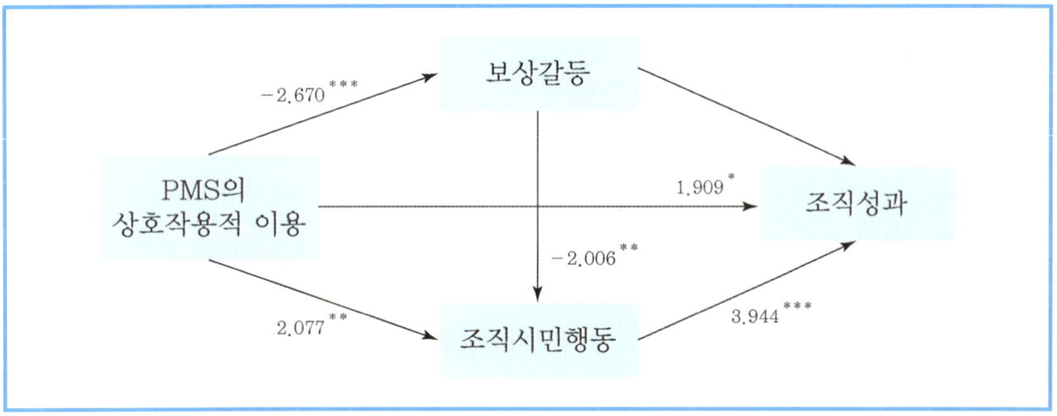

연구결과는 다음과 같다. PMS의 상호작용적 이용이 10% 유의수준에서 조직성과에 정(+)의 영향을 미치는 것으로 나타났다(H1). 이 같은 연구결과는 PMS의 상호작용적 이용이 갖는 특성, 즉 성과측정을 통한 문제에 대한 주의집중, 문제해결을 위한 의사소통과 협력이 조직성과 향상에 직접적으로 영향을 미칠 수 있음을 시사하는 것이다. PMS의 상호작용적 이용이 1% 유의수준에서 보상갈등에 부(−)의 영향을 미치는 것으로 나타났다(H2). 이 같은 결과는 PMS의 상호작용적 이용이 갖는 특성인 의사소통을 통한 정보공유와 협력이 성과측정과 보상 간의 불완전한 연계로 인하여 발생할 수 있는 보상갈등을 완화시킬 수 있음을 시사하는 것이다. 그리고 PMS의 상호작용적 이용이 5% 유의수준에서 조직시민행동에 정(+)의 영향을 미치는 것으로 나타났다(H3). 이 같은 연구결과는 조직시민행동을 유발하기 위해서는 의사소통을 통한 정보공유, 문제에 대한 주의집중과 조직구성원의 결속이 선행되어야 하는데 PMS의 상호작용적 이용이 이 같은 역할을 할 수 있음을 시사한다.

보상갈등이 5% 유의수준에서 조직시민행동에 부(−)의 영향을 미치는 것으로 나타났다(H4). 이는 성과측정과 보상이 제대로 연계되지 못할수록, 즉 보상갈등이 증가할수록 조직시민행동이 감소한다는 의미이다. 그리고 보상갈등은 조직성과에 유의한 영향을 미치지 못하는 것으로 나타났고(H5), 조직시민행동은 1% 유의수준에서 조직성과에 정(+)의 영향을 미치는 것으로 나타났다(H6).

이와 같은 연구결과는 PMS의 상호작용적 이용이 갖는 특성인 주의집중과 의사소통 및 협력이 보상갈등을 완화시키고, 조직시민행동을 유발하며, 조직성과를 향상시킬 수 있음을 시사한다. 또한 성과측정과 보상이 제대로 연계되지 못할수록 즉, 보상갈등이 증가할수록 조직시민행동이 감소할 수 있음을 보여주는 것이다.

7.8.6 결론 및 시사점

본 연구에서는 급변하는 경영환경 속에서 그 중요성이 더욱 강조되고 있는 PMS의 상호작용적 이용이 행동주의적 관점에서 어떤 경로를 통하여 조직성과에 영향을 미치는지를 검정하기 위하여 실증분석하였다. 분석결과 PMS의 상호작용적 이용이 조직성과에 직접적인 영향을 미치고, 보상갈등을 감소시키며, 조직시민행동을 증가시키는 것으로 나타났다. 그리고 보상갈등은 조직시민행동을 감소시키고, 조직시민행동은 조직성과를 향상시키는 것으로 나타났다. 그러나 기대와 달리 보상갈등은 조직성과에 직접적으로 유의한 영향을 미치지 못하는 것으로 나타났다.

본 연구에 나타난 PMS의 상호작용적 이용의 역할은 다음과 같으며, 이는 곧 본 연구의 의의이다. 첫째, PMS의 상호작용적 이용이 성과측정과 보상의 부적절한 연계로 인하여 발생할 수 있는 보상갈등을 완화하는 역할을 한다. 둘째, PMS의 상호작용적 이용이 조직구성원들로 하여금 조직을 위하여 자발적으로 역할이상의 행동을 하도록 유인하는 역할을 한다.

한편, 조직시민행동은 조직구성원들이 조직을 위하여 자발적으로 행하는 역할의 활동으로 직접적이고 명시적인 보상이 이루어지지 않는다는 특성이 있다. 그런데 본 연구의 결과에 의하면 보상갈등의 문제가 있는 경우에 조직시민행동이 감소하는 것으로 나타났다. 이는 조직시민행동 자체는 적어도 단기적, 직접적, 명시적 보상대응을 요구하지 않으나 보상갈등 문제가 발생하는 경우 조직구성원들의 자발적 역할의 행동이 감소할 수 있음을 시사하는 것이다. 그리고 본 연구의 결과는 조직성과 향상을 위해서는 성과측정과 보상이 잘 연계되어야 하고 조직시민행동을 유발하여야 하는데, 이를 위해서는 PMS의 상호작용적 이용이 필요함을 시사하고 있다.

관리통제시스템의 설계와 효과

The Design and Effect of Management Control Systems

PART 04

관리통제시스템 관련 최근 연구동향

9장 관리통제시스템 관련 최근 연구동향

01 기존 연구의 한계점 및 향후 연구방향

MCS와 관련된 실증연구는 MCS 구축, 상황변수와 MCS 간의 적합성, 그리고 상황변수와 MCS 간의 적합성이 성과에 미치는 영향 등으로 그 흐름을 잡을 수 있다. 최근에는 연구모형이 더 복잡해져서 다양한 상황변수, 다양한 MCS의 정의, 매개변수, 그리고 조직성과 간의 관계에 관한 연구가 진행되고 있다. 우선, 상황변수와 MCS 간의 관계 중에서 전략에 초점을 두고 기존 연구의 한계점을 정리해 보고자 한다. 그리고 이후에는 상황변수와 MCS 간의 적합성이 조직성과에 미치는 영향 측면에서 기존 연구의 한계점을 정리해 보고자 한다.

1.1 경영전략과 MCS 간의 관계

경영전략과 MCS 간의 관계에 대한 선행연구를 보면 연구결과가 서로 일치하지 않거나 반대의 결과를 보이는 경우도 있다. 그 이유는 각 연구에서 사용하는 전략과 MCS의 유형이 다르고 측정방법도 상이하며, 경영성과를 무엇으로 사용할 것인지에 대해서도 일치된 견해가 없기 때문이다. 그리고 경영전략의 수행이 기업의 성과로 나타나기 까지는 시차가 존재하기 때문이다. Ittner and Larcker(1997)는 1980년대 말의 경영전략과 MCS에 1990년대 초의 성과를 연계하여 연구하고, 이를 1997년에 발표하기도 하였다. 이와 같은 점은 선행연구들이 가지고 있는 대표적인 한계점이라 볼 수 있다. 이 문제를 좀 더 구체적으로 살펴보면 다음과 같다.

첫째, MCS의 조작화 문제이다. 선행연구의 중요한 차이점은 통제시스템의 폭이다. 예를 들어, Simons(1987)은 재무적 통제에 초점을 맞추고 있고, Govindarajan and Gupta(1985)는 보상시스템에 초점을 맞추고 있다. 이러한 차이 때문에 연구결과를 일반화하는데 문제가 있다. 또한, MCS의 존재와 이용 간에도 큰 차이가 존재한다. 어떤 전략을 지원하기 위하여 MCS가 존재하는 것만으로는 충분하지 않다. 그 MCS를 어떤 방식으로 이용하느냐도 중요하다. 그런 의미에서 Simons(1995)의 주장에 따라 MCS의 이용방식을 상호작용적 통제와 진단적 통제로 구분하는 것은 유용한 것이다(Langfield-Smith 1997). 그리고 문화통제나 공식적·비공식적 통제 등을 포함하여 MCS를 폭 넓게 보아야 하는데 선행연구들은 그렇지 못하였다. 공식적인 재무적·비재무적 통제에 초점을 맞추는 것은 조직의 MCS를 불명확하게 규명(under-specification)한 것이다(Otley 1980). 현실적으로 문화통제와 비공식적 통제를 측정하기는 쉽지 않다. 그렇다 하더라도 폭 넓게 MCS의 개념을 적용하여야 연구결과를 해석하는데 도움을 얻을 수 있다. 예를 들어, Miller and Friesen(1982)의 연구결과, 기업가적 전략에서 통제는 혁신과 음(-)의 관계를 가진 것으로 나타났다. 그 이유는 성공적인 기업가들이 문화통제에 의존하는데 이를 전혀 고려하지 않았기 때문일 수 있다. 만약 그 연구에서 문화통제를 고려했다면 MCS와 전략 간의 관계에서 다른 결과가 나타났을 수도 있다.

둘째, 효과성(effectiveness), 즉 성과의 측정문제이다. 효과성은 MCS와 조직변수 간의 관계를 연구하면서 주로 종속변수로 사용된다. 그러나 Simons(1987)은 성과변수를 종속변수로 사용했지만 Merchant(1985)는 이를 독립변수로 사용하였다. 효과성은 독립변수로 사용될 수도 있다. 예를 들어, 특정 효과성이 낮거나 혹은 높기 때문에 특정 MCS 혹은 전략을 채택하였다고 볼 수도 있다. 그러나 만약에 전략과 MCS가 역의 인과관계가 있을 때 그들의 적합성을 어떻게 평가할 수 있는가의 문제가 있다(Langfield-Smith 1997).

Simons(1987)과 Merchant(1985)는 효과성을 재무적 성과로 정의하였다. 그러나 예를 들어, 제품혁신을 강조하는 공격형 전략에서 이익은 적절한 성과측정치가 아닐 수 있다. 또한 재무지향적 기업에서도 ROI가 적절한 성과측정치인지에 대해 비판이 있다. 효과성 측정치가 적절하지 않다면 그 연구결과도 조심스럽게 해석되어야 한다. 예를 들어, Simons(1987)의 연구에서는 공격형 기업의 성과가 원가통제와 음(-)의 관계가 있는 것으로 나타났는데, 이 결과는 ROI가 높은 공격형 기업은 원가통제를 거의 사용하지 않고, ROI가 낮은 공격형 기업은 원가통제를 강조한다고 보아야 한다. 그러나 이것은 제품혁신을 강조하는 공격형 기업에서 사용되는 MCS의 본질에 대해서는 어떠한 증거도 제시하지 못하는 것이다. Govindarajan and Gupta(1985)와 Govindarajan and Fisher(1990)는 10여 개의 항목을 이용하여 가중치를 부여하는 등의 방법으로 효과성을 측정하였다. ROI가 객관적인 성과측정치이긴 하지만 기업의 성과를 주관적으로 측정할 수 있는 방법도 있다.

셋째, 전략의 조작화 문제이다. 전략의 조작화와 관련하여 다음과 같은 몇 가지 문제점을 지적할 수 있다. (1) 기존 연구자들의 전략유형을 많이 사용하고 있는데, 이것은 상호관련성이 높은 경영환경과 조직변수 간의 행태를 이용하여 정의한 것이다. Hambrick(1980)은 전략 유형을 구분하는데 사용되지 않은 변수들을 이용하여 전략유형과의 관계를 검정해야 한다고 주장하였다. (2) 설문측정 도구가 전략의 상대적인 본질을 인식하지 못함으로써 전략유형을 잘못 분류하는 오류를 범할 수 있다. 예를 들어, Govindarajan and Fisher(1990)는 경쟁사와 비교했을 때의 원가우위전략과 차별화전략을 측정하였는데, 일부 다른 연구에서는 경쟁사와의 비교를 하지 않고 측정하였다. (3) 경영자들은 연구자들이 제시한 전략의 유형으로만 행동하지 않는다는 점이다. 예를 들어, 공격형과 방어형이라는 전략유형이 연구자에게는 매우 유용하겠지만 경영자들에게 전략을 수립하고 실행하는데 적합한 개념이 아닐 수 있다. 이것은 설문응답의 신뢰성과 타당성에 영향을 미친다. (4) 전략은 지속적인 개발의 과정이라는 점을 인식하지 못한다는 점이다. 전략은 수많은 조직에서 측정될 수 있지만 그 전략은 전략변화과정에서 서로 다른 단계에 있을 수 있다. 또한 특정 전략을 지원하는 MCS는 그 연구시점에서 개발이 이루어졌을 수 있다. 이 문제도 연구의 타당성과 결과의 비교에 영향을 미치게 된다.

경영전략과 관련된 연구들이 MCS와 관련해서만 진행된 것은 아니다. 마케팅, 인사 조직 등 여러 분야에서 각 분야의 연구들이 이루어져 왔는데, 지금까지 MCS에 대한 주요 연구만을 일부 정리해 보았다. 또한 전략을 기업전략, 사업전략, 기능전략의 3가지로 구분하였지만 대부분의 선행연구들은 사업전략과 기능전략을 중심으로 이루어져 왔으며, 기업전략을 대상으로 한 연구는 거의 없다. 아마도 기업전략의 영역이 방대하며, 조직구성원 개개인의 운영적 활동보다는 최고경영자의 전략적 판단이 중요하기 때문이라 보여 진다.

선행연구를 중심으로 향후 연구방향을 제시하면 다음과 같다. 첫째, 선행연구들의 결과를 보면 단편적이거나 서로 반대의 결과를 보이기도 한다. 그 이유는 앞서 언급한 바와 같이 MCS의 조작화 문제, 변수 및 성과측정의 문제, 전략의 조작화 문제 등이라고 볼 수 있다. 따라서 앞으로의 연구는 일관성 있는 통제유형이나 전략유형을 개발하고, 변수의 조작화와 측정에서도 일관성이 있도록 할 필요가 있다. 통제유형이나 전략유형은 이미 규명되어 있는 것을 사용하는 것도 한 가지 방법일 수 있다. 또한 성과측정의 경우에도 균형성과를 측정하도록 하고, 경영전략과 일치될 수 있는 성과측정이 이루어져야 한다. 균형성과의 측정은 최근 많은 연구에서 도입되고 있다(Henri 2006b; Langfield-Smith 1997).

둘째, 대부분의 선행연구는 각 부문의 부서장, 이익중심점의 부서장, 사업단위 경영자 등을 대상으로 하고 있다. 이들이 경영전략을 구축하고 실행하는데 깊이 관여한다는 측면에서 보면 적절한 선택이라고 할 수 있다. 그러나 계속 이들만을 대상으로 연구하는 것은 문제가 있을 수 있다. 왜냐하면 경영전략의 성공여부는 조직 내 운영부문이나 연구개발부문 등과 같이 다른 영역에서 일어나는 활동에서 직접적으로 영향을 받기 때문이다. 현장이나 다른 관리계층에서 사용하고 있는 통제방법이나 유형이 경영전략의 성공에 중요하다는 것이다. 따라서 서로 다른 운영전략에 적합한 통제의 특성을 연구하는 것은 중요한 연구주제가 될 수 있다. 또한 JIT나 TQM 등과 같은 최신기법을 적용할 때 조직 내 모든 계층의 통제시스템도 잠재적인 연구 분야가 될 수 있다. 그동안 규범적 연구나 사례연구 등에서 일부 연구가 이루어졌지만 더 많은 연구가 필요한 분야이다(Langfield-Smith 1997).

셋째, 전략수립은 대개 전략을 형성하는 인지적·관리적 활동이며, 반면 전략실행은 선택된 전략을 행위로 전환하는 것과 관련이 있다. 경영전략과 MCS에 대한 상황이론 접근법은 전략실행과 관련되어 있으며, 사례연구들은 주로 전략실행과 변경 과정에 대한 연구를 수행하고 있다. 그러나 Mintzberg(1978)에 의하면 모든 전략이 동일한 방법으로 수립 또는 실행되지는 않는다. 의도된 전략(intended strategy)은 공식적인 계획 속에서 탄생하지만 비현실적인 기대, 경영환경에 대한 잘못된 판단, 혹은 전략실행과정에서의 계획변경 등의 이유로 실제로 실현되지 않기도 한다. 실현된 전략(realized strategy)은 의도된 전략으로부터 나올 수도 있지만 갑자기 출현된 것일 수도 있다. 어떤 의도된 전략을 지원하기 위하여 설계된 MCS는 그 전략이 실현되지 않거나 다른 전략이 출현했다면 그 효과를 기대할 수 없다. 그러나 실증연구들은 의도된 전략과 실현된 전략 간의 차이의 중요성을 거의 인식하지 못하고 있으며, 사례연구에서만 전략개발과 변경 과정을 고려하고 있다.

넷째, 기존의 연구가 많이 이루어졌지만 아직도 풀리지 않은 문제들이 많이 남아있다. 계획된 전략이 실현전략으로 되는 과정에서 MCS가 어떤 역할을 할 수 있는지 명확하지 않다. 또한 조직 내에서 오랜 기간 동안 전략의 변경이 진행될 때 MCS가

전략변경으로 야기되는 혼란을 최소화시키는데 기여하는지도 명확하지 않다. 그리고 자원공유에 대한 문제를 좀 더 상세하게 다룰 필요도 있다. 성과측정과 보상시스템에서도 서로 다른 운영전략 하에서 어떤 시스템이 적합한지를 살펴볼 필요가 있으며, 새로운 제조환경에서의 MCS에 대한 연구도 이루어져야 한다.

1.2 상황변수와 MCS 간의 적합성이 성과에 미치는 영향

상황변수와 MCS 간의 적합성이 조직성과에 미치는 영향 측면에서 기존 연구의 한계점을 정리하면 다음과 같다. MCS의 목적은 의사결정, 계획수립, 그리고 성과평가에 유용한 정보를 제공하는 것이다. 선행연구는 급변하는 경영환경 속에서 조직성과를 극대화하기 위해서 경영자가 MCS의 이용에 초점을 두고, 진단적 이용과 함께 상호작용적 이용을 동시에 사용하여야 함을 강조하였다. 그러나 이에 대해 일관된 실증연구 결과를 보여주지는 못하였다. 또한, MCS는 다양한 통제시스템으로 구성되어 있지만, 선행연구는 대부분 PMS 또는 예산시스템과 같은 하나의 통제시스템에 초점을 두었다. 최근에 Simons(1995)이 제안한 신념시스템, 경계시스템, 진단적 통제 및 상호작용적 통제를 고려하여 통제시스템 간의 관계에 대한 연구가 진행되고 있는데, 이는 대부분 조직수준에서 MCS와 조직성과 간의 관계에서 조직학습이나 혁신과 같은 매개변수의 역할을 검증하는 것이다. 그러나 이러한 실증연구들은 명확한 연구결과를 제시하지는 못하였다. 조직학습과 혁신에 관한 실증연구는 비교적 최근에 이루어졌으며, 조직학습과 혁신은 다양하게 측정되어 왔다. 조직학습과 혁신은 조직성과에 긍정적인 영향을 주는 것으로 나타났다. 그러나 선행연구는 MCS와 조직성과 간의 관계에서 조직학습의 매개역할을 강조하였으나, 명확한 연구결과를 제시하지는 못하였다. 선행연구는 여러 통제시스템 중 대부분 PMS에 초점을 두어 연구하였으며, 다양한 통제시스템을 고려하지 못하였다. 조직학습과 혁신의 이론적 배경을 살펴보면, MCS의 특징에 따라 조직학습과 혁신의 특징이 달라질 수 있다. 그러나 선행연구는 단일차원의 조직학습과 혁신의 개념만을 고려한 것이 대부분이다. 그러므로 MCS의 특징과 조직학습 및 혁신의 다차원적인 개념을 고려하여 관계를 좀 더 명확하게 할 필요가 있다.

한편, 조직역량의 개념은 경영학의 어느 한 분야에만 한정되지 않고 경영학 전반에 걸쳐 논의 되어온 중요한 주제이다. 마케팅이나 조직관리 분야에서는 기업의 경쟁력 강화와 성과 개선을 위해 조직역량이나 조직문화와 연계하여 민첩성과 시장지향성에 관심을 두고 이에 대한 많은 실증연구를 진행해 왔다. 관리회계 분야에서도 최근에 들어서 MCS 이용과 조직역량 간의 관계에 관한 연구에서 민첩성과 시장지향성의 중요성을 인식하고 이에 대한 연구를 진행하고 있다.

MCS와 조직성과 간의 관계와 관련된 연구들은 혼재된 결과를 보였고, 이를 해결하고자 조직수준이 아닌 개인수준에서 MCS와 관리적 성과 간의 관계에서 개인행동의 역할을 규명하려는 연구가 진행되었다. 이와 같이 연구를 진행하는 이유는, 기존 선행연구는 시스템이 개인의 행동에 영향을 미치고 이것이 조직의 목표 달성을 용이하게 한다는 가정 하에서 MCS와 조직성과에 관한 연구를 진행해 왔는데 이러한 가정에는 설득력이 없으므로 개인행동에 대한 세부적인 조사가 필요하기 때문이다. 즉, 기존의 실증연구들은 조직수준에서 MCS의 구축 및 이용에 따른 효과를 규명하는 데에만 집중하고, MCS가 성과를 개선시키는데 있어서 개인행동이 하는 역할을 간과했다. 이러한 선행연구의 한계점을 극복하기 위해 MCS와 관리적 성과 간의 관계를 연구하였으나 이러한 연구들 역시 명확한 연구결과를 제시하지는 못하였다. 관련 선행연구들은 MCS의 정의 및 측정의 차이, 개인의 행동을 나타내는 선택 변수의 차이, 그리고 조직 특성 등이 다르기 때문에 연구결과를 단순히 비교하는 것은 어렵다. 다만, 조직시민행동과 조직몰입에 대한 연구결과는 대체로 일관성 높은 결과를 보여주었다. 이와 관련된 선행연구의 결과는 MCS가 개인의 행동을 변화시키고, 이를 통하여 궁극적으로 개인의 성과향상에 기여할 수 있음을 보여주는 것이다.

MCS와 조직성과 간의 관계에 대한 조직수준 또는 개인수준의 연구에서 MCS가 조직역량을 개선시키고 조직구성원의 행동에 영향을 미친다는 것이 일반적인 견해였다. 그러나 이에 대한 연구결과는 명확한 실증결과를 제시하지는 못하였다. 이와 같은 선행연구의 한계점을 극복하기 위하여 향후 많은 연구가 수행될 필요가 있다. 조직수준 관점과 개인수준 관점에서 보면, 공통적으로 제안되는 것은 MCS의 새로운 개념 및 측정 방법일 것이다. 선행연구에서 나타난 MCS의 형태 및 정의는 다양하고, 단일차원의 MCS에 많은 초점을 두었다. 그러나 최근의 연구 방향은 패키지 관점, 즉 하나의 시스템이 아닌 다양한 시스템의 보완적 효과에 대한 논의가 이루어지고 있다. 이와 관련하여 MCS의 개념 및 정의에 대한 새로운 시도는 연구 영역의 확장이라는 점에서 큰 의미가 있다. 조직역량과 구성원들의 행동 형태에 대한 변수들은 새로운 관점의 정의 및 변수측정이 필요할 것으로 보인다. 즉, 새로운 관점에서 기존역량과 신역량 그리고 활용역량과 탐색역량 등과 같은 조직역량의 정의 및 측정을 통해 실증분석을 수행할 필요가 있으며, 개인수준에서는 창의성과 권한위임 등과 같은 개인의 행동 및 변화를 나타내는 새로운 변수들을 고려하여 기존 연구의 한계점을 극복할 수 있는 연구를 수행할 필요가 있다.

02 MCS의 선행변수와 관련된 최근 연구동향

MCS의 선행변수와 관련된 연구는 대부분 상황이론을 바탕으로 진행되어왔다. 상황이론에 기반한 관리회계 분야 선행연구들은 MCS의 설계에 있어서 모든 상황요인에 적합한 유일한 MCS는 존재하지 않으며, 기업이 처한 상황에 알맞은 MCS의 선택적 설계가 요구된다고 주장한다(Chenhall 2003). 따라서 이들은 해당 관점을 기반으로 MCS의 선택적 설계에 영향을 미칠 수 있는 다양한 상황요인에 관심을 두었으며, 상황요인과 MCS 간의 관계를 지속적으로 연구해왔다. 특히 이 중 전략은 급변하는 최근 기업환경에서 다양해진 고객 요구의 충족과 경쟁우위의 달성을 통해 조직성과를 증진시키려는 기업들이 적극적으로 구사할 수 있는 활동이므로, 관리회계 분야의 선행연구에서는 전략에 대해 지속적으로 연구해왔다. 다양한 상황변수 중에서 가장 많이 연구되어온 변수가 전략이며, 전략에 관한 대부분의 선행연구들은 상충관계의 두 전략이 연속선상에 존재한다는 개념을 기반으로 연구를 진행하였다. 예를 들어, Miles and Snow(1978)는 방어형 전략과 공격형 전략 그리고 Porter(1985)는 원가우위 전략과 차별화 전략으로 표현되는 상이한 특성의 전략유형을 구분하여 제시하였다. 상호배타적 형태의 두 순수전략이 연속선상의 양극단에 위치한다는 것은 두 전략 간의 상충으로 인해 하나의 전략을 구사하면서 동시에 나머지 전략을 구사하는 것은 추가비용을 발생시킨다는 의미이다. 해당 관점은 기업이 상호배타적인 형태의 두 전략을 동시에 구사할 수 있다는 가능성에 대한 관심을 억제해 왔다. 그러나 최근 선행연구는 당대의 경쟁적 기업환경에서 경쟁우위를 점유하기 위해 기업이 다양한 전략을 동시에 추구할 수 있다고 주장한다. 이와 관련하여 MCS의 선행변수로서의 혼합전략은 바로 다음 부분(2.1)에서 소개하고자 한다.

한편, 이와 함께 환경의 중요성이 강조되고 있다. 최근 기업은 환경오염의 심각성에 따른 국내·외적인 법적 요구사항, 규제 강화 등 다양한 환경문제의 영향을 받고 있다. 대량생산 활동에 필수적으로 수반되는 환경문제는 기업의 지속가능성을 위해 관심을 가져야 할 필수 요소로 인식되고 있다. 이에 따라 경제적 관점에서의 수익성 추구와 함께 사회적 책임에 따른 긍정적인 환경적 성과를 포함하는 것이 필요하게 되었고, 이러한 현상은 환경에 초점을 둔 환경전략의 강화라는 흐름을 이끌고 있다. 이와 관련하여 환경전략은 급변하는 경영환경에 대처할 수 있는 혁신을 촉진할 수 있는 요인으로 제시되었으며(Porter and van der Linde 1995), 환경개선을 통한 혁신에 초점을 맞춘 환경혁신전략이 조직성과를 개선하는 핵심 동인으로 관심을 받게 되었다. 그러나 환경전략이 조직성과에 미치는 영향을 다룬 연구들은 상충된 결과를 보이고 있다. 일부 연구에서는 환경전략이 추가비용과 조직구성원의 노력을 가중시켜서 경제적 이익과 상충되는 것으로 보지만, 다른 연구에서는 환경전략이 혁신의 유발을 통해 투입되는 비용을 상쇄시킬 수 있다는 시각을 전제로 궁극적으로 성과에 긍정적인 영향을 미칠 것으로 본다(Poter 1991; King and Lenox 2002). 최근 이슈가 되고 있는 환경혁신전략과 MCS 간의 관계에 대해서는 뒤에서(2.2.)에서 소개하고자 한다.

2.1 혼합전략과 MCS

2.1.1 혼합전략의 개념

상황이론(contingency theory)에 기반한 관리회계 분야 선행연구들은 MCS의 설계에 있어 모든 상황요인에 적합한 유일한 MCS는 존재하지 않으며, 기업이 처한 상황에 알맞은 MCS의 선택적 설계가 요구된다고 주장한다(Chenhall 2003). 연구자들은 각기 해당 관점을 기반으로 MCS의 선택적 설계에 영향을 미칠 수 있는 다양한 상황요인에 관심을 나타내며 MCS와의 관계를 지속적으로 연구해왔다. MCS의 상황요인 중 특히 전략에 대해서는 많은 연구자들이 관심을 갖고 지속적으로 연구를 진행해 왔다. 왜냐하면, 급변하는 경영환경에서 전략은 조직의 경쟁우위와 성과향상을 위한 중요한 수단이 되기 때문이다.

전략에 관한 초기 선행연구들은 상충관계의 두 전략이 연속선상에 존재한다고 가정하고 연구를 진행했다. Lillis and Van Veen-Dirks(2008)는 이를 다음 [도표 9-1]과 같이 도식화하였다.

[도표 9-1] 전략에 관한 초기 모형

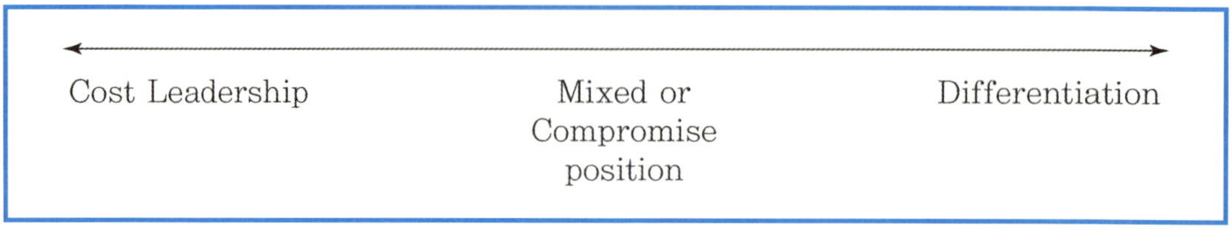

한편, 최근 선행연구들은 당대의 경쟁적 기업환경 하에서 경쟁우위를 점하기 위해 기업들이 다양한 전략을 동시에 추구한다고 주장한다. 이들은 관습적으로 사용되어온 Miles and Snow(1978) 또는 Porter(1985)의 전략의 구분방식에 대해 비판적 시각을 제시하며, 혼합전략의 가능성을 언급했다(Gilbert and Strebel 1987; Shank and Govindarajan 1993; Cooper 1996; Hamel and Prahalad 2000; Chenhall 2003). 또한 혼합전략의 성공적 실행을 위해서는 상이한 전략적 우선순위의 동시 수행이 요구됨을 강조하며 해당 주장을 뒷받침 하였다(Murray 1988; Chenhall and Langfield-Smith 1998; Boyer and Lewis 2002; Chenhall 2003; Boyer et al. 2005). Lillis and Van Veen-Dirks(2008)는 혼합전략 구사에 대한 논리적 관점을 다음 [도표 9-2]와 같이 도식화하였다.

[도표 9-2] 혼합전략

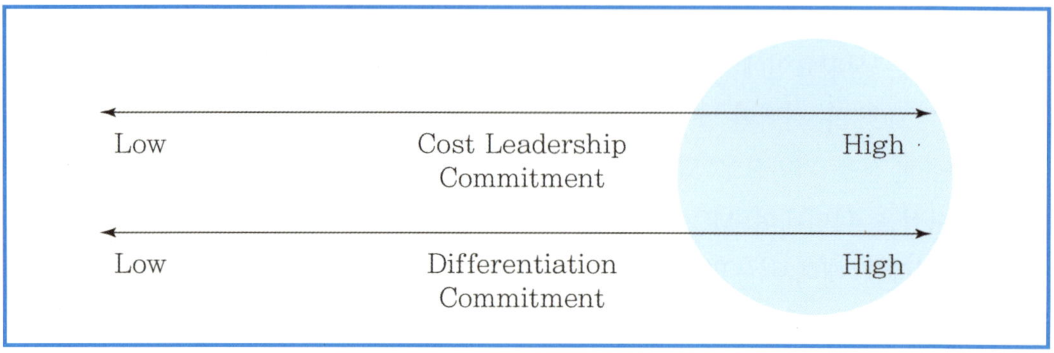

최근 혼합전략에 대한 학계의 시각에 따르면 원가, 품질, 유연성으로 특성화되는 전략적 우선순위 간의 균형이 달성되며, 특히 해당 기업이 추구하는 전략적 우선순위를 지원하는 적절한 인프라가 구축되었을 때 기업성과가 증진된다고 본다(Lei and Slocum 2005). 이런 측면에서 혼합전략에 대한 개념은 전반적으로 수용되고 있으며, 상충되는 두 순수전략을 동시에 추구하는 기업에 대한 다양한 실증연구결과가 제시되

고 있다(Hill 1988; Murray 1988; Lillis 2002; Chenhall 2003). Chenhall and Langfield-Smith(1998)는 저원가, 고객서비스, 유연성 특성 모두를 강조하는 기업군집을 확인하였으며, Lillis(2002)는 실증분석을 통해 단일전략이 아닌 혼합생산전략을 추구하는 기업이 존재한다는 것을 확인하였다.

2.1.2 혼합전략과 MCS 간의 관계

MCS는 기업이 조직구성원들 간에 조직목표를 의사소통하는 도구로 이용하는 시스템이다(Merchant and Van der Stede 2007). MCS는 기업이 달성하고자 하는 여러 목표의 우선순위에 대한 조직구성원들 간의 의사소통을 촉진한다. 또한, 기업의 비전을 달성하기 위해 해결해야 할 실패 요인에 대한 인지적 시각을 제공한다. Burchell et al.(1980)과 Simons(1990)은 해당 역할을 수행하는 MCS의 이용방식에 대한 유사한 시각을 서로 다른 용어로 설명하고 있다(Abernethy et al. 2010). 또한, 그들은 조직구성원들 간에 의사소통 도구의 역할을 수행하는 MCS의 상이한 이용방식이 동일한 연속선상의 양극단에 위치하여 상호배타적 형태를 취하고 있음을 제시했다. 즉, 연속선상의 한쪽 측면에는 진단적 형태의 MCS 이용방식(조직의 목표 명시, 명시된 목표 대비 실제 성과측정 등)이 존재하고, 반대 측면에는 상호작용적 형태의 MCS 이용방식(덜 형식적인 의사소통, CEO와 하위관리자 혹은 하위관리자들 간의 면대면 의사소통 유발 등)이 존재한다는 것이다. 전자에 해당하는 MCS의 이용방식은 상대적으로 표준화된 형식적 프로세스인데, Burchell et al.(1980)은 이를 '응답 기계'라 표현하였고, Simons(1990)은 이를 '진단적 이용'으로 표현하였다. 또한, 후자에 해당하는 MCS 이용방식은 지속적인 의사소통을 가능하게 하는 보다 유연한 프로세스인데, Burchell et al.(1980)은 이를 '대화 혹은 발상 창출 기계'라 표현하였고, Simons(1990)은 이를 '상호작용적 이용'으로 표현하였다. MCS의 진단적 이용방식과 MCS의 상호작용적 이용방식은 서로 상반된 성격을 갖고 있지만 한 기업에서 이 2가지 이용방식을 동시에 사용할 수도 있다. 최근 연구에 의하면 MCS의 진단적 이용은 기본적인 통제에 해당하고, 기업이 처해 있는 상황이나 추구하는 전략에 따라 MCS의 상호작용적 이용을 증대시킬 수 있다.

상황이론에 기반한 관리회계 선행연구들은 MCS의 설계에 있어서 모든 상황요인에 적합한 유일한 MCS는 존재하지 않으며, 기업의 환경적 상황을 고려한 MCS의 설계가 요구된다고 주장한다. 이를 전략과 연계해 보면, 기업이 추구하는 전략에 따라 그에 적합한 MCS의 설계가 이루어져야 조직성과의 개선을 가져올 수 있다는 의미이다. 그런데 기업은 과거와 같이 순수전략만으로는 다양해진 고객의 요구를 만족시킬 수 없고, 또 치열한 경영환경에서 경쟁우위를 점유할 수도 없다. 따라서 기업은 다양하고 복합적인 여러 전략을 동시에 수행하는 혼합전략 행태를 취하기도 한다. 혼합전략을 추구하게 되면 그에 맞게 MCS의 설계와 이용방식도 바뀌어야 할 것이다. 예를 들어, 방어형 전략을 추구하는 기업에 MCS의 진단적 이용이 적합하고 공격형 전략을 추구하는 기업에 MCS의 상호작용적 이용이 적합했다면, 방어형 전략과 공격형 전략을 동시에 추구하는 기업에는 MCS의 진단적 이용과 상호작용적 이용이 동시에 증대되어야 할 것이다. 다양한 전략을 혼합하여 추구하는 것과 다양한 MCS의 설계 및 이용 간에는 밀접한 연관성이 있을 것으로 예상된다. 이런 이유로 최근에는 이와 관련된 실증연구들이 진행되고 있다.

2.2 환경혁신전략과 MCS

2.2.1 환경혁신전략의 개념

기업은 불확실한 경영환경 하에서 경쟁우위를 확보하기 위해 희소한 경영자원을 효율적으로 배분하고, 이에 대한 의사결정을 수립해야 한다. 경영전략은 이러한 경쟁상황에서 기업이 경쟁우위를 확보할 수 있는 체계적인 방식을 강구하는 구체적인 사고방법이라 할 수 있다. 경영전략의 중요성은 연구자의 관점마다 상이하지만, 궁극적으로는 복잡한 외부환경의 변화 속에서 의사결정을 통합하고 적합한 전략을 수립하는 것이다. 경영전략은 기업 내부의 활동을 통합해주는 중요한 메커니즘의 한 부분이라 할 수 있다(Schendel and Hofer 1979). 또한, 경영전략은 희소한 경영자원을 가진 기업이 경쟁상황 속에서 경쟁우위를 창출하고 기업의 내 · 외부 환경변화에 대한 전체적인 경영활동을 계획적으로 적용하기 위한 기업의 방침이라 할 수 있다(Hambrick 1983; Hrebiniak and Joyce 1985; Miller 1988; Venkatraman and Prescott 1990).

산업 발전단계 초기에는 경제적 이익과 환경은 상충적인 관계라는 관점에서 환경보다는 경제적 이익을 추구하기 위한 경영전략을 수립했다. 기술의 발전으로 더 많은 생산이 가능해지면서 자연자원의 고갈, 자연재해의 발생, 그리고 환경오염 문제가 발생하였다. 이에 따라 환경경영에 대한 중요성이 대두되었으며, 환경문제를 전반적인 기업의 활동과 연계하여 기업의 환경 측면을 경영전략 차원에서 해석하고 접근하려는 시도가 진행되었다(Hart 1995; Porter and Van der Linde 1995; Orsato 2006; Gray 2010). 환경경영은 그 자체의 특성으로 인해 차별화된 전략을 필요로 한다(이충섭과 정미자 2012). 이에 따라 전략수립 과정에서부터 환경성과를 고려하는 환경전략의 필요성이 대두되었다(Hussain 1999). 환경전략은 기본적으로 경영전략과 맥을 같이한다. 경영전략이 기업의 목표인 비전과 가치를 달성하기 위한 수단이나 행동을 선택하는 의사결정이라면, 환경전략은 기업이 환경 부문에서 비전과 가치를 달성하기 위해 수행하는 의사결정 과정이다.

환경전략의 필요성을 제시하는 다양한 연구에도 불구하고 환경전략의 효율성에 대한 연구결과는 다소 혼재된 결과를 보이고 있으며, 연구자마다 환경전략에 대한 정의와 측정이 다양하여 합의점을 찾지 못한 채 대립되는 주장이 존재하고 있다(최신영과 방호열 2012). 일부 선행연구에서는 환경전략 그 자체가 외부비용이며, 기업이 인식하지 않았던 원가를 유발시키고 새로운 투자를 요구한다고 보고 있다(Figge and Hahn 2013). 이런 연구에 의하면 환경전략은 기업의 수익성에 부담을 안겨주는 것으로 경제적 이익과 상충되는 것이다. 또한, 환경전략은 공식적으로 환경에 대한 관심과 환경 관련 목표를 달성하기 위해 노력하는 종업원의 내재적 동기를 약화시킬 수 있는 위험이 존재하는 만큼 조직성과 달성에 역효과를 낳을 수도 있다(Virtanen et al. 2013). 그러나 Porter(1995)는 환경전략이 경제적 성장과 상호공존 할 수 있다는 관점에서, 기업의 환경규제에 대한 대응이 기술혁신을 증대시키고 궁극적으로 조직성과를 향상시킬 수 있다고 주장하였다. 이후에 수행된 다수의 연구에서도 이러한 관점을 바탕으로 적절하게 설정된 환경규제는 혁신을 유발할 수 있다고 주장하였다. 혁신이 환경전략에 투입되는 비용을 상쇄시킬 수 있다는 시각을 전제로, 환경규제에 대응하기 위한 혁신이 궁극적으로 기업의 장기적인 경쟁우위를 창출하고 이를 바탕으로 성과를 개선시킬 수 있다고 본다(Poter & Van der Linde 1995). 자원기반관점에서는 기업은 자원의 집합체이며, 기업의 경쟁우위는 그 기업이 보유하고 있는 자원에 의해 창출되는데, 기업이 내부의 보유자원과 능력을 제대로 활용한다면 경쟁우위를 달성할 수 있다고 본다(Barney 1991; Teece et al. 1997). 이러한 논리를 바탕으로 Hart(1995)는 자원기반관점을 한 단계 발전시켜 환경오염예방 전략과 기업의 성장 및 발전의 환경적 장애요소를 최소화시키는 것에 대한 원동력이 되는 환경혁신이 조직의 핵심자원이 되어 장기적으로 경쟁우위를 창출 할 수 있다고 주장하였다.

최근 관리회계문헌을 살펴보면, Eiadat et al.(2008)과 Wijethilake et al.(2018)은 기업은 지속가능성, 즉 경제적, 환경적, 사회적 요소를 모두 달성해야 지속적으로 경쟁우위를 창출하여 생존할 수 있다고 하였다. Eiadat et al.(2008)과 Wijethilake et al.(2018)은 기존의 환경전략에 관한 선행연구에서도 환경전략의 정의 및 측정에서 환경혁신을 담고 있지만, 환경전략이 의도한 바와 같이 수행되기 위해서는 반드시 혁신을 일으켜야 한다는 점을 강조하면서 환경전략에 혁신전략을 통합하여 환경혁신전략이라고 표현하였다.

환경전략은 환경 제도나 정책 등에 대한 일부 개선과 근본적인 혁신, 즉 2가지 개념 모두에 사용할 수 있지만, 환경혁신전략은 일부 개선에 대한 의미는 없으며, 지속가능성 관점에서 혁신을 일으키는 개념만을 보고 있다. 지속가능성은 기업의 장기적인 발전을 위한 전략적인 행동을 말하며, 기업의 경쟁전략으로서 경제, 사회, 환경 등에 모두 긍정적인 영향을 미치는 활동을 포괄하는 개념이다(Moon 2007).

환경혁신은 환경전략과 관련된 선행연구에서 다양하게 정의되고 측정되었다. 환경혁신의 개념은 1990년대 중반 도입되었으며, 당시 오염방지혁신이라는 명칭으로도 사용되었는데 환경적 피해를 줄이는 모든 혁신을 포괄하는 개념이다. Klemmer et al.(1999)은 환경혁신을 관련 당사자들이 환경적 부담 감소나 구체화된 지속가능성의 목표에 생태학적으로 기여할 수 있는 새로운 아이디어, 행태, 제품, 공정을 개발하거나 적용하거나 도입하는 모든 수단으로 정의하였다. 이미홍(2002)은 환경혁신을 환경에 부담을 덜 주는 공정, 제품, 서비스를 만들기 위해 선택하는 생산수단의 새로운 결합이나, 환경문제를 해결하고 이를 해결하기 위해 선택하는 새로운 조치로 정의하였다. 정종희(2013)는 환경혁신을 자원 활용의 효율성을 증가시킬 수 있는 새로운 활동을 통해 기업의 경쟁력이 강화될 수 있을 뿐만 아니라 이러한 역량을 바탕으로 환경과 사회적 성과에도 긍정적인 영향을 미칠 수 있는 상생적 수단으로 정의하였다. 기존의 전략경영 분야에서는 기업이 경쟁우위를 확보하기 위한 가장 중요한 전략적 수단 중 하나로 기업 혁신을 강조한 적이 있다. 이에 비춰보면 환경혁신은 성과 개선을 목적으로 환경규제를 기회로 활용하여 혁신을 촉진하고, 혁신을 통하여 조직의 지속가능성 문제를 해결하려는 전략적 이슈임을 추론할 수 있다.

Sharma(2000)의 연구에서는 환경혁신전략을 표준 관행에 순응하거나 환경규제를 충족시키기 위한 것이 아닌, 이것을 뛰어넘는 일련의 기업 활동이라고 정의하였다. Eiadat et al.(2008)의 연구에서는 환경혁신전략을 자원의 감소, 환경오염방지 및 환경관리시스템 채택과 같은 제조 관행의 한 범주로 정의하고, 우수한 제품 혁신전략을 보유한 조직은 덜 효과적인 전략을 가진 조직보다 더 높은 성과를 얻을 가능성이 높다는 것을 제시하였다. 그들은 환경혁신전략을 지속가능성 과제를 해결하는 핵심 동인이라고 설명하고 있다. 왜냐하면, 환경변화에 적합한 제품 및 서비스를 혁신할 수 있는 조직의 역량은 경쟁업체보다 장기적인 이익을 달성하는데 도움이 될 수 있기 때문이다. Menguc et al.(2010)은 환경혁신전략을 사전예방과 사후통제라는 2가지 관점으로 구분하였는데, 사후통제보다 사전예방이 중요하다. 사전예방 관점에서 환경혁신전략은 선도적 환경혁신으로 초기 환경규제에 대한 일치 혹은 비일치의 범주를 넘어서 발전된 환경전략을 반영하는 것을 의미한다. 또한, 사전예방 관점에서 환경혁신전략은 오염물질 배출과 자원낭비의 최소화를 목적으로 하기 때문에 오염을 통제하는 값비싼 사후처리에 자본을 투자하기보다는 정제된 환경 목적에 맞추어 지속적으로 개선하는 방법을 찾는다. 따라서 기업의 지속가능한 발전을 도모하기 위해서는 미래지향적이고 혁신적인 환경혁신전략의 수립과 성공적인 실행이 필수적인 과제라 할 수 있다.

2.2.2 환경혁신전략과 MCS 간의 관계

MCS는 조직이 전략적 목표를 달성할 수 있도록 계획, 통제, 평가, 보상 등을 통하여 조직구성원들을 동기부여 시키는 역할을 하는 전략실행의 도구이다(Govindarajan 1988; Abernethy and Guthrie 1994). 상황이론에 의하면 기업환경은 MCS 설계시 고려해야 할 중요한 요소이므로(Chenhall 2003) 기업이 처해 있는 상황에 따라 서로 다른 통제시스템을 구축할 필요가 있다(Miles and Snow 1978). 기업이 직면하고 있는 경영환경에 적응할 수 있도록 경영전략을 구축해야 하고, 이를 원활하게 수행할 수 있도록 전략에 부합하는 MCS를 구축해야 한다(Langfield-Smith 1997). 따라서 전략에 따라 MCS의 이용방식도 다를 것으로 기대된다.

Eiadat et al.(2008)은 환경혁신전략을 자원의 감소, 환경오염방지 및 환경관리시스템과 같은 제조 관행의 범주로 정의하고, 내부조직 프로세스 및 절차가 환경혁신전략을 지원할 수 있다고 보았다. 이에 따라 최근 연구에서는 환경혁신전략의 구성과 구현을 포함하여 조직의 변화를 촉진하기 위해 MCS의 사용을 장려하고 있다(Epstein and Buhovac 2014; Lopez-Valeiras et al. 2015). 그러나 환경문제는 계속 증가하고 있는데 비하여 환경문제에 대응할 수 있는 MCS의 사용범위는 제한되어 있으며(Durden 2008; Burritt and Schaltegger 2010), 환경혁신전략과 조직성과 간의 관계에서 MCS의 이용이 수행하는 역할에 대한 명백한 증거를 제시하지 못하고 있다.

MCS의 이용에 대한 유형화는 다양하게 이루어질 수 있으나 관련 선행연구들은 대부분 Simons(1990)의 신념시스템, 경계시스템, 진단적 통제시스템, 상호작용적 통제시스템에 대한 논의를 보편적인 것으로 제안하고 있다. 이에 대해 간략히 설명하면, 신념시스템은 사훈, 사명문과 같이 조직의 핵심가치, 목적, 그리고 나아가야 할 방향을 제공하여 조직구성원들이 적절한 활동을 할 수 있도록 수용 가능한 영역을 정해주는 시스템이라 할 수 있다. 반면, 경계시스템은 행동강령(code of conduct) 등을 통해 조직구성원들이 피해야 할 행동에 대한 지침을 제시하여 구성원들의 활동영역에 제한을 가하는 것이다. 진단적 통제시스템은 경영자들이 조직성과를 모니터링하고, 미리 설정한 목표와 실제 결과를 비교하여 차이를 발견하며, 수정조치를 위해 사용하는 전통적인 통제방식이다. 상호작용적 통제시스템은 변화하는 경영환경을 지속적으로 감시하고 이에 적응하기 위해 의사소통을 통하여 조직학습과 조직의 변화가 이루어질 수 있도록 유도하는 통제방식이다(Simons, 1990). Simons(1995)은 전술한 4가지 유형의 통제제도는 하나의 통제시스템에 집중하지 않고 상호보완적으로 함께 이용되어야 그 효과성을 높여서 궁극적으로 성과를 개선시킬 수 있다고 설명하였으나 관련 실증연구는 부족한 편이다.

MCS의 균형 잡힌 이용은 조직이 환경전략을 위한 핵심가치를 제공하여 환경혁신전략을 수립하고 실행하는 것을 지원할 뿐만 아니라 환경전략의 위험을 최소화하고 관련된 불확실성을 피할 수 있게 할 것이다. 예를 들어, 환경혁신전략을 수립한 조직의 경영자는 신념시스템을 통해 환경혁신전략을 실행하기 위한 공유된 비전을 수립하고, 동기를 부여하여 조직구성원이 목표를 달성하도록 핵심가치를 전달할 수 있을 것이다(Arjalie`s and Mundy 2013; Kerr et al. 2015). 또한, 경계시스템을 통해 조직구성원이 환경지속가능성 관련 법적 규제를 준수할 수 있도록 정보를 제공해주고(Arjalie`s and Mundy 2013), 조직구성원의 위험 행동을 관리하는 데 사용할 수 있을 것이다. 또한, 진단적 통제시스템을 통해 환경성과에 대한 정기적인 평가와 환경제약에 대한 다양한 정보들을 수집하며, 해당 정보들을 환경혁신을 달성하기 위해 활용할 수 있을 것이다(Chakravarthy and Lorange 1999; Haas and Kleingeld 1999). 마지막으로 상호작용적 통제시스템은 경영자와 관리자 간의 정보전달과 의사소통을 통해 환경혁신을 위한 새로운 전략을 모색하고, 지속가능성을 위한 정보를 전달하도록 하여 이를 통해 혁신을 촉진 할 수 있을 것이다(Gond et al. 2012;

Arjalie`s and Mundy 2013).

신념시스템과 상호작용적 통제시스템은 조직구성원들이 혁신적인 아이디어를 추구할 수 있는 유연하고 격려하는 분위기를 제공하여 권한부여와 참여동기를 촉진함으로써 조직구성원의 충성도와 창의력을 증진시켜 환경혁신전략을 촉진할 수 있을 것이다(Burns and Stalker 1961; Schminke et al. 2000). 또한, 경계시스템과 진단적 통제시스템을 통해 조직구성원들이 환경혁신 목표를 달성하기 위한 경계와 위험 행동을 파악하게 하고, 자신의 행동에 대한 시정조치를 통해 환경혁신을 달성하기 위한 필요조건을 파악하게 함으로써 창의적이고 혁신적인 아이디어를 창출해 낼 수 있을 것이다(Henri 2006b).

03 MCS의 새로운 개념과 측정에 관련된 최근 연구동향

MCS와 관련된 선행연구들은 Simons(1990)이 제시한 MCS의 이용방식인 진단적 이용과 상호작용적 이용을 바탕으로 다양한 변수들을 고려하여 이들 간의 관계를 연구하였다. 그러나 MCS의 이용이 조직역량이나 조직성과에 미치는 영향에 대해서 일관성 있는 결과를 제시하지는 못하였다. 그 이유 중 하나는 MCS의 이용방식을 진단적 이용과 상호작용적 이용으로 분류하면, 의미가 모호한 부분이 있어서 연구자에 따라 조작적 정의가 다르거나, 좋고 나쁨의 가치판단이 개입될 수 있는 문제점이 있기 때문이다. Grafton et al.(2010)은 이러한 Simons(1990)의 MCS 이용방식의 분류법을 대체할 수 있는 방법을 제시하였다. 즉, MCS의 이용방식을 피드백(feedback) 이용과 피드포워드(feed-forward) 이용으로 분류하는 것이다. 진단적 · 상호작용적 이용과 비교하여 피드백 · 피드포워드 이용이 갖는 차이점은 크게 2가지로 요약할 수 있다. 첫째, 피드백 · 피드포워드 이용은 정보의 속성(과거지향적, 미래지향적)과 통제의 시점(사후적, 사전적)을 중심으로 분류하여 진단적 · 상호작용적 이용과 달리 가치판단이 개입되지 않는다. 둘째, 피드백 · 피드포워드 이용은 진단적 · 상호작용적 이용과 달리 MCS의 이용 주체를 최고경영층에 한정하지 않고 중간관리자로 확대하였다. 본 장 3.1에서는 최근 이슈가 되고 있는 MCS의 피드백 이용과 피드포워드 이용에 대해 소개한다.

한편, MCS를 다양한 개별통제시스템의 유기적 집합체로 인식하며, 패키지 관점에서 이를 정의해야 한다는 주장이 지속적으로 제기되어져 왔다(Otley 1980). 패키지 관점에서 정의된 MCS 프레임워크의 필요성을 제안하는 선행연구들은 전체 MCS에 대한 명확한 이해를 얻기 위해서는 개별 구성요소들 간의 상호의존성을 고려하여 이들을 동시에 분석해야 한다고 주장한다(Bedford et al. 2016). 왜냐하면, 전체 MCS의 효과성은 개별통제시스템 간의 상보적 혹은 상충적 관계의 존재 가능성에 따라 이들이 나타내는 개별 효과성의 단순 합보다 크거나 혹은 작을 수 있기 때문이다(Bedford et al. 2016; Malmi and Brown 2008). 따라서 패키지 효과로 정의되는 개별 구성요소들 간의 관련성이 고려되지 않는다면 제한된 조건에서만 그 연구결과의 유의성이 확보되는 문제가 야기될 수 있다(Chenhall 2003). 그럼에도 불구하고 MCS 관련 연구의 주요 흐름은 여전히 개별통제시스템의 효과성의 합을 통해 전체 MCS의 효과성을 이해할 수 있다는 전제에 기초하고 있으며(Donaldson 2001), 이로 인해 통제패키지에 관한 이론적 정립 및 실증연구는 미비한 상황이다(Abernethy and Chua 1996; Alvesson and Karrenman 2004). 따라서 본 장 3.2에서는 기존의 MCS 프레임워크가 나타내는 한계점에 대한 문제인식을 기초로 패키지 관점에서 정의되는 MCS 프레임워크에 대한 개념 및 연구흐름을 살펴보고자 한다. 그리고 본 장 3.3과 3.4에서는 MCS와 관련하여 최근에 많은 관심을 받고있는 ECO-MCS와 지속가능성 관리통제시스템(SMCS)에 대해서도 살펴보고자 한다.

3.1 피드백 및 피드포워드 이용

3.1.1 피드백 및 피드포워드 이용의 개념

Simons(1990)에 의해 통제시스템의 이용방식이 정립되기 이전에는 성과측정지표의 활용은 경영활동에 대한 사후적 진단과 통제의 측면에서만 조명되었으며, 이를 바탕으로 대부분의 실증분석이 이루어져 왔다. 그런데 PMS의 이용이 일차원적이지 않으므로 그 이용방식을 나누어 볼 필요가 있었다. 이에 따라 다수의 선행연구는 PMS의 이용방식을 구분하게 되었고, 이를 적절히 활용하는 것이 궁극적으로 경영성과를 개선하는데 효과적이라는 것을 제시하였다(Abernethy and Brownell 1999; Henri 2006b; Widener 2007). PMS의 이용방식에 대한 유형화는 다양하게 이루어질 수 있으나, 관련 선행연구들은 Simons(1990)이 제시한 PMS의 진단적·상호작용적 이용방식에 대한 논의를 가장 보편적인 것으로 보았다. 최근에는 Grafton et al.(2010)이 새롭게 PMS의 피드백 · 피드포워드 이용방식을 제안하였다.

Grafton et al.(2010)은 진단적 · 상호작용적 이용방식의 한계를 바탕으로 이를 대체할 수 있는 보다 보편적인 분류법으로 피드백 · 피드포워드 이용방식을 제시하였다. 통제시스템의 피드백 · 피드포워드 이용방식은 모두 사이버네틱(cybernetic) 통제의 일부로 볼 수 있다. 사이버네틱 통제는 시스템이 변화를 유발하고 이러한 변화가 시스템에 다시 반영되는 일련의 순환과정을 포괄한다. MCS와 관련된 연구에서 전통적인 사이버네틱 통제는 재무적 · 비재무적 성과측정지표와 예산 등을 이용하여 모니터링, 기설정된 목표 대비 실적평가, 차이분석 및 시정조치 제공 등 피드백에 초점을 맞춘 통제시스템의 이용을 의미한다(Green and Welsh 1988; Malmi and Brown 2008). 그러나 보다 복잡한 사이버네틱 통제는 사후적 측정이 이루어지기 전에 결과에 대한 예측을 포함하는 미래지향적인 피드포워드 순환과정을 포함한다. 이 경우 계획이 일종의 통제로서 간주된다. 그 이유는 계획이 존재하는 것이 그렇지 않은 경우보다 미래에 더 바람직한 결과를 창출할 수 있도록 시도할 수 있기 때문이다(이다솜 2017).

Preble(1992)은 설정된 과거 정보, 혹은 사후적인 통제에만 의존한다는 피드백 통제의 단점을 보완하기 위한 이용방식으로 전략적 통제, 즉 피드포워드 통제를 제시하였다. 피드백 통제는 기설정된 성과목표가 반드시 옳은 것인지, 차이가 반드시 부정적인 시그널을 제공하는지 등에 대한 논란을 불러일으킬 수 있고, 특히 급변하는 환경에서 피드백 통제에 대한 과도한 의존은 이중고리학습을 저해하여 조직의 성장을 방해할 수 있다. Preble(1992)은 피드포워드 통제를 미래에 달성가능한 성과에 대한 예측에 활용되는 외부정보를 바탕으로 현재의 성과가 검정되는 운전통제(steering control)라 하였다. 피드백 통제가 사후적 통제라면 피드포워드 통제는 계획에 초점을 둔 사전적 통제로서 조직구성원이 통제를 압력의 수단보다는 의사결정이나 역할수행에 유용한 수단으로 인지하도록 하는데 일조한다.

피드백 통제는 계획된 목표와 대비해 측정된 실제성과 간의 차이에 대한 사후적인 피드백을 제공하는데 초점을 맞춘다(Kloot 1997). 한편, 피드포워드 통제는 실제적인 프로세스가 이루어지기 이전에 계획된 성과와 예측된 성과를 비교하여 차이가 존재하는 경우 이에 대한 수정조치가 사전에 취해지도록 한다(Emmanuel et al. 1990; Berry et al. 1995). Otley(1999)는 PMS를 이용하는데 조직의 정보흐름시스템과 네트워크 등이 중요하다고 지적하였다. 이때 정보의 흐름은 피드백 혹은 피드포워드 방식을 의미하는데, 피드백 통제에 의한 정보는 행동지침의 수정 혹은 적응과 관련된다.

반면, 피드포워드 통제에 의한 정보는 새로운 아이디어의 창출이나 전략과 계획의 재수립 등과 연관된다. Norreklit(2000)는 BSC는 성과지표와 함께 성과동인을 포함하며, 이들을 인과관계로 연계시켜서 PMS를 기존의 피드백 시스템에서 피드포워드 시스템으로 변화시킬 수 있다고 주장하였다. 이는 BSC가 단순히 결과를 사후적으로 측정하고 평가하는 차원의 PMS 활용 수준에서 벗어나 성과 창출 동인을 바탕으로 결과에 대한 예측을 할 수 있음을 의미한다.

이와 같이 PMS의 피드백 이용방식은 경험에 의한 학습, 과거 의사결정의 영향에 대한 분석, 전략과 목표의 재검증 촉진, 그리고 수정조치의 필요성 파악 등에 PMS가 이용되는 것을 의미하며, 과거와 현재의 정보에 의존한다. PMS의 진단적 이용 역시 과거 정보에 초점을 맞추므로 PMS의 피드백 이용은 진단적 이용과 유사한 측면을 지닌다(Ferreira and Otley 2009). 한편, PMS의 피드포워드 이용방식은 미래에 대한 예측을 바탕으로 계획을 통제의 범주에 포함시키는 것으로서 성과목표를 설정하고, 전략수행을 가이드 하며, 행동계획을 개발하고 조직의 비즈니스 및 전략과 관련된 중요한 측면을 소통하는데 PMS를 이용하는 것을 의미한다. 이는 전략 혹은 계획수립과 예측에 초점을 맞추는 방식으로 이중고리학습과 연관되어 전략적 타당성을 검증하는 기능을 수행한다(Ferreira and Otley 2009). 역동적인 환경에서는 특히 전략적 의도와 전략적 행동 간의 정렬이 지속되기 어려우며, 이러한 전략적 불일치가 나타나는 시점은 경쟁우위와 직결되는 전략적 변화를 창출할 수 있는 중요한 시기가 될 수 있다(Burgelman and Grove 1996). 이때 전략적 타당성에 대한 통제는 의도된 전략의 실행 결과를 파악하는데 중요하며, 전략적 불확실성 하에서 전략적 변화에 대해 논의한다는 측면에서는 Simons(1990)의 상호작용적 이용방식과 교집합을 지닌다. 그러나 PMS의 상호작용적 이용은 계획이나 사전적 통제의 측면에 초점을 두지 않는다는 점에서 PMS의 피드포워드 이용과 차이가 있다.

3.1.2 진단적 · 상호작용적 이용과의 차이

PMS의 진단적 이용은 정기적인 회의보다 차이분석을 통해 도출된 예외에 초점을 맞춤에 따라 이론적으로 상호작용적 이용과 분리될 수 있다(Simons 1995). 그러나 PMS의 피드백 이용과 피드포워드 이용은 PMS가 제공하는 정보의 속성(과거지향적, 미래지향적)과 통제의 시점(사후적, 사전적)에 따라 이론적으로 분리될 수 있다(Preble 1992). 이와 같이 PMS의 진단적 · 상호작용적 이용과 피드백 · 피드포워드 이용은 이용방식을 분류하는 기준에 있어서 차이를 보인다고 할 수 있다. 따라서 진단적 이용과 피드백 이용, 그리고 상호작용적 이용과 피드포워드 이용이 각기 개념적으로 교집합을 지니지만 상이한 이용방식을 분류하는 기준에는 분명한 차이가 있다고 할 수 있다. 선행연구에서 각 이용방식의 측정에 사용한 항목들을 기준으로 진단적 · 상호작용적 이용과 피드백 · 피드포워드 이용의 차이를 살펴보면 다음과 같다.

PMS의 진단적 이용은 학자에 따라 이견이 존재하긴 하나, 공통적으로 목표달성을 위한 과정의 추적, 결과에 대한 모니터링, 예상과 실적 간의 비교, 핵심지표에 대한 검토 등의 내용을 담고 있으며, 최고경영진의 이용방식에 준하여 측정된다(Henri 2006b).[24] 한편, PMS의 피드백 이용은 경험에 의한 학습, 과거 의사결정의 영향에 대한 분석, 전략과 목표의 재검증 촉진, 그리고 수정조치의 필요성 파악 등의 항목을 포함한다(Grafton et al., 2010). 이는 진단적 이용이 공통적으로 내포하는 항목과 유사하나 과거 행동 및 결과의 영향과 이를 토대로 한 학습, 후속조치 등을 명시함으로써 통제의 시점과 정보의 속성을 보다 명확히 제시하고 있다.

PMS의 상호작용적 이용에 대해 학자마다 이견이 존재하므로 이에 대한 세부내용 정의에 차이가 있다. 가령 Henri(2006b)의 상호작용적 이용은 조직구성원 간의 정기적인 토론, 가정과 행동계획 등에 대한 지속적인 문제 제기, 조직의 공통사항에 대한 주의집중 등을 포함하나, Widener(2007)의 상호작용적 이용은 최고경영진과 운영관리자의 PMS에 대한 관심과 이용 정도만을 포함한다. 이와 같이 선행연구에서 제시하는 세부내용은 상호작용적 이용이라는 하나의 범주에 포함하기에는 다양한 속성을 지닌다. 한편, PMS의 피드포워드 이용은 성과목표 설정, 전략수행에 대한 가이드 제시, 행동계획의 개발, 비즈니스 및 전략과 관련된 주요 측면의 소통 등의 세부내용을 포함한다. 이는 명확히 미래에 초점을 두고, 방향성과 계획을 제시하는 차원에서 PMS를 이용하는 것을 의미한다. 따라서 피드포워드 이용은 정기적인 회의를 통한 조직구성원 간의 상호작용이나 공통의 주의집중이나 최고경영진의 관심보다는 미래 예측과 계획에 보다 주안점을 둔다. PMS의 상호작용적 이용이 전략적 불확실성에 대한 정보를 논의하고 현존 체제에 의문을 제시한다는 점에서 미래지향성을 보인다고 해석할 수 있겠으나 관리통제의 주요 측면인 계획을 명확히 고려하지는 않는다.

---

24) Henri(2006b) 연구에서 PMS의 상호작용적 이용으로 분류되었던 상사, 부하직원, 동료들과의 정기적인 논의와 행동계획 · 가정 등에 대한 지속적인 의문 제기 등 공통의 주의집중과 관련된 항목들은 Widener(2007) 연구에서는 모두 진단적 이용으로 분류되었다. 이와 관련하여 Mundy(2010)는 실무적으로 정기적인 회의가 차이와 예외보고를 목적으로 진행되므로 상호작용적 이용의 특성으로 제기되는 정기적인 회의는 진단적 이용과 상호작용적 이용을 모두 포함할 수 있다고 하였다.

3.2 패키지 관점에서의 MCS

3.2.1 의의

MCS에 관한 정의는 성과와 통제라는 2가지 큰 구성개념에 기초한다(Anthony et al. 1984). 모든 기업 활동의 효과성 및 효율성의 함수로 정의되는 기업의 궁극적 목표인 성과를 달성하기 위해 조직은 운영관리체계 상의 모든 활동을 그들의 의도된 방향으로 통제하고자 한다. 따라서 MCS는 성과라는 목표를 달성하기 위해 조직 내의 모든 절차와 과정에 사용되는 통제 도구라고 정의할 수 있다(Berry et al. 1995; Lowe 1970; Simons 1995; Widener 2007). 관리회계 분야 선행연구들은 성과와 통제라는 공통된 시각을 기반으로 각자 자신의 연구목적에 부합되도록 다양한 방식으로 MCS를 정의해왔다. MCS에 관한 논의를 처음 제시한 Anthony(1965)는 이를 성과관리를 위해 설정된 조직의 체계적 도구로 보았다. 그는 MCS를 관리자들이 조직목표를 보다 효과적, 효율적으로 달성하기 위해 획득, 활용하는 자원을 확인하는 프로세스로 정의하였다. MCS를 하나의 정보시스템으로 인식한 Lowe(1970)는 MCS를 기업목표에 따라 구성원의 행위를 측정하여, 목표와 행위 결과의 차이를 수정할 수 있도록 설계된 조직정보의 탐색, 수집, 피드백 시스템으로 정의하였다. 또한, 통제 활동의 절차 그 자체에 초점을 맞추어 MCS를 변화하는 경영환경에서 조직이 생존할 수 있도록 조직의 활동방식을 안내하는 과정으로 보기도 하였고(Berry et al. 1995), MCS를 조직의 활동 형태를 유지하거나 변경하기 위해 정보를 이용하는 공식적인 절차로 보기도 하였다(Simons 1991). 상황이론에 기초하여 MCS의 구축 및 설계 차원에 초점을 맞춘 선행연구들은 보다 광범위한 관점에서 MCS를 전략형성 및 실행을 포함하는 포괄적인 전략 프로세스로 정의하기도 하였다(Merchant and Otley 2007; Mintzberg 1978; Ferreira and Otley 2009). 이와 같이 MCS에 대해 명확히 하나로 정립된 정의나 프레임워크는 존재하지 않지만, 이에 대한 시도는 여전히 진행되고 있다(Chenhall et al. 2011; Ferreira and Otley 2009; Merchant and Otley 2007; Malmi and Brown 2008).

Simons(1995)에 의해 제시된 MCS 프레임워크는 전략영역의 구조화 차원에서 신념 및 경계시스템을 제시하여 제도화된 MCS의 차원을 반영할 뿐만 아니라, 전략실행 차원에서도 그 활용적 측면에 초점을 맞추어 진단적 이용 및 상호작용적 이용을 제시하여 특정 시스템의 구분에 상관없이 그 효과성 검증이 용이하다는 이점이 있다. 그러나 긍정 혹은 부정, 독려 혹은 제한의 역할을 구분하여 수행한다는 Simons(1995)의 프레임워크는 어떠한 통제시스템이든 구분된 2가지 역할 모두를 수행할 수 있다는 최근 확장된 선행연구들의 실증결과 및 주장에 의하면 한계점을 나타내고 있다(Adler and Chen 2011; Mundy 2010). 이는 특히 Henri(2006b)의 연구와 같이 구분되는 두 시스템 간의 균형적인 활용 점을 찾기 위한 확장연구에서는 더욱 두드러지는 한계점을 나타낸다. 또한, 해당 프레임워크는 공식적 MCS에 대한 시각만을 제시함으로써 그 효과성이 강조되고 있는 비공식적 통제의 영역을 담아내지 못한다는 지적을 받고 있다(Bisbe and Otley 2004). 더욱이 그 분류상 개념이 나타내는 모호성에 기인하여 조직 내에서 운영되는 모든 MCS를 해당 프레임워크로 구분하기에는 한계점을 나타냄에 따라 이를 대체할 수 있는 대안적 프레임워크가 필요하다는 주장이 학계 일각에서 제기되고 있다(Tessier and Otley 2012). 따라서 기존 선행연구에서 MCS를 여러 형태로 정의하고 각각의 개별통제시스템으로 인식하며 그들 간의 유기적 관계를 고려하지 않던 전통적 시각에서 벗어나, MCS를 유기적 집합체로 인식하는 통제패키지 관점의 접근이 시도되었다. 통제패키지 관점에서 MCS를 정의하는 것은 확장된 시각을 제공하고, MCS에 대해 보다 나은 이해를 제공할 수 있을 것이다.

3.2.2 패키지 관점에서의 통제시스템

통제패키지의 관점에서 정의되는 MCS에 관한 제안은 관리회계 분야 선행연구에서 지속적으로 제시되어 왔다(Otley 1980). 그들은 상황요인과의 관계에 기초한 MCS의 설계 및 구축 혹은 MCS의 이용에 따른 역량 및 성과에 대한 효과성을 검증하는데 있어서, 이를 패키지 관점에서 인식하고 그 관계를 설명하려는 시각이 필요하다고 주장하였다. 그럼에도 불구하고 통제패키지에 관한 학문적 차원에서의 이론적 정립 및 실증연구들은 미비한 실정이다(Abernethy and Chua 1996; Alvesson and Karrenman 2004).

Malmi and Brown(2008)은 MCS를 통제패키지 관점에서 인식하였다. 그리고 이런 시각이 필요한 이유를 3가지 제시하였는데, 그 이유는 다음과 같다.

첫째, 여러 구성요소로 이루어진 MCS는 조직 내에서 그 설계 및 구축 또는 효과성을 발휘하는데 있어서 개별적으로 운영되지 않는다. MCS 연구의 대부분은 조직 내에서 운영되는 개별통제시스템이 서로 겉보기에 연관되어 있지 않고 독립적으로 운영된다는 판단 하에 연구를 진행하였다. 하지만 사실상 이들은 보다 포괄적인 통제시스템 내에 존재하는 하나의 구성요소로 작용한다(Chenhall 2003). Fisher(1998)는 이와 관련하여 다양하게 운영되는 개별통제시스템 간의 연계성이 고려되지 않는다면 상황요인들과 MCS 간의 관계에 대한 검정 결과가 잘못된 방향으로 이어질 수 있다고 주장하였다. 이러한 주장은 단일의 개별 통제시스템을 MCS의 대용치로 사용하는 기존의 연구방식은 제한된 조건에서만 그 결과의 유의성이 확보된다는 Chenhall(2003)의 주장과 맥을 같이한다. 따라서 이러한 이유로 동일한 개별통제시스템의 효과성을 검정한 여러 연구들에서 상이한 실증연구 결과가 제시된 것이다(Dent 1990). 기존의 MCS 연구들은 연구목적에 따라 특정의 개별통제시스템을 MCS의 대용치로 사용하여 연구를 진행하였다. 이런 연구들은 개별통제시스템의 효과성의 합을 통해 전체 MCS의 효과성을 이해할 수 있다고 전제한다(Donaldson 2001). 하지만 통제패키지의 관점에서 MCS를 바라보는 연구자들은 개별통제시스템들 간에 존재하는 상호의존성이 반드시 고려되어야 한다고 주장한다. 이는 개별통제시스템 간의 상보적 혹은 상충적 관계가 존재할 수 있으므로 이들을 동시에 고려하여 검정된 효과성은 개별통제시스템이 나타내는 효과성의 단순 합보다 크거나 혹은 작을 수 있다는 것이다(Bedford et al. 2016; Malmi and Brown 2008). 즉, MCS에 대한 보다 나은 이해를 위해서는 MCS의 구성요소들 간의 상호의존적 관계를 고려하여, 이를 동시에 검정하는 것이 요구된다는 것이다.

둘째, MCS의 구성요소들이 독립적으로 운영된다는 시각은 새로운 개별통제시스템을 제안하고 그 효과를 검정하는데 있어 잘못된 방향성을 제시할 수 있다. 회계분야 연구자들은 지속적으로 활동기준원가관리(activiti-based costing management), BSC, 가치기반경영(value-based management; VBM), 목표원가(target costing) 등과 같은 회계정보관리 차원에서의 혁신적 제도를 개발, 제안하고 그 효과를 검정하고자 노력해왔다. 하지만 이러한 시스템을 개별적으로 연구하는 것은 기존의 MCS 구성요소들과의 연계성을 간과하기 때문에 새롭게 제안된 혁신적 시스템의 의미를 퇴색시킬 가능성이 있다.

셋째, 기존의 MCS 연구가 성과를 증진시키기 위한 설계방식, 즉 공식적인 MCS에 초점을 맞춰 왔다는 것이다. 해당 목적을 달성하기 위해 연구에서 설정되는 통제시스템은 측정 혹은 실증결과의 적용 차원에서 용이성을 나타내는 공식적 MCS로 제한되는 경향을 나타낸다. 이는 조직문화와 같은 타 유형의 통제요소에 대한 연구자들의 관심을 제한함으로써 MCS의 다양한 구성요소들에 대한 견지를 좁히는 부정적 결과를 초래한다.

다양한 구성요소들 간의 연계성을 고려하여 제시된 통제패키지는 MCS 연구의 외연을 보다 확장시키고 있으나, 이에 대한 이론적 정립 혹은 실증연구는 여전히 부족한 실정이다. Chenhall et al.(2011)은 통제패키지 관점에서 정의된 MCS 프레임워크를 제안한 바 있다. 그들이 제안한 MCS 프레임워크는 사회적 네트워크, 유기적 혁신문화 및 공식적 통제 등 3가지로 구성되는데, 그 역할 및 특성에 따른 혁신과의 관계성뿐만 아니라 구성요소들 간의 상호의존성까지 고려하여 설정되었다. Chenhall et al.(2011)이 제안한 MCS 프레임워크의 3가지 구성요소는 다음과 같다.

첫 번째 구성요소는 사회적 네트워크이다. 비공식적 통제의 구성요소 중 하나인 사회적 네트워크는 장기적 관계 및 신뢰를 바탕으로 성립되어 개인 혹은 사회적 관계망에 역점을 두고 관리되는 조직 간의 교류방식으로 정의된다(Chenhall et al. 2011). 이에 관한 이론은 거래비용에 관한 경제학, 조직생태학 및 인사전략 분야에서 찾아볼 수 있다(Hoang and Antonic 2003). 기업은 외부주체와의 장기적, 신뢰적 관계를 기초로 형성한 사회적 네트워크를 기반으로 운영에 요구되는 정보, 지식, 인력 등의 필요자원을 확보할 수 있다(Jarillo 1989). 이는 곧 사회적 네트워크가 그 자체로써 외부주체와의 관계를 기반으로 필요한 재화를 창출, 획득하는 일종의 사회적 자본임을 의미한다(Burt 1997). 따라서 해당 통제시스템의 적극적인 활용은 조직운영에서 요구되는 여러 차원에서의 사회적 자본을 확보한다는 점에서 조직역량 혹은 성과에 긍정적인 영향을 미친다(Birley 1985).

두 번째 구성요소는 유기적 혁신문화이다. 조직문화는 구성원들의 행동과 사고를 지배하는 비공식적 분위기로서(Jones and George 1998) 구조적, 체계적 차원에서 정형성을 갖는 공식적 통제시스템과 달리 비형식적 특성을 나타낸다. 이는 곧 조직문화가 조직운영의 주체인 구성원들의 잠재적 인식차원에서 집단적 가치관 혹은 보이지 않는 규범 등으로 작동함을 의미한다. 조직문화도 체계화된 공식적 통제시스템과 마찬가지로 조직목표를 달성하기 위해 구성원들의 행동을 조정하고 지배하는데 핵심적인 역할을 수행한다(Jone and George 1998). 이와 같은 시각을 기초로 비공식적 통제의 나머지 구성요소로 설정된 유기적 혁신문화는 개방적이고 유연한 의사소통 및 구조를 제공하는 조직 내 비공식적 절차로 정의된다(Chenhall and Morris 1995; Chenhall et al. 2011; Khandwalla 1972). 이는 외부 환경변화에 대한 능동적 적응을 강조하며 창의성, 도전성 등과 같은 변혁적 가치를 추구하는 특성을 나타낸다(Quinn and McGrath 1985). 따라서 유기적 혁신문화는 급변하는 기업환경 하에서 그 중요성이 더욱 강조되고 있는 조직역량으로서의 혁신과 높은 관련성을 나타낼 것으로 기대되며, 학문뿐만 아니라 실무 차원에서도 주목받고 있다.

세 번째 구성요소는 공식적 통제이다. 공식적 통제는 조직의 계획 및 운영을 지원하는 공식적인 통제시스템으로 정의된다(Chenhall and Morris 1995; Chenhall et al. 2011; Davila et al. 2006). 이는 구성원의 행동과 기업이 설정하는 비전, 목표, 정책 등이 동일한 방향으로 정렬될 수 있도록 활용되는 조직 내 통제시스템으로 객관성과 공식성을 갖는다(Anthony et al. 1984; Whitley 1999). 최근 급변하는 경영환경으로 인하여 조직은 효율성뿐만 아니라 유연성 가치를 매우 중요하게 여기며, 통제시스템에 대한 전통적 시각의 변화를 요구하고 있다. Chenhall et al.(2011)은 이와 같은 흐름을 반영하여, 현재 시점에서의 조직운영뿐만 아니라 미래의 계획 활동과 연관된 조직의 전반적 활동을 아우르는 공식적 통제의 개념 및 역할을 제시하였다.

이와 같은 특성을 나타내는 구성요소들을 기초로 제안된 Chenhall et al.(2011)의 MCS 프레임워크는 각 개별통제시스템의 공식성 여부에 따른 분류가능성을 내포함으로써 비공식적 통제영역을 반영하고, 기준의 명확성을 확보하며, 역할 차원에서 각 통제시스템 모두를 동시에 강조할 수 있다는 장점이 있다. 더욱이 해당 프레임워크는 이를 구성하는 개별통제시스템 간의 관계성을 고려하여 설정됨에 따라 학계에서 제안된 패키지 관점의 MCS 프레임워크에 대한 필요 요구에 부응한다. 이는 Simons(1995)의 프레임워크가 나타내는 한계점을 극복함과 동시에 패키지 관점에서 정의된 대안적인 MCS 프레임워크로서의 역할을 할 수 있으리라 판단된다.

3.3 ECO-MCS[25)]

경영통제시스템은 기업 또는 조직이 목표를 달성하기 위하여 조직구성원들의 행동을 자극하고 영향을 미치는 메커니즘이다. 최근 환경문제가 중요한 이슈로 대두되면서 환경문제에 대한 법, 규정 및 처벌 등이 강화되고, 환경에 대한 책임이 증가하고 있다. 이로인해 경영통제시스템의 일종으로 환경관리통제시스템(environmental management control Systems)이 부각 되었으며, 환경전략을 추진하기 위한 수단으로 많은 기업이 이에 관심을 갖게 되었다. 기업은 환경문제를 해결하기 위해 제한된 자원을 배분하고, 그들의 환경성과를 통제하고 측정하여 공시해야 할 의무가 있으며, 이를 달성할 수 있는 유용한 정보

25) ECO-MCS와 관련된 내용은 대부분 김영철과 박경원(2017)의 연구를 인용한 것이다.

를 토대로 효율적이고 효과적인 의사결정을 제공할 수 있는 시스템이 필요하다. 환경관리통제시스템은 환경관리회계(environmental management accounting; EMA)의 일종으로 환경관리를 위한 관리통제의 응용프로그램이며, 환경보호라는 환경관리의 목표를 달성하도록 구성원들을 고무하고 자극하는 시스템이다. MCS에 대한 Simons(1990)의 정의에 따르면, 친환경통제시스템(eco-control systems; ECS)은 환경 활동의 패턴을 유지하거나 변경하기 위해 재정적 · 생태학적 정보를 이용하는 공식화된 절차와 체계로 정의할 수 있다. 환경관리통제시스템은 중 · 장기 환경관리계획, 환경비용 예산제도, 환경원가계산시스템, 환경성과평가시스템, 환경투자자본예산제도, 환경보상시스템, 제품수명주기원가와 환경감사 등의 하부시스템들로 구성되어 있다.

친환경통제와 관련된 선행연구 중에서 Ittner and Larcker(2001)는 PMS, 환경예산 및 인센티브를 친환경통제의 구성요소로 보았다. 먼저, 친환경통제의 맥락에서 PMS는 환경성과에 관한 정보의 수집 및 공시와 관련이 있으며, PMS의 2가지 주요한 관점은 측정의 다양성과 PMS의 이용이다(Henri 2006a). 측정의 다양성은 다양한 관점, 즉 경제적 대 생태학적 측정지표, 투입물 대 산출물 측정지표, 프로세스 대 결과 측정지표, 내부 대 외부 측정지표, 운영적 대 관리적 측정지표 등과 관련이 있는 광범위한 개념이다(Bennett and James 1999; Schaltegger and Burritt 2000; Ittner et al. 2003). 측정의 다양성은 기업이 주의를 기울이고 있는 환경성과지표에 대한 다양한 유형의 측정을 의미한다. 이것은 조직 내에서 이용할 수 있는 환경성과지표의 다양성을 강조한다. 다양한 환경성과지표의 예로는 에너지의 투입량, 고체 폐기물의 산출량, 재정적 영향 등이 있다. 측정의 다양성이 PMS의 콘텐츠를 의미하는 것이라면, PMS의 이용은 경영자가 환경관리를 위해 성과지표를 이용하는 정도를 의미한다. 성과지표의 상이한 이용은 관리회계문헌에서 목표 달성의 모니터링, 조직의 주의집중, 의사결정의 지원 및 외부보고 등으로 조사되어왔다(Bisbe and Otley 2004; Henri 2006a; Simons 1995). 그러나 환경관리문헌에서 환경성과지표의 다양한 유형의 이용과 관련한 연구는 활발히 이루어지지 않은 실정이다. 관리회계문헌과 환경관리문헌으로부터 PMS 이용의 4가지 공통부분을 찾을 수 있는데, 그것은 환경정책과 규정 준수의 모니터링, 환경에 대한 지속적인 개선의 유인, 환경과 관련된 내부 의사결정을 위한 데이터의 제공, 외부보고를 위한 데이터의 제공 등이다.

예산은 거의 모든 조직에서 중요한 통제 메커니즘 중 하나이다(Hansen and Van der Stede 2004 ; Hansen et al. 2003 ; Abernethy and Brownell 1999). 예산은 개인과 집단의 활동을 지시하고 관리하기 위해 필요한 정보를 제공하기 때문에, 예산은 개인과 조직 간의 목표일치성을 고취하기 위한 하나의 수단이다(Abernethy and Brownell 1999). 예산은 전략적인 우선순위를 조정하고 의사소통하는 수단으로 경영진에 의해 사용되고 있다. 친환경통제의 맥락에서, 총액예산(global budgeting)의 한 가지 유형인 환경예산은 폐기물 처리 또는 폐품의 재활용, 그리고 환경투자에서 발생하는 환경비용과 수입에 대한 상세한 목표의 설정을 포함하고 있다.

인센티브는 경영자가 전략적 우선순위에 몰입하도록 유도하기 위하여 이용하는 도구이다. 인센티브는 조직목표에 대한 동기부여의 근원으로, 특정한 행동을 강화하거나 수정하는 역할을 한다(Flamholtz et al. 1985). 친환경통제의 맥락에서, 인센티브 제도와 환경 관련 성과지표의 통합은 환경 활동에 대한 경영자의 노력을 유도하기 위해 이용되고 있다(Gabel and Sinclair－Desgagne 1993). 환경목표는 경영자가 이익과 관련된 활동과 환경성과와 관련된 활동 모두에 집중하도록 권장하는 인센티브 제도로 달성할 수 있다(Lothe et al. 1999).

다른 연구에서는 환경과 관련된 활동이 도덕적 가치에 토대를 두고 있으며, 환경문제에 대한 최고경영진의 감수성을 반영한다는 사고를 기반으로 윤리적인 동기의 역할을 강조하고 있다. 최근 제시되고 있는 의견은 이러한 관점들은 상호보완적이며, 이러한 관점의 결합이 기업의 환경과 관련된 사전대응능력에 대해 더욱 포괄적인 견해를 창조할 수 있다는 것이다(Ervin et al. 2013).

한편, 지식경영이론에 의하면 기업이 원하는 혁신을 달성하기 위해서는 그에 필요한 지식이 공급되어야 하며, 혁신의 형태에 따라 필요로 하는 지식 유형 또한 다르다. 제품혁신에는 외부지향의 명시적 지식이 요구되며, 프로세스 혁신을 위해서는 내부지향의 암묵적 지식이 필요하다. 프로세스 혁신을 위해 필요한 생산방식 및 생산과정에 대한 지식은 기업의 문화, 신념, 가치관과 조직구조 속에 내재되어 있으면서 해당 기업의 언어로만 이해 가능한 암묵적 지식인 경우가 많다. 그러나 여러 경우에 있어서, 제품혁신은 경쟁자들의 제품을 역설계하여 획득한 명시적 지식에 의존하게 된다. 제품혁신은 외부로부터 명시적으로 획득, 이전받는 지식(고객 기호 변화, 경쟁사의 제품설계 형태 등)에 근거하는데, 그 이유는 이러한 외부지식 없이는 새로운 제품 개발의 방향이나 설계 형태 등을 결정하기가 어렵기 때문이다.

환경관리통제시스템의 상호작용적 이용을 통한 구성원들 간의 면담, 토의와 상호작용은 암묵적 지식의 공유와 창출에 도움을 준다. 상호작용적 이용 자체가 개인적 접촉과 의사소통을 촉진시키며, 이것은 구성원들 간에 암묵적 지식이 이전 및 공유되는 것을 활성화시킨다. 그리고 상호작용적 이용은 구성원들의 호기심과 실험을 자극하고, 다양한 아이디어를 창출하므로 새로운 암묵적 지식의 획득과 관련이 있다. 상호작용적 이용에 따른 새로운 시도, 적용과 실험이 암묵적 지식의 창출을 활성화시키는 것이다. 한편, 환경관리통제시스템의 진단적 이용은 정해진 규칙, 지침과 설정된 방향 등을 제공하고 이것은 암묵적 지식을 명시적 지식으로 전환할 경우 공통 규범이 될 수 있다. 암묵적 지식을 명시적 지식으로 전환하기 위해서는 기업이 설정한 자체 해석 규범이 필요한데 진단적 이용은 해석의 틀을 제공하여 명시적 지식의 획득과 축적을 촉진한다. 그리고 진단적 이용은 정보와 지식의 수집, 축적을 통해 광범위한 명시적 지식체계를 구축하는데 기여한다. 진단적 이용의 지속적인 조정과 검토는 보편적인 지식과 정보를 쌓이게 하며, 이것을 통해서 새로운 명시적 지식이 획득되고 축적된다.

3.4 지속가능성 관리통제시스템(SMCS)

관리회계문헌을 살펴보면, MCS에 관한 많은 연구가 진행되어 왔으며, 많은 연구자가 다양하게 MCS를 정의해 왔다. Anthony(1965)는 MCS를 경영자가 조직목표를 달성하기 위하여 자원을 획득하고, 그 자원을 효율적이고 효과적으로 사용하도록 하는 프로세스로 정의하였다. Lowe(1970)는 MCS를 기업이 경영환경의 변화에 적응하고, 기업목표에 따라 구성원들의 행위를 측정하며, 목표와 행위 결과의 차이를 수정할 수 있도록 설계된 조직정보의 탐색 · 수집 · 피드백시스템으로 정의하였다. Berry et al.(1995)은 MCS를 변화하는 경영환경에서 생존할 수 있도록 조직의 활동방식을 안내하는 과정으로 정의하였다.

기업은 다양한 자원을 투입하여 산출물을 얻어내는 일련의 과정으로 경영활동을 수행하며, 효과적인 경영활동을 위해서는 구성원들이 설정된 목표를 달성하도록 경영관리를 해야 한다. 경영관리는 계획, 실행, 통제의 연속적인 순환으로 이루어져 있으며, 마지막 단계인 통제는 조직의 업무수행 결과가 사전에 설정한 목표에 얼마나 부합하고 있는지를 분석하고, 부합되지 않을 경우 그 원인을 파악하여, 차기 계획수립에 필요한 정보를 피드백하는 과정을 의미한다. MCS는 이러한 전략계획과 관리통제, 운영통제를 포함하여 조직의 각 기능적인 요소들을 상호 연결하여 조립해 놓은 통제장치의 집합체라 할 수 있다(Wilson and Chua 1993). 즉, 선행연구를 종합해보면 MCS는 조직성과의 향상이라는 목표를 달성하기 위해 조직 내에서 행해지는 절차와 과정 상 활용되는 통제도구라는 공통된 개념을 갖고 있다(Lowe 1970; Berry et al. 1995; Simons 1995; Widener 2007).

Simons(1990; 1995)은 선행연구들이 전략이 MCS에 미치는 영향 또는 MCS가 전략에 미치는 영향을 잘 모르고 있으며, 이러한 주제에 관한 대부분의 연구들이 조직의 실무에 기초하여 분석하지 못하고 규범적이라는 한계를 갖고 있다고 지적했다. Anthony(1965)가 MCS를 조직의 목표를 달성하는 것을 확인하는 것으로 정의한 이후, 관리회계 문헌에서 MCS의 기능에 대한 정의는 거의 변화가 없었다. 그러나 Simons(1990; 1995)은 MCS는 전략 실행뿐만 아니라 전략 수립에도 중요하기 때문에, 제약과 모니터링 장치를 넘어서는 개념으로 정의해야 한다고 주장했다. 그 결과, 조직 활동의 패턴을 유지 또는 변경하기 위해 정보를 이용하는 공식화된 절차인 신념시스템(beliefs systems), 경계시스템(boundary systems), 진단적 통제(diagnostic controls) 및 상호작용적 통제(interactive controls)를 소개하였다. 이에 대해서는 이미 앞에서 여러 차례 설명하였다.

한편, 최근에는 기업 경영과 관련하여 지속가능성이 하나의 이슈이다. 기업은 장기적으로 경쟁우위를 창출하고 생존하기 위해서는 지속가능성, 즉 경제적, 환경적, 사회적 요소를 모두 갖추어야 한다는 것이다. 기업의 이익만이 아닌 사회적 책임과 친환경적으로 혁신을 달성해야 장기적으로 생존할 수 있다는 것이다. 환경적 이슈와 관련하여 1990년 이후, 기업에 대한 환경적 책임이 강조됨에 따라 환경적 수익성과 경제적 수익성을 함께 고려할 수 있는 환경관리통제시스템의 잠재적 역할도 논의되어 왔다(Malmi and Brown 2008; 박경원과 반혜정 2018). 환경관리통제시스템은 기업의 환경 현황을 파악한 후 개선 목표를 수립하여 기업의 성과를 지속적으로 개선하므로 환경운동단체 등 다양한 이해관계자의 압력에 가장 효율적으로 대처할 수 있는 시스템이라 할 수 있다. 환경관리통제시스템에 관한 연구들은 환경전략 수립에 대한 탄소배출권, 오염방지 등 관련 활동에 대한 점진적인 개선과 환경성과 관리에 초점을 두고 연구가 진행되어왔다.

최근에는 지속가능성 관점에서 경제적, 환경적, 사회적 요소를 모두 고려하여 균형을 맞추는 것을 목표로 하는 지속가능성 경영의 필요성이 대두되어 왔으며(Bansal

2005), 기업은 지속가능성을 위해 환경 및 사회적 문제를 통합하여, 이를 효과적이고 효율적으로 책정하거나 실행하기 위한 관리 방법이나 그것을 실천적으로 추진하기 위한 도구로 지속가능성 관리통제시스템(sustainability management control systems; SMCS)을 제시하고 있다(Crutzen and Herzig 2013; Guenther et al. 2016; Maas et al. 2016).

SMCS의 개념을 살펴보면 다음과 같다. Hansen et al.(2009)은 기업의 지속가능성을 위해서는 3가지 차원, 즉 경제적, 환경적, 사회적 차원이 고려되어야 한다는 필요성을 강조하면서 제품 혁신의 지속가능성 평가를 위한 프레임워크에 따라 지속가능성 혁신 큐브를 개발하였다. 지속가능성 혁신 큐브는 3가지 차원으로 구성된다. 3가지 차원이란 목표 차원(생태학적 효과, 사회적 효과, 경제적 효과), 수명주기 차원(제품과 물류, 사용, 수명) 및 요구충족 차원(문화, 시스템, 기술)을 말한다. 이는 지속가능성 평가 방법을 구성하는 것이 아니라, 기업에 적절한 평가 방법을 안내하는 방식을 뜻한다. 이들은 해당 연구를 통해 환경적, 사회적 책임을 요구하는 다양한 이해관계자들과 같은 외부환경에 대응하여 기업이 지속가능경영활동을 실행하기 위해서는 SMCS의 구축 및 이용이 필요함을 강조하였다.

Schaltegger(2011)는 관리통제는 기업의 전략적 측면에서의 지속가능경영활동을 행동으로 변환하는 것을 지원하는 하나의 접근방식을 구성하는 것이라 하였다. 그리고 그는 비시장적인 여러 요인에 따른 전략적 중요성을 식별하고, 사업의 성공에 관련되는 메커니즘을 이해하기 위해 SMCS를 구축해야 한다고 주장하였다. Gond et al.(2012)은 기업이 지속가능경영활동을 하기 위해서는 경제적, 환경적, 사회적 차원의 전략을 균형 있게 달성하도록 도움을 주는 새로운 시스템이 필요하다고 하였다. 그들은 지속가능성 전략을 수립하고 실행하기에는 기존의 재무적 관점의 MCS로는 한계가 있다면서, 이를 극복하기 위해 기존의 MCS와 지속가능성 통제시스템(sustainability control systems; SCS)를 통합한 새로운 SMCS의 개념을 제안하였다. George et al.(2016)은 석유/가스 기업을 대상으로 한 사례연구를 통하여 기존의 성과관리시스템에 지속가능성 개념을 통합하는 SMCS의 개념을 제안하였다. 기술적 통합은 기존의 SCS와 공식적인 MCS 및 활동의 통합으로 정의되며, 지속가능성과 관련하여 기존 성과관리시스템이 어떻게 사용되는지를 검토한다. 조직적 통합은 지속가능성 관리통제권을 갖는 것 이상으로 사람들이 취하는 행동에 초점을 맞추는 것을 포함한다. 인지적 통합은 사람들이 어떻게 생각하는지에 대한 검사를 포함하며, 개인의 변화하는 초점, 충성도 및 신념을 포함한다. 성과관리시스템의 지속가능성 통합이 조직의 지속가능성 성과에 대한 더 나은 관리와 통제를 가능하게 할 수 있다. Crutzen et al.(2017)은 기존의 MCS가 계량적이고 정형화된 정보를 제공하고, 조직의 재무적 목표달성을 추구하였다면, SMCS는 지속가능한 발전을 위해 기업의 경제적 성과와 더불어 환경적·사회적 성과를 추구하며, 이와 관련하여 경영자를 지원하는 모든 장치 및 시스템을 포함한다고 하였다. 또한, 그들은 SMCS는 직원의 행동 및 결정이 조직의 지속가능성 목표 및 전략과 일관성 있게 공식 및 비공식적으로 보장되도록 한다고 하였다. SMCS는 기업의 환경적, 사회적 활동으로 인한 경제적 영향에 대한 정보를 식별 및 분석하여 이에 대한 고려와 가치창출을 연계하는 역할을 한다. 공식 및 비공식 경영통제시스템이 지속가능성 목표를 달성하려는 기업의 노력을 얼마나 지원하는지에 대한 선행연구는 부족하였다(육근효 2019). 육근효(2019)는 이러한 선행연구의 한계점을 극복하려고 SMCS와 기업성과 간의 관계에 대해 국제비교연구를 하였다. 그는 SMCS는 ISO I4001[26]과 ISO 26000[27], CSR 스코어 카드(corporate social responsibillity)[28], 지속가능성과관리[29](sustainability balanced scorecard) 그리고 SDGs[30](sustainability development goals)로 정의하였으나, SMCS의 사례 비교는 CSR 스코어카드와 지속가능성과관리 만을 이용하였다.

이상의 연구를 종합해보면, SMCS는 기존의 MCS가 나아가야 할 새로운 방향으로 볼 수 있다. 경제적 이익만을 달성하기 위한 MCS는 기업의 지속적인 성장을 보장할 수 없으며, 기업의 지속적인 성장을 확보하기 위해서는 경제적 이익과 함께 사회적 책임

---

26) ISO 14001은 국제표준화기구(ISO) 기술위원회(TC 207)에서 제정한 환경경영체제에 관한 국제표준인 'ISO 14000 시리즈' 중 하나이다. 이는 환경경영을 기업경영의 방침으로 삼고 구체적인 목표와 세부목표를 정한 뒤 이를 달성하기 위하여 조직, 절차 등을 규정하고 인적, 물적자원을 효율적으로 배분하여 조직적으로 관리하는 체제를 갖추고 지속적인 환경개선을 이루어 나가고 있다는 것을 의미한다.

27) ISO 26000은 국제표준화기구(ISO)가 2010년 11월 1일 발표한 기업의 사회적 책임에 대한 국제표준으로 사회의 모든 조직이나 기업이 의사결정 및 활동 등을 할 때 소속된 사회에 이익이 될 수 있도록 하는 책임을 규정한 것이다. 구체적으로 산업계, 정부, 소비자, 노동계, 비정부기구(NGO) 등 7개 경제주체를 대상으로 지배구조, 인권, 노동관행, 환경, 공정거래, 소비자 이슈, 공동체 참여 및 개발 등 7대 의제를 사회적 책임 이슈로 규정하고, 이에 대한 실행지침과 권고사항 등을 담고 있다.

28) CSR 스코어 카드는 기업이 추진해야 하는 지속가능성 전략의 중점 분야를 스코어 카드화하고, 지속가능성 경영의 진척 상황을 파악하고 관리하는 것이다.

29) SBSC는 기업의 비전과 전략을 실현하기 위해 재무, 고객, 업무프로세스, 그리고 인재와 변혁(학습과 성장)의 4가지 관점에서 조직전체를 업적평가하기 위한 BSC에 지속가능성 관점을 더한 전략적 경영시스템이다. 이는 사회적·환경적 측면을 계량화하는데 초점을 맞춘 것이며, 기업의 전략적 수준과 운용적 수준 간의 간격을 연결시키는 방법을 제공한다.

30) SDGs는 2015년에 밀레니엄 개발 목표(Millennium Development Goals; MDGs)를 잇는 UN이 정한 글로벌 차기의 개발목표로서, 기업이 SDGs를 경영에 흡수한 후 그 활동을 추진하는 것을 지원하기 위한 가이드라인이다. 또한, SDG 컴퍼스는 SDGs를 기업 경영에 포함시키기 위한 프로세스인데 특히 통제 프로세스에 SDGs을 넣어서 SMCS를 추진하는 것이다.

과 환경혁신을 달성하기 위한 새로운 MCS, 즉 SMCS가 필요하다. 기업이 장기적으로 경쟁우위를 창출하고 성장하기 위해서는 환경에 대한 문제를 해결해 나가고, 사회적 책임에 부응하며, 동시에 이익도 실현해야 한다. 그러나 이와 관련된 선행연구는 대부분 이론적인 측면에서 SMCS 역할을 주장하고 있으며, 구축 및 이용에 대해서는 몇몇 사례연구가 수행되었을 뿐이다. SMCS의 구축 및 이용에 관한 실증연구는 여전히 제한적이므로, 이와 관련된 연구가 필요할 것으로 판단된다.

04 MCS의 후행변수와 관련된 최근 연구동향

MCS의 후행변수와 관련하여 본 장에서 소개할 최근 연구주제는 창의성과 긍정심리자본이다. 최근 기업은 4차 산업혁명으로 인해 높은 환경불확실성과 치열한 경쟁 환경에 직면해 있다. 이러한 환경 속에서 기업들은 경쟁력을 강화하기 위해 경쟁우위의 원천이라 할 수 있는 혁신을 증대시키고자 많은 노력을 기울이고 있다. 이는 기존 제품, 서비스 및 프로세스 등을 개선하거나 완전히 새로운 것을 창조하는 것으로 나타나고 있다. 혁신의 주체는 조직구성원이라 할 수 있다. 왜냐하면 혁신의 핵심인 새로운 아이디어를 개발하고 실행하는 주체가 조직구성원이기 때문이다. MCS는 조직구성원의 행동과 인지측면을 변화시킬 수 있으므로 혁신을 증진시킬 수 있는 요인으로 제시되어 오고 있다. 이에 따라 많은 선행연구에서는 혁신을 증진시키기 위한 MCS의 설계 및 이용에 초점을 두어 연구를 진행해 왔다(Bisbe and Otley 2004). 그러나 이와 관련된 선행연구들은 일관된 연구결과를 제시하지 못했다(Bisbe and Otley 2004; Henri 2006b; 임태종 2010). MCS와 혁신에 관련된 실증연구들을 살펴보면 혁신과 창의성을 구분하지 않는 경우가 대부분이다. 혁신은 창의적 아이디어의 실행과 그에 따른 결과이므로 창의성과 구분되어 설명될 수 있다. 그러나 대부분의 선행연구에서는 이에 대한 명확한 인식 없이 결과변수인 혁신에 초점을 맞추어 실증연구를 하였다. 창의성은 개인, 혹은 집단에 공헌할 수 있는 유용한 아이디어 및 프로세스의 창출과 발전을 포함하는 개념으로 경쟁우위를 달성하기 위한 조직의 혁신을 제고할 수 있는 선행요인이므로 혁신과 구별될 수 있다(Amabile 1996; Porter 1990). 일각에서는 혁신 프로세스의 각 단계에서 창의성이 나타나야 한다고 보고 있다(Couger et al.

1990). 이에 최근 연구에서는 창의성과 혁신을 명료하게 구분하여 검정하고자 하는 추세를 보이고 있다(Davila et al. 2009). 따라서 본 교재에서는 창의성을 혁신과 구분하여 구성원의 창의적인 아이디어 창출의 측면에서 창의성을 정의하고, 관련 논의를 진행하려고 한다.

한편, 최근의 연구에서는 또한 MCS가 성과에 영향을 미칠 수 있다는 명제에는 MCS가 개인의 인지 · 행동 · 성과에 영향을 미칠 수 있다는 점이 선행되어야 한다는 것을 지적하고 있다. 즉, 개인수준에서 MCS의 영향을 검정하고자 하는 연구가 활발해지고 있다(Burney and Widner 2007; Hall 2008). 이러한 연구들은 심리학 이론을 바탕으로 인지적, 동기부여 등의 측면에서 MCS가 개인의 인지 · 행동 · 성과에 미치는 영향을 실증적으로 검증하고자 하였다. 최근 심리학 분야에서 주목받고 있는 긍정심리학은 다양한 연구를 통해서 개인의 심리적 자본이 개인 삶뿐만 아니라 조직성과에도 영향을 줄 수 있는 변수로 제시되고 있다(이동섭 외 2009). Luthans et al.(2004)에 의하면 긍정심리자본은 개인의 복합적인 긍정심리상태로써 측정 및 개발을 통해 효율적 관리가 가능한 사람의 강점과 심리적 역량이라고 정의할 수 있다. 긍정심리자본은 조직행동 분야의 긍정적 조직행동(positive organizational behavior)의 핵심개념으로서 조직의 성과향상에 영향을 미치는 변수로 주목받고 있다. 긍정심리자본은 개인의 약점보다는 강점에 초점을 맞추고자 하는 심리적 상태로서 Luthans et al.(2004)에 의해 정의된 이후로 조직행동 분야에서 많은 관심을 받았다. 그러나 긍정심리자본에 영향을 미치는 조직의 특성에 대한 연구는 아직 활발하게 진행되고 있지 않다. 그러므로 MCS의 이용이 조직구성원의 심리와 개인행동에 미치는 영향을 보다 명확히 규명하기 위해, MCS의 이용과 최근 조직행동 분야 등에서 많은 관심을 받고 있는 긍정심리자본의 관계를 분석하는 것은 연구영역을 확대한다는 측면에서 의미가 크다고 본다. 이와 관련된 연구들은 현재에도 진행 중이며, 향후에도 지속적으로 진행될 것으로 예상된다.

4.1 창의성[31)]

4.1.1 창의성의 개념 및 중요성

창의성에 대한 기술은 고대 그리스의 플라톤(Platon)으로부터 시작되었으며, 1950년 미국 심리학자 Guilford가 심리학회 회장 취임 연설에서 창의성의 중요성을 역설한 것이 과학적인 연구의 시작점이라 할 수 있다. 이후 본격적으로 시작된 창의성에 관한 정의 및 관련 견해는 매우 다양하지만, 일반적으로 창의성은 새롭고(novel), 적절한(appropriate)것을 생성해 낼 수 있는 능력이라고 본다(Ochse and Ochse 1990; Amabile and Hennessey 1999).

최근 현대 조직의 성공에 있어 창의성은 기업의 생존과 발전의 핵심 요인 중 하나로 부각되고 있다(Davila et al. 2009). 창의성은 넓게는 조직의 장기적인 성장과 발전을 위한 새로운 동력의 발굴에서, 좁게는 현장 문제의 개선과 혁신에 이르기까지 개념적 범위가 넓다. 창의성은 급격한 경영환경 변화와 치열한 경쟁에 처한 최근의 기업 경영에서 중요한 역할을 하고 있다. 기존의 창의성 연구는 주로 교육학과 심리학 분야에서 개인이 갖는 특성에 초점을 맞춰 진행되어 왔다. 그러나 최근 연구에서는 집단과 조직 맥락에 대한 관심이 높아지고 있고, 창의적인 성과를 위해 조직이 어떠한 역할을 하는가 하는 것이 중요해짐에 따라 적극적으로 창의성을 관리하기 위한 방안이 요구되고 있다(Amabile 1995).

특히, 최근 많은 기업이 혁신을 경쟁의 원천으로 보고 조직의 혁신을 유발하기 위해 노력하고 있으며, 이러한 과정에서 조직구성원의 창의성은 조직의 혁신을 제고하는데 필수적인 요인으로 제시되고 있다(Amabile 1996; Porter 1990). 따라서 창의성을 고취시킬 수 있는 조직구조나 환경에 관심을 기울이는 추세이다(Yuan and Woodman 2010).

창의성에 대한 정의를 살펴보면, Amabile(1986)은 창의성을 개인의 전문적인 지식을 기반으로 창의적인 사고를 통해 새롭고 유용한 아이디어나 해결책을 산출하는 것으로 정의하였고, Shalley(1991)는 창의성을 직무 문제에 대해 유용할 것으로 판단되는 새로운 해결안을 개발하는 것으로 정의하였다. Woodman et al.(1993)의 연구에서는 복잡한 사회체계 속에서 업무를 수행하는 구성원들에 의해 창출되는 유용한 새로운 아이디어, 서비스, 제품, 절차 등을 창의성이라 통칭하였다. 또한 Amabile(1996)은

---

31) 창의성과 관련된 4.1.1부터 4.1.3까지의 내용은 이지영(2018) 박사학위 논문의 내용을 정리한 것이다.

창의성을 창의적인 프로세스의 결과라고 정의하였다. 그에 따르면 창의성은 참신함과 유용성 등의 특성을 가지면서 업무에 쉽게 적용될 수 있는 것이고, 연산적이기보다 직관적으로 발견된 것이다. 이는 특정한 산출물이나 반응이 '창의적'이라는 것을 판단하는 기준이 된다는 의미이다. Oldham and Cummings(1996)의 연구에서는 이와 유사한 측면에서 창의성을 조직에 적합한 독창성과 새로움을 모두 충족시킬 수 있는 아이디어, 제품 및 프로세스 등으로 정의하였다. Shalley and Gilson(2004)은 창의성을 새로운 작업 방법, 유용한 아이디어를 창출하고 문제에 대한 해결방안을 찾는 과정으로 정의하였다. 이상의 선행연구를 정리하면 창의성은 어떠한 개인 혹은 집단에 공헌할 수 있는 참신하고 유용한 아이디어, 프로세스, 절차의 개념화 및 발전을 포함하는 개념이라 정의할 수 있다(Amabile 1996; Adler and Chen 2011). 창의성은 조직의 유연성을 유지시켜줄 수 있는 수단으로서 변화하는 경쟁자, 시장 및 기술적 요구 등에 성공적으로 대처할 수 있도록 하는 중요한 요인이며, 조직유효성과 관련하여 중요한 동인이 될 수 있다. 창의성의 결과로는 새로운 제품, 서비스, 아이디어, 프로세스 및 절차 등을 제시할 수 있으며, 이것들은 혁신과 기업가정신 등으로 나타나며(Amabile 1996; Thomas and Velthouse 1990), 이는 조직의 장기적 생존에 영향을 미치는 중요한 조직역량으로 간주된다(Henri 2006b).

Davila et al.(2009)은 기업가정신과 혁신은 예외로부터 기회를 선점하는 것에서 출발한다고 하였다. 즉, 실험, 실패와 성공, 불확실성과 변동성, 비효율성, 예견되지 않은 기회에 대한 적응 등에서 기업가정신과 혁신이 태동될 수 있으며, 이때 가장 중요한 것은 창의성이다. 경쟁이나 기술적 변화의 불확실성이 높은 현대 사회에서 조직은 구성원들이 보다 창의적으로 업무를 수행함으로써 고유한 경쟁우위를 지니기를 원한다(Amiable 1996). 따라서 조직구성원의 창의성 혹은 창의적 성과는 조직의 유효성과 혁신성에 공헌하며, 조직은 이러한 창의성을 고취시킬 수 있는 조직구조나 환경에 더욱 관심을 기울이게 되었다(Yuan and Woodman 2010).

응용심리학 분야에서는 개인수준, 집단수준 및 조직수준을 막론하고 이러한 창의성의 중요성에 대해 논의해 왔으며, 창의성은 혁신 및 기업가정신 등과 개념적으로나 조작적으로 모두 분리되고 구별되는 개념으로 제시되고 있다(Tierney et al. 1999; Couger et al. 1990). 예를 들어, Nystrom(1979)은 창의성을 원인으로, 성공적인 혁신을 그 결과로서 묘사하였고, Amabile(1988)은 개인의 창의성은 조직혁신을 위해 중요한 회로역할을 수행하는 것이라 하였다.

그러나 관리회계 분야의 선행연구는 혁신과 창의성을 조작적으로 정확히 구분하여 제시하지 못하였다는 비난을 받아왔으며, 이에 최근 연구에서는 혁신과 창의성을 구분하여 검정하고자 하는 추세를 보이고 있다(Davila et al. 2009). 광범위한 차원에서 혁신을 설명할 때, 혁신은 지식공유 및 아이디어 창출을 포함하여 아이디어의 실행과 상품화, 가치 창출에 이르기까지 순차적 단계에 걸쳐 이루어지는 하나의 프로세스로 볼 수 있다. 일반적으로 아이디어의 발견과 창출 등은 창의성의 범주에 속하는 것이고, 이러한 창의성을 실행하여 실현하는 것이 혁신에 속한다고 볼 수 있다(Amabile 1988; 1996; Moulang 2015). 또한, 일각에서는 창의적인 아이디어와 제품의 효과적인 실행을 보장하기 위해서는 혁신 프로세스의 각 단계에 창의성이 나타나야 한다고 주장하기도 한다(Couger et al. 1990).

4.1.2 창의성의 유형

지금까지 창의성 관련 선행연구에서는 창의성 영역의 수준과 내용을 구분하지 않고 창의성의 보편성을 가정하고 단일구조로 보는 것이 일반적인 경향이었다. 그러나 다양한 개인특성을 지닌 직원과 다양한 업무 환경에서 서로 다른 업무를 수행하는 직원들을 단일형태로 보는 것은 비현실적이다. 이에 따라 최근 연구에서는 창의성의 구조를 다각적인 면으로 인식하게 되면서 창의성의 수준, 사소한 적응부터 혁신적인 발명까지의 범위, 창의성의 동인 및 문제 유형 등의 다양한 기준에 따라 창의성을 분류하고 있다.

이에 대해 살펴보면, Mansfield and Busse(1981)의 연구에서는 창의성을 산출물의 준거 집단에 따라 아마추어(amateur) 창의성과 전문가(autor) 창의성으로 구분하였다. 전문가 창의성은 전문가 집단의 판단에 의해 인정받은 창의성이며, 이에 따른 창의적인 산출물은 그 집단에서 중요한 진전으로 받아들여진다. 아마추어 창의성은 전문가 창의성에서 창의적이라고 간주되지 않은 사람도 아마추어 창의성에서는 창의적인 것으로 인정받으며, 전문적 창의성보다 더 일반적이고, 비전문적인 창의성이다.

Runco and Bahleda(1986)는 창의성의 범주에 따라 과학적 창의성, 예술적 창의성 및 일상적 창의성 등으로 구분하고 각 창의성의 범주 및 집단별 특성을 제시하였다. 이와 유사하게 Veron(1989)은 창의성을 과학적 창의성, 예술적 창의성 및 사회적 창의성 등으로 구분하였다.Runco and Bahleda(1986)에 의하면 과학적 창의성은 논리적인, 참을성 있는, 철저한 등의 특성이 있고, 예술적 창의성은 정서적인, 지각적인 등의 특성이 있으며, 일상적 창의성은 유용한, 활동적인, 상식적인 등의 특성이 있다.

그는 창의성 범주별로 특성이 다르고, 서로 다른 영역 간의 차이가 있음을 제시하였다.

Boden(1991)은 창의성을 심리적(psychological) 창의성과 역사적(historical) 창의성으로 구분하였다. 심리적 창의성은 개인에게 있어서 독창적이고 새로운 것이면 사회적 평가나 그 아이디어가 기존에 존재했는가에 관계없이 창의적이라고 부를 수 있는 것을 의미한다. 반면, 역사적 창의성은 창의적이라고 인정받기 위해서는 아이디어나 창의적 발견들이 사회적인 평가를 거쳐 그에 대한 타당성을 인정받고 그 결과로써 창의적 산물을 낳아야 한다. Richards(1999)는 창의성을 일상적 창의성(everyday creativity)과 전문적 창의성(eminent creativity)으로 구분하였다. 먼저, 일상적 창의성은 일상적인 활동과 관련된 창의적인 사람, 아이디어, 창의적 산물과 행동을 일컫는다. 즉, 특별한 능력이라기보다 인지 양식이나 지향성, 적응성으로 볼 수 있다. 이러한 일상적 창의성은 실질적으로 모두에게 친숙한 일상생활에서의 창의성으로 성장과 발전을 지속시키는 동기로 볼 수 있으므로 인간의 모든 활동 분야에 적용될 수 있다. 이에 비해 전문적 창의성은 사회나 조직에 의해 인정받는 창의적인 사람이나 그들의 산출물을 일컫는다. 이것은 보상이나 명예, 업적 등을 포함하는데 여기서 공통적인 요인은 사회적 인정이다. 즉, 전문적 창의성의 산물은 전통적으로 창의적이라고 여겨지는 영역인 예술이나 과학에서의 성과로 나타나는데 사회적으로 인정받는 것을 의미한다.

Kirton(2000)은 모든 사람이 문제를 해결하는 과정에서 독창적인 아이디어를 생산하지만, 그 방식에는 차이가 있다고 주장하였다. 그는 집단구성원의 창의성을 문제해결 및 의사결정에 있어서의 선호유형에 따라 적응적 유형(adaptive style)과 혁신적 유형(innovative style)으로 구분하였다. 적응적 유형은 기존의 틀(paradigm) 안에서 점진적인 개선을 추구하는 반면, 혁신적 유형은 기존의 틀 자체를 바꾸는 변혁을 추진한다. 적응적 유형은 독창적인 아이디어를 만들어 내지만 그 아이디어의 종류가 다양하지 않고, 주어진 상황과 관련되거나 유용성이 있는 아이디어를 의미한다. 반면, 혁신적 유형은 독창적인 아이디어를 확장시키며 전통적인 방법에서 벗어난 새로운 방식으로의 접근이나 도전을 의미한다. 따라서 적응적 유형의 사람은 문제를 발견하는 것보다는 문제를 해결하려고 하는 의지가 강하고 현재의 시스템을 개선하려는 경향이 있다. 따라서 이들은 융통성이 있고, 규칙적이고, 조직적이고, 계획적이고, 정확하고, 철저하며, 진취적인 성향을 가지고 있다. 반면, 혁신적인 유형의 사람은 문제 자체에 의문을 가지는 경향이 강하고, 현재의 시스템을 탈피하거나 다르게 변화시키려는 경향이 있다. 따라서 이들은 독창성을 강조하고, 개성 있고, 독립적이고, 자발적이고, 비관습적이며, 통찰력이 있다. 이러한 창의성의 유형 분류는 양극단의 연속선상에 있기 때문에 대다수의 사람은 양쪽 어느 한 극단에 속하기보다 어느 쪽으로 좀 더 치우쳐 있느냐에 따라 적응적 성향이 강하거나 혁신적 성향이 강한 것으로 분류된다(Kirton 1991; 2000; Samuel et al. 2010).

최일호와 최인수(2001)는 창의성 산물의 생성에 필요한 지식의 양과 수준에 따라 창의성을 상식적(commom-sense) 창의성과 전문적(professional) 창의성으로 구분하였다. 상식적 창의성은 보통 사람들이 갖고 있는 일반적 세상 지식이나 상식적 지식만 갖고도 창의적 산물을 생성하는 것을 말하여, 전문적 창의성은 창의적 산물을 산출하기 위해서 일정한 기간 동안 해당 분야의 지식 학습이 필수적으로 요구되는 것을 의미한다. 전경원(2001)은 창의성을 수준별로 분류하여 사적 창의성과 공적 창의성으로 구분하였다. 사적 창의성은 개인적인 수준의 새롭고 독특한 문제 해결을 의미하며, 공적 창의성은 자기도 행복하면서 부수적으로 타인까지 행복하게 해주는 창의성을 의미한다.

Unsworth(2001)는 '문제유형'(해당 문제의 초기 상태)과 '참여동기'(창의적 과정에 참여하는 이유)에 따라 창의성을 반응적 창의성, 기대된 창의성, 능동적 창의성, 기여적 창의성으로 분류하였다. 이상의 각 연구자들이 주장하는 창의성 유형을 정리하면 [도표 9-3]과 같다.

[도표 9-3] 창의성의 유형 분류

창의성 유형	관련문헌
아마추어 창의성, 전문가 창의성	Mansfield and Busse(1981)
예술적 창의성, 과학적 창의성, 일상적 창의성	Runco and Bahleda(1986)
예술적 창의성, 과학적 창의성, 사회적 창의성	Veron(1989)
심리적 창의성, 역사적 창의성	Boden(1991)
일상적 창의성, 전문적 창의성	Richards(1999)
적응적 유형, 혁신적 유형	Kirton(2000)
상식적 창의성, 전문적 창의성	최일호와 최인수(2001)
사적 창의성, 공적 창의성	전경원(2001)
반응적 창의성, 기대된 창의성 기여적 창의성, 능동적 창의성	Unsworth(2001)

한편, Unsworth(2001)는 기존 선행연구에서 인지적 과정에 대한 고려 없이 최종 산물을 중심으로 창의성 유형을 분류하던 관점에서 벗어나 다차원적으로 창의성을 분류하였다. Unsworth(2001)가 제시한 다차원적 창의성 유형은 최근 관리회계 실증연구에서도 사용되고 있다. 즉, MCS의 이용방식에 따라 발현되는 조직구성원의 창의성 유형이 다름을 검정할 때 Unsworth(2001)가 제시한 창의성 유형을 사용하고 있다. 따라서 이 유형들에 대해 자세히 살펴보고자 한다.

먼저, '참여동기'(창의적 활동에 참여하는 동기)를 구분하기 위해 Deci and Ryan(1987)의 내적 · 외적 동기 차원을 바탕으로 자율적으로 일에 빠져드는 경우와 타율적으로 일에 빠져드는 경우로 구분하였다. 그리고 '문제유형'(창의적으로 해결해야 할 문제 유형)을 구분하기 위해 Wakefield(1991)의 자기 정의 · 규정 차원을 바탕으로 어떤 문제 또는 과제를 연구자가 정의하는 것인지 아니면 규정되어 있는 지로 구분하였다. 이는 다음 [도표 9-4]와 같이 나타낼 수 있다.

[도표 9-4] Unsworth(2001)의 창의성 유형

[문제유형]			
개방적	Expected Creativity 기대된 창의성	Proactive Creativity 능동적 창의성	
폐쇄적	Responsive Creativity 반응적 창의성	Contributive Creativity 기여적 창의성	
	외적	내적	[참여동기]

위 [도표 9-4]에서 수직축은 문제유형을 나타내며 폐쇄형과 개방형으로 구분하였고, 수평축은 창의성 발현과정에 참여하는 동기를 나타내며 외부와 내부로 구분하였다. 먼저, 분류의 기준 중 수직축의 문제유형의 분류는 창의적 활동을 시작하는 시점에 문제가 어느 정도로 정의되어 있느냐에 따라 폐쇄형 문제와 개방형 문제로 구분된다. 폐쇄형 문제는 수학 문제를 푸는 것처럼 문제가 알려져 있는 경우를 의미한다. 반면, 개방형 문제는 문제가 제시되지 않아 스스로 문제를 발견하고 이를 해결해야 하는 경우를 의미하며, 예술가들의 예술적 노력이 여기에 해당한다(Dillon 1982). 다음으로 수평축의 창의성 유발자에 관한 분류는 아이디어 창출을 위한 참여동기를 내적 요인

과 외적 요인으로 구분하였다. 내적 요인은 본인이 희망해서 자발적으로 창의적인 행동에 참여하는 것을 의미하고, 외적 요인은 상황에 의해 타율적으로 창의적인 행동에 참여하는 것을 의미한다. 내적 요인은 외부의 요구 없이 스스로 창의성을 발휘하여 창의적인 소망이나 목표 상태를 달성하려 것을 의미한다. 반면, 외적 요인은 연구개발 과학자에게 주어진 작업 기술이나 직업 시인이 시를 쓰는 것과 같이 외부의 요구사항에 의해 창의성을 발휘는 경우로 볼 수 있다. 이러한 참여동기의 분류는 Deci and Ryan(1987)의 자기 결정적 행동이론의 내적 동기(Amabile 1983), 외적 동기(Eisenberger and Armeli 1997)와 유사하다.

[도표 9-4]의 창의성의 4가지 형태에 대한 설명은 다음과 같다. 첫째, 능동적 창의성(proactive creativity)은 내적 동기에 의해 자발적으로, 개방형 문제를 능동적으로 찾아내서 해결하는 과정에서 발생하는 창의성이다. 이것은 산업 분야의 구성원에게서는 기대하기 어려운 창의성에 해당하고, 자유예술가나 과학연구에서 창의적인 업적이나 작품으로 저명한 인사들의 창의성이 여기에 속할 것이다(이순목 외 2008). 둘째, 기여적 창의성(contributive creativity)은 구체적으로 정의된 문제에 대해 자발적으로 도전하는 과정에서 나타나는 창의성이다. Eisenberger et al.(1990)의 연구에서는 종업원을 대상으로 하여 특정 질문에 대해 자발적으로 응답하도록 하였다. 설문의 익명성은 외부의 요구보다는 내적 동기에 의해 더 많이 움직일 것으로 판단되므로 기여적 창의성을 측정한 것으로 볼 수 있다. 셋째, 반응적 창의성(responsive creativity)은 외부의 요구에 의해 발휘되며 문제가 주어졌을 때 이를 해결하기 위한 과정에서 발휘되는 창의성이다. 즉, 외적으로 주어진 문제에 대해 발현되는 창의성으로 산업조직의 많은 종업원, 엔지니어, 전문 직업 종사자 또는 연구개발 종사자들의 창의성은 이 범주에 해당한다. 반응적 창의성은 창의성에 관한 많은 선행연구에서 제시된 가장 보편적인 유형이라 볼 수 있다(Amabile 1996; Albert and Runco 1999). 이러한 연구에서는 참가자들에게 문제가 제시되고 그에 대한 외부의 요구가 있음을 간주하고 있으므로 반응적 창의성을 측정한다고 볼 수 있다. 넷째, 기대된 창의성(expected creativity)은 외부유발자에 의해 발휘되며 자기 스스로 문제를 발견하려는 과정에서 발현되는 창의성을 의미한다. 즉, 해결해야 할 과제는 외적으로 주어지지만 문제를 정의하고 해결하는 방식은 개인의 자율에 맡겨진 경우에 발현되는 창의성이다. 외적으로 요청된 예술작업이나 산업조직에서 요구되는 품질 관리 등이 기대된 창의성에 해당한다. Getzels and Csikszentmihalyi(1976)의 연구에서는 학생들에게 일련의 사물들을

보여주고, 테이블 위에 사물을 선택하여 배열한 후에 정물화를 그리도록 했다. 해당 연구에서 창의성에 대한 외부의 요구는 있었으나 사물의 배열이 공식화 되지 않았으므로 문제는 개방적이라 할 수 있다. 따라서 이는 기대된 창의성을 측정한 것에 해당한다.

한편, 산업조직에서 조직구성원들이 능동적 창의성을 발휘할 수 있도록 종업원들에게 창의성 교육을 시킬 수는 있다. 그러나 소수의 고수준 역량이 있는 사람을 제외하고는 대부분의 종업원에게는 일상적 근무환경에서 자발적으로 문제를 정의하고 해결하도록 지원하는 여건이 허락되지 않을 것이다. 오히려 외적인 주도와 문제해결의 폐쇄적 제약 속에서 당면과제의 처리 요구를 받는 가운데 산업조직에서 발현될 수 있는 창의성은 반응적 또는 기대된 창의성이 될 것이다(이순문 외 2008). 현실을 감안하면 산업조직에서 조직의 목표와 요구가 외적 · 폐쇄적으로 주어지는 상황에서 내부동기에 의해 자발적으로 발현되는 능동적 창의성과 기여적 창의성은 기대하기가 어렵다고 판단된다.

4.1.3 MCS와 창의성 간의 관계

선행연구는 주로 창의성에 대한 명확한 인식 없이 그 결과인 혁신에 초점을 맞추어 MCS의 역할을 조명하여 왔으며, MCS와 창의성 간의 관계를 직접적으로 검정한 연구는 근래에 들어서 나타나기 시작하였다(Bisbe and Otley 2004; Nixon 1998; Davila 2000). MCS와 혁신 간의 관계에 대한 선행연구는 기업수준 또는 집단수준에서 MCS가 혁신성이나 혁신적 성과에 영향을 미칠 수 있다는 다양한 연구결과를 제시하여 왔다(Bisbe and Otley 2004; Nixon 1998; Davila 2000). 이러한 연구들은 창의성과 혁신의 개념을 분리하지 않고 두 개념을 혼용하여 왔다. 그러나 창의성은 새로운 아이디어의 발현을 의미하고, 혁신은 창의적 아이디어의 실행과 그 결과를 의미하므로 두 개념은 구분될 필요가 있다. 따라서 최근 연구에서는 통제와 창의성 간의 관계를 규명하려는 시도를 하고 있다(Jeacle and Carter 2012; Moulang 2015; Speklé et al. 2015).

Jeacle and Carter(2012)는 창의적 프로세스에 수반되는 다양한 주제 혹은 대상들 간의 상호작용에 MCS와 회계기법이 중요한 역할을 수행할 수 있다고 주장하며, MCS와 창의성이 공존할 수 있음을 제시하였다. 또한, Speklé et al.(2015)은 Simons(1995)의 통제시스템 프레임워크를 바탕으로 PMS가 창의성에 미치는 영향에 대한 실증적 증거를 제시하고자 하였다. Speklé et al.(2015)은 통제구조가 다양한 메커니즘을 내포하고 있으므로 경계시스템, 신뢰시스템, PMS의 진단적 이용 및 상호작용적 이용 등의 서로 다른 통제시스템이 함께 작동하여 바람직하지 않은 행동을 제한할 뿐 아니라, 창의성을 포함한 바람직한 행동에 대한 선택을 장려하고 지원할 수 있다고 주장하였다. 이들은 4가지의 통제시스템을 모두 많이 활용하는 것이 곧 통제시스템 간의 균형을 의미한다고 하였으며, 이와 같은 통제제도의 이용이 창의성을 장려하는데 보완적으로 활용될 수 있다는 결과를 제시하였다.

MCS의 이용방식에 초점을 맞추어 MCS와 창의성 간의 관계를 논의한 연구는 주로 상호작용적 이용방식이 창의성에 미치는 긍정적인 영향을 조명하였다(Adler and Chen 2011; Moulang 2015; Simons 1995). 이러한 연구는 주로 이론적으로 상호작용적 통제가 창의성을 촉진할 수 있음을 주장하였으나 충분한 실증적 증거를 제시하지는 못하였다. 최근 Moulang(2015)은 중간관리자를 대상으로 개인수준에서 PMS의 상호작용적 이용과 임파워먼트 및 창의성 간의 관계를 실증분석 하였는데, PMS의 상호작용적 이용과 창의성 간에 정(+)의 관계가 존재한다는 증거를 발견하였다.

MCS는 조직의 목표를 제시하고 이를 달성하기 위한 방향성과 공식적인 절차를 명시하여, 조직구성원이 창의적으로 업무수행을 하도록 내재적 동기를 증진시킬 수 있다. 그뿐만 아니라 MCS에 의해 산출된 정보를 바탕으로 의사소통과 학습을 유도하여, 조직구성원의 광범위한 참여를 지원하고, 창의성을 유발하는 부가적 동기부여를 제공할 수도 있다(Amabile and Sensabugh 1992; Kachelmeier and Williamson 2010). Speklé et al.(2017)은 통제제도의 균형 있는 이용은 조직구성원들의 바람직하지 않은 행동을 제한할 뿐만 아니라, 창의적 행동을 장려하고 지원하기 위해 보완적으로 활용될 수 있다는 결과를 제시하였다.

MCS의 진단적 이용은 결과를 모니터링하고 미리 설정된 표준과 실제 성과를 비교하여 그 차이를 확인하는 역할을 한다(Simons 1995). 이를 바탕으로 조직구성원을 평가하므로 조직구성원들은 계획된 결과를 달성하기 위해 노력을 투입할 것이며(Blau 1955), 사전에 설정된 목표는 조직구성원의 창의적인 행동에 대한 바람직한 방향을 제시하는 일종의 나침반 역할을 한다(Caves 2000; Mundy 2010; Grabner and Speckbacher 2016). 다양한 조직행동 연구에서 모니터링과 수정조치가 창의성을 자극할 수 있는 강력한 도구라는 실증결과가 제시되었다(Farr and Ford 1990; George and Zhou 2001; Zhou 2008). 또한, Cools et al.(2017)은 MCS의 진단적 이용은 창의적 활동의 모호성을 감소시킬 수 있음을 보여주었다. 즉, 연구자들은 사례연구를 통해, MCS의 진단적 이용이 과거 활동에 근거한 모니터링 과정을 통해 조직구성원들에게 조직의 목표와 계획지침을 제공하고, 이를 통해 조직구성원들은 제한된 예산 내에서 적절한 자신의 활동과 역할이 무엇인지 파악하게 되며, 그 결과 MCS의 진단적 이용이 조직구성원의 반응적 창의성을 고취시킬 수 있음을 보여주었다.

이와 같은 연구를 바탕으로 유추해보면 MCS의 진단적 이용은 과거 행동으로부터의 학습기회와 성과달성이라는 목표를 달성하기 위한 공식적인 가이드 라인을 조직구성원들에게 제공한다. 명확하게 제시된 목표는 조직구성원들로 하여금 해결해야 할 문제로 인식되고, 조직구성원들은 주어진 목표와 요구사항을 달성하기 위해 반응적 창의성을 발휘할 수 있을 것이다. 또한, MCS의 진단적 이용은 조직구성원들에게 과거 업무수행 결과에 대한 정보를 제공한다. 따라서 조직구성원들은 이를 바탕으로 수정조치를 취하는 과정에서 과거 자신의 행동에서 문제점을 스스로 찾아 해결하려고 노력할 것이므로 기대된 창의성도 증진시킬 수 있을 것이다. 또한, 행동의 결과에 대한 피드백은 조직구성원의 내재적 동기부여를 고취시킬뿐만 아니라 창의적 업무수행과 관련된 표준과 스킬 및 전략 등을 제공하는데 기여할 수 있다. 또한, 피드백의 속성에 따라 창의성에 미치는 영향이 달라질 수 있는데, 유익하고 건설적인 피드백 정보를 제공하는 경우 창의성이 증진될 수 있고, 부정적인 피드백만을 제공하는 경우 창의성이 저해될 수 있다(Zhou 1998). 특히 업무에 초점을 맞춘 피드백과 발전적인 피드백 정보는 창의성을 증진하는 중요한 속성이며, 피드백을 통해 창의성을 촉진시킬 수 있다(Zhou 2008). 이와 같은 이론적 논의 및 연구결과는 모니터링과 목표대비 실적분석 등의 사후적 통제를 골자로 하는 PMS의 피드백 이용방식이 성과에 대한 적절한 정보 및 과거 행동으로부터의 학습기회를 제공하여 창의성 증진에 기여할 수 있음을 보여주는 것이다.

한편, MCS의 상호작용적 이용은 의사소통 과정을 통해 조직구성원에게 새로운 방식으로 유연한 사고와 행동을 하도록 동기부여 시키고, 새로운 기회를 포착하고 조직의 방향을 전환하는데 도움을 준다(Henri 2006b; Simons 1995). Cool et al.(2017)은 경영진이 MCS를 상호작용적으로 이용하는 것이 조직과 의사소통을 통해 문제를 해결하고 함께 '공유된 이해'를 구축하여 불확실성을 보다 잘 이해할 수 있게 함으로써 창의적인 행동을 증대시킬 수 있다고 하였다. 이러한 선행연구를 통해 유추해보면 MCS의 상호작용적 이용은 수집된 정보를 바탕으로 현재 활동과 구조가 합리적인 지에 대해 의문을 제기하여 조직구성원들이 현재 활동에 대한 문제를 탐색하고 이를 해결할 방안을 찾도록 자극할 수 있다. 따라서 MCS의 상호작용적 이용은 반응적 창의성을 고취시킬 수 있다. 그리고 MCS의 상호작용적 이용은 의사소통과 정보교환과정을 통해 조직구성원들로 하여금 자신의 공적인 책임을 넘어 해결책과 새로운 아이디어를 창출하고 적용할 수 있는 기회에 적극적으로 참여하도록 유도할 것이다. 이를 통해 새로운 문제를 찾기 위해 더 많은 스캐닝과 활동을 할 것이므로 기대된 창의성도 유발될 것으로 보인다. 또한, PMS의 피드포워드 이용방식은 조직구성원들에게 전략적 타당성과 변화에 관심을 기울이도록 하고, 미래에 대한 예측을 계획이라는 통제요인에 반영하여 가이드를 제공하며, 비즈니스나 전략과 관련된 중요한 측면을 소통하는데 활용된다. PMS의 피드포워드 이용방식은 조직구성원들 간의 원활한 정보교환을 장려하고, 지식공유, 목표설정, 자율성 등을 증대시켜 창의성을 고취시킬 수 있다(Cooper 1996; Moulang 2015). 특히 목표 및 계획에 대한 명시는 불확실성을 감소시켜서 구성원들의 유연한 사고와 행동에 대한 두려움을 감소시키고, 명확성의 바탕 위에서 창의적으로 생각하고 행동할 수 있는 동기를 제공한다.

이상에서 살펴본 것과 같이 PMS의 진단적 이용과 상호작용적 이용, 그리고 PMS의 피드백 이용과 피드포워드 이용은 나름의 방식으로 다양한 유형의 창의성을 증진하는데 기여한다.

4.2. MCS와 긍정심리자본

4.2.1 긍정심리자본의 개념

긍정심리자본은 1990년대 후반에 Hobfoll의 심리적 자원이론을 기반으로 인간에게 필요한 경제적 자본, 인적자본, 사회적 자본을 연결시켜 주는 무형자본으로 제시되고 있다. 조직행동 분야의 긍정적 조직행동(positive organizational behavior; POB)에서 도출된 긍정심리자본은 조직행동 분야의 초점을 '사람을 어떻게 조직에서 활용할 것인가'에서 '당신은 누구이며 무엇을 할 수 있는가?'로 옮겼다(Luthans 2002). 이에 의하면 구성원의 행동과 태도를 개선하는 것은 구성원의 심리적 가치를 중요시하는 것에서 출발한다(Luthans 2002). 이전의 조직행동 및 심리학의 연구에서는 구성원의 부정적인 태도와 행동에 초점을 두고 있었지만, 최근에는 구성원의 긍정적인 면을 보면서 구성원의 태도와 행동에 대해 포괄적인 이해를 도모하고 있다. 긍정심리자본에 대한 선행연구의 정의와 의미는 다양하다. Luthans(2004)는 긍정심리자본은 구성원이 자신의 개발 또는 발전을 추구하고 지향하는 긍정적 심리상태를 의미하며, 4가지 구성요소인 자기효능감, 희망, 낙관주의 및 복원력을 통합하는 상위개념으로 정의하였다. Stajkovic(2006)은 긍정심리자본을 자기효능감, 희망, 낙관주의 및 복원력을 기반으로 조직 및 개인의 목표에 대해 자신이 잘할 수 있다는 긍정적인 믿음의 보유라고 하였다. Luthans et al.(2007)는 긍정심리자본이 목표달성을 위한 개인의 긍정적인 인지와 동기부여 상태를 의미한다고 하였고, 이동섭과 최용득(2010)은 목표달성을 위해 긍정적인 심리를 인지하고 동기유발을 하여 성과 향상에 영향을 미치는 심리자원을 긍적심리자본이라 하였다. 송은주와 김명희(2011)는 긍정심리자본은 긍정심리를 기초로 한 개개인의 동기적 경향이라고 하였고, 정민철(2011)은 긍정심리자본이 경제적, 인적 및 사회적 자본을 넘어 개인 및 조직의 발전을 위해 중요한 요소라고 하였다. 그리고 전선희(2011)는 긍정심리자본을 자신이 처한 환경에 대하여 긍정심리를 활용하여 성과를 향상시키는 것이라고 정의하였다. 최근 Luthans를 중심으로 한 학자들은 긍정심리자본에 대한 개념의 범위를 확대시키면서 활발한 연구를 진행하고 있다.

Luthans(2004)는 긍정심리자본의 구성요소를 자기효능감, 희망, 낙관주의 및 복원력으로 분류하였는데, 각 개념은 다음과 같다. 첫째, Bandura(1986; 1997)는 사회인지이론을 바탕으로 상징화, 관찰, 예견, 자기규제 및 자기고찰을 통한 인지적 과정에 기반하여 자기효능감을 제안하였다. Bandura(1986; 1997)는 자기효능감을 자신이 처한 환경에서 성공적인 임무수행에 필요한 동기부여와 행동 및 인지적 자원들을 활용할 수 있는 자신의 능력에 대한 자신감 또는 믿음이라고 정의하였다. Luthans et al.(2007; 2008)은 자신의 능력과 성과보다는 임무수행을 성공적으로 할 수 있다는 긍정적인 신념으로 자기효능감을 정의하였다. 자기효능감이 강한 사람들의 특징 5가지는 다음과 같다. (1) 높은 목표를 설정하고 어려운 일을 선택한다. (2) 도전을 좋아하고 성공시킨다. (3) 동기부여를 스스로 한다. (4) 목표를 성취하기 위해 노력한다. (5) 역경 또는 난관에 직면할 때 견디고 이겨낸다. 이러한 특징을 가진 사람들은 독립적으로 발전시키고, 효과적으로 진행하며, 도전적인 목표에 주저하지 않는다. 이들은 어려운 일을 찾아내어 스스로 선택하고 더 높은 목표설정과 지속적인 도전을 한다.

둘째, Snyder(2000)는 희망을 긍정적인 동기부여로 목표를 달성하려는 것이라고 정의하였다. Snyder et al.(1991)은 희망을 성공적인 목표달성을 위한 인지적 상태와 에너지로 정의하면서, 희망을 성공적인 임무수행을 하려는 동기부여, 목표 지향적 에너지와 목표달성을 위한 경로라고 하였다. Luthans and Youssef(2004)는 희망을 지속적으로 목표를 추구하며 성공적인 목표를 위해 경로를 교정할 수 있는 동기부여 상태라고 정의하였다. Luthans(2007)는 희망을 목표, 목표 경로 및 의지 간의 상호작용으로 인한 심리상태라고 정의하면서 목표설정, 보상제도, 인적자원, 적극적인 개입, 훈련 등을 통해 발전시킬 수 있다고 하였다. 희망은 목표달성을 하기 위한 동기적 에너지이므로 만족감과 성과를 높일 수 있을 것이다. 희망과 자기효능감은 목적달성을 위해 동기적 에너지를 집중한다는 점에서 비슷하다(박권홍 2012). Luthans(2007)는 희망은 미래지향적 목표를 동기부여 한다는 점에서 자기효능감과 비슷하지만, 목표를 성취하는 메커니즘에 초점을 둔다는 점에서 자기효능감과 구분된다고 하였다.

셋째, 긍정심리학 운동의 개척자이자 아버지로 불리는 Seligman(1998)은 낙관주의를 미래를 믿는 신념으로, 긍정적인 사건은 개인적이고 영구적인 원인으로, 부정적인 사건은 외부적이고 일시적인 원인으로 인식하는 심리상태로 정의하였다. 즉, 낙관주의는 생각하지 못한 사건의 긍정적인 결과들은 자신의 공로로 받아들이고, 부정적인 결과들은 자신과는 무관한 원인으로 보는 것이다. 낙관주의자는 자신의 삶에서 긍정적인 사건은 현재 지속 되고, 미래에도 계속 유지될 것이며 좋은 전망으로 내면화한다. 그러나 부정적인 사건이 발생하면 외부적이고 일시적인 원인이라고 인식하면서 곧 괜찮아질 것이라고 확신한다(Luthans 2007). 낙관주의는 기질적인 특성이 있지만, 학습을 통해 이를 향상 및 발전시킬 수 있으며(Scheier and Carver 1985), 지난 실수를 용서하고 받아들이면서 성장의 기회로 인식한다(Luthans and Youssef 2004).

마지막으로, 전통적 개념에서는 복원력을 낙관주의와 마찬가지로 기질적인 특성으로 몇몇 사람들에게서만 보이는 예외적인 역량으로 보았으나, 긍정심리자본에서는 복원력을 보통 사람들한테서도 관찰되고, 학습을 통해 이를 향상 및 발전시킬 수 있는 역량이라고 본다(Masten 2001). 복원력의 특성은 고난에 처했을 때 긍정적으로 대처하고 대응하며, 원래의 상태로 되돌아가거나, 또는 이를 뛰어넘어 원래의 역량보다 더 높은 수준의 역량을 갖는 것이다(Masten 2001). 복원력은 목표성취를 위해 발생된 문제를 해결하여 원래의 상태로 되돌아가거나 원래의 상태가 아닌 더 높은 수준의 역량으로 성과와 삶의 가치를 발견하는 것을 의미한다(Luthans 2002; 2004). 정민철(2011)은 복원력을 개인이 처한 환경에서 긍정적인 사고와 행동을 통해 성과를 향상시키는 것으로 정의하였다. 최용득(2009)은 복원력이 뛰어난 사람은 새로운 도전을 시도하는 것을 두려워하지 않고 위험요소를 적절히 파악하여 관리하는 경향을 보인다고 하였다.

선행연구를 종합해 보면 높은 수준의 긍정심리자본을 가진 구성원일수록 낙관적으로 미래를 전망하고, 희망을 갖는다. 그리고 역경이나 고난이 있어도 빠르게 복원하고, 자신감을 가질 것이다.

4.2.2 MCS와 긍정심리자본 간의 관계

심리학 이론을 바탕으로 인지적, 동기부여 등의 측면에서 MCS가 개인의 인지 · 행동 · 성과에 미치는 영향에 대한 실증적 증거를 찾으려는 연구가 진행되고 있다. 최근 심리학 분야에서 주목받고 있는 긍정심리학(positive psychology)은 다양한 연구를 통해서 개인의 심리적 자본이 개인 삶뿐만 아니라, 조직성과에도 영향을 줄 수 있는 변수로 제시되고 있다(이동섭 외 2009). Luthans et al.(2004)에 의해 제시된 긍정심리자본은 조직행동 분야의 긍정적 조직행동(POB)의 핵심개념으로서 조직성과를 개선시키는 요인으로 주목받고 있으며, 많은 연구가 진행되고 있다. 이에 비하면 관리회계 분야에서는 심리자본과 관련된 선행연구가 많지 않은 편이다. 예산시스템을 중심으로 참여예산과 심리자본 간의 관계를 살펴본 Venkatesh and Blaskovich(2012)의 연구가 관리회계영역에서 심리자본을 다룬 초기 연구에 해당한다.

한편, MCS와 긍정심리자본 간의 관계를 직접 다루지는 않았지만 개인수준에서 MCS가 긍정심리에 해당하는 심리적 임파워먼트에 미치는 영향을 살펴본 연구들은 다수 있다. Thomas and Velthous(1990)는 임파워먼트는 권한을 주거나 역량감을 부여하는 것을 뜻하는데, 이는 열정과 활력을 고취시키는 심리적인 차원에서 설명될 수 있으며, 주로 자기효능감, 자율성, 의미성 및 영향력 등 4가지 차원으로 구성되어 있다고 설명하였다. Luckett and Eggleton(1991)는 MCS의 이용은 개인의 심리적인 상태에 영향을 미치고 이는 궁극적으로 경영성과에 영향을 미칠 수 있다고 하였으며, Shields et al.(2000)은 MCS와 경영성과 간의 직접적인 관계보다는 둘 간을 중재하는 심리적 역할이 더 중요하다고 하였다. Marginson and Ogden(2005)은 예산은 심리적으로 경영자가 권한을 갖게 되었다고 생각하게 만들고, 긍정적인 심리적 효과로 인하여 조직의 성과가 개선될 수 있다고 주장하였다.

Hall(2008)은 포괄적 PMS, 역할명료성, 심리적 임파워먼트 및 관리적 성과 간의 관계에 대해 연구하였다. 그는 심리적 임파워먼트를 자기결정성, 역량, 영향력, 의미성 등의 4가지 차원으로 분류하였고, 포괄적 PMS가 역할명료성 및 4가지 차원의 심리적 임파워먼트에 정(+)의 영향을 미친다는 결과를 제시하였다. 또한 역할명료성(과정명료성 및 목표명료성)이 심리적 임파워먼트에 정(+)의 영향을 미치는 한편, 목표명료성과 심리적 임파워먼트의 4가지 차원 중 의미성이 관리적 성과에 정(+)의 영향을 미친다는 결과를 제시하였다. 그리고 Burney and Widener(2013)는 전략적 PMS와 자기효능감, 심리적 계약, 그리고 종업원 성과 간의 관계를 연구하였는데, 분석결과 전략적 PMS가 내적 동기부여의 중요 요인인 자기효능감과 심리적 계약에 의해 종업원 성과에 정(+)의 영향을 미칠 수 있음을 주장하였다. 또한, Marginson et al.(2014)은 특정 조직을 대상으로 비재무적 성과측정지표의 진단적·상호작용적 이용, 역할모호성, 심리적 임파워먼트, 그리고 관리적 성과 간의 관계에 대해 연구하였다. 연구결과, 이들은 비재무적 성과측정지표의 상호작용적 이용이 개인의 심리적 임파워먼트를 고취시키고 역할모호성을 완화하여 궁극적으로 관리적 성과를 증진시킬 수 있음을 보였다. 특히 심리적 임파워먼트의 4가지 차원 중 영향력을 제외한 나머지 차원(역량, 의미성 및 자기결정성)이 관리적 성과에 정(+)의 영향을 미친다는 결과를 제시하였다. 이상의 연구들은 심리적 임파워먼트와 역할명료성 등을 중심으로 MCS의 영향을 긍정심리학의 관점에서 살펴본 것이다.

05 최근 MCS 관련 연구

5.1 Dekker et al.(2013)의 연구

A Balancing Act? The Implications of Mixed Strategies for Performance Measurement Systems Design (Journal of Management Acconting Research)

5.1.1 연구배경 및 목적

상황 기반 회계연구들은 전략과 일치하는 행동을 유발하기 위하여 경영전략과 PMS의 설계가 어떻게 연관되는지에 대해 초점을 맞추어왔다. 상당수의 실증연구는 상이한 전략적 우선순위가 상이한 PMS 설계를 야기한다는 것을 검정하였다(Chenhall 2003). 이러한 선행연구는 전형적인 전략적 우선순위가 연속선상에 존재한다는 것을 기반으로 하여, 전략의 양극단에는 저원가와 차별화 혹은 공격형과 방어형 등의 상호배타적인 순수한 전략이 위치하는 것으로 보았다. 그러나 최근의 경쟁적 기업환경에서 기업은 하나의 순수한 전략보다는 여러 전략을 동시에 추구할 수 있으며, 이러한 혼합전략은 전략의 연속선상 중간에 머무르는 모호한 개념이 아니라, 경쟁전략의 실행을 위해 원가, 품질 및 유연성과 관련하여 균형을 이루는 것을 의미한다. 전략적 우선순위의 혼합과 균형의 중요성에 대한 인식에도 불구하고, 혼합전략이 전략실행을 지원하기 위한 PMS의 설계에 미치는 영향에 대해 검증한 연구는 거의 없다. Lillis and Van Veen-Dirks(2008)는 저원가전략과 차별화전략을 동시에 추구하는 것은 효율성, 고객중심, 재무성과측정 등과 관련하여 관리자를 평가하는데 서로 다른 성과측정지표를 선택하도록 한다고 하였다. 서로 다른 성과측정지표의 선택이 시사하는 것은 혼합전략의 추구가 여러 유형의 성과측정지표 간의 상충관계를 줄이고, PMS의 설계를 더욱 복잡하게 할 수 있다는 것이다.

본 연구의 목적은 혼합전략의 추구가 PMS의 설계에 미치는 영향을 살펴보는 것이다. 구체인 연구목적은 혼합전략의 추구가 성과측정지표의 다양성, 다양한 목적을 위한 성과측정 정보의 사용, 인센티브 보상의 강도, 그리고 인센티브 보상을 결정하기 위한 성과차원에 부여하는 가중치에 미치는 영향을 검증하는 것이다.

5.1.2 연구모형 및 가설설정

Lillis and Van Veen-Dirks(2008)는 저원가전략과 차별화전략을 동시에 추구하는 경우 PMS 설계가 복잡하게 되는데, 그 이유는 전략이 상충관계에 있게 되면 전략과 일치된 PMS를 개발하기 어렵기 때문이라고 하였다. 혼합전략을 추구하는 경우 각 전략적 우선순위의 강조점과 관련된 측정치를 성과평가에 포함하여 성과측정지표 간의 상충관계를 감소시키려 할 것이다. 즉, 혼합전략에서는 특정 지표의 중요성이 낮아지는 것이 아니라, 전략적 우선순위 간의 균형과 두 전략에서 요구되는 일관된 지표를 추구한다. 효율성은 전형적인 전략과 혼합전략 모두에 있어서 중요하고, 혼합전략을 추구하는 기업의 경우 생산관리자를 성과평가 할 때 효율성과 고객지표를 모두 강조하는 것으로 나타났다. 따라서 혼합전략을 추구하는 기업의 경우 PMS를 구성할 때 보다 폭넓은 지표를 사용할 것으로 예상된다. 특히, 혼합된 전략 설정에서 의사결정의 복잡성과 모호성이 더 높아짐에 따라 관리자들은 전략적인 선택들 사이의 내재된 긴장감과 잠재적인 충돌을 관리해야 한다. 의사결정을 조장하고 지원하기 위하여 성과측정 정보는 성과측정, 인센티브 제공뿐만 아니라, 기획, 의사결정분석, 상호작용 등의 역할을 수행하여야 한다.

보상과 관련된 핵심은 인센티브의 강도와 인센티브를 결정하기 위한 성과지표와 가중치이다. 성과지표의 선택과 가중치는 기업의 목표와 관리자의 목표가 연계되도록 하며, 이러한 연계는 전략에 일치하는 행위의 유발을 통해 조직의 유효성을 높인다. 혼합전략을 추구하는 경우 복잡성과 불확실성이 증가하므로 관리자에 대해 결과에 기반하여 인센티브를 제공하려는 유인이 증가하게 되고, 이 경우 가중치는 상충관계에 있는 의사결정에 대하여 방향성을 제시하는 역할을 한다. 차별화전략이 저원가전략에 비해 재무적 인센티브를 사용하는 경향이 높고, 높아진 불확실성과 복잡성은 관리자의 리스크 해소를 위해 재무적 인센티브에 대한 의존도를 높일 것이다. 혼합전략은 관리자에게 동기부여를 제공하고 방향성을 제시하기 위해 서로 다른 성과측정지표 간의 균형을 중요시한다. 따라서 혼합전략의 추구는 전형적인 전략의 특정 성과차원에 비해 낮은 가중치를 부여하므로 인센티브 가중치의 전반적인 분산은 더 크게 나타날 것이다. 이론적 논리를 바탕으로 다음과 같은 가설을 설정하였다.

H1 : 혼합전략은 전형적인 전략보다 성과측정지표의 다양성이 더 높을 것이다.
H2 : 혼합전략은 전형적인 전략보다 성과측정 정보의 사용 강도가 더 높을 것이다.
H3 : 혼합전략은 전형적인 전략보다 인센티브 강도가 더 높을 것이다.
H4 : 혼합전략은 전형적인 전략보다 특정 성과차원의 가중치가 더 낮을 것이다.

5.1.3 자료수집

네덜란드 기업을 대상으로 설문조사를 하였다. 기업의 PMS와 전략에 대한 지식을 보유하고 있을 것으로 기대되는 재무담당자들을 대상으로 설문을 진행하였고, 회수한 설문지 중 387개를 최종 통계적 분석에 사용하였다.

5.1.4 변수측정

전략적 우선순위는 저원가전략과 차별화전략에 대한 기업의 우선순위 평가를 기반으로 측정하였다. 전략적 우선순위는 유연성, 고객서비스, 저원가로 분류하였다. 유연성은 혁신적인 제품과 서비스, 짧은 도입 기간, 고객의 미래 니즈의 반영, 혁신에 요구되는 유연성 등으로 정의 하였다. 고객서비스는 신뢰성 제공, 고품질의 제품과 서비스, 정확하고 빠른 전달 등 고객 현재 요구의 충족 등으로 정의하였다. 그리고 저원가는 설비가동률, 노동생산성과 원가 등으로 정의하였다. 설문문항은 품질, 다양성, 혁신, 유연성, 서비스, 효율성 및 경쟁우위 달성을 위한 비용과 관련된 18개의 항목으로 구성하였다.

성과측정지표의 다양성과 유형에 대한 측정은 재무, 시장, 혁신, 효율성, 질, 종업원과 관리자 등의 카테고리로 구성된 기업에 적용 가능한 재무지표와 비재무지표의 리스트를 제공하여 관리자 성과평가시의 중요도를 판단하도록 하였다. 성과측정지표의 다양성은 모든 지표의 평균값으로 측정하였고, 높은 값은 보다 많은 지표가 관리자 성과평가에 중요하게 적용된다는 것을 의미한다. 성과측정 정보의 사용 강도는 Abernethy and Brownell(1999)의 항목을 이용하였다. 인센티브 보상의 정도는 관리자가 성과기반보상을 받는지 여부와 그리고 만약 그렇다면 얼마나 받는지(최대, 평균 성과급)를 질문하여 측정하였다. 인센티브 가중치의 분산은 보상 결정시에 사용되는 6개의 성과차원의 가중치로 측정하였고, 가중치가 낮을수록 분산은 높다는 의미이다.

5.1.5 분석결과

설정된 연구가설을 검정하기 위해 먼저 성과측정지표와 인센티브 보상에 대한 ANOVA 검정 후 저원가전략, 차별화전략 및 혼합전략의 주요 세 군집 간의 쌍대비교를 하였다. 분석결과는 다음 [도표 9-5]와 같다.

[도표 9-5] 분석결과 - Table 1

변수	표본 평균	C1 저원가 (n=62)	C2 차별화 (n=79)	C3 부분혼합 (n=114)	C4 혼합전략 (n=87)	C5 전략없음 (n=45)	F값	p값	C1 vs C2	C1 vs C4	C2 vs C4
Panel A : 전략적 우선순위											
저원가	5.48	6.01(2)	4.49(4)	5.93(3)	6.16(1)	4.02(5)	179.22	0.00	0.00	0.15	0.00
고객서비스	5.48	5.06(4)	5.63(2)	5.36(3)	6.13(1)	4.82(5)	48.32	0.00	0.00	0.00	0.00
유연성	4.80	2.95(5)	5.57(2)	4.72(3)	6.02(1)	3.79(4)	346.78	0.00	0.00	0.00	0.00
Panel B : 내·외부 기업 변수											
기업환경											
환경적 역동	4.67	4.13(5)	4.82(2)	4.56(2)	5.31(1)	4.21(4)	24.24	0.00	0.00	0.00	0.00
기업역량											
조직적	4.31	4.00(4)	4.49(2)	4.25(3)	4.63(1)	3.93(5)	7.92	0.00	0.00	0.00	0.29
기술적	4.20	3.78(5)	4.30(2)	4.02(3)	4.76(1)	3.98(4)	6.16	0.00	0.03	0.00	0.03
마케팅	4.80	4.24(5)	4.87(2)	4.84(3)	5.26(1)	4.47(4)	4.70	0.00	0.02	0.00	0.11

업무환경											
업무 반복성	5.04	5.37(1)	4.97(4)	5.12(2)	5.00(3)	4.56(5)	2.96	**0.02**	**0.06**	**0.09**	0.90
업무 지식	5.33	5.73(1)	5.24(4)	5.31(3)	5.42(2)	4.82(5)	7.86	**0.00**	**0.00**	**0.03**	0.22
표준작업방법	4.56	4.98(1)	4.22(4)	4.79(2)	4.51(3)	4.09(5)	3.74	**0.01**	**0.00**	**0.07**	0.24
팀기반구조	4.52	4.39(4)	4.61(2)	4.42(3)	4.85(1)	4.16(5)	2.36	**0.05**	0.34	**0.06**	0.27

- C1~5는 군집1~5를 의미함.
- 괄호 속 숫자(1~5)는 군집의 등위를 나타내고, 짙은 숫자는 유의수준 10%까지를 나타냄.

[도표 9-5] 분석결과 - Table 2

변수	표본 평균	C1 저원가 (n=62)	C2 차별화 (n=79)	C3 부분 혼합 (n=114)	C4 혼합 전략 (n=87)	C5 전략 없음 (n=45)	F값/ Kruskal-Wallis값	p값	C1 vs C2	C1 vs C4	C2 vs C4
Panel A : 성과측정											
PM 다양성	4.63	4.46(4)	4.54(3)	4.68(2)	5.09(1)	4.05(5)	20.70	**0.00**	**0.42**	**0.00**	**0.00**
원가 · 자원 이용	5.15	5.42(2)	4.76(4)	5.39(3)	5.55(1)	4.09(5)	28.24	**0.00**	**0.00**	0.41	**0.00**
시장성과	5.11	4.73(4)	5.13(2)	5.11(3)	5.59(1)	4.69(5)	6.42	**0.00**	**0.10**	**0.00**	**0.01**
생산효율	3.81	4.01(2)	3.56(4)	3.79(3)	4.24(1)	3.21(5)	4.87	**0.00**	**0.09**	0.38	**0.00**
품질	5.04	4.80(4)	5.10(2)	5.04(3)	5.43(1)	4.51(5)	7.87	**0.00**	**0.05**	**0.00**	**0.03**
혁신	3.93	3.16(5)	4.18(2)	3.91(3)	4.53(1)	3.44(4)	12.96	**0.00**	**0.00**	**0.00**	**0.09**
종업원	4.20	4.11(3)	4.07(4)	4.22(2)	4.69(1)	3.58(5)	8.45	**0.00**	0.83	**0.00**	**0.00**
관리적	4.52	4.35(3)	4.35(4)	4.56(2)	4.96(1)	4.12(5)	7.08	**0.00**	0.99	**0.00**	**0.00**
PM사용강도	5.08	5.03(4)	5.11(2)	5.06(3)	5.49(1)	4.33(5)	11.50	**0.00**	0.58	**0.01**	**0.01**
Panel B : 인센티브 보상											
인센티브 보상 이용	0.81	0.76(3)	0.87(2)	0.75(5)	0.89(1)	0.76(4)	10.08	**0.04**	**0.08**	**0.04**	0.82
인센티브 강도	20.66	16.16(5)	20.42(2)	16.55(3)	31.83(1)	16.35(4)	17.18	**0.00**	**0.02**	**0.00**	0.51
인센티브 가중치 분산	0.40	0.44(2)	0.37(4)	0.40(3)	0.35(5)	0.48(1)	8.95	**0.06**	0.14	**0.06**	0.60
재무적	43.75	47.91(2)	39.74(4)	47.75(3)	38.28(5)	48.47(1)	8.53	**0.07**	0.22	**0.07**	0.62
상업적	21.16	13.54(5)	25.51(1)	18.99(4)	22.43(3)	25.47(2)	13.57	**0.01**	**0.00**	**0.00**	0.60
운영적	13.80	17.43(1)	15.46(2)	12.98(3)	12.84(4)	9.82(5)	11.26	**0.02**	0.69	**0.07**	0.11
혁신	4.11	1.65(5)	4.81(2)	3.26(4)	5.91(1)	4.08(3)	18.20	**0.00**	**0.00**	**0.00**	0.61
구성원	5.87	5.55(3)	5.00(4)	6.22(2)	7.01(1)	4.56(5)	2.77	0.60	0.55	0.17	0.27
관리적	11.32	13.92(1)	9.48(4)	10.81(3)	13.53(2)	7.59(5)	7.24	0.12	0.12	0.95	**0.06**

연구결과는 다음과 같다. 먼저, 가설1은 혼합전략이 전형적인 전략보다 성과측정지표의 다양성이 더 높은지 검정하기 위해 설정되었다. 분석결과, 혼합전략 군집에서 두 전형적인 전략 군집에 비해 1% 유의수준에서 더 높은 값을 보였고, 군집 간의 전반적 차이는 유의하게 나타났다. 그리고 성과측정지표의 7가지 차원 모두에 대해 혼합전략 군집이 가장 높은 평균값을 보였으며, 저원가전략 군집의 원가 및 자원의 사용, 생산효율성 차원과 차별화전략 군집의 품질, 혁신 차원 외에는 혼합전략 군집이 1% 유의수준에서 더 유의하게 높은 값을 보였다.

가설2는 혼합전략이 전형적인 전략보다 성과측정 정보의 사용 강도가 높은지 검정하기 위해 설정되었다. 분석결과, 혼합전략 군집이 두 전형적인 전략 군집에 비해 성과측정 정보를 1% 유의수준에서 유의하게 더 많이 사용하는 것으로 나타났다. 그리고 가설3은 혼합전략이 전형적인 전략보다 인센티브 강도가 높은지 검정하기 위해 설정되었다. 분석결과, 혼합전략 군집의 인센티브 보상 제공 비율이나 인센티브 강도가 가장 높긴 하나 차별화전략 군집과 유의한 차이를 보이지 못하였다. 이는 인센티브 강도가 저원가전략과는 관계없이 주로 차별화전략에 대한 강조로 인한 것임을 시사한다.

끝으로, 가설4는 혼합전략이 전형적인 전략보다 특정 성과차원의 가중치가 더 낮은지 검정하기 위해 설정되었다. 분석결과, 혼합전략 군집의 가중치의 분산이 저원가전략 군집과는 유의한 차이를 보였으나, 차별화전략 군집과는 유의한 차이를 보이지 않았다. 또한, 가중치의 분산은 차별화전략 군집과 저원가전략 군집 간에도 유의하지 않게 나타났다. 따라서 저원가전략을 기반으로 차별화전략을 혼합할 경우에만 순수한 저원가전략에 비해 더 큰 가중치의 분산을 보임을 알 수 있다. 또한, 재무와 운영지표에 상대적으로 높은 가중치를 부여하는 저원가전략에 차별화전략을 혼합함에 따라 이들에 대한 가중치가 감소하고, 영업과 혁신에 대한 가중치가 증가함을 보여주었다.

이러한 연구결과는 혼합전략을 추구하는 기업에서 성과측정 정보의 다양성과 사용 정도가 증가하고, 사용되는 성과측정 유형의 분산은 낮음을 보여준다. 한편, 인센티브 강도는 저원가전략에서 혼합전략으로 이동할 때 증가하고, 가중치의 분산도 차이를 보이는 것으로 나타났다. 이는 의사결정에서 재량권을 제공하고 충돌하는 목표를 조정하기 위함임을 시사한다.

5.1.6 결론 및 시사점

많은 연구자가 전략과 일관성 있는 행동을 유도하기 위한 PMS의 설계에 대해 연구해 왔다. 그러나 기업이 경쟁압력에 대처하기 위해 전략적 우선순위를 추구한다는 인식과 이를 뒷받침하는 다양한 연구의 경험적 발견에도 불구하고, 혼합전략과 PMS의 설계에 대한 연구는 거의 없었다. 이 연구는 혼합전략을 추구하는 기업의 PMS 관련 요소가 전형적인 순수전략을 추구하는 기업의 그것과 어떻게 다른지에 대한 포괄적인 분석을 제공한다. 연구결과, 혼합전략이 전형적인 전략에 비하여 관리자의 평가를 위해 성과측정 정보를 더 다양하고, 더 광범위한 목적으로 사용하는 것으로 나타났다. 이 같은 연구결과는 혼합전략에서 맞게 PMS를 설계하는 것의 중요성과 관리자가 전략실행을 지원하기 위해 올바른 인프라를 개발해야 함을 강조한다. 또한, 경쟁우위를 유지하거나 개선하기 위해 서로 다른 전략적 차원의 균형을 맞추려는 기업에 있어서 혼합전략이 필수적임을 시사한다.

5.2 Malmi and Brown(2008)의 연구

Management Control Systems as a Package—Opportunities, Challenges and Research Directions (Management Accounting Research)

5.2.1 연구배경 및 목적

패키지로 운영되는 MCS에 대한 아이디어는 30년 이상 존재해 왔다(Otley 1980). 그럼에도 불구하고 이 주제에 대한 명백한 이론화 또는 실증연구는 거의 없었다(Abernethy and Chua 1995; Simons 1995; Alvesson and Karrenman 2004). MCS 패키지에 대한 연구가 중요한 이유는 다음과 같다. 첫째, MCS는 개별적으로 작동하지 않는다. 둘째, 새로운 MCS 요소의 사용과 영향이 기존의 광범위한 MCS 패키지의 기능과 관련된 경우 이러한 시스템을 개별적으로 연구하면 도출할 수 있는 결론에 영향을 줄 수 있다. 셋째, MCS 이론의 주요 초점은 MCS를 설계하는 방법이다. MCS 관련 연구에서 광범위한 패키지 접근방식을 사용하게 되면, MCS 패키지의 설계에 대한 더 나은 이론을 개발할 수 있습니다.

본 연구의 목적은 MCS에 관한 연구를 계속 진전시킬 수 있는 토대를 마련하는 것이다. 이를 위해 본 연구에서는 통제와 MCS를 정의하면서 MCS 패키지의 포괄적인 유형을 논의하고자 한다.

5.2.2 이론적 모형

통제패키지에 관한 이론적 접근을 통해, 그 개념과 구성요소의 분류체계를 정립하고자 한다. Malmi and Brown(2008)은 MCS가 구성원들의 행동 및 의사결정을 조직목표 및 전략과 정렬시키기 위해 관리자가 사용하는 순수한 의사결정지원시스템을 제외한 나머지 모든 시스템을 포함한다고 주장하며, MCS의 패키지 개념을 강조하였다. 조직 운영에는 다양한 형태의 관리기법이 존재하고, 조직을 효율적 · 효과적으로 통제하기 위해서는 의도적으로 여러 관리기법이 종합적으로 설계 및 구축되어야 한다. 따라서 MCS는 포괄적 시스템으로 정의되고, 그 구성요소들 간의 통합성 혹은 조정성이 검증되어야 한다. 본 연구는 이러한 관점을 기반으로 통제패키지가 문화, 계획, 사이버네틱, 보상 및 행정적 차원의 5가지 통제유형으로 구성되어있음을 제시하였다. 구체적 분류는 다음의 [도표 9-6]과 같다.

[도표 9-6] Malmi and Brown(2008)의 MCS 패키지

<table>
<tr><td colspan="7">문화통제
(Cultural Controls)</td></tr>
<tr><td colspan="3">집단
(Clans)</td><td colspan="2">가치
(Values)</td><td colspan="2">상징성
(Symbols)</td></tr>
<tr><td colspan="2">계획
(Planning)</td><td colspan="4">사이버네틱 통제
(Cybernetic Controls)</td><td rowspan="2">보상
(Reward and Compensation)</td></tr>
<tr><td>장기계획
(Long range planning)</td><td>활동계획
(Action planning)</td><td>예산
(Budgets)</td><td>재무 측정시스템
(Financial Measurement Systems)</td><td>비재무 측정시스템
(Non Financial Measurement Systems)</td><td>혼합 측정시스템
(Hybrid Measurement Systems)</td></tr>
<tr><td colspan="7">행정통제
(Administrative Controls)</td></tr>
<tr><td colspan="3">지배구조
(Governance Structures)</td><td colspan="2">조직구조
(Organization Structures)</td><td colspan="2">정책 및 절차
(Policies and Procedures)</td></tr>
</table>

5.2.3 이론적 연구결과

Malmi and Brown(2008)의 MCS 패키지는 다음과 같이 구성된다. 첫째 구성요소는 문화통제이다. 문화통제(cultural controls)는 구성원들의 행동에 영향을 미치는 가치, 신념 및 사회적 통념과 관련된 통제유형으로 가치기반통제(Simons 1995), 집단통제(Ouchi 1979) 및 상징성(Schein 1997)으로 구성된다. 둘째 구성요소는 계획이다. 계획(planning)은 그 행위가 이루어지는 시점 차원에서 사전적 형태의 통제유형이다(Flamholtz et al. 1985). 계획은 장기계획과 활동계획으로 구성된다. 장기계획은 전략적(strategic) 차원에 초점을 맞추어 이루어지는 중장기적 목표 혹은 활동을 의미하며, 활동계획은 전술적(tactical) 차원에 초점을 맞추어 이루어지는 단기적 목표 혹은 활동을 의미한다. 셋째 구성요소는 사이버네틱 통제이다. 사이버네틱 통제(cybernetic controls)는 성과의 측정가능성, 표준화, 피드백시스템, 그리고 이를 이용한 차이분석 및 활동의 수정으로 특성화된 통제이다(Green and Welsh 1988). 이는 예산(Bunce et al. 1995; Hansen et al. 2003), 재무측정시스템 및 비재무측정시스템(Ittner and Larcker 1998), 그리고 BSC와 같은 혼합측정시스템(Greenwood 1981; Ittner and Larcker 1998; Kaplan and Norton 1992; Kondrasuk 1981; Malina and Selto 2001)으로 구성된다. 넷째 구성요소는 보상이다. 보상(reward and compensation)은 구성원들의 동기부여를 위해 설정된 목표의 달성 정도에 따른 대가이다(Bonner and Sprinkle 2002; Flamholtz et al. 1985). 다섯째 구성요소는 행정통제이다. 행정통제(administrative controls)는 조직구조의 설계를 통해 구성원들의 행동 방향을 제시하고, 지배구조에 기초하여 모니터링하며, 정책 및 절차를 설정하여 그 수행여부를 판정한다(Simons 1987). 행동통제는 조직설계 및 구조(Abernethy and Chua 1996; Alvesson and Karreman 2004; Emmanuel et al. 1990; Otley and Berry 1980), 지배구조(Abernethy and Chua 1996), 그리고 정책 및 절차(Macintosh and Daft 1987; Simons 1987)로 구성된다.

Malmi and Brown(2008)의 MCS 패키지에 대해 부가적인 설명을 덧붙인다면 문화는 조직구성원들이 공유하고 그들의 생각과 행동에 영향을 미치는 가치, 신념 및 사회적 규범의 집합이다(Flamholtz et al. 1985). 문화는 행동을 통제하는데 사용하는 통제시스템이며, 가치, 집단 및 상징성으로 구분된다. 그리고 보상은 조직의 목표와 활동 사이의 일치를 달성함으로써 조직 내 개인과 그룹의 성과를 높이고 동기를 부여하는 데 중점을 둔다(Bonner and Sprinkle 2002). 일반적으로 보상의 존재는 조직구성원들의 노력을 증가시킨다.

계획은 사전 통제 형태이다(Flamholtz et al. 1985). 조직의 기능 영역의 목표를 설정하여 노력과 행동을 지시하며, 목표와 관련하여 달성할 수 있는 표준을 제공하고 조직구성원이 기대하는 노력과 행동 수준을 명확히 한다. 또한, 계획은 조직의 기능 영역에 걸쳐 일련의 목표를 조정함으로써 개인과 그룹의 활동을 통제하여 조직이 원하는 결과와 일치하도록 한다. 계획은 직원의 행동을 지시하는 데 중요한 역할을 할 수 있으므로 MCS 유형에서 이를 별도의 시스템으로 취급하며, 미래의 활동을 결정하기 위해 계획을 수립했는지 또는 프로세스에 이러한 계획에 대한 조직구성원의 헌신을 어떻게 구축하는지 이해하는 것이 중요하다.

사이버네틱은 통제 개념과 오랫동안 관련되어 왔다(Arrow 1964; Daft 1983; Koontz and O'Donnel 1968; Mintzberg 1979; Strank 1983). 사이버네틱은 성과표준을 사용하여 성과를 측정하고, 측정 결과와 성과표준을 비교하여 이에 대한 정보를 피드백하고 수정하는 프로세스이다(Green and Welsh 1988). 사이버네틱은 예산, 재무측정, 비재무측정 및 혼합측정시스템(Hybrid)로 분류된다. 예산은 프로세스 통합과 자원 할당 결정을 포함하여 여러 가지 용도로 사용될 수 있지만, 통제 메커니즘으로서의 초점은 수용 가능한 행동 수준을 계획하고 해당 계획에 대한 성과를 평가하는 것이다. 재무측정은 재무적 지표를 활용하여 이를 통해서 직원들에게 책임을 부여하는 것이다. 재무측정에 대한 예로는 ROI, EVA 등이 있다. 비재무측정은 현대 조직 내에서 중요한 요소이며, 재무측정에서 인식되지 않는 한계를 극복하고 성과동인을 식별하는데 사용된다(Ittner and Larcker 1998). 마지막으로 혼합측정시스템은 목표별 관리시스템을 포함하는 개념이며, 최근에는 보다 더 포괄적인 관점에서 재무 및 비재무 성과측정을 모두 갖춘 BSC와 같은 통제를 말한다.

행정통제는 업무나 행동의 수행 방법을 지정하는 프로세스를 통해 조직구성원의 행동을 통제한다. 이는 조직구조, 지배구조, 절차 및 정책으로 분류된다. 조직구조는 기능적 전문화를 통해 작동하는 통제의 한 형태이며(Flamholtz 1983), 조직구성원들의 행동 변동성을 줄여 결과적으로 성과에 대한 예측성을 높이기 때문에 통제에 해당한다. 지배구조는 공식적인 권위와 책임뿐만 아니라 다양한 기능과 조직 단위의 경영자가 활동을 수직 및 수평적으로 조정하기 위해 마련한 시스템이다. 지배구조는 특정 조직에서 여러 가지 방식으로 설계될 수 있다. 정책과 절차는 조직 내에서 프로세스와 행동을 지정해주며, 표준 운영절차와 관행, 규칙 및 정책 등을 포함하는 접근법이다.

5.2.4 결론 및 시사점

통제 패키지로서 MCS의 문제를 다룬 선행연구는 부족한 편이다. 본 연구는 MCS의 패키지에 대한 과제를 보다 심도 있게 다루었으며, 현상에 대해 훨씬 더 실증적이고 개념적인 작업을 수행하였다. 연구의 주요 결과는 조직의 통제에 적합한 구성과 광범위하고 복잡한 통제 패키지가 있으며, MCS 패키지의 요소가 여러 단방향 및 양방향 관계의 시스템과 관련되어 있음을 보여주었다. 이를 통해 MCS 패키지의 시스템들이 실제로 서로 어떻게 관련되는지 설명함으로써 MCS 패키지 연구를 확장하였으며, 후속 연구에 기여한다.

5.3 Speklé et al.(2014)의 연구

Creativity and Control : A Paradox. Evidence from the Levers of Control Framework (A paper presented at the Global Management Accounting Research Symposium, Sydney, Australia.)

5.3.1 연구배경 및 목적

관리회계연구는 통제를 보다 광범위한 측면에서 접근하며, 통제시스템은 바람직하지 않은 행동을 제한할 뿐만 아니라 창의성을 포함한 바람직한 행동에 대한 선택을 장려하고 지원하는 역할을 할 수 있다고 본다. 이와 관련하여 Simons(1995)은 통제제도(Levers of Control; LoC)의 통합적 이용이 균형과 역동적 긴장을 창출함에 따라 조직구성원의 권한위임(empowerment)과 창의성(creativity)을 증진시킬 수 있다고 주장하였다. 그러나 이를 지지할 실증적 근거는 부족한 편이다. 선행연구가 갖는 이와 같은 한계점을 극복하려는 목적으로, 본 연구는 통제시스템의 이용이 권한위임과 창의성에 긍정적인 영향을 미칠 수 있는지에 대해 실증분석하였다.

5.3.2 연구모형 및 가설설정

본 연구의 기본전제는 Simons(1995)의 LoC 프레임워크의 4가지 통제시스템을 함께 이용하여 효과적인 통제환경을 창출할 수 있다는 것이다. 본 연구는 다양한 통제시스템 간의 균형 관계보다는 LoC 프레임워크의 4가지 통제시스템인 경계, 신념, 진단 및 상호작용 통제시스템의 이용 정도에 초점을 맞춘다. 즉, LoC의 균형 있는 활용은 LoC 이용 정도의 증대와 직결되고, 이는 구성원에 대한 방향 제시, 정보제공, 동기부여를 통해 창의성을 증진시킬 수 있을 것으로 기대한다. 4가지 통제시스템의 시너지 효과는 조직의 권한위임과 창의성 촉진에 도움을 줄 수 있다(Simons 1995). 기업이 통제시스템을 강조할수록 조직구성원들은 조직의 목표, 가치, 경계 등에 대해 보다 잘 이해할 수 있고, 이를 토대로 의사결정에 더욱 확신을 가질 수 있다. 이는 자신의 업무에 대해 높은 통제권을 인식하게 하므로 권한위임을 고취 시킨다. 또한, LoC의 강조는 정보교환과 명료성을 증대시키므로 창의성을 촉진할 수 있으며(Chen et al. 2012), 소유권이나 통제권에 대한 인식은 창의성 발현에 중요하다(Amabile and Sensabaugh 1992). 이와 같은 논의를 바탕으로 연구모형을 설정하고, 연구모형에 기초하여 연구가설을 설정하였다. 연구모형과 연구가설은 다음과 같다.

[도표 9-7] Speklé et al.(2014)의 연구모형

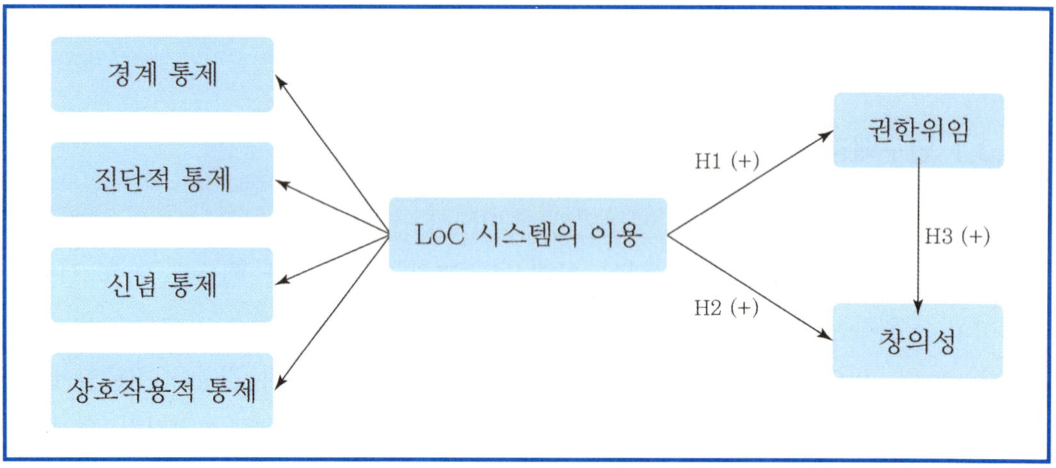

H1 : LoC 시스템의 이용 정도는 권한위임과 정(+)의 관계가 있을 것이다.
H2 : LoC 시스템의 이용 정도는 창의성과 정(+)의 관계가 있을 것이다.
H3 : 권한위임은 창의성과 정(+)의 관계가 있을 것이다.

5.3.3 자료 수집

네덜란드 대기업의 사업부(business unit) 관리자들을 대상으로 설문조사를 실시하였다. 233개의 설문응답을 실증분석에 사용하였다.

5.3.4 변수측정

LoC의 이용 정도는 4가지 차원(신념, 경계, 진단 및 상호작용 통제)으로 구성된 2차 요인으로 측정하였다. 신념, 경계 및 진단 통제는 Henri(2006b)와 Widener(2007)의 측정항목을 차용하여 측정하였다. 상호작용 통제는 Bisbe et al.(2007)의 측정기법에 근거하여 주요인분석(PCA)을 통한 3가지 차원(자극, 전략, 관여)의 표준화 요인값의 합으로서 측정하였다.

권한위임은 직무에 대해 갖는 독립성과 자유를 평가하는 항목에 의해 측정하였다. 설문문항은 Hall(2008)과 Lambe et al.(2009)의 연구에서 사용한 것을 차용하였다. 권한위임은 구체적으로 업무 수행방식을 결정하는데 상당한 자율권이 있는지, 작업을 수행하는 방법을 스스로 결정하는지, 업무수행 방법에 있어 독립성과 자유에 대한 많은 가능성 있는지, 중요한 결정을 내릴 수 있는지, 운영 방법에 높은 수준의 이니셔티브가 허용되는지 등 5개 설문문항으로 측정하였다.

창의성은 새로운 아이디어를 개발하고, 직무 관련 문제에 대해 해결책을 고안할 수 있는 정도에 의해 측정하였다. 설문문항은 Farmer et al.(2003)의 연구에서 사용한 것을 차용하였다. 창의성은 구체적으로 문제를 해결하는 다른 방법의 생각, 오래된 문제에 대한 새로운 관점, 새로운 아이디어와 문제에 대한 대처, 새로운 아이디어 개발, 많은 새로운 아이디어 등 5개의 설문문항으로 측정하였다. 모든 변수는 리커트 7점 척도로 측정하였으며, 7점에 가까울수록 해당 항목에 대한 강한 긍정을 의미한다.

5.3.5 분석결과

AMOS 20(구조방정식)을 이용하여 가설검정을 하였다. 분석결과는 다음 [도표 9-8]과 같다.

[도표 9-8] 분석결과

종속변수 또는 2차 구성개념[32]	독립변수 또는 측정변수	모형1[33] 기본모형 : 통제제도(LoC)			모형2 개별통제시스템
		가설	예측방향	표준화계수	표준화계수
LoC 이용	경계		+	0.486***	
LoC 이용	진단		+	0.528***	
LoC 이용	신념		+	0.536***	

LoC 이용	상호작용		+	0.495***	
창의성	LoC 이용	H2	+	0.278***	
권한위임	LoC 이용	H1	+	0.177**	
창의성	권한위임	H3	+	0.216***	0.232***
창의성	경계				0.014
창의성	진단				0.073
창의성	신념				0.136**
창의성	상호작용				0.094
권한위임	경계				−0.050
권한위임	진단				0.047
권한위임	신념				0.067
권한위임	상호작용				0.141**
n				233	233
X^2				17.630**	89.541***
df				8	6
CMIN/df				2.204	14.924
GFI				0.976	0.872
CFI				0.937	0.252
RMSEA				0.072	0.245

*** P<0.01　　** P<0.05　　* P<0.10

연구결과는 다음과 같다. 가설1은 LoC의 이용 정도와 권한위임 간의 관계를 검정하는 것인데, 분석결과 LoC의 이용 정도는 권한위임과 유의한 정(+)의 관계가 있는 것으로 나타났다. 가설2는 LoC의 이용 정도와 창의성 간의 관계를 검정하는 것인데, 분석결과 LoC의 이용 정도는 권한위임과 유의한 정(+)의 관계가 있는 것으로 나타났다. 그리고 가설3은 권한위임과 창의성 간의 관계를 검정하는 것인데, 분석결과 권한

32) 본 연구에서 LoC 정도(intensity of LoC package)는 고차의 다차원적 구성개념이다. 즉, 경계시스템, 신념시스템, 진단적 통제시스템 및 상호작용적 통제시스템이 각각 1차 구성개념이 되며, 이들은 다시 2차 구성개념인 LoC 정도를 구성한다. 따라서 2차 구성개념은 LoC 정도를 의미하며, 창의성과 권한위임은 본 연구의 종속변수가 된다. 한편 LoC 정도와 창의성은 본 연구의 독립변수로 사용되며, 경계시스템, 신념시스템, 진단적 통제시스템 및 상호작용적 통제시스템은 LoC 정도에 대한 측정변수가 된다.

33) 모형1은 기본모형(base model)으로서 LoC를 하나의 패키지로서 본다. 반면 모형2는 대안모형으로서 LoC를 패키지로 엮지 않고, LoC를 구성하는 경계시스템, 신념시스템, 진단적 통제시스템 및 상호작용적 통제시스템 등을 개별적인 독립변수로 간주한다.

위임은 창의성과 유의한 정(+)의 관계가 있는 것으로 나타났다.

이와 같은 연구결과는 Simons(1995)의 주장에 대한 실증적 근거를 제시한다. 즉, 통제시스템은 조직구성원들에게 업무수행에 있어 선택을 줌으로써, 권한위임을 통해 창의성에 긍정적인 영향을 미친다(Ambrose and Kulik 1999). 또한, LoC 시스템은 창의성을 촉진하는데 필요한 조직적 지원을 제공하며, 제한적인 통제를 통하여 격려하며 영감을 주는 가치있는 정보를 제공한다. 결론적으로 LoC는 조직구성원에게 창의적인 행동이 필요한 문제 또는 기회를 알리는 정보와 조직구성원들이 행동을 취하도록 동기를 부여하고 격려하는 정보를 제공하여 지정된 범위 내에서 자유롭게 창의성을 발휘하는 것을 돕는다.

5.3.6 결론 및 시사점

본 연구는 역동적 긴장을 창출하는 통제제도 간의 균형은 조직역량을 지원하는데 필요하다는 선행연구의 실증결과(Mundy 2010)를 보완하며, 창의성과 통제의 공존 가능성을 보여주었다. 또한, 신념과 상호작용 통제가 자율적인 지원을 제공하고 경계와 진단적 통제가 구조적인 측면을 제공한다는 제안과 일치하는 증거를 보여줌으로써 통제와 창의성에 대한 연구범위를 확장하였다(Shalley et al. 2000; Gilson et al. 2005). 실무적으로 창의성의 장려와 적합한 통제의 이행이 상충관계에 놓일 필요가 없다는 시사점을 제시하고 있다. 향후 연구에서는 서로 다른 유형의 리더십(변혁적 리더십, 거래적 리더십 등)에 따라 LoC의 이용과 창의성 간의 관계가 달리 나타나는지 검정하거나, 인센티브와 LoC를 통합하여 창의성에 대한 영향을 검증해 볼 필요도 있을 것이다.

5.4 Cools et al.(2017)의 연구

Management Control for Stimulating Different Types of Creativity: The Role of Budgets (Journal of Management Accounting Research)

5.4.1 연구배경 및 목적

최근 MCS와 창의성 간의 관계에 관한 관심이 커지고 있다(Davila et al. 2009; Grabner 2014). 특히, 조직이 MCS를 이용하여 창의성을 지원할 수 있는 방법을 이해하는 것이 중요한 문제이다. 그러나 창의성을 지원하는 MCS의 이용에 대한 이론적 연구와 실증연구의 결과는 상충된다(Bisbe and Otley 2004). Simons(1990; 1991; 1995)은 MCS가 창의성을 추구하고 지원하는데 도움이 된다고 제안하지만 다른 연구에서는 공식적 MCS는 창의성과 혁신의 걸림돌이 되므로 높은 수준의 관리통제가 필요하지 않다고 한다(Abernethy and Stoelwinder 1991; Amabile 1998). 많은 선행 연구에서 MCS와 창의성에 관한 연구를 진행하였지만, 다양한 MCS의 이용방식과 여러 유형의 창의성을 연계하지는 않았다. 즉, MCS와 관련하여 창의성을 다차원적인 구조로 보고 진행한 연구는 거의 없었다.

본 연구에서는 Unsworth(2001)의 프레임워크에 따라 창의성의 유형을 구분한다. 그리고 MCS의 필수 요소 중 하나인 예산의 이용방식과 다양한 유형의 창의성 간의 관계에 대해 살펴보고자 한다.

5.4.2 연구방법

예산의 이용방식과 여러 유형의 창의성 간의 관계에 대한 통찰을 얻기 위해 사례연구를 하였다. 사례연구는 심층적인 이해를 얻는 것이 주요 목표이며, 이를 위해 4개의 전문 회사를 대상으로 인터뷰를 하였다.

5.4.3 연구결과

예산의 진단적 이용은 조직구성원들의 창의성을 자극한다. 예산의 진단적 이용이 특히 반응적 창의성에 긍정적인 효과가 있음을 암시하였다. 예산의 진단적 이용은 제약을 유발하는 것이 아니라 오히려 사람들을 창의력으로 끌어들이는 기본 틀을 제공한다. 예산의 진단적 이용은 고객의 요구에 따라 작업을 수행하기 위한 행동의 목표와 경계를 제공하므로 조직구성원은 제공되는 가이드라인 안에서 적절한 창의성을 발휘할 수 있다. 왜냐하면, 공식적인 가이드라인이나 절차 및 결과에 대한 정보제공이 프로세스의 개발이 더 효과적으로 수행될 수 있도록 조직구성원들에게 권한을 부여하는데 활용될 수 있기 때문이다(Jorgensen and Messner 2009). 따라서 예산의 진단적 이용은 경험에 근거한 프로세스를 통해 조직구성원들을 위한 계획지침을 제공하며 제한된 예산 내에서 적절한 활동이 무엇인지 제약의 역할을 하므로 조직구성원의 반응적 창의성을 고취시키는 것으로 판단된다.

한편, 예산의 상호작용적 이용은 조직구성원으로 하여금 숙련된 동료와의 대화 및 상호 작용을 통해서 문제를 해결하고 함께 '공유된 이해'를 구축하여 불확실성을 보다 잘 이해할 수 있도록 돕는다. 따라서 예산의 상호작용적 이용은 창의적인 행동을 증진시킬 수 있을 것으로 보았다. 특히 전략적 불확실성이 높고, 경영진이 잠재적인 위험을 통제하기 위해 조직구성원들이 계속 참여하기를 원하는 상황에서 예산의 상호작용적 이용은 기대된 창의성을 자극할 것으로 판단된다.

5.4.4 결론 및 시사점

본 연구에서는 Unsworth(2001)의 문제 유형별 특성 분석을 사용하여 창의성 유형에 각 사례가 어떻게 배치되는지 분석하였다. 이를 위해 각 사례 회사의 목표, 인센티브 및 보상구조, 정보 피드백 등 전략 및 달성 계획에 대한 5가지 주요 주제를 고려하여 진단적 이용과 상호작용적 이용을 분석하였다. 연구결과, 사례회사가 기대된 창의성을 목표로 노력하면 예산시스템을 상호작용적 이용방식으로 사용하고, 반응적 창의성을 목표로 노력하면 예산시스템을 진단적 이용방식으로 사용하는 것으로 나타났다. 본 연구의 결과는 예산의 진단적 이용이 조직구성원의 창의성을 저해하지 않으며, MCS의 이용방식이 조직구성원의 창의적 프로세스를 유지하는데 영향을 줄 수 있음을 시사한다. 따라서 요구되는 창의성의 유형에 따라 서로 다른 방식의 MCS의 이용이 필요할 것으로 판단된다.

5.5 Chaminda Wijethilake(2017)의 연구

Proactive Sustainbility Strategy and Corporate Sustainability Performance: The Mediating Effect of Sustainability Control Systems (Journal of Environmental management)

5.5.1 연구배경 및 목적

본 연구에서는 사전 예방적 지속가능성 전략(proactive sustainability strategy)과 지속가능성 통제시스템(sustainability control systems; SCS)의 이용 간의 관계, 그리고 지속가능성 성과에 미치는 효과를 조사한다. 본 연구의 핵심은 지속가능성이라는 새로운 경영 이슈에 맞춰 지속가능성을 기업의 전략과 통제시스템에 포함시키는데 있다. 최근 많은 선행연구에서 경영 이슈인 지속가능성을 경영의 전반적인 운영과 프로세스에 포함시키고 결합시키려는 노력을 하고 있으나, 대부분 사례연구이거나 제한적인 관점에서의 실증연구들 뿐이었다. 따라서 본 연구에서는 관리회계 문헌에 나타나는 일반적인 전략, MCS, 성과에 대한 프레임워크에 최근 경영 이슈인 지속가능성을 포함 및 통합하여 SCS가 수행하는 역할을 확인하려 한다. 구체적으로 SCS가 기업의 사전 예방적 지속가능성 전략이 효과적이고 효율적으로 실행될 수 있도록 지원하는지 확인하고, 사전 예방적 지속가능성 전략과 지속가능성 성과 간의 관계에서 SCS가 어떤 역할을 하는지를 검정하고자 한다.

지속가능성 문제에 대한 기업의 대응은 규제 압력, 최고경영진의 사회적, 윤리적 책임의 증가, 새로운 사업 기회, 탄소세와 같은 내·외부의 지속가능성에 대한 관심에 의해 영향을 받는다(Baird 2015). 연구자들은 기업들이 단순히 규제 요건을 준수하기보다는 지속가능성 이슈를 전략에 능동적으로 통합하려는 의도가 점점 더 강해지고 있다고 주장한다(Aragon-Correa and Rubio-Lopez 2007; Bhupendra and Sangle 2015; Christmann 2000; Hart 1995; Phan and Baird 2015; Sharma and Vredenburg 1998).

이론적으로 사전 예방적 지속가능성 전략은 효율적인 자원 사용, 비용에 대한 이점 증가, 자원 낭비 및 배출 감소, 사회적 명성의 증진, 고객 선호도 향상, 그리고 새로운 혁신 역량 등을 통해 기업의 지속가능성 성과를 향상시킨다고 하였다(Banerjee 2001; Bhupendra and Sangle 2015; Christmann 2000; Judge and Douglas

1998; Sharma and Vredenburg 1998). 그러나 지속가능성 과제를 해결하기 위한 사전 예방적 지속가능성 전략의 인식된 이점에도 불구하고, 사전 예방적 지속가능성 전략을 기업의 지속가능성 성과로 전환하는 내부 경영 프로세스에 대한 연구는 거의 없었다. MCS 문헌을 살펴보면, 기업의 전략적 방향과 우선순위에 따라 MCS를 조정해야 한다고 하였다. 왜냐하면 전략 목표를 달성하기 위해서는 전략적 방향과 우선순위에 맞추어 관리자들이 의사결정을 하고, 구성원들이 동기부여 되어야 하는데, MCS가 이를 지원하여 위험과 불확실성을 완화시키고 궁극적으로 기업의 성과를 향상시킬 수 있기 때문이다. 그러나 전통적 재무지향적인 MCS는 새로운 사전 예방적 지속가능성 전략을 촉진하는지와 기업이 사전 예방적 지속가능성 전략을 실행하기 위해 어느 정도까지 SCS를 사용하는지에 대해서는 의문이다.

사전 예방적 지속가능성 전략과 SCS와 관련된 선행연구를 살펴보면, 대부분 이들의 선행요인인 제도적 압력에 대한 연구와 SCS의 구축에 초점을 두는 연구이다. 실증연구에 따르면, SCS는 지속가능성 핵심가치를 전달하고 지속가능성 성과를 측정함으로써 최고 경영자의 사전 예방적 지속가능성 전략의 실행을 지원하는 역할을 할 뿐만 아니라 지속가능성 전략의 위험을 최소화하고 불확실성을 방지하는 역할을 한다. 또한 지속가능성 위협과 기회를 관리하고 운영활동의 투명성과 책임성을 향상시킴으로써 이해관계자의 지속가능성에 대한 요구사항에 대응할 수 있다(Ditillo and Lisi 2016). 그러나 왜 기업들이 지속가능성 전략을 추구하도록 동기를 부여하고 경영자들이 지속가능성 성과를 달성하기 위해 서로 다른 MCS를 어떻게 실행하는지에 대한 연구, 즉 SCS를 사용하는 정도에 초점을 둔 연구는 부족하였다. 따라서 본 연구에서는 지속가능성 전략을 지원하기 위한 통제시스템이 지속가능성 성과를 향상시키는지 분석하기 위하여 사전 예방적 지속가능성 전략을 기업의 지속가능성 성과로 전환하기 위해 SCS를 어느 정도까지 사용하는지를 연구하고자 한다.

5.5.2 연구모형 및 가설설정

본 연구에서는 지속가능성을 포함한 사전 예방적 지속가능성 전략과 지속가능성 성과 간의 관계에서 SCS의 역할에 대해서 살펴보고자 한다. 사전 예방적 지속가능성 전략은 Hart(1995)가 제시한 자연자원기반관점으로 경제적, 환경적, 사회적 지속가능성을 고려한 지속가능한 전략은 불확실한 미래를 위한 프로세스에 초점을 둔다. 사전 예방적 지속가능성 전략은 이해관계자들에게 기업이 지속가능성을 실행하는 것을 목표로 하며 이것이 다양한 방법으로 이익이 될 것이라는 것을 보여주고, 또한 조직구성원들에게 회사의 지향점을 제시하면서 함께 나아갈 방향성을 제시해준다.

일반적으로 전략을 효과적이고 효율적으로 실행시켜 줄 수 있는 내부통제시스템으로 MCS를 제시하고 있지만, Gond et al.(2012)은 경제적, 환경적, 사회적 요소를 모두 고려해야 하는 경영환경과 전략 하에서는 재무적 관점의 전통적인 MCS로는 한계가 있다고 하였다. 따라서 그는 기존의 MCS와 지속가능성을 통합한 새로운 SCS를 제안하였다. Gond et al.(2012)은 SCS를 7개 항목으로 분류하였는데, 구체적인 항목은 (1) 지속가능성 계획, (2) 지속가능성 예산과 환경예산, (3) 환경/물질흐름원가회계와 지속가능한 부가가치, (4) 환경성과평가시스템과 물질/에너지흐름회계시스템, (5) 지속가능성 성과측정과 지속가능성 균형성과표, (6) 사회환경효율성 분석과 환경투자평가, 그리고 (7) 다차원 성과시스템에 기반한 보상시스템 등 이다. Passetti et al.(2014)은 환경예산, 환경원가회계, 환경수명주기 평가, 환경성과지표, 사회적 예산, 사회 성과지표, 환경효율성분석 및 지속가능성 보고서 등 8가지 항목을 SCS로 보고 연구를 진행하였다. 본 연구에서는 Simons(1995)이 제시한 MCS의 프레임워크에 따라 신념시스템, 경계시스템, 진단적 통제시스템 및 상호작용적 통제시스템을 지속가능성을 포함한 측면에서 동시에 사용하는 것을 SCS로 보았다.

신념시스템은 조직의 가치, 목적, 그리고 조직이 나아가야할 방향을 제공함으로써 지속가능성 핵심가치를 조직구성원들에게 전달하고 경계시스템은 지속가능성 전략적 위험을 피하기 위한 방법을 조직구성원들에게 제안하며, 전략적인 프로세스 내에서 이들에게 수행해야 할 특정 업무와 책임 및 권한을 위임할 수 있다. 진단적 통제시스템은 지속가능성 성과를 모니터링하고 통제하며, 미리 설정한 목표를 통해 지속가능성 목표를 정의하고, 효과적인 자원배분 및 효과적인 산출 조치를 계획하며, 인센티브를 지속가능성 목표 달성과 연계한다. 상호작용적 통제시스템은 혁신 기술의 변화와 관련된 지속가능성 정보 전달, 지속가능성 제품에 대한 고객 수요 증가 등을 통한 조직구성원들 간의 지속가능성 과제에 대한 대화와 학습을 강화하고 주의를 집중시키며, 전략적 불확실성을 최소화하고 기회를 식별하기 위한 수단으로 활용된다. 이러한 통제시스템들의 각 측면은 기업의 지속가능성 성과 달성을 위한 수단으로서 사전 예방적 지속가능성 전략을 지원하는데 중요한 역할을 한다.

위의 논리를 바탕으로 본 연구는 SCS가 사전 예방적 지속가능성 전략과 기업의 지속가능성 성과 간의 관계에서 매개역할을 하는지에 대해 분석하고자 하였다. 이론적인 배경을 바탕으로 연구모형을 설계하고 이에 근거하여 연구가설을 설정하였다. 연구모형과 가설은 다음과 같다.

[도표 9-9] Chaminda Wijethilake(2017)의 연구모형

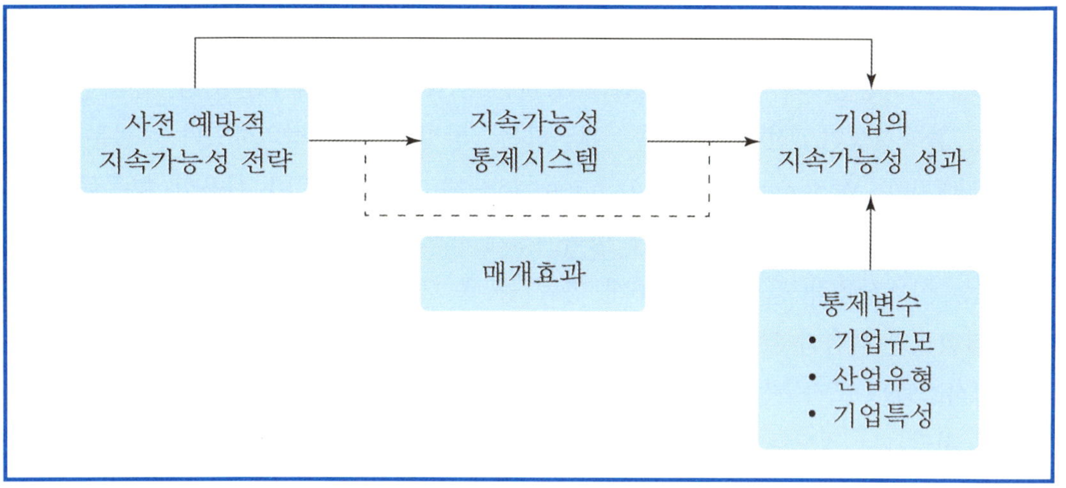

H1 : 사전 예방적 지속가능성 전략과 기업의 지속가능 성과 사이의 관계는 SCS에 의해 긍정적인 매개효과가 있다.

5.5.3 자료 수집

2014년 스리랑카 기업의 최고경영자를 대상으로 설문조사를 하여 자료를 수집하였다. Dillman's(2000)의 도구를 이용하여 설문을 설계하고 배포하였다. 배포된 설문지 중에서 202개(28.85%)가 회수되었고, 회수된 설문지 중 미완성 응답이 있는 27개를 제외한 175개(25%)를 최종적으로 통계적 분석에 사용하였다.

5.5.4 변수의 측정

사전 예방적 지속가능성 전략은 규제 사항 보다 많은 자발적인 활동의 체계적인 행태로 정의하였다(Aragon-Correa and Rubio-Lopez 2007). 사전 예방적 지속가능성 전략은 경제전략, 환경전략 및 사회전략 차원으로 분류하여 총 12개 항목으로 측정하였다. 경제전략은 지속가능한 혁신 촉진, 지속가능성 학습 및 지식관리에 참여, 지속가능성 사업 프로세스 개발 등 3개 항목으로 측정하였다. 환경전략은 지속가능한

자원관리 촉진, 대기 · 수질 · 토양으로의 배출 감소, 생물 다양성 증진 및 보존, 제품 및 서비스의 환경적 영향 최소화 등 4개 항목으로 측정하였다. 사회전략은 조직구성원의 건강과 안전 보장, 인적자본 개발에 투자, 윤리적 행동과 인권보호 촉진, 논란의 여지가 있거나 부패 또는 담합 활동 회피, 기업시민 의식 증진 등 5개 항목으로 측정하였다.

SCS는 최고경영자가 지속가능성을 포함하는 핵심가치, 피해야할 위험, 성과평가 및 전략적 불확실성의 전략 요소를 관리하는 방법이라고 정의하였다. 설문문항은 Henri(2006b), Widener(2007), Arjaliès and Mundy(2013)이 사용한 항목들을 수정하여 구성하였다. 신념시스템 6개 항목, 경계시스템 5개 항목, 진단적 통제시스템 6개 항목, 상호작용적 통제시스템 6개 항목 등 총 23개 항목으로 측정하였다. 구체적으로 살펴보면 다음과 같다.

신념시스템은 조직구성원들이 조직이 원하는 행동을 할 수 있도록 지속가능성 핵심가치를 전달하는 정도로 정의한다. 신념시스템은 경영진이 경영이념, 전략 계획과 정책, 지속가능성 경영보고서, 사회적 책임보고서, 연례보고서, 전사적인 회의 · 포럼 · 워크샵 및 교육세션, 인트라넷 · 웹 사이트 · 포스터 · 팜플렛, 최고경영자의 의사소통수단 등으로 측정하였다.

경계시스템은 조직구성원들을 지배하고 조직을 위해 조직구성원들이 피해야 할 행동 영역을 설정하는 통제로 정의한다. 경계시스템은 지속가능성 행동강령에 대한 정기적인 평가, 윤리적 및 전문적인 지침, 지속가능성과 관련된 모범사례에 대한 지침, 기업의 지속가능 보고서에 대한 가이드라인(GRI), 내부적인 지속가능성 정책 · 구조 및 활동, 지속가능성 행동강령에 대한 정기적인 평가 등으로 측정하였다.

진단적 통제시스템은 경영자가 지속가능성 성과를 평가하기 위해 통제시스템으로부터 획득된 정보를 이용하는 정도로 정의한다. 진단적 통제시스템은 경영진이 지속가능성 성과를 평가하기 위해 표준화된 보고 프로세스(예를 들어, GRI 및 UN Global Compact), EMS, 경쟁업체의 지속가능성 정책 벤치마킹, 최고경영진이 성과의 달성에 대한 검토, 환경적 및 사회적인 감사(내부, 외부 모두), 관리 기법(예를 들어, Kaizen, Hoshin Kanri, 5s, Just in Time) 등으로 측정하였다.

상호작용적 통제시스템은 경영자가 통제시스템을 지속가능성과 관련된 불확실성을 관리하기 위해 상호작용적으로 이용하는 정도로 정의한다. 상호작용적 통제시스템은 최고경영진의 지속가능성 통제 정책에 대한 정기적인 관심, 최고경영진의 지속가능성 정책에 관한 정보의 정기적인 수집 및 공유, 운영관리자들의 지속가능성 정책에 빈번한 참여, 지속가능성을 관리하는 최고관리자와 운영관리자 간의 정기적인 회의, 이해관계자들의 지속가능성 혁신에 대한 우수 사례의 정보교환, 실무자들의 커뮤니티를 위한 인터라넷 시스템 이용 등으로 측정하였다.

지속가능성 성과를 평가하기 위해 경제적, 환경적 및 사회적 성과로 분류하여 측정하였다. 이를 위해 Bansal(2005)이 사용한 측정항목을 수정하여 경제적 성과 4개 항목, 환경적 성과 8개 항목, 사회적 성과 6개 항목으로 측정하였다. 모든 측정항목은 리커트 5점 척도를 사용하여 측정하였다.

5.5.5 분석방법 및 결과

분석을 위해 PLS를 사용하였다. 분석결과는 다음 [도표 9-10]과 같다.

[도표 9-10] 분석결과

계수 관계	경로계수	t값	f^2	q^2
기업 지속가능성 모델				
PSS → CSP	0.605***	7.268	0.402	0.112
PSS → SCS	0.765***	24.728		
SCS → CSP	0.216**	2.336	0.052	0.015
통제변수				
기업규모 → CSP	0.036	1.174		
산업유형 → CSP	−0.090**	2.046		
기업특성 → CSP	−0.004	0.087		
환경적 지속가능성 모델				
환경전략 → 환경성과	0.507***	5.641	0.248	0.114
환경전략 → SCS	0.715***	18.185		
SCS → 환경성과	0.230**	2.449	0.050	0.021
통제변수				
기업규모 → 환경성과	−0.012	0.260		
산업유형 → 환경성과	−0.136***	2.668		
기업특성 → 환경성과	0.031	0.617		

경제적 지속가능성 모델				
경제전략 → 경제성과	0.347***	3.471	0.057	0.027
경제전략 → SCS	0.215***	3.492		
SCS → 경제성과	0.213*	1.854	0.022	0.009
통제변수				
기업규모 → 경제성과	−0.010	0.299		
산업유형 → 경제성과	0.005	0.078		
기업특성 → 경제성과	−0.017	0.247		
사회적 지속가능성 모델				
사회전략 → 사회성과	0.453***	7.244	0.390	0.167
사회전략 → SCS	0.514***	9.199		
SCS → 사회성과	0.463***	7.502	0.401	0.174
통제변수				
기업규모 → 사회성과	0.053	1.427		
산업유형 → 사회성과	−0.024	0.538		
기업특성 → 사회성과	−0.022	0.456		

PSS=사전 예방적 지속가능성 전략　CSP=기업의 지속가능성 성과　SCS=지속가능성 통제시스템

* $p<0.10$　** $p<0.05$　*** $p<0.01$

effect size : f^2 and q^2 0.02=Small　0.15=Medium　0.35=Large

	직접효과	간접효과	총효과	Sobel test	VAF
PSS → CSP	0.605***	0.165**	0.770***	2.288**	21.3%
환경전략 → 환경성과	0.507***	0.164**	0.671***	2.375**	24.5%
경제전략 → 경제성과	0.347***	0.046	0.393***	1.617	11.7%
사회전략 → 사회성과	0.453***	0.238***	0.691***	5.849***	34.4%

VAF>80% 완전매개　20%≤VAF≤80% 부분매개　VAF<20% 매개효과 없음

연구결과를 요약하면 다음과 같다. 가설1은 사전 예방적 지속가능성 전략과 기업의 지속가능 성과 사이의 관계는 SCS를 통한 매개효과에 관한 것으로, 그 결과 사전 예방적 지속가능성 전략은 기업의 지속가능성 성과와 SCS와 정(+)의 관계가 1% 유의 수준에서 유의한 것으로 나타났다. 그리고 SCS는 기업의 지속가능성 성과와 정(+)의

관계가 5% 유의수준에서 유의한 것으로 나타났다. 추가분석에서 매개효과를 분석할 수 있는 Sobel test를 통해 SCS는 사전 예방적 지속가능성 전략과 기업의 지속가능성 성과 사이의 관계에서 정(+)의 관계가 5% 유의수준에서 유의한 것으로 나타났다. 이는 사전 예방적 지속가능성 전략을 효과적으로 구현하기 위해서는 SCS의 사용을 강화할 필요성이 있음을 보여주는 것이다. 즉, SCS는 사전 예방적 지속가능성 전략의 구현을 촉진하는 새로운 역할을 하며(Arjalies and Mundy 2013; Crutzen and Herzig 2013; Gond et al. 2012), 지속가능성 성과를 예측할 때, 기업은 서로 다른 사전 예방적 지속가능성 전략을 지원하기 위해 적절한 내부MCS를 구현해야함을 뜻한다. 따라서 최고경영진은 기존의 재무지향적 MCS에 3가지 지속가능성 차원을 통합하여 지속가능성 전략 구현에 보다 사전 예방적으로 접근할 필요가 있다.

5.5.6 결론 및 시사점

본 연구는 경제적, 환경적 및 사회적 지속가능성 차원에 대한 포괄적인 분석을 제공함으로써 사전 예방적 지속가능성 전략을 기업의 지속가능성 성과로 전환함에 있어서 SCS의 사용에 대한 이해를 높이는 데 기여한다. 본 연구의 의의는 다음과 같다.

첫째, 기존의 선행연구에서는 기업의 지속가능성 성과를 달성하기 위한 수단으로서 사전 예방적 지속가능성 전략을 구현하기 위한 공식적인 관리 프로세스에 대한 명확한 증거를 제시하지 못하였다. 따라서 본 연구는 기업이 SCS를 사용하여 사전 예방적 지속가능성 전략을 기업의 지속가능성 성과로 전환하는 범위를 제안함으로써 SCS를 이용한 사전 예방적 지속가능성 전략과 기업의 지속가능성 성과 사이의 연관성을 확립하였다.

둘째, 기업의 전략적 변화에 대응하여 지속가능성 전략의 결정을 지원하는데 SCS가 중요한 역할을 하고 있음을 보여주었다. 효과적인 전략구현을 위해서는 사전 예방적 지속가능성 전략과 다른 내부 기능부서 운영의 연계가 필수적이라는 점을 유의하여야 하고 이러한 연계는 최고경영진이 지속가능성에 대한 과제를 체계적으로 해결하는데 도움이 될 수 있음을 보여준다.

마지막으로 기존 문헌에서는 SCS의 설계 및 구축에 초점을 두어 지속가능성 전략을 효과적으로 실행시켜 주는 SCS의 사용을 간과하였다. 본 연구에서는 Simons(1995)이 제시한 LoC를 활용하여 SCS의 사용이 사전 예방적 지속가능성 전략을 구현하는 것을 지원한다는 실증적 증거를 제공하였다. 이는 4가지 통제시스템의 상호작용이 전략 구현에 기여한다는 Simons(1995)의 주장을 확장한 것이다(Arjalies and Mundy 2013; Gond et al. 2012).

5.6 Chaminda Wijethilake et al.(2018)의 연구

Environmental Innovation Strategy and Organizational Performance: Enabling and Controlling Uses of Management Control Systems (Journal of Business Ethics)

5.6.1 연구배경 및 목적

조직은 경제적, 환경적 및 사회적 불확실성이 증가함에 따라 환경혁신에 초점을 맞춰 환경피해의 원인을 파악하고 대책을 마련하여야 한다. 이렇게 함으로써 원인의 사전제거를 통하여 환경오염 및 피해가 일어나지 않도록 대처하는 전략을 수립하고 구현해야 한다. 최근 이러한 3가지 불확실성에 대처할 수 있는 전략으로 환경혁신전략이 강조되고 있으며, 이는 조직성과를 개선하는 핵심 동인으로 널리 간주되고 있다. 그럼에도 불구하고, 환경혁신전략은 복잡하고 역동적이고 위험하며, 상업적 성공과 비재무적 지속가능성의 관계는 명확하지 않다.

환경혁신전략을 관리하기 위한 경영자들의 접근방식이 조직의 갈등과 모호성을 야기할 수 있다. 환경혁신전략을 효과적으로 관리하지 못하면 귀중한 자원, 고객, 경쟁력을 상실하고 결국 조직의 성과와 평판을 떨어뜨리는 등 장기적으로 부정적인 결과를 초래할 수 있다. 따라서 환경혁신전략 관리의 중요성을 감안할 때, 환경혁신전략의 수립 및 시행에 도움이 되는 MCS의 사용은 매우 중요하다. 그러나 이러한 관계에 관한 연구는 부족하며, 비교적 제한된 증거만 제공되었다. 따라서 본 연구에서는 MCS가 환경혁신전략과 조직성과 간의 관계에 미치는 영향을 분석하고자 한다.

5.6.2 연구모형 및 가설설정

Henri(2006b)는 혁신을 조직이 새로운 아이디어, 제품 및 프로세스에 개방적이고 변화를 지향하는 것이라고 정의하였다. Eiadat et al.(2008)은 환경전략과 혁신을 통합하여 환경혁신전략이라 명명하였으며, 환경혁신전략을 자원의 감소, 환경오염방지 및 환경관리시스템의 채택을 포함하는 제조관행의 한 종류라고 정의하였다. 환경혁신전략은 자원의 효율적인 사용을 촉진하고 폐기물을 재활용 가능한 산출물로 전환하며, 배출 수준 감소, 환경 리더십과 명성 증진에 영향을 미쳐 조직성과를 향상시킨다(Eiadat et al. 2008). 또한 환경혁신전략은 환경변화와 양립할 수 있는 제품 및 서비스를 혁신할 수 있는 조직역량을 강화시켜 경쟁업체보다 장기적인 이익을 달성하는데 도움을 주며, 이러한 조직은 우수한 브랜드 인지도와 고객 충성도를 확립함으로써 장기적으로 선점 효과를 얻을 수 있어 궁극적으로 기업성과에 긍정적인 영향을 미친다(Sharma 2014). 그러나 선행연구들은 전략적 관점에서 조직들이 환경과 혁신에 대한 상충적인 관점(비용 vs 효익)으로 인하여 전략 자체가 성과향상을 가져오지 않는다고 주장하면서 전략에 맞는 내부 통제장치의 필요성을 주장하였다. 이는 환경혁신전략과 조직성과 간의 관계가 내부 관리통제의 조정에 의해 영향을 더 받을 가능성이 높다는 것을 의미한다.

MCS의 이용은 조직이 핵심가치를 전파하고 환경성과를 측정함으로써 환경혁신전략을 수립하고 구현하도록 지원할 뿐만 아니라 환경전략 위험을 최소화하고 이와 관련된 불확실성을 피할 수 있도록 한다. 이는 전략 구현을 넘어, 조직이 운영 활동의 투명성과 책임을 강화하여 환경 위협과 기회를 관리하고 윤리적 의사결정을 하며, 이해관계자의 환경 요구에 대응할 수 있도록 지원한다.

신념시스템은 조직구성원들에게 환경지속가능성에 대한 핵심가치를 전달하고, 공유된 비전을 수립하여 동기부여하며, 지속가능성 목표에 대한 관심을 갖도록 하는데 이용할 수 있다. 또한 상호작용적 이용은 전략과 관련된 전략적 불확실성을 최소화하고 창의성을 촉진시키는 역할을 하며, 유연하고 열린 의사소통 채널을 통해 조직구성원들이 혁신적인 아이디어를 추구할 수 있도록 유연하고 격려하는 환경을 만들 수 있다. 경계시스템은 조직구성원들이 허용되는 영역을 넘어서는 높은 위험 행위를 피할 수 있게 경계조건을 부과함으로써 직원들의 행동을 통제하고 새로운 기회를 제한된 영역에서 찾도록 하는 동기를 갖게 한다. 진단적 이용은 모니터링을 통해 조직구성원 스스로 자신의 행동을 제한함으로써 조직의 목표에 따라 작업하도록 하며, 이는 제약조건을 부과하고 명령 준수를 강조하여 사전 설정된 목표를 달성하기 위한 혁신과 기회추구를 제약한다(Simons 1990). 이와 같이 긍정적 에너지를 주는 신념시스템과 상호작용적 이용, 부정적 에너지를 주는 경계시스템과 진단적 이용의 고유한 특성을 고려할 때, 환경혁신전략은 MCS의 활성화 이용, 통제화 이용에 대한 조직의 활용에 의해 긍정적 혹은 부정적 영향을 받을 가능성이 높다.

따라서 본 연구에서는 환경혁신전략과 조직성과 간의 관계에서 MCS의 상반되는 이용방식에 대한 효과를 검정해보고자 한다. 이론적인 배경을 바탕으로 연구모형을 설계하고 이에 근거하여 연구가설을 설정하였다. 연구모형과 가설은 다음과 같다.

[도표 9-11] Chaminda Wijethilake et al.(2018)의 연구모형

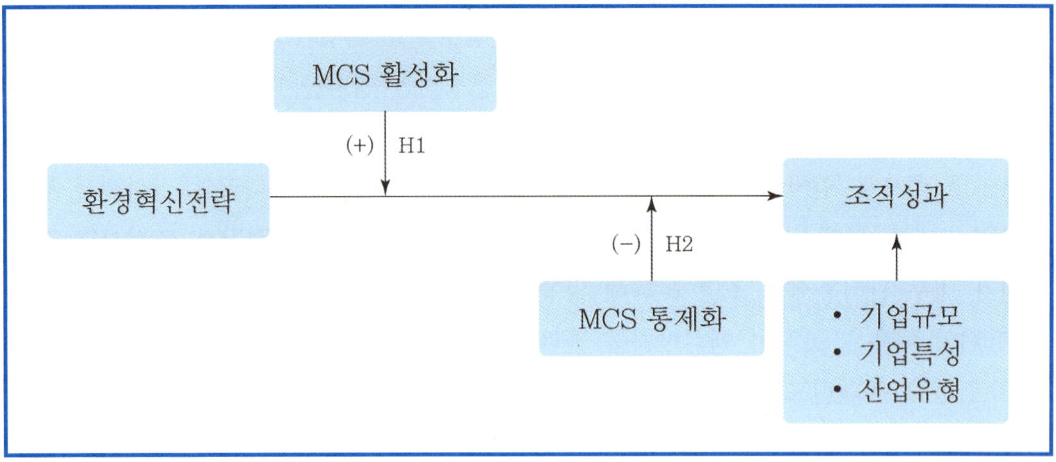

H1 : MCS 활성화는 환경혁신전략과 조직성과 간의 관계에서 정(+)의 조절효과가 있다.

H2 : MCS 통제화는 환경혁신전략과 조직성과 간의 관계에서 부(−)의 조절효과가 있다.

5.6.3 자료 수집

50명 이상의 직원이 있는 스리랑카 700개 기업의 최고경영진을 대상으로 설문조사를 진행하였다. 왜냐하면 어느 정도의 규모가 되는 조직이라야 환경혁신전략 및 공식적 MCS를 구현할 가능성이 높기 때문이다. 설문지는 2014년 6월초에 우편 및 온라인을 통해 각 조직의 최고경영진 중 한명에게 보냈다. 응답자 202명(28.85%) 가운데 미응답 항목이 있는 27명의 설문지는 제외하고 총 175명(25%)의 설문지를 통계적 분석에 사용하였다.

5.6.4 변수측정

환경혁신전략은 지속가능성 관점에서 기업이 새로운 아이디어, 제품 및 프로세스 개발 등에 대해 지속가능성 혁신을 수용하려는 정도로 정의한다. 환경혁신전략은 Henri(2006b)가 사용한 5개 설문문항을 수정하여 측정하였다. 구체적 설문내용은 우리 기업은 프로젝트관리에서 지속가능성 혁신을 신속하게 수용하는지, 지속가능성 기

술적인 혁신을 신속하게 수용하는지, 관리자는 지속가능성 혁신과 아이디어를 적극적으로 찾는지, 지속가능성 혁신을 너무 위험하다고 인식하고 있으며 지속가능성 혁신을 반대하는지, 구성원들은 새로운 지속가능성 아이디어를 가지고서 업무를 수행하지 않으면 불이익을 받는지 등이다.

MCS는 Simons(1995)의 프레임워크에 따라 신념시스템, 경계시스템, 진단적 통제시스템, 상호작용적 통제시스템으로 분류하였으며, 이를 측정하기 위해 Henri(2006b), Widener(2007), Arjali's and Mundy(2013)이 사용한 총 23개의 항목을 수정하여 사용하였다.

신념시스템은 조직구성원들이 조직이 원하는 행동을 할 수 있도록 지속가능성 핵심가치를 전달하는 정도로 정의한다. 신념시스템은 경영진이 경영이념, 전략 계획과 정책, 지속가능성 경영보고서, 사회적 책임보고서, 연례보고서, 전사적인 회의 · 포럼 · 워크샵 및 교육세션, 인트라넷 · 웹 사이트 · 포스터 · 팜플렛, 최고경영자의 의사소통수단 등으로 측정하였다.

경계시스템은 조직구성원들을 지배하고 조직을 위해 조직구성원들이 피해야 할 행동 영역을 설정하는 통제로 정의한다. 경계시스템은 지속가능성 행동강령에 대한 정기적인 평가, 윤리적 및 전문적인 지침, 지속가능성과 관련된 모범사례에 대한 지침, 기업의 지속가능 보고서에 대한 가이드라인(GRI), 내부적인 지속가능성 정책 · 구조 및 활동, 지속가능성 행동강령에 대한 정기적인 평가 등으로 측정하였다.

진단적 통제시스템은 경영자가 지속가능성 성과를 평가하기 위해 통제시스템으로부터 획득된 정보를 이용하는 정도로 정의한다. 진단적 통제시스템은 경영진이 지속가능성 성과를 평가하기 위해 표준화된 보고 프로세스(예를 들어, GRI 및 UN Global Compact), EMS, 경쟁업체의 지속가능성 정책 벤치마킹, 최고경영진이 성과의 달성에 대한 검토, 환경적 및 사회적인 감사(내부, 외부 모두), 관리 기법(예를 들어, Kaizen, Hoshin Kanri, 5s, Just in Time) 등으로 측정하였다.

상호작용적 통제시스템은 경영자가 통제시스템을 지속가능성과 관련된 불확실성을 관리하기 위해 상호작용적으로 이용하는 정도로 정의한다. 상호작용적 통제시스템은 최고경영진의 지속가능성 통제 정책에 대한 정기적인 관심, 최고경영진의 지속가능성 정책에 관한 정보의 정기적인 수집 및 공유, 운영관리자들의 지속가능성 정책에 빈번한 참여, 지속가능성을 관리하는 최고관리자와 운영관리자 간의 정기적인 회의, 이해관계자들의 지속가능성 혁신에 대한 우수 사례의 정보교환, 실무자들의 커뮤니티를 위한 인터라넷 시스템 이용 등으로 측정하였다.

조직성과는 경쟁사 대비 성과의 달성 정도로 정의한다. Weerawardena(2003)가 제안한 5개의 측정항목을 수정하여 측정하였다. 조직성과는 시장점유율, 고객 만족도, 종업원 만족도, 신제품 출시정도, 산업평균 대비 총수익 등 5개 항목으로 측정하였다. 모든 측정항목은 리커트 5점 척도를 사용하여 측정하였다.

5.6.5 분석방법 및 결과

분석을 위해 Smart PLS version 3.0을 사용하였다. 분석결과는 다음과 같다.

[도표 9-12] PLS 분석결과

경로	모델1(전체)	모델2(제조업)	모델3(서비스업)
주요 경로			
환경혁신전략 → 조직성과	0.096	0.128	0.101
MCS 활성화 → 조직성과	0.442**	0.486*	0.389
MCS 통제화 → 조직성과	0.021	−0.066	0.077
조절효과			
환경혁신전략×MCS 활성화(H1)	0.528***	0.536*	0.484*
환경혁신전략×MCS 통제화(H2)	−0.454**	−0.494	−0.369
통제변수			
조직규모 → 조직성과	−0.044	−0.055	−0.061
기업특성 → 조직성과	−0.077	−0.077	−0.096
산업유형 → 조직성과	0.051	n/a	n/a
모델 적합도 평가			
R^2-조직성과	0.337	0.392	0.311
Q^2-조직성과	0.215	0.181	0.211
Effect size f^2			
MCS 활성화 → 조직성과	0.119	0.160	0.090
MCS 통제화 → 조직성과	0.071	0.120	0.033
Effect size q^2			
MCS 활성화 → 조직성과	0.065	0.073	0.054
MCS 통제화 → 조직성과	0.041	0.040	0.022

* $p<0.10$ ** $p<0.05$ *** $p<0.01$
effect size : f^2 and q^2 0.02=Small 0.15=Medium 0.35=Large

연구결과를 요약하면, 가설1은 환경혁신전략과 조직성과 간의 관계에서 MCS 활성화를 통한 정(+)의 조절효과에 관한 것으로, 그 결과 MCS 활성화는 환경혁신전략과 조직성과 간의 관계에서 정(+)의 관계가 모델 1에서 1% 유의수준에서 유의한 것으로 나타났으며, 모델 2, 3에서 10%의 유의수준에서 유의한 것으로 나타났다. 가설2는 환경혁신전략과 조직성과 간의 관계에서 MCS 통제화를 통한 정(+)의 조절효과에 관한 것으로, 그 결과 MCS 통제화는 환경혁신전략과 조직성과 간의 관계에서 정(+)의 관계가 모델 1에서 1% 유의수준에서 유의한 것으로 나타났으나, 모델 2와 3에서는 유의적인 결과를 보여주지 못하였다. 종합적으로 MCS의 활성화 이용은 환경혁신전략과 조직성과 간의 관계에서 긍정적인 조절효과가 있는 것으로 나타나, 이러한 결과는 유기적 조직구조가 조직전략과 성과 간의 관계를 개선하고(Wilden et al. 2013) 상호작용 통제는 혁신과 성과 간의 관계를 긍정적으로 조절한다는(Bisbe and Malagueno 2015) 기존의 선행연구 결과와 일치하는 것이다. 반대로 MCS의 통제화 이용은 이들 간의 관계에서 부분적으로 부정적인 조절효과가 있는 것으로 나타나, 이러한 결과는 Henri(2006b)의 연구결과인 MCS의 진단적 사용이 전략에 부정적인 압력을 가한다는 것과 일치하는 것이며, 또한 환경혁신전략을 관리하기 위해 엄격하고 기계적인 관리통제를 하는 조직은 성과에 부정적인 영향을 미칠 수 있음을 보여주는 것이다. 즉, MCS의 활성화 이용은 환경혁신전략을 촉진하여 환경 지속가능성을 촉진할 수 있는 잠재력을 제공하는 반면, MCS의 통제화 이용은 환경혁신전략을 방해하는 것을 의미한다(Masanet-Lodra 2006).

5.6.6 결론 및 시사점

본 연구에서는 환경혁신전략과 조직성과 간의 관계에서 MCS의 활성화와 통제화 이용이 조절역할을 하는지 분석하였다. 연구결과에 따르면 환경혁신전략과 조직성과 간의 관계에서 MCS의 활성화 이용은 긍정적인 조절효과를, MCS의 통제화 이용은 부정적인 조절효과가 있는 것으로 나타났다. 이러한 결과는 MCS의 활성화 이용이 지속가능 경영과제를 해결하고, 지속가능한 개발을 달성할 수 있는 환경혁신전략을 지원하여 지속적인 혁신과 같은 고유한 경쟁력을 개발할 잠재력을 유발함을 보여주는 것이다

(Sharma and Vredenburg 1998; Aragon-Correa and Rubio-Lopez 2007). MCS의 통제화 이용은 조직의 환경혁신 목표를 달성하지 못하게 하는 장애요인이 될 수 있음을 밝힘으로써 Simons(1995; 2000)의 주장과 MCS 문헌을 확장하였다.

또한 본 연구는 최고경영자가 환경지속가능성 문제를 해결하기 위한 지침을 제공한다. 환경혁신전략을 실행하더라도 환경지속가능성 관리 프로세스 및 관리가 제대로 이루어지지 않아 실패하는 경우가 발생하므로 최고경영진은 환경혁신전략을 지원하는 MCS의 사용에 특히 주의해야 한다(Masanet-Llodra 2006 Bebbington and Larrinaga 2014; Epstein and Buhovac 2014; Sharma 2014). 보다 구체적으로 Hart and Dolwell(2010)이 제안한 바와 같이 개발도상국에서 운영하는 다국적 기업 및 지역 조직의 관리자는 장기적 사전 대응방식을 통해 환경지속가능성 혁신에 대한 투자의 중요성과 미래 잠재력을 이해해야 한다. 또한 관리자는 환경혁신전략을 개발하는 것만으로는 성과가 향상되지 않는다는 사실을 인식해야 한다. 성공적인 구현을 위해서는 MCS의 활성화 이용에 대한 지속적인 관심과 지원이 필요하다. 반면, 환경혁신전략을 관리하기 위해서는 MCS의 통제화 이용이 미칠 수 있는 부정적인 영향도 고려해야 한다.

5.7 김영철과 박경원(2017)의 연구

친환경통제시스템이 환경성과 및 조직성과에 미치는 영향(관리회계연구)

5.7.1 연구배경 및 목적

환경관리회계(environmental management accounting; EMA)는 환경성과와 경제성과를 극대화하고 지속가능한 사업을 달성하도록 관리활동을 지원하기 위한 재무적 · 비재무적 정보의 인지, 수집, 분석 및 이용 등으로 정의된다(Bennett and James 2000). 친환경통제(eco-control)는 EMA의 일부로서, 환경관리를 위한 재정적 · 전략적 통제방식의 응용프로그램이다(Schaltegger and Burritt 2000). 친환경통제와 관련된 이슈는 이전의 연구에서 간과되었을 뿐만 아니라 친환경통제가 환경성과나 조직성과에 미치는 영향에 대한 실증연구는 부족하다. 따라서 본 연구에서는 친환경통제시스템(eco-control systems; ECS)이 환경성과와 조직성과에 미치는 영향을 실증분석하였다.

5.7.2 연구모형 및 가설설정

본 연구는 3가지 ECS(PMS, 환경예산 및 인센티브)와 환경성과 및 조직성과 간의 관계를 분석한다. 여기서 PMS는 2가지 속성, 즉 성과측정지표의 다양성과 PMS의 이용을 나타낸다. 연구자들은 ECS가 환경성과에 직접적인 정(+)의 영향을 미칠 것으로 보았다. 그 이유는 다음과 같다. 첫째, 다양한 성과측정지표를 이용하여 환경 이슈를 측정하면 환경 활동을 보다 잘 파악하고 반영할 수 있으며, 이런 정보는 효과적인 자원관리를 지원하고 환경성과에도 기여한다. 둘째, PMS는 정보의 원천으로서 의사결정을 위해 필요한 데이터를 제공하여 보다 나은 의사결정을 촉진하므로 환경성과의 개선에 기여한다. 셋째, 환경예산은 자원을 관리하는데 기여하고, 조직구성원이 환경목적을 달성할 수 있는 방식으로 행동하도록 유도한다. 마지막으로 인센티브는 환경성과가 기업을 위해 매우 중요하다는 것을 나타내는 최고경영진의 명확한 의사표현이므로 환경성과와 관련된 활동에 전념하도록 할 것이다. 그리고 환경성과는 조직성과에 정(+)의 영향을 미칠 것으로 보았다.

이와 같은 논의를 바탕으로 연구자들은 [도표 9-13]과 같은 연구모형을 제시하였다. 그리고 이 연구모형에 따라 다음과 같은 연구가설을 설정하였다.

[도표 9-13] 김영철과 박경원(2017)의 연구모형

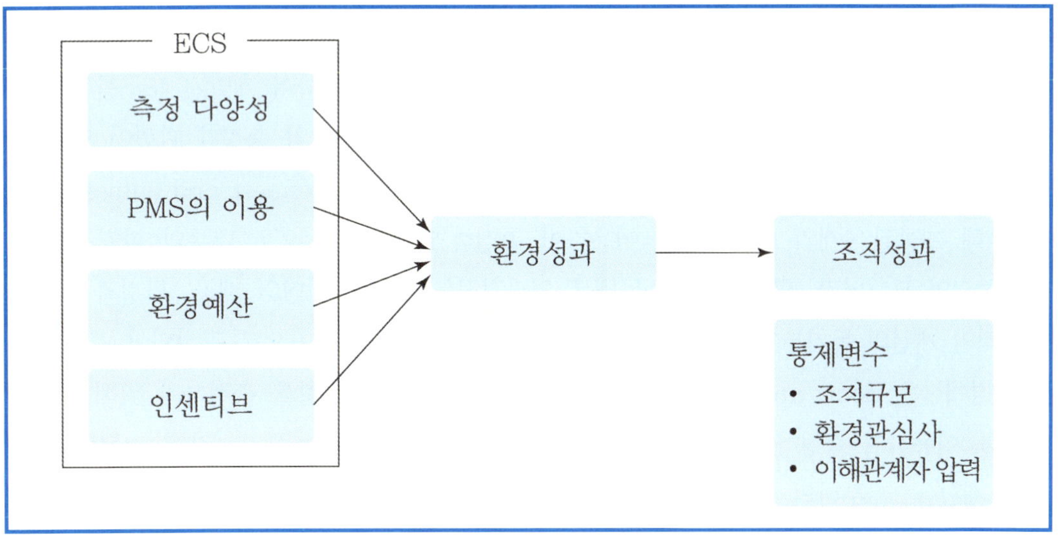

H1 : PMS의 측정다양성은 환경성과에 정(+)의 영향을 미칠 것이다.

H2 : PMS의 이용은 환경성과에 정(+)의 영향을 미칠 것이다.

H3 : 환경예산은 환경성과에 정(+)의 영향을 미칠 것이다.

H4 : 인센티브시스템은 환경성과에 정(+)의 영향을 미칠 것이다.

H5 : 환경성과는 조직성과에 정(+)의 영향을 미칠 것이다.

H6 : ECS(PMS, 예산 및 인센티브)는 환경성과에 대한 공헌을 통해 조직성과에 간접적으로 영향을 미칠 것이다.

5.7.3 자료수집

본 연구는 2016년도말 증권거래소에 상장되어 있는 제조업(KIS-Vlaue 이용)을 대상으로 설문조사를 실시하였다. 본 연구는 설문조사를 위해 종업원이 200명 이상이거나 200억원 이상의 매출액을 보고하는 기업을 선별하였다. 설문지는 480부가 배포되었으며, 140개 기업에서 설문에 응답하였다. 결측치가 있는 설문을 제외하고, 최종적으로 132개(27.5%) 설문지를 통제적 분석에 사용하였다.

5.7.4 변수측정

ECS는 환경경영을 위한 관리통제의 응용프로그램이다(Schaltegger and Burritt 2000). ECS의 3가지 구성요소는 PMS(측정의 다양성, PMS의 이용), 환경예산 및 인센티브이다.

먼저, PMS의 2가지 속성인 측정의 다양성과 PMS의 이용을 측정하기 위해 2개의 도구를 이용하였다. 측정의 다양성은 ISO 14031 표준을 기반으로 하여 개발된 도구를 이용하여 측정하였다. 이 표준은 ISO 14001의 하위범주로서 환경성과의 측정과 관련이 있는 것으로, 13개의 항목으로 구성되어 있다. 그리고 PMS의 이용은 Bennett and James(1999)에 의해 개발된 4개의 설문문항을 이용하여 측정하였다. 구체적으로 내부의 환경정책 및 규정준수의 모니터링, 환경과 관련한 내부 의사결정을 위한 데이터의 제공, 환경과 관련한 지속적인 개선의 동기부여, 그리고 외부보고를 위한 데이터의 제공으로 구성되어 있다.

환경예산은 Henri and Journeault(2010)가 환경 이슈의 통합을 측정하기 위해 개발한 도구를 이용하여 측정하였다. 이 도구는 환경비용, 환경에 대한 투자, 자재 스크랩 또는 폐품 재활용으로부터의 수입이 조직의 예산에 상세히 설명되어 있는 정도를 평가해 줄 것을 설문응답자에게 요청하는 3개의 항목을 포함하고 있다.

인센티브 시스템에 환경기준의 통합은 Sharma(2000)에 의해 개발된 도구를 이용하여 측정하였다. 인센티브는 3개의 항목, 즉 환경지표는 '보상시스템에서 중요하다,

환경성과의 목적은 기획시스템에 포함되어 있다. 환경성과 지표는 경제성과 지표와 동등한 가중치를 부여하고 있다.'로 구성되어 있다.

환경성과는 Sharma and Vredenburg(1998)에 의해 개발된 인지적 도구를 수정하여 측정하였다. 설문지는 15개의 항목으로 구성되어 있으며 환경성과 매트릭스의 두 개의 중심축, 즉 (1) 프로세스(9개)와 결과(6개), (2) 내부(11개)와 외부(4개)를 포함하고 있다. 그리고 조직성과는 조직의 전반적인 성과를 유사한 업종의 경쟁업체의 성과와 비교하기 위해 사용한다(Nystrom 1993). 설문지는 6개의 지표, 즉 매출성장률, 시장점유율, 투자수익률, 영업이익, 영업현금흐름 및 원가절감 프로그램으로 구성되어 있는 인지적 도구를 이용하여 측정하였다.

통제변수는 환경관심사, 이해관계자의 압력 및 기업의 규모를 이용하였다. 환경심사는 Judge and Douglas(1998)에 의해 개발된 4개 항목의 도구를 이용하였고, 이는 점수가 높을수록 전략적 계획 프로세스에 환경이슈의 통합이 잘 반영되었다는 것을 의미한다. 이해관계자의 압력은 Buysse and Verbeke(2003)에 의해 개발된 6개 항목의 도구를 이용하였고, 점수가 높을수록 다양한 이해관계자의 압력이 심하다는 것을 나타낸다. 그리고 조직규모는 종업원 수(정규직 사원)의 자연로그 값을 이용하여 측정하였다.

5.7.5 분석결과

PLS를 이용하여 분석한 결과는 다음과 같다.

[도표 9-14a] PLS 분석결과 및 가설검정

From:	To: 가설	예측 방향	환경성과	가설	예측 방향	조직성과
PMS 측정다양성	H1	+	0.243(3.083)***		?	0.168(1.843)*
PMS 이용	H2	+	-0.013(0.171)		?	0.210(2.477)**
환경예산	H3	+	0.174(2.436)**		?	-0.023(0.407)
인센티브	H4	+	0.308(4.924)***		?	0.252(3.878)***
환경성과				H5	+	0.605(9.512)***

통제변수		
환경관심사	0.122(1.276)	0.086(1.283)
이해관계자 압력	0.049(0.928)	0.034(0.902)
조직규모	−0.056(1.398)	−0.032(0.663)

* p<0.1 (t값 1.645) ** p<0.05 (t값 1.96) *** p<0.01 (t값 2.58)

• PLS 분석결과는 경로계수와 T−value(괄호 안) 값을 표시

[도표 9-14b] ECS와 조직성과 간의 관계에서 환경성과의 매개효과

구분	모형1			모형2			모형3		
	1단계	2단계	3단계	1단계	2단계	3단계	1단계	2단계	3단계
종속변수 / 설명변수	환경 성과	조직 성과	조직 성과	환경 성과	조직 성과	조직 성과	환경 성과	조직 성과	조직 성과
PMS 측정 다양성	0.545*** (10.252)	0.370*** (6.010)	0.031 (0.436)						
PMS 이용	0.455*** (9.130)	0.332*** (6.043)	0.061 (1.024)						
환경예산				0.463*** (10.199)	0.282*** (5.232)	−0.032 (−0.544)			
인센티브							0.488*** (11.080)	0.371*** (5.985)	0.001 (0.022)
환경성과			0.623*** (7.243) 0.596*** (7.296)			0.679*** (7.918)			0.647*** (7.247)
수정 R^2	0.443 0.386	0.211 0.213	0.435 0.439	0.440	0.168	0.436	0.482	0.210	0.434
F 통계량	105.1*** 83.35***	36.11*** 36.51***	51.44*** 52.21***	104.0***	27.37***	51.53***	122.7***	35.82***	51.27***

1) 연구모형 : [1 단계] 매개변수= α_1 + β_1 독립변수

[2 단계] 종속변수= α_2 + β_2 독립변수

[3 단계] 종속변수= α_3 + β_3 독립변수 + β_4 매개변수

2) 편의상 절편 값은 생략했음. 계수 아래 괄호 안의 수치는 t 통계량이며, 이에 대한 통계적 유의성은 별표로 제시했다(* p<0.1 ** p<0.05 *** p<0.01).

3) F통계량 오른편의 별표시는 통계적 유의성을 나타낸다(* p<0.1 ** p<0.05 *** p<0.01).

연구결과를 요약하면 다음과 같다. 가설1은 PMS의 측정 다양성과 환경성과 간의 관계를 검정하는 것인데, 분석결과 PMS의 측정 다양성과 환경성과 간에 유의한 정(+)의 관계가 있는 것으로 나타났다. 가설2는 PMS의 이용과 환경성과 간의 관계를 검정하는 것인데, 분석결과 PMS의 이용과 환경성과 간의 유의한 관계가 나타나지 않았다. 가설1과 가설2는 PMS와 관련된 것인데, 이와 같은 연구결과는 PMS를 환경정책 및 규정준수 여부를 모니터링하고 사회적 정당성을 얻기 위한 외부보고 목적으로 이용하는 것도 중요하지만, 경영자를 지원하는 도구로서 의사결정을 지원하고 지속적인 개선을 유도하기 위해 광범위하고 다양한 환경성과지표를 이용하는 것이 중요함을 보여주는 것이다. 가설3은 환경예산과 환경성과 간의 관계를 검정하는 것인데, 분석결과 환경예산과 환경성과 간에 유의한 정(+)의 관계가 있는 것으로 나타났다. 가설4는 인센티브와 환경성과 간의 관계를 검정하는 것인데, 분석결과 인센티브와 환경성과 간에 유의한 정(+)의 관계가 있는 것으로 나타났다. 가설3과 가설4의 검증결과는 환경문제를 예산 프로세스와 인센티브 제도에 통합시킴으로써, 목표 일치성의 촉진, 조직학습의 조성 및 동기부여의 가능성을 보여주는 것이다. 가설5는 환경성과와 조직성과 간의 관계를 검정하는 것인데, 분석결과 환경성과와 조직성과 간에 유의한 정(+)의 관계가 있는 것으로 나타났다. 가설6은 ECS와 조직성과 간의 관계에서 환경성과가 매개역할을 하는지 검정하는 것이다. Baron and Kenny(1986)가 제시한 3단계 회귀분석 과정을 적용하여 가설을 검정한 결과, ECS는 환경성과를 매개하여 조직성과의 개선을 유도하는 것으로 나타났다. 이는 기업이 생태학적 효율성, 그린마켓의 발전과 선점자의 우위, 보다 나은 공동체 형성 및 이미지 개선 등을 통한 원가절감으로 다양한 효익을 얻고 있음을 의미한다.

5.7.6 결론 및 시사점

본 연구의 목적은 ECS가 환경성과 및 조직성과에 미치는 영향을 제조기업을 대상으로 검정하는 것이다. 본 연구는 제조기업의 현재 실무와 ECS의 애플리케이션에 새로운 실마리를 제공할 수 있는 실증데이터를 제공함으로써 현재의 문헌에 기여한다. 또한, 본 연구의 결과는 환경성과와 조직성과를 최적화하기 위해서는 관리통제시스템에 환경적 차원의 통합의 중요성을 강조하고 있다. 본 연구의 의의는 환경 친화적인 지속가능발전 상황에서 관리회계의 역할과 공헌에 대한 통찰력을 제공함으로써 관리회계와 환경경영 문헌에 기여한다는 점이다.

참고문헌

강성호 · 최선미 · 박홍수. 2011. 시장지향성이 기업의 성과에 미치는 영향에 관한 연구: 신제품 개발 성과의 매개적 역할을 중심으로. 연세경영연구(제48권 제1호) : 1-32.

곽기영 · 홍문경. 2011. 정보기술역량과 조직학습이 기업성과에 미치는 영향. 경영학연구(제40권 제4호) : 1075-1108.

곽원섭. 1999. 서비스 기업의 조직문화, 인적자원관리, 그리고 고객지향적 서비스 수행의 관계. 한국심리학회지: 산업 및 조직(제12권 제2호) : 195-206.

구자혁. 2001. 외식업체의 시장지향성이 고객지향성과 재무적 성과에 미치는 영향. 관광연구(제16권 제2호) : 187-204.

구정대. 2009. 기업의 핵심역량과 비재무적 및 재무적 경영성과간의 관계. 관광연구(제23권 제4호) : 259-277.

김경구 · 이주원 · 신홍철. 2007. BSC의 효과에 관한 연구: 커뮤니케이션, 역할갈등, 보상시스템을 중심으로. 회계저널(제16권 제4호) : 27-56.

김근아 · 김상현. 2013. 기업 내적 IT 자원이 기업 민첩성과 성과에 미치는 영향: 관리적 IT 능력과 경영진 존재의 조절효과. Information Systems Review(제15권 제3호) : 39-69.

김달곤. 2007. 경영전략과 통제시스템간의 조직학습효과가 성과에 미치는 영향. 회계연구(제12권 제1호) : 143-163.

______. 2008. 불확실성하의 조직내 신뢰와 통제시스템간의 관계. 국제회계연구 (제23집) : 43-60.

______. 2009. 경영전략과 성과평가시스템 이용간의 관계가 경영성과에 미치는 영향. 국제회계연구(제27집) : 121-140.

김민성 · 임태종 · 이상완. 2014. 예산시스템의 상호작용적 이용이 절차공정성, 보상갈등, 그리고 관리적성과에 미치는 영향. 회계연구(제19권 제5호) : 137-163.

김병욱. 2006. 실시간 기업구현을 위한 비즈니스 민첩성 결정 요인. 박사학위논문. 세종대학교.

김봉기. 2002. 신제품 개발전략과 성과평가유형이 신제품 개발성과에 미치는 영향에 관한 연구. 박사학위논문. 서강대학교.

김순기 · 이상완. 2011. 성과측정지표의 다양성 그리고 전략정렬과 조직성과간의 관계에서 조직학습의 매개역할에 관한 연구. 회계저널(제20권 제1호) : 75-107.

김순기 · 이다솜 · 이상완. 2015. 관리통제시스템의 이용이 활용 · 탐색적 혁신, 그리고 조직성과에 미치는 영향. 관리회계연구(제15권 제1호) : 33-69.

김영철 · 박경원. 2017. 친환경통제시스템이 환경성과 및 조직성과에 미치는 영향. 관리회계연구(제17권 제3호) : 249-279.

김진완 · 양대석 · 옥석재. 2012. 공급사슬 민첩성 역량들간 구조적 관계에 관한 연구. Entrue Journal of Information Technology(제 11권 3호) : 131-145.

나가사카 요시유키 · 김달곤. 2013. 성과측정정보이용과 조직역량, 경영성과간의 관계: 한국과 일본 기업의 비교. 관리회계연구(제13권 제2호) : 131-161.

노용진 · 김현기. 2008. CEO 승계의 전략과 실행포인트. LG Business Insight(6월호) : 11-19.

류경민 · 정항진 · 신정신. 2013. 관리자의 권한위임이 종사원의 서비스민첩성과 기업성과에 미치는 영향. 관광연구저널(제27권 제6호) : 175-186.

문성병. 2013. 전략성과측정시스템과 관리적 성과의 관계에서 공정성, 직무스트레스, 조직시민행동의 역할. 박사학위논문. 동아대학교.

박경원 · 반혜정. 2018. 친환경통제 패키지, 환경역량, 환경성과 및 경제성과간의 관계. 관리회계연구(제18권 제2호) : 177-202.

______ · 이호. 2015. 성과측정시스템, 역할 애매성, 심리적 임파워먼트 및 경영성과간의 관계. 경영교육연구(제30

권 제6호) : 293-315.
박권홍. 2012. 중소기업 근로자의 긍정심리자본이 창의성과 직무몰입에 미치는 영향. 기업교육과 인재연구(제14권 제1호) : 115-132.
박내회. 2009. 조직행동론. 박영사.
박영배. 2010. 현대조직행동관리 : 조직행동과 다문화관리. 서울 : 청람
박주홍 · 이재하. 1999. 제품혁신과 공정혁신의 추구방향에 대한 국제비교연구. 산업공학(제12권 제3호) : 406-413.
배종석 · 박오원. 2005. 조직 및 인적자원관리 시스템의 양면성과 혁신성과. 한국인사조직학회 학술대회발표논문집. 105-131.
백기복. 2005. 리더십 리뷰. 창민사.
______. 2012. 이슈리더십: 주의자원(Attention Resource)의 관점. 리더십연구(제4권 제1호) : 67-85.
서영석. 2010. 상담심리 연구에서 매개효과와 조절효과 검증: 개념적 구분 및 자료분석시 고려사항. 한국심리학회지(제22권 제4호) : 1147-1168.
서준호 · 윤위석. 2003. 리더십 유형이 신뢰 및 조직시민행동에 미치는 영향에 관한 연구. 산업관계연구(제13권 제2호) : 41-67.
성욱진 · 이상완 · 임태종. 2015. 리더십과 성과측정지표의 다양성이 조직성과에 미치는 영향. 회계정보연구(제33권 제4호) : 225-247.
송상호. 2006. 기술혁신 유형과 기술혁신 영향요인에 관한 상황론적 연구. 인사조직연구(제14권 제2호) : 177-213.
송은주 · 김명희. 2011. 진정성 리더십이 조직유효성에 미치는 영향. 한국인사조직학회 발표논문집. 28-59.
송종화. 2018. 증권회사 지점의 PMS 피드백, 피드포워드 이용이 조직역량과 조직성과에 미치는 영향. 박사학위논문. 동아대학교.
신유근. 1986. 조직행위론. 다산출판사.
신정신 · 송승헌 · 류경민. 2014. 호텔 종사원의 자아탄력성이 서비스민첩성, 기업이미지, 기업성과에 미치는 영향. 관광연구저널(제28권 제9호) : 137-148.
신진교. 2007. 중소기업의 R&D와 기술혁신: 전략 및 조직문화의 역할. 경영연구(제22권 제2호) : 377-397.
양재훈. 2010. 전자상거래환경에서 민첩성 역량이 물류성과 수준에 미치는 영향에 관한 실증 연구. 전자무역연구(제8권 제3호) : 41-64.
예종석 · 윤운락. 1996. 시장지향성이 사업성과에 미치는 영향. 마케팅연구(제11권 제2호) : 1-21.
오재원. 2013. 장애인복지관 종사자의 시장지향성이 조직효과성에 미치는 영향: 조직풍토 인식을 매개변수로 하여. 박사학위논문. 경기대학교.
유봉호. 2008. 시장지향성과 경영성과 간에 기업가지향성의 매개효과에 관한 연구: 시장지향성의 선행변수인 정보를 중심으로. 박사학위논문. 숭실대학교.
육근효. 2019. 지속가능경영통제시스템과 기업성과의 관계-국제비교연구. 일본근대학연구 (제63권 0호): 319-338.
윤기관 · 성봉석. 2001. 환경문제에 대한 기업의 환경전략유형과 성과. 무역학회지(제26권 제2호) : 223-261.
이관표 · 박형권. 2006. 호텔기업의 환경불확실성, 학습지향성, 조직성과의 구조적 인과관계 탐색에 관한 연구. 관광연구(제20권 제3호) : 305-328.
이다솜. 2017. 중간관리자의 PMS의 피드백 · 피드포워드 이용과 경영성과간의 관계에서 임파워먼트와 창의성의 역할. 박사학위논문. 서강대학교.
이동섭 · 조봉순 · 김기태 · 김성국 · 이인석 · 최용득. 2009. 긍정심리학의 응용을 통한 인사조직연구의 새로운 접근. 인사조직연구(제17권 제2호) : 307-339.
______ · 최용득. 2010. 긍정심리자본의 선행요인과 결과에 관한 연구. 경영학연구(제39권 제1호) : 1-28.

이미홍. 2002. 환경정책의 형태가 기업의 환경혁신에 미치는 영향에 관한 연구. 행정논총(제40권 제4호) : 159-188.

이상완. 2007. 통합적인 전략적 성과측정시스템이 경쟁성과에 미치는 영향. 석사학위논문. 서강대학교.

______. 2010. 통제제도와 조직성과간의 관계에서 조직학습의 역할에 관한 연구. 박사학위논문. 서강대학교.

______ · 박경원 · 김순기. 2011. 성과측정시스템의 이용과 조직성과간의 관계에서 성과측정지표의 다양성과 조직학습의 역할. 관리회계연구(제11권 제1호) : 37-66.

이성호 · 박찬영 · 김영관. 2011. 시장지향성, 시장환경요인 및 산업특성요인과 마케팅성과측정수준과의 관계. 경영경제(제44권 제2호) : 1-25.

이순묵 · 최인수 · 여성칠. 2008. 산업조직에서의 창의성에 대한 개념적 및 경험적 접근. 한국심리학회지: 산업 및 조직(제21권 제1호) : 151-178.

이양현 · 심상규. 2007. 학술연구: 중소기업의 성장단계 판별모형에 관한 연구. 중소기업연구(제29권 제2호) : 23-39.

이은지 · 이지연. 2012. 국내 대학 디지털도서관 e-서비스의 민첩성 역량과 이용자 만족도에 관한 연구. 한국비블리아학회지(제23권 제3호) : 139-155.

이장우 · 이성훈. 2009. 학술연구: 벤처기업의 실패원인: 성장단계별 분석. 중소기업연구(제31권 제3호) : 1-17.

이재훈 · 최익봉. 2004. 조직공정성, 신뢰, 조직유효성간의 관련성에 관한 연구. 인사조직연구(제12권 제1호) : 93-132.

이지영. 2019. MCS의 이용방식과 혁신간의 관계에서 창의성의 역할. 박사학위논문. 동아대학교.

이충섭 · 정미자. 2012. 환경경영활동이 환경성과와 경영성과에 미치는 영향. 회계와정책연구(제17권 제2호) : 209-230.

이학종. 1986. 기업문화와 조직개발: 이론과 기술. 법문사.

이홍규. 2003. 여행사의 시장지향성 성과에 관한 실증적 연구. 관광정보연구(제11권 제0호) : 313-325.

임태종. 2011. 성과측정시스템의 이용방식이 혁신유형과 조직성과에 미치는 영향. 박사학위논문. 서강대학교.

______ · 이상완. 2013. PMS의 상호작용적 이용이 보상갈등, 조직시민행동, 그리고 조직성과에 미치는 영향. 국제회계연구(제49집) : 227-250.

임효창 · 이봉세 · 박경규. 2006. 조직내 상사-부하간 상호신뢰에 관한 연구. 대한경영학회지(제19권 제3호) : 809-840.

장건오 · 임영균. 2010. 조직 내 특성과 조직간 특성이 공급사슬의 민첩성과 성과에 미치는 영향. 한국유통학회 학술대회 발표논문집. 105-131.

전경원. 2001. 동서양의 하모니를 위한 창의학. 학문사.

전선희. 2011. 긍정리더십이 부정피드백 수용도에 미치는 영향. 석사학위논문. 광운대학교.

전용대 · 이상완 · 김달곤. 2012. 성과측정시스템과 경영성과간의 관계에서 보상갈등의 매개효과. 국제회계연구(제44집) : 161-180.

정동덕. 2004. R&D와 마케팅 부문간 통합에서 기술혁신유형과 성과간의 상황적 관계. 박사학위논문. 경원대학교.

정민철. 2011. 심리적 자본이 직무열의에 미치는 영향: 임파워먼트의 매개효과를 중심으로. 석사학위논문. 한국외국어대학교.

정양헌 · 김병만. 2006. 성과정보연계가 균형성과정보사용과 기업성과 관계에 미치는 매개효과. 회계연구(제11권 제3호) : 103-117.

정종희. 2013. 다국적 기업의 선도적 환경혁신전략 결정요인과 경영성과 -선도적 환경혁신전략의 매개효과를 중심으로-. 박사학위논문. 부산대학교.

최신영 · 방호열. 2012. 경쟁우위 창출을 위한 환경경영전략의 유형분류. 대한경영학회지(제25권 제1호) : 69-92.

최용득. 2009. 조직맥락에서의 긍정심리역량의 선행요인과 결과에 관한 연구. 석사학위논문. 서강대학교.

최일호 · 최인수. 2001. 새로운 생각은 어떻게 가능한가: 전문분야 창의성에 대한 학습과정 모형 접근. 한국심리학회지(제20권 제2호) : 409-428.

최종민. 2004. 생산시스템, 관리회계정보와 생산성과간의 인과관계. 회계학연구(제29권 제1호) : 231-260.

______. 2006. 조직문화, 경영전략, 첨단 생산기술과 관리회계 정보간의 상호관련성 및 인과관계. 경영연구(제21권 제2호) : 79-116.

표춘미. 2011. 리더십 스타일이 조직역량에 미치는 영향: PMS 이용의 매개효과. 박사학위논문. 서강대학교.

허명숙 · 천면중. 2013. 역할스트레스와 개인 창의성 간의 관계에 대한 실증연구: 창의적 자아효능감과 자기주도성의 매개역할. 정보시스템연구(제22권 제2호) : 51-83.

홍관수. 2014. 모바일 뱅킹 이용자의 지각된 민첩성이 만족 및 충성도에 미치는 영향. e-비즈니스연구(제15권 제3호) : 507-528.

홍세희 · 정송. 2014. 회귀분석과 구조방정식 모형에서의 상호작용효과 검증: 이론과 절차. The Korean Journal of Human Development(제21권 제4호) : 1-24.

황수정 · 신진교. 2009. IT 중소기업의 R&D 시스템 효과성에 관한 실증연구: 대구경북지역을 중심으로. 경영과 정보연구(제28권 제4호) : 109-129.

Donald S. 2010. *혼돈을 넘어 위대한 기업으로*. 안세민 옮김. 청림출판.

Sriram N. 2017. *애자일 조직혁명*. 홍유숙 옮김. 처음북스.

Abernathy, W.J., and J.M. Utterback. 1978. Patterns of Industrial Innovation. *Technology Review* 80(7) : 40-47.

Abernethy, M.A., and J. Stoelwinder. 1991. Budget Use, Task Uncertainty, System Goal Orientation and Subunit Performance: A Test of the "fit" Hypothesis in Not-For-Profit Hospitals. *Accounting, Organizations and Society* 16(2) : 105-120.

______, and C.H. Guthrie. 1994. An Empirical Assessment of the "fit" Between Strategy and Management Information System Design. *Accounting and Finance* 34(2) : 49-66.

______, and A.M. Lillis. 1995. The Impact of Manufacturing Flexibility on Management Control System Design. *Accounting, Organizations and Society* 20(4) : 241-258.

______, and W.F. Chua. 1996. A Field Study of Control System "redesign": The Impact of Institutional Processes on Strategic Choice. *Contemporary Accounting Research* 13(2) : 569-606.

______, and P. Brownell. 1999. The Role of Budgets in Organizations Facing Strategic Change: An Exploratory Study. *Accounting, Organization and Society* 24(3) : 189-204.

______, J. Bouwens, and L. Van Lent. 2010. Leadership and Control System Design. *Management Accounting Research* 21(1) : 2-16.

Adams, J.S. 1965. Inequity in Social Exchange. *Advances in Experimental Social Psychology* 2 : 267-299.

Adler, P.S., and C.X. Chen. 2011. Combining Creativity and Control: Understanding Individual Motivation in Large-scale Collaborative Creativity. *Accounting, Organizations and Society* 36(2) : 63-85.

Albert, R.S., and M.A. Runco. 1999. A History of Research on Creativity. *Handbook of Creativity* 2 : 16-31.

Alexander, S., and M. Ruderman. 1987. The Role of Procedural and Distributive Justice in Organizational Behavior. *Social justice research* 1(2) : 177-198.

Alvesson, M., and D. Kärreman. 2004. Interfaces of Control. Technocratic and Socio-ideological Control in a Global Management Consultancy Firm. *Accounting, organizations and society* 29(3-4) : 423-444.

Amabile, T.M. 1983. The Social Psychology of Creativity: A Componential Conceptualization. *Journal of Personality and Social Psychology* 45(2) : 357–376.

____________. 1986. The Personality of Creativity. *Creative Living* 15(3) : 12–16.

____________. 1988. A Model of Creativity and Innovation in Organizations. *Research in Organizational Behavior* 10(1) : 123–167.

____________. 1995. Attributions of Creativity: What are the Consequences?. *Creativity Research Journal* 8(4) : 423–426.

____________. 1996. Creativity in Context: Update to the Social Psychology of Creativity. Routledge, Hachette UK.

____________. 1998. *How to Kill Creativity*. Boston, MA: Harvard Business School Publishing.

____________, and S.J. Sensabaugh. 1992. High Creativity Versus Low Creativity: What Makes the Difference. *Readings in Innovation* 240 : 19–28.

____________, and B.A. Hennessey. 1999. Consensual Assessment. *Encyclopedia of Creativity* 1 : 347–359.

____________, and R. Conti. 1999. Changes in the Work Environment for Creativity during Downsizing. *Academy of Management Journal* 42(6) : 630–640.

Amason, A.C. 1996. Distinguishing the Effects of Functional and Dysfunctional Conflict on Strategic Decision Making: Resolving a Paradox for Top Management Teams. *Academy of Management Journal* 39(1) : 123–148.

Ambrose, M.L., and C.T. Kulik. 1999. Old Friends, New Faces: Motivation Research in the 1990s. *Journal of Management* 25(3) : 231–292.

Anderson, E., and R.L. Oliver. 1987. Perspectives on Behavior-based Versus Outcome-based Salesforce Control Systems. *Journal of Marketing* 51(4) : 76–88.

Andrews, K.R. 1971. *The Concept of Corporate Strategy*. Irwin, Homewood.

Ansari, S.L. and J. Bell. 1991. Symbolism, Collectivism and Rationality in Organizational Control. *Accounting, Auditing and Accountability Journal* 4(2) : 4–27.

Anthony, R.N. 1965. *Planning and Control Systems: A Framework for Analysis*. Boston. Harvard University Graduate School of Business Administration.

____________, J. Dearden, and Bedford, N. M. 1989. *Management Control System*. 6th ed. Homewood. Irwin.

____________, and V. Govindarajan. 2007. *Management Control Systems*. Twelfth Ed. Mcgraw_Hill International Edition.

Anthony, J.C., J.K. Myers, M.M. Weissman, G.L. Tischler, C. E. Holzer, P.J. Leaf, H. Orvaschel, ... and R. Stoltzman. 1984. Six-month Prevalence of Psychiatric Disorders in Three Communities: 1980 to 1982. *Archives of General psychiatry* 41(10) : 959–967.

Aragon-Correa, J.A., and E.A. Rubio-Lopez. 2007. Proactive Corporate Environmental Strategies: Myths and Misunderstandings. *Long Range Planning* 40(3) : 357–381.

Argyris, C., 1952. *The Impact of Budgets on People*. The Controllership Foundation, Ithaca, NY.

__________ 1953. Human Problems with Budgets. *Harvard Business Review* 31(1) : 97–110.

__________ 1977. Organizational Learning and Management Information Systems. *Accounting, Organizations and Society* 2(2) : 113–123.

__________ 1990. The Dilemma of Implementing Controls: The Case of Managerial Accounting. *Accounting, Organizations and Society* 15(6) : 503–11

__________, and D.A. Schon. 1974. *Theory in practice: Increasing professional effectiveness*. Oxford, England: Jossey-Bass.

Arjaliès, D.L., and J. Mundy. 2013. The Use of Management Control Systems to Manage CSR Strategy: A Levers of Control Perspective. *Management Accounting Research* 24(4) : 284-300.

Arrow, K.J., 1964. Control in Large Organizations. *Management Science* 10(3) : 397-408.

Atkinson, A.A, R.D. Banker, R.S. Kaplan, and S.M. Young. 1995. *Management Accounting*. New Jersey: Prentice-Hall Inc.

Atkinson, A.A, R. Balakrishnan, P. Booth, and J.M. Cote. 1997. New Directions in Management Accounting Research. *Journal of Management Accounting Research* 9 : 79-108.

Atkinson, A.A, R. Banker, R.S. Kaplan, and S.M. Young. 2001. *Management Accounting*. (3rd ed.) Upper Saddle River, NJ: Prentice-Hall.

Auzair, S.M., and K. Langfield-Smith. 2005. The Effect of Service Process Type, Business Strategy and Life Cycle Stage on Bureaucratic MCS in Service Organizations. *Management Accounting Research* 16(4) : 399-421.

Avolio, B.J., B.M. Bass, and D.I. Jung. 1999. Re-examining the Components of Transformational and Transactional Leadership Using the Multifactor Leadership. *Journal of Occupational and Organizational Psychology* 72(4) : 441-462.

Avolio, B.J., W.L. Gardner, F.O. Walumbwa, F. Luthans, and D.R. May. 2004. Unlocking the Mask: A Look at the Process by Which Authentic Leaders Impact Follower Attitudes and Behaviors. *The Leadership Quarterly* 15(6) : 801-823.

Avolio, B.J., W. Zhu, W. Koh, and P. Bhatia. 2004. Transformational Leadership and Organizational Commitment: Mediating Role of Psychological Empowerment and Moderating Role of Structural Distance. *Journal of Organizational Behavior* 25(8) : 951-968.

Axelrod, R., 1984. *The Evolution of Co-Operation*. Basic Books, New York.

Azzone, G., and U. Bertelè. 1994. Exploiting Green Strategies for Competitive Advantage. *Long Range Planning* 27(6) : 69-81.

Baird, G. 2015. Users' Perceptions of Sustainable Buildings-Key Findings of Recent Studies. *Renewable Energy* 73 : 77-83.

Bandura, A. 1975. Analysis of Modeling Processes. *School Psychology Review* 4(1) : 4-10.

__________ 1982. Self-efficacy Mechanism in Human Agency. *American Psychologist* 37(2) : 122-147.

__________ 1986. The Explanatory and Predictive Scope of Self-efficacy Theory. *Journal of Social and Clinical Psychology* 4(3) : 359-373.

__________ 1997. *Self-efficacy: The Exercise of Control*. New York: WH Freeman.

Banerjee, S.B. 2001. Managerial Perceptions of Corporate Environmentalism: Interpretations from Industry and Strategic Implications for Organizations. *Journal of Management Studies* 38(4) : 489-513.

Bansal, P. 2005. Evolving Sustainably: A Longitudinal Study of Corporate Sustainable Development. *Strategic Management Journal* 26(3) : 197-218.

Barnard, C.I. 1968. *The Functions of the Executive*. Harvard University Press.

Barney, J.B. 1986. Organizational Culture: Can it be a Source of Sustained Competitive Advantage?. *Academy of Management Review* 11(3) : 656-665.

_________ 1991. Firm Resources and Sustained Competitive Advantage. *Journal of Management* 17(1) : 99–120.

Baron, R., and A. Kenny. 1986. The Moderator–mediator Distinction in Social Psychological Research : Conceptual, Strategic, and Statistical Consideration. *Journal of Personality and Psychology* 51(6) : 1173–1182.

Bartlett, C.A. and S. Ghoshal. 1993. Beyond the M–Form L Toward a Managerial Theory of the Firm. *Strategic Management Journal* 14(S2) : 23–46.

Bartol, K.M. 1983. Turnover among DP Personnel: A Casual Analysis. *Communications of the ACM* 26(10) : 807–811.

Bass, B.M. 1985. *Leadership and Performance Beyond Expectations*. New York: The Free Press.

_________ 1990. *Bass and Stogdill's Handbook of Leadership: Theory, Research, and Managerial Applications*. New York: The Free Press.

_________ 1998. *Transformational Leadership: Industry, Military, and Educational Impact*. Erlbaum, Mahwah, NJ.

_________, and B.J. Avolio. 1990. *Multifactor Leadership Questionnaire*. Palo Alto, CA: Consulting Psychologists Press.

_________, and B.J. Avolio. 1992. *Multifactor Leadership Questionnaire–Short form 6S. Binghamton*. NY: Center for Leadership Studies.

_________, and B.J. Avolio. 1993. *Transformational Leadership: A Response to Critiques*. In: Chemmers, M. M., and R. Ayman. (Eds.), Leadership Theory and Research: Perspectives and Directions. Academic Press. San Diego, CA: 49–88.

Bateman, T.S., and D.W. Organ. 1983. Job Satisfaction and the Good Soldier: The Relationship Between Affect and Employee "citizenship". *Academy of Management Journal* 26(4) : 587–595.

Bebbington, J., and C. Larrinaga. 2014. Accounting and Sustainable Development: An Exploration. *Accounting Organizations and Society* 39(6) : 395–413.

Bedford, D.S. 2015. Management Control Systems across Different Modes of Innovation: Implications for Firm Performance. *Management Accounting Research* 28(September) : 12–30.

_________, T. Malmi, and M. Sandelin. 2016. Management Control Effectiveness and Strategy: An Empirical Analysis of Packages and Systems. *Accounting, Organizations and Society* 51(5) : 12–28.

Beehr, T.A., and J.E. Newman. 1978. Job Stress, Employee Health, and Organizational Effectiveness: A Facet Analysis, Model, and Literature Review 1. *Personnel Psychology* 31(4) : 665–699.

Benner, M.J., and M.L. Tushman. 2002. Process Management and Technological Innovation: A Longitudinal Study of The Photography and Paint Industries. *Administrative Science Quarterly* 47(4) : 676–707.

_________ 2003. Exploitation, Exploration, and Process Management: The Productivity Dilemma Revisited. *Academy of Management Review* 28(2) : 238–256.

Bennett, M., and M. James. 1999. The Green Bottom line–Environmental Accounting for Mangement. *Eco–Management and Auditing* 6(3) : 148–149.

Bennett, M., and P. James. 2000. *The Green Bottom Line*. Sheffield, UK : Greenleaf Publishing Limited.

Berry, A.J., J. Broadbent, and D.T. Otley. 1995. *Management Control: Theories, Issues, and Practices.* London, UK: Macmillan Press.

Bessant, J., D. Francis, S. Meredith, R. Kaplinsky, and S. Brown. 2001. Developing Manufacturing Agility in SMEs. *International Journal of Technology Management* 22(1) : 28–54.

Bhimani, A. 2003. A Study of the Emergence of Management Accounting System Ethos and Its Influence on Perceived System Success. *Accounting, Organizations and Society* 28(6) : 523–548.

Bhupendra, K.V., and S. Sangle. 2015. What Drives Successful Implementation of Pollution Prevention and Cleaner Technology Strategy? The Role of Innovative Capability. *Journal of Environmental Management* 155(15) : 184–192.

Bies, R.J., and J.S. Moag. 1986. Interactional Justice: Communication Criteria of Fairness. *Research on Negotiation in Organizations* 1: 43–55.

Birley, S. 1985. The Role of Networks in the Entrepreneurial Process. *Journal of Business Venturing* 1(1) : 107–117.

Birnberg, J.G. 1998. Control in Interfirm co-Operative Relationships. *Journal of Management Studies* 35(4) : 421–428.

Bisbe, J., and D. Otley. 2004. The Effects of the Interactive Use of Management Control Systems on Product Innovation. *Accounting, Organizations and Society* 29(8) : 709–737.

________, and R. Malaguen˜o. 2015. How Control Systems Influence Product Innovation Processes: Examining the Role of Entrepreneurial Orientation. *Accounting and Business Research* 45(3) : 356–386.

Blau, S. 1955. *Erythroplasia of Queyrat. Doctoral Dissertation.* New York University, Post–Graduate Medical School.

Block, P. 1987. *The Empowered Manager: Positive Political Skills at Work.* San Francisco, CA: Jossey–Bass.

Boden, M.A. 1991. *The Creative Mind: Myths and Mechanisms.* New York: Basic Books/London: Routledge.

Bolton, P., M. Brunnermeier, and L. Veldkamp. 2008. *Leadership, Coordination and Mission–driven Management.* AFA 2009 San Francisco Meetings Paper.

Bonner, S.E., and G.B. Sprinkle. 2002. The Effects of Monetary Incentives on Effort and Task Performance: Theories, Evidence, and a Framework for Research. *Accounting, Organizations and Society* 27(4–5) : 303–345.

Boumgarden, P., J. Nickerson, and T.R. Zenger. 2012. Sailing into the Wind: Exploring the Relationships among Ambidexterity, Vacillation, and Organizational Performance. *Strategic Management Journal* 33(6) : 587–610.

Bourne, M., J. Mills, W. Wilcox, A. Neely, and K. Platts. 2000. Designing, Implementing and Updating Performance Measurement Systems. *International Journal of Operations, Production Management* 20(7) : 754–771.

Bowen, D.E., and E. Lawler III. 1992. The Empowerment of Service Workers: What, Why, How, and When. *Sloan Management Review* 33(3) : 31–40.

Boyer, K.K., and M.W. Lewis. 2002. Competitive Priorities: Investigating the Need for Trade-offs in Operations Strategy. *Production and Operations Management* 11(1) : 9–20.

__________, M. Swink, and E.D. Rozenzweig. 2005. Operations Strategy Research in the POMS

Journal. *Production and Operations Management* 14(4) : 442–449.

Bradach, J.L., and R.G. Eccles. 1989. Markets versus Hierarchies: From Ideal Types to Plural Forms. *Annual Review of Sociology* 15(1) : 97–118.

Braunscheidel, M.J., and N.C. Suresh. 2009. The Organizational Antecedents of a Firm's Supply Chain Agility for Risk Mitigation and Response. *Journal of Operations Management* 27(2) : 119–140.

Breu, K., C.J. Hemingway, M. Strathern, and D. Bridger. 2002. Workforce Agility: The New Employee Strategy for the Knowledge Economy. *Journal of Information Technology* 17(1) : 21–31.

Bright, J., R.E. Davies, C.A. Downes, and R.C. Sweeting. 1992. The Deployment of Costing Techniques and Practices: A UK Study. *Management Accounting Research* 3(3) : 201–211.

Browning, L.D., J.M. Beyer, and J.C. Shetler. 1995. Building Cooperation in a Competitive Industry: SEMATECH and the Semiconductor Industry. *Academy of Management Journal* 38(1) : 113–151.

Bruns, W.J., and J.H. Waterhouse. 1975. Budgetary Control and Organizational Structure. *Journal of Accounting Research* 13(2) : 177–203.

Bunce, P., R. Fraser, and L. Woodcock. 1995. Advanced Budgeting: A Journey to Advanced Management Systems. *Management Accounting Research* 6(3) : 253–265.

Burchell, S., C. Clubb, A. Hopwood, J. Hughes, and J. Nahapiet. 1980. The Roles of Accounting in Organizations and Society. *Accounting, Organizations and Society* 5(1) : 5–27.

Burgelman, R.A. 2009. *Combining Grounded Theorizing and Historical Methods: A Proposal to Strengthen the Power of Qualitative Research.* Graduate School of Business, Stanford University.

__________, and A.S. Grove. 1996. Strategic Dissonance. *California Management Review* 38(2) : 8–28.

Burke, W.W. 1989. *Culture Instrument.* Working paper, Columbia University.

Burney, L.L., and S.K. Widener. 2007. Strategic Performance Measurement Systems, Job-relevant Information, and Managerial Behavioral Responses-role Stress and Performance. *Behavioral Research in Accounting* 19(1) : 43–69.

__________, C.A. Henle, and S.K. Widener. 2009. A Path Model Examining the Relations Among Strategic Performance Measurement System Characteristics, Organizational Justice, and Extra-and In-role Performance. *Accounting, Organizations and Society* 34(3-4) : 305–321.

__________, and S.K. Widener. 2013. Behavioral Work Outcomes of a Strategic Performance Measurement System-based Incentive Plan. *Behavioral Research in Accounting* 25(2) : 115–143.

Burns, J.M. 1978. *Leadership.* New York: Harper & Row.

Burns, J., and R.W. Scapens. 2000. Conceptualizing Management Accounting Change: An Institutional Framework. *Management Accounting Research* 11(1) : 3–25.

Burns, T., and G.M. Stalker. 1961. *The Management of Innovation.* London: Tavistock Institute.

Burritt, R.L., and S. Schaltegger. 2010. Sustainability Accounting and Reporting: Fad or Trend?. Accounting. *Auditing and Accountability Journal* 23(7) : 829–846.

Burt, R.S. 1997. A Note on Social Capital and Network Content. *Social networks* 19(4) : 355–373.

Buysse, K., and A. Verbeke. 2003. Proactive Environmental Strategies: A Stakeholder Management

Perspective. *Strategic Management Journal* 24(5) : 453–470.

Bycio, P., R.D. Hackett, and J.S. Allen. 1995. Further Assessments of Bass's(1985) Conceptualization of Transactional and Transformational Leadership. *Journal of Applied Psychology* 80(4) : 468–478

Cameron, K.S., and R.E. Quinn. 1999. *Diagnosing and Changing Organizational Culture: Based on the Competing Values Framework*. Addison–Wesley Publishing.

Camillus, J.C. 1986. *Strategic Planning and Management Control*. Mass. Toronto. Lexington Books.

Cao, Q., E. Gedajlovic, and H. Zhang. 2009. Unpacking Organizational Ambidexterity: Dimensions, Contingencies, and Synergistic Effects. *Organization Science* 20(4) : 781–796.

Caplan, R.D., and K.W. Jones. 1975. Effects of Work Load, Role Ambiguity, and Type A Personality on Anxiety, Depression, and Heart Rate. *Journal of Applied Psychology* 60(6) : 713–719.

Carr, S., Y.T. Mak, and J.E. Needham. 1997. Differences in Strategy, Quality Management Practices and Performance Reporting Systems between ISO Accredited and Non–ISO Accredited Companies. *Management Accounting Research* 8(4) : 383–403.

Caves, R.E. 2000. *Creative industries: Contracts between art and commerce (No. 20)*. Harvard University Press.

Chakravarthy, B., and P. Lorange. 1999. *Steps in the Strategy Process, in Strategy Synthesis: Resolving Strategy Paradoxes to Create Competitive Advantage*. London, UK: Thompson.

Chandler, A.D. 1962. *Strategy and Structure*. Cambridge. Mass. The MIT Press.

Chapman, C.S. 1997. Reflections on a Contingent View of Accounting. *Accounting, Organizations and Society* 22(2) : 189–205.

__________ 1998. Accountants in Organizational Networks. *Accounting, Organizations and Society* 23(8) : 737–766.

Chatterjee, S., M.H. Lubatkin, D.M. Schweiger, and Y. Weber. 1992. Cultural Differences and Shareholder Value in Related Mergers: Linking Equity and Human Capital. *Strategic Management Journal* 13(5) : 319–334.

Chen, G., B.L. Kirkman, R. Kanfer, D. Allen, and B. Rosen. 2007. A Multilevel Study of Leadership, Empowerment, and Performance in Teams. *Journal of Applied Psychology* 92(2) : 331–346.

Chen, J., X. Dong, Y. Ma, J. Wang, M.B. Chan–Park, X. Liu, ... and P. Chen. 2012. Superhydrophobic and Superoleophilic Hybrid Foam of Graphene and Carbon Nanotube for Selective Removal of Oils or Organic Solvents from the Surface of Water. *Chemical Communications* 48(86) : 10660–10662.

Chenhall, R.H. 2003. Management Control Systems Design within its Organizational Context: Findings form Contingency–based Research and Directions for the Future. *Accounting, Organizations and Society* 28(2–3) : 127–168.

__________ 2005. Integrative Strategic Performance Measurement Systems, Strategic Alignment of Manufacturing, Learning and Strategic Outcomes: An Exploratory Study. *Accounting, Organizations and Society* 30(5) : 395–422.

__________ 2007. *Theorizing Contingencies in Management Control Systems Research. In: Handbooks of Management Accounting Research*. Edited by C.S. Chapman, A.G. Hopwood, M.D. Shields. Elsevier Great Britain : 163–205.

__________, and D. Morris. 1986. The Impact of Structure, Environment, and Interdependence on the Perceived Usefulness of Management Accounting Systems. *The Accounting Review* 61(1) :

16–35.

__________, and D. Morris. 1995. Organic Decision and Communication Processes and Management Accounting Systems in Entrepreneurial and Conservative Business Organizations. *Omega* 23(5) : 485–497.

__________, and K. Langfield–Smith. 1998. The Relationship between Strategic Priorities, Management Techniques and Management Accounting: An Empirical Investigation Using a Systems Approach. *Accounting, Organizations and Society* 23(3) : 243–264.

__________, J.P. Kallunki, and H. Silvola. 2011. Exploring the Relationships between Strategy, Innovation, and Management Control Systems: The Roles of Social Networking, Organic Innovative Culture, and Formal Controls. *Journal of Management Accounting Research* 23(1) : 99–128.

Chiles, T.H., and J.F. McMackin. 1996. Integrating Variable Risk Preferences, Trust, and Transaction Cost Economics. *Academy of Management Review* 21(1) : 73–99.

Choe, J.M. 2004. The Relationships Among Management Accounting Information, Organizational Learning and Production Performance. *Journal of Strategic Information Systems* 13(1) : 61–85.

Chonko, L.B., and E. Jones. 2005. The Need for Speed: Agility Selling. *Journal of Personal Selling & Sales Management* 25(4) : 371–382.

Chow, C.W., J.C. Cooper, and K. Haddad. 1991. The Effect of Pay Schemes and Ratchets on Budgetary Slack and Performance: A Multiperiod Experiment. *Accounting, Organization and Society* 16(January) : 47–60.

Christensen, J. 1982. The Determination of Performance Standards and Participation. *Journal of Accounting Research* 20(2) : 589–603.

Christensen, C.M. 1997. *The Innovators Dilemma: When New Technologies Cause Great Firms to Fail.* Harvard Business School Press, Boston, Massachusetts.

Christmann, P. 2000. Effects of "best practices" of Environmental Management on Cost Advantage: The Role of Complementary Assets. *Academy of Management Journal*, 43(4) : 663–680.

Christopher, M. 2000. The Agile Supply Chain, Competing in Volatile Markets. *Industrial Marketing Management* 29(1) : 37–44.

Cobb, I., C. Helliar and J. Innes. 1995. Management Accounting Change in Bank. *Management Accounting Research* 6(2) : 155–175.

Coletti, A.L., K.L. Sedatole, and K.L. Towry. 2005. The Effect of Control Systems on Trust and Cooperation in Collaborative Environments. *The Accounting Review* 80(2) : 477–500.

Collins, F. 1982. Managerial Accounting Systems and Organizational Control: A Role Perspective. *Accounting, Organizations and Society* 7(2) : 107–112.

Collins, J. 2001. *Good to Great: Why Some Companies Make the Leap... and Others Don't.* New York: Harper.

Conger, J.A., and R.N. Kanungo. 1988. The Empowerment Process: Integrating Theory and Practice. *Academy of Management Review* 13(3) : 471–482.

Cools, M., K. Stouthuysen, and A. Van den Abbeele. 2017. Management Control for Stimulating Different Types of Creativity: The Role of Budgets. *Journal of Management Accounting Research* 29(3) : 1–12.

Cooper, C.L., and J. Marshall. 1976. Occupational Sources of Stress: A Review of the Literature

Relating to Coronary Heart Disease and Mental Ill Health. *Journal of Occupational Psychology* 49(1) : 11–28.

Coopey, J. 1995. The Learning Organization, Power, Politics and Ideology, Management Learning and Innovation. *Management Learning* 26(2) : 193–213.

Cooper, R.G. 1996. Overhauling the New Product Process. *Industrial Marketing Management* 25(6) : 465–482.

Colquitt, J.A. 2001. On the Dimensionality of Organizational Justice. A Construct Validation of a Measure. *Journal of Applied Psychology* 86(3) : 386–400.

Couger, J.D., L.F. Higgins, and S.C. McIntyre. 1990. Differentiating Creativity, Innovation, Entrepreneurship, Intrapreneurship, Copyright and Patenting of IS products/processes. *In Twenty–Third Annual Hawaii International Conference on System Sciences* (Vol. 4, pp. 370–379). IEEE Computer Society.

Covey, S.R. 2004. *The 8th Habit: From Effectiveness to Greatness*. New York: Free Press.

Crutzen, N. and C. Herzig. 2013. A Review of the Empirical Research in Management Control, Strategy and Sustainability. *Accounting and Control for Sustainability*(Studies in Managerial and Financial Accounting) 26: 165–195.

Crutzen, N., D. Zvezdov, and S. Schaltegger. 2017. Sustainability and Management Control. Exploring and Theorizing Control Patterns in Large European Firms. *Journal of Cleaner Production* 143: 1291–1301.

Daft, R.L. 1983. *Organization Theory and Design*. West, St. Paul, MN.

________ 1999. *Leadership: Theory and Practice*. Dryden Press.

Daley, D.M., and M.L. Vasu. 1998. Fostering Organizational Trust in North Carolina: The Pivotal Role of Administrators and Political Leaders. *Administration & Society* 30(1) : 62–84.

Damanpour, F. 1991. Organizational Innovation: A Meta–analysis of Effects of Determinants and Moderators. *Academy of Management Journal* 34(3) : 555–590.

Daniel, S.J., and W.D. Reitsperger. 1991. Linking Quality Strategic with Management Control Systems: Empirical Evidence from Japanese Industry. *Accounting, Organizations and Society* 16(7) : 601–618.

________________________________ 1994. Strategic Control Systems for Quality: An Empirical Comparison of the Japanese and US Electronics Industry. *Journal of International Business Studies* 25(2) : 275–294.

Danneels, E. 2002. The Dynamics of Product Innovation and Firm Competences. *Strategic Management Journal* 23(12) : 1095–1121.

Dirks, K.T., and D.L. Ferrin. 2001. The Role of Trust in Organizational Settings. *Organization Science* 12(4) : 450–467.

Das, T.K., and B.S. Teng. 1998. Between Trust and Control: Developing Confidence in Partner Cooperation in Alliances. *Academy of Management Review* 23(3) : 491–512.

________________________ 2001. Trust, Control, and Risk in Strategic Alliances: An Integrated Framework. *Organization Studies* 22(2) : 251–283.

Davila, T. 2000. An Empirical Study on the Drivers of Management Control Systems' Design in New Product Development. *Accounting, Organizations and Society* 25(4–5) : 383–409.

_________, and Wouters, M. 2005. Managing Budget Emphasis Through the Explicit Design of Conditional Budgetary Slack. *Accounting, Organizations and Society* 30(7–8) : 587–608.

Davila, J., L. Fridman, and A. Poznyak. 2006. Observation and Identification of Mechanical Systems via Second Order Sliding Modes. In *International Workshop on Variable Structure Systems*. VSS'06. (pp. 232–237). IEEE.

Davila, A., and G. Foster. 2007. Management Control Systems in Early-stage Startup Companies. *The Accounting Review* 82(4) : 907–937.

Davila, A., and G. Foster, and D. Oyon. 2009. Accounting and Control, Entrepreneurship and Innovation: Venturing into New Research Opportunities. *European Accounting Review* 18(2) : 281–311.

Davis, S., and T. Albright. 2004. An Investigation of the Effect of Balanced Scorecard Implementation on Financial Performance. *Management Accounting Research* 15(2) : 135–153.

Day, G.S. 1994. The Capabilities of Market-driven Organizations. *Journal of Marketing* 58(4) : 37–52.

De Geuser, F., S. Mooraj, and D. Oyon. 2009. Does the Balanced Scorecard Add Value? Empirical Evidence on Its Effect on Performance. *European Accounting Review* 18(1) : 93–122.

De Haas, M., and A. Kleingeld. 1999. Multilevel Design of Performance Measurement Systems: Enhancing Strategic Dialogue Throughout the Organization. *Management Accounting Research* 10(3) : 233–261.

Deal, T.E., and A.A Kennedy. 1982. *Corporate Cultures*. Addison-Wesley Reading, MA.

Deci, E.L., and R.M. Ryan. 1987. The Support of Autonomy and The Control of Behavior. *Journal of Personality and Social Psychology* 53(6) : 1024–1037.

De Dreu, C.K. 1991. Productive Conflict: The Importance of Conflict Management and Conflict Issue. In C. K. De Dreu & E. Van de Vliert (Eds.), *Using Conflict in Organizations*. London: Sage Publications.

Dekker, H.C., T. Groot, and M. Schoute. 2013. A Balancing Act? The Implications of Mixed Strategies for Performance Measurement System Design. *Journal of Management Accounting Research* 25(1) : 71–98.

Demski, J.S., and G.A. Feltham. 1976. *Cost Determination: A Conceptual Approach*. Ames: Iowa State University Press.

Denison, D.R. 1990. *Corporate Culture and Organizational Effectiveness*. New York: Wiley.

Dent, J.F. 1987. *Tension in the Design of Formal Control Systems: A Field Study in a Computer Company*. In Accounting & Management, Field Study Perspectives, Edited by W. Bruns Jr. and R. S. Kaplan, 119–145. Harvard Business School Press.

________ 1990. Strategy, Organization and Control: Some Possibilities For Accounting Research. *Accounting, Organizations and Society* 15(1–2) : 3–25.

Deshpandé, R., and J.U. Farley. 1998. Measuring Market Orientation: Generalization and Synthesis. *Journal of Market-Focused Management* 2(3) : 213–232.

Deshpandé, R., and J.U. Farley, and F.E. Webster Jr. 1993. Corporate Culture, Customer Orientation, and Innovativeness in Japanese Firms: A Quadrad Analysis. *Journal of Marketing* 57(1) : 23–37.

Dess, G.G., and D.W. Beard. 1984. Dimensions of Organizational Task Environments. *Administrative Science Quarterly* 29(1) : 52–73.

Dierickx, I., and K. Cool. 1989. Asset Stock Accumulation and Sustainability of Competitive

Advantage. *Management Science* 35(12) : 1504-1511.

Dillman, D.A. 2000. *Mail and Internet Surveys: The Tailored Design Method.* Canada: John Wiley & Sons.

Dillon, J.T. 1982. Problem Finding and Solving. *The Journal of Creative Behavior* 16(2) : 97-111.

Ditillo, A., and I.E. Lisi. 2016. Exploring Sustainability Control Systems' Integration: The Relevance of Sustainability Orientation. *Journal of Management Accounting Research* 28(2) : 125-148.

Domingo, G., and D. Antonio. 2011. *Innovative Culture, Management Control Systems and Performance in Young SMEs.* In: Jean Bennet, Domingo Garcia Perez De Lima and Howard Van Auken. (Eds.), The Entrepreneurial Society. Edward Elgar Publishing Ltd. Cheltenham Glos GL50 2JA UK.

Donaldson, L. 2001. *The Contingency Theory of Organizations.* Sage.

Dirks, K.T., and D.L. Ferrin. 2002. Trust in Leadership: Meta-analytic Findings and Implications for Research and Practice. *Journal of Applied Psychology* 87(4) : 611-628.

Drucker, P.F. 2000. Managing Knowledge Means Managing Oneself. *Leader to leader* 16(2) : 8-10.

Duncan, R.B. 1972. Characteristics of Organizational Environment and Perceived Environment Uncertainty. *Administrative Science Quarterly* 17(3) : 313-327.

Dunk, A.S. 1993. The Effects of Budget Emphasis and Information Asymmetry on the Relation Between Budgetary Participation and Slack. *The Accounting Review* 68(2) : 400-410.

__________, and A.F. Lysons. 1997. An Analysis of Departmental Effectiveness, Participative Budgetary Control Processes and Environmental Dimensionality Within the Competing Values Framework: A Public Sector Study. *Financial Accountability and Management* 13(1) : 1-15.

Durden, C. 2008. Towards a Socially Responsible Management Control System. *Accounting, Auditing & Accountability Journal* 21(5) : 671-694.

Eccles, R.J., and P.J. Pyburn. 1992. Creating a Comprehensive System to Measure Performance. *Management Accounting* 74(4) : 41-58.

Eiadat, Y., A. Kelly, F. Roche, and H. Eyadat. 2008. Green and Competitive? An Empirical Test of the Mediating Role of Environmental Innovation Strategy. *Journal of World Business* 43(2) : 131-145.

Eisenberger, R., P. Fasolo, and V. Davis-LaMastro. 1990. Perceived Organizational Support and Employee Diligence, Commitment, and Innovation. *Journal of Applied Psychology* 75(1) : 51-59.

Eisenberger, R., and S. Armeli. 1997. Can Salient Reward Increase Creative Performance Without Reducing Intrinsic Creative Interest?. *Journal of Personality and Social Psychology* 72(3) : 652-663.

Eisenhardt, K.M. 1985. Control: Organizational and Economic Approaches. *Management Science* 31(2) : 134-149.

______________, and S.L. Brown. 1999. Patching. Restitching Business Portfolios in Dynamic Markets. *Harvard Business Review* 77(3) : 72-82.

Emmanuel, C., D. Otley, and K. Merchant. 1990. *Accounting for Management Control.* 2nd Edition. London. Chapman & Hall.

Epstein, M.J., and A.R. Buhovac. 2014. A New Day for Sustainability. *Strategic Finance* 96(1) : 25-33.

Erdogan, B. 2002. Antecedents and Consequences of Justice Perceptions in Performance Appraisals.

Human Resource Management Review 12(4) : 555−578.

Ervin, D., J. Wu, M. Khanna, C. Jones, and T. Wirkkala. 2013. Motivations and Barriers to Corporate Environmental Management. *Business Strategy and the Environment* 22(6) : 390−409.

Ettlie, J.E., and E.M. Reza. 1992. Organizational Integration and Process Innovation. *Academy of Management Journal* 35(4) : 795−827.

Ewusi−Mensah, K. 1981. The External Organizational Environment and Its Impact on Management Information Systems. *Accounting, Organizations and Society* 6(4) : 301−316.

Ezzamel, M. 1990. The Impact of Environmental Uncertainty, Managerial Autonomy and Size on Budget Characteristics. *Management Accounting Research* 1(3) : 181−197.

Fama, E. 1980. Agency Problems and the Theory of the Firm. *Journal of Political Economy* 88(2) : 288−307.

Farmer, S.M., P. Tierney, and K. Kung−McIntyre. 2003. Employee Creativity in Taiwan: An Application of Role Identity Theory. *Academy of Management Journal* 46(5): 618−630.

Farr, J.L, and C.M. Ford. 1990. *Individual Innovation.* In M. A. West & J. L. Farr (Eds.), Innovation and Creativity at Work: Psychological and Organizational Strategies, *pp(*63−80). Oxford, England: John Wiley & Sons.

Ferreira, A., and D. Otley. 2009. The Design and Use of Performance Management Systems: An Extended Framework for Analysis. *Management Accounting Research* 20(4) : 263−282.

Figge, F., and T. Hahn. 2013. Value Drivers of Corporate Eco−efficiency: Management Accounting Information for the Efficient Ese of Environmental Resources. *Management Accounting Research* 24(4) : 387−400.

Fiksel, J. 2001. *Measuring Sustainability in Eco−design. Sustainable Solutions: Developing Products and Services for the Future.* Sheffield, UK: Greenleaf Publishing Limited: 165−187.

________ 2003. Designing Resilient, Sustainable Systems. *Environmental Science and technology* 37(23) : 5330−5339.

Fisher, J. 1995. Contingency−based Research on Management Control Systems: Categorization by Level of Complexity. *Journal of Accounting Literature* 14 : 24−53.

Fisher, J.G. 1998. Contingency Theory, Management Control Systems and Firm Outcomes: Past Results and Future Directions. *Behavioral Research in Accounting* 10 : 47−57.

Flamholtz, E.G. 1983. Accounting, Budgeting and Control Systems in their Organizational Context: Theoretical and Empirical and Empirical Perspectives. *Accounting, Organizations and Society* 8(2/3) : 35−50.

____________, T.K. Das, and A.S. Tsui. 1985. Toward an Integrative Framework of Organizational Control. *Accounting, Organizations and Society* 10(1) : 35−50.

Fleischman, E.A. 1973. *Twenty Years of Consideration and Structure. In: Fleischman, E. A., and J. G. Hunt. (Eds.), Current Developments in the Study of Leadership.* Southern Illinois University Press. Carbondale, IL. 1−40.

Fliedner, G., and R.J. Vokurka. 1997. Agility: Competitive Weapon of the 1990s and Beyond?. *Production and Inventory Management Journal* 38(3) : 19−24.

Folger, R., and M.A. Konovsky. 1989. Effects of Procedural and Distributive Justice on Reactions to Pay Raise Decisions. *Academy of Management Journal* 32(1) : 115−130.

Folger, R., and M.A. Konovsky, and R. Cropanzaon. 1992. A Due Process Metaphor for Performance

Appraisal. *Research in Organizational Behavior* 14: 129－177.

French, W.L., and C. Bell. 1995. *Organization Development: Behavioral Science Interventions for Organization Improvement.* Prentice Hall.

Fryxell, G.E., and M.E. Gordon. 1989. Workplace Justice and Job Satisfaction as Predictors of Satisfaction with Union and Management. *Academy of Management Journal* 32(4) : 851–866.

Fullerton, R.R., and C.S. McWatters. 2002. The Role of Performance Measures and Incentive Systems in Relation to the Degree of JIT Implementation. *Accounting, Organizations and Society* 27(8) : 711－735.

Gabel, H.L., and B. Sinclair–Desgagné. 1993. Managerial Incentives and Environmental Compliance. *Journal of Environmental Economics and Management* 24(3) : 229–240.

Garvin, D.A. 1991. How the Baldrige Award Really Works. *Harvard Business Review* 69(6) : 80–95.

__________ 1993. Manufacturing Strategic Planning. *California Management Review* 35(4) : 85–106.

Gates, S. 1999. *Aligning Strategic Performance Measures and Results.* No. 1261–99–RR. New York, NY: The Conference Board.

George, J.M., and A.P. Brief. 1992. Feeling Good–doing Good: A Conceptual Analysis of the Mood at Work–organizational Spontaneity Relationship. *Psychological Bulletin* 112(2) : 310–329.

George, J.M., and J. Zhou. 2001. When Openness to Experience and Conscientiousness are Related to Creative Behavior: An Interactional Approach. *Journal of Applied Psychology* 86(3) : 513–524.

George, R.A., A.K. Siti–Nabiha, D. Jalaludin, and Y.A. Abdalla. 2016. Barriers to and Enablers of Sustainability Integration in the Performance Management Systems of an Oil and Gas Company. *Journal of Cleaner Production* 136(Part A): 197–212.

Getzels, J.W., and M. Csikszentmihalyi. 1976. *The Creative Vision: A Longitudinal Study of Problem Finding in Art. General Works and Study of Art* 47–61

Ghemawat, P., and J.E.I. Ricart Costa. 1993. The Organizational Tension between Static and Dynamic Efficiency. *Strategic Management Journal* 14(S2) : 59–73.

Gibson, C.B., and J. Birkinshaw. 2004. The Antecedents, Consequences, and Mediating Role of Organizational Ambidexterity. *Academy of Management Journal* 47(2) : 209–226.

Gietzmann, M.B. 1996. Incomplete Contracts and the Make or Buy Decision: Governance Design and Attainable Flexibility. *Accounting, Organizations and Society* 21(6) : 611–626.

Gilbert, X., and Strebel, P. 1987. Strategies to Outpace the Competition. *Journal of Business Strategy* 8(1) : 28–36.

Gilliland, S.W., and J.C. Langdon. 1998. Creating Performance Management Systems that Promote Perceptions of Fairness. *Performance Appraisal: State of the Art in Practice* 209–243.

Gilson, L.L., J.E. Mathieu, C.E. Shalley, and T.M. Ruddy. 2005. Creativity and Standardization: Complementary or Conflicting Drivers of Team Effectiveness? *Academy of Management Journal* 48(3) : 521－531.

Gist, M.E., and T.R. Mitchell. 1992. Self–efficacy: A Theoretical Analysis of Its Determinants and Malleability. *Academy of Management Review* 17(2) : 183–211.

Goldman, S.L., R.N. Nagel, and K. Preiss. 1995. *Agile Competitors and Virtual Organizations: Strategies for Enriching the Customer (Vol. 8).* New York: Van Nostrand Reinhold.

Gond, J.P., S. Grubnic, C. Herzig, and J. Moon. 2012. Configuring Management Control Systems:

Theorizing the Integration of Strategy and Sustainability. *Management Accounting Research* 23(3) : 205–223.

Goold, M., and Andrew–Campbell. 1987. *Strategies and Styles: The Role of the Centre in Managing Diversified Corporations.* Basil Blackwell.

________, and J.J. Quinn. 1990. The Paradox of Strategic Controls. *Strategic Management Journal* 11(1) : 43–57.

Gordon L.A., D. Miller. 1976. A Contingency Framework for the Design of Accounting Information Systems. In: Emmanuel C., Otley D., Merchant K. (eds) Readings in *Accounting for Management Control.* Springer, Boston, MA.

________, and V.K. Narayanan. 1984. Management Accounting Systems, Perceived Environmental Uncertainty and Organization Structure: An Empirical Investigation. *Accounting, Organizations and Society* 9(1) : 33–47.

Gordon, M.E., and G.E. Fryxell. 1989. Voluntariness of Association as a Moderator of the Importance of Procedural and Distributive Justice. *Journal of Applied Social Psychology* 19(12) : 993–1009.

Govindarajan, V. 1984. Appropriateness of Accounting Data in Performance Evaluation: An Empirical Examination of Environmental Uncertainty as an Intervening Variable. *Accounting, Organizations and Society* 9(2) : 125–135.

________ 1988. A Contingency Approach to Strategy Implementation at the Business–unit Level: Integrating Administrative Mechanisms with Strategy. *Academy of Management Journal* 31(4) : 828–853.

________, and A.K. Gupta. 1985. Linking Control Systems to Business Unit Strategy: Impact on Performance. *Accounting, Organizations and Society* 10(1) : 51–66.

________, and J. Fisher. 1990. Strategy, Control Systems and Resource Sharing: Effects on Business–Unit Performance. *Academy of Management Journal* 33(2) : 259–285.

Grabner, I. 2014. Incentive System Design in Creativity–dependent Firms. *The Accounting Review* 89(5) : 1729–1750.

________, and F. Moers. 2013. Management Control as a System or a Package? Conceptual and Empirical Issues. *Accounting, Organizations and Society* 38(6–7) : 407–419.

________, and G. Speckbacher. 2016. The Cost of Creativity: A Control Perspective. *Accounting, Organizations and Society* 48(January) : 31–42.

Grafton, J., A.M. Lillis, and S.K. Widener. 2010. The Role of Performance Measurement and Evaluation in Building Organizational Capabilities and Performance. *Accounting, Organizations and Society* 35(7) : 689–706.

Graham, J.W. 1986. *Principled Organizational Dissent: A Theoretical Essay.* Research in organizational behavior.

________ 1991. An Essay on Organizational Citizenship Behavior. *Employee Responsibilities and Rights Journal* 4(4) : 249–270.

Grant, R.M. 1991. The Resource–based Theory of Competitive Advantage: Implications for Strategy Formulation. *California Management Review* 33(3) : 114–135.

________, R. Shani, and R. Krishnan. 1994. TQM's Challenge to Management Theory and Practice. *Sloan Management Review* 33(2) : 25–35.

Gray, R. 2010. Is Accounting for Sustainability Actually Accounting for Sustainability… and How would We Know? An Exploration of Narratives of Organisations and the Planet. *Accounting, Organizations and Society* 35(1) : 47–62.

Greasley, K., A. Bryman, A. Dainty, A. Price, N. Naismith, and R. Soetanto. 2008. Understanding Empowerment from an Employee Perspective: What does It Mean and do They Want It? *Team Performance Management: An International Journal* 14(1/2) : 39–55.

Green, S.G., and M.A. Welsh. 1988. Cybernetics and Dependence: Reframing the Control Concept. *Academy of Management Review* 13(2) : 287–301.

Greenberg, J. 1986. Determinants of Perceived Fairness of Performance Evaluations. Hendricks, *Journal of Applied Psychology* 71(2) : 340–342.

__________ 1993. Stealing in the Name of Justice: Informational and Interpersonal Moderators of Theft Reactions to Underpayment Inequity. *Organizational Behavior and Human Decision Processes* 54(1) : 81–103.

__________, and E.A. Lind. 2000. The Pursuit of Organizational Justice: From Conceptualization to Implication to Application. *I/O Psychology: What We Know about Theory and Practice* 72–105.

Greenwood, R.C. 1981. Management by Objectives: As Developed by Peter Drucker, Assisted by Harold Smiddy. *Academy of Management Review* 6(2) : 225–231.

Guenther, E., J. Endrikat, and T.W. Guenther. 2016. Environmental Management Control Systems: A Conceptualization and a Review of the Empirical Evidence. *Journal of Cleaner Production* 136(part A): 147–171.

Gupta, A.K., and V. Govindarajan. 1984. Business Unit Strategy, Managerial Characteristics, and Business Unit Effectiveness at Strategy Implementation. *Academy of Management Journal* 27(1) : 25–41.

____________________ 1986. Resource Sharing among SBUs: Strategic Antecedents and Administrative Implications. *Academy of Management Journal* 29(4) : 695–714.

Gupta, A.K., K.G. Smith, and C.E. Shalley. 2006. The Interplay between Exploration and Exploitation. *Academy of Management Journal* 49(4) : 693–706.

Gupta, Y.P., and T.M. Somers. 1996. Business Strategy, Manufacturing Flexibility, and Organizational Performance Relationships: A Path Analysis Approach. *Production and Operations Management* 5(3) : 204–233.

Hackman, J.R., and G.R. Oldham. 1976. Motivation through the Design of Work: Test of a Theory. *Organizational Behavior and Human Performance* 16(2) : 250–279.

Hall, L.A., and S. Bagchi-Sen. 2002. A Study of R&D, Innovation, and Business Performance in the Canadian Biotechnology Industry. *Technovation* 22(4) : 231–244.

Hall, M. 2008. The Effect of Comprehensive Performance Measurement Systems on Role Clarity, Psychological Empowerment and Managerial Performance. *Accounting, Organizations and Society* 33(2-3) : 141–163.

Hambrick, D.C. 1980. Operationalizing the Concept of Business-Level Strategy in Research. *Academy of Management Review* 5(4) : 567–575.

__________ 1983. Some Tests of the Effectiveness and Functional Sttributes of Miles and Snow's Strategic Type. *Academy of Management Journal.* 26(1) : 5–26.

__________, and D. Lei. 1985. Toward an Empirical Prioritization of Contingency Variables for Business Strategy. *Academy of Management Journal* 28(4) : 763–788.

______________, and S. Finkelstein. 1987. Managerial Discretion–a Bridge between Polar Views of Organizational Outcomes. *Research in Organizational Behavior* 9 : 369–406.

Hamel, G., and C.K. Prahalad. 2000. *Leading the Revolution Harvard Business School Press*. Boston, MA, USA, 343–354.

Hansen, S.C., D.T. Otley, and W.A. Van der Stede. 2003. Practice Developments in Budgeting: An Overview and Research Perspective. *Journal of Management Accounting Research* 15(1) : 95–116.

Hansen, S.C., and W.A. Van der Stede. 2004. Multiple Facets of Budgeting: An Exploratory Analysis. *Management Accounting Research* 15(4) : 415–439.

Hansen, E.G., F. Grosse–Dunker, and R. Reichwald. 2009. Sustainability Innovation Cube—a Framework to Evaluate Sustainability–oriented Innovations. *International Journal of Innovation Management* 13(4): 683–713.

Harrison, R. 1972. How to Describe your Organization. *Harvard Business Review* 50(3) : 119–128.

Hart, O. 1995. *Firms, Contracts, and Financial Structure*. Clarendon press.

Hart, S.L., and G. Dowell. 2010. A Natural–resource–based View of the Firm: Fifteen Years after. *Journal of Management* 37(5) : 1464–1479.

Hartmann, F.G. 2000. The Appropriateness of RAPM: Toward the Further Development of Theory. *Accounting, Organizations and Society* 25(4–5) : 451–482.

He, Z.L., and P.K. Wong. 2004. Exploration vs Exploitation: An Empirical Test of the Ambidexterity Hypothesis. *Organization Science* 15(4) : 481–494.

Hendricks, K., L. Menor, and C. Wiedman. 2004. The Balanced Scorecard: To Adopt or not to Adopt?. *Ivey Business Journal* (November/December) : 1–7.

Henri, J.F. 2006a. Organizational Culture and Performance Measurement Systems. *Accounting, Organizations and Society* 31(1) : 77–103.

__________ 2006b. Management Control Systems and Strategy: A Resource–based Perspective. *Accounting, Organizations and Society* 31(6) : 529–558.

__________, and M. Journeault. 2010. Eco–control: The Influence of Management Control Systems on Environmental and Economic Performance. *Accounting, Organizations and Society* 35(1) : 63–80.

Hersey, P., and K.H. Blanchard. 1982. Leadership Style: Attitudes and Behaviors. *Training & Development Journal* 36(5) : 50–52.

Heskett, J.L. 1987. Lessons in the Service Sector. *Harvard Business Review* 65(2) : 118–126.

Hill, C.W. 1988. Differentiation Versus Low Cost or Differentiation and Low Cost: A Contingency Framework. *Academy of Management Review* 13(3) : 401–412.

Hitt, M.A., and R.D. Ireland. 1986. Relationships among Corporate Level Distinctive Competencies, Diversification Strategy, Corporate Structure and Performance. *Journal of Management Studies* 23(4) : 401–416.

Hoang, H., and B. Antonic. 2003. Network–based Research in Entrepreneurship — A Critical Review. *Journal of Business Venturing* 18(2) : 165–187.

Hofer, C.W., and D. Schendel. 1978. *Strategy Formulation: Analytical Concepts*. New York West publishing.

Hofmann, D.A., and M.B. Gavin. 1998. Centering Decisions in Hierarchical Linear Models: Implications for Research in Organizations. *Journal of Management* 24(5) : 623–641.

Hofstede, G. 1981. Management Control of Public and Non-for Profit Activities. *Accounting, Organization and Society* 6(3) : 192–211.

Hollender, E.P. 1978. *Leadership Dynamics*. Free Press. New York.

Hopwood, A.G. 1972. An Empirical Study of the Role of Accounting Data in Performance Evaluation. *Journal of Accounting Research* 10 : 156–182.

__________ 1976. *Accounting and Human Behavior*. Englewood Cliffe. Prentice–Hall.

Hoque, Z., and T. Hopper. 1994. Rationality, Accounting and Politics: A Case Study of Management Control in a Bangladeshi Jute Mill. *Management Accounting Research* 5(1) : 5–30.

Hoque, Z., and W. James. 2000. Linking Balanced Scorecard Measures to Size and Market Factors: Impact on Organizational Performance. *Journal of Management Accounting Research* 12(1) : 1–17.

Hoque, Z., L. Mia, and M. Alam. 2001. Market Competition, Computer–aided Manufacturing and Use of Multiple Performance Measures: An Empirical Study. *British Accounting Review* 33(1) : 23–45.

Horngren, C.T., G. Foster, and S.M. Datar. 1994. *Cost Accounting: A Managerial Emphasis*. (8th Ed.). Englewood Cliffs: Prentice–Hall.

__________, A. Bhimani, S.M. Datar, and G. Foster. 2002. *Management and Cost Accounting*. Harlow: Financial Times/Prentice Hall.

House, R.J. 1977. *A Theory of Charismatic Leadership*. In J. G. Hunt & L. L. Larson (Eds.), Leadership: The Cutting Edge(pp. 189–207). Carbondale, IL: Southern Illinois University.

Howell, J.M., and B.J. Avolio. 1993. Transformational Leadership, Transactional Leadership, Locus of Control, and Support for Innovation: Key Predictors of Consolidated–business–unit Performance. *Journal of Applied Psychology* 78(6) : 891–902.

Hrebiniak, L.G., and W.F. Joyce. 1985. Organizational Adaptation: Strategic Choice and Environmental Determinism. *Administrative Science Quarterly* 30(3) : 336–349.

__________ 1986. The Strategic Importance of Managing Myopia. *Sloan Management Review* 28(1) : 5–14.

Huber, G.P. 1991. Organizational Learning : The Contributing Processes and the Literatures. *Organization Science* 2(1) : 88–115.

Hult, G.T.M., and M. Thomas. 1998. Managing the International Strategic Sourcing Process as a Market–driven Organizational Learning System. *Decision Sciences* 29(1) : 193–216.

Hult, G.T.M., and D.J. Ketchen Jr. 2001. Does Market Orientation Matter?: A Test of the Relationship between Positional Advantage and Performance. *Strategic Management Journal* 22(9) : 899–906.

Hunt, J., and J. Conger. 1999. From Where We Sit: An Assessment of Transformational and Charismatic Leadership Research. *Leadership Quarterly* 10(3) : 335–343.

Hurley, R.F., and G.T.M. Hult. 1998. Innovation, Market Orientation, and Organizational Learning: An Integration and Empirical Examination. *Journal of Marketing* 62(3) : 42–54.

Hussain, S.S. 1999. The Ethics of 'going green': The Corporate Social Responsibility Debate. *Business Strategy and the Environment* 8(4) : 203–210.

Ilgen, N.B., C.D. Fisher, and M.S. Taylor. 1979. Consequences of Individual Feedback on Behavior in Organizations. *Journal of Applied Psychology* 64(4) : 349–371.

Ireland, R.D., M.A. Hitt, S.M. Camp, and D.L. Sexton. 2001. Integrating Entrepreneurship and

Strategic Management Actions to Create Firm Wealth. *Academy of Management Perspectives* 15(1) : 49–63.

Ittner, C.D., and D.F. Larcker. 1997. Quality Strategy, Strategic Control Systems, and Organizational Performance. *Accounting, Organizations and Society* 22(3–4) : 293–314.

_________________________ 1998. Are Nonfinancial Measures Leading Indicators of Financial Performance? An Analysis of Customer Satisfaction. *Journal of Accounting Research* 36 : 1–35.

_________________________, V. Nagar, and M.V. Rajan. 1999. Supplier Selection, Monitoring Practices, and Firm Performance. *Journal of Accounting and Public Policy* 18(3) : 253–281.

_________________________ 2001. Assessing Empirical Research in Managerial Accounting: A Value–based Management Perspective. *Journal of Accounting and Economics* 32(1–3) : 349–410.

_________________________, and M.W. Meyer. 2003. Subjectivity and the Weighting of Performance Measures: Evidence from a Balanced Scorecard. *The Accounting Review* 78(3) : 725–758.

_________________________, and T. Randall. 2003. Performance Implications of Strategic Performance Measurement in Financial Services Firms. *Accounting, Organizations and Society* 28(7–8) : 715–741.

Jackson, S.E., and R.S. Schuler. 1985. A Meta–analysis and Conceptual Critique of Research on Role Ambiguity and Role Conflict in Work Settings. *Organizational Behavior and Human Decision Processes* 36(1) : 16–78.

Jacobs, K. 1995. Budget : A Medium of Organizational Transformation. *Management Accounting Research* 6(1) : 59–75.

Jago, G. 1982. Leadership: Perspectives in Theory and Research. *Management Science* 28(3) : 221–239.

Jansen, E. 2011. The Effect of Leadership Style on the Information Receiver's Reaction to Management Change. *Management Accounting Research* 22(2) : 105–124.

Jansen, J.J., F.A. Van Den Bosch, and H.W. Volberda. 2005. Managing Potential and Realized Absorptive Capacity: How do Organizational Antecedents Matter?. *Academy of Management Journal* 48(6) : 999–1015.

____ 2006. Exploratory Innovation, Exploitative Innovation, and Performance: Effects of Organizational Antecedents and Environmental Moderators. *Management science* 52(11) : 1661–1674.

Jansen–Vullers, M.H., C.A. van Dorp, and A.J. Beulens. 2003. Managing Traceability Information in Manufacture. *International Journal of Information Management* 23(5) : 395–413.

Jarillo, J.C. 1989. Entrepreneurship and Growth: The Strategic Use of External Resources. *Journal of Business Venturing* 4(2) : 133–147.

Jaworski, B.J., and A.K. Kohli. 1993. Market Orientation: Antecedents and Consequences. *Journal of Marketing* 57(3) : 53–70.

_________________________, and A. Sahay. 2000. Market–driven Versus Driving Markets. *Journal of the Academy of Marketing Science* 28(1) : 45–54.

Jayachandran, S., K. Hewett, and P. Kaufman. 2004. Customer Response Capability in a Sense–and–respond Era: The Role of Customer Knowledge Process. *Journal of the Academy*

of Marketing Science 32(3) : 219–233.
Jeacle, I. and C. Carter. 2012. Fashioning the Popular Masses: Accounting as Mediator between Creativity and Control. *Accounting, Auditing & Accountability Journal* 25(4) : 719–751.
Jennergren, L.P. 1980. On the Design of Incentive in Business Firms–A Survey of Some Research. *Management Science* 26(2) : 180–201.
Jensen, M.C., and W.H. Meckling. 1976. Theory of the Firm: Managerial Behavior, Agency Costs and Ownership Structure. *Journal of Financial Economics* 3(4) : 305–360.
Johanson, J., and L.G. Mattsson. 1987. Interorganizational Relations in Industrial Systems: A Network Approach Compared with the Transaction–cost Approach. *International Studies of Management & Organization* 17(1) : 34–48.
Johansson, I.L., and G. Baldvinsdottir. 2003. Accounting for Trust: Some Empirical Evidence. *Management Accounting Research* 14(3) : 219–234.
Johnson, H.T. 1992. *Relevance Regained : From Top–Down Control to Bottom–Up Empowerment.* New York. The Free Press.
Johnson, E.N., D.J. Lowe, and P.M.J. Reckers. 2008. Alternative Work Arrangements and Perceived Career Success: Current Evidence from the Big Four Firms in the US. *Accounting, Organizations and Society* 33(1) : 48–72.
Jones, G.R., and J.M. George. 1998. The Experience and Evolution of Trust: Implications for Cooperation and Teamwork. *Academy of Management Review* 23(3) : 531–546.
Jørgensen, B., and M. Messner. 2009. Management Control in New Product Development: The Dynamics of Managing Flexibility and Efficiency. *Journal of Management Accounting Research* 21(1) : 99–124.
Judge, W.Q., and T.J. Douglas. 1998. Performance Implications of Incorporating Natural Environmental Issues into the Strategic Planning Process: An Empirical Assessment. *Journal of Management Studies* 35(2) : 241–262.
Judge, T.A., R.F. Piccolo, and R. Ilies. 2004. The Forgotten Ones? The Validity of Consideration and Initiating Structure in Leadership Research. *Journal of Applied Psychology* 89(1) : 36–51.
Junqueira, E., E.V. Dutra, H. Zanquetto Filho, and R.P. Gonzaga. 2016. The Effect of Strategic Choices and Management Control Systems on Organizational Performance. *Revista Contabilidade & Finanças* 27(72) : 334–348.
Juran, J.M. 1993. Why Quality Initiatives Fail: The Guru of the International Quality Movement Explains What Keeps Going Wrong with So Many American Efforts at Total Quality Management. *Journal of Business Strategy* 14(4) : 35–39.
Kachelmeier, S.J., and M.G. Williamson. 2010. Attracting Creativity: The Initial and Aggregate Effects of Contract Selection on Creativity–weighted Productivity. *The Accounting Review* 85(5) : 1669–1691.
Kaplan, R.S., and J.H. Thomas. 1987. *Relevance Lost: The Rise and Fall of Management Accounting.* Boston: Harvard Business School Press.
Kaplan, R.S., and D.P. Norton. 1992. The Balanced Scorecard–Measure That Drive Performance. *Harvard Business Review* 70(1) : 71–79.
Kaplan, R.S., and D.P. Norton. 1993. Putting the Balanced Scorecard to Work. *Harvard Business Review* 71(5) : 134–147.
Kaplan, R.S., and D.P. Norton. 1996. *The Balanced Scorecard: Translating strategy into Action.*

Boston: Harvard Business School Press.

Kaplan, R.S., and A. Atkinson. 1998. *Advanced Management Accounting*. Upper Saddle River, NJ: Prentice Hall.

Kaplan, R.S., and D.P. Norton. 2000. Having Trouble with Your Strategy? Then Map It. *Harvard Business Review* 49(5) : 167–176.

Kaplan, R.S., and D.P. Norton. 2001. The Strategy–focused Organization. *Strategy and Leadership* 29(3) : 41–42.

Katz, D. 1964. The Motivational Basis of Organizational Behavior. *Behavioral Science* 9(2) : 131–146.

________, and R.L. Kahn. 1966. *The Social Psychology of Organizations*. New York: John Wiley.

________, and R.L. Kahn. 1978. The Social Psychology of Organizations (Vol. 2, p. 528). New York: Wiley.

Keating, A.S. 1997. Determinants of Divisional Performance Evaluation Practices. *Journal of Accounting and Economics* 24(3) : 243–273.

Keizer, J.A., L. Dijkstra, and J.I. Halman. 2002. Explaining Innovative Efforts of SMEs.: An Exploratory Survey among SMEs in the Mechanical and Electrical Engineering Sector in The Netherlands. *Technovation* 22(1) : 1–13.

Kennedy, T. and J. Affleck–Graves. 2001. The Impact of Activity–Based Costing Techniques on Firm Performance. *Journal of Management Accounting Research* 13(1) : 19–45.

Kenny, D.A., D.A. Kashy, and N. Bolger. 1998. *Data Analysis in Social Psychology*. In Gilbert, D.T., S.T. Fiske, and G. Lindzey(Eds). The Handbook of Social Psychology(4th ed.). New York. Oxford University Press: 233–265.

Kerr, J., P. Rouse, and C. de Villiers. 2015. Sustainability Reporting Integrated into Management Control Systems. *Pacific Accounting Review* 27(2) : 189–207.

Ketchen, D.J., and C.L. Shook. 1996. The Application of Cluster Analysis in Strategic Management Research: An Analysis and Critique. *Strategic Management Journal* 17(6) : 441–458.

Khandwalla, P.N. 1972. The Effect of Different Types of Competition on the Use of Management Controls. *Journal of Accounting Research* 10(2) : 275–285.

Kilmann, R.H. 1984. Corporate Culture. *Psychology Today* 19(4) : 63–68.

King, A., and M. Lenox. 2002. Exploring the Locus of Profitable Pollution Reduction. *Management Science* 48(2) : 289–299.

Kirkman, B.L., and B. Rosen. 1997. A Model of Work Team Empowerment. *Research in Organizational Change and Development* 10(1) : 131–167.

____________________________ 1999. Beyond Self–management: Antecedents and Consequences of Team Empowerment. *Academy of Management Journal* 42(1) : 58–74.

Kirton, M.J. 1991. Faking Personality Questionnaires: A Response to Furnham. *Current Psychology* 10(4) : 315–317.

__________ 2000. *A Theory of Cognitive Style. In M. J. Kirton*(Ed.), Adaptors and Innovators–style of Creativity and Problem Solving(pp. 1–33). Hertfordshire, UK: KAI Distibution Centre.

Klemmer, P., U. Lehr, and K. Lobbe. 1999. *Environmental Innovation: Incentives and Barriers*. Analytica.

Kloot, L. 1997. Organizational Learning and Management Control Systems: Responding to Environmental Change. *Management Accounting Research* 8(1) : 47–73.

Knight, K.E. 1967. A Descriptive Model of the Intra–firm Innovation Process. *The Journal of*

Business 40(4) : 478–496.

Koene, B.A., A.L. Vogelaar, and J.L. Soeters. 2002. Leadership Effects on Organizational Climate and Financial Performance: Local Leadership Effect in Chain Organizations. *The Leadership Quarterly* 13(3) : 193–215.

Kohli, A.K., and B.J. Jaworski. 1990. Market Orientation: The Construct, Research Propositions, and Managerial Implications. *Journal of Marketing* 54(2) : 1–18.

______________________________, and A. Kumar. 1993. MARKOR: A Measure of Market Orientation. *Journal of Marketing Research* 30(4) : 467–477.

Kondrasuk, J.N. 1981. Studies in MBO Effectiveness. *Academy of Management Review* 6(3) : 419–430.

Konovsky, M.A., and D.W. Organ. 1996. Dispositional and Contextual Determinants of Organizational Citizenship Behavior. *Journal of Organizational Behavior* 17(3) : 253–266.

_______________, and S.D. Pugh. 1994. Citizenship Behavior and Social Exchange. *Academy of Management Journal* 37(3) : 656–669.

Koontz, H., C. O'Donnel. 1968. *Principles of Management*. McGraw–Hill, New York.

Kotter, J.P. 1990. *A Force for Change: How Leadership Differs From Management*. The Free Press, New York.

Kren, L. 1992. Budgetary Participation and Managerial Performance: The Impact of Information and Environmental Volatility. *The Accounting Review* 67(3) : 511–526.

Kuhnert, K.W., and P. Lewis. 1987. Transactional and Transformational Leadership: A Constructive/Developmental Analysis. *The Academy of Management Review* 12(4) : 648–657

Lado, A.A., N.G. Boyd, P. Wright, and M. Kroll. 2006. Paradox and Theorizing within the Resource–Based View. *Academy of Management Review* 31(1) : 115–131.

Lafferty, B.A., M. Tomas, and G. Hult. 2001. A Synthesis of Contemporary Market Orientation Perspectives. *European Journal of Marketing* 35(1/2) : 92–109.

Lambe, C.J., K.L. Webb, and C. Ishida. 2009. Self–managing Selling Teams and Team Performance: The Complementary Roles of Empowerment and Control. *Industrial Marketing Management* 38(1) : 5–16.

Lambert, R. 2001. Contracting Theory and Accounting. *Journal of Accounting and Economics* 32(1–3) : 3–87.

Lammers, C.J. 1967. Power and Participation in Decision–Making in Formal Organizations. *American Journal of Sociology* 73(2) : 201–216.

Langfield–Smith, K. 1997. Management Control Systems and Strategy: A Critical Review. *Accounting, Organizations and Society* 22(2) : 207–232.

_________________, and D. Smith. 2003. Management Control Systems and Trust in Outsourcing Relationships. *Management Accounting Research* 14(3) : 281–307.

Latham, G.P., and E.A. Locke. 1979. Goal Setting—A Motivational Technique that Works. *Organizational Dynamics* 8(2) : 68–80.

Lau, C.M., and M. Sholihin. 2005. Financial and Nonfinancial Performance Measures: How do They Affect Job Satisfaction?. *The British Accounting Review* 37(4) : 389–413.

________, and A. Moser. 2008. Behavioral Effects of Nonfinancial Performance Measures: The Role of Procedural Fairness. *Behavioral Research in Accounting* 20(2) : 55–71.

Lawler, E.E. 1992. *The Ultimate Advantage: Creating the High Involvement Organization*. San

Francisco, Jossey-Bass.
Lawrence, P.R., and J.W. Lorsch. 1967. Differentiation and Integration in Complex Organizations. *Administrative Science Quarterly* 12(1) : 1-47.
Lazarus, R.S. 1993. From Psychological Stress to the Emotions: A History of Changing Outlooks. *Annual Review of Psychology* 44(1) : 1-22.
Lefebvre, E., L.A. Lefebvre, and S. Talbot. 2000. *Environmental Initiatives, Innovativeness and Competitiveness: Some Empirical Evidence.* In Proceedings of the 2000 IEEE Engineering Management Society. EMS-2000 (Cat. No. 00CH37139) (pp. 674-679). IEEE.
Lee, M., and J. Koh. 2001. Is Empowerment Really a New Concept?. *International Journal of Human Resource Management* 12(4) : 684-695.
Lei, D., and J.W. Slocum Jr. 2005. Strategic and Organizational Requirements for Competitive Advantage. *Academy of Management Perspectives* 19(1) : 31-45.
Lenz, R.T. 1980. Environment, Strategy, Organization Structure and Performance: Patterns in One Industry. *Strategic Management Journal* 1(3) : 209-226.
Lerner, M.J. 1997. What does the Belief in a Just World Protect us from: The Dread of Death or the Fear of Undeserved Suffering?. *Psychological Inquiry* 8(1) : 29-32.
Leventhal, G.S. 1980. *What should be Done with Equity Theory? New Approaches to the Study of Fairness in Social Relationships.* In K. Gergen, M. Greenberg, and R. Willis (Eds.), *Social Exchange: Advances in Theory and Research*: 27-55. New York, Plenum Press.
Light, D.J., and S. Keller. 1975. *Sociology.* New York : Alfred A. Knept.
Lillis, A.M. 2002. Managing Multiple Dimensions of Manufacturing Performance—An Exploratory Study. *Accounting, Organizations and Society* 27(6) : 497-529.
__________, and P.M. Van Veen-Dirks. 2008. Performance Measurement System Design in Joint Strategy Settings. *Journal of Management Accounting Research* 20(1) : 25-57.
Lin, C.T., H. Chiu, and P.Y. Chu. 2006. Agility Index in the Supply Chain. *International Journal of Production Economics* 100(2) : 285-299.
Lind, E.A., and T.R. Tyler. 1988. *The Social Psychology of Procedural Justice.* New York: Plenum Press.
Lindsay, R.M. 1996. Promoting Continuous Improvement: Control Features of Innovative Organizations. *Management Research News* 19(1/2) : 53-64.
Locke, E.A., and D.M. Schweiger. 1979. Participation in Decision Making: One More Look. *Research in Organizational Behavior* 1(10) : 265-339.
__________, K.N. Shaw, L.M. Saari, and G.P. Latham. 1981. Goal Setting and Task Performance. *Psychological Bulletin* 90(1) : 125-152.
__________ 1996. Motivation through Conscious Goal Setting. *Applied and Preventive Psychology* 5(2) : 117-124.
Loeb, M., and W.A. Magat. 1978. Soviet Success Indicators and The Evaluation of Divisional Performance. *Journal of Accounting Research* 16(1) : 103-121.
Lopez-Valeiras, E., J. Gomez-Conde, and D. Naranjo-Gil. 2015. Sustainable Innovation, Management Accounting and Control Systems, and International Performance. *Sustainability* 7(3) : 3479-3492.
Lorange, P., J. Roos. 1992. *Strategic Alliances.* Blackwell, Oxford.
Lord, R.G., and K.J. Maher. 1993. *Leadership and Information Processing: Linking Perceptions and*

Performance(People and Organizations). Routledge. London.

Lord, B.R. 1996. Strategic Management Accounting: The Emperor's New Clothes? *Management Accounting Research* 7(3) : 347–366.

Lothe, S., I. Myrtveit, and T. Trapani. 1999. Compensation Systems for Improving Environmental Performance. *Business Strategy and the Environment* 8(6) : 313–321.

Lowe, E.A. 1970. Budgetary Control: An Evaluation in a Wider Managerial Perspective. *Accountancy* (Nov) : 764–769.

_________ 1971. On the Idea of a Management Control System. *Journal of Management Studies* (Feb) : 1–12.

Lowe, K.B., and W.L. Gardner. 2001. Ten Years of The Leadership Quarterly: Contributions and Challenges for the Future. *The Leadership Quarterly* 11(4) : 459–514.

Luckett, P.F., and I.R. Eggleton. 1991. Feedback and Management Accounting: a Review of Research into Behavioural Consequences. *Accounting, Organizations and Society* 16(4) : 371–394.

Luthans, F. 2002. The Need for and Meaning of Positive Organizational Behavior. *Journal of Organizational Behavior: The International Journal of Industrial, Occupational and Organizational Psychology and Behavior* 23(6) : 695–706.

__________, and C.M. Youssef. 2004. Human, Social, and Now Positive Psychological Capital Management: Investing in People for Competitive Advantage. *Organizational Dynamics* 33(2) : 143–160.

__________, K.W. Luthans, and B.C. Luthans. 2004. Positive Psychological Capital: Beyond Human and Social Capital. *Business Horizons* 47(1) : 45–50.

__________, C.M. Youssef, and B.J. Avolio. 2007. *Psychological Capital: Developing the Human Competitive Edge*, New York, NY: Oxford University Press.

__________, S.M. Norman, B.J. Avolio, and J.B. Avey. 2008. The Mediating Role of Psychological Capital in the Supportive Organizational Climate—employee Performance Relationship. *Journal of Organizational Behavior* 29(2) : 219–238.

Lynch, R.L., and K.F. Cross. 1992. *Measure up – Yardsticks for continuous improvement*. Cambridge, MA: Basil Blackwell.

Maas, K., S. Schaltegger, and N. Crutzen. 2016. Advancing the Integration of Corporate Sustainability Measurement, Management and Reporting. *Journal of Cleaner Production* 133(1) : 859–862.

Macintosh, N.B. 1994. *Management Accounting and Control Systems: An Organizational and Behavioral Control Perspective*. Chichester. Wiley.

____________, and R.L. Daft. 1987. Management Control Systems and Departmental Interdependencies: An Empirical Study. *Accounting, Organizations and Society* 12(1) : 49–61.

Mahoney, T.A., T.H. Jerdee, and S.J. Carroll. 1963, *Development of Managerial Performance: A Research Approach*. Southwestern Publishing, Mason, OH.

______________________________________ 1965. The Job (s) of Management. *Industrial Relations: A Journal of Economy and Society* 4(2) : 97–110.

Mahoney, J.T. 1995. The Management of Resources and the Resource of Management. *Journal of Business Research* 33(2) : 91–101.

Malina, M.A., and F.H. Selto. 2001. Communicating and Controlling Strategy: An Empirical Study of the Effectiveness of the Balanced Scorecard. *Journal of Management Accounting Research*

13(1) : 47–90.

______________________ 2004. Choice and Change of Measures in Performance Measurement Models. *Management Accounting Research* 15(4) : 441–469.

Malmi, T. 2001. Balanced Scorecards in Finnish Companies: A Research Note. *Management Accounting Research* 12(2) : 207–220.

______, and D.A. Brown. 2008. Management Control Systems as a Package—Opportunities, Challenges and Research Directions. *Management Accounting Research* 19(4) : 287–300.

Mansfield, R.S., and T.V. Busse. 1981. *The Psychology of Creativity and Discovery: Scientists and Their Work*. Burnham, Ncorporated Pub.

March, J.G. 1991. Exploration and Exploitation in Organizational Learning. *Organization Science* 2(1) : 71–87.

Marginson, D., and S. Ogden. 2005. Coping with Ambiguity through the Budget: The Positive Effects of Budgetary Targets on Managers' Budgeting Behaviours. *Accounting, Organizations and Society* 30(5) : 435–456.

________, L. McAulay, M. Roush, and T. van Zijl. 2014. Examining a Positive Psychological Role for Performance Measures. *Management Accounting Research* 25(1) : 63–75.

Marquardt, M. and A. Reynolds. 1994. *The Global Learning Organizaton*. Illinios, Irwin.

Martin, J. 2001. *Organizational Culture: Mapping the Terrain*. Sage publications.

______, and C. Siehl. 1983. Organizational Culture and Counterculture: An Uneasy Symbiosis. *Organizational Dynamics* 12(2) : 52–64.

Masanet-Llodra, M.J. 2006. Environmental Management Accounting: A Case Study Research on Innovative Strategy. *Journal of Business Ethics* 68(4) : 393–408.

Masten, A.S. 2001. Ordinary Magic: Resilience Processes in Development. *American Psychology* 56(3) : 227–238.

Mathur, S., and P. Padmakumari. 2013. Organizational Justice and Organizational Citizenship Behavior among Store Executives. *Human Resource Management Research* 3(4) : 124–149.

Mayer, R.C., J.H. Davis, and F.D. Schoorman. 1995. An Integrative Model of Organizational Trust. *Academy of Management Review* 20(3) : 709–734.

McFarlin, D.B., and P.D. Sweeney. 1992. Distributive and Procedural Justice as Predictors of Satisfaction with Personal and Organizational Outcomes. *Academy of Management Journal* 35(3) : 626–637.

McFarlan, F.W., and R.L. Nolan. 1995. How to Manage an IT Outsourcing Alliance. *MIT Sloan Management Review* 36(2) : 9–23.

McGowan, A.S. 1998. Perceived Benefits of ABCM Implementation. *Accounting Horizons* 12(1) : 31–50.

McGrath, R.G. 2001. Exploratory Learning, Innovative Capacity, and Managerial Oversight. *Academy of Management Journal* 44(1) : 118–131.

McNair, C.J., R.L. Lynch, and K.F. Cross. 1990. Do Financial and Non-Financial Performance Measures have to Agree? *Management Accounting* (November) : 28–36.

McQuaid, R.W. 2002. Entrepreneurship and ICT Industries: Support from Regional and Local Policies. *Regional Studies* 36(8) : 909–919.

Menguc, B., S. Auh, and L. Ozanne. 2010. The Interactive Effect of Internal and External Factors on a Proactive Environmental Strategy and Its Influence on a Firm's Performance. *Journal of*

Business Ethics 94(2) : 279–298.

Menon, S. 2001. Employee Empowerment: An Integrative Psychological Approach. *Applied Psychology* 50(1) : 153–180.

Merchant, K.A. 1982. The Control Function of Management. *Sloan Management Review* 3(4) : 43–55.

____________ 1984. Influences on Departmental Budgeting : An Empirical Examination of Contigency Model. *Accounting, Organizations and Society* 9(4) : 291–307.

____________ 1985. Organizational Controls and Discretionary Program Decision Making : A Field Study. *Accounting, Organizations and Society* 10(1) : 67–85.

____________, and W.A. Van der Stede. 2000. Ethical Issues Related to "Results–Oriented" Management Control Systems. *Research on Accounting Ethics* 6 : 153–169.

____________, and D.T. Otley. 2006. A Review of the Literature on Control and Accountability. *Handbooks of Management Accounting Research* 2 : 785–802.

____________, and W.A Van der Stede. 2007. *Management Control Systems: Performance Measurement, Evaluation and Incentives*. Financial Times Press, Harlow.

____________, and D.T. Otley. 2007. *A Review of the Literature on Control and Accountability*. In: Chapman, C.S., Hopwood, A.G., Shields, M.D.(Eds.), Handbook of Management Accounting Research 2. Elsevier, Amsterdam, The Netherlands, 785–802.

____________, and W.A. Van der stede. 2012. *Management Control Systems: Performance Measurement*. Evaluation and Incentives. Prentice Hall, London, UK.

Mia, L. 1993. The Role of MAS Information in Organisations: An Empirical Study. *The British Accounting Review* 25(3) : 269–285.

_____, and R.H. Chenhall. 1994. The Usefulness of Management Accounting Systems, Functional Differentiation and Managerial Effectiveness. *Accounting, Organizations and Society* 19(1) : 1–13.

Miles, R.E., and C.C. Snow. 1978. *Organizational Strategy, Structure, and Process*. McGraw–Hill. New York.

________________________, A.D. Meyer, and H.J. Coleman Jr. 1978. Organizational Strategy, Structure, and Process. *Academy of Management Review* 3(3) : 546–562.

Milkovich, G.T., and J.M. Newman. 2002. *Compensation*. 7th edition. McGraw–Hill Irwin.

Millan, A.L. 1991. *Conocer la Cultura de las Organizaciones. Una Base para la Estrategia y el Cambio*. Actualidad Editorial. Madrid.

Miller, D. 1988. Relating Porter's Business Strategies to Environment and Structure: Analysis and Performance Implications. *Academy of Management Journal* 31(2) : 280–308.

________ 1992. Strategy Making and Environment: The Third Link. *Strategic Management Journal* 4(3) : 221–235.

________ 1993. The Architecture of Simplicity. *Academy of Management Review* 18(1) : 116–138.

________, and P.H. Friesen. 1982. Innovation in Conservative and Entrepreneurial Firms: Two Models of Strategic Momentum. *Strategic Management Journal* 3(1) : 1–25.

Miller, J.G., A. Meyer, and J. Nakane. 1992. *De Benchmarking Global Manufacturing—understanding International Suppliers, Customers and Competitors*. Homewood, IL: Irwin.

Miller, W.L., and L. Moris. 1999. *Generation R&D : Managing Knowledge, Technology, and Innovation(4th Ed.)*. New York, NY: John Wiley and Sons.

Mintzberg, H. 1978. Patterns in Strategy Formation. *Management Science* 24(9) : 934–948.

___________ 1979. An Emerging Strategy of "Direct" Research. *Administrative Science Quarterly* 24(4) : 582–589.

Mitchell, T.R., and D. Daniels. 2003. *Motivation*. In W. C. Borman, D. R. Ilgen, & R. J. Klimoski (Eds.). Handbook of psychology (Vol. 12). New York, NY: Wiley.

Moon, J. 2007. The Contribution of Corporate Social Responsibility to Sustainable Development. *Sustainable Development* 15(5) : 296–306.

Mossholder, K.W., N. Bennett, and C.L. Martin. 1998. A Multilevel Analysis of Procedural Justice Context. *Journal of Organizational Behavior: The International Journal of Industrial, Occupational and Organizational Psychology and Behavior* 19(2) : 131–141.

Moulang, C. 2015. Performance Measurement System Use in Generating Psychological Empowerment and Individual Creativity. *Accounting & Finance* 55(2) : 519–544.

Mouritsen, J., A. Hansen, and C.O. Hansen. 2001. Inter-organizational Controls and Organizational Competencies: Episodes around Target Cost Management/functional Analysis and Open Book Accounting. *Management Accounting Research* 12(2) : 221–244.

Mowday, R.T., L.W. Porter, and R. Dubin. 1974. Unit Performance, Situational Factors, and Employee Attitudes in Spatially Separated Work Units. *Organizational Behavior and Human Performance* 12(2) : 231–248.

Mundy, J. 2010. Creating Dynamic Tensions through a Balanced Use of Management Control Systems. *Accounting, Organizations and Society* 35(5) : 499–523.

Murray, A.I. 1988. A Contingency View of Porter's "generic strategies". *Academy of Management Review* 13(3) : 390–400.

___________ 1989. Top Management Group Heterogeneity and Firm Performance. *Strategic Management Journal* 10(S1) : 125–141.

Naman, J.L., and D.P. Slevin. 1993. Entrepreneurship and the Concept of Fit: A Model and Empirical Tests. *Strategic Management Journal* 14(2) : 137–153.

Nanus, B. 1992. *Visionary Leadership: Creating a Compelling Sense of Direction for Your Organization*. San Francisco, CA: Jossey-Bass Publishers.

Narayanan, V.G., and A. Davila. 1998. Using Delegation and Control Systems to Mitigate the Trade-off Between the Performance Evaluation and Belief-revision Uses of Accounting Signals. *Journal of Accounting & Economics* 25(3) : 255–282.

Narver, J.C., and S.F. Slater. 1990. The Effect of a Market Orientation on Business Profitability. *Journal of Marketing* 54(4) : 20–35.

___________________ 1994. Does Competitive Environment Moderate the Market Orientation-Performance Relationship?. *Journal of Marketing* 58(1) : 46–55.

Netemeyer, R.G., M.W. Johnston, and S. Burton. 1990. Analysis of Role Conflict and Role Ambiguity in a Structural Equations Framework. *Journal of Applied Psychology* 75(2) : 148–157.

Nathan, B.R., A.M. Mohrman Jr., and J. Milliman. 1991. Interpersonal Relations as a Context for the Effect of Appraisal Interview on Performance and Satisfaction: A Longitudinal Study. *Academy of Management Journal* 34(2) : 352–369.

Niehoff, B.P., and R.H. Moorman. 1993. Justice as a Mediator of the Relationship between Methods of Monitoring and Organizational Citizenship Behavior. *Academy of Management Journal* 36(3) : 527–556.

Nieto, M., and P. Quevedo. 2005. Absorptive Capacity, Technological Opportunity, Knowledge

Spillovers, and Innovative Effort. *Technovation* 25(10) : 1141–1157.

Niven, P.R. 2002. *Balanced Scorecard Step–by–Step.* John Willey & Sons. *New York.*

Nixon, B. 1998. Creating the Futures We Desire Getting the Whole System into the Room: Part I. *Industrial and Commercial Training* 30(1) : 4–11.

Nonaka, I. 1994. A Dynamic Theory of Organizational Knowledge Creation. *Organization Science* 5(1) : 14–37.

Nooteboom, B., H. Berger, and N.G. Noorderhaven. 1997. Effects of Trust and Governance on Relational Risk. *Academy of Management Journal* 40(2) : 308–338.

Norio, S., and T. Tsutomu. 2009. Roles of Management Control Systems in Organizational Culture. *Melco Journal of Management Accounting Research* 2(1) : 53–67.

Norreklit, H. 2000. The Balance on the Balanced Scorecard a Critical Analysis of Some of Its Assumptions. *Management Accounting Research* 11(1) : 65–88.

Nyström, H. 1979. *Creativity and innovation.* John Wiley & Sons Inc.

Ochse, R.A, and R. Ochse. 1990. *Before the Gates of Excellence: The Determinants of Creative Genius.* CUP Archive, New york: Cambridge University Press.

Oldham, G.R., and A. Cummings. 1996. Employee Creativity: Personal and Contextual Factors at Work. *Academy of Management Journal* 39(3) : 607–634.

O'Reilly 3rd, C.A., and M.L. Tushman. 2004. The Ambidextrous Organization. *Harvard Business Review* 82(4) : 74–81.

Organ, D.W. 1988. *Organizational Citizenship Behavior: The Good Soldier Syndrome.* Lexington Books/DC Heath and Com.

__________ 1997. Organizational Citizenship Behavior: It's Construct Clean–up Time. *Human Performance* 10(2) : 85–97.

__________, and K. Ryan. 1995. A Meta–analytic Review of Attitudinal and Dispositional Predictors of Organizational Citizenship Behavior. *Personal Psychology* 48(4) : 775–802.

Orsato, R.J. 2006. Competitive Environmental Strategies: When does it Pay to be Green?. *California Management Review* 48(2) : 127–143.

Osborn, R.N., and J.G. Hunt. 1974. Environment and Organizational Effectiveness. *Administrative Science Quarterly* 19(2) : 231–246.

Otley, D.T. 1978. Budget Use and Managerial Performance. *Journal of Accounting Research* 16(1) : 122–149.

__________ 1980. The Contingency Theory of Management Accounting: Achievement and Prognosis. *Accounting, Organizations and Society* 5(4) : 413–428.

__________ 1994. Management Control in Contemporary Organizations: Towards a Wider Framework. *Management Accounting Research* 5(3–4) : 289–299.

__________ 1999. Performance Management: a Framework for Management Control Systems Research. *Management Accounting Research* 10(4) : 363–382.

__________, and A.J. Berry. 1980. Control, Organisation and Accounting. *Accounting, Organizations and Society* 5(2) : 231–244.

Ouchi, W.G. 1977. The Relationship between Organizational Structures and Organizational Control. *Administrative Science Quarterly* 22(1) : 95–112.

__________ 1979. A Conceptual Framework for the Design of Organizational Control Mechanisms. *Management Science* 25(9) : 833–847.

_________ 1980. Markets, Bureaucracies, and Clans. *Administrative Science Quarterly* 25(1) : 129-141.

Overby, E., A. Bharadwaj, and V. Sambamurthy. 2006. Enterprise Agility and the Enabling Role of Information Technology. *European Journal of Information Systems* 15(2) : 120-131.

Paaso, I. 2013. *The Effects of Contingency Factors on Management Control Systems: An Empirical Study at CERN.* Master of Science Thesis. Tampere University of Technology.

Parker F.D., and A.T. DeCotis. 1983. Organisational Determinants of Job Stress. *Organisational Behaviour and Human Performance* 32 : 160-177.

Parker, R., and L. Bradley. 2000. Organisational Culture in the Public Sector: Evidence from Six Organisations. *International Journal of Public Sector Management* 13(2) : 125-141.

Parsons, T. 1951. *Role Conflict and Genisis of Deviance, the Social System.* New York, Free Press.

Parthasarthy, R., and S.P. Sethi. 1993. Relating Strategy and Structure to Flexible Automation: A Test of Fit and Performance Implications. *Strategic Management Journal* 14(7) : 529-549.

Pasewark, W.R., and J.R. Strawser. 1996. The Determinants and Outcomes Associated with Job Insecurity in a Professional Accounting Environment. *Behavioral Research in Accounting* 8 : 91-113.

Passetti, E., L. Cinquini, A. Marelli. and A. Tenucci. 2014. Sustainability Accounting in Action: Lights and Shadows in the Italian Context. *The British Accounting Review* 46(3) : 295-308.

Payne, S.C., and S.S Webber. 2006. Effects of Service Provider Attitudes and Employment Status on Citizenship Behaviors and Customers' Attitudes and Loyalty Behavior. *Journal of Applied Psychology* 91(2) : 365-378.

Pedhazur, E. 1982. *Multiple Regression in Behavioral Research: Explanation and Prediction.* 2nd ed. Fort Worth, TX: Harcourt Brace College Publishers.

Penrose, E.T. 1959. *The Theory of the Growth of the Firm.* New York: John Wiley.

Perera, S., G. Harrison, and M. Poole. 1997. Customer-Focused Manufacturing Strategy and the Use of Operations-Based Non-Financial Performance Measures: A Research Note. *Accounting Organizations and Society* 22(6) : 557-572.

Perrow, C. 1970. *Organizational Analysis: A Sociological View.* Wadsworth Publishing Company.

Peters, T.J., and R.H. Waterman. 1982. *In Search of Excellence : Lessons from America's Best-Run Companies*, New York, Haper and Row.

Pettigrew, A. 1979. On Studying Organizational Cultures. *Administrative Science Quarterly* 24(4) : 570-581.

Pfeffer, J., and G.R. Salancik. 1978. *The External Control of Organizations: A Resource Dependence Perspective.* New York: Harper & Row.

Phan, T.N., and K. Baird. 2015. The Comprehensiveness of Environmental Management Systems: The Influence of Institutional Pressures and the Impact on Environmental Performance. *Journal of Environmental Management* 160(1) : 45-56.

Pillai, R., and E.A. Williams. 2004. Transformational Leadership, Self-Efficacy, Group Cohesiveness, Commitment, and Performance. *Journal of Organizational Change Management* 17(2) : 144-159.

Podsakoff, P.M., and S.B. MacKenzie. 1997. Impact of Organizational Citizenship Behavior on Organizational Performance: A Review and Suggestion for Future Research. *Human Performance* 10(2) : 133-151.

Podsakoff, P.M., S.B. MacKenzie, J.B. Paine, and D.G. Bachrach. 2000. Organizational Citizenship Behaviors: A Critical Review of the Theoretical and Empirical Literature and Suggestions for Future Research. *Journal of Management* 26(3) : 513–563.

Porter, M.E. 1980. *Competitive Strategy Techniques for Analyzing Industries and Competitors*. New York: The Free Press.

__________ 1985. Technology and Competitive Advantage. *Journal of Business Strategy* 5(3) : 60–78.

__________ 1990. The Competitive Advonioge of Notions. *Harvard Business Review* (March–April) : 73–91.

__________ 1991. Towards a Dynamic Theory of Strategy. *Strategic Management Journal* 12(S2) : 95–117.

__________ 1995. The Competitive Advantage of the Inner City. *Harvard Business Review* 73(3) : 55–71.

__________, and C. Van der Linde. 1995. Toward a New Conception of the Environment–Competitiveness Relationship. *Journal of Economic Perspectives* 9(4) : 97–118.

Powell, T.C. 1992. Research Notes and Communications Strategic Planning as Competitive Advantage. *Strategic Management Journal* 13(7) : 551–558.

__________ 1995. Total Quality Management as Competitive Advantage: A Review and Empirical Study. *Strategic Management Journal* 16(1) : 15–37.

Prahalad, C.K., and G. Hamel. 1990. The Core Competence of the Corporation. *Harvard Business Review* 79–91.

Preble, J.F. 1992. Towards a Comprehensive System of Strategic Control. *Journal of Management Studies* 29(4) : 391–408.

Presthus, R. 1962. *The Organizational Society*. New York: Vintage Books.

Pugh, D.S., D.J. Hickson, and C.R. Hinings. 1969. An Empirical Taxonomy of Structures of Work Organizations. *Administrative Science Quarterly* 14(1) : 115–126.

Qin, R., and D.A. Nembhard. 2010. Workforce Agility for Stochastically Diffused Conditions —A Real Options Perspective–. *International Journal of Production Economics* 125(2): 324–334.

Quinn, J.B. 1980. *Strategies for Change: Logical Incrementalism*. Irwin, Homewood.

_________ 1988. Technology in Services: Past Myths and Future Challenges. *Technological Forecasting and Social Change* 34(4) : 327–350.

_________, H. Mintzberg, and R.M. James. 1988. *The Strategy Process : Concepts, Contexts and Cases*. Englewood Cliffs, New Jersey. Prentice–Hall International Inc.

Quinn, R.E. 1988. *Beyond Rational Management: Mastering the Paradoxes and Competing Demands of High Performance*. Jossey–Bass.

__________, and J. Rohrbaugh. 1983. A Spatial Model of Effectiveness Criteria: Toward a Competing Values Approach to Organizational Analysis. *Management Science* 29(3) : 363–377.

__________, and J.R. Kimberly. 1984. *Paradox, Planning, and Perseverance : Guidelines for Managerial Practice*. In J. R. Kimberly, & R. E. Quinn (Eds.), Managing organizational transitions. Homewood, IL: Richard D. Irwin.

__________, and M.R.H. McGrath. 1985. *The Transformation of Organizational Cultures: A Competing Values Perspective*. in Organizational Culture, Newvury Park, CA: Sage.

__________, and G.M. Spreitzer. 1997. The Road to Empowerment: Seven Questions Every Leader should Consider. *Organizational Dynamics* 26(2) : 37–49.

Rajagopalan, N., and D.K. Datta. 1996. CEO Characteristics: Does Industry Matter? *Academy of Management Journal* 39(1) : 197–215.

Reed, M.I. 2001. Organization, Trust and Control: A Realist Analysis. *Organization Studies* 22(2) : 201–228.

Reimann, B.C., and Y. Wiener. 1988. Corporate Culture: Avoiding the Elitist Trap. *Business Horizons* 31(2) : 36–44.

Richards, R. 1999. *Everyday Creativity.* In.: Encyclopedia of creativity. Ed. MA Runco, SR Pritzker.

Ring, P.S., and A.H. Van de Ven. 1992. Structuring Cooperative Relationships between Organizations. *Strategic Management Journal* 13(7) : 483–498.

Rizzo, J.R., R.J. House, and S.I. Lirtzman. 1970. Role Conflict and Ambiguity in Complex Organizations. *Administrative Science Quarterly* 15(2) : 150–163.

Robbins, S.P. 1983. *Organization Theory: The Structure and Design of Organizations.* Englewood Cliffs, New Jersey: Prentice–Hall, Inc.

__________ 2003. *Organizational Behavior* (10th Ed.). Upper Saddle River, NJ: Prentice Hall.

Roberts, J. 2004. *The Modern Firm: Organizational Design for Performance and Growth.* Oxford University Press, Oxford.

Roberts, N., and V. Grover. 2012. Investigating Firm's Customer Agility and Firm Performance: The Importance of Aligning Sense and Respond Capabilities. *Journal of Business Research* 65(5) : 579–585.

Ross, A. 1994. Trust as a Moderator of the Effect of Performance Evaluation Style on Job–related Tension: A Research Note. *Accounting, Organizations and Society* 19(7) : 629–635.

_______ 1995. Job related Tension, Budget Emphasis and Uncertainty: A Research Note. *Management Accounting Research* 6(1) : 1–11.

Roth, A.V., and W.E. Jackson III. 1995. Strategic Determinants of Service Quality and Performance: Evidence from the Banking Industry. *Management Science* 41(11) : 1720–1733.

Ruekert, R.W. 1992. Developing a Market Orientation: An Organizational Strategy Perspective. *International Journal of Research in Marketing* 9(3) : 225–245.

Rumelt, R. 1988. The Evaluation of Business Strategy. in *The Strategy Process : Concepts, Contexts and Cases.* Edited by James Brian Quinn, Henry Minzberg and Robert M. James. Prentice Hall.

Runco, M.A., and M.D. Bahleda. 1986. Implicit Theories of Artistic, Scientific, and Everyday Creativity. *The Journal of Creative Behavior* 20(2) : 93–98.

Sambamurthy, V., A. Bharadwaj, and V. Grover. 2003. Shaping Agility through Digital Options: Reconceptualizing the Role of Information Technology in Contemporary Firms. *MIS Quarterly* 27(2) : 237–263.

Samuel, P., K. Jablokow, and B.C. Headquarters. 2010. *Psychological Inertia and the Role of Idea Generation Techniques in the Early Stages of Engineering Design.* In Mid–Atlantic ASEE Conference. *American Society for Engineering Education,* Pennsylvania.

Sánchez–Franco, M.J. 2006. Exploring the Influence of Gender on the Web Usage via Partial Least Squares. *Behaviour & Information Technology* 25(1) : 19–36.

Sathe, V. 1974. *Structural Adaptation to Environment: Study of Insurance Company Departments and Branch Banks.* Unpublished Ph.D. Dissertation, The Ohio State Univer., Columbus, Ohio.

________ 1985. *Culture and Related Corporate Realities*. Homewood, IL: Richard D. Irwin.

Sawyer, J.E. 1992. Goal and Process Clarity: Specification of Multiple Constructs of Role Ambiguity and a Structural Equation Model of their Antecedents and Consequences. *Journal of Applied Psychology* 77(2) : 130-142.

Scapens, R.W. 1994. Never Mind the Gap: Towards an Institutional Perspective on Management Accounting Practice. *Management Accounting Research* 5(3-4) : 301-321.

Schaltegger, S. 2011. Sustainability as a Driver for Corporate Economic Success: Consequences for the Development of Sustainability Management Control. *Society and Economy* 33(1) : 15-28.

________, and R.L. Burritt. 2000. *Contemporary Environmental Accounting*. Sheffiekd, UK : Greenleaf Publishing.

________, and R.L. Burritt. 2010. Sustainability Accounting for Companies: Catchphrase or Decision Support for Business Leaders?. *Journal of World Business* 45(4) : 375-384.

Scheier, M.F., and C.S. Carver. 1985. Optimism, Coping, and Health: Assessment and Implications of Generalized Outcome Expectancies. *Health Psychology* 4(3) : 219-247.

Schein, E., 1997. *Organizational Culture and Leadership*. Jossey-Bass, San Francisco.

Schendel, D.E., and C.W. Hofer. 1979. *A New View of Business Policy and Planning*. Strategic Management, Boston: Little, Brown Boston.

Scherr, A., and M.C. Jensen. 2006. *A New Model of Leadership*. Harvard NOM Research Paper No. 06-10. Boston.

Schminke, M., M.L. Ambrose, and R.S. Cropanzano. 2000. The Effect of Organizational Structure on Perceptions of Procedural Fairness. *Journal of Applied Psychology* 85(2) : 294-304.

Schuler, R.S., and S.E. Jackson. 1989. *Linking Competitive Strategies with Human Resource Management Practices*. Reprinted in A.A. Thompson, Jr.(ed), Strategy Formulation and Implementation: The Tasks of General Management. BPI Irwin, Boston, MA.

Schumpeter J.A. 1934. *The Theory of Economic Development*. Harvard University Press: Cambridge, MA.

________ 1976. *Capitalism, Socialism and Democracy*. Harper & Brothers, New York.

Scott, T.W., and P. Tiessen. 1999. Performance Measurement and Managerial Teams. *Accounting, Organizations and Society* 24(3) : 263-285.

Seibert, S.E., S.R. Silver, and W.A. Randolph. 2004. Taking Empowerment to the Next Level: A Multiple-level Model of Empowerment, Performance, and Satisfaction. *Academy of Management Journal* 47(3) : 332-349.

________, G. Wang, and S.H. Courtright. 2011. Antecedents and Consequences of Psychological and Team Empowerment in Organizations: A Meta-analytic Review. *Journal of Applied Psychology* 96(5) : 981-1003.

Seligman Martin, E.P. 1998. *Learned Optimism*. New York: Pocket Books.

Senge. P. 1990. *The Fifth Discipline*. Sydney. Random House.

Shalley, C.E. 1991. Effects of Productivity Goals, Creativity Goals, and Personal Discretion on Individual Creativity. *Journal of Applied Psychology* 76(2) : 179-185.

________, L.L. Gilson, and T.C. Blum. 2000. Matching Creativity Requirements and the Work Environment: Effects on Satisfaction and Intentions to Leave. *Academy of Management Journal* 43(2) : 215-223.

________, and L.L. Gilson. 2004. What Leaders Need to Know: A Review of Social and Contextual

Factors that can Foster or Hinder Creativity. *The leadership quarterly* 15(1) : 33-53.

Shank, J.H., J.K. Shank, V. Govindarajan, and S. Govindarajan. 1993. *Strategic Cost Management: The New Tool for Competitive Advantage*. Simon and Schuster.

Shank, J.K., and V. Govindarajan. 1993. *Strategic Cost Management: The New Tool for Competitive Advantage*. The Free Press, New York, NY.

Shapiro, S.M. 2002. *Innovation: A Blueprint for Surviving and Thriving in an Age of Change*. New York: Donnely and Sons Company.

Sharma, S. 2000. Managerial Interpretations and Organizational Context as Predictors of Corporate Choice of Environmental Strategy. *Academy of Management Journal* 43 (4) : 681-697.

________ 2014. *Competing for a Sustainable World: Building Capacity for Sustainable Innovation*. Sheffield: Greenleaf Publishing.

________, and H. Vredenburg. 1998. Proactive Corporate Environmental Strategy and the Development of Competitively Valuable Organizational Capabilities. *Strategic Management Journal* 19(8) : 729-753.

Shaw, M.E.M.D.L., D.H. Weaver, and M.Mc. Combs. 1997. *Communication and Democracy: Exploring the Intellectual Frontiers in Agenda-setting Theory*. Psychology Press.

Sherehiy, B., and W. Karwowski. 2014. The Relationship between Work Organization and Workforce Agility in Small Manufacturing Enterprises. International. *Journal of Industrial Ergonomics* 44(3) : 466-473.

Shields, M.D., F.J. Deng, and Y. Kato. 2000. The Design and Effects of Control Systems: Tests of Direct-and Indirect-effects Models. *Accounting, Organizations and Society* 25(2) : 185-202.

Simons, R. 1987. Accounting Control Systems and Business Strategy : A Empirical Analysis. *Accounting, Organizations and Society* 12(4) : 357-374.

________ 1990. The Role of Management Control Systems in Creating Competitive Advantage: New Perspectives. *Accounting, Organizations and Society* 15(1-2) : 127-143.

________ 1991. Strategic Orientation and Top Management Attention to Control Systems. *Strategic Management Journal* 12(1) : 49-62.

________ 1994. How New Top Managers Use Control Systems as Levers of Strategic Renewal. *Strategic Management Journal* 15(3) : 169-189.

________ 1995. *Levers of Control: How Management Use Innovative Control Systems to Drive Strategic Renewal*. Boston, MA: Harvard Business School Press.

________ 2000. *Performance Measurement and Control Systems*. Upper Saddle River, NJ: Prentice Hall.

Simsek, Z. 2009. Organizational Ambidexterity: Towards a Multilevel Understanding. *Journal of Management Studies* 46(4) : 597-624.

Smith, C., D.W. Organ, and J.P. Near. 1983. Organizational Citizenship Behavior: Its Nature and Antecedents. *Journal of Applied Psychology* 68(4) : 655-663.

Smith, W.K., and M.L. Tushman. 2005. Managing Strategic Contradictions: A Top Management Model for Managing Innovation Streams. *Organization Science* 16(5) : 522-536.

Snow, C.C., and D.C. Hambrick. 1980. Measuring Organizational Strategies: Some Theoretical and Methodological Problems. *Academy of Management Review* 5(4) : 527-538.

Snyder, C., L.M. Irving, and J.R. Anderson. 1991. *Hope and Health*. In C.R., Snyder & D.R., Forsyth, Handbook of Social and Clinical Psychology: The Health Perspective, 162, 285-305.

Snyder R. 2000. *Handbook of Hope: Theory, Measures, and Applications*. San Diego, CA: Academic Press.

Speklé, R.F. 2001. Explaining Management Control Structure Variety: A Transaction Cost Economics Perspective. *Accounting, Organizations and Society* 26(4–5) : 419–441.

__________, H.J. Van Elten, and S.K. Widener. 2014. *Creativity and Control: A Paradox*. In Evidence from the Levers of Control Framework. A Paper Presented at the Global Management Accounting Research Symposium, Sydney, Australia.

__________, H.J. Van Elten, and S.K. Widener. 2015. Creativity and Control: A Paradox. Evidence from the Levers of Control Framework. Working Paper on AAA.

__________, H.J. Van Elten, and S.K. Widener. 2017. Creativity and Control: A Paradox—Evidence from the Levers of Control Framework. *Behavioral Research in Accounting* 29(2) : 73–96.

Spreitzer, G.M. 1995. Psychological Empowerment in the Workplace: Dimensions, Measurement, and Validation. *Academy of Management Journal* 38(5) : 1442–1465.

__________ 2007. Giving Peace a Chance: Organizational Leadership, Empowerment, and Peace. *Journal of Organizational Behavior: The International Journal of Industrial, Occupational and Organizational Psychology and Behavior* 28(8) : 1077–1095.

__________, M.A. Kizilos, and S.W. Nason. 1997. A Dimensional Analysis of the Relationship between Psychological Empowerment and Effectiveness, Satisfaction, and Strain. *Journal of Management* 23(5) : 679–696.

__________, and R.E. Quinn. 2001. *A Company of Leaders: Five Disciplines for Unleashing the Power in Your Workforce*. San Francisco, CA: Jossey–Bass.

Stajkovic, A.D. 2006. Development of a Core Confidence Higher Order Construct. *Journal of Applied Psychology* 33(5) : 774–800.

Stalk, G. 1998. Time–the Next Source of Competitive Advantage. *Harvard Business Review* (July/August) : 41–51.

Stogdill, R.M. 1950. Leadership, Membership and Organization. *Psychological Bulletin* 47(1) : 1–14.

__________ 1974. *Handbook of Leadership*. New York: Free Press.

__________, and A.E. Coons. 1957. *Leader Behavior: Its Description and Measurement*. Columbus Bureau of Business Research, Ohio State University, Columbus.

Strank, R. 1983. *Management Principles and Practice: A Cybernetic Approach*. Gordon and Breach Science Publishers, New York.

Sun, L.Y., Z. Zhang, J. Qi, and Z.X. Chen. 2012. Empowerment and Creativity: A Cross–level Investigation. *The Leadership Quarterly* 23(1) : 55–65.

Swafford, P.M., S. Ghosh, and N. Murthy. 2006. The Antecedents of Supply Chain Agility of a Firm: Scale Development and Model Testing. *Journal of Operations Management* 24(2) : 170–188.

Szilagy, A.D., and M.J. Wallace. 1978. *Organization Behavior and Performance*. Goodyear Publishing Company, Inc.

Tan, H.H., and C.S. Tan. 2000. Toward the Differentiation of Trust in Supervisor and Trust in Organization. *Genetic, Social, and General Psychology Monographs* 126(2) : 241–260.

Teece, D.J., G. Pisano, and A. Shuen. 1997. Dynamic Capabilities and Strategic Management. *Strategic Management Journal* 18(7) : 509–533.

__________ 2007. Explicating Dynamic Capabilities: The Nature and Microfoundations of (sustainable) Enterprise Performance. *Strategic Management Journal* 28(13) : 1319–1350.

Tessier, S., and D. Otley. 2012. A Conceptual Development of Simons' Levers of Control Framework. *Management Accounting Research* 23(3) : 171–185.

Thomas, K.W., and B.A. Velthouse. 1990. Cognitive Elements of Empowerment: An "interpretive" Model of Intrinsic Task Motivation. *Academy of Management Review* 15(4) : 666–681.

Thompson, V.A. 1965. Bureaucracy and Innovation. *Administrative Science Quarterly* 10(1) : 1–20.

Thompson, J.D. 1967. *Organizations in Action: Social Science Bases of Administrative Theory*. New York: McGrawHill.

Tidd J.J. Bessant, and K. Pavitt. 1997. *Managing Innovation: Integrating technological, market and organisational change*. Wiley: London.

Tierney, P, S.M. Farmer, and G.B. Graen. 1999. An Examination of Leadership and Employee Creativity: The Relevance of Traits and Relationships. *Personnel Psychology* 52(3) : 591–620.

Tjosvold, D. 1991. *Conflict within interdependence: its value for productivity and individuality*. In C. K. W. DeDreu & E. Van de Vliert (Eds.), Using conflict in organizations. London: Sage Publications.

Tolone, W. 2000. Virtual Situation Rooms: Connecting People Across Enterprises for Supply Chain Agility. *Computer Aided Design* 32(2) : 109–117.

Tomkins, C. 2001. Interdependencies, Trust and Information in Relationships, Alliances and Networks. *Accounting, Organizations and Society* 26(2) : 161–191.

Tubre, T.C., and J.M. Collins. 2000. Jackson and Schuler (1985) Revisited: A Meta-analysis of the Relationships between Role Ambiguity, Role Conflict and Job Performance. *Journal of Management* 26(1) : 155–169.

Turner, K.L., and M.V. Makhija. 2006. The Role of Organizational Controls in Managing Knowledge. *Academy of Management Review* 31(1) : 197–217.

Tushman, M.L., and P. Anderson. 1986. Technological Discontinuities and Organizational Environments. *Administrative Science Quarterly* 31(3) : 439–465.

Tushman, M.L., P. Anderson, and C.A. O'Reilly. 1997. *Technology Cycles, Innovation Streams, and Ambidextrous Organizations: Organizational Renewal through Innovation Streams and Strategic Change*. In: Tushman, M.L., Anderson, P. (Eds.), Managing Strategic Innovation and Change. Oxford, New York, pp. 3–23.

Ullrich, M.J., and B.M. Tuttle. 2004. The Effects of Comprehensive Information Reporting Systems and Economic Incentives on Managers' Time-planning Decisions. *Behavioral Research in Accounting* 16(1) : 89–105.

Unsworth, K. 2001. Unpacking Creativity. *Academy of Management Review* 26(2) : 289–297.

Van de Ven, A.H., and R. Drazin. 1985. The Concept of Fit in Contingency Theory. *Research in Organizational Behavior* 7 : 333–365.

Van de Ven, A.H., D. Polley, R. Garud, and S. Venkataraman. 1999. *The Innovationjourney*. New York: Oxford University Press.

Van der Stede, W.A., C.W. Chow, and T.W. Lin. 2006. Strategy, Choice of Performance Measures, and Performance. *Behavioral Research in Accounting* 18(1) : 185–205.

Van Hoek, R.I., A. Harrison and M. Christopher. 2001. Measuring Agile Capabilities in the Supply Chain. *International Journal of Operations and Production Management* 21(1–2) : 126–148.

Van Oosterhout, M., E. Waarts, and J. Van Hillegersberg. 2006. Change Factors Requiring Agility and Implications for IT. *European Journal of Information Systems* 15(2) : 132–145.

Vandenbosch, B. 1993. *Executive Support System Impact Viewed from A Learning Perspective.* University of Western Ontario. London: Ontario.

______________ 1999. An Empirical Analysis of the Association between the Use of Executive Support Systems and Perceived Organizational Competitive. *Accounting Organization and Society* 24(1) : 77–92.

______________, and C.A. Higgins. 1996. Information Acquisition and Mental Models: An Investigation into the Relationship between Behaviour and Learning. *Information Systems Research* 7(2) : 198–214.

Venkatesh, R., and J. Blaskovich. 2012. The Mediating Effect of Psychological Capital on the Budget Participation–Job Performance Relationship. *Journal of Management Accounting Research* 24(1) : 159–175.

Venkatraman, N., and J.E. Prescott. 1990. Environment-Strategy Coalignment: An Empirical Test of Its Performance Implications. *Strategic Management Journal* 11(1) : 1–23.

Vera, D., and M. Crossan. 2004. Strategic Leadership and Organizational Learning. *Academy of Management Review* 29(2) : 222–240.

Vera-Muñoz, S.C., M. Shackell, and M. Buehner. 2007. Accountants' Usage of Causal Business Models in the Presence of Benchmark Data: A Note. *Contemporary Accounting Research* 24(3) : 1015–1038.

Vermeulen, P. 2004. Managing Product Innovation in Financial Service Firms. *European Management Journal* 22(1) : 43–50.

Veron, P.E. 1989. *The Nature–nature Problem in Creativity.* In J. A. Glover, R. R. Ronning, and C. R. Reynolds(Eds), Handbook of Creativity, (pp. 93–110). New York: Plenum Press.

Vidal, M. 2007. Lean Production, Worker Empowerment, and Job Satisfaction: A Qualitative Analysis and Critique. *Critical Sociology* 33(1–2) : 247–278.

Virtanen, M., S.T. Nyberg, G.D. Batty, M. Jokela, K. Heikkilä, E.I. Fransson, ... and A. Casini. 2013. Perceived Job Insecurity as a Risk Factor for Incident Coronary Heart Disease: Systematic Review and Meta–analysis. *Bmj* 347, f4746.

Wakefield, J.F. 1991. The Outlook for Creativity Tests. *Journal of Creative Behavior* 25(3) : 184–193.

Waldman, D.A., and F.J. Yammarino. 1999. CEO Charismatic Leadership: Levels–Of–Management and Levels–Of–Analysis Effects. *Academy of Management Review* 24(2) : 266–285.

______________, G.G Ramirez, R.J. House, and P. Puranam. 2001. Does Leadership Matter? CEO Leadership Attributes and Profitability under Conditions of Perceived Environmental Uncertainty. *Academy of Management Journal* 44(1) : 134–143.

Walker, R.M., F. Damanpour, and C.A. Devece. 2011. Management Innovation and Organizational Performance: The Mediating Effect of Performance Management. *Journal of Public Administration Research and Theory* 21(2) : 367–386.

Waller, W.S. 1988. Slack in Participative Budgeting: The Joint Effect of A Truth–inducing Pay Scheme and Risk Preference. *Accounting, Organizations and Society* 13(1) : 87–98.

Wang, C.L., and P.K. Ahmed. 2007. Dynamic Capabilities: A Review and Research Agenda. *International Journal of Management Reviews* 9(1) : 31–51.

Wang, E.T. and H.L. Wei. 2007. Inter–organizational Governance Value Creation: Coordinating for Information Visibility and Flexibility inSupply Chains. *Decision Sciences* 38(4) : 647–674.

Waterhouse, J.H., and P. Tiessen. 1978. A Contingency Framework for Management Accounting Systems Research. *Accounting, Organizations and Society* 3(1) : 65–76.

Webster Jr, F.E. 1988. The Rediscovery of the Marketing Concept. *Business Horizons* 31(3) : 29–39.

Weerawardena, J. 2003. Exploring the Role of Market Learning Capability in Competitive Strategy. *European Journal of Marketing* 37(3/4) : 407–429.

Weitzman, M. 1976. The New Soviet Incentive Model. *Bell Journal of Economics* (Spring) : 251–257.

Wernerfelt, B. 1984. A Resource–Based View of the Firm. *Strategic Management Journal* 5(2) : 171–180.

Whitley, R. 1999. Divergent Capitalisms: The Social Structuring and Change of Business Systems. OUP Oxford.

Widener, S.K. 2007. An Empirical Analysis of the Levers of Control Framework. *Accounting, Organizations and Society* 32(7) : 757–788.

Wijethilake, C. 2017. Proactive Sustainability Strategy and Corporate Sustainability Performance: The Mediating Effect of Sustainability Control Systems. *Journal of Environmental Management* 196(1) : 569–582.

__________, R. Munir, and R. Appuhami. 2018. Environmental Innovation Strategy and Organizational Performance: Enabling and Controlling Uses of Management Control Systems. *Journal of Business Ethics* 151(4) : 1139–1160.

Wilden, R., S.P. Gudergan, B.B. Nielsen, and I. Lings. 2013. Dynamic Capabilities and Performance: Strategy, Structure and Environment. *Long Range Planning* 46(1) : 72–96.

Williams, L.J., and S.E. Anderson. 1991. Job Satisfaction and Organizational Commitment as Predictors of Organizational Citizenship and In–role Behaviors. *Journal of Management* 17(3) : 601–617.

Williams, R.L., T.J. Pettibone, and S.P. Thomas. 1991. Naturalistic Application of Self–change Practices. *Journal of Research in Personality* 25(2) : 167–176.

Wilson, R.M. and W.F. Chua. 1993. *Managerial Accounting : Method and Meaning*. London. Chapman and Hall.

Woodman, R.W., J.E. Sawyer, and R.W. Griffin. 1993. Toward a Theory of Organizational Creativity. *Academy of Management Review* 18(2) : 293–321.

Wu. A.D., and B.D. Zumbo. 2008. Understanding and Using Mediators and Moderators. *Social Indicators Research* 87(3) : 367–392.

Wu, M. 2014. Verifying the Influences of Leadership Styles upon Organizational Performances: Balance–Scored Card Implementation as a Moderator. *The Journal of International Management Studies* 9(1) : 25–37.

Youndt, M.A., S.A. Snell, J.W. Dean Jr., and D.P. Lepak. 1996. Human Resource Management, Manufacturing Strategy, and Firm Performance. *Academy of Management Review* 39(4) : 836–866.

Yuan, F., and R.W. Woodman. 2010. Innovative Behavior in the Workplace: The Role of Performance and Image Outcome Expectations. *Academy of Management Journal* 53(2) : 323–342.

Yukl, G.A. 1989. Managerial Leadership: A Review of Theory and Research. *Journal of Management* 15(2) : 251–289.

________ 1994. *Leadership in Organizations(3rd edition)*. Englewood Cliff, New Jersey: Prentice–Hall.

_________ 1998. *Leadership in Organizations*, 4th ed., Prentice-Hall, Inc., Upper Saddle River, NJ.

_________ 2005. *Leadership in Organizations*. Pearson Prentice Hall, Englewood Cliffs.

Yusuf, Y.Y., M. Sarhadi, and A. Gunasekaran. 1999. Agile Manufacturing: The Drivers, Concepts and Attributes. *International Journal of Production Economics* 62(1-2) : 33-43.

Zaheer, A., and N. Venkatraman. 1995. Relational Governance as an Interorganizational Strategy: An Empirical Test of the Role of Trust in Economic Exchange. *Strategic Management Journal* 16(5) : 373-392.

Zaheer, A., and S. Zaheer. 1997. Catching the Wave: Alertness, Responsiveness, and Market Influence in Global Electronic Networks. *Management Science* 43(11) : 1493-1509.

Zahra, S.A., R.D. Ireland, and M.A. Hitt. 2000. International Expansion by New Venture Firms: International Diversity, Mode of Market Entry, Technological Learning, and Performance. *Academy of Management Journal* 43(5) : 925-950.

Zhou, J. 1998. Feedback Valence, Feedback Style, Task Autonomy, and Achievement Orientation: Interactive Effects on Creative Performance. *Journal of Applied Psychology* 83(2) : 261-276.

________ 2008. *Promoting Creativity through Feedback*. In J. Zhou and C. E. Shalley(Eds.), Handbook of Organizational Creativity. New York, NY: Lawrence Erlbaum Associates, 125-145.

Zucker, L.G. 1986. Production of Trust: Institutional Sources of Economic Structure, 1840-1920. *Research in Organizational Behavior* 8 : 53-111.

■ 집필진과 도움을 주신 분들 ■

김 달 곤

경상국립대학교 회계학과 교수
서강대학교 대학원 경영학 박사
한국관리회계학회 편집위원장
한국회계학회 연구윤리위원장
한국경영교육학회 부회장 등

〈주요논문〉

- 전략정렬이 역할스트레스를 통해 직무성과에 미치는 영향 : BSC관점을 중심으로
- 조선해양플랜트산업에서 모기업과 협력업체간의 거래비용변수가 재무성과에 미치는 영향 : 협력지속성의 매개효과
- 성과정보이용과 경영성과 간의 관계에서 조직역량의 매개효과 : 중국 기업을 중심으로
- 역할스트레스와 직무성과 간의 관계에서 예산몰입의 조절효과
- 성과지표와 직무성과 간에 역할모호성의 매개효과 외 다수

박 경 원

국립군산대학교 회계학과 교수
서강대학교 대학원 경영학 박사
한국경영교육학회 상임이사
한국회계정책학회 상임이사
한국회계정보학회 편집간사 등

〈주요논문〉

- 최고경영진의 성과측정시스템 이용방식이 경영성과에 미치는 효과
- 기업의 경영투명성과 자본조달의 제약
- 성과측정시스템의 이용과 조직성과간의 관계에서 성과측정지표의 다양성과 조직학습의 역할
- 프랜차이즈 가맹점 경영성과의 결정요인-자원기반관점을 중심으로
- 친환경통제시스템이 환경성과 및 조직성과에 미치는 영향 외 다수

이 상 완

동아대학교 경영학과 교수
서강대학교 경영전문대학원 경영학 박사
한국경영교육학회 편집위원장
한국관리회계학회 상임이사
한국회계정보학회 상임이사 등

〈주요논문〉

- 환경혁신전략, 지속가능성 관리통제시스템, 그리고 경영성과 간의 관계에 관한 연구
- MCS 이용방식과 혁신간의 관계에서 창의성의 역할
- 증권회사 지점의 PMS 피드백, 피드포워드 이용이 조직역량과 조직성과에 미치는 영향
- 여성병원의 성공사례 : 혼합전략과 MCS를 중심으로
- SMCS, 환경성과, 그리고 경영성과 간의 관계 외 다수

도움을 주신 분들

- 김봉기 (경인여자대학교 교수)
- 김상우 (조세일보 재무교육원장)
- 김순기 (서강대학교 교수)
- 김재열 (건양대학교 교수)
- 신성호 (백석대학교 교수)
- 왕영호 (케이사이트 컨설팅 대표)
- 이규상 (대아중고등학교 행정실장)
- 이다솜 (국립강릉원주대학교 교수)
- 이창대 (국립목포대학교 교수)
- 정순여 (국립제주대학교 교수)
- 최현정 (이엔모스트 컨설팅 전무)
- 표춘미 (백석대학교 겸임교수)

임 태 종

〈약　　력〉
- 서강대학교 대학원 경영학 박사
- 태종세무사아카데미 원장
- LG 인화원 주임교수
- 국세청 인트라넷 원가관리회계 교수
- 한국회계정책학회 부회장
- 한국관리회계학회 상임이사
- 한국회계정보학회 상임이사
- 기획재정부 장관상 수상
- 현, 삼육대학교 경영학과 교수
  삼육대학교 경영대학원장

〈주요저서〉
- 원가관리회계, 도서출판 홍.
- 재무회계 Ⅰ·Ⅱ, 한성문화.
- 원가관리회계, 샘앤북스.
- IFRS 회계원리, 샘앤북스.
- 원가회계, 샘앤북스.
- 호모 에티쿠스, 삼육대학교.
- 원가관리회계, 홍문사. 외 다수

〈주요논문〉
- 예산시스템의 상호작용적 이용, 환경혁신, 그리고 환경성과 간의 관계
- 유기적 혁신문화와 예산시스템의 상호작용적 이용이 혁신에 미치는 영향
- 리더십, PMS의 피드백 및 피드포워드 이용, 혁신, 그리고 조직성과 간의 관계에 관한 연구
- 진성리더십이 참여예산과 예산슬랙 간의 관계에 미치는 영향
- 참여예산, 보상갈등, 예산슬랙 그리고 관리적 성과 간의 관계
- 환경불확실성과 관리통제시스템이 전략변화에 미치는 영향
- 경영전략, 성과측정시스템의 이용, 그리고 조직역량 간의 관계
- MCS의 상호작용적 이용이 절차공정성, 상사신뢰, 그리고 관리적 성과에 미치는 영향
- PMS의 상호작용적 이용이 보상갈등, 조직시민행동, 그리고 조직성과에 미치는 영향
- 성과측정시스템의 이용방식이 혁신유형과 조직성과에 미치는 영향 외 다수

관리통제시스템의 설계와 효과

지 은 이 · **임 태 종**

발 행 인 · **이 낙 규**

발 행 처 · ㈜샘앤북스

신고 제 2013-000086 호

서울시 영등포구 양평로22길 16, 201호

Tel. 02-323-6763 / Fax. 02-323-6764

www.sambook.co.kr / E-mail. wisdom6763@hanmail.net

2021. 04. 01. 초판 발행

정가 28,000원

ISBN 979-11-5626-327-2 93320

MEMO